VICTORIS
CARPATIO
VENETI
OPVS

Das Guinness Buch der Rekorde 1492

Die Welt des Christoph Kolumbus

Herausgegeben von Deborah Manley
Beratung: Geoffrey Scammell

Ullstein

Mitarbeiter an diesem Buch:
Dr. Ewan Anderson, University of Durham – Dr. Felipe Fernández-Armesto, Oxford Comparative Colonial History Project – Prof. David Birmingham, University of Kent, Canterbury – Dr. Don Brothwell, Institute of Archaeology, University College London – Clive Carpenter, Dr. Peter Cattermole, Dr. Christopher Cullen, School of Oriental and African Studies, University of London – Dr. Basil Davidson, Centre of West African Studies, University of Birmingham – Alan Dawson, Dr. William Dolby, University of Edinburgh – Prof. Mark Elvin, Australian National University, Canberra – Dr. Ian Friel, Jean Gimpel, Prof. Denys Hay, University of Edinburgh – Dr. John Hemming, The Royal Geographical Society – Dr. Donald Hill, Geoffrey Hindley, Society of the History of Medieval Technology and Science – Dr. Colin Imber, University of Manchester – Dr. Murray Last, University College London – Dr. Martin Lowry, University of Warwick – Prof. Manuel Lucena Salmoral, Universidad de Alcalá y Henares, Madrid – Prof. Kan-Wen Ma, The Wellcome Institute for the History of Medicine – Prof. Michael Mallett, University of Warwick – Prof. Derek Massarella, Chuo University, Tokyo – Norris McWhirter, CBE, ehem. Herausgeber des Guinness Buch der Rekorde – Prof. W.R. Mead, University College London – Dr. Patrick Moore, CBE, Dr. Ranjit Nair und Kollegen des National Institute of Science, Technology and Development Studies, New Delhi – Peter Newby, Dr. Malyn Newitt, University of Exeter – Richard Newnham, Dr. Paula Nuttall, Joanne O'Brien, ICOREC – Dr. Mark Overton, University of Newcastle upon Tyne – Martin Palmer, ICOREC – Prof. Yuri Pinyagin, Staatliche Universität Gorki, UdSSR – Prof. Michael Pearson, University of New South Wales, Australia – Dr. Roy Porter, The Wellcome Institute for the History of Medicine – Caroline Prentice, The Wellcome Institute for the History of Medicine – Prof. David B. Quinn, University of Liverpool – Prof. A. Rahman, National Institute of Science, Technology and Development Studies, New Delhi – Dr. Peter Rowan, Yasmin Shariff, Royal Institute of British Architects – Brian Spencer, The Museum of London – Reay Tannahill, Dave Terry, British Society of Sports History – Dr. Della Thompson, Oxford University Press – Dr. Tim Unwin, Royal Holloway and Bedford New College, University of London – David Wileman, Brian Williams, Prof. Lea E. Williams, Brown University, Rhode Island – Dr. Sylvia Wright, Education Department, Royal Academy of Arts – Igor Zaitsev, Chefredakteur der sowjetischen Ausgabe des Guinness Buch der Rekorde

Abbildungen: Ancient Art & Architecture Library, Archiv für Kunst und Geschichte (Berlin), Bibliotheque National (Paris), Bodleian Library, Bridgeman Art Library Ltd., British Library, British Museum, Zentralbibliothek (Zürich), Cleveland Museum of Art, E T Archive, Mary Evans, Explorer, Giraudon, Robert Harding Picture Library, Image Select International, Images Colour Library, INCAFO, Mary Rose Trust, National Portrait Gallery, Pictor International, Anne Ronan Collection, Scala, Science Museum, Science Photo Library, Spectrum Colour Library, Syndication International, Dave Terry, Roger Viollet, Zefa.

Besonderer Dank für ihre Unterstützung bei der Bildauswahl gilt Gary Fisk, Jürgen Raible, Catherine Cheval, Brigitte Baumbusch und Simon Conti.

Gestaltung: Kathy Aldridge
Karten und Diagramme: Rob Burns, Peter Harper
Bildredaktion: Alexander Goldberg

Redaktion der deutschen Ausgabe:
Harro Schweizer (verantwortlich), Oliver Huzly, Karl Keßler, Katja Löhns, Hannelore Müller, Hedda Pänke, Klaus-Dieter Schmidt

Umschlaggestaltung: Hansbernd Lindemann (Abb.: Archiv für Kunst und Geschichte, Berlin/Syndication International Ltd., London/The British Library)

Druck und Bindung: Printer Industria Gráfica, S.A., Barcelona

Printed in Spain 1992
ISBN: 3-550-07808-0

Das Guinness Buch der Rekorde 1492

Inhalt

Wenn dieses Buch erscheint, schaut die Welt auf das Jahr 1492 zurück. Dieses Buch ist wahrscheinlich der umfangreichste und genaueste Rückblick, der bisher veröffentlicht wurde. Einige schauen im Zorn zurück auf die Zeit, die für sie der Beginn imperialistischer und ökologischer Ausbeutung ist. Andere sehen befriedigt auf den Beginn eines Zeitalters der Freiheit und des Fortschritts. Aber niemand kann heutzutage gleichgültig auf das Jahr 1492 zurückschauen.
Die amerikanischen Indianer sind durch die Annahme, daß Kolumbus alles Neue geschaffen habe, gekränkt. Deshalb wird jeder mögliche Konkurrent, von dem behauptet wird, er sei Kolumbus zuvorgekommen, von den Indianern für ihre Sache in Anspruch genommen. Die Bedeutung seiner Atlantiküberquerung ist herabgesetzt und sogar bestritten worden. Dennoch ist die traditionelle Bedeutung des Jahres 1492 – die auch Rechtfertigung für dieses Buch ist – ungebrochen.
Die Öffnung zuverlässiger Routen in beiden Richtungen über den Atlantik veränderte die Welt dauerhaft. Kein anderes Ereignis trug soviel dazu bei, daß sich unsere heutige vereinte Welt vom Altertum und vom Mittelalter, die wie ein zerfallenes Mosaik aus verschiedenen Steinchen zusammengesetzt waren, unterscheidet.
Doch Kolumbus kann – aus Achtung vor den Amerikanern und Wikingern – nicht als der Entdecker Amerikas geehrt werden, sondern als Entdecker einer Route nach Amerika. Streng genommen hat er diese Leistung erst 1493 vollbracht. Der äußere Kurs, den er bei der ersten Überquerung einschlug, war nur ein vorläufiger: Er wurde von nachfolgenden Schiffen nur selten befahren. Mit seiner zweiten Reise, 1493, führte er die ideale Route ein: südwestlich der Kanaren zu den Kleinen Antillen. Der Rückweg verlief nördlich der Westindischen Inseln, um die Westwinde zu nutzen. Diese Route wurde später nur wenig verändert. Zusammengenommen schufen die Reisen der Jahre 1492 und 1493 eine dauerhafte Verbindung, nicht nur zwischen Europa und Amerika, sondern quer über den zivilisierten und dichtbevölkerten „Gürtel“ der Welt. Ein einziges Geflecht der Kommunikation erstreckte sich nun von China über die Karawanen-Straßen Asiens und die Schiffahrtswege im Indischen Ozean zum Mittelmeer und fast bis an die Schwelle der Kulturen Mittelamerikas. Was bis dahin ein Planet der getrennten und nur spärlich kommunizierenden Völker war, mußte nun zu einer Welt werden, verbunden durch kulturelle Einflüsse, Bevölkerungsbewegungen und Handel.
Diese bemerkenswerte Entwicklung wurde unter schwierigen Bedingungen von einem Mann, Kolumbus, der nur eine geringe Ausbildung besaß und von niedriger Geburt war, eingeleitet. Und so, wie einige Leute sich nicht vorstellen können, daß die Werke Shakespeares von einem einfachen Autor aus dem Gymnasium von Stratford stammen sollen, so schien es in ähnlichen Kreisen auch nicht glaubhaft zu sein, daß der Sohn eines armen Webers aus Genua die Entdeckungen eines Kolumbus vollbracht haben sollte. Ihm wird häufig nachgesagt, daß er eine geheime Identität hatte oder seine Ideen von jemand anderem bezog. Doch das, was wir über seine Herkunft und die Entstehung seiner Pläne wissen, ergibt eine glaubhafte Geschichte, in der die Wahrheit die Fiktion übertrifft.
Kolumbus wurde an einem nicht genauer bekannten Tag Mitte des 15. Jahrhunderts geboren, wahrscheinlich 1451 oder am Beginn des Jahres 1452 in oder in der Nähe von Genua. Aufgrund der Lebensbedingungen im Geschäft seines Vaters besaß er drei Möglichkeiten, die soziale Leiter emporzuklettern, die für seine Zeit normal waren. Er hätte, wie sein jüngerer Bruder, der Kirche beitreten können – später gab er oft eine religiöse Berufung vor, und er hatte eine Vorliebe für ein Mönchsgewand. Er hätte in den Krieg ziehen können: In der Tat behauptete er später, als Soldat begonnen zu haben. Er liebte es, sich selbst als „Befehlshaber von Rittern und Eroberern“ vorzustellen. Doch er wählte die dritte Möglichkeit: Er fuhr zur See.
Die sozialen Werte jener Zeit waren sehr stark vom Ehrenkodex der Ritterlichkeit geprägt, und Heldentaten auf See genossen in der populären Literatur sehr hohes Ansehen. Das Meer war der „Hauptarbeitsplatz“ eines berühmten Ritters aus Kastilien. Geschichten, in denen romantische Taten in Übersee mit der Herrschaft über exotische Inseln belohnt wurden, verdrehten den jungen Männern die Köpfe – Geschichten, die Cervantes später verspottet.

Christoph Kolumbus, geboren 1451 in Genua in Italien, gestorben am 20. Mai 1506 in Valladolid in Spanien, Seefahrer. Portrait von einem unbekannten Künstler.

Wie viele der abenteuerlustigen Möchtegern-Helden des 15. Jahrhunderts sehnte sich Kolumbus nach einem Leben, wie es in diesen Geschichten geschildert wurde. Immer versuchte er, der Welt der beschränkten Aufstiegsmöglichkeiten, in die er hineingeboren worden war, zu entfliehen. Er ergoß sich in aristokratischen Phantasien. Die Meuterer während seiner ersten Atlantiküberquerung wußten, wonach er suchte: Er riskiere ihr Leben, schimpften sie, nur, „um sich als großer Herr aufzuspielen“. In der zweiten Hälfte der siebziger Jahre konnte Kolumbus einen großen Erfolg verbuchen. Zu dieser Zeit arbeitete er als Agent eines Genueser Kaufmanns in Lissabon und heiratete dort die Tochter des verstorbenen Gouverneurs von Porto Santo in der Nähe Madeiras. Ihre Familie gehörte dem niedrigen Adel an.

Holzschnitt über den Tag der Entdeckung mit einer Phantasiedarstellung der Karibischen Inseln.

Überdies kam sie aus der entfernten Welt der atlantischen Kolonien, für die sich Kolumbus zunehmend interessierte. Im Laufe hauptsächlich geschäftlicher Reisen zwischen 1477 und 1485 bereiste Kolumbus nahezu den gesamten Atlantik, soweit er zu dieser Zeit bekannt war: von Island und den Britischen Inseln durch die portugiesischen und spanischen Insel-Kolonien bis zu der neugeöffneten Goldhandelsniederlassung am südlichen Rand des kartographisch erfaßten Ozeans nahe der Mündung des Volta-Flusses in Westafrika.
Er begann, eine eigene Entdeckungsreise über den Atlantik zu planen, die schon vielen Seefahrern vor ihm Ruhm und Ehre versprochen und zuweilen auch eingebracht hatte.
Gemeinhin werden seine Pläne so dargestellt, als seien sie sofort vollkommen ausgereift gewesen, um nur noch in die Tat umgesetzt zu werden. „Als wenn sie in einer Kammer verschlossen gewesen wären“, zu der nur er selbst Zutritt besaß, beschreibt dies eine frühe Quelle. In Wirklichkeit scheinen sich die Pläne nach und nach entwickelt zu haben und auf verschiedene Ziele hin ausgerichtet gewesen zu sein.
Zu verschiedenen Zeiten beabsichtigte Kolumbus eine Suche nach unentdeckten Inseln, eine Ozeanüberquerung bis zum äußersten Ende der bekannten Welt und eine Suche nach einem neuen oder „antipodischen“ Kontinent, als der Amerika sich schließlich herausstellte.
Keine dieser Ideen war neu, und jede hatte sowohl Anhänger als auch Gegner. Während Christoph Kolumbus in den achtziger Jahren nach Geldgebern suchte, bildete er sich weiter. Das ermöglichte ihm seine Pläne mit immer mehr Selbstvertrauen und mit einer ständig wachsenden Gelehrsamkeit zu präsentieren. Ob das akademische Studium Einfluß auf seine Pläne hatte, ist unsicher. Wie aus überlieferten Quellen hervorgeht, entwickelte er bis in die späten neunziger Jahre keine systematische Geographie wissenschaftlicher Natur.
In einer von ihm selbst gemachten Legende stilisiert sich Kolumbus als ein Mann, der sich, trotz des akademischen Spotts und der höfischen Verachtung, der langen und einsamen Suche nach Unterstützung verschrieb. Am kastilischen Hof, an dem er sich wahrscheinlich ab 1485, ganz gewiß aber ab 1486 um Unterstützung bemühte, scheint jedoch sein Ansinnen zunehmend positive Resonanz gefunden zu haben. Mit seinen unermüdlichen Selbstempfehlungen hatte er den entscheidenden Erfolg: bei den Franziskanermönchen, die Zugang zu den Monarchen hatten; bei der Dienerschaft des Thronerben, von der später einige für den König und die Königin arbeiteten; bei den Seefahrern von Palos, nahe der Mündung des Rio Tinto, wo die Mehrzahl der Männer, die ihn über den Ozean bringen würden, und das meiste der Ausrüstung herkam; bei seinen reichen Genueser Landsleuten und den Florentinern in Sevilla, die bereit waren, die finanziellen Mittel für dieses Unternehmen zur Verfügung zu stellen; und bei nicht klar voneinander abzugrenzenden Gruppen von Bankiers und Finanzagenten der Krone, die in den achtziger Jahren zusammenkamen, um Kastiliens erstes großes Atlantik-Projekt, die Eroberung der Kanarischen Inseln, zu finanzieren.
Anfang 1492 hatte Kolumbus genügend Unterstützer gefunden und ausreichendes Kapital aufgebracht, um den Monarchen davon zu überzeugen, seiner Unternehmung zuzustimmen. Gemeinsam mit seinen mittellosen königlichen Förderern scheint er schließlich Asien als Ziel gewählt zu haben, vermutlich wegen des Ansehens des Orients für gute Handelsware und wertvolle Metalle. Als er am 3. August 1492 Palos verließ, hatte er einen „Chaldäischen Dolmet-

scher“ und Briefe für den Herrscher von China an Bord. Es blieben genug der genauen Aufzeichnungen Kolumbus erhalten, um die Aufregungen einer Reise ins Unbekannte auch noch heute nachvollziehen zu können: die „falschen“ Land-in-Sicht-Rufe; die Anstrengung, den Kurs direkt nach

Ein farbiger Holzschnitt über die Reise von Kolumbus im Jahre 1493 zeigt die Menschen der Neuen Welt, wie sie sich vorsichtig dem Fremden nähern.

Westen zu halten; das Murren der Meuterer; die tägliche Suche nach dem Horizont; das nächtliche Absuchen des Himmels; die verunsichernden Mutmaßungen darüber, wie weit sie schon gesegelt waren und wie weit sie noch segeln mußten. Am 7. Oktober, genau einen Monat, nachdem sie zum letzten Mal Land gesehen hatten, spielten die Nerven von Kolumbus nicht mehr mit: er gab dem Druck der Untergebenen nach und änderte den Kurs nach Süd-West. Am 12. Oktober – an einem nicht identifizierten Fleck der Erde, sehr wahrscheinlich auf den Bahamas – begann die Geschichte des Aufeinandertreffens von Alter und Neuer Welt. Kolumbus verbrachte drei Monate mit Erkundungen, die ihm ein intensives Wissen über die nördlichen Küsten Kubas und Haiti einbrachten. Er segelte in der wachsenden Überzeugung, daß er sich einer reichen Zivilisation näherte. Kurz bevor er im Januar 1493 die Heimreise antrat, fand er Gold in vielversprechenden Mengen: Wenn er es durch die Stürme des Nordatlantik nach Hause bringen konnte, war er sicher, in Spanien herzlich empfangen zu werden.

Als er zurückkam und die mit Federn geschmückten Indianer und exotischen Papageien in den Straßen von Barcelona zur Schau stellte, glaubten viele Beobachter, daß er tatsächlich die Umgebung des Orients erreicht hatte. Doch es gab auch einige, die zu anderen Schlüssen kamen: Es wurde behauptet, daß Kolumbus nur weitere Inseln ähnlich der Kanaren entdeckt haben konnte oder auf eine Gemeinschaft am anderen Ende der Welt gestoßen sei. Der Entdecker selbst behauptete, den Orient erreicht zu haben. Denn von der Erfüllung all seiner Versprechen hingen alle Auszeichnungen ab, die der Monarch ihm verlieh: die Titel Don und Admiral und Gouverneur und Vizekönig, die Aussicht auf großen Reichtum und die Gründung einer großen Dynastie, ein Platz in der akzeptierten Welt, nach dem er sich gesehnt hatte.

Kolumbus hatte zu dieser Zeit genug erreicht, um jeden normalen Ehrgeiz zu befriedigen. Doch sein unstillbares Verlangen nach immer Mehr führten ihn ins Elend. Er fuhr fort, seine Entdeckung als die Entdeckung Asiens zu verteidigen, entgegen aller Beweise und, zeitweilig auch, gegen seine eigenen Erkenntnisse. Er bestand darauf, seine Inseln persönlich zu regieren, mit entwürdigenden Folgen, denn seine seemännische Fähigkeit, Menschen zu führen, verließ ihn an Land. Um seinen halbruinierten Ruf zu retten, unternahm er 1502 eine letzte Atlantikreise, erforschte einen großen Teil der Küste Zentralamerikas, verlor jedoch seine Flotte und zerstörte seine Gesundheit. Verbittert suchte er in seinen späten Jahren Zuflucht in der Religion. Er wurde von einer himmlischen „Stimme“, mit der er sich unterhielt, getröstet. Er behauptete, das irdische Paradies entdeckt zu haben. Er sammelte biblische Texte, die, wie er sagte, Prophezeiungen seiner Entdeckungen und Beweise für das Bevorstehen des Letzten Tages seien.

Durch die Erträge des Goldes aus Haiti wurde er reich, doch er klagte unaufhörlich über Armut. Er wurde als „neuer Apostel“ gefeiert, doch präsentierte er sich selbst als Jeremiah oder Hiob. Noch auf seinem Totenbett, im April 1506, schrieb er einen letzten wirren Brief, in dem er noch „größere Dienste als bisher“ versprach.

Kolumbus allein konnte keinen „Gürtel um die Erde“ legen: Er trug aber mehr, vielleicht mehr als jeder andere, dazu bei, dieses Ziel zu erreichen. Die Entdeckungen von 1492/93 waren außergewöhnlich wirkungsvoll und wichtig, gehören aber in den Zusammenhang des sich langsam entfaltenden Prozesses der Entdeckungen, der ökonomischen Entwicklung und des technischen Fortschritts, die alle Menschen, die diesen Planeten bewohnen, in Kontakt gebracht haben. Deshalb stellt das Guinness Buch der Rekorde 1492 die Rekorde, die Kolumbus brach, neben andere qualifizierbare Leistungen, die, weltweit ab etwa 1450 in einem Zeitraum von ungefähr hundert Jahren erbracht wurden. So entsteht das Bild einer dynamischen Welt, in der mehrere expandierende Kulturen über ihren traditionellen Kreis hinaustreten und so das Ausmaß und den Rang der Leistungen von Kolumbus würdigen und zugleich charakterisieren.

FELIPE FERNANDEZ-ARMESTO

Erde und Weltall

FORM UND GRÖSSE · KLIMA · MEERE · BERGE
FLÜSSE UND SEEN · WÜSTEN · WETTER
GEOLOGIE · WELTALL · ASTROLOGIE
TIERREICH · PFLANZENREICH

Die wichtigsten geographischen Quellen waren zu dieser Zeit die antiken griechischen Texte. Aristoteles (384–22 v. Chr.) hatte zwar gezeigt, daß die Erde rund war, aber seine Erkenntnisse waren der katholischen Welt des frühen Mittelalters weitgehend unbekannt bzw. durch arabische Schriften nur teilweise überliefert. Am Ausgang der Antike schrieb Kosmas Indikopleustes (6. Jh.) in Alexandria seine *Christliche Ortskunde*, in der er an der Bibel nachzuweisen versuchte, daß die Erde keine Kugel, sondern flach und rechteckig sei. Die Wiedererlangung des Wissens der Antike im Abendland erfolgte erst in einem langwierigen Prozeß, der im 12. Jh. einsetzte und bis 1492 zu Ergebnissen geführt hatte, die auf breite Zustimmung stießen.

Form und Größe

Den ersten wissenschaftlichen Beweis für die Kugelgestalt der Erde lieferte der griechische Philosoph Pythagoras (570/60–480 v. Chr.). Unter seinen zahlreichen Erkenntnissen ist von Bedeutung, daß der Stern 1. Größe Canopus von Alexandria in Ägypten aus zu sehen ist, aber nicht von Athen in Griechenland, was nicht der Fall sein könnte, wenn die Erde eine Scheibe wäre. Außerdem wies Pythagoras darauf hin, daß der Erdschatten auf dem Mond während des Mondumlaufs gebogen ist. Diese Erkenntnis führte zu der Schlußfolgerung, daß es möglich sein müßte, Ostasien zu erreichen, indem man von Europa aus westwärts segelte.

Die erste Berechnung der Größe der Erde führte **Eratosthenes von Kyrene** (um 295–215), Bibliothekar in Alexandria (Ägypten), durch. Er bemerkte, daß in Syene (das heutige Assuan, Ägypten) die Sonne im Sommer mittags direkt über dem Kopf stand, während sie in Alexandria um 7,5° von der Senkrechten abwich, maß die Entfernung zwischen Syene und Alexandria und errechnete, daß der Erdumfang 252 000 Stadien betragen müsse. Es ist zwar nicht sicher, welche Länge des Stadions Eratosthenes benutzte, aber der von ihm berechnete Umfang könnte sich auf 39 360 km und der Durchmesser auf 12 560 km belaufen – auf Zahlen also, die weit größer waren als jene, die Kolumbus 1492 vor seiner ersten Fahrt annahm.

Vorherige Seite: Eine Decke mit den Tierkreiszeichen schmückt den Ducal-Palast im italienischen Mantua.

Das berühmteste geographische Werk der Zeit war die *Geographie* von Claudius Ptolemäus (um 100–nach 160) aus Alexandria (Ägypten). Sie ist in acht Bücher aufgeteilt und gibt die Längen- und Breitengrade von über 8000 Orten an. Die moslemischen Geographen waren durch eine arabische Übersetzung mit ihr vertraut, und berühmte arabische Gelehrte wie al-Masudi (um 895–956/57), al-Biruni (973–um 1050) und Ibn Chaldun (1332–1406) zitierten sie. Die 1406 angefertigte lateinische Übersetzung wurde in der Folgezeit der bedeutendste und am häufigsten zu Rate gezogene geographische Quellentext Europas. Die erste gedruckte Ausgabe erschien 1475 in Vicenza (Italien). Ptolemäus hatte sich jedoch über den Umfang der Erde gewaltig verschätzt, was dazu führte, daß die Entfernung, die man von Europa westwärts nach Ostasien zu segeln hätte, erheblich unterschätzt wurde.

Die erste arabische Übersetzung der *Geographie* des Ptolemäus stammt von Thabit ibn Kurra, einem führenden Gelehrten seiner Zeit (um 826–901). Eine weitere Übersetzung fertigte, ebenfalls im 9. Jh., Ibn Khurdadibh an. Mitte des 10. Jh.s überarbeitete al-Khwarismi dieses Werk des Ptolemäus.

Die erste europäische Ausgabe des Ptolemäus war die lateinische Übersetzung von Jacobus Angelus, die 1475, jedoch ohne Karten, in Vicenza (Italien) im Druck erschien. Spätere Ausgaben enthielten Kommentare führender Geographen sowie Kartenwerke, die das zunehmende geographische Wissen der Zeit veranschaulichen. Einer bedeutenden Ausgabe, die 1482 in Ulm gedruckt wurde, waren fünf Karten beigegeben, unter denen sich eine Karte Nordeuropas befand, auf der auch Grönland verzeichnet war. Eine weitere Ausgabe, die 1508 in Rom erschien, enthielt einen Anhang von Marcus Beneventanus, in dem er die Neue Welt beschreibt, und eine neue Karte von Johann Ruysch, die die Neue Welt zeigt. Die wichtigste Ausgabe aber war die von Martin Waldseemüller (geboren um 1470, gestorben zwischen 1518 und 1521) redigierte, die 1513 in Straßburg erschien. Sie enthielt auch 20 Karten, die das geographische Wissen der Zeit zusammenfaßten, einschließlich einer Karte, die speziell der Neuen Welt gewidmet war. Bereits vorher, 1507, war seine *Cosmographiae Introductio* veröffentlicht worden, in der erstmals vorgeschlagen wurde, dem neuen Kontinent aufgrund der Entdeckungsreise von Amerigo Vespucci (1451–1512) den Namen „America" zu geben.

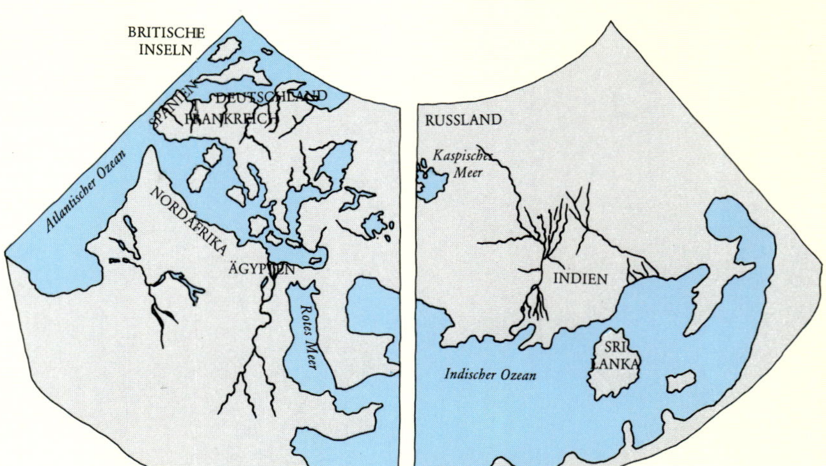

Die Darstellung der Welt durch Claudius Ptolemäus war nicht sonderlich genau: Afrika war zu breit und nicht lang genug, Indien zu schmal und Sri Lanka zu groß, der Indische Ozean ein Binnenmeer, die Größe der Erde insgesamt zu klein – dennoch gilt das Werk noch heute als die größte klassische Schrift der Geographie.

VON DER FORM UNSERER ERDE

Die Erde ist keine wirkliche Kugel, sondern, da sie an den Polen abgeflacht ist, geometrisch ein Ellipsoid. Der Poldurchmesser der Erde (12 713,51 km) ist 42,77 km kürzer als der Äquatorialdurchmesser (12 756,27 km). Die Erde weist auch eine leichte Abplattung des Äquators auf, denn ihre lange Achse (etwa 37° westl. Länge) ist 159 m länger als ihre kurze Achse. Zudem ist die Erde birnenartig verformt: Der polare Radius der Nordhalbkugel ist 45 m länger als der der Südhemisphäre.
Der größte Erdumfang, am Äquator, beträgt 40 074,02 km, am Meridian sind es 40 007,86 km. Die Erdoberfläche umfaßt schätzungsweise 510 065 600 km^2.

Die Grundlagen der wissenschaftlichen Geographie wurden von den Griechen gelegt, indem sie die Kugelgestalt der Erde erkannten, ihren Umfang berechneten und die Ausdehnung der bekannten Welt abschätzten. Ihre Arbeit wurde von den Gelehrten des Römischen Reichs fortgeführt.

Die erste griechische Karte der Welt stammt von dem Naturphilosophen Anaximander von Milet (um 610–546 v. Chr.). Später entwickelten die Griechen ein Gradnetz aus Längen- und Breitengraden, das sie in ihre Karten einzeichneten. Ein enormer Zuwachs des geographischen Wissens der Antike ergab sich aus dem Zug Alexanders des Großen (356–23 v. Chr.) durch den Nahen und Mittleren Osten, Zentralasien und Nordwestindien in den Jahren 334–23 v. Chr.

Die wichtigste Quelle über die Geographie der griechischen Antike ist die *Geographie* des Strabo aus Amaseia in Kleinasien (um 64/63 v. Chr.–19 oder 23/24 n. Chr.). Sie ist ein umfangreiches Werk aus 17 Büchern, das genaue Informationen über frühere griechische Geographen enthält, deren Schriften nicht überliefert sind. Einer der bedeutenden unter ihnen war Eratosthenes von Kyrene (um 295–15 v. Chr.), der in der Bibliothek von Alexandria arbeitete.
Eine lateinische Übersetzung der *Geographie* von Strabo, die durch Nachdrucke und Überarbeitungen weite Verbreitung fand, erschien 1471 in Rom. Während des Mittelalters war die wissenschaftliche Geographie der Griechen in Westeuropa von Anschauungen überschattet, die sich auf die Bibel stützten, und Gelehrte wie Caecilius Firmianus Lactantius († 325–30) verfochten die Theorie, daß die Erde eine flache Scheibe sei. Zur gleichen Zeit wurden die griechischen geographischen Texte ins Arabische übersetzt und beeinflußten als bedeutendste fremde Quelle die Arbeit der arabischen Geographen. In Europa wurde die griechische Geographie erst in der Renaissance wiederbelebt und damit zur Grundlage, auf der die europäischen Gelehrten im Zeitalter der großen geographischen Entdeckungen ihre Erkenntnisse aufbauten.

Das früheste überlieferte lateinische Werk der Geographie ist *De chorographia* (Über die Erdkunde) des römischen Schriftstellers Pomponius Mela (1. Jh.). Barthel Stein (1476/77–1521/22) widmete ihm seine Antrittsvorlesung, als er 1509 seinen Lehrstuhl an der Universität von Wittenberg einnahm, den ersten für Geographie, der überhaupt an einer Universität eingerichtet wurde.

Klimazonen

Die Aufteilung der Erde in fünf Klimazonen war eine Theorie, die im antiken Griechenland aufgestellt worden war. Die in der Mitte liegende Äquatorialzone galt wegen ihrer extremen Hitze als unbewohnbar. Nördlich und südlich schlossen sich die gemäßigten Zonen an sie an, die beide bewohnbar waren und von denen die nördliche die Gebiete der bekannten Welt umfaßte. Die Gebiete um den Nord- und den Südpol schließlich bildeten die letzten beiden Zonen, die aufgrund ihrer extremen Kälte für unbewohnbar gehalten wurden. Diese Theorie war während des Mittelalters und darüber hinaus weit verbreitet und allgemein anerkannt. Sie wurde von Beda Venerabilis (um 672–735) in seinem einflußreichen Werk *De natura rerum* (Über die Natur der Dinge) erneuert und bekräftigt.

Mit den heißen und den südlichen gemäßigten Zonen beschäftigte sich Macrobius (um 400) in seinem Kommentar zu Ciceros *Somnium Scipionis* (Scipios Traum). Danach wurde es wegen der extremen Hitze für unmöglich gehalten, die heiße Zone zu durchqueren, weshalb auch ausgeschlossen wurde, mit den in der südlichen gemäßigten Zone lebenden Menschen in Kontakt zu treten. Einigen Denkern fiel es schwer, sich vorzustellen, daß dort überhaupt Menschen leben sollten, da sie ja auf dem Kopf gehen müßten.
In seinem im Jahre 1410 vollendeten *Imago mundi* (Das Bild der Welt) wies Petrus de Alliaco (1350–1420), damals noch Bischof von Cambrai, darüber hinaus auf ein theologisches Problem hin: Solche Antipoden konnten nichts vom Christentum wissen. Um derartigen Schwierigkeiten aus dem Weg zu gehen, nahmen einige Denker an, daß die südliche gemäßigte Zone überwiegend von Wasser bedeckt sei oder Land umschließe, das zwar bewohnbar, aber nicht bewohnt war.

Trockene und regnerische Gebiete: Der berühmte griechische Historiker Herodotos (um 484–nach 430 v. Chr.) aus Halikarnassos in Kleinasien behandelt in seinen *Historien* zum einen die extreme Trockenheit im Niltal in Ägypten, dessen niedrige Luftfeuchtigkeit ein bekanntes Phänomen ist, und zum anderen die verschiedenen Theorien, die griechische Denker über die Gründe für die Nilflut aufgestellt hatten, ein Problem, das von den frühen Geographen eifrig diskutiert worden war. Strabo etwa führt in seiner *Geographie* die Erklärung an, die den Gelehrten seiner Zeit geläufig war: daß die Nilflut von starken Regenfällen in Äthiopien verursacht werde.

Die kälteste Zone, die arktische, galt aufgrund ihres extremen Frosts im allgemeinen als unbewohnbar, aber einige Denker, wie der englische Gelehrte Roger Bacon (um 1219–1292) im 4. Buch seines *Opus maius* (Größeres Werk), befaßten sich mit der Möglichkeit, daß die arktische Zone auch gemäßigte oder warme Gebiete umfaßte. Im 16. Jh. meinten die Engländer Robert Thorne und Roger Barlow, in der Arktis befinde sich ein eisfreier See, über den man segeln könne. Diese Theorie eines eisfreien Polarsees beeinflußte spätere Projekte zur Arktiserkundung.

Kontinente

Die Aufteilung der Alten Welt in drei Kontinente mit den Namen Europa, Asien und Afrika ist griechischen Ursprungs. Ptolemäus beschreibt im 7. Buch seiner *Geographie* Asien als den größten Kontinent, Afrika als den nächstkleineren und Europa als den kleinsten. Diese Aufteilung fand unter den arabischen Geographen allerdings keine einhellige Zustimmung. Sie gaben häufig anderen Arten der Aufteilung der Welt den Vorzug. Al-Dimashqi (1256–1327) etwa führt eine ganze Reihe anderer möglicher Aufteilungen an.

Der größte Kontinent: 41,25 Prozent der Erdoberfläche, 210 400 000 km^2, bestehen aus Landmassen. Zwei Drittel davon oder 29,02 Prozent der Erdoberfläche (148 021 000 km^2) liegen über Wasser mit einer mittleren Höhe von 756 m über dem Meeresspiegel. Die eurasische Landmasse mit einer Ausdehnung von 53 698 000 km^2 (einschließlich Inseln) ist der größte Kontinent. Die afro-eurasische Landmasse hat eine Ausdehnung von 84 702 000 km^2, also 57,2 Prozent der über dem Meeresspiegel liegenden Landmasse der Erde.

Der kleinste Kontinent ist das australische Festland mit einer Ausdehnung von 7 618 493 km^2. Zusammen mit Tasmanien, Neuseeland, Neuguinea und den pazifischen Inseln wird die ganze Gruppe auch Ozeanien genannt. Australien war bis zum 16. Jh. in Europa unbekannt.

Ein unentdeckter südlicher Kontinent auf der Südhalbkugel der Erde wurde als Gegengewicht zur Landmasse der Nordhalbkugel häufig vermutet. Manchmal wurde diese Theorie mit Ptolemäus Annahme einer Landbrücke zwischen Afrika und Asien verbunden. Demgemäß zeigten bedeutende Erdkarten eine gewaltige Landmasse auf der Südhalbkugel. Diese Theorie hielt sich bis zur Entdeckung Australiens (Terra australis = Südland) im 17./18. Jh.

Meere

Die vom Meer bedeckte Oberfläche der Erde wird auf 362 033 000 km^2 oder rund 71 Prozent der Gesamtoberfläche geschätzt. Das Wasservolumen der Ozeane wird auf 1 349 900 000 km^3 geschätzt, das Süßwasser auf 35 000 000 km^3.

Der größte Ozean ist der Pazifik. Sein Flächeninhalt beträgt 166 241 000 km^2. Das sind 45,9 Prozent der globalen Meeresoberfläche.

Die Namen von Atlantik und Pazifik sind griechischen Ursprungs. Nach arabischen Geographen war die bekannte Welt von einem Einschließenden Meer umgeben (al-Bahr al-Muhit), das manchmal auch Grünes Meer (al-Bahr al-Akhdar) genannt wurde. Zusammen mit sechs anderen Meeren gehörte es zu den sieben Meeren, von denen die Erde umgeben war. Manchmal wurde aber auch eine geringere Anzahl von Meeren angenommen.

Den Namen Pazifik erhielt dieser Ozean 1520 während der Weltumseglung von Magellan (um 1480–1521). Der erste Europäer, der ihn sichtete, war 1513 Vasco Núñez de Balboa (um 1475–1519), der ihm den Namen Südlicher Ozean gab.

Höhen- und Tiefenschätzungen: Bei der theoretischen Behandlung der Kugelgestalt der Erde behauptete Eratosthenes, der höchste Berg sei nicht über 10 Stadien hoch. Poseidoneos von Apemeia (um 135–51 v. Chr.) dagegen meinte, man müsse 15 Stadien annehmen. Diese Zahlen wurden gleichzeitig auch auf die Meerestiefe angewandt. Papirius Fabianus (um 35 v. Chr.–vor 35 n. Chr.) soll sich, wie Plinius (23/24–79) in seiner *Naturgeschichte* berichtet, ebenfalls für 15 Stadien ausgesprochen haben. Roger Bacon vermutete im 4. Buch seines *Opus maius*, die höchsten Berge seien 12,8 km hoch. In späterer Zeit schätzte Gregor Reisch († 1525) im 7. Buch, Kapitel 44, seiner 1508 veröffentlichten *Margarita philosophica* (Perlen der Philosophie), daß die höchsten Berge 15 Stadien hoch seien und die größte Meerestiefe 30 Stadien betrage. Sebastian Münster (1488–1552) nahm 1550 in seiner *Cosmographia universalis* (Allgemeinen Erdkunde) die maximale Berghöhe mit zwei bis drei deutschen Meilen (ca. 15–23 km) an.

In Ptolemäus Liste der Golfe im 7. Buch, Kapitel 5, seiner *Geographie* sind zehn Golfs der Größe nach aufgeführt: der Ganges-Golf (Golf von Bengalen), der Persische Golf, der Große Golf (Bucht von Thailand), der Arabische Golf (Rotes Meer), der Äthiopische Golf (Golf von Guinea), der Pontische Golf (Schwarzes Meer), das Ägäische Meer, Maeotis (Asowsches Meer), das Adriatische Meer und Propontis (Marmarameer). Tatsächlich ist der größte Golf der von Mexiko: Er hat einen Flächeninhalt von 1 500 000 km^2 und eine 4990 km lange Küstenlinie, die von Cape Sable, Florida (USA), bis Cabo Catoche (Mexiko) reicht.

Die berühmteste chinesische Luftspiegelung ist über Dengzhou in der Provinz Shandong zu sehen. Sie erinnert an eine Stadt mit mehrstökkigen Häusern und wurde von den Anwohnern „Seemarkt" genannt. In der späten Ming-Zeit kursierten mehrere Erklärungen dafür: Eine von ihnen nahm an, daß es sich um den ausgestoßenen Atem von Meeresungeheuern handle; eine andere, daß es das Wesen des Meerwassers sei, das verdampfe und sich in der Luft zu Lichtformen verteile.

Gezeiten

Außergewöhnliche Gezeiten entstehen durch die Gravitationskraft des Mondes und der Sonne und die Einwirkung ihres Perigäums, Perihelions und ihrer Konjunktionen. Luftdruck und Wind können zusätzliche Verstärkungen hervorrufen, und der Verlauf der Küsten und des Meeresbodens beeinflussen gleichfalls die Wirkung der Gezeiten. Die Abstände zwischen den Tiden betragen durchschnittlich 12 Stunden und 25 Minuten.

Die größten Gezeiten gibt es in Kanada in der Bay of Fundy, die zwischen Neuschottland, Maine (dem nordöstlichsten Staat der USA) und der kanadischen Provinz New Brunswick liegt. Burncoat Head im Minasbecken in Neuschottland hat mit 14,5 m den höchsten mittleren Tidenhub in der Welt. Tahiti kennt keinen Tidenhub.

Die bekannteste Flutwelle in China ist die des Qiantang in der Nähe von Hangzhou in der Provinz Zhejiang, die Xie Zhaozhi, ein Schriftsteller der späten Ming-Zeit, mit großer Anschaulichkeit beschrieb: „Wenn man sie zuerst sieht, ist sie ein blau-schwarzer Dunststreifen. Kommt sie näher, wird sie zu einer riesigen weißen Fläche, die gewaltig donnert. Ihre Kraft ist die eines Berges, der sich brüllend hin und her wirft und wie im Fieberwahn vorwärtsrollt. Einen Augenblick später hat sie die Küste erreicht und bricht wie ein Berg oder ein einstürzendes Haus in sich zusammen. Danach wird es wieder still, und Himmel und Wasser erstrekken sich als einfarbige Fläche über die Weite des Flusses. Wenn die Flutwelle kommt, ergießt sich die Gischt über die Häuser der Menschen, die am Ufer wohnen, und tropft von den Dächern, als wäre ein plötzlicher Regenguß niedergegangen."

Inseln

Die größte Insel, wenn man Australien nicht als Insel, sondern als kontinentale Landmasse betrachtet, ist Grönland (oder Kalaallit Nunaat, wie es seit dem 1. Mai 1979 wieder in der Landessprache heißt) mit ca. 2 175 000 km^2. Allerdings besteht Grönland aus mehreren von einer Eisschicht bedeckten Inseln, ohne die es nur 1 680 000 km^2 groß wäre.

Die größten bekannten Inseln waren die von Ptolemäus im siebten Buch, Kapitel 5, seiner *Geographie* der Größe nach aufgezählten zehn Inseln: Taprobana (Sri Lanka) – wie viele andere griechische Gelehrte überschätzte er die Größe von Sri Lanka bei weitem –, Albion (Großbritannien), der Goldene Chersones (Malaiische Halbinsel), Hibernia (Irland), der Peloponnes, Sizilien, Sardinien, Korsika, Kreta und Zypern.

Die größte Insel im Süßwasser ist die Ilha de Marajo (48 000 km^2) in der Amazonasmündung in Brasilien. Die größte Binneninsel (das heißt zwischen Flüssen liegendes Land) ist die Ilha do Bananal in Brasilien mit 18 130 km^2. Die größte Insel in einem See ist die Manitoulin Insel mit 2766 km^2 im Kanadischen Bereich des Huronsees.

Gebirge

Der höchste Berg ist der Mt. Everest. Aufgrund von Theodolitenmessungen aus den Jahren 1849 und 1850 stellte die Landvermessungsbehörde der indischen Regierung 1852 fest, daß ein Gipfel des östlichen Himalajagebirges an der Grenze zwischen Tibet und Nepal der höchste Berg der Welt ist. 1860 wurde seine Höhe mit 8840 m errechnet. Am 25. Juli 1973 meldeten die Chinesen, daß er 8848 m hoch sei. Der Ruf des Mt. Everest als des höchsten Berges der Welt blieb 135 Jahre lang (1852–1987) unangetastet. Dann teilte die amerikanische K2-

PTOLEMÄUS LISTE DER KONTINENTE, MEERE UND INSELN *(mit tatsächlichen Größenangaben in km^2)*

KONTINENTE	
Asien	*rd. 43 771 000*
Afrika	*rd. 29 785 000*
Europa	*rd. 9 538 000*
MEERE	
Indischer Ozean	*73 426 000*
Mittelmeer	*3 499 350*
Persischer Golf	*233 100*
Golf von Bengalen	*2 172 000*
Golf von Thailand	*239 000*
Rotes Meer	*440 300*
Schwarzes Meer	*411 810*
Ägäisches Meer	*179 000*
Asowsches Meer	*36 260*
Adriatisches Meer	*132 000*
Marmarameer	*11 137*
INSELN UND HALBINSELN	
Sri Lanka	*65 609,88*
Großbritannien	*229 849,55*
Malaiische Halbinsel	*181 300*
Irland	*83 851,25*
Peloponnes	*21 756*
Sizilien	*25 462,29*
Sardinien	*23 817,64*
Korsika	*8 720,53*
Kreta	*8 306,13*
Zypern	*9 251,48*

Das normale Intervall der Gezeiten beträgt 12 Stunden und 25 Minuten. Mont Saint-Michel vor der Küste der Normandie in Frankreich ist ein berühmtes Beispiel dafür, wie die Gezeiten das Erscheinungsbild eines Ortes verändern können. Bei Ebbe stellt ein 914 Meter langer Straßendamm die Verbindung zum Festland her, während der Fels bei Flut zu einer Insel wird.

Als größtes Gebirge gibt Herodotos in seinen *Historien* den Kaukasus an. Später, nach dem Zug Alexanders des Großen (356–323 v. Chr.) waren den Griechen auch der Hindukusch (Paropamisus) und der Himalaja (Imaos oder Emodus) bekannt. Es war verbreitete Ansicht, daß beide zusammen mit dem Taurus in Kleinasien eine Gebirgskette bildeten, die sich quer durch ganz Asien erstreckte.

Höchster Berg Afrikas ist mit einer Höhe von 5895 m der Kilimandscharo in Tansania, dessen Gipfel beständig von Schnee bedeckt ist. Obwohl er in der Ebene 160 km weit zu sehen ist, ist er vom Meer aus nicht sichtbar, so daß die Beschreibungen der Seeleute auf Hörensagen beruhen. Die Täler auf der Südseite des Berges wurden von Bananenfarmern intensiv bewirtschaftet, während auf der Nordseite Masai-Hirten große Rinderherden über das Grasland trieben. Nicht ortsansässige Jäger erlegten Elefanten und verkauften die Stoßzähne nach Indien, wo Brautschmuck und Einlegearbeiten daraus hergestellt wurden, und China, wo feinste ornamentale Schnitzereien entstanden.

Die höchsten Berge im Mittleren Osten sind der Demawend im Elburs, südlich des Kaspischen Meers, mit 5604 m, der Ararat im Taurus mit 5165 m und der Zard Kuh im Zagros-Gebirge mit 4548 m. Im 15. und 16. Jh. hielt man den Ararat für jenen Berg, auf dem Noahs Arche am Ende der Sintflut auf Grund lief. Man nannte ihn den Berg Noah. Eine örtliche Legende besagte, daß sich die Arche immer noch auf dem Berg befinde, Gott aber verboten habe, hinaufzusteigen und sie anzusehen. Dennoch versuchten viele, ihn zu besteigen. 1474 erreichte ein venezianischer Reisender den Fuß des Gipfels und berichtete, daß er sehr hoch und von der Kuppe bis zum Fuß das ganze Jahr über schneebedeckt sei. Viele hätten versucht, den Gipfel zu erreichen. Einige seien niemals zurückgekehrt, andere, die zurückgekommen waren, hätten gesagt, sie glaubten nicht, daß man jemals einen Weg hinauf finden würde.

Expedition am 6. März 1987 mit, der K2 (auch als Chogori bekannt) sei zwischen 8858 und 8904 m hoch und damit die Nummer 1 unter den Bergen. Diese Behauptung hielt jedoch einer gründlichen Nachprüfung nicht stand. Im Sommer 1987 hat ein italienisches Team unter Ardito Desio mit Hilfe vier transportabler Navigationssatelliten-Empfängern an Ort und Stelle genaue Vermessungen durchgeführt. Danach ist der Mt. Everest mit 8863 m sogar höher als bisher angegeben. Der K2 ist dagegen nur 8607 m hoch und damit noch vier Meter niedriger als früher angenommen.

Das erste Buch über die Entstehung der Gebirge in Europa, das allein diesem Thema gewidmet war, wurde in den späten fünfziger Jahren des 16. Jh.s von Valerius Favienties verfaßt und ist 1561 in Venedig erschienen. Es war nur ein kleines Pamphlet von 16 Seiten. Die Ursachen, die Favienties für die Entstehung der Gebirge anführt, entsprechen dem Denken seiner Zeit. Er nennt im einzelnen: Erdbeben, ein Anschwellen von durch Wasser aufgeweichten Teilen der Erde, den Druck von in der Erde eingeschlossener Luft, Feuer, die Seele der Berge, die Sterne, Erosion, Wind, von der Sonne angezogene Feuchtigkeit innerhalb der Erde und die Arbeit des Menschen. Girolamo Fracastoro (1478–1553) scheint der erste gewesen zu sein, der erkannte, daß die in höheren Gebirgsregionen gefundenen Gesteinsschichten einst unter Wasser lagen, eine Ansicht, die auch Girolamo Cardano (1501–1576) vertrat.

Leonardo da Vinci (1452–1519) war nicht der Meinung, daß irgendwelche inneren Kräfte bei der Entstehung der Gebirge eine Rolle gespielt hatten. Er glaubte vielmehr, die Wassereinwirkung habe gigantische Erosionsspalten in die ursprüngliche Erdkruste gegraben.

Höhenmessungen von Bergen führten bereits die Griechen mit Hilfe eines Dioptra genannten Instruments durch, einer Vorform des Theodoliten. Wie Plinius in seiner *Naturgeschichte* berichtet, soll Dikaiarchos von Messene (* um 340 v. Chr.) die Höhe des Pelions in Thessalien vermessen haben. Er soll außerdem die Höhe des Cyllene auf dem Peloponnes und des Atabyrius auf Rhodos ermittelt haben. Plutarch von Chaironei (um 46–125) erwähnt in seinem biographischen Werk über Aemilius Paulus eine Inschrift, in der Xenagoras, Sohn des Eumelos, von seiner Vermessung des Olymps berichtet.

Die Alpen seien nicht einmal in fünf Tagen zu ersteigen, zitiert Strabo im vierten Buch seiner *Geographie* Polybios von Megalopolis (um 200–nach 129 v. Chr.). Als Vergleichsmaßstab dienten ihm die Berge von Griechenland und Thrakien, die, wenn man gut zu Fuß war, in einem Tag durchaus zu erklimmen waren.

Flüsse

Der längste Fluß ist nach Herodotos Angabe in den *Historien* die Donau mit ihren Nebenflüssen. Später im Text stellt er allerdings einschränkend fest, daß die Donau ohne ihre Nebenflüsse kürzer sei als der Nil, dieser also als der längste Fluß anzusehen sei. Die Donau ist nach heutigen Messungen 2850 km lang.

Die großen Flüsse Indiens beschreibt Strabo in seiner *Geographie*. Sie waren den Griechen nach dem Zug Alexanders des Großen besser bekannt, und Strabos Liste der größten bekannten Flüsse stellt denn auch den Ganges an erste Stelle, gefolgt vom Indus, der Donau und dem Nil. Dieser Einschätzung folgte Eustathios von Thessalonike (1125–1193/98) in seiner Paraphrase zu Dionysios dem Periegeten von 1143.

Die Wolga wird von Roger Bacon im 4. Buch seines *Opus maius* – er nennt sie Ethilia – als einer der bedeutendsten Flüsse bezeichnet, der viermal länger sei als die Seine. Er bezog seine Informationen von Wilhelm von Rubruk (um 1210–um 1270) und anderen, die dieses Gebiet bereist hatten.

Der Jangtsekiang wird von Marco Polo (1254–1324) als der größte Fluß der Welt bezeichnet. Er sei 100 Tagereisen lang.

Im 15. und 16. Jahrhundert wurde der Ararat im Süden der Türkei für den Berg gehalten, auf dem Noahs Arche nach der Flut gestrandet war. Man nannte den Berg deshalb auch Noahs Berg. Sagen berichten davon, daß die Arche noch immer auf dem Berg sei, aber Gott befohlen habe, daß niemand den Berg besteigen und die Arche sehen dürfe. Trotzdem versuchten immer wieder Menschen, den Berg zu erklimmen. 1474 berichtete ein venezianischer Reisender darüber.

Den Amazonas befuhr als erster Europäer 1541/42 in einer Länge von 4750 km von Rio Napo bis zur Mündung der spanische Konquistador Francisco de Orellana (um 1511–1546). Er war es auch, der dem Fluß seinen heutigen Namen gab.

Den mythischen Erklärungen über die Herkunft der Flüsse widersprach als einer der ersten Leonardo da Vinci (1452–1519). Er erkannte die Bedeutung durchlässiger Gesteinsschichten für das Entstehen unterirdischer Wasserreservoirs, die durch Regenwasser gebildet werden, das in die Erde einsickert.

Die erste wahre Ansicht über die Herkunft der Flüsse findet sich in Konrad von Megenbergs (um 1309–1374) Schrift *Das Buch der Natur* in einer knappen Beschreibung des stetigen Wasserkreislaufes.

Der am wenigsten erforschte große Fluß Afrikas war im 15. Jh. der Kongo. Der Oberlauf wurde von Luba-Fischern stark befahren, die große Mengen getrockneter Fische an die Bergarbeiter im zentralafrikanischen Kupfergürtel lieferten. Der Mittellauf, der durch eines der größten Regenwaldgebiete der Erde führt, war von verschiedenen Bantu-Völkern bewohnt, deren Kulturen der wirtschaftlichen Nutzung ihrer äquatorialen Umwelt angepaßt waren und die mit ihren Kanus über große Entfernungen Handel trieben. Der Zugang zum Kongo vom Atlantik aus war jedoch durch gewaltige Wasserfälle versperrt, die eine über das Mündungsgebiet hinausreichende Erkundung verhinderten. Auf den Felsen unterhalb der Wasserfälle haben portugiesische Seeleute in den neunziger Jahren des 15. Jh.s eine Inschrift hinterlassen.

Die erste Beschreibung des Grand Canyon: Einige der Männer Coronados erreichten das Land über dem Colorado River, schauten 1540 hinunter, doch waren nicht in der Lage hinabzusteigen. Zwei Männer, die den Abstieg wagten, schätzten, daß die Berge höher seien als der Giralda, der gefeierte Glockenturm der Kathedrale in Sevilla (Spanien), der 82,5 m hoch ist.

Der höchste Wasserfall ist der Salto Angel in Venezuela in einem Arm des Carrao, der ein oberer Nebenfluß des Caroni ist. Er hat eine Gesamtfallhöhe von 979 m, und sein höchster Wassersturz ist 807 m hoch. Über die von den Indianern Cherun-Meru genannten Fälle wurde zum ersten Mal 1910 von Ernesto Sanchez La Cruz berichtet.

Die Wasserfälle mit der größten Wassermenge, die im Jahresdurchschnitt herabstürzt, sind der Boyoma (früher Stanleyfälle) in Zaïre mit 17 000 m^3/s und der 114 m hohe Guairá (auch Salto dos Sete Quedas genannt) im Alto Paraná zwischen Brasilien und Paraguay. Über seinen 4850 m Rand flossen in Spitzenzeiten 50 000 m^3/s. Durch die Fertigstellung des Itaipu-Staudamms 1982 ging dieser Rekord verloren.

Der größte Wasserfall ist der Mosi-oa-Tunya (besser bekannt als Victoriafälle) an der Grenze zwischen Simbabwe und Sambia, über den der 1700 m breite Sambesi 110 m tief in eine nur 50 m breite Schlucht stürzt und „donnernden Rauch" erzeugt, was ihm seinen Namen gab. Blickt man an einem sonnigen Tag in die Schlucht, kann man ganze Regenbogenkreise sehen.

DIE LÄNGSTEN FLÜSSE

Über die Länge vieler Flüsse hatten die gebildeten Kreise des 15. Jahrhunderts genaue Vorstellungen, auch wenn sie natürlich noch nichts von den großen Flüssen Amerikas oder Südafrikas wußten. In der ersten Hälfte des 14. Jahrhunderts durchstreifte der große arabische Reisende und Gelehrte Ibn Battuta (1304–1368/69 oder 1377) ganz Asien und Nordafrika. Vom Nil schrieb er in seinen Rehla *(Reisen), daß er alle anderen Flüsse der Erde an Süße des Wassers, Länge und Nützlichkeit überträfe. Kein anderer Fluß weise an seinen Ufern eine solche Aneinanderreihung von Städten und Dörfern und ein derart intensiv kultiviertes Tal auf. Ibn Battuta zählt als die fünf größten Flüsse den Nil, den Euphrat, den Tigris, den Saihun (Syr-Darja) und den Jaihun (Amu-Darja) auf und fügt weitere fünf bedeutende Flüsse hinzu: den Indus, den Ganges, den Jumna, die Wolga und den Hoangho oder Saru.*
Heute sieht die Liste der längsten Flüsse so aus: Nil – 6670 km, Amazonas – 6448 km, Jangtsekiang – 6300 km, Mississippi/Missouri – 6020 km, Ob (mit Katun) – 5410 km, Hoangho – 4875 km, Irtysch – 4248 km, Jenissej (mit Angara) – 4102 km, Mekong – 4500 km, Amur – 4400 km, Kongo – 4320 km. Von den anderen von Ibn Battuta erwähnten Flüssen sind die Wolga 3530 km, der Indus 3180 km, der Syr-Darja 3078 km, der Amu-Darja 2540 km, der Ganges und der Euphrat jeweils 2500 km, der Tigris 1950 km und der Jumna 1400 km lang.

Seen und Binnenmeere

Als größtes Binnenmeer beschrieb Ptolemäus im 7. Buch, Kapitel 5, seiner *Geographie* den Indischen Ozean, gefolgt vom Mittelmeer und vom Kaspischen Meer. Ptolemäus glaubte aufgrund einer geographischen Fehleinschätzung, daß eine Landbrücke zwischen Südasien und Afrika existiere und der Indische Ozean daher ein Binnenmeer sei.

Den größten Flächeninhalt eines Süßwassersees, nämlich 82 350 km^2, hat der Lake Superior (Oberer See) in Nordamerika. 53 600 km^2 seiner Fläche gehören zu den USA, 27 750 km^2 zu Kanada. Der See liegt 182 m über NN und ist bis zu 393 m tief.

Das größte Binnenmeer der Welt ist das Kaspische Meer im Süden der UdSSR und im Iran. Es ist 1225 km lang und 371 800 km^2 groß. Davon gehören 143 200 km^2 (38,5 Prozent) zum Iran, wo es Darya-ye-Khazar genannt wird. Das Kaspische Meer ist bis zu 1025 m tief und liegt 28,5 m unter NN. Es enthält schätzungsweise 89 600 km^3 Salzwasser. Das Kaspische Meer unterliegt ständig Veränderungen: Seine Oberfläche lag im 11. Jh. 32 m, Anfang des 19. Jh.s 22 m unter NN.

Bei der Größe der Seen lagen die mittelalterlichen Reisenden mit ihren Schätzungen häufig völlig falsch. Nachdem ein italienischer Reisender in den siebziger Jahren des 15. Jh.s das Kaspische Meer besucht hatte, meinte er, sein Umfang käme möglicherweise dem des „Mar Maggiore" in seiner Heimat gleich. Tatsächlich ist der Lago Maggiore 212 km^2 groß, während das Kaspische Meer zu jener Zeit (es ist im 20. Jh. geschrumpft) 438 487 km^2 umfaßte.

DIE HERKUNFT DER FLÜSSE

Die zeitgenössischen Vorstellungen über die Herkunft der Flüsse waren bestimmt durch die Heilige Schrift der christlichen Kirche. Etliche Passagen in der Bibel wurden als Beweis dafür gesehen, daß alle Flüsse ihre Quelle in den Ozeanen haben. So heißt es etwa in den Reden des Predigers Salomo:
„Alle Wasser laufen ins Meer, doch dort wird das Meer nicht voller; an den Ort, dahin sie fließen, fließen sie immer wieder."

Wüsten

Die größte Wüste ist die Sahara. Aber sie ist nicht das trockenste Gebiet der Erde. In römischer Zeit ermöglichten es Brunnenketten, mit Pferde- oder sogar Ochsengespannen von Oase zu Oase oder von Bergdorf zu Bergdorf quer durch Nord- und Westafrika zu reisen. Im 4. Jh. wurde aus Arabien das Kamel eingeführt, wodurch die Reisegeschwindigkeit erhöht wurde und weniger Datteloasen unterhalten werden mußten. In der Folgezeit wurde der Transport auf Rädern völlig zugunsten des Kameltransports aufgegeben.

Trockenste und heißeste Gebiete: Die klimatischen Bedingungen im Nahen Osten waren im 15. Jh. wie heute extrem. In Platos *Timaios* wird ein ägyptischer Priester mit der Äußerung zitiert, daß es in Ägypten niemals regne, das Land daher völlig vom Wasser des Nils abhänge. Das trifft auch heute noch zu: Assuan in Oberägypten hat eine durchschnittliche jährliche Niederschlagsmenge von 1 mm, Kairo von 22 mm, Djidda von 25 mm und Bagdad von 151 mm. Zum Vergleich: In Rize im Nordosten der Türkei fallen jährlich 2440 mm Regen.
Im April 1444 fand es ein arabischer Reisender, der sich in einem Hafen in der Nähe von Maskat aufhielt, ziemlich heiß. Er schrieb, daß „wir während einer Nacht eine solche Hitze erlebten, daß man bei Tagesanbruch denken konnte, der Himmel hätte die Erde in Brand gesteckt. Die Hitze, die die Luft versengte, war so groß, daß sogar der schnell fliegende Vogel am Himmel verglühte, genauso wie der Fisch in den Tiefen des Meeres". Das ist zweifelsohne ein wenig übertrieben, aber in der Gegend um Maskat herrschen, wie heutige Messungen belegen, tatsächlich außergewöhnliche Temperaturen. Die durchschnittliche Tageshöchsttemperatur im Juli beträgt 36 °C, die niedrigste Nachttemperatur 30 °C, und der Spitzenwert, den unser Reisender möglicherweise erlebte, liegt bei 45 °C. Zu allem Überfluß beträgt die Luftfeuchtigkeit in Südostarabien zu dieser Jahreszeit über 90 Prozent.

Der berühmteste „Wüstenhafen" war Timbuktu am Rand der Sahara, das durch einen kurzen Kanal mit dem Niger verbunden war, über den es mit Lebensmitteln versorgt wurde. In Timbuktu gab es Hotels und Bank- und Handelshäuser für die Kamelkarawanen, die Steinsalz aus den ehemaligen Salzseen von Taoudenni mitten in der Sahara in die Stadt brachten. In umgekehrter Richtung lieferte Timbuktu Getreide für die Arbeitssklaven im Salzabbau. Die Stadt beherrschte außerdem den Goldhandel von Westafrika in den Mittelmeerraum, aus dem sie Stoffe und modische arabische Kleidung importierte. Das Gold kam im Mittelalter vom Oberlauf des Niger und von 1400 an auch aus den 960 km südlich der Stadt gelegenen Akan-Wäldern.

Die wasserärmste Stadt war die Hauptstadt des Hurmuz-Königreiches auf der Insel Jarun im Persischen Golf, die keine eigenen Wasserquellen besaß. Das Wasser wurde daher in Booten vom Festland auf die Insel gebracht, wo riesige Reservoirs errichtet worden waren, die angeblich genügend Wasser aufnehmen konnten, um 18 000 Menschen ein Jahr lang zu versorgen.

Trockenste Siedlung in Afrika war die Stadt Taghaze in der Sahara, deren Salzminen spätestens vom 9. Jh. an ausgebeutet wurden. Sie war, einschließlich ihrer Moscheen, ganz aus mit Kamelhäuten überzogenen Salzblöcken erbaut worden. Lebensmittel und Wasser mußten auf Kamelen herbeigeholt werden. Die Stadt und die Minen wurden in den späten achtziger Jahren des 16. Jh.s wegen wiederholter Überfälle aus Marokko aufgegeben.

Der höchstgelegene schiffbare See ist der Titicacasee (Maximaltiefe 370 m) mit einer Fläche von 8285 km^2, wovon 4790 km^2 zu Peru und 3995 zu Bolivien gehören. Er ist 209 km lang und liegt 3811 m über NN. Aus der Region um den See nahm im 13. Jahrhundert die Inka-Kultur ihren Ausgang und dominierte, bis 1522 die Spanier hier vordrangen.

Erdbeben

Erdbeben waren im Mittelmeerraum eine gewohnte Erscheinung. Im November 1570 erschütterte ein verheerendes Beben Ferrara (Italien) und die umliegende Region.

Die populärste Ansicht über die Ursache von Erdbeben gibt Konrad von Megenburg (um 1309–1374) in seinem vielgelesenen *Buch der Natur* wieder: „Die gewöhnlichen Menschen verstehen nicht, warum dies passiert, und so behaupten viele alte Frauen, die sich für weise halten, daß die Erde auf einem großen Fisch namens Celebrant ruhe, der seinen Schwanz im Maul halte. Wenn der Fisch sich bewege oder herumdrehe, erzittere die Erde. Das ist eine lächerliche Fabel und selbstverständlich nicht wahr ..."

Die erste Darstellung dessen, was Erdbeben sind, stammt ebenfalls von Konrad von Megenburg, der in seinem *Buch der Natur* die verbreitete Auffassung wiedergibt, sie rührten von mysteriösen (und häufig giftigen) Ausdünstungen im Innern der Erde her. Diese Ausdünstungen sammelten sich in Höhlen und entwickelten einen enormen Druck, dem die Höhlenwände schließlich nicht mehr standhalten könnten. Die Erschütterung der Höhlenwände erreiche dabei solche Ausmaße, daß sich Öffnungen zur Oberfläche auftäten und die Berge gegeneinander geworfen würden. Diese Ansicht hielt sich von den Zeiten des Aristoteles bis zum Ende des 17. Jh.s.

Die meisten Todesopfer dürfte ein Beben im Juli des Jahres 1201 im Nahen Osten und im östlichen Mittelmeerraum gefordert haben. Möglicherweise hat es 1 100 000 Tote gegeben. Weniger unsicher sind die Zahlen für das Erdbeben *(ti chen)* vom 2. Februar 1556 in den chinesischen Provinzen Schensi, Schansi und Honan, bei dem ca. 830 000 Menschen ums Leben kamen.

Das schrecklichste Erdbeben, das Konstantinopel erschütterte, begann in der Nacht des 13. September 1509 und dauerte mit Unterbrechungen 45 Tage. Während dieser Zeit schliefen die Bewohner von Konstantinopel aus Furcht, sie könnten unter ihren Häusern begraben werden, im Freien. Allein in der Stadt verloren 5000 Menschen das Leben und stürzten 109 Moscheen, ungefähr 1300 Häuser und ein Teil der Stadtmauer ein. In anderen türkischen Städten entstanden ebenfalls große Schäden. In Corum waren zwei Drittel der Bevölkerung aufs Land geflohen.

Ein verheerendes Erdbeben ereilte am 15. Februar 1549 Ostqayin (Iran). Es zerstörte zwei Dörfer und forderte 3000 Menschenleben. Das große Beben war von einem örtlichen Astrologen, der selbst getötet wurde, vorausgesagt worden.

Die häufigsten Erdbeben waren nach Angaben des Schriftstellers Xie Zhaozhi in den chinesischen Provinzen Fu jian und Guang dong zu beobachten, wo sich „die Erde oft bewegt. Wenn solch ein Beben stattfindet, öffnet sich der Boden mehrere Meter breit, und die Unglücklichen, die sich an dieser Stelle befinden, stürzen mitsamt ihres Haushalts hinein. Wenn sich der Boden wieder schließt, bleibt kein Spalt und keine Narbe zurück, und man kann noch so tief graben, ohne eine Spur von ihnen zu finden ..." Xie Zhaozhi dachte, die Ursache der Beben sei es, daß „die große Erde im Grunde eine Art Lebewesen mit seinen eigenen Bewegungen ist. Die sonderbare Annahme, daß es sich *nicht* bewegen sollte, wäre noch unerklärlicher."

Überschwemmungen

Der größte Landverlust in Europa war die Folge der als Elisabeth-Flut – sie fand am Tag der heiligen Elisabeth statt – bekannten Katastrophe, die am 17. November 1421 die Niederlande traf und trockengelegtes Land überschwemmte. 17 000 ha Land gingen damals auf Dauer verloren.

Den größten Landgewinn rangen die Niederlande dem Meer ab. 40 Prozent ihrer Fläche liegen unterhalb des Meeresspiegels und würden ohne ständige Drainage und Eindeichung vom Meer überflutet werden. Nach der Rekordlandgewinnung um das Jahr 1200 herum, als in einem Vierteljahrhundert etwa 16 000 ha trokkengelegt wurden, folgte die nächste große Landgewinnung Mitte des 16. Jh.s, als wiederum innerhalb eines Vierteljahrhunderts über 16 000 ha gewonnen wurden, zu denen weitere trockengelegte Flächen im Innern des Landes hinzukamen.

Wetter

Das Klima in Europa und Nordamerika verschlechterte sich während der zweiten Hälfte des 15. Jh.s fast überall. Langen, strengen Wintern und späten Frühlingen folgten kühle, feuchte Sommer. Das Ergebnis waren durch dürftige Getreideernten verursachte Hungersnöte. Viele ländliche Siedlungen in Nordeuropa wurden während dieser Periode, als das Wetter besonders schlecht war, aufgegeben. In weiten Teilen Europas sanken die durchschnittlichen Sommer- und Wintertemperaturen um über 1 °C. Hinter dieser gering erscheinenden Zahl verbergen sich einige außerordentlich kalte Winter, die dieser klimatischen Epoche den für sich sprechenden Namen „Kleine Eiszeit" eingebracht haben.

Am stärksten waren die Auswirkungen der Klimaveränderungen in Island und Grönland zu spüren. Die norwegische Gemeinde auf Island wurde durch kältere Winter, vermehrten Niederschlag, kürzere Sommer und die größere Ausdehnung der Gletscher dezimiert. Die Wachstumszeit wurde gefährlich kurz, und an einigen Orten konnte ehedem kultiviertes Land nicht mehr bestellt werden. Schafe und Rinder fanden kein Winterfutter mehr, so daß ein großer Teil des Viehbestandes einging. Die Menschen auf Island überlebten die mittelalterliche Klimaveränderung, nicht jedoch auf Grönland, wo die klimatischen Auswirkungen stärker waren. Die Verbindung mit der Außenwelt gestaltete sich aufgrund des vor der Küste treibenden Packeises immer schwieriger, und Mitte des 15. Jh.s waren sämtliche Seerouten nach Grönland unpassierbar geworden. Der Hunger wurde eine alltägliche Erscheinung, und die norwegische Gemeinde auf Grönland starb schließlich aus.

Die klimatische Erholung in der Zeit zwischen 1500 und 1540 mit höheren Temperaturen und geringeren Niederschlägen wurde mit Erleichterung aufgenommen. Das Wetter war jetzt eher durch Sonnenschein als durch Schnee und Stürme charakterisiert. Unter diesen milderen, ruhigeren Bedingungen brach man von Spanien und Portugal aus zu den Forschungsreisen in die Neue Welt, nach Afrika und Asien auf. Es war jedoch nur eine kurze Periode der klimatischen Besserung, denn Mitte des 16. Jh.s verschlechterte sich das Klima erneut, und das rauhe Wetter der Kleinen Eiszeit hielt wieder Einzug.

Eine katastrophale fünfzigjährige Dürre in der ersten Hälfte des 16. Jh.s führte dazu, daß die nordindische Stadt Fatehpur Sikri regelrecht ausgetrocknet wurde und aufgegeben werden mußte. Als Mittelpunkt der Region erbaut, war die Stadt groß und beeindruckend gewesen, aber die anhaltende Dürre beraubte sie jeder Möglichkeit, sich mit Wasser zu versorgen.

Der schlimmste, überlieferte Hagelsturm: Während Coronados Männer sich 1541 in Kalifornien aufhielten, mußten sie einen furchtbaren Hagelsturm – den schlimmsten, der aus Amerika überliefert ist – miterleben. In einem schriftlichen Dokument aus jenen Tagen heißt es: „In sehr kurzer Zeit regnete es eine riesige Menge Hagelkörner, so groß wie Kugeln oder größer. Sie lagen auf den Plätzen 2–3 span (46–68 cm) hoch oder höher." Der Hagel richtete großen Schaden unter den Menschen, ihren Pferden und ihrer Ausrüstung an und zerbrach ihr gesamtes Geschirr.

Bemerkenswert warme Sommer gab es, wie aus Chroniken der Zeit hervorgeht, in den Jahren 1433, 1434 und 1436. Erzählungen von wärmeren, sonnigeren, angenehmeren Sommern während der dreißiger Jahre des Jh.s wären 1492 aber vermutlich in Europa auf Unglauben gestoßen. Die strengsten Winter gab es in Mitteleuropa vermutlich Mitte des 16. Jh.s, worauf sehr viele Zeugnisse der Zeit hinweisen.

Das erste Hygroskop, ein primitives Gerät zum Messen der Luftfeuchtigkeit, wurde 1450 in den Notizen von Nicolas Cryfts beschrieben. Cryfts schlug vor, ein solches Gerät herzustellen, indem man trockene Wolle zwischen die Schenkel einer geöffneten Schere spannt. Die Veränderungen des Gewichts könnten beobachtet werden und würden auf die Veränderung der Luftfeuchtigkeit hinweisen. Leonardo da Vinci, bekanntlich nicht nur Künstler, sondern auch Erfinder, entwickelte später, wahrscheinlich auf Cryfts Erfindung fußend, ein genaueres Hygrometer.

Die härtesten Winter gab es vermutlich in der Mitte des 16. Jahrhunderts. Diese schneereichen Zeiten sind auch überliefert durch die Gemälde zahlreicher holländischer und flämischer Maler. So auch durch Pieter Bruegels Bild Jäger im Schnee.

Der erste moderne Niederschlagsmesser stammt, obwohl schon um 400 v. Chr. in Indien bekannt und in Gebrauch, aus Korea. Er wurde um 1140, zur Zeit des Königs Sejo, wiederentdeckt. In Europa blieb das Gerät noch lange unbekannt. Selbst im 15. Jh. waren hier meteorologische Messungen noch nicht üblich. Erst mit dem Thermometer – 1593 von Galileo Galilei entwickelt –, dem Regenmesser des Italieners Benedetto Castelli aus dem Jahre 1639 sowie dem Barometer, das 1643 von dem Galilei-Schüler Evangelista Torricelli erfunden wurde, konnte die Wetterkunde auf eine wissenschaftliche Grundlage gestellt werden. Erst seitdem war es möglich, auch meteorologische Messungen vorzunehmen.

Geographen

Unter **scholastischen Geographen** sind jene zu verstehen, die stärker aus den antiken und biblischen Texten schöpften als aus eigener Anschauung. Petrus de Alliaco aus Frankreich war der führende theoretische Geograph des späten 14. und frühen 15. Jh.s. Sein *Imago Mundi* (Bild der Welt) wurde am 14. August 1410 vollendet, um 1483 in Löwen (Belgien) gedruckt und eines der einflußreichsten Werke jener Zeit. Kolumbus besaß ein Exemplar dieses Buchs, das er mit Anmerkungen versehen hat und das bis heute erhalten ist. Petrus de Alliaco war mit den Arbeiten der arabischen Geographen und mit Ptolemäus *Almagest* vertraut, ignorierte diese Texte jedoch weitgehend zugunsten der klassischen Texte von Aristoteles und Plinius.

Wichtigster Autor über Nordafrika war im 15. Jh. der in Granada (Spanien) geborene arabische Afrikaforscher Leo Africanus (al-Hassan ibn Muhammad al-Wazzan, 1495–nach 1550). Er bereiste viele Jahre lang Nordafrika, bis er auf dem Mittelmeer in die Hände christlicher Piraten geriet und nach Rom gebracht wurde, wo er für Papst Leo X. (Giovanni de' Medici, 1475–1521) eine *Beschreibung Afrikas* verfaßte. Gleichzeitig lehrte er an der Universität von Bologna Arabisch. Seine soziologische Studie über das Hinterland der Sahara, die nach seinem Tod veröffentlicht wurde, blieb bis ins 19. Jh. das wichtigste Werk über diese Region.

Landkarten

Weltkarte: Die erste griechische Erdkarte der damals bekannten Welt verfertigte Anaximander von Milet (610–546 v. Chr.). Später fügten die Griechen ihren Karten auch noch Längen- und Breitenlinien hinzu.

Verzerrteste Karten waren die *Mappa mundae* (Weltkarten), wie zum Beispiel die Hereforder Weltkarte. Sie nahmen Jerusalem als das Zentrum der Welt an und ordneten die Kontinente symmetrisch um diesen Mittelpunkt herum an. Diese Karten waren zwar weit verbreitet, für den praktischen Gebrauch aber gänzlich ungeeignet.

Die größte kreisrunde Karte ist die in der Bibliothek der Kathedrale von Hereford (GB) aufbewahrte *Mappa mundae* (Weltkarte). Sie ist wahrscheinlich die prächtigste der erhaltenen kreisrunden Karten mit Jerusalem als dem Mittelpunkt der Welt. Sie mißt 1,3 × 1,6 m und wurde um 1275 von einem Mönch namens Richard von Haldringham geschaffen.

Die erste Karte des Niger-Gebiets in Afrika stammt aus dem Jahr 1339. Sie wurde von Angelino Dulcert aus Mallorca nach Informationen jüdischer Händler gezeichnet. Die berühmteste frühe Karte des Niger-Gebiets, auf der auch Timbuktu eingetragen ist, war auf der von Abraham Cresques 1375 gezeichneten *Katalanischen Weltkarte* enthalten. Er war einer jener mallorquinischen Juden, die über Sizilien Verbindungen zu Europa besaßen, aber auch über ausgedehnte Geschäftsbeziehungen mit Nordafrika verfügten und denen daher sowohl das europäische als auch das arabische geographische Wissen zugänglich war.

Die ersten Seekarten von Westafrika stammten von Italienern wie Andrea Bianco (1448) und Bartolomeo Benincasa (1468), dessen Karte das Gebiet unmittelbar südlich des heutigen Sierra Leone zeigt. Als die Portugiesen ihre Erkundungsfahrten an der westafrikanischen Küste immer weiter nach Süden ausdehnten, brauchten sie verläßliche Karten, die es den Handelsschiffen erlaubten, die von den Abenteurern eröffneten Routen zu befahren: damit der Handel der Fahne folgen konnte. Christoph Kolumbus arbeitete eine Zeitlang wie sein Bruder Bartolomeo (1460–1514) als Kartenzeichner in Portugal.

Die Karte von Abraham Cresques enthält auch eine Zeichnung von Mansa Musa, der im 14. Jahrhundert König der Mandingos in Westafrika war. Cresques Karten waren die ersten halbwegs genauen über Afrika. Sie zeigen Timbuktu in annähernd korrekter Lage und den westwärts fließenden Senegal sowie einen ostwärts fließenden Fluß, bei dem es sich um den Niger handeln könnte.

Die erste Karte von Skandinavien wird dem auf der dänischen Insel Fünen geborenen Claudius Clavus Svartbo zugeschrieben. Sie entstand um 1427 und lieferte Martin Waldseemüller für seine bedeutende Weltkarte von 1507 und seine Ausgabe der *Geographie* des Ptolemäus von 1513 die Informationen über Nordeuropa. Die Karte wurde 1830 in Nancy (Frankreich) wiederentdeckt.

Hinweise auf unentdeckte Länder im Westen erscheinen in Gestalt einer großen, Antilia genannten Insel seit 1424 auf Seekarten des Atlantiks. Einige Historiker halten es für möglich, daß die karibische Inselwelt schon vor Kolumbus entdeckt worden war. Kolumbus selbst schrieb darüber: „Auf den Karten der vergangenen Zeit sind gewisse Inseln in diesem Meer verzeichnet, insbesondere die Insel Antilia, über 200 Meilen westlich der Kanarischen Inseln und der Azoren. Die Portugiesen sind unerschütterlich der Meinung, daß sie möglicherweise die Insel der sieben Städte ist, die sie besiedelten, als Spanien erobert wurde (von den Mauren), und sie erzählen, daß sich sieben Bischöfe und viele Menschen, um der Verfolgung zu entgehen, einschifften und auf besagter Insel an Land gingen, sich auf ihr ansiedelten und, um jeden Gedanken an die Rückkehr zu ersticken, ihre Schiffe in Brand steckten."

Der älteste Erdglobus ist der von Martin Behaim (frühestens 1459–1507) 1492 in Nürnberg hergestellte „Erdapfel", wie er ihn nannte. Auf ihm befindet sich die Ostküste Asiens dort, wo in Wirklichkeit Amerika liegt. Die wahre Ausdehnung des Pazifiks wurde erst durch die Weltumseglung Magellans und seines Nachfolgers Juan Sebastián Elcano (1486/87–1526) von 1519–22 bekannt. Der Globus befindet sich heute im Deutschen Nationalmuseum in Nürnberg.

Die erste Straßenkarte für Europa gab im Jahre 1511 in Straßburg der Gelehrte und Kartograph Waldseemüller, genannt auch Ilacomilus, heraus. Gleichzeitig mit diesem Kartenwerk veröffentlichte er eine Gebrauchsanweisung, in der er sich über die Lage und Beschaffenheit der wichtigsten Städte und Reisestationen sowie über deren Entfernung untereinander ausließ.

Die Mappe mundae von Hereford ist mit Christus- und Engelfiguren geschmückt, die dem Jüngsten Gericht vorstehen. Eine lateinische Inschrift auf dem Rand besagt: „Die Vermessung der Erde wurde von Julius Cäsar begonnen." Auf der Karte sind die europäischen Routen ins Heilige Land verzeichnet, einschließlich zweier Übergänge über die Alpen.

Geographen und Karten

Die erste Karte, auf der der Name Amerika benutzt wird, ist die 1507 von Martin Waldseemüller aus Nürnberg gezeichnete Weltkarte in zwölf Blättern. Auf ihr erscheint Amerika als eigener, durch einen großen Ozean von Asien getrennter Kontinent. Im Norden der Landmasse führt eine Nordwest-Passage um den Kontinent herum.

Die älteste Weltkarte, die sowohl die Alte als auch die Neue Welt zeigt, ist die 1500 von Juan de la Cosa (1449 oder 1460–1510) entworfene. Cosa war Begleiter von Kolumbus auf dessen beiden ersten Fahrten sowie von Alonzo Hojeda (um 1470–1515) und Amerigo Vespucci. Die erste gedruckte Karte, auf der Amerika zu sehen war (aber nicht benannt wurde), war die 1506 von Contarini erstellte.
Die von Kolumbus selbst gezeichnete Karte der Neuen Welt ist nicht erhalten geblieben. Es wird aber mit gutem Grund vermutet, daß der türkische Admiral und Kartograph Piri Reis in den Besitz einer Kopie der Kolumbus-Karte gelangte und sie zur Grundlage für seine eigene Weltkarte machte, die 1513 entstand. Die Karte von Piri Reis, auf der die karibischen Inseln und Teile Südamerikas dargestellt sind, legt so als einziges Kartenwerk Zeugnis ab von der Karte, die Kolumbus erstellt hatte.

Die bedeutendste Weltkarte war die spanische *Padron real*, die amtliche Dokumentation der Entdeckungen, die 1508 auf königlichen Befehl gezeichnet wurde und in der Folgezeit durch Kartographen in Sevilla ständig auf den neuesten Stand gebracht wurde. Das beeindruckendste der erhaltenen Exemplare stammt aus dem Jahr 1529 und befindet sich im Vatikan in Rom.

Als der erste moderne Atlas kann ein Kartenwerk betrachtet werden, das 1513 in Straßburg veröffentlicht wurde. Es enthielt 47 Karten: 36 davon basierten auf den Karten des Ptolemäus, die anderen elf fußten auf dem erweiterten Wissen der zeitgenössischen Seefahrer.

Den ersten Globus mit Antarktis und Magellanstraße schuf Johannes Schöner (1477–1547) 1515 in Nürnberg. Die Existenz des südpolaren Kontinents Antarktika war zur damaligen Zeit noch eine hypothetische Annahme. Der Globus zeigte außerdem, vier Jahre bevor Magellan zu seiner Weltumsegelung aufbrach, die ihr Vorhandensein nachwies, eine Wasserstraße, die den Atlantik mit dem Pazifik verband. Sie erhielt später den Namen Magellanstraße.

Die erste illustrierte Karte von Nordeuropa ist die 1539 in Venedig gedruckte *Carta marina* des Schweden Olaus Magnus (1490–1557). Sie

Martin Behaims Globus aus dem Jahre 1492 mißt 50 Zentimeter im Durchmesser. Die Karten waren auf Pergamentstreifen gezeichnet worden, die dann auf die Kugel geklebt wurden. Den Globus zieren 111 kleine Bildnisse von Königen, Heiligen, Segelschiffen, Land- und Seetieren. Behaim nannte seinen Globus einen „Erdapfel".

stellt einen ersten Entwurf zu seiner *Historia de gentibus septentrionalibus* (Geschichte der nordischen Völker) von 1555 dar. Das Original der Karte verschwand während der siebziger Jahre des 16. Jh.s und wurde 1886 in München wiederentdeckt.

Die erste Anwendung des Mercatorentwurfs, der zum üblichen Verfahren besonders bei Seekarten wurde, findet sich schon 1511 in einer Karte von Europa und Nordafrika von Erhard Etzlaub (1462–1532) aus Nürnberg. Gerhard Mercator (1512–1594) schuf seine berühmte, für die Seefahrt bestimmte Weltkarte nach dieser Methode im Jahr 1569.

Die erste Weltkarte Mercators erschien 1538, noch ohne das nach ihm benannte revolutionäre Abbildungsverfahren, das er erst bei der berühmten Weltkarte von 1569 anwandte. Die erste Weltkarte des flämischen Kartographen gehört zu den frühesten, auf denen sowohl Nord- als auch Südamerika benannt wurden und der Versuch unternommen wurde, die Kugelgestalt der Erde wiederzugeben.

Geologie

Erste Beobachtungen über die Struktur von Edelsteinen machte Hieronymus Cardanus (d. i. Geronimo Cardano, 1501–1576). Er stellte fest, daß in Edelsteinen und anderen durchsichtigen Mineralien, wenn Licht durch sie fällt, kleine Poren, Streifen und Muster zu se-

Landkarte von Piri Reis, dem türkischen Kartographen, auf der Europa, die Westküste Afrikas und Südamerika zu erkennen sind.

hen sind, wie er im 7. Buch seiner Abhandlung *De subtilitate* berichtet. Er hielt das, was er entdeckt hatte, für eine vereinfachte Form der organischen Strukturen, wie sie sowohl in Tieren als auch in Pflanzen vorhanden sind.

Die erstaunliche Ansicht der damaligen Zeit auf dem Gebiet der Mineralogie war die Annahme der Existenz von männlichen und weiblichen Steinen. Viele antike Autoren, unter ihnen Plinius d.Ä. und Theophrastos von Eresos (371–287 v. Chr.), hatten sich mit diesem Thema befaßt. So galt etwa ein hellroter und stark durchsichtiger Karneol als weiblich, während ein dunkelroter oder fast schwarzer für männlich gehalten wurde.
Einige Autoren glaubten sogar, Steine könnten sich vermehren. Diese Fähigkeit wurde seit der Antike den Konkretionen zugeschrieben, rundlichen Knollen in Sedimentgesteinen, die *aetites* oder Adlersteine genannt wurden. Diese Vermutung resultierte wahrscheinlich daraus, daß in den Konkretionen kleinere runde Einlagerungen enthalten sind, die beim Aufschlagen zutage kommen.

Die größte Autorität auf dem Gebiet der Mineralogie war Leonardus Camillus, der Leibarzt von Cesare Borgia (1475–1507). Er katalogisierte in einem Buch mit dem Titel *Speculum lapidum* (Spiegel der Steine), das erstmals 1502 in Venedig erschien, 279 verschiedene Mineralien. Dabei hielt er sich an die aristotelische Ansicht, daß Mineralien unter dem Einfluß himmlischer Kräfte entstanden seien. Die Tatsache, daß in tropischen Gebieten mehr Edelsteine gefunden wurden als in Europa, wurde allgemein mit dem höheren Stand der Sonne und anderer Himmelskörper erklärt, die dort mit größerer Kraft auf die Erdoberfläche einwirkten.

Am rätselhaftesten war der Bernstein, der von der Antike bis ins Mittelalter für einen Stein gehalten wurde. Dennoch schrieben einige Gelehrte, wie Aristoteles und der Autor des *Hortus sanitatis,* er sei das Produkt eines Baums. Andere, wie Georgius Agricola, hielten ihn für ein Produkt der Erde. Die bemerkenswerteste Abhandlung zu diesem Thema ist *De succino* des Schweizer Wissenschaftlers Severin Gobels, in dem die für versteinerte Harze typischen komplizierten Strukturen als vollständige allegorische Darstellungen der Lehren des Christentums gedeutet werden.

Als traurigster Stein galt der Onyx. Er war nach dem (möglicherweise von Johann Wonnecke verfaßten) berühmten mittelalterlichen Kräuterbuch *Hortus sanitatis* (Garten der Gesundheit) pflanzlichen Ursprungs, nämlich aus den Tränen eines *onica* genannten Baums entstanden. Würden diese Tränen hart, verwandelten sie sich in Onyx, der, legte man ihn in ein Feuer, einen wohlriechenden Duft verströme. Im *Hortus sanitatis* werden auch die Muster des Onyx beschrieben und damit erklärt, daß die Tränen, solange sie noch weich waren, bemalt worden sind.

Als harmonischster Stein galt der (als Gips bekannte) Selenit, dessen Glanz sich angeblich in Übereinstimmung mit den Phasen des Mondes veränderte und auf rätselhafte Weise das Verhalten des Mondes spiegelte. Aus diesem Grund erhielt er verschiedene auf den Mond bezogene Namen, wie *Lac lunae* (Mondsee) oder Mondmilch. Georgius Agricola (1494–1555) war einer der ersten, der die wahre Beschaffenheit des Selenits erkannte.

Das höchstgeschätzte Metall war zweifellos Gold. Es diente als Wertmaß und als Wertanlage. Seit dem 13. Jh. wurden in Europa wieder Goldmünzen geprägt. Die führenden Münzenhersteller waren Florenz und Venedig, deren Goldflorine und Dukaten den Status einer internationalen Währung erhielten. Zwischen 1493 und 1600 betrug die Weltproduktion an Gold etwa 714 t. Davon kamen 280 t aus Amerika, 255 t aus Afrika und 148 t aus Europa.

Die habgierigsten Ambitionen: Gold herzustellen war der Traum gieriger Menschen und auch das Hauptmotiv der mittelalterlichen Alchimie. Alchimisten konkurrierten in Chemielaboren, die von großen Königen finanziert wurden, darum, wer zuerst das Geheimnis der Herstellung von Gold entdeckte.

Gold ist ein weiches, formbares Metall und läßt sich deshalb leicht bearbeiten. Es kann in Quarzadern gefunden werden, wie dieses Beispiel zeigt.

Die ersten, die das Interesse an Mineralien wiederbelebten, waren nach dem „Zeitalter der Finsternis" die Alchimisten des 15. Jh.s. Sie glaubten überwiegend, daß Ausstrahlungen der Himmelskörper – insbesondere der Planeten – in die Erde eindrangen und innerhalb des Krustengesteins die Metalle hervorbrachten. Der englische Alchimist Thomas Norton (1532–1583) schrieb zum Beispiel 1477 in seinem *Ordinall of Alchimy* (Regelbuch der Alchimie):

Metalle wirst aus trift'gen Gründen
In größern Lagern du nur finden,
Wo die Erde ist geneigt
und der Platz sich günstig zeigt:
Wohin die Himmelssphäre blickt
und direkt ihre Strahlen schickt,
du wirst es sehn, hat ihre Macht
Metalle bald hervorgebracht.

Die erste Verwendung der Bezeichnung Zink wird Paracelsus (1493–1541) nachgesagt. Er soll sie 1530 benutzt haben, hielt das Zink allerdings für eine Form des Kupfers.

Der erste, der erkannte, wie Sedimentgesteine entstehen, nämlich durch das Abtragen von Gesteinsmasse durch fließendes Wasser, die sogenannte Abgrusung, war Georgius Agricola (1494–1555). Er stellte richtig fest, daß die klastischen Sedimentgesteine (Trümmersedimente) auf diese Weise entstehen, und auch, daß manche Sedimentgesteine aus absickernden Lösungen ausgefällt sind.

Erste Erkenntnisse über die Bedeutung der Erdschichten, das heißt über die zeitliche Abfolge der übereinanderliegenden fossilienhaltigen Schichten, vermittelte der Ausbruch des Vesuvs in Süditalien im Jahr 1538, bei dem in der Bucht von Neapel eine 170 m hohe Ablagerung aufgebaut wurde. Man hielt es für möglich, daß damit 6000 Jahre übersprungen wurden.

Edelsteine

Die härtesten Steine sind Diamanten. Der Name „Diamant" kommt aus dem Griechischen und bedeutet soviel wie unbezwingbar. Diese Eigenschaft schrieb man seinem Träger zu, der erwartete, daß der Stein ihn vor wilden und giftigen Tieren sowie jeglichen menschlichen Feinden schütze. Ebenso vertrieb er nachts böse Geister und diente als Prophylaxe gegen Verrücktheit. Einige Lapidarien instruieren den Leser, mit dem Diamanten einen Ehebruchtest durchzuführen. Da man glaubte, daß das Schlucken von Diamanten tödlich sei, waren sie beinahe die einzigen Edelsteine, die man nicht in der Medizin benutzte. Saturn, der langsamste, schwerste und äußerste Planet, den man auch für Not verantwortlich machte, gab man die Herrschaft über diesen schwer zu schleifenden Stein. Diamanten, die man für Schmuck verwendete, waren meist „spitz", sie wurden zu einer vierseitigen doppelten Pyramide geschliffen. Bis zum 14. Jh. waren sie zum Schleifen zu hart. Erst als sich die Schleiftechnik weiterentwickelte, erkannte man ihr wunderschönes Strahlen und ihren entsprechenden Marktwert. Indien war die Hauptquelle für Diamanten.

Der Lieblingsedelstein eines Königs: Franz I. von Frankreich war der Monarch, der Diamanten am meisten liebte. Die größte diamantene Halskette seiner Sammlung hatte elf große Steine, die abwechselnd spitz und flach waren. Vorne hing ein diamantener „A"-Anhänger.

Den ersten diamantenen Verlobungsring bekam 1477 Maria von Burgund von Erzherzog Ferdinand von Österreich. Damit begann die Tradition, zur Verlobung einen Diamantring zu schenken. Man glaubte, daß in der linken Hand eine *vena amoris* (Liebesvene) vom Gehirn direkt zur Spitze des dritten Fingers verläuft. Dieser Glaube stammt aus dem Ägypten der Antike.

Der größte bekannte Diamant ist der *Koh-i-Noar* (Berg des Lichts). Zum ersten Mal wurde er 1304 erwähnt, als er sich im Besitz eines indischen Prinzen befand. Im frühen 16. Jh. gehörte Babur (1483–1530), dem Gründer der Mogul-Dynastie in Indien. Als man ihn fand, wog er 800 Karat, nachdem er geschliffen war, 186 Karat. 1851, inzwischen im Besitz von Königin Viktoria, wurde er auf der großen Ausstellung im Londoner Kristallpalast gezeigt. Heute befindet sich der *Koh-i-Noar* in der Krone der Königin-Mutter.

Als der am besten schützende Stein galt der Smaragd. Man glaubte an seine Fähigkeit, Verständnis zu fördern und das Gedächtnis zu verbessern. Als Schutz vor Epilepsie trugen Königskinder Smaragde von Geburt an. Sie sollten die Kraft verleihen, in die Zukunft zu blicken und verlorene Dinge zu finden. Sie wurden be-

Lapidarien, Bücher über Edelsteine und Minerale, stützten sich mehr als jede andere Form mittelalterlicher Literatur auf klassische Quellen. Die Wiederentdeckung der Klassik im 15. Jahrhundert hatte für dieses Wissenschaftsgebiet keine große Bedeutung. Metalle wurde seit der babylonischen Epoche mit Planeten in Beziehung gebracht, und wahrscheinlich verband man, basierend auf Farben, Edelsteine ebenfalls mit Planeten. Die Ägypter schrieben jedem Tag im Mond und jedem Dekanat (ein Abschnitt von 10 Grad) der Tierkreise Steine zu. Die Griechen der Antike vermischten in ihren Schriften über Minerale Magie und Wissenschaft. Minerale besaßen genauso wie Kräuter Verbindungen mit Elementen und wurden als heiß oder kalt und trocken und feucht klassifiziert.
In der frühchristlichen Zeit gaben viele Schreiber das gesammelte Wissen über den medizinischen Gebrauch von Steinen weiter, als Amulett und als innerlich angewandte Medizin. Sie strichen jedoch einen großen Teil der eher magischen Eigenschaften und ersetzten zwölf heilige Steine.

nutzt, um sich gegen böse Geister und Gifte zu schützen.

Der berühmteste Smaragd in der Kunst des Edelsteinschleifens ist die geschliffene Sonnenbrille, die der römische Kaiser Nero bei den Gladiatorenkämpfen trug.

Die begehrtesten Smaragde kamen aus Kolumbien. Die meisten Smaragde wurden zwar in Ägypten abgebaut, aber die kolumbianischen Steine besaßen eine bessere Farbe und waren bald sehr viel begehrter. Als im Jahre 1537 die Spanier die Smaragde der Neuen Welt entdeckten, zerschlugen sie viele dieser Steine, denn sie glaubten fälschlicherweise, daß Smaragde die gleiche Härte wie Diamanten besäßen.

Das seltenste Profil: Ein mysteriöses, religiöses Bild ist die „wahre Ähnlichkeit" Christi, die der türkische Sultan Bezojet II. (1481–1512) Papst Innozenz VIII. (1484–92) gab. Sie war auf einen Smaragd geschliffen und zeigte das Gesicht von Jesus Christus im Profil – eine extrem seltene Darstellung des Jesus-Kopfes, der normalerweise mit zugewandtem Gesicht gezeigt wird. Es gibt keine Spur mehr von dem Smaragd (wahrscheinlich ging er 1527 bei der Plünderung Roms verloren). Aber viele Kopien dieses Smaragdportraits sind in Gemälden, Stichen, Medaillen erhalten. Bis zum 19. Jh. galt es allgemein als authentisches Portrait nach einem lebenden Modell.

Der wichtigste Quarzedelstein ist der Amethyst. Er ist der einzige violette Edelstein und wird vielleicht deswegen mit Wein in Verbindung gebracht. Der Name kommt von einem griechischen Wort, das „nicht betrunken" bedeutet. Er sollte die nützliche prophylaktische Eigenschaft besitzen, vor Vergiftung zu schützen. Er galt als einer der zwölf heiligen Steine und verkörperte die Bescheidenheit, die mit Christus starb.

Die teuerste Medizin und ein universelles Antidot bei Gift waren Perlen, die man zu feinem Pulver zermalmte.

Die schönsten Juwelen des Meeres waren Perlen. Als solche wurden sie immer hoch geschätzt. Bis zum 15. Jh. waren sie der überragende Edelstein. Man glaubte, daß sie aus Tautropfen entstanden seien: die schöneren weißen am Morgen, die dunkleren am Abend. Sie waren gut für das Herz und gegen Melancholie. Fischereien im Persischen Golf waren die Hauptlieferanten für Europa. Die Perlen wurden über Venedig verschifft. 1517–19 wurden sie von Spaniern vor der kolumbianischen Küste geplündert, wurden schließlich vor der Küste Venezuelas gefunden und nach Spanien geschickt.

Die berühmteste Darstellung von Perlen ist u.a. die der kubanischen Perlen, die Eleanor von Portugal in dem von Tizian gemalten Portrait trägt.

Am häufigsten erwähnt: Von allen magischen Steinen wird in Schmuck-Bestandsverzeichnissen der Krötenstein am häufigsten erwähnt. Normalerweise wurde er in einen Ring gesetzt. Im christlichen Europa wird er zum ersten Mal im *Kyramides* erwähnt, einem orientalischen Text, den Gerard von Cremona im späten 12. Jh. ins Lateinische übersetzte. Danach hat die Erdkröte mit ihrem giftigen Atem einen Stein im Knochenmark ihres Kopfes, der bei abnehmendem Mond entfernt werden muß, dann 40 Tage in einem Leinentuch eingewickelt wird, um ein kräftebesitzendes Amulett zu werden. Die wirksamsten Steine waren angeblich die, die man einer lebenden Kröte entnahm. Die Liste der Burgunder verzeichnet 1467 zwei dieser Steine. Es sind aber viel mehr bekannt.

Ein Kräutersammler entnimmt aus dem Kopf einer Kröte den magischen Stein. Der Krötenstein fand – wenn er in dieser Weise herausgezogen worden war – als Schmuck oder in verschiedenen magischen Rezepten Verwendung.

Die besten Edelsteinfälschungen stellten venezianische Glashandwerker her. Die dazu notwendigen und intensiven Farben sind nicht nur für die feine Glaskunst, sondern auch für Gemälde großer venezianischer Künstler charakteristisch: Bellini, Giorgione und Tizian.

Die zweifelhaftesten Prachtstücke: Große Prinzen, die es sich leisten konnten, trugen Anhänger mit dem Horn eines Einhorns, um sich gegen Gift zu schützen. Dies wird in den Bestandsverzeichnissen der Herzöge von Burgund im Jahre 1456 und von Heinrich VI. von England erwähnt. Dort steht, daß er es seinem Getränk zufügte. Andere benutzten es, um ihre beladenen Essenteller damit zu berühren. Neben dem Horn des Einhorns enthält Anne von Burgunds Verzeichnis im Jahre 1498 Schlangenzungen und Straßensteine, die in purpurroten Samtbeuteln aufbewahrt wurden.

Die mißverstandenste Substanz: Bis zum 18. Jh. waren Korallen die am meisten mißverstandene Substanz. Man nahm an, daß es eine Pflanze sei, die an der Luft hart wurde.

Die schlimmste Arbeit war das Tauchen nach Korallen. Dabei wurde ein Netz über den Meeresgrund gezogen, damit sich darin die scharfen Korallenäste verfingen. In Neapel (Italien), dem europäischen Zentrum, sagte man, daß nur Diebe und Mörder Korallenfischer sein sollten. Dennoch gab es große Mengen Korallen für Amulette, Rosenkränze und Kirchengegenstände.

Der beste Liebestrank, den es für Geld zu kaufen gab, wurde aus Korallen hergestellt. In der Medizin wurden Korallen zum Blutstillen, zur Behandlung von Hautproblemen, entzündeten Augen und Ruhr benutzt.

Als bester Sturmschutz gelten Korallen. Band man Korallen mit Seehundfellen an den Mast, besänftigten sie den Sturm auf hoher See. Zu Hause verhinderten sie Blitzschlag, wenn man sie pulverisiert auf das Dach streute.

Das teuerste Pigment wird aus Lapislazuli hergestellt. Lapislazuli ist ein blauer Halbedelstein, den man als Grundlage für das teuerste Pigment braucht, das Maler beim Malen des typischen Kleidungsstücks der Jungfrau, ihres blauen Mantels, benutzten. Der Preis eines Gemäldes hing von der Farbintensität ab. Man benutzte das Pigment auch für die Verzierung von Vasen und Holzeinlagen (pietra dura).

Die teuerste Zubereitung von Materialien für die Medizin im 16. Jh. waren „bezoar" (persisch für „Gift vertreibend"), Steine, die aus dem Orient importiert wurden. Ein Tierstein unbekannter Herkunft wurde zu Pulver gestoßen und zu sich genommen. Angeblich besaß der

Rubine waren die Lieblingsedelsteine von Heinrich VIII. Hans Holbein malte ihn mit seiner berühmten Halskette aus Rubinen. Flachgeschliffene, eckige und ovale Rubine wechseln sich ab und werden von dicht mit Perlen besetzten goldenen Gliedern zusammengefügt. Heinrich VIII. trug auch große Rubinringe, und seine Kopfbedeckungen und Knöpfe waren mit Diamanten verziert. Der allergrößte Anteil an Diamanten kam im 15. Jahrhundert aus Indien.

Stein eines Affen die meisten Kräfte, verschiedene Schreiber priesen jedoch unterschiedliche Steine. Nur in Portugal galt der Schweinestein als überragend.

Die einzigen durchsichtigen Gefäße: Nur Bergkristalle, farblose Quarze, eigneten sich als Materialien für durchsichtige Gefäße, bevor man im späten 15. Jh. das Geheimnis der Glasherstellung entdeckte. Das griechische „Krystallos" bedeutet sowohl Bergkristall als auch Eis: Früher glaubte man, daß dieser Edelstein altes Gletschergestein sei. Es war ein hervorragendes Material, um Vergrößerungsgläser anzufertigen. Ärzte benutzten Kristalle bei Kauterisationen (Gewebeheilung durch Verbrennen), indem sie sie ins Sonnenlicht hielten. In Italien benutzte man es als Schmuck.

Die führenden Handwerker: Bernstein, das fossilisierte Harz, das von Baumsäften stammt, wurde hauptsächlich für die Herstellung von Rosenkränzen und Kruzifixen benutzt. Die Gilden der Bernsteinschleifer Venedigs und Augsburgs waren die führenden Handwerker. Der größte Teil des Bernsteins kam von der Ostseeküste, wo dem deutschen Ritterorden per Gesetz jedes Stück Bernstein gehörte, das in der Erde oder dem Meer gefunden wurde. Als das Schleifen von Bernstein im 15. Jh. seinen Höhepunkt erlebte, hatten bestimmte Gebiete Lizenzen zum Sammeln und Abbauen erhalten.

Der höchstgeschätzte Edelstein war der Rubin (roter Korund). Jedoch nur bis zu dem Zeitpunkt, als man im 14. Jh. die technischen Möglichkeiten besaß, um Diamanten zu schleifen. Die Hauptquelle war Burma. Aufgrund ihrer Farbe sowie ihrer relativen Weichheit waren sie für Schmuck begehrter als Diamanten. Wie der Smaragd, sollte der Rubin Freude und Trost bringen. Trägt man ihn um den Hals, so vertreibt er die Traurigkeit. Durch seine Kräfte unterstützt er das Herz, das Gehirn und die Leber.

LITERATUR

Lapidarien sind Bücher über Edelsteine. Eines der frühesten, aus den ersten Jahren des 16. Jh.s, wurde von einem gewissen Steinpreis geschrieben. Er beschreibt über 100 verschiedene Edelsteine, ordnet ihnen besondere Wirkungen und Eigenschaften zu und behandelt die Art und Weise, wie sie zu bearbeiten sind.

Ringe werden das erste Mal in dem 1517 erschienenen Lapidarium *Interpraetamenti gemmarum libellus* von Erasmus Stella erwähnt. Der Autor bemerkt darin, daß die Sitte, auf dem Mittelfinger der linken Hand einen Ring zu tragen, fast sicher von den alten Ägyptern stammte, die glaubten, daß von diesem Finger eine Vene direkt zum Herzen führt.

Das am meisten verbreitete und einflußreichste Lapidarium war seit dem 12. Jh. *De Lapidibus* (Über Steine) von Marbod von Rennes (Frankreich). Es war in Versform in lateinischer Sprache geschrieben und stellte die magischen Eigenschaften von Steinen dar. Marbod beschreibt den Gebrauch von 60 Steinen. Das Buch wurde in sechs Sprachen übersetzt und inspirierte in den nächsten drei Jahrhunderten viele andere Versionen des Lapidariums in Versform.

Das erste Lapidarium der Renaissance schrieb Marsilio Ficino (1433–1499). In seinem Buch *De Vita Coelitus Comparanda* leitet er die Kraft der Steine von den Sternen ab und gibt Anweisungen, wie die Steine geschliffen werden sollen, um ihre Macht zu vergrößern.

Die verwirrendste Bezeichnung ist „Karbunkel", womit im Mittelalter so unterschiedliche Mineralien wie der Rubin, der Pleonast und der Granat bezeichnet wurden.

Wismut wurde zum ersten Mal 1530 in einem gedruckten Buch beschrieben, nämlich in Georgius Agricolas *Bermannus.*

Die erste Erwähnung des Wortes *Geologie* in einem Druckwerk ist bei Richard de Bury, Bischof von Durham (1287–1345), zu finden. Er verstand darunter allerdings etwas völlig anderes als wir heute, nämlich das Gegenteil der göttlichen Wissenschaft der *Theologia*: die irdische Wissenschaft, womit er das Gesetz im rechtlichen Sinne meinte.

Das früheste Lehrbuch der Metallurgie war die *Pirotechnica* (Feuerwerkskunst) des italienischen Architekten, Metallurgen und Büchsenmachers Vannoccio Biringuccio (1480–1538). Es bietet klare praktische Hinweise über die chemisch-technologischen Prozesse der Metallgewinnung, etwa über das Schmelzen von Gold, Silber, Kupfer, Blei, Zinn und Eisen. Anders als frühere Bücher widmete der Autor den Fantasien der Alchimie nur wenig Raum.

Fossilien

Fossilien wurden häufig Bildersteine genannt. Falloppio von Padua erwog in seiner Schrift *De medicatis aquis atque fossilibus* (Venedig, 1564), daß sie in einer Art Fermentationsprozeß von Dämpfen innerhalb der Gesteinsschichten geschaffen worden seien. Diese Ansicht war im 15. und 16. Jh. weit verbreitet.

Die erste wissenschaftliche Ansicht über Fossilien scheint der Italiener Girolamo Fracastoro (1478–1553) vertreten zu haben. Er begriff, daß die versteinerten Muscheln nicht von der biblischen Sintflut hinterlassen worden sein können, und erkannte, daß diese Fossilien in der Umgebung, in der sie gefunden wurden, gelebt und sich vermehrt hatten, woraus zu schließen war, daß die Berge über den Meeresspiegel gestiegen sein mußten.

Als vom Himmel geschickte Fossilien wurden wegen ihrer Ähnlichkeit mit Blitzen die Belemniten betrachtet. Diese Ähnlichkeit und ihr reichliches Vorkommen in der lockeren Jura-Schicht – einer Formation, die durchaus atmosphärischen Einflüssen ausgesetzt ist, besonders bei Gewittern – führten zu der verbreiteten Meinung, sie entständen an Orten, in die häufig Blitze einschlagen, und seien daher Ausflüsse des Himmels.

Weltall

Die erste Vermutung, daß die Erde um die Sonne kreist, stammt von dem griechischen Philosophen Aristarchos von Samos (um 310– um 230 v. Chr.), dessen Schriften von seinem jüngeren Zeitgenossen Archimedes von Syrakus (um 285–212 v. Chr.) überliefert wurden.

Ursprünge: Die grundlegende Schrift *Astronomie* von Ptolomäus, besser bekannt unter ihrem arabischen Titel *Almagest*, bildete zusammen mit den Schriften von Aristoteles bis ins späte 16. Jh. die Grundlage für das kosmologische Verständnis. Das Werk Ptolomäus war erst im 1. Jh. in Spanien ins Lateinische übersetzt und damit den Europäern zugänglich gemacht worden.

Die umfassendste Darstellung sowohl der theoretischen als auch der praktischen Astronomie der Zeit war *Jami al Mabadi Wal-Ghayat* (Über den Anfang und das Ende) des 1262 gestorbenen arabischen Astronomen Ibn Umar al-Marrakashi, der hauptsächlich in Marokko arbeitete. Es enthielt Beschreibungen astronomischer Instrumente, trigonometrische Tafeln, einen Katalog von 240 Sternen für die Jahre 1225/26 sowie Längen- und Breitenangaben von 135 Orten (für 34 von ihnen hatte Ibn Umar die Daten selbst ermittelt).

Das erste moderne Buch, das die heliozentrische Theorie vertrat, war die von dem polnischen Domherrn Nikolaus Kopernikus (1473–1543) verfaßte, 1543 erschienene Abhandlung *De revolutionibus orbium celestium libri VI* (Sechs Bücher über die Umläufe der Himmelskörper). Kopernikus hatte aus Furcht vor der Reaktion der Kirche lange gezögert, sein Buch zu veröffentlichen, und konnte erst Ende seines Lebens von Georg Joachim Rheticus (1514–1576), Professor der Mathematik an der Universtität von Wittenberg und bei Kopernikus in Frauenburg, überredet werden, es zu tun. In seiner Schrift lehrte Kopernikus, daß sich die Erde gleichförmig auf einem kleineren Kreis, dem Epizykel, bewege, dessen Mittelpunkt sich seinerseits gleichförmig auf einem größeren Trägerkreis, dem Deferent, um die Sonne drehe. Diese Theorie wurde sowohl von der katholischen als auch der protestantischen Kirche als häretisch angesehen und heftig bekämpft.

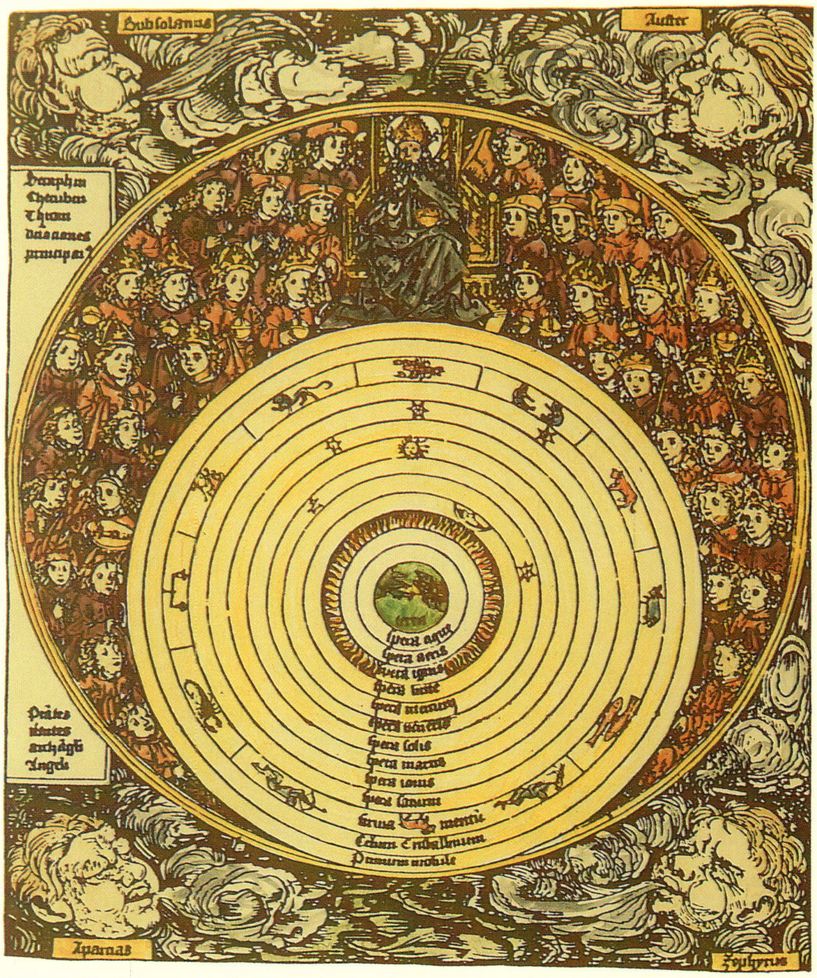

Der mittelalterliche Kosmos, dargestellt mit der Erde im Zentrum und der Figur Gottes, der die Schöpfung überwacht.

Kalender

Der erste brauchbare Kalender wurde vor 4200 v. Chr. von den Ägyptern aufgestellt. Er fußte auf dem heliakischen Aufgang des Sterns Sothis (Sirius), das heißt dem ersten sichtbaren Erscheinen des Sterns in der Morgendämmerung. Das 365 Tage umfassende ägyptische Jahr war in zwölf Monate von je 30 Tagen und fünf Feiertage unterteilt.

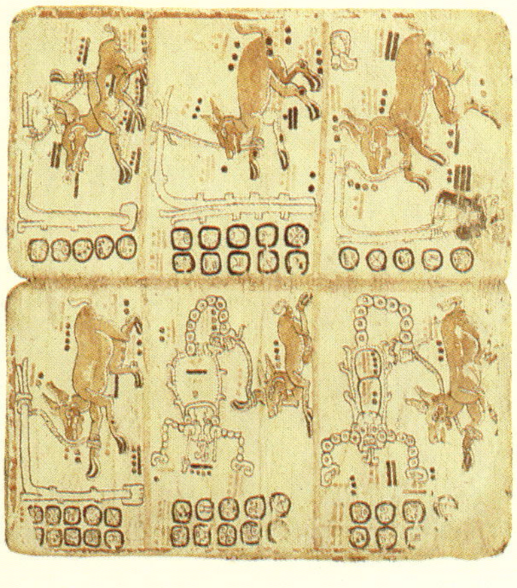

Ausschnitt aus einem Kalender der Maya.

Größte Genauigkeit: Die Astronomen der Mayas berechneten bereits im 6. Jh., daß ein Sonnenjahr aus 365,242 Tagen besteht. Die heute gültige und weltweit anerkannte Zahl liegt bei 365,2422 Tagen. Sie errechneten auch, daß eine Mondzeit 29,53059 Tage hat. Die Präzision der Astronomen ging so weit, daß bereits im Jahre 756 bei den Mayas ein Schaltjahr eingeführt wurde. Neben dem Sonnenjahr gab es bei ihnen ein Religionsjahr, das aus 260 Tagen bestand.

Mond

Die Entfernung von Sonne und Mond versuchte zum ersten Mal Aristarchos von Samos mit wissenschaftlichen Mitteln zu messen (275 v. Chr.). Er benutzte eine geometrische Methode, die die exakte Bestimmung des Zeitpunkts einschloß, in dem die Mondphasen ihre Mitte erreicht haben. Er versuchte außerdem, die Größe von Sonne und Mond zu bestimmen, und zwar in Vielfachen der Erdgröße. Aus den Berechnungen ergaben sich für die Entfernung der Sonne knapp 4,8 Mio. km, für ihren Durchmesser 69 000 km und für den des Mondes 3700 km. Aristarchos war überzeugt davon, daß der Mond der nächstgelegene Himmelskörper war.

Die erste wissenschaftliche Beschreibung der Mondoberfläche lieferte der römische Schriftsteller Plutarch um das Jahr 70 herum in seiner Abhandlung *De facie in orbe lunae* (Über das Aussehen der Mondoberfläche). Er beschrieb „tiefgelegene Stellen und Schluchten" und erklärte, daß „der Mond genau wie unsere Erde große Vertiefungen und Zerklüftungen besitzt, die Wasser oder dunkle Luft enthalten, welche vom Licht der Sonne nicht berührt oder durchdrungen werden".

Die Erdstrahlung bemerkte als erster der italienische Maler und Wissenschaftler Leonardo da Vinci. Er stellte um 1480 fest, daß die „unbeleuchtete" Seite der Mondsichel in einem trüben Lichtschein zu sehen ist, und erklärte dies damit, daß die Erde Sonnenlicht auf den Mond reflektiere.

Finsternisse

Die frühesten Finsternisse, die in Aufzeichnungen zu finden sind, ereigneten sich in den Jahren 1361 v. Chr. (Mond) und 2136 v. Chr. (Sonne). Für den Nahen Osten hat man Mondfinsternisse bis 3450 v. Chr. und Sonnenfinsternisse bis 4200 v. Chr. rückgerechnet. Der älteste Bericht über eine totale Sonnenfinsternis findet sich auf einer Tontafel, die 1948 in den Ruinen der antiken Stadt Ugarit im heutigen Syrien entdeckt wurde. Eine neue Untersuchung aus dem Jahre 1989 ergab, daß die Tafel wahrscheinlich die Sonnenfinsternis vom 5. März 1223 v. Chr. beschreibt.

Der älteste Bericht bleibt daher wohl derjenige über die Sonnenfinsternis am 22. Oktober 2136 v. Chr., die von den Chinesen während der Herrschaftszeit des Kaisers Chung K'ang beobachtet wurde.

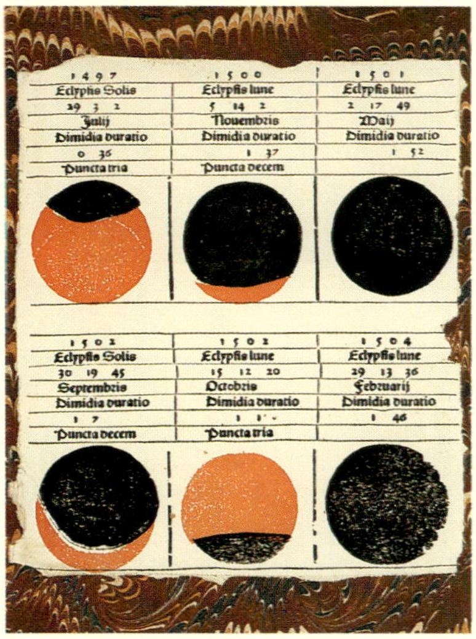

Kalender mit den Finsternissen der Zeit von 1497 bis 1504 aus einem Almanach, den Kolumbus benutzt haben soll.

Die erste zuverlässige Voraussage einer Sonnenfinsternis machte der griechische Philosoph Thales von Milet (um 650–um 560 v. Chr.) am 25. Mai 585 v. Chr., als er ankündigte, daß 18 Jahre und 11 Tage später die nächste Finsternis folgen werde. Die von Thales vorausgesagte Sonnenfinsternis bewirkte das abrupte Ende einer Schlacht zwischen den Armeen der Lyder und der Meder, die von der plötzlichen Dunkelheit in einen solchen Schrecken versetzt wurden, daß sie hastig Frieden schlossen.

Die einzige Finsternis, die den Verlauf eines großen Krieges beeinflußte, war die Mondfinsternis von 413 v. Chr., als zwischen den griechischen Stadtstaaten Athen und Sparta der Peloponnesische Krieg tobte. Das athenische Heer, das Sizilien besetzt hatte, befand sich in großen Schwierigkeiten, und sein Kommandeur, Nikias (vor 469–413 v. Chr.), beschloß den Rückzug, zögerte ihn aber hinaus, weil er die Mondfinsternis als böses Omen betrachtete. Als er schließlich den Rückzug anordnete, war es zu spät. Die vor der Küste wartende athenische Flotte wurde zerstört, und das Heer saß in der Falle. Diese Niederlage hatte acht Jahre später die Kapitulation Athens zur Folge.

Planeten

Der bei weitem hellste der von der Erde aus mit bloßem Auge sichtbaren fünf Planeten ist die Venus, die vor Sonnenaufgang und nach Sonnenuntergang häufig zu beobachten ist. Die Venus ist neben dem Merkur der einzige Planet, der als Morgen- und Abendstern niemals während der Nacht zu sehen ist.

Der röteste Planet ist der Mars. Seine Farbe hat auch zu seiner Namensgebung zu Ehren von Mars (griechisch: Ares), dem Gott des Krieges, geführt.

Der langsamste Planet ist der Saturn, der für einen Sonnenumlauf 29,5 Jahre braucht.

Den stärksten Einfluß auf das menschliche Leben von der frühen Kindheit bis ins hohe Alter übten nach allgemein herrschender Meinung die Planeten aus.

Kometen

Die frühesten Berichte über Kometen stammten aus China und reichen bis über das Jahr 2000 v. Chr. zurück.

Der hellste Komet, von dem glaubwürdige Berichte vorliegen, war der von 1264, der einen Schweif von 100 Grad Länge besaß. Er wurde von dem englischen Philosophen Roger Bacon als „groß und schrecklich" beschrieben und würde, wie er weiter schreibt, „in England, Spanien und anderen Ländern, in denen viele Christen getötet worden sind, zu großen Unruhen und Kriegen" führen.

Die erste Erwähnung des Halleyschen Kometen findet sich in der *Nürnberger Chronik* aus dem Jahre 684. Seine wiederkehrenden Erscheinungen wurden bis ins Jahr 467 v. Chr. zurückverfolgt.

Der einzige Komet, der päpstliche Aufmerksamkeit erregte, war der von 1456, als die Türken Belgrad im heutigen Jugoslawien belagerten. Papst Calixtus III. (Alonso de Borja, 1378–

Auf dem ältesten erhaltenen Wandteppich des Mittelalters, dem Wandteppich von Bayeux, der im Auftrage der Frau des englischen Königs Wilhelm I., des Eroberers (1027?–1087), gewebt wurde, ist der Komet von 1066 zu sehen. Darunter ist dargestellt, wie König Harold II. (um 1022–1066), der letzte angelsächsische König, von seinem Thron stürzt, während seine Höflinge entgeistert auf den Kometen starren.

1458) predigte gegen ihn als einem Sendboten des Teufels, die Kirchenglocken wurden geläutet und zusätzliche Ave Marias angeordnet. In der Folgezeit gelang es dem ungarischen Reichsverweser János Hunyadi (vor 1408–1456), Mohammed II. Fatih, den Eroberer (1432–1481), zur Aufgabe der Belagerung zu zwingen. Die Intervention des Papstes wurde daher als erfolgreich angesehen.

Die meisten Voraussagen zog die Erscheinung des Kometen von 1472 nach sich, der sich über 36 Grad oder ein Sechstel des Himmels erstreckte und deshalb „der große Komet" genannt wurde.

Kometen waren von Einfluß auf die Geburt, wie man damals glaubte. So sollte die Erscheinung eines Kometen die Geburt einer bedeutenden Persönlichkeit ankündigen, deren Aszendent derselbe wie der des Kometen sein würde, und wenn eine Schwangere einen Kometen erblickte, bedeutete es, daß ihr Kind streitsüchtig und aufrührerisch werden würde.

Sternbilder

Die erste Liste von Sternbildern findet sich in Ptolemäus *Almagest.* In ihr sind 48 Sternbilder mit Namen aufgeführt. Diese Liste wurde noch 1492 als gültig angesehen.

Das größte Sternbild war *Argo navis* (das Schiff *Argo*). Es ist heute in die Sternbilder Vela, Puppis, Carina und Pyxis aufgeteilt. Das größte Sternbild heute ist *Hydra* (Wasserschlange), die sich über 1302,844 Grad^2 oder 6,3 Prozent der Hemisphäre erstreckt und mindestens 68 mit bloßem Auge sichtbare Sterne enthält. Das Sternbild *Centaurus* (Kentaur) steht größenmäßig an 9. Stelle, enthält aber mindestens 94 sichtbare Sterne.

Das kleinste Sternbild ist *Equuleus* (Füllen).

Tierkreis ohne Tier: Die einzige nicht nach einem Lebewesen benannte Sternenkonstellation des Tierkreises ist *Libra* (Waage), die vorher als *Chelae scorpionis* (Scheren des Skorpions) zum Sternbild Skorpion gehörte.

Die unheilvollste Sternenkonstellation ist dann gegeben, wenn der Arcturus im Sternbild *Sagittarius* (Schütze) bei der Geburt absteigt (in Opposition zum Aszendenten). Die unter dieser schlechten Konstellation geborenen Menschen werden später vom Neid dazu getrieben,

schwere Verbrechen zu begehen. Ihr Schicksal, das ihnen droht, ist es, angekettet in Kerker geworfen zu werden und unter gräßlichen Folterqualen zu verenden.

Der hellste Stern ist der Sirius im *Canis major* (Großen Hund).

Das erste der Tierkreiszeichen ist *Aries* (Widder). Allerdings hatte sich aufgrund der Präzession genannten Verlagerung der Erdachse der Frühlingspunkt (der Schnittpunkt von Himmelsäquator und Ekliptik) bis 1500 bereits vom Beginn des Widders in den des Sternbilds *Pisces* (Fische) verschoben.

Rötester Stern ist der Antares im Sternbild Skorpion. Andere rot leuchtende Sterne sind der Betelgeux im Orion, der Arcturus im Bootes (Bärenhüter) und der Aldebaran im Taurus (Stier).

Sternenhaufen

Die erste Liste von Sternenhaufen und -nebeln findet sich bei Ptolemäus. Sie enthält neun Objekte.

Die hellsten Sternenhaufen sind die Plejaden im Sternbild Stier. Sie werden von Hesiod (um 700 v. Chr.) und in der Bibel erwähnt.

Einen „feurigen" Stern vermuteten zuerst die alten Ägypter, und zwar im Sothis (Sirius), von dem sie annahmen, er sei eine Sonne.

Sternwarten

Die größte Sternwarte der Zeit war die von Ulug Beg (1394–1449) in Samarkand in der heutigen Usbekischen SSR (UdSSR). Sie war von früheren arabischen Sternwarten, insbesondere derjenigen von Nasir od-Din in Maragha, angeregt und wurde 1429 fertiggestellt. Ulug Beg nutzte sie, um seine Sternentafeln, die genauesten des Mittelalters, zu verfassen, die er 1439 abschloß. Unglücklicherweise wurde die Sternwarte nach der Ermordung Ulug Begs durch seinen Sohn Abdallatif, den er auf astrologischen Rat verbannt hatte, zerstört. Sie verfügte über den größten Meridiankreis der Zeit (knapp 40 m).

Die bedeutendste persische Sternwarte war die von Nasir od-Din ot-Tusi (1201–74) in Maragha bei Täbris im heutigen Iran. Sie wurde 1259 fertiggestellt, hatte 15 Mitarbeiter und verfügte über eine Bibliothek mit 400 000 Büchern. Das wichtigste Meßinstrument war der Quadrant. In dieser Sternwarte erstellte Nasir od-Din seine *Ilchanischen Tafeln*, die bemerkenswert genaue Angaben über die Planetenbewegungen enthielten.

Die größte antike Sternwarte war die des Ptolemäus in Alexandria (Ägypten). Ptolemäus brachte die Wissenschaft des Altertums auf ihren höchsten Stand. Nach seinem Tod (nach 160) verfiel die Astronomie und wurde erst viel später von den Arabern wiederbelebt.

Die Entwicklung von Fernrohren geht auf eine Anregung des Engländers Roger Bacon zurück, der erstmals vermutete, daß man aus optischen Linsen, deren Vergrößerungskraft bereits im frühen Altertum bekannt war, ein Fernrohr bauen könne. Um 1490 dachte Leonardo da Vinci über ein optisches Gerät nach, mit dem man „den Mond groß sehen" könnte. Der Prototyp des modernen Linsenfernrohrs wurde dann am 2. Oktober 1608 von Johannes Lippershey für die niederländische Regierung fer-

Die Sternenkarte der Konstellationen und Tierkreiszeichen wurde um 1515 von dem Künstler Albrecht Dürer nach den Anweisungen zweier deutscher Astrologen gezeichnet.

tiggestellt, und kurz darauf, vom Januar 1610 an, führte Galileo Galilei (1564–1642) mit einem von ihm entwickelten Fernrohr die ersten systematischen teleskopischen Beobachtungen durch. Das astronomische Fernrohr wurde von Johannes Kepler (1571–1630) erfunden, der 1611 seinen Untersuchungen auch eine Theorie des Fernrohrs hinzufügte.

LITERATUR

Das bedeutendste astronomische Buch des Altertums ist die *Syntaxis mathematike* des Ptolemäus, die von den Arabern später den Namen *Almagest* (die Größte) erhielt und durch eine im 12. Jh. in Spanien angefertigte Übersetzung des arabischen Texts ins Lateinische in Europa verfügbar wurde. Das Buch enthält eine Einführung ins geozentrische, im wesentlichen aristotelische Weltbild und auch einen ausführlichen Sternenkatalog, der während vieler Jahrhunderte nicht übertroffen wurde. Ptolemäus und Aristoteles boten für lange Zeit den Rahmen des kosmologischen Verständnisses der Welt, bis Kopernikus ihn im späten 16. Jh. zertrümmerte.

Das älteste noch bestehende Sternwartengebäude ist der „Turm der Winde", der 70 v. Chr. von Andronikos von Kyrrhos in Athen als Observatorium benutzt wurde. Er war mit Sonnenuhren und wassergetriebenen Zeitmessern, sogenannten Klepshydren, ausgerüstet.

Die am meisten gelesenen astronomischen Abhandlungen waren *De sphaera* (Über die Sphären) von dem englischen Philosophen Robert Grosseteste (um 1175–1253), erschienen 1254, und *Sphaera mundi* (Die Sphären der Welt) von John Holywood († 1244 oder 1256) aus Yorkshire, der bekannter ist unter seinem latinisierten Namen Johannes de Sacro Bosco. Sein Buch erschien 1472 in Italien im Druck.

Der erste gedruckte astronomische Kalender mit Tafeln und Verzeichnissen von Sonnen-, Mond- und Planetenörtern, *Ephemeriden*, wurde in Nürnberg von Johannes Müller, besser bekannt als Regiomontanus (1436–1476) hergestellt. Druckerei, Werkstatt und eine Sternwarte waren Müller von dem Nürnberger Bürger Bernhard Walther (1430–1504) eingerichtet worden. 1472 beobachtete Müller auf seiner Nürnberger Sternwarte einen Kometen so genau, daß Halley 250 Jahre später die Bahn dieses Kometen, des dann Halleyschen Kometen, nach der Newtonschen Theorie berechnen kann.

Die zwölf Tierkreiszeichen waren in vier Gruppen aufgeteilt, die dem Jahreszeitenwechsel entsprachen. Die Kardinalszeichen standen für Neubeginn: Widder für Frühling, Krebs für Sommer, Waage für Herbst und Steinbock für Winter. Es wurde der Eintritt der Sonne in das Tierkreiszeichen des Widders für die Vorhersage eines ganzen Jahres benutzt, aber theoretisch konnte der Eintritt der Sonne in jedes der Kardinalszeichen für eine saisonale Vorhersage nützlich sein. Die festen Zeichen wurden durch Stabilität charakterisiert: Stier, Löwe, Skorpion und Wassermann. Es folgen die veränderlichen Zeichen: Zwillinge, Jungfrau, Schütze und Fische.

Der erste Sternen-Atlas, in dem die Sterne mit Buchstaben bezeichnet waren, stammte von Alessandro Piccolomini (1508–1578). Das Werk wurde 1540 in Italien veröffentlicht.

Die ersten heliozentrisch orientierten astronomischen Tafeln waren die 1551 erschienenen Tafeln von Erasmus Reinhold (1511–1553). Ihre Genauigkeit läßt sich mit der der älteren Alfonsinischen Tafeln (um 1272) vergleichen.

Astrologie

Die umfänglichste Erklärung: Die Astrologie erklärte die Wechselbeziehungen zwischen Himmel und Erde. Der Glaube an das Naturgesetz von Entsprechung und Übereinstimmung erlaubte jede Spekulation über die irdischen Angelegenheiten. Einen Widerspruch zwischen der Astrologie und den Wissenschaften gab es nicht. Ihre Aufgaben beschränkten sich darauf, die Existenz Gottes in der bisher bekannten Form nachzuweisen. Ohnehin war wissenschaftliche Forschung, die sich nicht an theologische Zwecke band, gleichbedeutend mit Ketzerei. Da aber Gott der eigentliche Herrscher über die Planeten war, gab es keinen nennenswerten Widerstand seitens der Kirche. Die astronomische Wissenschaft basierte auf den Beobachtungen des Ptolemäus während des 2. Jh.s, aber es dauerte noch bis zum Ende des 16. Jh.s, ehe ein wirklicher Fortschritt sichtbar wurde. Und diejenigen, die die ersten Versuche wagten, landeten für ihre Bemühungen auf dem Scheiterhaufen.

Außergewöhnliche Vorhersagen: Das Zusammentreffen sich nur langsam bewegender Planeten wie Jupiter und Saturn, das sich nur alle 20 Jahre ereignet, rief immer große Veränderungen bei der Bestimmung vergangener und wie auch künftiger Ereignisse hervor. 1456 sah sich beispielsweise Nikolas von Ungarn in der Lage, die große Flut aus Noahs Zeiten auf das Jahr 3223 vor Christus zu datieren, und er meinte auch voraussagen zu können, daß ein großer Prophet, möglicherweise der Antichrist, im Jahre 1562 als Ergebnis einer solchen Konjunktion erscheinen werde.

Ursache von Vorhersagen: Die große Konjunktion von 1524 löste mehr als jede andere eine Flut von Vorhersagen aus. Von den zahlreichen Abhandlungen, die von 56 Astrologen verfaßt wurden, blieben immerhin noch einige übrig, die anläßlich dieser Konjunktion auch tatsächlich publiziert wurden. Viele erwarteten, daß eine Flutkatastrophe die Erde heimsuchen würde, vergleichbar der Sintflut zur Zeit Noahs. Einige andere, die vielleicht ein bißchen schlauer waren, wie zum Beispiel der Gründer des Protestantismus, Martin Luther, interpretierten die Konjunktion im Hinblick auf die Probleme der Kirche, da Jupiter sowohl die Fische als auch die Kirche dominierte.

Die sensationellste Vorhersage: Eine der sensationellsten Vorhersagen des ausgehenden 15. Jh.s, war die Abhandlung des Johann Stöffler aus dem Jahre 1494 über die große Konjunktion von 1524. Er war der erste, der die Menschen vor den potentiellen Gefahren warnte, die Hab und Gut, Mensch und Tier bedrohten. Die große Konjunktion vom Februar 1524 war tatsächlich außergewöhnlich: Sie schloß sämtliche Planeten ein und erschien im Zeichen der Fische, einem Wasserzeichen. Außerdem gab es noch weitere, allerdings unbedeutendere Konjunktionen, alle ebenfalls in den Wasserzeichen.

Die wichtigsten Einflüsse: Selbst ranghöchste Kirchenmänner konsultierten Astrologen. Papst Julius II. (1503–1513) wählte die Zeit für seine Krönung erst nach Konsultation seines Astrologen. Gleichermaßen verfuhr Papst Paul III. (1521–1534) – der übrigens 1538 die Exkommunikations-Bulle gegen König Heinrich VIII. erließ –, der auf diese Weise sehr sorgfältig die Zeit seiner Kardinalsversammlungen auswählte. Leo X. (1513–1521) rief sogar einen Lehrstuhl für Astrologie an der päpstlichen Universität von Rom, einer der renommiertesten der Zeit, ins Leben.

ZEICHEN FÜR DIE VORHERSAGE

Verfinsterungen in den Erdzeichen konnten Vorboten für Regen oder Dürre sein; in den Feuerelementen konnte das schreckliche Feuersbrünste bedeuten und in den Luftzeichen heftige Stürme. Ebenso wurden Erdbeben und Mißernten mit diesen Verfinsterungen in Zusammenhang gebracht. Das Ausmaß einer Verfinsterung konnte sich in einem individuellen Horoskop so auswirken, daß eine präzise Vorhersage fast unmöglich wurde.

Die meisten Astrologen stimmten der Aristotelischen Theorie über die Kometen zu, daß es sich nicht um Himmelskörper handele, sondern eher um Gaswolken der Erde, die unter dem läuternden Einfluß des Himmels zu ihrer jeweiligen Form erstarrten. Sie waren ihrer Natur nach Saturn ähnlich, da sie kalt waren und von der Erde kamen; aber sie waren auch wie der Mars, der sein Feuer hinzufügte, um sie durch die Lüfte zu schleudern. Es hing immer davon ab, in welcher Kometen- oder Planetenkonstellation ein Tierkreiszeichen erschien, um Glück oder Unglück zu bringen. Die sogenannten Häuser, in welchen die Planeten erschienen, schwächten oder verstärkten diese Effekte: Falls sie in der Mitte des Himmels auftauchten, betraf dies insbesondere das Schicksal von Königen und Regierungen. Standen die Planeten im 9. Haus, betraf es das Schicksal der Kirche.

Das größte Geburtshoroskop hat sich der römische Bankkaufmann Agostino Chigi anfertigen lassen. Es nimmt die ganze Decke eines Saales in seinem Palast in Rom ein. Die Himmelzeichnung, hergestellt von dem Raffael-Schüler Baldassare Peruzzi im Jahre 1511, zeigt die Sternenkonstellation am 29. November 1466 um 9.30 Uhr, der Geburtszeit des Bankkaufmanns.

Das schönste astrologische Dekor: Der in wissenschaftlichen und mathematischen Dingen versierte Großmogul von Indien, Humajun (1530–1556), besaß nicht minder gute Kenntnisse der Astrologie. Er hatte neun Pavillons errichten lassen, in denen die verschiedenen Sterne der jeweiligen Himmelsregion in ihren charakteristischen Farben repräsentiert waren: Schwarz für Saturn; Rot für Mars; Gold für die Sonne, Weiß für den Mond, und so fort. Die Farbzusammenstellung in der Wandelhalle seines Palastes wurde jeden Tag, nachdem die Astrologen die Farben bestimmt hatten, geändert. Ebenso wurde mit der Möblierung, ja sogar mit der Livree der Diener verfahren: Es wurde ihnen das jeweilige Symbol des zugeordneten Planeten verpaßt.

Astrologisch geplante Empfängnis: Eine in Venedig gefertigte und geweihte Statue des planetarischen Gottes Merkur ist ein einmaliges und seltenes Zeugnis einer astrologisch geplanten Empfängnis. Sie ist mit einem Horoskop graviert für den 15. Juni 1527, an dem Merkur in Konjunktion zur Sonne und Jupiter stand. Der Moment mußte bereits einige Zeit im voraus gewählt worden sein, um die Statuette zum Zeitpunkt des Horoskops vervollständigen zu können. Für das erwartete Kind wurde großer Reichtum und ein Minimum an Leiden vorhergesagt, da sich die wohlwollenden Planeten an prominenter Stelle und die schädlichen auf schwachen Positionen befanden. Sieben Monate später wurde Marcantonio Michiel, dem Mann, der das Horoskop in Auftrag gegeben hatte, ein Sohn geboren. Entweder hatten die jungen Eltern nicht warten können, oder es war eine Frühgeburt. Merkur ist der Planet sowohl der Kaufleute als auch der Gelehrten, und in diesem Horoskop steht er für Reichtum. Marcantonio Michiel war ein bekannter humanistischer Gelehrter.

Der wohltätigste Stern: Spica wurde als der wohltätigste Stern erachtet, als Überbringer von Reichtum und Überfluß. Seine Natur entspricht der von Mars und Venus. Er ist ein weißer, binärer Stern im Weizen, gehalten von der Jungfrau aus der Konstellation zur Jungfrau.

Der königlichste Stern: Regulus ist der weiße Dreifach-Stern, der in blauen Glanz eingehüllt ist. Er repräsentiert das Herz des Löwen in der Löwen-Konstellation. Bekannt als der Königs-Stern seit 3000 v. Chr., bringt er sowohl militärische als auch königliche Ehren. Seiner planetarischen Natur nach ist er Mars und Jupiter.

Der feindseligste Stern: Algol ist ein weißer, wandelbarer binärer Stern, der den schrecklichen Kopf der Medusa in der Konstellation zu Perseus repräsentiert. Er war der gefürchtetste unter den feindseligen Sternen. Seiner Natur nach ebenfalls Saturn und Jupiter zugehörig, glaubte man, daß er Mord, plötzlichen Tod, oder gar Enthauptung verursache.

Angriffe auf Astrologen

Die erstaunliche Verurteilung des Astrologen Königs Karl VII., Simon de Phares, durch den kirchlichen Gerichtshof im Jahre 1491, und das darauffolgende Verfahren vor dem Parlament drei Jahre später, mag den Anspruch auf einen Rekord erheben, obwohl seine Bibliothek keine außergewöhnlichen Bücher enthielt. Dennoch verbrannte man etliche davon und tadelte ihn für seine Enthüllungen über Diebereien, verborgene Schätze und die geheimsten Ge-

danken der Menschen. Die eigentliche Bedeutung dieser Verurteilung leitet sich aus dem indirekten Tadel ab, den der König für die Anwendung der Astrologie aussprach.
Scharlatanerie war 1488 ein Problem in Köln. Damals wurden alle Bücher des Hartung Gernod verbrannt, gleichzeitig wurde ihm weiteres Praktizieren untersagt, weil er die theologische Fakultät der Kölner Universität nicht mit seinen Kenntnissen hatte überzeugen können.
1492 sprach dieselbe Universität eine Arrest-Empfehlung gegen den berühmten Astrologen Johann Lichtenberger aus, weil dieser Tod durch Mörderhand oder Erhängen aufgrund eines Geburtshoroskops vorhersagen konnte.

Der berühmteste Angriff: In seinem zwölfbändigen Werk von 1491 stellt der italienische Humanist Pico della Mirandola die theoretische Basis der Astrologie in Frage, aber seine eigentlichen Bedenken bezogen sich auf die ungenügende Übereinstimmung der herausragenden Position der Menschen im System der Dinge. Pico überzeugte hiervon immerhin einen Astrologen, die Vorhersagen aufzugeben, er selbst aber war bereits 1503 wieder im Geschäft, anscheinend überzeugt durch die Tatsache, daß mehrere Astrologen unabhängig voneinander, Picos Todeszeit und Stunde auf den Tag vorhergesagt hatten.

LITERATUR

Der erste, der die Ephemeriden druckte: Johannes Müller (1436–1476) aus Deutschland, auch bekannt als Regiomontanus, war der erste, der die Ephemeriden – Tafeln mit den Positionen der Planeten zu unterschiedlichen Zeiten – druckte. Er ersann auch ein System für die Bestimmung und Unterteilung des Himmels in Häuser, das bis heute Verwendung findet. Er war offensichtlich besser in Mathematik als in Astrologie. Denn als der König von Ungarn ihn aufforderte, eine günstige Zeit für die Gründung einer neuen Universität zu bestimmen, die ihr eine lange Existenz und Erfolg sichern sollte, verrechnete er sich offensichtlich, denn die Universität hatte lediglich ein paar Jahre Bestand.

Der unverständlichste Almanach: Der Schäfer-Kalender, von einem Schotten aus dem Französischen übersetzt und 1503 in Paris veröffentlicht, ist nur zu verstehen von einem in Schottland erzogenen Franzosen, mit einem feinen Auge für Druckfehler.

Astrologischer Bestseller: Giovanni Nannius von Viterbo fand Material für einen Bestseller bei einem Versuch, der türkischen Bedrohung durch Astrologie beizukommen. Seine Vorhersage von 1480 war bis 1502 in ganz Europa nachgedruckt und verbreitet. Sie brachte den Antichrist in Verbindung mit Mohammed, den Islam mit der Bestie und die Apokalypse mit dem Fall von Konstantinopel im Jahre 1453. Seine Vorhersage war, daß das Christentum ab 1480 dominieren würde.

Tierreich

Das größte und schwerste Säugetier und das größte Tier aller Zeiten ist der Blauwal *(Balaenoptera musculus)*, auch Sibbalds Furchenwal genannt. Ein gesunder Blauwal von 30,5 m Länge wiegt im Durchschnitt etwa 163 t.
Bei trächtigen Walweibchen kann das Gewicht bis 200 t betragen.

Das größte noch existierende Landtier ist der Afrikanische Buschelefant *(Loxodonta africana)*. Ein ausgewachsener Bulle hat eine durchschnittliche Schulterhöhe von 3,2 m und wiegt 5,7 t.

Schnellstes Landtier über kurze Strecken (bis zu 550 m) ist der Gepard *(Acinonyx jubatus)*, der in den Ebenen Ostafrikas, Irans, Turkmenistans und Afghanistans lebt. Seine geschätzte Höchstgeschwindigkeit dürfte zwischen 96 und 101 km/h auf flachem Gelände liegen. Zum Vergleich: Das schnellste Rennpferd läuft 69,6 km/h.

Langsamstes Landsäugetier ist das Ai oder dreizehige Faultier *(Bradypus tridactylus)* im tropischen Amerika. Seine Durchschnittsgeschwindigkeit am Boden beträgt 1,83–2,44 m/min (0,109–0,158 km/h), in den Bäumen jedoch vermag es bis zu 4,57 m/min (0,272 km/h) zu „beschleunigen". Zum Vergleich: Die gewöhnliche Gartenschnecke *(Helix aspersa)* bringt es auf 0,05 km/h und die Riesenschildkröte *(Geochelone gigantea)* auf 0,27 km/h.

Die verschlafensten Tiere sind einige Gürteltiere *(Dasypodidae)*, Opossums *(Didelphidae)* und Faultiere *(Bradypodidae)*. Sie verdösen oder verschlafen buchstäblich bis zu 80 Prozent ihres Lebens – während Dall's Tümmler *(Phocoenoides dalli)* angeblich überhaupt nicht schlafen.

Das kleinste Huftier ist die Königsantilope *(Neotragus pygmaeus)* aus dem westafrikanischen Regenwald. Ein ausgewachsenes Tier hat eine Schulterhöhe von nur 25 cm. Manchen Quellen zufolge soll dieses Tier die Vorlage geliefert haben für den „Brer rabbit", den Gevatter Hase aus den alten Märchenerzählungen.

Das schlaueste Tier Afrikas ist in den Augen vieler Bewohner der afrikanischen Savanne der Hase. Andere schreiben diese Eigenschaft dem Wüstenfuchs zu, dessen Fußspuren im Sand dazu benutzt werden, die Zukunft aus ihnen zu lesen. Auch die Spinne *(Anansi)* ist ein weiterer Anwärter für diesen Titel.

Der größte Kämpfer unter den Tieren ist der chinesische Wasserbüffel. Von ihm berichtete der chinesische Schriftsteller Xie Zhaozhi, die wildesten Wasserbüffel seien stark genug, um es mit Tigern aufzunehmen, die dem Büffel kaum gewachsen sind. In der Xuande-Periode (1426–1435) ließ man einmal einen Wasserbüffel gegen einen Tiger kämpfen. Dreimal griff der Tiger an, ohne Erfolg zu haben. Danach spießte ihn der Büffel auf und tötete ihn.

Die wildesten Ratten fand man in Peru. Die europäischen Schädlinge, die mit Schiffen in die Neue Welt gelangt waren, gediehen dort prächtig. In Peru wurden die Ratten so wild, daß keine Katze es wagte, sich ihnen zu nähern.

Die lautesten Landtiere der Welt sind die in Mittel- und Südamerika heimischen Brüllaffen *(Alouatta)*. Bei den Männchen sitzt am Scheitelpunkt der Luftröhre ein erweitertes Knochengebilde, das die Laute zurückwirft und widerhallen läßt. Ihre fürchterlichen Schreie wurden als Mischung aus Hundegebell und Eselschrei bezeichnet. Wenn sich diese Affen richtig warmgebrüllt haben, kann ihr Geschrei über mehr als zehn Kilometer hinweg gehört werden.

Die erste chinesische Beschreibung eines Zebras stammt aus dem Jahre 1226. Das Tier

Die Tapisserie, die als „Die Frau und das Einhorn" bekannt ist, kam aus Boussac in Frankreich. Sie ist eine der schönsten Tapisserien des frühen 16. Jahrhunderts. Die sechs Wandbehänge symbolisieren vermutlich die fünf Sinne, wobei die Handlungen des Einhorns den gemeinten Sinn darstellen.

wird beschrieben als „ein Maultier mit roten, schwarzen und weißen Streifen, die sich wie Girlanden um den Körper des Tieres ringeln". Es lebe wild in den Bergregionen Ostafrikas.

Das eigenartigste afrikanische Tier ist der Lemur, der einzig auf der Insel Madagaskar, östlich der afrikanischen Küste, lebt. Dieses Tier ist in der restlichen Welt unbekannt.

Säugetiere in größten Höhen: Das in höchsten Lagen wildlebende Säugetier der Welt ist wahrscheinlich der Grunzochse *(Bos grunniens)* Tibets und der Alpen von Setschuan in China, der gelegentlich auf der Suche nach Nahrung bis auf 6100 m klettert.
In Mitteleuropa leben Gemse *(Rupicapra rupicapra)*, Schneemaus *(Microtus nivalis)* und Mauswiesel *(Mustela nivalis)* bis zu den höchsten Punkten der Alpen (etwa 4500 m).

Das größte Mischtier beschrieb Antonio Pigafetta, der Magellan 1519 auf seiner Umsegelung begleitete. Er beschrieb die Guanakos von Südamerika wie folgt: Sie hätten Kopf und Ohren eines Maultiers, Hals und Körper eines Kamels, die Beine eines Hirschen und den Schweif eines Pferdes.

Das edelste Tier: Als Bruder Felix Fabri 1483 das Heilige Land bereiste, bekam er das edelste aller Tiere, das Einhorn, zu Gesicht. Er beschrieb es so: Dieses Tier ist in vieler Hinsicht höchst eigenartig. Zuvorderst sagt man ihm nach, überaus wild und gefährlich zu sein. Ragt doch aus der Mitte seiner Stirn ein Horn, vier Fuß lang und so scharf und stark, daß es alles, was ihm in den Weg kommt, entweder hoch in die Luft schleudert oder durchbohrt. Sein Horn glänzt gar wundersam, der Knochen, aus dem es besteht, ist so wertvoll wie die kostbarsten Edelsteine. Das Einhorn ist so stark, daß kein Jäger es durch List oder Gewalt je überwältigen kann. Aber in Schriften über die Naturgeschichte steht geschrieben, daß man eine Jungfrau dazu verwenden kann. Sie stellt sich dem Tier in den Weg und bietet dem Tier ihren Busen dar, wenn es auf sie zurennt. Daraufhin weicht all seine Wildheit aus ihm, und es legt seinen Kopf in ihren Schoß und steht da wie verzaubert und ist wehrlos, bis man es gefangengenommen hat oder die Jäger Gelegenheit haben, es zu töten.

Albrecht Dürer, Maler, Graphiker und Kunstschriftsteller aus Nürnberg, war routinierter Holzschneider genug, um naturalistische Abbildungen selbst von solchen Tieren zu machen, die er noch nie gesehen hatte. Die Zeichnung ist ein reines Werk der Vorstellung, besonders der Panzer. Dennoch blieb die Darstellung Dürers prägend für Jahrhunderte: Das Rhinozeros hatte so auszusehen, wie es sich Dürer vorgestellt hatte. Auch die Inschrift über dem Bild ist bloße Spekulation: Das Rhinozeros, heißt es da, sei der natürliche Feind des Elefanten.

Das erste aufgezeichnete Opossum: Cabeza da Vaca beschrieb ein Tier „mit einem Beutel am Bauch, in dem es sein Junges trägt, bis es in der Lage ist, selbständig nach Futter zu suchen. Wenn sich dem Jungen, während es sich außerhalb des Beutels befindet und frißt, jemand nähert, rennt die Mutter nicht weg, bevor sie ihr Junges nicht wieder eingesammelt hat". De Vaca hatte das Tier 1528 im Süden Nordamerikas gesehen. Das Wort *Oppossum* ist aus der Sprache der Algonqin abgeleitet.

Die erste gedruckte Erwähnung des amerikanischen Bisons: In den Erzählungen über seine Wanderungen durch Amerika (1528–1536) beschrieb Cabeza de Vaca, daß er 1534 ein „Rind" gesehen habe, dessen Fleisch er aß. „Ich glaube", schrieb er, „sie sind ungefähr so groß wie die in Spanien. Sie haben kleine Hörner, wie die Rinder in Marokko. Ihr Fell ist sehr lang und flockig, wie das der Marino-Schafe. Einige sind gelbbraun, andere wiederum schwarz. Meiner Meinung nach ist ihr Fleisch zarter und fetter als das der spanischen Rinder. Aus den Häuten der noch nicht ausgewachsenen Tiere fertigen die Indianer Decken an, aus den großen Häuten machen sie Schuhe und Beutel. Die Tiere dringen aus nördlicher Richtung bis zur Meeresküste Floridas vor, das heißt, sie durchstreifen ein Gebiet von über 400 Leagues (ungefähr 1900 km)."

Das erste Nashorn erreichte Europa am 20. Mai 1515. Es traf in Lissabon ein, nach einer 18monatigen Reise von Goa um ganz Afrika herum. Zwei Jahre später wurde vor dem steinernen Turm von Belem in der Nähe von Lissabon die erste Skulptur eines einhörnigen indischen Nashorns angefertigt. Noch schneller hatte Albrecht Dürer einen naturalistischen Holzschnitt hergestellt, ohne daß er das Tier zu Gesicht bekommen hatte. Obwohl das Bild ein reines Werk der Phantasie war und nicht der Beobachtung, vor allen Dingen, was die Panzerplatten angeht, die den Körper bedecken, lieferte es doch die gültige Vorlage für die gesamten bildenden Künste bis zum 18. Jh. Die Inschrift über der Zeichnung bezieht sich auf die Schriften des Plinius über das Rhinozeros aus dem 1. Jh. Darin behauptete er, das Nashorn sei der natürliche Feind des Elefanten. Dom Manuel I. (regierte 1513–1521) von Portugal, in dessen Besitz das Nashorn gelangt war, hatte auch einen hinreichenden Vorrat an Elefanten und unternahm am 3. Juni 1515 ohne Erfolg einen Versuch, die Theorie des Plinius zu beweisen. Später beschloß er, das Nashorn Papst Leo X. (im Amt 1515–1547) zu schenken, dem er bereits den berühmten Elefanten Hanno überlassen hatte. Das Tier, per Schiff auf die Reise geschickt, kam nie an. In einem Sturm ging sowohl das Schiff als auch seine wertvolle Fracht verloren. Einem unbestätigten Bericht zufolge wurde das Tier noch am Strand ausgestopft und setzte seine Reise nach Rom unbeirrt fort.

Der beliebteste Elefant war Hanno. König Manuel von Portugal schenkte ihn Papst Leo X. im Jahre 1514. Er wurde zum beliebtesten Tier Roms. Seine Ankunft feierte man mit einer großen Prozession durch die Stadt, die ihren Höhepunkt in einem Empfang beim Schloß Santangelo fand. In einem Akt höchster Respektlosigkeit füllte Hanno seinen Rüssel mit parfümiertem Wasser und bespritzte den Papst und die Kirchenvertreter dreimal, gerade als die Kirchenglocken zu läuten und die Kanonen zu feuern begannen. Als Hanno 1516 starb, beauftragte der Papst Raffael, ihm ein Monument zu errichten.

Der Italiener Simone Siguli verglich die Giraffe mit einem Strauß, „nur daß die Brust dieses Tieres keine Federn hat, sondern eine sehr feine weiße Wolle". Siguli zufolge gleicht der Kopf einer Giraffe dem eines Pferdes, ebenso die Hufe, aber sie hat die Beine eines Vogels, zwei Hörner wie ein kastrierter Hammel und frißt Hafer und Brot – genau wie ein Pferd. Er faßte seine Ansicht mit den Worten zusammen: „Es ist wirklich ein höchst mißgebildeter Anblick."

Giraffen

Die erste chinesische Beschreibung einer Giraffe lieferte ein chinesischer Schriftsteller im Jahre 1226, als er ein Tier beschrieb, das in Ostafrika unter dem Namen *tsu-la* bekannt war. Er schrieb, das Tier sei gestreift wie ein Kamel, von der Größe eines Ochsen, habe ein dickes Fell und sei von gelber Farbe. Es habe 5 m lange Vorderbeine, aber die Hinterbeine seien nur 3 m lang. Den Kopf trüge es hoch aufgerichtet zum Himmel gewandt.

Das mißgestaltetste Tier: Der Pilger Roberto da Sanseverino reiste 1453 vom Heiligen Land nach Ägypten, wo man ihm eine „Zaraffa" zeigte. Er beschrieb das Tier als ungeheuer groß und hinten niedriger als vorne. Sein überaus beweglicher Hals war, so schätzte er, drei Arme lang, „und der Kopf ebenfalls lang mit einer spitzen Nase, großen Augen, die denen eines Ochsen ähneln, großen Ohren wie die einer Kuh, und oben auf dem Kopf, gleich einer Ziege, zwei kleine Hörner".

Das höchstgewachsene Säugetier ist die Giraffe *(Giraffa camelopardis)*, die heute nur noch in den Savannen Afrikas südlich der Sahara anzutreffen ist. Im 15. Jh. grasten Giraffen auf fast allen Savannen quer über den afrikanischen Kontinent. Chinesische Handelsreisende des 15. Jh.s zeigten sich besonders beeindruckt von ihrer Größe, und mindestens ein Tier wurde als Geschenk für den Kaiser nach China gebracht.

Giraffen erscheinen in zeitgenössischen Zeichnungen und Texten über Afrika, bevor die ersten Europäer den Indischen Ozean erreichten. Darüber hinaus hielt man Giraffen für seltsame Tiere wegen der oft verschiedenen, bisweilen ungeraden Anzahl der Hörner.

Zum ersten Mal in einem Bestiarium, einem mittelalterlichen Tierbuch, verzeichnet und abgebildet wurde eine Giraffe 1480 in Holland. Der Titel des Buches: *Dialogues of creatures moralised.* Die Zeichnung der Giraffe weist allerdings keine Ähnlichkeit mit einer wirklichen Giraffe auf.

Vögel

Die am häufigsten erfundenen Vögel sind die Nonnengänse. Diese Geschöpfe haben wohl immer nur in der Vorstellung des Menschen existiert. Sie werden in fast allen Kräuterbüchern der Zeit erwähnt, obwohl ihre Existenz vor ihrem endgültigen Verschwinden immer mehr angezweifelt wurde. Man glaubte, daß die Gänse in Hülsen der „Nonnengans"-Bäume auf den Orkney-Inseln westlich von Schottland entstanden. Wenn die Hülse reifte und vom Baum ins Wasser fiel, kam die Gans mit den Füßen nach oben heraus. Die Gänse, die auf den Boden fielen, starben.

Die wertvollsten Vögel sind ein Dutzend weißer Falken aus Grönland, die 1396 vom türkischen Sultan als angemessenes Lösegeld für einen europäischen Prinzen angenommen wurden.

Die größten Vögel sahen chinesische Reisende an der Ostküste Afrikas. Sie berichteten, Kamelvögel gesehen zu haben, die zwischen 1,80 m und 2 m groß waren. Man nimmt an, daß es sich um Strauße handelte.

Die größten Eier von allen lebenden Vögeln legt der Strauß *(Struthio camelus).* Ein Straußenei ist 15–20 cm lang, hat einen Durchmesser von 10 bis 15 cm und wiegt 1,65–1,78 kg. Das entspricht etwa dem Gewicht von zwei Dutzend Hühnereiern. Ein Straußenei muß etwa 40 Min. gekocht werden. Obgleich seine Schale nur 1,5 mm dick ist, hält sie das Gewicht eines 127 kg schweren Menschen aus.

Fliegende Fische wurden das erste Mal von Europäern beschrieben, als Magellan 1519 bei seiner Weltumseglung den Pazifik erreichte. Mitglieder seiner Besatzung erzählten von fliegenden Fischen, die sie *colindrini* (Schwalbenfisch) getauft hatten. Sie berichteten, daß diese Fische aus dem Wasser aufsteigen, um Räubern zu entkommen, und daß sie ungefähr so weit fliegen konnten, „wie ein Mann den Bolzen einer Armbrust feuern kann".

Pinguine wurden erstmalig gesichtet bei Magellans Weltumseglung im Jahre 1519. Seine Männer sahen seltsame Tiere auf den Felsen im Wasser entlang der Küste im südlichen Teil von Südamerika, „dergestalt, wie sie kein Christenmensch jemals zu Augen bekommen hatte". Sie hielten sie für eine Art schwarz-weißer Gans „mit dem Schnabel einer Krähe", die zwar nicht fliegen konnte, sich aber von Fisch ernährte. Es handelte sich um patagonische Pinguine, die hier zum ersten Mal von Europäern gesehen wurden.

Der Tukan wurde zum ersten Mal 1525 von Don Gonzalo Fernandez de Oviedo y Valdes in seiner *Sumaria de la Natural Historia de las Indias* (Zusammengefaßte Naturgeschichte Westindiens) beschrieben.

Andere Lebewesen

Das größte Reptil der Welt ist das Salzwasserkrokodil *(Crocodylus porosus)*, verbreitet in Südostasien, Nordaustralien, Neuguinea, auf den Philippinen und den Salomoninseln. Ausgewachsene Männchen werden zwischen 4,2 und 4,8 m lang und wiegen zwischen 408 und 520 kg. Einige Krokodilarten können bis zu hundert Jahre alt werden.

Die seltsamste Schlange entdeckte der italienische Pilger Roberto da Sanseverino im Jahre 1453, als er durch die Wüste Sinai zum St.-Katharinen-Kloster reiste: Eine Schlange, groß wie eine Katze, lang und geschmeidig mit vier Beinen. Als Roberto sich dem Tier näherte, verschwand es im aufgewirbelten Sand.

Ein Heuschreckenschwarm kann mehrere Quadratkilometer groß sein mit etwa 50 Millionen Heuschrecken pro Quadratkilometer, die nicht weniger als 100 Tonnen Pflanzen im Verlauf eines einzigen Tages fressen können. Die Schwärme kommen im Verlaufe eines Tages bis zu hundert Kilometer vorwärts und lassen ein vollkommen kahl gefressenes Gebiet hinter sich.

Der giftigste Fisch der damaligen Zeit war der Pufferfisch *(Diodon hystrix; Sphoeroides testudineus).* Sein Gift, vermischt mit anderen toxischen Stoffen, wurde dazu benutzt, wegen bestimmter Verbrechen Verurteilte in „Zombies" zu verwandeln. Ein Gegengift war *Datura Stramonium.*

Als gefährlichen Fisch fürchteten Seefahrer und Reisende vor allem den Fisch Troys, der nach einer Legende aus dem späten 15. Jh. aus den Tiefen emporsteigt, wenn er ein Schiff bemerkt, und es mit seiner Schnauze durchbohrt. Denn er hat eine Schnauze von der Form eines Bohrers, und wenn man ihn nicht verjagt, wird er das Schiff leck bohren. Nur ein furchtloses Auge kann ihn in die Flucht schlagen: Man muß sich über die Reling hinaus über das Wasser beugen und dem Fisch unbeirrt in die Augen blicken, was der Fisch seinerseits mit einem furchtbaren Starren erwidert. Wenn Angst den Mann überkommt, der dem Fisch ins Antlitz blickt, und er seine Augen abwendet, steigt die Bestie aus dem Wasser empor, packt ihn und zieht ihn in die Tiefe, um ihn dort zu verschlingen.

Die erste Beschreibung des nordamerikanischen Fischs: Als Hernando de Soto 1541 das Gebiet des Rio Grande erreichte, entdeckten die Spanier, daß die Indianer den Fluß durch einen Kanal mit einem See verbunden hatten, so daß der Fisch fertig „zum Essen und zum Zeitvertreib" in der Falle saß. Unter den beschriebenen Fischen befand sich auch der *Bagre*, „ein Drittel des Kopfes mit Kiemen von einem Ende zum anderen und an den Seiten mit großen Stacheln, ähnlich wie scharfe Ahle". Ein anderer Fisch sah „wie eine Brasse aus, mit dem Kopf eines Hechts". Der Schalenfisch besaß „eine eine Elle lange Schnauze (etwa 50 cm) mit einer Oberlippe, die wie eine Schaufel aussieht". Der größte beschriebene Fisch war der *Pereo*, „so groß wie ein Schwein, mit Zahnreihen oben und unten".

Die erste Beschreibung von Bulagas: *Bulagas* sind die weißen Tümmler im Salzwasser des Sankt-Lorenz-Stroms und im Saguenay Fjord in Kanada. 1535 beschrieb sie der französische Forscher Jacques Cartier: „Diese Fische sind so groß wie Tümmler ohne Flossen. Körper und Kopf sind wie bei einem Windhund geformt. Sie sind weiß wie Schnee, ohne Flecken. Und sie existieren in diesem Fluß in großer Zahl."

Als schlimmste Naturkatastrophe haben die Menschen im Mittleren Osten Heuschreckenplagen empfunden, wenngleich auch Dürre und Überschwemmung von großer Bedeutung waren. Wie man weiß, sind die Heuschreckenplagen bereits in der Bibel erwähnt, darüber hinaus in Reiseberichten aus der Zeit um 1500.

Die gefährlichsten Tiere auf der Erde sind die Malaria-Parasiten der Gattung *Plasmodium*, die von Moskitos der Gattung *Anopheles* übertragen werden. Wenn Kriege und Unfälle einmal außer acht gelassen werden, sind sie direkt oder indirekt für 50 Prozent aller Menschentode seit der Steinzeit verantwortlich. Sogar heute noch werden trotz riesiger Anstrengungen, die Malaria auszurotten, jedes Jahr mindestens 200 Mio. Menschen von dieser Krankheit angegriffen. Und allein in Afrika sterben jährlich mehr als eine Million Babys und Kinder an Malaria.

Zoologische Gärten

Der älteste Tiergarten soll von Schulgi, Herrscher der 3. Dynastie (2097–2094 v. Chr.), in Puzurisch im heutigen Irak angelegt worden sein.

Der berühmteste Zoo des 15. Jh.s war der des Herzogs von Neapel, Ferrante. Zu diesem Zoo gehörte auch eine Giraffe.

Die beeindruckendsten Tiergeschenke lieferten Botschafter fremder Länder, die nach jedem Besuch der großen chinesischen Handelsflotte Anfang des 15. Jh.s mit Geschenken für den Kaiser nach China reisten. Viele davon bestanden aus den Tieren ihrer Heimat. Das eindrucksvollste dieser Geschenke war eine komplette Menagerie aus Ägypten. Zu ihr gehörten Löwen, Tiger, Oryx-Antilopen, Nil-Gais, Zebras und Strauße. Der Kaiser brachte alle diese Tiere im kaiserlichen Zoo in Peking unter. 1415 schenkten die Botschafter von Malinda in Ostafrika dem Kaiser eine Giraffe.

NEUE PFLANZEN IN EUROPA IM 15. UND 16. JAHRHUNDERT

Amarant oder Fuchsschwanz:	*eingeführt aus der Neuen Welt, dekorative und medizinische Verwendung*
Bohnen:	*ein Dutzend verschiedene Sorten wurden aus der neuen Welt eingeführt und als Nahrungsmittel wie als Dekorationspflanze angebaut*
Endivien:	*eingeführt aus Asien*
Getreide:	*Mais kam im frühen 17. Jahrhundert aus der Neuen Welt*
Kapuziner- oder Brunnenkresse:	*eingeführt aus der Neuen Welt*
Karotten:	*orangefarbene Arten kamen aus dem Mittleren Osten*
Kresse:	*eingeführt aus der Neuen Welt*
Melone:	*Honigmelonen kamen aus Afrika, Wassermelonen in der Mitte des 16. Jahrhunderts aus der Neuen Welt*
Portulak:	*der Speisesalat kam aus dem Mittleren Osten*
Rose:	*einige neue Arten aus Afrika*
Spargel:	*einheimisch, aber erstmals im 16. Jahrhundert kultiviert*
Spinat:	*eingeführt aus Persien*
Sonnenblume:	*eingeführt um 1500 aus der Neuen Welt*
Zuckerwurz:	*Wurzelfrucht, eingeführt aus Westasien, mittlerweile wieder verschwunden*

DER GEMÜSEGARTEN

Im 16. Jahrhundert entstehen nahe den europäischen Schlössern Gemüsegärten, ein ausschließlich mit Gemüse und Obstbäumen bepflanzter Garten mit nur wenigen Blumen als Verzierung. Der berühmteste noch bestehende Garten dieser Art ist der des Schlosses Villandry, das 15 Kilometer westlich von Tours am Ufer der Loire liegt und einem Minister des französischen Königs Franz I. als Wohnsitz diente.

Warum ein Gemüsegarten so nahe am Schloß? Weil im Laufe des 16. Jahrhunderts zahlreiche Gemüsearten von Amerika nach Europa kamen und die Besitzer, da es sich um besonders wertvolle Pflanzen handelte, vom Fenster aus die Pflanzen überwachen und deren Wuchs beobachten wollten. Daher war die Blume hier Nebensache.

Der noch erhaltene Garten in Villandry mit seinen 12 500 Quadratmetern ist in neun quadratische Beete gleicher Größe unterteilt, die durch Alleen geteilt sind. An den Kreuzungen dieser Alleen findet sich ein Wasserbecken, das von großen, rosenbedeckten Gewölbebogen eingefaßt ist. In der Mitte eines jeden Beets befindet sich ein kleiner Springbrunnen.

Die Muster der von Buchsbaum eingerahmten und mit Gemüse bepflanzten Beete sind alle verschieden. Für den Garten sind in jedem Jahr zwei Anbaupläne aufzustellen. Der Frühjahrsplan umfaßt den Anbau folgender Gemüsearten: Erbsen, Puffbohnen, Rettiche, Linsen, Frühjahrskohl, rot- und grünblättriger Eichenblattsalat. Daneben werden ausdauernde Pflanzen, die bis zu fünf Jahre in der Erde bleiben können, gesetzt: Artischocken, Erdbeeren, Sauerampfer, Schnittlauch, Bohnenkraut.

Der Sommerplan sieht den Anbau des folgenden Gemüses vor: Weißkohl, blau-grüner Mailänder Kohl, Rotkohl, Kürbis, Zucchini, purpurroter und grüner Mangold, goldgelber Sellerie, Rosenkohl, Karotten, Lauch, Auberginen, Paprika, Kirschtomaten, Schnittlauch, Petersilie, Basilikum, Koliquinten, Endivien.

Bei den Anbauten wird darauf geachtet, daß der Fruchtwechsel dem Boden die Möglichkeit gibt, sich immer wieder zu erholen. Daneben sind die ästhetischen Gesichtspunkte ungemein wichtig. Die Verteilung der Farben und Formen ist, neben dem Fruchtwechsel, das zweite bestimmende Element in der Komposition der Anbaupläne für die neun Beete.

KRÄUTER

Die meisten gut geführten Haushalte kultivierten Kräuter in Gärten nahe den Häusern oder Küchen. Sie wurden zum Kochen und zu medizinischen Zwecken benutzt.

Klostergemeinschaften zogen Kräuter in der Nähe der Krankenstationen. Auch Brauer und Winzer zogen spezielle Kräuter zum Aromatisieren. Heilkräuter wurden in Wein gemischt verabreicht, als Tee getrunken, äußerlich aufgetragen oder konnten auch getrocknet, pulverisiert und sogar gebrannt angewandt werden – je nach Art der Krankheit, für die sie als Behandlung gedacht waren. Ätherische Öle wurden zum Heilbaden benutzt. Kräuter wurden nach „Temperament" klassifiziert: heiß, kalt, trocken und feucht und auf einer Skala von 1 bis 4 bewertet. Sie wurden, in unterschiedlichem Maß, als heiß und trocken, heiß und feucht, kalt und trocken oder kalt und feucht angesehen. Weil das kalte und trockene, melancholische Temperament die größte Bedrohung der Gesundheit war, waren heiße und trockene Kräuter die heilsamsten. Kalte und trockene Kräuter tendieren dazu, giftig und betäubend zu wirken (Trägheit galt als kalte und trockene Krankheit).

Pflanzenreich

Neue Pflanzen in der Alten Welt: Die Entdeckung Amerikas bereicherte auch die europäischen Speisezettel. Spanische, portugiesische und venezianische Seeleute brachten unter anderem die Kartoffel (um 1540 erstmals in Frankreich angebaut), den Mais (1498 erstmals in Kastilien), Ananas, Sonnenblume, Vanille, Avocado und natürlich Tabak in die Alte Welt. Besonders begrüßt wurde das Zuckerrohr, da nach der Reformation (1517) Honig zur Mangelware geworden war: Mit der Säkularisierung der Klöster wurde auch den vielen Bienenvölkern der Garaus gemacht, die Mönche vor allem wegen der Wachsproduktion gehalten hatten.

Erste Reisfelder sind 1470 in der Gegend von Mailand belegt.

Der älteste Baum war eine Bristleconekiefer *(Pinus longaeva)* mit der Bezeichnung WPN-114, die in 3275 m Höhe an der Nordostwand des Mt. Wheeler in Nevada (USA) wuchs. Durch 1963 und 1964 vorgenommene Untersuchungen stellte man fest, daß sie etwa 5100 Jahre alt war, als sie gefällt wurde.

Eine Illustration aus einer arabischen Übersetzung von Dioskorides Materia Medica. *Dioskorides, ein griechischer Arzt des 5. Jahrhunderts, diente im Römischen Heer.*

Der älteste bekannte lebende Baum ist eine Bristleconekiefer *(Pinus longaeva)* namens „Methusalem", die in einer Höhe von 3050 m auf der kalifornischen Seite der White Mountains (USA) wächst und etwa 4700 Jahre alt ist. Nach Berichten vom März 1974 hat dieser Baum 48 lebende Sämlinge hervorgebracht. Dendrochronologen schätzen, daß eine Bristleconekiefer nahezu 5500 Jahre alt werden kann. Noch höher wird die Lebenserwartung eines

Kalifornischen Mammutbaums *(Sequoia giganteum)* eingeschätzt: Sie reicht möglicherweise an 6000 Jahre heran. Die Zellen leben aber nicht länger als 30 Jahre.

Im Allgäu (Bayern), am Wegesrand zur Wilhelminen-Alpe, steht eine knorrige, graugrüne Eibe. Sie ist der älteste Baum in Deutschland, über 2000 Jahre alt, möglicherweise sogar 4000 Jahre. Jeder ihrer beiden Stämme ist 2,9 m dick.

Eine rund 2000 Jahre alte Eiche ist das Wahrzeichen der Gemeinde Nöbdenitz, Schmölln (Sachsen). Der über 30 m hohe Baum hat einen Durchmesser von etwa 3 m, sein Stamm wird von Ketten zusammengehalten.

Auf mehr als 1500 Jahre wird die „Feme-Eiche" geschätzt, die in der Gemeinde Raesfeld-Erle, Kreis Borken (Westfalen), steht. Diese Gerichtseiche ist 15 m hoch und hat einen Umfang von 14 m.

1200 Jahre soll die Tassilo-Linde alt sein, die beim Kloster Wessobrunn (Bayern) steht und nach dem Klostergründer benannt ist. 1980 wurde sie zum Naturdenkmal erklärt. Zum Erhalt der aus sieben Einzelstämmen bestehenden Linde wurden 10 000 DM bereitgestellt.

6000 Jahre alt ist der 12 m hohe, 37 t schwere versteinerte Stamm einer Mooreiche, der im Donauried beim Autobahnbau gefunden wurde und 1980 vor einer Möbelfabrik in Aich (Bayern) aufgestellt wurde.

Früheste, primitivste noch existierende Baumart ist der Fächerblattbaum oder *Gingko biloba*, der aus China stammt und schon vor etwa 160 Mio. Jahren im Jura existierte. 1690 wurde er von Engelbert Kaempfer in Japan entdeckt und um 1754 in Europa eingeführt.

Erste Artenbestimmung: Der arabische Arzt Ghafiqi († 1165) aus Cordoba (Spanien) war vermutlich der erste, der Pflanzen klassifizierte, indem er ihnen Namen in Arabisch, Latein und in der Berbersprache gab. Als kenntnisreichster Botaniker und Pharmakologe der islamischen Welt gilt Abdullah Ibn al-Baitar (* Ende des 12. Jh.s in Malaga, † 1248 in Damaskus). Sein Hauptwerk *Große Zusammenstellung über die Kräfte der bekannten einfachen Heil- und Nahrungsmittel* wurde als bestes seiner Art angesehen.

Umfangreichste Entwaldung: Die zunehmende Bevölkerung Europas fügte den Wäldern großen Schaden zu. Es wird geschätzt, daß eine durchschnittliche Eisenhütte innerhalb von einem Jahr knapp 1000 ha Wald verbrauchte. Das führte in manchen Gegenden zu solchem Brennstoffmangel, daß einige Eisenhütten nach einem Jahr den Betrieb für die nächsten drei Jahre einstellten. Andere Schätzungen gehen davon aus, daß jedes Jahr in Europa 60 bis 80 Mio. t Holz verbraucht wurden – das entspricht etwa einer Tonne jährlich pro Kopf der damaligen Bevölkerung.

Berühmte Gehölze: Die Menschen schätzten die Bedeutung von Bäumen, mit denen sich entweder bestimmte Ereignisse verbanden oder die sehr alt waren. So gab es in England beispielsweise in Clipston eine Eiche, unter der Eduard I. 1289 sein Parlament zusammengerufen haben soll. In Donnington Park bei Newbury existierte eine Eiche, die der Dichter Geoffrey Chaucer gepflanzt haben soll. Und im New Forest war der Baum zu besichtigen, von dessen Stamm jener Pfeil abprallte, der William Rufus tötete. In Italien kannte man Bäume, die vom Heiligen Dominicus sowie dem Heiligen Franz von Assisi gepflanzt worden sein sollen.

Giftige Pflanzen

Das tödlichste Gift war für die Ureinwohner Latein- und Mittelamerikas Curare. Es wurde in großen Mengen aus dem Saft der toxischen Pflanze *Strychnos toxifera* hergestellt, mit Insekten- und anderen tierischen Giften gemischt und war enorm wirksam. Es lähmte zunächst das motorische Nervensystem und löste beim Eindringen in den Blutkreislauf des Opfers Herzstillstand aus. Die südamerikanischen Indianer benutzten Curare als Pfeilgift bei der Jagd.

Das für Gottesurteile nützlichste Gift in Westafrika war die Calabar-Bohne *(Physostigma venenosum)*. Zur Feststellung der Schuld oder Unschuld eines Verdächtigen ließ man ihn die mit Wasser vermischte gemahlene Substanz trinken. Stürzte der mutmaßliche Übeltäter das Gebräu schnell hinunter, erbrach er sich lediglich. Trank er jedoch (aus Schuldbewußtsein?) langsam und bedächtig, so bekam er schließlich ernste Atembeschwerden und starb.

Der sadistischste Botaniker war vermutlich Pierandrea Mattioli (1501–1577), ein Arzt aus Siena (Italien). Er benutzte Strafgefangene als Objekte für seine Untersuchungen, ob Eisenhut *(Aconitum)* giftig ist oder nicht. Die Resultate waren positiv.

Die abschreckendste Strafandrohung gegen Giftmischer in Europa stammt vermutlich von Heinrich VIII. in England. Er verfügte, daß überführte „Kräutermörder" weichgekocht würden. Vielleicht verhinderte das Auswüchse wie beispielsweise in Frankreich, wo sich eine Untersuchungskommission jahrelang mit einer Reihe von Giftmorden (im Zusammenhang mit der Marquise de Brinvilliers) befaßte und schließlich 442 Personen unter Anklage stellte, von denen 36 hingerichtet und ebenso viele in die Verbannung geschickt wurden.

Heilpflanzen

Die heißesten und trockensten Heilpflanzen waren Senf, Zwiebel und Schnittlauch.

Kalt: Die meisten Früchte, so etwa Erdbeeren, Birnen und Pflaumen galten als kalt und feucht, aber als die kältesten Heilpflanzen überhaupt galten Nieswurz, Eiche und Mohn. Veilchen und Rosen, die den kalten und feuchten Pflanzen zugeordnet waren, wurden als Heilmittel gegen trockene und warme Leiden wie Fieber, Verbrennungen, Schlaflosigkeit, Unruhe und Überspanntheit benutzt.

Die kältesten und trockensten Heilpflanzen waren Schierling und Tollkirsche. Sie galten als besonders gefährlich. Plinius empfahl gegen eine versehentliche Einnahme von Schierling: „Trink den stärksten überhaupt nur möglichen Wein, ehe das Gift das Herz erreicht."

Als heiligste Pflanze galt Rosmarin *(Rosmarinus officinalis)*. Angeblich erreichte das Heil- und Gewürzkraut ein Alter, das den Jahren entspricht, die Christus auf der Erde verbrachte: 33 Jahre. Die Heilkraft und die Reinheit des Rosmarin wurden für christusähnlich gehalten. Ein Aufguß aus Rosmarinnadeln reinigte und läuterte – als Tee getrunken – den Körper, während Waschungen damit den Menschen auch äußerlich rein und klar machten. Aus getrockneten und gemahlenen Blüten stellte man eine Zahnpasta her, die angeblich Halitosis (Mundgeruch) beseitigte, und Rosmarinzweige wurden als Haar- und Kopfhautbürsten benutzt. Die heilenden und aromatischen Eigenschaften des Gewürzkrautes führten zu seiner ausgiebigen Anwendung in Duft-Potpourris und Krankenzimmern. Außerdem streute man die Zweige auf den Fußboden von Gerichtsräumen, um unschuldige Bürger vor dem Gefängnisfieber zu bewahren. Rosmarin wurde als anregend, fast aggressiv angesehen und sollte eher passive Krankheiten wie Lethargie, Fallsucht, Gelbsucht und Störungen der Verdauung heilen. Es war angeblich auch das beste Stimulans für das Gedächtnis. Diese Förderung des Erinnerungsvermögens lag auch dem Brauch zugrunde, die Toten mit Rosmarinzweigen zu schmücken, was sich in England bis ins 19. Jh. erhalten hat. Rosmarin symbolisierte auch die eheliche Treue und wurde daher in Brautkränze gewunden. Zu Beginn des 16. Jh.s assoziierte es Thomas Morus mit Freundschaft.

Die Pflanzen mit dem schlechtesten Ruf waren Dornsträucher und Disteln ganz allgemein, aber den übelsten Leumund hatte der Kreuzdorn *(Rhamnus)*, da aus ihm die Dornenkrone Christi gefertigt worden sein soll.

Blumen

Blumen wurden in Kräuterbüchern zunächst lediglich wegen ihres medizinischen Nutzens aufgenommen. Erst im 17. Jh. erscheinen Bücher, die sich ausschließlich mit Blumen und Blütenpflanzen befassen. Über ihre praktische Nutzanwendung hinaus hatten Blumen große Bedeutung als literarische und religiöse Symbole. Im 15. Jh. erreichte der florale religiöse Symbolismus seinen Höhepunkt. Anfang des 16. Jh.s begann die Naturbeobachtung die Motivation der Künstler zu beherrschen. Um die Wende vom 15. zum 16. Jh. hätte jeder Betrachter die Bedeutung der Blüten erkannt, mit denen Bilder der Muttergottes oder von Jesus Christus geschmückt waren.

Zu Ehren des Deutschen Leonhart Fuchs (1501–1566), dem Begründer der modernen Botanik, benannte Charles Plumier eine von ihm 1695 in Südamerika entdeckte Pflanze Fuchsia.

Die älteste Rose der Welt ist der (jetzt) 1000jährige Rosenstock am Dom zu Hildesheim. Er ist in der ältesten gedruckten Stadtge-

GARTEN DER PHANTASIE

War der Garten des Spätmittelalters zwar ein „irdisches Paradies", der herrlichste Platz auf Erden, so war er doch auch ein sehr geometrischstrenges Gebilde, meist quadratisch angelegt und mauerumfriedet. Ende des 15. Jahrhunderts sprengte der Renaissancegarten die Strenge. Der Phantasie werden Tür und Tor geöffnet. Doch auch der Renaissancegarten bleibt noch „künstlich" mit seinen Wasserspielen, Putten, Brunnen und Grotten. Die „wilden" Landschaftsgärten kommen erst viel später in Mode.

In der Renaissance war es wichtig, daß das Grundstück an einem Hang lag, damit Blick und Aussicht auf die Umgebung frei waren. Das Haus sollte alle Freuden und Annehmlichkeiten, Luft, Sonne und Aussicht bieten. Noch immer war der Garten von Mauern umgeben. Die Gärten stellten weitgehend phantastische und reizvolle Ausflüge ins Reich der Phantasie dar, spiegelten aber durchaus auch die Umgebung außerhalb der Mauern wider. Da gab es Hecken aus süß duftenden Rosen und Jasmin, aber auch Blumenwiesen mit Hahnenfuß, Margeriten, Satrion, Ampfer, Kornblume, Steinklee, Steinbrech, Himmelsschlüssel, Wundklee, wildem Kerbel, Fingerkraut, Augentrost, Erdbeeren mit Blüten und Früchten, Akelei, Schafgarben, weiße Hyazinthen, Bienenragwurz und Panenentes „in so schöner und bunter Vielfalt, daß sie mir allein durch das Anschauen ein großer Trost waren", wie ein Zeitgenosse schrieb.

schichte von Hildesheim (1573) bereits als uralte Rose erwähnt.

Das erste Blumengemälde ist Hans Memlings Vase mit Lilien, Iris und Akelei im Hintergrund des Bildes *Mann in Gebetshaltung* von 1490. Die weißen Lilien symbolisieren Reinheit, die blaue Iris den Himmel, während die taubenähnlichen Blüten der Akelei den Heiligen Geist repräsentieren. Während der Reformation wurden die traditionellen frommen Darstellungen christlichen Märtyrertums (wie etwa Kreuzigungsszenen) verbannt und durch Blumenmotive ersetzt. Die hervorstechende Eigenschaft von Blumen – besonders wenn sie geschnitten sind – besteht allerdings darin, daß sie welken und sterben.

Die wichtigsten floralen Begleiter von Madonnen-Darstellungen waren die weiße Lilie (Keuschheit, Reinheit), das Veilchen (Bescheidenheit), die Rose (göttliche Liebe), die Nelke (göttliche Liebe), während blühende und fruchttragende Erdbeeren die Früchte des Geistes repräsentierten. Maßliebchen wurden im späten 15. Jh. hinzugefügt, um die Unschuld und Reinheit des Gottessohnes zu betonen. Auch der umschlossene Garten (Hag), in dem Maria sehr häufig portraitiert wurde, symbolisierte ihre Reinheit.

Die erste nachweisliche Abbildung eines Edelweiß *(Leontopodium alpinium)* ist im *Codex Bellunensis* enthalten. Das Werk erschien im 15. Jh. in Belluno (Venezien) und befindet sich jetzt in der British Library in London. Obwohl Dioskorides (1. Jh. n. Chr.) die Pflanze beschrieben und als Liebesmittel empfohlen hatte, war sie zuvor nie abgebildet worden.

Das befremdlichste Gras beschrieb Pedro de Castañeda, der Coronado 1540/42 durch die Ebenen Amerikas begleitete: das Präriegras, „das sich immer wieder aufrichtete, wenn es niedergetreten wurde". Er beschrieb, wie nach „1000 Pferden und 500 unserer Kühe und mehr als 5000 Schafböcken und Mutterschafen und mehr als 1500 freundlich gesonnenen Indianern und Dienern", die durch das Gras zogen, diese „nicht mehr Spuren hinterließen, als wenn niemand dort gewesen wäre – niemand". Die Spanier stapelten Knochenpyramiden auf und benutzten Kuhmist, um ihren Weg zu markieren.

LITERATUR

Die ersten Holzschnitte mit botanischen Darstellungen wurden 1475 von Hans Bamler in Augsburg in Konrad von Megenbergs *Buch der Natur* veröffentlicht. Dieses Buch war auch das erste volkstümliche Werk seiner Art.

Die unangefochtene Autorität auf dem Gebiet der Heilkräuter war bis zum 19. Jh. Dioskorides, ein griechischer Arzt im Dienst der Römischen Armee (1. Jh. n. Chr.). In seinem fünfbändigen Werk *Materia Medica* beschrieb er Aussehen und Wirkung von mehr als 600 Pflanzen und nahezu 1000 Arzneimitteln. Zwar wurden

„Königin der Blumen" nannte man in China die Pfingstrose. Sie war die am häufigsten dargestellte Blume in der chinesischen Kunst.

Kopien seiner Arbeit bebildert, aber bis zum 15. Jh. hielten sich die meisten Künstler an Abbildungen aus anderen Schriften statt die Pflanzen nach der Natur zu zeichnen.

Das bekannteste Kräuterbuch war der *Gart der gesuntheit* (Ortus sanitatis, auff teutsch), das 1485 von Peter Schöffer in Mainz gedruckt wurde. Es enthielt eine große Zahl von Illustrationen, hauptsächlich von Pflanzen. Sein Autor Johannes Wonnecke, ein Arzt und von 1484 bis 1503 Stadtrat in Kaub, behauptete, zusammen mit einem Zeichner in Italien, Griechenland, dem Heiligen Land, Arabien, Babylonien, Ägypten Nachforschungen angestellt zu haben.

Wiederentdeckung der Pflanzenkunde als empirische Wissenschaft: Die Veröffentlichung des *Herbarium Viva Eicones* von Otto Brunfels (1464–1534) im Jahre 1530 in Straßburg war der erste Versuch zur Wiederbelebung der botanischen Wissenschaft seit der Antike. Doch obwohl es sich bei dem Werk um das erste handelt, das mit Zeichnungen nach der Natur ausgestattet wurde, griff Brunfels immer noch auf Dioskorides und andere frühere Autoren zurück, und das ließ den Text gegenüber den Abbildungen in der Genauigkeit zurückfallen. Die Illustrationen waren jedoch von so hoher Qualität, daß sie für Werke von Albrecht Dürer gehalten wurden. Brunfels Zeitgenosse Hieronymus Bock (1498–1554) konnte es sich nicht leisten, die Erstausgabe (1539) seines *New Kreuterbuch* zu bebildern; er mußte sich auf „bildhafte" Texte beschränken, und so übertraf er Brunfels Arbeit verbal. Er schuf sogar ein neues Wort, den Begriff „Stempel", hatte jedoch noch kein eigenes Wort für „Blütenblatt".

Die ersten wissenschaftlichen Botanik-Abhandlungen des Schweizer Humanisten Conrad Gesner (1516–1565) beeinflußten im 18. Jh. Carl von Linné bei seiner Entwicklung des Systems, Pflanzen nach Gattungen und Arten einzuordnen. Gesners *Opera botanica* mit 1500 Zeichnungen und einer großen Anzahl von Holzschnitten ist jedoch nie vollständig veröffentlicht worden. (Das Manuskript befindet sich jetzt in einer Schweizer Bibliothek.) Auch der Deutsche Leonhart Fuchs (1501–1566), nachdem die Fuchsie benannt worden ist, schrieb eine „Pflanzengeschichte": *Historia stirpium*, die 1542 veröffentlicht wurde.

Das erste gedruckte illustrierte Kräuterbuch ist das *Kräuterbuch des Apuleius Platonicus*, das 1481 von Johann Philippus de Lignamine, dem Arzt von Papst Sixtus IV., herausgegeben und gedruckt wurde. Das Werk ist eine Zusammenfassung griechischer Rezepturen aus der Zeit um etwa 400 n. Chr. Den Pflanzenabbildungen waren Illustrationen der Krankheiten beigegeben, die sie heilen, so daß man nicht unbedingt lesen können mußte, um Nutzen aus dem Buch zu ziehen. Beispielsweise schloß die Abbildung der Katzenminze *(Nepeta)* eine Schlange ein, da die Pflanze angeblich gegen Schlangengift wirksam sein sollte. (Eine Handschrift aus dem 9. Jh., auf dem das gedruckte Buch basierte, wurde im Zweiten Weltkrieg in Monte Cassino (Italien) vernichtet.

Das bedeutendste gedruckte Kräuterbuch war das deutsche *Herbarius*, in bayerischer Mundart geschrieben und um 1492 in Mainz herausgegeben. Es ist das prächtigste und wichtigste Werk aus dieser Frühzeit der Druckkunst. Seine 379 Pflanzenillustrationen sind nach der Natur gezeichnet, und die Beiträge wurden alphabetisch nach Krankheiten und anderen Kriterien gegliedert. Das Werk war auch das am meisten plagiierte aller Kräuterbücher: Innerhalb von fünf Monaten nach seinem Erscheinen wurden die Zeichnungen von anderen Druckern in ganz Deutschland herausgebracht. 13 dieser Raubdrucke sind noch erhalten.

Das mysteriöseste Manuskript der Welt wurde das *Roger-Bacon-Cipher-Manuscript* genannt, das sich jetzt in der Beinecke Library der Yale University (USA) befindet. Es wurde im 15. oder 16. Jh. in einer Geheimschrift verfaßt, die bisher mit Ausnahme einiger Namen von Sternen und Pflanzen nicht entziffert werden konnte.

Der Mensch

BEVÖLKERUNG · SIEDLUNGEN UND STÄDTE
KATASTROPHEN · MEDIZIN

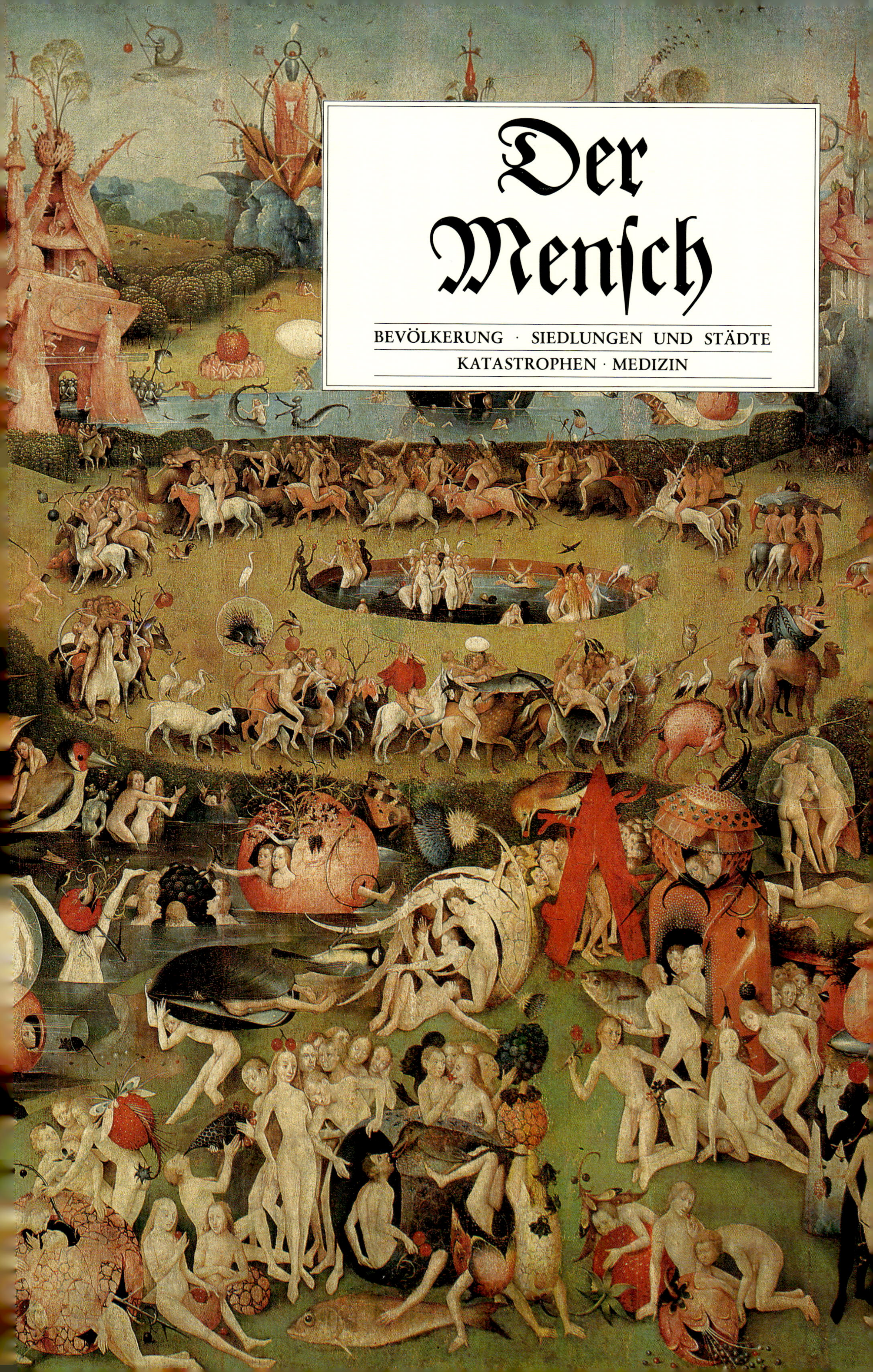

Bevölkerung

Der Mensch

Um 1500 lebten auf der gesamten Welt ungefähr 460 Mio. Menschen, wenngleich dies natürlich nur eine Schätzung ist, da es an zuverlässigen Statistiken mangelt. In Europa lebten ungefähr 60 Mio. Menschen. Am dichtesten bevölkert waren China (25 Personen pro km^2) und Indien (23 Personen pro km^2). In Europa lebten durchschnittlich acht Personen pro km^2.

Bevölkerung

Der am wenigsten dicht besiedelte Kontinent um 1500 war wahrscheinlich Nordamerika. Man schätzt, daß um diese Zeit dort nicht mehr als 10 Mio. Menschen lebten. Im Vergleich dazu schätzte man, daß zwischen 11 und 25 Mio. Menschen im Aztekenreich in Mexiko lebten, 30 Mio. im übrigen Südamerika und 60 Mio. in Europa. Weit höher war die Bevölkerungszahl Asiens, das allerdings auch eine viel größere Landfläche hat. Allein in China lebten um 1500 an die 200 Mio. Menschen, ein Jahrhundert später ungefähr 150 Mio. in Indien. Australien und die Antarktis waren zu diesem Zeitpunkt der restlichen Welt noch unbekannt.

WELTBEVÖLKERUNG

Jahr	*Millionen*
8000 v. Chr.	*geschätzt ca. 6*
1 n. Chr.	*geschätzt ca. 255*
1250	*ca. 254*
1500	*460*
1600	*579*
1990	*5246*
2050 (Prognose)	*14000*

Europa: Um 1500 lebten in Frankreich schätzungsweise 15 Mio. Menschen (ein Jahrhundert später 16 Mio.). Das war weit mehr als in jedem anderen europäischen Land. In Spanien lebten nur ungefähr 6 Mio. (um 1600 8 Mio.), in England 3 Mio. (um 1600 5 Mio.). Deutschland war noch ein loser Verbund einzelner Staaten und kein vereinigtes Land. Auch Italien war in Einzelstaaten aufgeteilt.

Vorherige Seite: Hieronymus Boschs Bilder werden bevölkert von Wesen mit menschlichen und tierischen Formen.

Die dichtest besiedelten Gebiete des südamerikanischen Regenwaldes waren entlang des Hauptstroms des Amazonas zu finden; im Bereich von Machiparo, nahe der Stelle, wo der Amazonas mit dem Yapurá zusammenfließt, und in der Nähe von Omagua, etwas weiter flußabwärts, wo 1542 die Mitglieder der Expedition des Francisco de Orellana schätzten, daß die Bevölkerungsdichte hier Armeen von einer Größe von mehr als 50 000 Mann zulasse. Hier gab es entlang des Ufers befestigte Städte, die zu umfahren man mehrere Tage benötigte. Städte mit mehr als 50 000 Einwohnern hatte es im mittelamerikanischen Regenwald schon in der Maya-Zivilisation gegeben, aber diese Siedlungen waren um das 10. Jh. herum aufgegeben worden.

Völkerwanderung

Das unberührteste Volk waren lange Zeit die australischen Aborigines. Heute nimmt man an, daß die Besiedelung von Australien durch Aborigines vor mehr als 60 000 Jahren begann. Bis zum Eintreffen der Europäer im 16. und 17. Jh. lebte und entwickelte sich dieses Volk völlig auf sich allein gestellt, isoliert vom Rest der Welt.

Die älteste, ständig bewohnte Siedlung in Südamerika: Das Ingenieurwesen und die Architektur während der kaiserlichen Periode der Inkas (1452–1532) war in ganz Amerika unerreicht. Ihre Stadtplanung basierte auf einem Rastersystem, das sehr viel entwickelter als die Planungen in Europa war. Der Siedlungsstandort Ollantaybo, um 1500 im Urabambo Tal erbaut, ist die älteste, ständig bewohnte Inka-Stadt. Der Entwurf zeigt 18 rechteckige Blöcke, mit einem offenen Platz in der Mitte. Jedes Rechteck ist in zwei quadratische Wohneinheiten unterteilt, mit separaten Höfen.

Über die ersten Siedler, die nach Amerika kamen, gibt es sehr unterschiedliche Meinungen. Eine große Gruppe von Wissenschaftlern, die zugleich die Ansicht vertritt, daß es bereits vor den Speerjägern eine Kultur auf dem Kontinent geben hat, geht davon aus, daß es bereits um 100 000 v. Chr. Menschen auf dem amerikanischen Kontinent gegeben hat. Durch archäologische Funde bewiesen ist allerdings, daß Südamerika um 25 000 v. Chr. bevölkert war.

Zum ersten Mal als Indianer bezeichnet wurden die Ureinwohner Amerikas von Papst Alexander VI. in seinem Buch *Inter caetera* (Unter anderem) von 1493, in dem der Papst die Entdekkungen Kolumbus dem spanischen Monarchen zuspricht.

Das Ende der Mayas: Die Maya-Zivilisation, die im 1. Jahrtausend ihre Blütezeit gehabt hatte, verschwand im 10. Jh. auf mysteriöse Art und Weise, ohne einen bislang bekannten Grund. Es gibt allerlei Spekulationen über die Gründe: ausgezehrtes Ackerland, Revolution, unbekannte Epidemien, eine drastische Klimaveränderung und selbst Vulkanausbrüche. Die wenigen Überlebenden des Volkes emigrierten nordwärts von Guatemala und ließen sich in Yucatan nieder, wo sich eine neue Zivilisation entwickelte, die starke mexikanische Einflüsse aufwies.

Die größte Völkerwanderung, die durch Nahrungsmittel verursacht wurde, begab sich Mitte des 15. Jh.s, als die Vakaranga aus Südafrika ihre alten Siedlungsgebiete aufgaben, 480 km nordwärts wanderten und im heutigen Simbabwe ein neues Königtum Karanga gründeten. Der Grund dafür war, daß die Salzvorräte in ihrem Heimatland erschöpft waren.

Nordamerikaner in Irland: Christoph Kolumbus höchstselbst verzeichnete 1477, als er in Irland war: „Menschen sind in den Osten gekommen. Dafür haben wir viele Zeichen gesehen. Vor allen Dingen in Galway in Irland, wo ein Mann und eine Frau von außergewöhnlicher Erscheinung mit zwei Baumstämmen gelandet sind.“ – Historiker glauben, daß diese Menschen vielleicht Eskimos waren, die ein Sturm in ihrem Kajak über den Atlantik getrieben hatte.

Die letzten Juden wurden 1492 aus Spanien vertrieben. Am 2. August dieses Jahres verließ der letzte das Land. Man schätzt, daß ihr Bevölkerungsanteil an die fünf Prozent betragen hatte, was in etwa 300 000 Menschen gewesen wären. Manche Schätzungen sind niedriger. Die Juden waren schon 1290 aus England und 1394 aus Frankreich vertrieben worden. Nach einer Vertreibung aus einem Land geschah es oft, daß die Juden aus ökonomischen Gründen zurückgerufen wurden. Zum Beispiel wurden zwischen 1420 und 1471 die Juden von Mainz viermal vertrieben und anschließend wieder zurückgerufen.

Die ersten Eskimos in England: 1502 brachte Sebastian Cabot drei Eskimos aus dem Norden Kanadas mit nach England. Dort führte er sie stolz vor. Sie wurden als „Fleischesser“ beschrieben, „die eine Sprache sprachen, die niemand verstand und das Benehmen wilder Tiere hatten“.

Die ersten Indianer in Europa: 1492 brachte Kolumbus mehrere Indianer mit nach Spanien. Er hatte vor, sie als Dolmetscher ausbilden zu lassen, nachdem er sie König Ferdinand und Königin Isabella vorgeführt hatte. Aber nur sieben der Indianer überlebten die Reise, und fünf von ihnen starben innerhalb eines Jahres.
1495 schickte Kolumbus 550 amerikanische Indianer als Sklaven nach Spanien. Von diesen überlebten 350 die Reise und bald starben auch die anderen in „einem Land, in das sie nicht paßten“.

Das erste englische Schiff, das Indianer mitbrachte, war 1502 das von John Amayne. Außerdem hatte er Salzfische, Haie und einen Adler an Bord. 1509 brachte ein französisches Schiff sieben Indianermänner, die in ihren Kanus gefangen genommen worden waren, mit. Sechs von ihnen starben sehr bald. Der Überlebende wurde zu König Ludwig XII. gebracht.

Die ersten Amerikaner in Portugal: 1501 schickte Gaspar Coste-Real dem König von Portugal 50 indianische Männer und Frauen aus Neufundland. Sie wurden sofort als Sklaven eingesetzt, und der venezianische Botschafter in Lissabon notierte, daß die Männer „exzellent für die Arbeit zu gebrauchen sein werden und die besten Sklaven, die er bisher bekommen hatte, waren“.

Die größte Umsiedlung der damaligen Zeit unternahmen die Inkas. Aus politischen Gründen – um entfernte Regionen ihres Reiches besser unter Kontrolle zu bringen – siedelte der Inka Huayna Capac Anfang des 16. Jh.s 14 000 Menschen, die aus dem gesamten Südteil des Inka-Reiches, selbst aus Chile stammten, im Cochabamba-Tal an.

Die ersten weißen Amerikaner kamen voraussichtlich aus Spanien. Der größte Teil dieser ersten Einwanderer stammte aus unwirtlichen, wüstenartigen Gebieten Südspaniens und vor allen Dingen aus Andalusien. Mit sich brachten sie ihr Vieh und ihre Kenntnisse der Rinderzucht, die bereits sehr hoch entwickelt war. Bewohner der Kolonien europäischer Abstammung fühlten sich bald nicht mehr als Europäer, und Mitte des 16. Jh.s beklagten sich königliche Beamte über eine Generation von Spaniern, die in Amerika geboren waren und ihren König „weder kannten noch ihn zu kennen wünschten".

Ein Eskimo, um 1570 von dem Engländer John White gezeichnet, dessen Zeichnungen als die besten Darstellungen der Menschen Nordamerikas angesehen werden.

Die ersten europäischen Frauen brachten voraussichtlich schon die Wikinger nach Amerika. Einiges deutet darauf hin, daß die Wikinger auf ihren Reisen nach Nordamerika im 11. Jh. Frauen dabei hatten, aber die erste offizielle Anregung, daß spanische Frauen in die Kolonien in der Neuen Welt ziehen sollten, wurde erst im Jahre 1497 gegeben, aber es läßt sich nicht mit Sicherheit nachweisen, ob wirklich europäische Frauen schon vor 1502 in die Neue Welt gereist sind.

Siedlungen und Städte

Die älteste heute bekannte befestigte Stadt ist Arihā (Jericho). Die letzten mit dem Radiokarbonverfahren gemachten Altersbestimmungen von Funden aus den tiefsten bisher von Archäologen erreichten Schichten ergaben, daß sich dort schon 7800 v. Chr. eine Ansiedlung von etwa 2700 Menschen befunden haben muß.

Die Ansiedlung Dolni Véstonice in der heutigen ČSFR wird der gravettischen Kultur (um 27 000 v. Chr.) zugerechnet.

Die älteste Hauptstadt der Welt ist Dimashq (Damaskus), die Hauptstadt von Syrien, die seit etwa 2500 v. Chr. ständig bewohnt war.

Die älteste noch existierende Stadt Europas ist Cadiz (Spanien), eine phönizische Gründung aus der Zeit um 1100 v. Chr.

Als älteste Städte in Deutschland gelten Worms, als *Borbetomagus* eine keltische Gründung aus der Zeit um 60 v. Chr. (von den Römern um die Zeitwende *Civitas Vangionum* genannt; als älteste Freie Stadt besteht sie seit 1156), Köln, um 50 v. Chr. von den Römern gegründet (seit 50 n. Chr. *Colonia Agrippinensis*), und Trier, eine römische Gründung an der Stelle älterer Siedlungen (aus der Zeit um 15 v. Chr.; im 3./4. Jh. war sie römische Kaiserresidenz).

Die größte Verstädterung wies Holland auf. Mehr als 50 Prozent der holländischen Bevölkerung lebten in kleinen und größeren Städten, in Flandern ungefähr 45 Prozent der Bevölkerung. Im übrigen Europa lebte der größte Teil der Bevölkerung in ländlichen Gebieten, und selbst wenn sie in Städten lebten, waren sie oft noch in der Landwirtschaft tätig.

Die größten Städte lassen sich heute nur schwer feststellen, da die Bevölkerungsstatistiken aus dieser Zeit nur grobe Schätzungen sind. Anfang des 16. Jh.s hatte Konstantinopel (Istanbul) eine Bevölkerung von mindestens 400 000 Menschen, während in Damaskus 57 000 Menschen lebten, in Aleppo 67 000, im Vergleich dazu in Athen nur ungefähr 12 500. Kairo war sehr groß – mit vielleicht 400 000 oder gar 450 000 Menschen bis zur ottomanischen Eroberung im Jahre 1517. Der italienische Reisende Varthema stellte ganz zu Anfang des 16. Jh.s fest, daß Kairo vom Umfang so groß wie Rom sei, aber eine viel größere Bevölkerung habe. Rom hatte zu dieser Zeit ungefähr 100 000 Einwohner. Unter Schah Abbas (1587–1629) hatte Isfahan im Iran ungefähr 600 000 Einwohner, einer anderen Schätzung zufolge sogar eine Million. Vijayanagar (das jetzige Hampi) in Indien hatte eine Bevölkerung von mehr als 500 000 Menschen. Die größte Stadt in Nordamerika war Tenochtitlan – die aztekische Hauptstadt in Mexiko – mit einer Bevölkerung von schätzungsweise 150 000, wohingegen die größte Stadt in Südamerika, Cuzco in Peru, 45 000 Einwohner hatte. In Europa hatte Paris eine Bevölkerung von 225 000 und Neapel von 125 000 Menschen. Eine der größten Städte war ohne Zweifel Peking mit an die 672 000 Menschen um das Jahr 1500 herum. Allerdings soll schon Hangtschou in China um das Jahr 1279 herum eine Bevölkerung von bis zu 1,5 Mio. Menschen gehabt haben.

Die größte Stadt in Indien war 1492 Vijayanagar in Südindien. Man nimmt an, daß die Bevölkerung um diese Zeit mehr als 450 000 Einwohner ausmachte und um das Jahr 1500 die 500 000 überschritt. Die einzige andere Stadt in der Welt, in der zu dieser Zeit noch mehr Menschen lebten, war Peking, deren Einwohnerschaft zwischen 600 000 und 672 000 geschätzt wurde. Vijayanagar (die Stadt des Sieges) hatte eine gebildete und weltoffene Bevölkerung, die Muslims und Europäer mit offenen Armen aufnahm. Der früheste europäische Besucher der Stadt, dessen Aufzeichnungen die Zeit überdauert haben, war der Italiener Nicolo dei Conti. 1420 schrieb er, daß die Stadt einen Umfang von 96 km habe. Er zeigte sich stark beeindruckt von der Stärke ihrer Befestigungsanlagen und hielt den Herrscher Raya für mächtiger als jeden anderen Monarchen in Indien.

Eine arabische Beschreibung von Vijayanagar aus dem Jahre 1443 von Abdur Razzak ist geradezu überschwenglich: „Nichts dergleichen hat man auf der Welt gesehen, geschweige

Eine bebilderte Landkarte von 1534, die Konstantinopel, das heutige Istanbul, an der Schnittstelle zwischen Asien und Europa darstellt.

denn gehört. Sieben Mauern, die ineinander verschlungen sind, befestigen die Stadt." Sie wurde 1565 in der entscheidenden Schlacht von Talikota von den Streitkräften der Sultane von Bidar, Ahmadnagar und Galconda zerstört.

Die größte japanische Stadt war Kyoto. Sie lag auf der Halbinsel Honschu und war die Residenz des Kaisers und der Shogune (Adelige). 1467 betrug ihre Einwohnerzahl etwa 200 000. Die japanische Erbmonarchie ist die älteste der Welt. Nach der Mythologie wurde sie am 11. Februar 660 v. Chr. gegründet.

Rußland: 1511 gab es in Moskau 41 500 Häuser mit einer Bevölkerung von ungefähr 100 000 Menschen. Die Stadt verlief acht km entlang der Moskva. Im Vergleich dazu hatte Nowgorod, was „die neue Stadt" bedeutet, eine der Rivalinnen Moskaus, nur 5046 Häuser und eine Bevölkerung von ungefähr 20 000 Menschen.

Spanien: In einem alten spanischen Sprichwort sind die wichtigsten Städte Spaniens aufgezählt: „Toledo, das reiche, Salamanca, das starke, Leon, das schöne, Oviedo, das göttliche, und Sevilla, das großartige." Darüber hinaus gab es im 15. Jh. noch weitere wichtige Städte. Valladolid war die Hauptstadt, Madrid war noch eine kleine Stadt und wurde erst 1560 spanische Hauptstadt.

Die letzte Inka-Stadt war Machu Picchu, das versteckt in den peruanischen Anden lag und dem Manco-Inka als letzte Zuflucht diente. Dorthin war der letzte der Inka-Herrscher nach der spanischen Eroberung geflohen. Die Stadt lag 2500 Meter hoch auf der Spitze eines Gebirgszuges, der am Urubamba-Fluß beginnt. Innerhalb einer doppelten Festungsmauer standen viele Wohnhäuser und ein befestigtes Fort auf jedem der zwei Gipfel. Machu Picchu war umgeben von terrassenförmigen Hochebenen, auf denen Landwirtschaft betrieben wurde. In dieser Stadt befindet sich die berühmte Intihuatana-Sonnenuhr aus Stein, nach der die Wintersonnenwende am 21. Juni festgelegt wurde. An diesem Tag wurde ein großes Fest zu Ehren des Sonnengottes gefeiert.

Das Bab-Charni-Tor, das nach Damaskus, der ältesten Hauptstadt der Welt, hineinführt.

England: Um 1500 betrug die Einwohnerzahl von London ungefähr 60 000. Die zweitgrößte Stadt Englands war Norwich mit 12 700 Einwohnern. Ihr folgten York, Bristol und Newcastle an der Tyne, in denen jeweils an die 10 000 Menschen lebten. Manchester und Liverpool waren noch kleine Dörfer.

Den größten jüdischen Bevölkerungsanteil hatte Thessaloniki im damaligen Türkischen Großreich und jetzigen Griechenland. Als die Juden Ende des 15. Jh.s aus Spanien vertrieben wurden, wanderten viele ins Türkische Großreich aus, dazu ermutigt vom Sultan selbst. Von diesen ließen sich viele in Thessaloniki nieder. Um 1550 war mehr als die Hälfte der Bevölkerung der Stadt jüdisch.

Die ersten moslemischen Siedlungen in Indien sind verzeichnet in dem arabischen Geographielehrbuch *Huđud al'Alam* aus dem Jahr 983. Darin wird erwähnt, daß die Städte Simur, Sindan, Subara und Kanbaya moslemische Gemeinden aufwiesen, die ihre eigenen *jami masjids* (Freitagsmoscheen) hatten.

Die größte Stadt in Amerika war Tenochtitlan in Mexiko, eigentlich zwei Aztekenstädte, die mit der Zeit miteinander verwachsen waren. Tenochtitlan und Tlatelolco waren inmitten des Sees Texcoco errichtet worden und mittels drei großer Brückenstraßen mit dem Festland verbunden: Iztapalapa, Tlacopan und Tepeyac. Die zwei Städte waren also von Wasser getrennt und durch eine Brücke miteinander verbunden. Im Inneren der Städte befanden sich große Monumente, große öffentliche Gebäude und viele Wohnhäuser. Die genaue Größe dieser Metropole ist unbekannt, aber sie erstreckte sich über mindestens 12 km^2 und hatte eine Bevölkerung von mehr als 150 000 Menschen.

DIE BEVÖLKERUNGSREICHSTEN STADTANSIEDLUNGEN DER WELT

Bevölkerung	*Name*	*Land heute*	*Jahr*
unter 100	*Dolní Vestonice*	*ČSFR*	*ca. 27 000 v. Chr.*
ca. 150	*Chemi Shanidar*	*Irak*	*8900 v. Chr.*
2700	*Jericho (Ariha)*	*Jordanien*	*7800 v. Chr.*
ca. 5000	*Çatal Huyuk, Anatolien*	*Türkei*	*ca. 6800 v. Chr.*
über 5000	*Hierakonopolis (Nekhen)*	*Ägypten*	*ca. 3200 v. Chr.*
50 000	*Uruk (Erek; heute Warka) 7000–3800 v. Chr.*	*Irak*	*3000 v. Chr.*
250 000	*Groß-Ur (heute Tell Muqayyar)*	*Irak*	*2200 v. Chr.*
350 000	*Babylon (heute al-Hillah)*	*Irak*	*600 v. Chr.*
500 000	*Pataliputra (Patna), Bihar*	*Indien*	*400–185 v. Chr.*
600 000	*Seleukia (nahe Bagdad)*	*Irak*	*300 v. Chr.–165*
1 100 100	*Rom (gegr. um 510 v. Chr.)*	*Italien*	*133 v. Chr.*
1 500 000	*Angkor*	*Kambodscha*	*900*
1–1,5 Mio.	*Hangtschou (heute Hangzhou)*	*China*	*1279*

Vielleicht lebten hier, verteilt über die 80 verschiedenen Distrikte, bis zu 500 000 Menschen. Das Zentrum der Stadt, wo die drei Straßen zusammenliefen, war beeindruckend ob seiner vielen Tempel, Spielfelder, Paläste und dem „Altar der Schädel". (An dieser Stelle liegt heute das Zentrum von Mexico City.)

Die ersten euro-amerikanischen Städte: Santo Domingo in der Dominikanischen Republik wurde 1496 von Bartholomäus Kolumbus, dem Bruder von Christoph, gegründet. Sklaven aus Afrika kamen um 1505 mit den Spaniern in das Gebiet und verdrängten bald die indianischen Ureinwohner. Die erste europäische Stadt in Peru war Lima, das 1534 gegründet wurde, nachdem im gleichen Jahr Pizarro das Inka-Reich für Spanien erobert hatte. Die Spanier verlegten die Hauptstadt der Region von der Inka-Hauptstadt Cuzco im Gebirge nach Lima, das an der Küste liegt und auch heute noch die Hauptstadt Perus ist. Dadurch verloren die Spanier für mehrere Jahrzehnte die Kontrolle über die Hochebenen.

Die korrupteste Stadt der damaligen Zeit war Goa, die Hauptstadt von Portugiesisch-Indien. Goa war im 16. Jh. eine Stadt des Reichtums und der Laster. Manche Männer hatten Dutzende indischer und afrikanischer Sklaven und hielten sich die weiblichen als Konkubine. Bisweilen verkauften sie sie auch als Prostituierte. Die verheirateten Frauen von Goa waren berüchtigt für ihre außerehelichen Affären. Der Großteil der Beamten war unehrlich. Dies erboste den Missionar St. Francis Xavier, der 1545 in einem Brief schrieb: „Hier sind alle so daran gewöhnt, das zu tun, was nicht erlaubt ist, daß ich kein Gegenmittel dagegen sehe, da sich alle nach dem Motto *rapio, rapis* (lateinisch für „ich stehle, du stiehlst") richten. Und es erstaunt mich immer wieder, wie die Menschen jener Stadt es schaffen, diesem armseligen Ausdruck *rapio, rapis* so viele Variationen zu geben."

Körpermaße

Die menschlichen Riesen schießen durch Übertreibung oder aus kommerziellen Gründen oft in eine unwahrscheinliche Höhe. Glaubwürdig sind allein die Größenmaße, die in den letzten 100 Jahren unter ärztlicher Kontrolle ermittelt wurden. Die Behauptung, Goliath von Gath (etwa 1060 v. Chr.) sei sechs Ellen und eine Spanne groß gewesen, was 2,90 m gewesen wären, ist eher unwahrscheinlich. Vielleicht sind da im Laufe der Jahrhunderte diverse Maßeinheiten durcheinander gekommen. Der jüdische Historiker Flavius Josephus (etwa 37–100) und einige Manuskripte der Septuaginta (der frühesten griechischen Übersetzung des Alten Testaments) schreiben Goliath die durchaus glaubwürdige Größe von vier griechischen Ellen und einer Spanne zu, umgerechnet 2,08 m.

Der größte Chinese war Cheng XIV. aus Taiyuan. Er maß acht chinesische Fuß und hatte einen Körperbau, den Zeitgenossen als „kaum mehr menschlich" bezeichneten. Umgerechnet wären das 2,75 m, aber solche Umrechnungen sind bekanntermaßen unzuverlässig, da es viele verschiedene chinesische Maße gab. Man sagt Cheng nach, einen Tiger getötet zu haben, indem er ihn auf einen anderen Tiger schlug, der ebenfalls starb.

Die größten Männer Afrikas entstammten der Tutsi-Aristokratie der Königreiche von Ruanda und Burundi in den ostafrikanischen Hochebenen. Spezielle Ernährung, in der die Milch ihrer Rinderherden eine große Rolle spielte, trug zu ihrer Großwüchsigkeit bei. Das gemeine Volk, das die Felder bestellte und sich vorwiegend von Bananen ernährte, war relativ kleinwüchsig.

Die gigantischsten Monster sahen die Einwohner der Insel Guanahani in der Karibik am Morgen des 12. Oktober 1492. Die Monster kamen auf dem Meer und machten vor der Küste halt. Als die Sonne im Zenit stand, kamen Kanus aus diesen Monstern, in denen Männer saßen, wie sie dort noch niemand gesehen hatte. Die Körper dieser Männer waren von Kopf bis Fuß bedeckt, und sie hatten überall Haar, selbst auf ihren Gesichtern. Sie sprachen eine unbekannte Sprache und führten Stöcke mit sich, die so scharf waren, daß man sich daran schnitt, wenn man sie mit der Hand anfaßte. Die Einwohner der Insel waren höchst erleichtert, als die Männer wieder in die gigantischen Riesenmonster kletterten und verschwanden.

Der größte Südamerikaner: Als Magellan bei seiner Weltumsegelung zwei Monate in Patagonien, im heutigen Argentinien, zugebracht hatte (1519) kam dort ein riesenhafter Mensch, „zehn Handspannen hoch" (2,25 m), an Land. Antonio Pigafetta beschrieb in seinem Tagebuch den Riesen wie folgt: „Er war nackt und tanzte und sprang und sang und warf die ganze Zeit Sand und Erde über seinen Kopf." Als die Männer sich ihm näherten, „reichte selbst der größte von uns nur bis zur Mitte zwischen seiner Hüfte und seiner Schulter". Später sahen sie noch weitere Riesen, und ihnen verdankt das Land seinen Namen: Patagonien, „das Land des großen Fußes".

Die kleinsten Menschen: Es gab und gibt immer noch viele Gründe für Kleinwüchsigkeit bei Menschen. Dazu gehören genetische Anlagen, der Mangel bestimmter Hormone (das Wachstumshormon) und auch schlechte Ernährung. Da die Ernährung zur damaligen Zeit generell schlechter war, war die Kleinwüchsigkeit zur damaligen Zeit ausgeprägter als heute.

Die kleinsten Afrikaner waren die Pygmäen der äquatorianischen Regenwälder. Sie lebten in Harmonie mit den Nachbarvölkern, die Landwirtschaft betrieben, und zeichneten sich schon gegen Ende der Steinzeit als Jäger aus. Die ersten europäischen Händler an der Westküste Zentralafrikas schätzten ihre Fähigkeit, Elefanten zu jagen und Armbänder aus den Schwanzhaaren von Elefanten anzufertigen.

Monster

Kinderfresser: Während der Sui-Dynastie pflegten, so eine Legende, Ma Shumou und Zhu Can kleine Kinder als Köstlichkeit zu kochen. In der Feuer-Dynastie verzehrte Chang Congjian mit Vorliebe menschliches Fleisch. Wo immer er unterwegs war, ließ er zahlreiche Kinder aus dem gemeinen Volk einfangen, die ihm als Nahrung dienten. Der gleichen Sucht verfallen waren Yan Zhen und Dugu Zhnang. In der Song-Zeit war die Mutter von Yong Zhigao, eine gewisse A-nong, von grausamem We-

Ein Grund für die Kleinwüchsigkeit zahlreicher Menschen war die Darreichung verschiedener Drogen. Zwerge waren im 15. Jahrhundert besonders gefragt auf Märkten und Messen. Die Abbildung zeigt einen Hofnarr auf einem Gemälde des Italieners Andrea Mantegna. Händler besorgten sich häufig Kinder, setzten sie unter Drogen und hemmten so ihr Wachstum. Die größte Anzahl solch unglücklicher Menschen war im 15. Jahrhundert in Italien und Frankreich anzutreffen, aber insgesamt gab es in Europa zu dieser Zeit keinen Ort, an dem nicht Zwerge zu bestaunen gewesen wären.

sen und fand Gefallen am Fleisch von Kindern. Zu jeder Mahlzeit tötete sie unabänderlich ein Kind.

Der hartnäckigste Irrtum der Europäer über die amerikanischen Indianer bestand darin, daß sie von Kopf bis Fuß behaart seien. Obwohl Kolumbus und Vespucci berichtet hatten, daß die Indianer, die sie getroffen hatten, glatthäutig gewesen waren, hielten die meisten Europäer an ihrem Glauben an einen „wilden Mann“ fest. Eine wahrscheinliche Erklärung besteht darin, daß es in gewissen Gebieten bei den Indianern Brauch war, den Körper mit Flaumfedern zu bedecken, was vermutlich von einem früheren Beobachter mit einer natürlichen Behaarung verwechselt und weitererzählt worden war. Einmal in Europa, hatte sich die Nachricht dann unablässig verbreitet. Ironischerweise empfanden die Indianer selbst Haß und Furcht gegenüber einem haarigen Mann und hatten sogar eine mythische Figur, die für ein solches Wesen stand.

VERSCHIEDENES

Das längste Leben der damaligen Zeit hatten Menschen in China. Die Chinesen waren besessen von Langlebigkeit.
Obwohl aus den Unterlagen kaiserlicher Beamter nicht hervorgeht, daß mit den eingetragenen Zahlen willentlich Schindluder getrieben wurde, erscheinen die Angaben doch unwahrscheinlich, wenn auch nicht gänzlich auszuschließen. So soll ein Mann namens Duo Gong in der Zeit der Han-Dynastie 180 Jahre alt geworden sein und Zhao Yi in der Jin-Dynastie sogar 200. Ein Mann aus Schanghai soll 112 Jahre alt geworden sein. Er aß doppelt soviel wie andere Menschen, und ein Fleischwulst ragte aus seinem Kopf. Ein Mann in Ziangching soll 240 Jahre erreicht haben. Er habe im hohen Alter keinerlei Getreideprodukte mehr gegessen, sondern sich ausschließlich von der Milch der Ehefrau seines Urenkels ernährt. Der Mönch Huizhas, der Freund des Prinzen von Poyang zur Zeit der Liang-Dynastie, lebte bis in die Yuanhe-Regierungsperiode der Tang-Dynastie (806–820). Zu dieser Zeit soll er 290 Jahre alt gewesen sein.

Der hartnäckigste Verführer war ein Chinese namens Sang Chong aus Shizou in der Präfektur Taiynam, der Ende des 15. Jh.s eine bemerkenswerte Verführungsmethode entwickelt hatte. Er hatte seit seiner Kindheit seine Füße wie die einer Frau gebunden, sich alle Fertigkeiten einer Frau angeeignet und kleidete sich wie eine Witwe. Er bereiste den gesamten Nordosten von China und schmeichelte sich in jede Familie ein, die eine hübsche Tochter hatte. Unter dem Vorwand, ihr weibliche Arbeiten beizubringen, verführte er diese Tochter dann. Wenn sie sich ihm verweigerte, verwendete er eine betäubende Droge, um ihren Widerstand zu überwinden. Im Verlauf von zehn Jahren schändete er so mehrere hundert Jungfrauen, bis ihn ein Mann, der eine Leidenschaft für Witwen hatte, entlarvte.

Mehrfachgeburten in China: „In den Büchern verzeichnet sind drei Jungen, die gleichzeitig zur Welt kamen. Dies wäre nun allerdings überaus seltsam. Aber es gibt auch Fälle, in denen vier Jungen gleichzeitig zur Welt gebracht wurden. Ich selbst bin in Fuzhou (in Fjuian) Zeuge einer solchen Geburt geworden. Es handelte sich um die Frau des Militärs Zhang Ma, und es waren sogar fünf Jungen. Im Jahr 1527 gebar in Hejian die Ehefrau des Bürgers Li Gongwo, eine gebürtige Chan, sieben Töchter gleichzeitig. Seit es amtliche Aufzeichnungen gibt, war so etwas noch nie festgehalten worden.“ In den *Gesammelten Weisheiten des Chen Houshan* heißt es auch: „In Tancheng lebte die Frau eines gemeinen Landmannes, die hatte 21 Söhne, davon waren sieben Paar Zwillinge.“

Die älteste europäische Geschichte der amerikanischen Indianer: Der „Edelmann von Elvans“, der 1538 Hernando de Soto, Gouverneur von Kuba, auf seiner Reise durch Amerika begleitete, lieferte die älteste niedergeschriebene europäische Geschichte der Indianerstämme dieser Gebiete. Sie reisten durch die Gebiete der Timugua, Cherokee, der Muskogee Verbände, der Choctaw, Chickasaw, Quapaw und Arkansa sowie einiger Zweige der Pani-Siedlungen. Der Expeditionsbericht ist eine der ersten Beschreibungen der Gewohnheiten, Gebräuche, Gebäude und Kunstwerke der Indianer.

DIE GRÖSSTEN KATASTROPHEN UND UNGLÜCKE

Katastrophe	*Tote*	*Ort*	*Zeit*
Seuchen und Epidemien	*75 000 000*	*Eurasien: der schwarze Tod (die Pest)*	*1347–1351*
Völkermord	*ca. 35 000 000*	*China: Genozid der Mongolen an der chinesischen Landbevölkerung*	*1311–1340*
Wirkung der alten auf die neue Welt	*ca. 25 000 000*	*spanische Invasion Zentralamerikas*	*1492–1592*
Erdbeben	*1 100 000*	*Naher Osten und östlicher Teil der Mittelmeerregion*	*Juli 1201*

Katastrophen

Die größte Explosion ereignete sich am 14. Juli 1490, als der Blitz in eine alte griechische Kirche in Konstantinopel einschlug, in der die Türken Schießpulver lagerten. Die Explosion tötete zwischen 4000 und 5000 Menschen und zerstörte viele Häuser. Der türkische Sultan Bayezid II. verließ die Stadt, als er das Ausmaß der Katastrophe sah.

Der schlimmste Brand in Rußland: Die Häuser in Rußland waren vorwiegend aus Holz gebaut; Steinbauten behielt sich der Adel vor. Das hatte zur Folge, daß die russischen Städte fortwährend von Bränden bedroht waren. Der schlimmste Brand ereignete sich in Nowgorod. Er dauerte 24 Stunden und tötete 5000 Menschen. Am 21. Juni 1547 brach ein Feuer in Moskau aus, das den Großteil der Stadt völlig zerstörte: 25 000 Häuser brannten nieder, 1700 Menschen verloren ihr Leben, und mehr als 80 000 Menschen wurden obdachlos.

Medizin

Den größten Einfluß auf die Medizin des 15. Jh.s übte die Kirche aus. Es existierte die Vorstellung, daß Krankheit die Strafe für Sünden sei. Man war der Ansicht, daß alles Wissenswerte der Medizin entdeckt sei. Und so verbrachten die Gelehrten ihre Zeit damit, die klassischen Werte, wie zum Beispiel die von Galenus, dem Leibarzt von Marc Aurel, zu studieren. Niemand dachte daran, etwa Vorstellungen wie jene, daß das Blut im Körper eher nach dem Prinzip von Ebbe und Flut fließe als daß es zirkuliere, anzuzweifeln.

Die vorherrschende medizinische Theorie war die von den „vier Temperamenten“ der menschlichen Biologie. Sie entstand vor 2000 Jahren und basierte auf dem Gedankengut des Altertums. Im 6. Jh. v. Chr. kannten die Chinesen sechs Temperamente, die sie später auf fünf reduzierten. Auch die Inder kannten fünf Temperamente. Erst Empedokles setzte im 5. Jh. v. Chr. den europäischen Standard von den „vier Temperamenten“ durch. Die Grundidee dieser Theorie war es, daß sowohl Menschen als auch ihre Nahrung die vier Elemente enthalten, die den Kosmos bilden. Diese – Luft, Feuer, Wasser und Erde – manifestierten sich im menschlichen Körper in den Kardinalsäften – Blut, gelbe und schwarze Galle sowie Schleim. Jeder dieser vier Säfte unterstütze ein Temperament: das sanguinische, cholerische,

Die vier Temperamente: cholerisch (Feuer), sanguinisch (Luft), phlegmatisch (Wasser) und melancholisch (Erde) – aus einem deutschen Kalender des 15. Jahrhunderts.

melancholische und phlegmatische. Einige Menschen und einige Nahrungsmittel litten an einem Übermaß des einen oder anderen Saftes. Gute Gesundheit könne jedoch nur erreicht werden, wenn die Harmonie der Körpersäfte hergestellt werde.

In der klinischen Medizin glaubte man, daß alle Krankheiten unter einer der vier Eigenschaften stünden: heiß, kalt, feucht und trokken. Dem Choleriker (Feuer/Galle) empfahl man, „heiße" Nahrung zu meiden und sich auf kalte Lebensmittel zu beschränken. Kinder und Alte (über 40 Jahre), von denen man annahm, daß sie einen Überschuß an Wasser/Schleim haben, wurden instruiert, „kalte" Speisen wie die Pest zu meiden.

Das war nicht so einfach, wie es sich anhörte. Es gab keine klaren Diät-Richtlinien mit stärke- und fetthaltigen Lebensmitteln auf der „heißen" Seite und scharfen auf der „kalten" Seite, wie sie bekannt sind. Sogar heute noch werden in Indien Butter und Honig, Weizenmehl und Zucker als „kalt" klassifiziert, Fleisch und starke Gewürze erwartungsgemäß als „heiß".

Obwohl die Salerno-Schule vermutlich gute Gründe für ihre Klassifikationen hatte, sind einige heutzutage nur schwer zu begreifen: Birnen und Äpfel, Pfirsiche, Milch und Käse, gepökeltes Fleisch, Wild, Hase, Rind- und Ziegenfleisch – all dies sind Speisen, die krankes Blut erzeugen und Melancholie . . .

Wenn die Ärzte die Salerno-Vorschriften erfolgreich einem Großteil der Bevölkerung auferlegt hätten, wäre die Sterberate in die Höhe geschnellt. In West-Europa wäre jeder, der sich all der erwähnten Nahrungsmittel enthalten hätte, mit an Sicherheit grenzender Wahrscheinlichkeit an Hunger gestorben.

Der beste Weg zur Gesundheit war, den Körper im Gleichgewicht zu halten. Hierzu wurde die Einnahme von Medizin empfohlen, deren Charakter im Gegensatz zu dem der Krankheit stand. Fieber und Leiden, die Unruhe bewirken, haben heiße und trockene Ursachen und deuten auf ein Übermaß an Ärger hin; diese Leiden wurden mit „kühlender" Medizin behandelt, zum Beispiel mit Koriander, Bleiweiß, Alaun oder frischen Rosen. Gegen „kalte" Leiden, die sich durch Schläfrigkeit und Lethargie bemerkbar machen, wurden „wärmende" Mittel verschrieben, wie zum Beispiel Majoran, Myrrhe, Salpeter, Rettich, Knoblauch.

Der einflußreichste astrologische Faktor war die Position des Mondes. Der Mond war der Planet, der die Temperamente aufwühlt und die Höhepunkte jeder Krankheit bestimmt. Die schlimmsten Krankheiten beginnen bei Neumond, wenn die heiße Sonne den flüssigen Mond überwältigt und die Körperfunktionen am schwächsten sind. Gewöhnlich ist die Prognose bei zunehmendem Mond (zwischen Neu- und Vollmond) günstiger als bei abnehmendem Mond (nach Vollmond bis zum nächsten Neumond). Die Phase, in der der Mond im Saturn steht, wurde als die schlechteste Zeit überhaupt angesehen, um Medizin einzunehmen, weil dessen kaltes und trockenes Wesen eine Erstarrung der Säfte im Körper verursacht.

Die gefährlichste Zeit für den Aderlaß zur Abfuhr übler Körpersäfte war von der Position des Mondes abhängig. Dies war der Fall, wenn der Mond in dem Zeichen stand, das den angegriffenen Teil des Körpers regierte. Weil der Mond der sich am schnellsten bewegende Planet ist – eine volle Umkreisung der Erde in 29,5 Tagen –, ändern seine Zeichen ihre Position ungefähr alle zwei Tage. Jeder Arzt hätte im Besitz eines Almanachs sein müssen, um für jeden Tag die Position des Mondes präzise bestimmen zu können. Auch die Kompetentesten unter ihnen hätten ein Astrolabium benötigt, um ein genaues Horoskop berechnen zu können.

Der Aderlaß, hier in einer Abbildung aus einer italienischen Handschrift um 1460, war eine häufig angewandte Behandlungsmethode.

Die größte Bedeutung für die medizinische Diagnose hatte das Sechste und Achte Haus des Horoskops. Die Planeten und Zeichen des Sechsten Hauses beschreiben die Gesundheit oder Krankheit des Patienten. Die Konstellationen im Achten Haus bestimmen seine Überlebenschancen.

Die größte medizinische Debatte im 15. Jh. kreiste um die Methode der Entschlackung zur Erhaltung des Gleichgewichts der Körpersäfte. Drei Wasserzeichen waren am günstigsten für eine Entschlackung: Der Mond im Krebs oder im Skorpion war die beste Zeit zur Einnahme von Brechmitteln. Stand der Mond im Zeichen der Fische, war dies eine gute Zeit, um Abführmittel einzunehmen.

Das einflußreichste medizinische Buch wurde 1431 von Jean Gavinet, einem Mönch aus Wien, geschrieben. Allein zwischen 1496 und 1614 erreichte es fünf Auflagen. Gavinet empfahl darin die geeigneten Zeiten für den Aderlaß und die Einnahme von Medizin oder Abführmitteln. Obwohl Gavinet riet, die Gesundheit eines Patienten durch die Harmonie der Körpersäfte zu erhalten, die durch das Studium des Geburtshoroskops berechnet werden konnte, basierten die meisten der verwendeten Techniken auf der Berechnung des Horoskops für den Zeitpunkt, an dem der Patient erkrankte oder den Zeitpunkt, wenn dem Arzt eine Urinprobe präsentiert wurde. Der deutlichste Einwand gegen diese Methoden war, daß ein Arzt einen Patienten weder gesehen noch untersucht haben muß, um seine Genesung oder seinen Tod vorauszusagen.

Die wichtigsten psychologischen Faktoren: Psychologie ist das Wissen von der Seele. Da die Theologie die wichtigste der Wissenschaften war und geistige Angelegenheiten über die physischen erhoben wurden, genoß in der intellektuellen Welt das Studium der Seele höheres Ansehen als das Studium des Körpers. So wurde die weit verbreitete Vorstellung der frühen Renaissance über die Entstehung der menschlichen Seele – die ein Geschenk Gottes war – von Philosophen entwickelt. Im 11. Jh. legte der Arzt und Philosoph Avicenna fest, daß die Seele aus zehn Bereichen besteht. Im 13. Jh. behauptete Thomas von Aquin, daß Körper und Seele voneinander abhängig sind, wobei der Körper durch die Tugenden seiner Wahrnehmungen den Intellekt mit der materiellen Welt verbindet. Die fünf äußeren Bereiche der Seele sind die fünf Sinne: Sehen, Hören, Riechen, Tasten, Schmecken. Die fünf inneren Bereiche wurden in jeweils eigenen Zellen im Gehirn lokalisiert. Diese schlossen die drei Gehirnzentren ein, die von der medizinischen Fachwelt anerkannt wurden: *Fantasia* (gesunder Menschenverstand und Wahrnehmung), *Imaginatio* (die Speicherkapazität für Wahrnehmung), *Cogitatio* (Entscheidungs- und Urteilskraft aufgrund gespeicherter Wahrnehmung) plus *Extimativa* (die Fähigkeit zu instinktiven oder moralischen Urteilen) und *Memorialis* (Speicher der gesammelten moralischen und instinktiven Urteile).

Praktischerweise konnte der Charakter eines Individuums astrologisch mit den gleichen Kriterien beschrieben werden wie sein physisches Temperament. Die Gesichtsfarbe war ein leicht erkennbarer Hinweis auf den Charakter. Aber auch alternative Beobachtungsmethoden konnten denen, die wußten, wie sie die „göttlichen Zeichen" lesen mußten, Anhaltspunkte geben.

Die skurrilste Diagnose-Technik besagte, daß anhand der Position der Leberflecke auf dem Körper einer Person über ihren Charakter und ihr Schicksal geurteilt werden könne. Diese Theorie war in der Renaissance weit verbreitet. Leberflecke auf der Stirn deuteten auf eine glückliche Person hin, Leberflecke auf der Nase

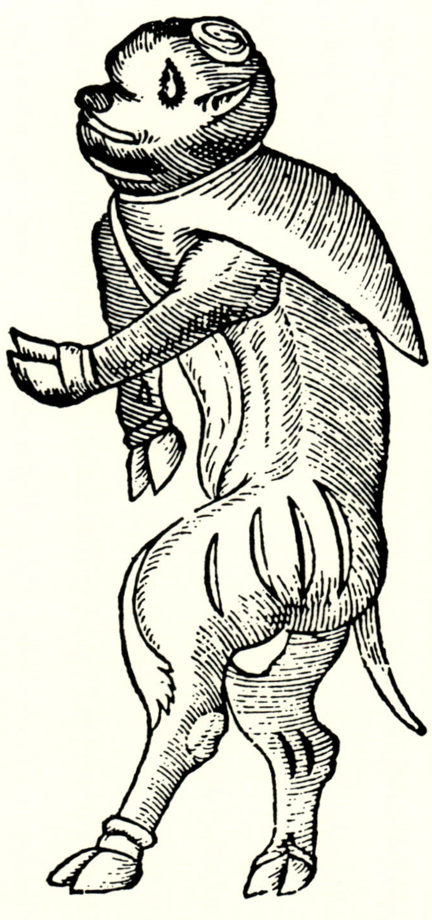

Ein grauenhaftes Monster mit den Händen und Füßen eines Ochsen und anderen abscheulichen Dingen – eine Illustration aus Ambroise Parés Buch über Monster und Wunder.

waren ein Zeichen für Wollust und Extravaganz. Fand man welche auf dem Bauch, bedeutete dies Gefräßigkeit. Leberflecken im Gesicht hatten zudem Entsprechungen mit anderen Teilen des Körpers. Der berühmte Astrologe, Philosoph und Arzt Geronimo Cardano (1501–1576) präzisierte diese Disziplin, indem er astrologische Richtlinien auf die Leberflecken in bestimmten Bereichen des Gesichts und des Körpers übertrug.

Nur sehr wenige Menschen hatten Zugang zu medizinischer Hilfe. Ärzte waren Gelehrte. Deshalb gab es sie nur in den Gelehrtenzentren. Chirurgen – die Handwerker – waren auch außerhalb dieser Zentren anzutreffen, und es gab auch mehr von ihnen. Sie wußten eine Menge über die Behandlung von Verletzungen, über Knochenbrüche, die Behandlung von ausgekugelten Gelenken und die Hitzekoagulation zur Blutstillung. Letztere Behandlungsmethode hatte oft infektiösen „lobenswerten Eiter" zur Folge, der fälschlicherweise als gutes Zeichen der Heilung angesehen wurde. Im Mittelalter untersuchten die Ärzte ihre Patienten selten. Sie hörten sich die Symptombeschreibungen an, und nach einem flüchtigen Blick auf den Patienten wurden verschiedene Exkremente untersucht, zum Beispiel Erbrochenes, Urin und Stuhlgang.

Mediziner

Der umstrittenste Arzt seiner Zeit war Paracelsus (1493–1541). Der Arzt, Chemiker, Dozent, Astrologe, Reformer und Mystiker war bekannt als der „Luther der Medizin". Philippus Aureolus Theophrastus Bombastus von Hohenheim nannte sich nach dem römischen Arzt, der die erste systematische Abhandlung der Medizin verfaßte, Paracelsus, was soviel wie „nach Celsius" bedeutet. Paracelsus, Sohn eines Schweizer Arztes, wurde schon zu Lebzeiten eine Legende, weil er öffentlich die Werke des Griechen Galenus und des Arabers Avicenna verbrannte. Er verlor deshalb 1528 seine Medizinprofessur in Basel. Den Rest seines Lebens arbeitete er an verschiedenen Orten als Arzt und schrieb über die unterschiedlichsten medizinischen Themen.

Er widerlegte die Theorie der vier Temperamente, akzeptierte aber die vier Elemente. Er entwarf die Idee der drei Hauptprinzipien, die die Gestalt und die Fähigkeiten aller Lebewesen bestimmen: Schwefel (Brennbarkeit, Struktur und Materie), Salz (Festigkeit und Farbe) und Quecksilber (Dampf).

Als Alchimist interessierte er sich für chemische Prozesse. Doch anders als die meisten seiner Kollegen suchte er nicht nach Gold. Paracelsus benutzte die Chemie, um neue Medikamente zu entwickeln. Für ihn war die Schöpfung ein göttlicher chemischer Prozeß, und er glaubte, daß die Liebe eine der Grundlagen der Medizin sei. Seine Arbeit markiert den Beginn der chemischen Medizin und die Einführung von Antimon, Blei, Quecksilber, Arsen, Zinn, Kupfer, Zink, Sulfat, Laudanum und alkoholischen Extrakten in die Pharmakopöe.

Seine Bemühungen um die richtigen Dosierungen und seine Vorstellung von einer Verbindung zwischen Geist, Seele und der Art des Krankheitsverlaufs führte ihn zur chemischen Behandlung der Krankheiten mit Substanzen, die dem Wesen der Krankheit ähneln. In diesem Sinne kann Paracelsus als ein Vorläufer der modernen Homöopathie angesehen werden.

Paracelsus schrieb acht Bücher über die neue Krankheit Syphilis. Darin pries er eine chemisch veränderte und mildere Form des Quecksilbers, das potentiell giftig ist, zur Heilung der Syphilis an.

Er war der erste, der die Beziehung zwischen Schwachsinn und dem endemischen Kropf verstand, der erste, der über die Krankheiten der Bergleute schrieb, und der erste der sogenannten „modernen" Ärzte, der in der Landessprache unterrichtete – in Deutsch und nicht, wie bis dato üblich, in Latein.

Paracelsus war der Ansicht, daß der Geist der Person, die die Medizin einnahm, eher zur Heilung führte, als die Geister in der Medizin. Nur eingebildete Krankheit könne, sagte er, durch Glauben geheilt werden.

Der bedeutendste Chirurg der Renaissance war der französische Doktor Ambroise Paré (1510–1590). Er löste die größte chirurgische Debatte des 16. Jh.s aus, als er behauptete, daß die Behandlungsmethoden bei Schußverletzungen den Patienten eher schaden, als daß sie ihnen helfen. Anstatt heißes Öl in die offene Wunde strömen zu lassen, verwendete er schmerzlindernde Mittel wie Eier, Terpentin und Rosenöl.

Doch sein größter Beitrag zur Medizin war die Verdammung des Ausbrennens einer Wunde, um die Blutung zu stillen. Statt dessen benutzte er, zum ersten Mal seit der Antike, das Abbinden, um den Blutstrom zu stoppen. Paré war der Erfinder künstlicher Gliedmaßen sowie vieler neuer chirurgischer Instrumente. Er versuchte als erster, ausgefallene Zähne zu reimplantieren. Er erfand auch ein Gerät zur Behandlung von Frauen, die an Hysterie litten, einem Zustand, der für Paré natürliche Ursachen hatte, nicht Besessenheit von einem Dämon bedeutete.

Der erste bedeutende englische Arzt war Thomas Linacre (1460–1524). Er war Gründer und erster Präsident des Royal College of Physicians. Seine Karriere markierte den Beginn des medizinischen Berufs in England. Er reiste nach Padua, wo er die griechischen Original-Manuskripte von Hippokrates, Galenus und Dioskurides übersetzte und sich als Arzt qualifizierte. Nach seiner Rückkehr machte er die Medizinstudenten in Oxford und Cambridge mit den präzisen wissenschaftlichen Methoden der Griechen bekannt. Thomas Morus war sein Schüler und Erasmus sein Patient.

Die ersten professionellen medizinischen Organisationen: Seit dem 14. Jh. wurde allen englischen Handwerkern vorgeschrieben, einer Zunft oder Gewerkschaft beizutreten. Die meisten der Chirurgen organisierten sich in der Zunft der Barbiere, als diese 1462 gegründet wurde. Der Gesellschaft der Barbiere und Chirurgen wurde 1540 der Status einer Körperschaft erteilt, aber den Mitgliedern wurde nicht erlaubt, Medikamente zu verschreiben.

CHINA

Die erste Sammlung medizinischer Fallbeispiele: Medizinische Fallbeispiel-Sammlungen sind wertvolle Nachschlag-Quellen für Ärzte. Ein Buch mit dem Titel *Mingyi Leian* (Nachschlagwerk medizinischer Fallbeispiele berühmter Ärzte) wurde von Jiang Guang (1502–1565), einem außergewöhnlichen Arzt, verfaßt und von seinem Sohn 1552 überarbeitet und erweitert. Es beinhaltet mehr als 3000 Fallbeispiele aus über 100 Schriften, die einen Zeitraum von 1600 Jahren abdecken. Außerdem enthält es die klinischen Experimente Jiang Guangs. Es war das erste und ausführlichste Buch dieser Art in der Geschichte der Medizin.

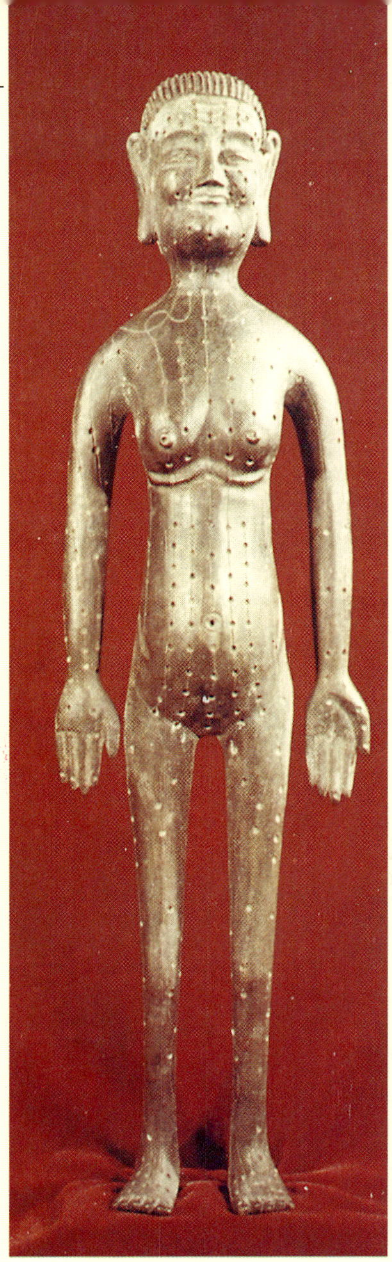

Das erste medizinische Modell war eine lebensgroße Bronzefigur, 1027 in China hergestellt. Sie zeigt die Lage der Organkanäle und Akupunktur-Punkte. 1537 entwarf und goß Gao Wu, ein Akupunkturexperte, drei Figuren: einen Mann, eine Frau und ein Kind. Sie zeigten ebenfalls die Lage der jeweiligen Kanäle und Akupunkturpunkte, besonders aber ihre unterschiedlichen Positionen im Körper eines Mannes, einer Frau und eines Kindes. Dies waren nicht nur die ersten Bronzefiguren, die für die Akupunktur hergestellt worden waren, sondern zu diesem Zeitpunkt auch die einzigen medizinischen Modelle.

Das umfassendste Werk über medizinisches Wissen war das *Bencao Gangmu* (Kompendium des Medizinischen Wissens). Es besteht aus 52 Bänden und listet 1892 Arten von Medikamenten mit detaillierten Beschreibungen ihres Aussehens, ihrer Eigenschaften und ihrer Verwendung auf. Außerdem umfaßt es 1100 Illustrationen und 11 000 Rezepte. Es besteht aus über

1,9 Mio. chinesischen Zeichen. 1522 begann der Autor Li Shi-Zhen mit der Arbeit an diesem Werk und vollendete es 1578, nach der dritten Überarbeitung. Das Kompendium war das Ergebnis eines intensiven Studiums von über 800 Schriften und zahlreichen Untersuchungen an Ort und Stelle. Das Buch behandelt außerdem verschiedene Bereiche der Naturkunde. Es ist das am häufigsten benutzte und meist zitierte Buch der Medizin und Naturkunde in der Welt geworden.

Das erste Buch des lokalen medizinischen Wissens erschien im 15. Jh. Das Buch behandelt ausschließlich das medizinische Wissen des Yuannan-Distrikts, heute eine südchinesische Provinz, auch bekannt als „Königreich der Pflanzen". Sein Autor Lan Mao (1394–1476) sammelte die medizinischen Erfahrungen der Menschen dieses Distrikts und faßte sie zusammen. Dies schloß auch das Wissen der nationalen Minderheiten ein. Deshalb ist sein Buch von beträchtlichem anthropologischem Wert. Es war das früheste Werk seiner Art in der Welt.

Die verspätetste Veröffentlichung war die eines voluminösen Werkes über medizinisches Wissen mit dem Titel *Bencao Pinhui Jingyao* (Sammlung der wichtigen Heilkräuter). 1505 wurde das offiziell autorisierte Buch von einer Gruppe von 41 Experten verfaßt. Der Hofarzt Liu Wen-Tai leitete das Projekt, das auf Anweisung Kaiser Qian-Lungs erarbeitet wurde. Die Arbeit umfaßt 42 Bände, verzeichnet 1815 medizinische Substanzen und enthält 1358 Farbillustrationen sowie detaillierte Beschreibungen. Da der Kaiser starb, wurde es jedoch nicht veröffentlicht. Um 1700 wurde das Werk von den Herrschern aus der Quin-Dynastie entdeckt, überarbeitet und ergänzt. Doch die umfangreiche Arbeit blieb im Palast, wurde nicht veröffentlicht. Dies geschah erst 1936, zur Zeit der Chinesischen Republik, mit über 400jähriger Verspätung.

Die erste medizinische Autorin war Tan Yuan-Xian (1461–1556). Obwohl weibliche Ärzte eine Seltenheit waren, veröffentlichte sie 1510 im Alter von 50 Jahren ein Buch mit dem Titel *Nuke Zayão* (Vermischte Reden einer Ärztin). Das Buch enthält 30 Fallbeispiele aus ihrer langjährigen klinischen Praxis. Es ist nicht nur das erste Buch seiner Art in der Geschichte der chinesischen Medizin, sondern auch das früheste, das von einer Ärztin verfaßt wurde.

Das vollständigste Buch der Rezepte ist ein monumentales Werk mit dem Titel *Puji Fang* (Rezepte für den allgemeinen Gebrauch). Es wurde von einer Gruppe von Ärzten unter der Leitung von Teng Heng, einem Hofarzt, zusammengestellt. Das Projekt stand unter der Schirmherrschaft von Zhu Su, des fünften Sohnes des Kaisers Zhu Yuan-Zhang aus der Ming-Dynastie. Es besteht aus 426 Bänden und enthält 61 739 Rezepte aus allen Bereichen der Medizin seiner Zeit. Herausgegeben wurde es im Jahre 1406. Es war weltweit das umfangreichste Werk seiner Art.

Tödliche Krankheiten

Die genauesten Krankheits-Verzeichnisse stellen die Ordenshäuser dieser Zeit zur Verfügung. Es sind die besten medizinischen Statistiken, die uns heute zugänglich sind. Jedoch müssen sie mit Vorsicht interpretiert werden, da es nicht möglich ist, diese Auflistungen der Todesarten mit den Sterbestatistiken des 20. Jh.s zu vergleichen. Die Mönche waren lediglich in der Lage, die Krankheits- und Todesverläufe aufzuzeichnen, konnten aber kein mikroskopisch genaues Krankheitsbild beschreiben.

GESUNDHEITSVERSORGUNG DER MÖNCHE VON CHRIST CHURCH

Mitten im englischen Canterbury, einer Marktstadt mit ungefähr 4000 bis 5000 Einwohnern, stand im Mittelalter das Benediktiner-Priorat der Christ Church. Die medizinischen Aufzeichnungen, die erhalten geblieben sind, geben einen so genauen Aufschluß über die Todesursachen, wie nur selten noch einmal in späteren Jahrhunderten.

Die ersten 30 Jahre eines Menschenlebens waren die schwersten. Wenn jedoch diese gefährliche Zeit schadlos überstanden war, hatte man allen Grund optimistisch zu sein und konnte – wie einige Menschen im 20. Jahrhundert – mit einer Lebenserwartung von 70 Jahren rechnen.

Schreckliche Infektionskrankheiten scheinen der Grund für den Tod so vieler in der Blüte ihres Lebens stehender Menschen gewesen zu sein (siehe Haupttodesursachen).

Dem Priorat war ein großes Krankenhaus angeschlossen, das von einem älteren Mönch geleitet wurde. Krankenschwestern und Pfleger waren Laien. Es gab sowohl einen niedergelassenen Arzt und eine Apotheke als auch Waschmänner und einen Bader. Falls nötig, konnten aus London spezialisierte Ärzte und Chirurgen geholt werden.

Dieses Kloster muß nicht unbedingt typisch für das mittelalterliche Leben gewesen sein. Auf den ersten Blick könnte man meinen, daß die Gesundheitsversorgung der Gemeinschaft über dem Durchschnitt lag. Die Ernährung der Mönche war berühmt für ihre Abwechslung und Reichhaltigkeit, unter der die Tische des Refektoriums ächzten. Die Mönchsgewänder wurden aus gutem Stoff genäht, und die Mönche trugen Unterhemden und -hosen aus Leinen sowie Wollsocken. Im Winter standen Leder- und Pelzkleidung zur Verfügung. Unterhosen, -hemden und Socken wurden alle zwei Wochen gewaschen (im Winter alle drei Wochen). Die Mönche selbst wuschen sich häufig. Jedes Jahr erhielt jeder Mönch ein neues Paar Schuhe. Es gab frisches Wasser, und es existierte eine ausreichende Kanalisation.

Trotzdem scheint es so, als wäre die Gesundheit der Mönche dieser Zeit nicht besonders gut gewesen. Die Ignoranz gegenüber vielen Infektionskrankheiten war sicher ein Grund hierfür. Zwar war die Ansteckungsgefahr der Pest bekannt, und nach einem Todesfall wurden spezielle Vorkehrungen getroffen, um ein Ausbreiten der Seuche zu vermeiden. Doch die Tuberkulose erkannte man noch nicht. Sie entwickelte sich leicht in der weltabgeschiedenen Schlafsaal-Atmosphäre dieser geschlossenen Gemeinschaft. Die unten aufgeführte Übersicht zeigt dies.

Haupttodesursachen: Das 15. Jh. ist für die Häufigkeit des Auftretens von Infektionskrankheiten berüchtigt. Sie waren wohl die häufigste Todesursache in Europa. Dazu zählten: Pokken, Cholera, Pest, Tuberkulose, Englische „Sweating Sickness" und Grippe.

Diese Krankheiten führt auch das Verzeichnis der Christ-Church-Mönche auf – nur von Pokken wurden sie verschont. Die breiteten sich in England nicht vor der Regierungszeit Elisabeth I. (1558–1603) aus. Cholera wurde in den Aufzeichnungen der Mönche wahrscheinlich unter der Diagnose „Ruhr" aufgeführt.

Krankheiten von Christ-Church-Mönchen, die zwischen 1485 und 1507 starben:

1. Tuberkulose (31 Prozent).
2. „Sweating Sickness" (21 Prozent) – wahrscheinlich eine Zusammenfassung von grippeähnlichen Zuständen. (Siehe auch: Schnellste Todesursache.)
3. Pest (19 Prozent) – eine stark fiebrige Erkrankung. Die Pestbakterien wurden durch Rattenflöhe übertragen. Beulenpest war die häufigste Form. Die Mönche waren mit den klinischen Anzeichen und Symptomen der Krankheit vertraut, und sie wußten, daß die Krankheit ansteckend ist.
4. Wassersucht (10 Prozent) – Wassersucht ist eine Beschreibung, keine Diagnose. Sie bedeutet eine Ansammlung von Wasser im Körpergewebe. Die moderne Bezeichnung hierfür ist „Ödem". Es tritt häufig bei Herzversagen auf.
5. Darmverschluß (7 Prozent) – Abschnürung oder Blockade der Gedärme. Hinter dieser einfachen Diagnose der Mönche verbargen sich viele abdominelle Katastrophen, vom Blinddarmdurchbruch bis zum Darmkrebs. Auch Tuberkuloseerkrankung kann zur Blockade des Darms führen.
6. Brustfellentzündung; Empyem (Eiterherde in Körperhöhlen); Ruhr (alle 5 Prozent) – im Mittelalter war Ruhr die Beschreibung von schmerzhafter Diarrhöe mit Blut und Schleim. Ohne die moderne Diagnostik und ohne Kenntnis der Bakterien – bakterielle Ruhr – konnten diese Symptome, wenn sie zum Tod eines Mönchs führten, von vielen Krankheiten – vom Krebs bis zur Lebensmittelvergiftung – stammen.
7. Lähmung; Fieber; Eingeweidebruch; Raserei/Delirium; Fistula-in-ano (Analfistel); alle jeweils 2,3 Prozent – die ersten vier Bezeichnungen benötigen kaum eine weitere Erklärung. Sie passen zu vielen der anderen Krankheitsbeschreibungen. Fistula-in-ano beschreibt einen Zustand des Anus, bei dem eine abnorme Veränderung oder Wunde zwischen der Haut um den Anus und dem inneren Gewebe eintritt und Schmerzen verursacht. Dies konnte sowohl als Komplikation der obengenannten Darmkrankheiten als auch der allgegenwärtigen Tuberkulose auftauchen.

Krankheiten

Die schlimmste Pest suchte im Jahr 1492 die Bevölkerung von Kairo heim. An einem einzigen Tag wurden 12 000 Leichen aus der Stadt herausgetragen.

Die schlimmsten Epidemien: Die hochansteckende Beulenpest, auch bekannt als

Ein Arzt, der ein Pestopfer behandelt, schützt sein Gesicht. Die Frau des Patienten macht magische Zeichen.

„Schwarzer Tod", wurde wahrscheinlich von den Mongolen von Asien nach Europa gebracht, wo sie Mitte des 14. Jh.s epidemische Ausmaße annahm. In den vier Jahren von 1347 bis 1351 wurde die europäische Bevölkerung um 40 Prozent dezimiert. Die Bevölkerung, die um 1300 auf etwa 73 Mio. geschätzt wurde, war Mitte des Jahrhunderts auf ungefähr 45 Mio. zurückgegangen. Kaltes Wetter, schlechte Ernten und das periodische Wiederaufflackern der Pest reduzierten die Bevölkerung weiter bis zu Beginn des 15. Jh.s. Während des 15. Jh.s (und noch weitere 300 Jahre danach) tauchte der Schwarze Tod sporadisch überall in Europa auf. Perugia in Italien wurde achtmal von der Pest heimgesucht; Hamburg, Köln und Nürnberg litten unter zehn Epidemien. Bei manchen dieser Ausbrüche der Pest starb die Hälfte der Einwohner einer Stadt.

Allerweltskrankheit: Nach Girolamo Fracastoro, einem Arzt aus Verona in Italien, hatte jeder Europäer zumindest einmal in seinem Leben die Pocken. Diejenigen, die sie überlebten, waren gewöhnlich immun gegen weitere Ansteckungen. 1492 waren die Gesichter der meisten Europäer von Pockennarben gezeichnet.

Die erste Immuntherapie: Die Methode, um Immunität gegen Pocken herbeizuführen, war die Pfropfung oder die Inokulation durch direktes Infizieren einer Person mit menschlichem Pocken-Schorf. Dies war die allererste Immunisierungsmethode. Die ersten Aufzeichnungen über diese Praktik in der Geschichte der Medizin finden sich in einem chinesischen Medizinbuch mit dem Titel *Duozhen Shiyi Xinfa* (Erfahrungen von Generationen von Ärzten zur Behandlung von Pocken und verwandten Krankheiten). Der Verfasser war Wan Quan, ein bekannter Arzt. Er schrieb das Buch 1522. Später erschienen in China ziemlich viele Arbeiten, die sich detailliert mit dieser Methode und den unterschiedlichen Möglichkeiten der Anwendung beschäftigten. Die Methoden waren u.a.: Pocken-Schorf oder Blatterlymphen eines Pockenopfers werden mit Wasser abgerieben und ein Baumwollfetzen damit imprägniert. Dieser wurde in die Nase eines Kindes gesteckt. Oder der pulverisierte Schorf wurde in ein Silberröhrchen gestopft, dessen Ende gebogen war. Damit wurde das Pulver in die Nase der Kinder geblasen.

Die häufigste Todesursache in Europa war die Tuberkulose. Man kannte und erkannte in dieser Zeit Tuberkulose nicht. Deshalb konnten die Mönche des Canterbury-Klosters nur die Symptome beschreiben. Diese waren entsetzlich und unverwechselbar. Offene Lungen-Tuberkulose hatte Fieber, Nachtschweiß und vor allem das massive und verhängnisvoll tödliche Bluthusten zur Folge. Heute, wo bekannt ist, was Tuberkulose ist, wird klar, daß sich hinter einigen der „Haupttodesursachen", die die Mönche von Canterbury aufgelistet haben, Tuberkulose verbarg. Zum Beispiel kann Tuberkulose sowohl Empyeme (Abszesse) als auch Brustfellentzündungen oder die Blockade der Gedärme zur Folge haben.

Die schnellste Todesursache: Die mysteriöse Infektionskrankheit, bekannt als „English Sweating Sickness", kann von sich behaupten, die schnellste tödlichste Krankheit dieser Zeit gewesen zu sein. Am 22. August 1485, als König Richard III. in der Schlacht von Bosworth Field geschlagen und getötet wurde, verbreiteten sich Gerüchte, daß sich eine neue schreckliche Krankheit, die an der walisischen Grenze ausgebrochen war, in Richtung London ausbreitete. Die Gerüchte waren wahr. Der erste Ausbruch der „English Sweats" dauerte fünf Wochen.
Der erste, der die Krankheit beschrieb, war ein italienischer Diplomat, Polydore Vergil. Er sagte, daß es eine „furchtbare Seuche war, die sich so schnell wie ein Wind ausbreitete, und vor der niemand bestehen konnte". Er berichtete, daß die Krankheit in weniger als 24 Stunden tötete und nicht einer von hundert ihr entkommen konnte. Später schrieb der englische Arzt John Caius über die Krankheit: „Sie tötet einen plötzlich, während man das Fenster öffnet, andere während sie mit ihren Kindern spielen, einige in einer Stunde, andere in zwei Stunden." Die ersten Symptome ähneln denen der Grippe: hohes Fieber, Kopfschmerzen, schreckliche Gelenk-, Leber- und Bauchschmerzen. Das Schwitzen gab der Krankheit den Namen. Dies und das hohe Fieber nahmen zu und endeten in allgemeinen Körperschmerzen und einer „Passion des Herzens" (Herzrasen). Der Körper der Kranken fühlte sich an, als brenne er. Erkrankte befanden sich im Delirium, waren verwirrt, bevor sie schließlich ins Koma fielen. Die Ärzte waren hilflos, und die Krankheit verbreitete sich schneller als die Totengräber arbeiten konnten. In einigen Städten wurden die Toten in bis zu acht Schichten übereinander beerdigt. Als sich die „English Sweat" über Deutschland ausbreitete, tötete sie 5000 Menschen in fünf Tagen.
Wir wissen nicht, was die „Sweating Sickness" war, weil sie 1551 verschwand. (Es gab insgesamt fünf Ausbrüche der Krankheit.) Es ist möglich, daß die Krankheit sich selbst tötete: Was immer ihr Erreger war – vielleicht ein Virus –, er tötete den Träger so schnell, daß der Eindringling einfach keine Zeit hatte, sich einzunisten, auszubreiten und dann auf ein anderes Opfer überzugehen.

Die beste Behandlung für „English Sweats"-Patienten war, ihnen viel Wasser zum Trinken zu reichen und Klistiere zu geben. Diese Behandlungsmethode schien die beste Überlebenschance zu bieten. Obwohl man es damals nicht wußte, war diese Behandlung häufig erfolgreich, weil sie die verlorene Körperflüssigkeit ersetzte.

Die schlechteste Behandlung war es, um die Patienten herum Feuer aufzubauen und sie selbst in zusätzliche Bettdecken zu hüllen. Wohlmeinende Helfer legten sich auf ihren Oberkörper. Den einzigen Vorteil, den diese Behandlungsmethode gehabt haben wird, war das schnelle und gnädige Ende der Leidenden.

Der häufigste Tod auf See: Als die Schiffe begannen, weite Reisen zu unternehmen, verbrei-

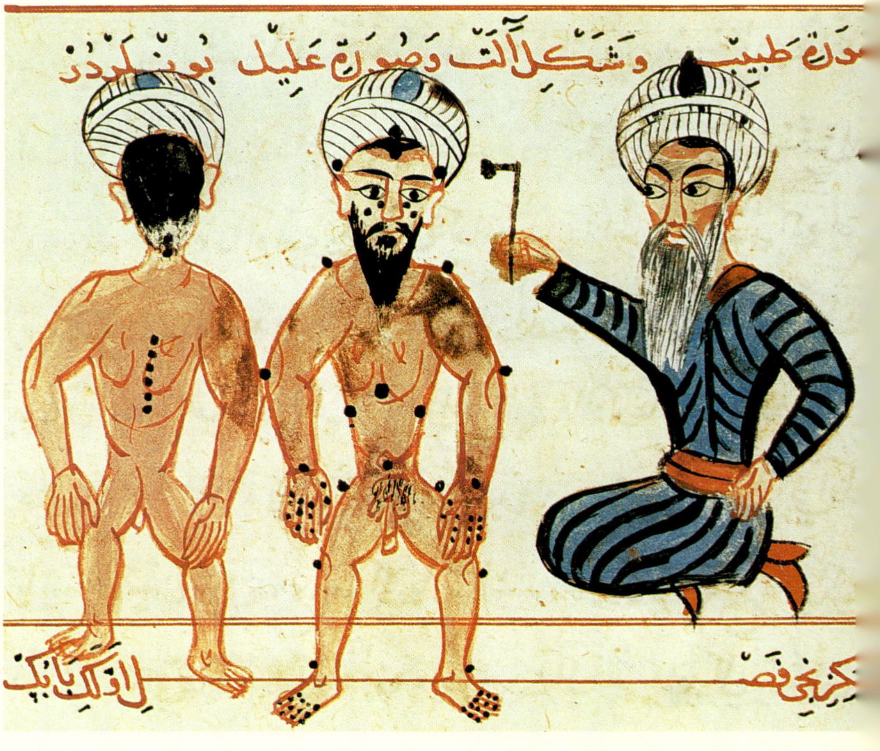

Die Behandlung von Leprakranken in der islamischen Welt im 15. Jahrhundert.

tete sich Skorbut unter den Seemännern. Skorbut ist eine Mangelkrankheit. Auf langen Reisen, wenn frisches, Vitamin-C-haltiges Obst nicht vorhanden war, starben mehr Männer als – zusammengenommen – in Kriegen, Stürmen und bei Piratenüberfällen, obwohl auf vielen Schiffen auch die mangelhaften sanitären Zustände sehr häufig zum Tod der Seemänner führten. Während der Afrikaumseglung im Jahre 1498, verlor Vasco da Gama mehr als die Hälfte seiner Männer durch Skorbut.

Die gesündesten Schiffe waren die hochseetüchtigen chinesischen Dschunken. Die chinesischen Matrosen waren durch ihre Ernährung gegen Skorbut, die Vitamin-C-Mangelkrankheit, die Tausende europäischer Seefahrer tötete, geschützt. Chinesische Schiffe führten gesalzenes und konserviertes Gemüse mit und hatten oft kleine Gärten an Deck, in denen Kräuter und Grüngemüse wuchs. Skorbut wurde von den Chinesen schon lange vor 1500 v. Chr. beschrieben.

Die tödlichste Krankheit war Malaria. Sie hat sich in Afrika höchstwahrscheinlich schon vor den ersten Übersee-Kontakten mit Europa und Asien verbreitet. Europäische Seemänner besaßen nur eine geringe Immunität gegen den Biß der Malaria-Mosquitos, und West-Afrika wurde als das Grab des Weißen Mannes bekannt. Daran erinnert das Sprichwort: „Nimm dich in acht vor der Bucht von Bénin: Für einen, der rauskommt, gehen vierzig dahin."

Die sozial geächtetste Krankheit war unzweifelhaft Lepra. Es ist bekannt, daß vier Arten der Lepra diagnostiziert wurden. Doch häufig wurden irrtümlich weniger ernste Krankheiten wie Krätze oder Hautentzündungen für Lepra gehalten. Wenn Lepra festgestellt wurde, wurde der Pfarrer gerufen, der dem unglücklich Leidenden die letzten Sakramente erteilte. Anschließend wurde der Kranke für tot erklärt und instruiert, mit Gott zu leben. Das bedeutete die Einweisung in ein Hospiz oder einfach den Ausschluß aus der Gemeinschaft. Leprakranke mußten Glöckchen tragen, um die anderen vor ihrer Anwesenheit zu warnen, und sich in besondere Kleidung hüllen, die sicherstellte, daß sie bemerkt wurden. Ende des 16. Jh.s wurden die meisten Lazarette für Leprakranke geschlossen oder für andere Zwecke benutzt. Die bemerkenswerteste Umwandlung dieser Art war die des Hospitals St. James the Less in London. Heinrich VIII. verwandelte es 1547 in einen Vergnügungsgarten (den heutigen St. James Park und Palace).

Das erste Buch der chinesischen und westlichen medizinischen Literatur, das sich ausschließlich der Lepra widmete, wurde 1550 von Shen Zhi-Wen, einem Doktor, der aus einer Ärzte-Dynastie stammte, verfaßt. Es hieß *Jiewei Yansou* (Die besten Heilmittel zur Lepra-Behandlung). Es erläutert Ursachen und Symptome der Lepra und enthält 249 Rezepte. Die Erklärung der ansteckenden Natur der Lepra und der Tröpfchen-Infektion, die Darlegung der Präventiv-Methoden bei Kindern sowie die Widerlegung des Aberglaubens, daß Lepra unheilbar sei, sind die bemerkenswertesten Ausführungen in der Geschichte der Lepra.

Das erste Verzeichnis einer effektiven Behandlung der Lepra-Erkrankung wurde von dem chinesischen Lepra-Arzt Shen Zhi-Wen verfaßt. In dem Buch *Jiewei Yuansou* beschreibt er den Gebrauch von Chaulmoogra-Keimen als Behandlung gegen Lepra. Die chinesischen Ärzte waren der Meinung, daß die Keime effektivere Mittel gegen Lepra seien, als die, die ansonsten zu dieser Zeit üblich waren. Die Behandlung der Lepra mit Chaulmoogra-Keimen erlangte weite Verbreitung.

Die mißverstandenste Krankheit war die Hysterie. Vom Jahr 2000 v. Chr. bis ins 20. Jh. hinein wurden die verschiedensten Symptome – von Lähmungen, über Blindheit, Schüttelkrämpfen bis zu den unterschiedlichsten Schmerzen – zusammengenommen und als Hysterie beschrieben. Hysterie hielt man damals für eine Krankheit, die durch die Wanderung der Gebärmutter durch den Körper hervorgerufen wurde. Man glaubte, daß die Krankheit ausschließlich Frauen befallen könne, weil die Hysterie (von hystera, griech. Uterus) und ihre Funktionsstörungen offensichtlich rein weibliche Beschwerden seien. Hysterie, im klinischen Sinne, existiert heute nicht mehr – es gibt eine Gruppe, die plädiert dafür, Hysterie zu streichen. Aber im gewöhnlichen medizinischen Betrieb und in der medizinischen Lehre existiert der Begriff Hysterie immer noch. Z.B. hysterisch-neurotisches Syndrom wird heute noch häufig diagnostiziert. Das Leiden verschwand aus den modernen Lehrbüchern und wurde durch den Terminus „Konversions-Symptome" ersetzt, was soviel heißt wie körperliche Beschwerden mit seelischen Ursachen. Wie sich viele schon lange dachten, kann dies auch Männer befallen.

Paracelsus (1493–1541) war der erste, der zu den klassischen Ideen der natürlichen Ursachen der Krankheit zurückkehrte. In seinen Arbeiten bezieht er sich auf Hippokrates. Bei Hysterie, daran hielt er weiterhin fest, leide die Gebärmutter an einem Übermaß an Kälte, verursacht durch die Vergiftung der natürlichen Substanzen und einer Störung der chemischen Balance. Der französische Schriftsteller François Rabelais (1483–1553) war auch Arzt. In seiner Satire *Gargantua and Pantagruel* beschreibt er das „Tier im Inneren des Tieres", dessen Bewegungen Frauen um ihren Verstand bringt. Der große französische Chirurg *Ambroise Paré* (1510–1590) ignorierte die Dämonen-Theorien und kehrte ebenfalls zur klassischen Wissenschaft zurück. Er entwickelte ein Instrument, das eine Bedampfung des Uterus erlaubte.

Die größte Massenhysterie: Tanzwut war eine Form der mittelalterlichen Tanz-Manie, die ihre Wurzeln in den armen, bäuerlichen Gemeinschaften von Taranto in Süditalien hat. Wenn eine Person – meist eine Frau – angeblich von einer Tarantel (eine Art der Wolfsspinne) gebissen worden war, sagte man ihr, daß die Symptome des Gifts nur durch schnelles Tanzen gemildert werden können. Der Tanz wurde mit einem furiosen Tempo fortgesetzt, bis das Opfer erschöpft kollabierte. An diesem Punkt, glaubte man, sei der Biß der Spinne „geheilt". Es ist fast sicher, daß dies eher eine Form der Massenhysterie war, als eine Reaktion auf das Gift. Normalerweise brach die Hysterie im Juli oder August aus. Die Opfer begannen häufig am Jahrestag ihres Bisses wieder zu tanzen.

Das genaueste Verständnis der Epilepsie: Die geläufigste Ansicht über Epilepsie war die, daß der Teufel die Seelen derjenigen behauchte, deren Körper-Chemie aus dem Gleichgewicht geraten war. Paracelsus (1493–1541) kam der psychiatrischen Definition der Krankheit am nächsten. Zwei Bücher, die er um 1530 zu diesem Thema schrieb, machten die Epilepsie zum Hauptthema der Diskussionen. Er sah das Element Feuer als eine Ursache. Paracelsus verglich die konvulsiven Anfälle der Epilepsie mit dem Gewitter, das auch die „Impression" (Höhepunkt) des Gewitterregens ist. Deshalb wird hier die natürliche Verknüpfung von Mensch und Makrokosmos deutlich. Die panische Angst vor einer Attacke – Epileptiker wissen normalerweise im vorhinein, wann sie eine neue Attacke zu erleiden haben – ist mit der dunklen Ahnung vor einem Gewitter zu vergleichen. Die Blitze gleichen den Blitzlichtern eines Anfalles wie ihn die Leidenden erleben. Die Rückkehr des Verstandes nach einem Anfall ist wie das Scheinen der Sonne nach dem Gewitter, die Ruhe nach dem Sturm. Paracelsus dachte, daß das Feuer, das hinter all dem steckt, durch einen bestimmten Stern regiert wird: Man müsse nur die Konstellation enträtseln, um zu wissen, wie mit ihren Wirkungen umzugehen ist. Er empfahl, Epilepsie mit Gold und Koralle zu behandeln und lehnte die traditionelle Therapie mit Misteln, dem Blut eines geköpften Menschen oder Schädelknochen ab.

Die häufigste Form der Knochenerkrankung, das haben Untersuchungen von mittelalterlichen Skeletten an archäologischen Stätten gezeigt, waren Gelenkerkrankungen. Bei weitem die meisten dieser Gelenkkrankheiten wurden durch Gelenkverschleiß – Arthrose – verursacht. Bei einer Untersuchung von 250 mittelalterlichen Skeletten aus dem Westen Englands wurden bei fast der Hälfte Knochenveränderungen im Gelenkbereich diagnostiziert; davon hatten 50 bis 60 Prozent Arthrose.

Die seltenste Form der Knochenerkrankung war die rheumatische Arthritis. Es gibt viele Knochenkrankheiten, die nur selten anhand des archäologischen Materials festgestellt werden konnten. Dies schließt Krebs verschiedener Typen ein. Wie auch immer, es wurde nur einmal ein möglicher Fall von rheumatischer Arthritis bei Tausenden von untersuchten Skeletten diagnostiziert – somit ist dies die seltenste Knochenerkrankung.

Das erste Buch über Mund-, Kiefer-, Gesichtsheilkunde: Das früheste, noch vorhandene Buch über diesen Zweig der Medizin heißt *Kouchi Leiyao* (Ausführungen über Mund und Zähne). Es wurde 1529 von dem chinesischen Arzt Xue Ji verfaßt. Es enthält Fallbeispiele verschiedener Arten von Erkrankungen der Lippen, Zunge, Zähne und des Halses, einschließlich des Lippenkrebses.

Die häufigste ansteckende Krankheit der Welt wird damals – wie heute auch – Nasopharangitis (Nasen-Rachen-Entzündungen) oder die gewöhnliche Erkältung gewesen sein.

AMERIKA

Die erste aufgezeichnete Epidemie: Für die Amerikaner des 15. Jh.s waren die Pocken der tödlichste Import aus Europa. Die Krankheit erreichte Haiti ungefähr 1518 und tötete in kürzester Zeit fast die Hälfte der indianischen Arawak-Bevölkerung. Die Pocken verbreiteten sich sogar schneller als die europäischen Invasoren: Azteken starben in großer Zahl; das Volk der Inkas, einschließlich ihres Herrschers, Inka, und dessen Thronfolger wurden von dieser Krankheit getötet. Es wird geschätzt, daß sich die Pokken innerhalb von zwei Jahrzehnten von den großen Seen Nordamerikas bis zur Pampa Argentiniens ausgebreitet hatten.

Die tödlichste Begegnung: Innerhalb weniger Jahrzehnte litt die indianische Bevölkerung der

Karibik und Amerikas furchtbar unter den neuen Krankheiten, gegen die sie nicht immun waren. Diese Krankheiten waren u.a. die Pokken, die in den ersten Jahren des 16. Jh.s über Amerika hinwegzogen. Sie und andere tödliche Krankheiten, wie zum Beispiel Diphtherie, Beulenpest, Influenza, Masern und Typhus, wurden durch die Europäer eingeschleppt. Malaria, eine der schlimmsten Krankheiten der Geschichte, sowie Gelbfieber brachten die afrikanischen Sklaven mit. Die Folge war, daß um 1540 die gesamte Bevölkerung der Großen Antillen (Kuba, Jamaika, Puerto Rico und Haiti) durch diese Krankheiten ausgerottet war. Die indianische Bevölkerung Mexikos, die um 1500 höchstwahrscheinlich 27 Mio. umfaßte, war ein Jahrhundert später auf eine Mio. dezimiert.

Syphilis

Das vermutlich erste Auftauchen der Syphilis in der Alten Welt: Die venerische, durch Geschlechtsverkehr erworbene Syphilis hat im Vergleich zu anderen großen Krankheiten eine der konfusesten und komplexesten Geschichten. Zunächst als „Große Pocken", später als „Syphilis" bezeichnet, glaubt man, daß die Krankheit wenige Jahre nachdem Kolumbus mit seiner Crew aus der Neuen Welt zurückgekehrt war, auftauchte und sich in Europa und darüber hinaus verbreitete. Es wurde behauptet, daß sie 1495 in Paris wuchs; eine andere Sicht ist die, daß die Syphilis in Frankreich und anderen Ländern durch die multinationalen Söldner in der Armee Karl VIII. von Frankreich, die nach der Eroberung Neapels zurückkehrten, verbreitet wurde und anschließend zurückging. In jedem Fall verzeichnet die Geschichte das Erscheinen der Syphilis 1495 in Deutschland und der Schweiz, 1496 in Holland und Griechenland, 1497 in Großbritannien, 1499 in Ungarn und Rußland, 1505 in China und 1569 in Japan. Im 16. Jh. gaben die frühen medizinischen Autoren dieser Krankheit verschiedene Namen, einschließlich des irreführenden Titels „Französische Gonorrhöe". Es war Girolamo Fracastoro, der in dem 1530 in Venedig veröffentlichten Gedicht *Syphilis sive Morbus Gallicus* (Syphilis oder die Französische Krankheit) der Krankheit den Namen *Syphilis* verlieh. Fracastoro verdanken wir auch die erste wissenschaftliche Beschreibung des Fleckfiebers. (War dies wirklich das erste Auftreten der Seuche, die als Syphilis beschrieben wurde, in Europa? Archäologische Erkenntnisse gehen davon aus, daß dies nicht der Fall ist. Es existiert ein syphilitischer Schädel aus York, der die Reisen des Kolumbus vordatiert und andere mögliche Fälle aus Ost-England und aus London.)

Die ersten Erklärungen der Entstehung der Syphilis in Europa gaben die Astrologen. Sie schrieben das Erscheinen der Krankheit dem Einfluß der Sterne und Planeten zu. Bartholomäus Steber aus Venedig schrieb: „Es ist eine neue Krankheit, verursacht durch die Planeten-Konjunktion." Das erste gedruckte Buch über Syphilis stammt von Grünpeck von Brückhausen, der 1496 erklärte, daß „die unglückselige Arbeit von Saturn und Mars" an dieser Krankheit Schuld sei. 1497 erarbeitete der Italiener Coradin Gilini folgende These: „Es ist die Konjunktion von Saturn und Mars, wie sie am 16. Januar 1496 um Mittag herum erschien, die die Sterblichkeit unter den Menschen verzeichnete: oder anders, die Konjunktion von Jupiter und Mars, wie sie am 17. November 1494 erschien, in einem warmen und feuchten Zeichen."

Die früheste Illustration der Syphilis befindet sich wahrscheinlich auf der Titelseite von Bartholomäus Stebers Abhandlung über Syphilis (1497). Es ist ein Holzschnitt, der zwei Ärzte zeigt, die zwei Syphilitiker untersuchen und behandeln.

Der erste europäische Syphilitiker: Martin Alonzo Pinzon war der Kommandant der *Pinta*, einem der drei Schiffe, die mit Kolumbus nach Indien segelten. Man sagt, er sei der erste bekannte und schriftlich belegte europäische Syphilis-Patient derer gewesen, die von der Reise zurückkehrten. Er starb an der Krankheit kurz nach seiner Rückkehr, am 20. März 1493 in Spanien.

Albrecht Dürers Kupferstich eines Syphilitikers weist auf die Wichtigkeit der Tierkreiszeichen für die Gesundheit hin.

Die erste Person, die der Syphilis ihren Namen gab, war Girolamo Fracastoro (1478 oder 1483–1553), ein Arzt aus Verona und Padua. 1521 schrieb er ein Gedicht über diese Krankheit mit dem Titel *Syphilis sive Morbus Gallicus* (Syphilis oder die Französische Krankheit), in dem er die Geschichte des Schafsjungen Syphilus beschrieb, der sich um die Schafe und Rinder König Alkinoos kümmerte: Eines Sommers litt das Land unter einer furchtbaren Trockenheit, die viele der Tiere tötete. Syphilus verfluchte die Sonne und Götter und bot lieber dem König als ihnen Opfergaben an. Die Götter rasten und „auf der Stelle wurde eine unbekannte Verpestung geboren, um die lästerliche Erde zu überschwemmen. Der erste Mensch, der die entstellenden Wunden über den ganzen Körper zur Schau stellen mußte, war Syphilus ... er war der erste, der schlaflose Nächte und quälendes Hinken durchmachen mußte. Von diesem ersten Opfer stammt der Name der Krankheit, und nach ihm nannten die Bauern das Leiden Syphilis." Bis heute wird die Krankheit „Syphilis" genannt.

Die erste schriftliche Erwähnung: Kaiser Maximilian I. (1459–1519) erließ am 7. August 1495 ein Edikt, von dem behauptet wird, daß es die erste schriftliche Erwähnung der Syphilis enthält. Das Edikt wurde zunächst in Deutsch, dann in Latein erlassen und stellte fest: „Besonders in unserer Zeit hat es schlimme Krankheiten und Seuchen unter den Leuten gegeben, nämlich die *bösen Blattern*, die niemals zuvor auftraten, und von denen seit Menschengedenken nichts gehört wurde." Das Edikt behauptete, daß die Krankheit und ihre Verbreitung das Resultat von Blasphemie seien.

Die ersten Beschreibungen der Tuberkulose und der connatalen (angeborenen) Syphilis und ihrer Beschwerden stammen von Paracelsus (1493–1541), Schweizer Arzt und Alchimist. Paracelsus war auch der erste, der die Krankheiten mit entgifteten Mineralien wie Schwefel, Quecksilber und Antimon behandelte.

Die vollständigste Beschreibung: Giovanni de Vigo (1460–1520), ein Arzt von Papst Julius II., widmete 1514 in einer Schrift zwei Kapitel der Syphilis, der Krankheit, die er *Le Mal Francais* (Die Französische Krankheit) nannte. Er beschreibt detailliert die Symptome, die er festgestellt hatte, und die Behandlungen, die er verabreichte. Das war ungewöhnlich, da die meisten Autoren dieser Zeit weder wirklich die Krankheit gesehen, noch behandelt hatten. Die ersten Symptome waren Geschwüre an den Genitalien; wenn diese nicht behandelt wurden schritt die Geschwürbildung fort und „die Haut wurde von verkrusteten Beulen übersät ... Dieser Hautausschlag befiel besonders Stirn, Kopf, Nacken, Arme, Gesicht, Beine und manchmal verbreitete er sich über die gesamte Körperoberfläche ... Ungefähr 1 1/2 Monate nach dem Auftreten der ersten Symptome wurden die Patienten von Schmerzen befallen, stark genug, um vor Qual zu weinen". Vigo betrachtete Quecksilber als das beste Mittel gegen diese Krankheit.

Die geläufigste Behandlung der Syphilis war von Anfang an die mit Quecksilber. Es wurde gewöhnlich als Salbe verabreicht. Doch wurde es auch oral, als Dampf oder als Quecksilber-Verband angewandt.

Die erste Verwendung von Guajakum als Heilverfahren: Im Alter von 15 Jahren war Gonzales Hernandes Oviedo y Valdes (1478–1557) in Barcelona Page von Prinz Juan, dem Sohn von Ferdinand II. von Aragón und Isabella I. 1525 schrieb Oviedo über die amerikanische Herkunft der Syphilis und vermutete, daß vielleicht dort ein Mittel gegen die Krankheit existierte, wo sie entstand. Oviedo ging als Inspektor von Goldminen nach Indien. Es wird gesagt, daß er die erste Person war, die Guajakum, ein Extrakt aus dem Guajakholz oder Heiligen Holz, zur Behandlung seiner eigenen Krankheit anwendete.

SYPHILIS IN CHINA

Das erste Auftreten: Zuerst wurde 1502, als Ergebnis der Entwicklung der Seeroute zwischen Ost und West, die Syphilis nach Kanton, dem Seehafen in Süd-China, gebracht.

Die erste Beschreibung erschien in dem medizinischen Buch *Xu Yi Shuo* (Ergänzende Diskurse über Medizin), das von Yu Bian geschrieben und 1522 veröffentlicht wurde. In diesem Buch wird die Syphilis wegen ihrer Erscheinung als *Guang Chuang* (Rot-Beeren-Entzündung) bezeichnet.

Die ersten Abhandlungen: Als neue Krankheit genoß Syphilis die Aufmerksamkeit von ziemlich vielen Ärzten. *Yangmei Chuang Lun-Zhi Fang* (Rezepte zur Behandlung der Rot-Beeren-Entzündung), 1522 von Han Mao verfaßt, war die erste Arbeit, die sich ausschließlich mit der Syphilis beschäftigte. Unter den vielen Abhandlungen über Syphilis war es das 1522 von Wang Shisan geschriebene Buch *Shisan Yiang* (Shisans medizinische Fälle), das, neben dem Aufführen verschiedener Syphilisfälle, auch die direkte und indirekte Ansteckungsgefahr der Krankheit sowie die Infektion durch unsauberen Sexualverkehr diskutiert.

Das neueste Heilmittel: Die chinesische Heilpflanze Ginseng, eine Verwandte der Sarsaparille, wurde im frühen 16. Jh., wenige Jahre nachdem die Syphilis auch in China bekannt wurde, zur Behandlung der Krankheit benutzt. 1535 wurde Ginseng aus China nach Indien, Persien und in die Türkei als neues Medikament exportiert. Durch die Portugiesen und andere Kaufleute wurde sie bald in Europa als „China-Wurzel" eingeführt. Um den Verkauf zu fördern, behaupteten die Händler, daß jede Art Krankheit mit einem Sud aus Ginseng geheilt werden könne. Ihr Ruhm wuchs sprunghaft. Ginseng wurde sehr populär, weil erzählt wurde, daß auch Kaiser Karl V. Ginseng mit Nutzen für seine allgemeine Gesundheit nahm. Danach wurde Ginseng zur Behandlung beinahe jeder Krankheit, einschließlich Syphilis, benutzt. Andreas Vesalius, Arzt und außergewöhnlicher Reformer der Anatomie, kam, nachdem er eigene Versuche angestellt hatte, 1546 in einem Brief an seinen Freund Dominus

Joachim Roelants zu dem Schluß, daß Ginseng gut für an Syphilis und einigen anderen Krankheiten Leidenden sei, aber keinesfalls ein Allheilmittel. Vesalius hatte Recht, seinen wissenschaftlichen Verstand bei der Verabreichung von Medikamenten anzuwenden, ebenso mit seiner Skepsis gegenüber der Pharmakologie seiner Tage und seinem Mißtrauen gegenüber Autoritäten. Tatsächlich wurde Ginseng von den chinesischen Ärzten nur als ein Bestandteil bei der Behandlung von Syphilis, Rheuma und einigen anderen, verwandten Krankheiten angewandt. Später fiel Ginseng in Mißkredit und wurde von Sarsaparille, einer anderen populären Arznei aus der Neuen Welt, entthront.

Geburt

Das absonderlichste Mittel gegen Sterilität: Nach Johannes de Kethems *Fasciculus medicinae* konnte Sterilität geheilt werden, wenn Mann und Frau den Speichel, den ein Hase beim Kauen von Gras produzierte, tranken. Geeignet erschien ihm auch die Verwendung eines Tampons, der in einer mit dem pulverisierten rechten Hoden eines Wiesels vermischten Öllösung eingeweicht worden war.

Der früheste englische Text über Geburtshilfe ist wahrscheinlich ein Manuskript aus dem 15. Jh. Der Verfasser des 1490 gedruckten Textes, der die Geburtshilfe und gynäkologische Themen behandelt, ist unbekannt. Doch basiert das Manuskript auf den Schriften von Roger von Parma.

Das erste Buch für Hebammen: Eucharius Rößlin war Arzt in Worms, später in Frankfurt. 1513 wurde sein Buch *Der swangern Frawen und Hebammen Rosengarten* veröffentlicht. Obwohl es nur wenig Original-Material enthält, wurde es speziell für Hebammen geschrieben. Es war das erste Buch, das sich mit der Geburtshilfe jenseits der Medizin und Chirurgie beschäftigte. Die Illustrationen zeigen u.a. einen Geburtsstuhl, die Wöchnerinnen-Kammer und die Position des Fötus in der Gebärmutter. Das Buch wurde übersetzt und 1540 unter dem Titel *The byrthe of mankynde,* oder *The Woman's Book* in Englisch veröffentlicht. Es gab zahlreiche Auflagen in Latein, Englisch, Italienisch, Deutsch und Französisch.

Die erste Hitzekoagulation der Nabelschnur: Wundstarrkrampf war bis in die jüngste Zeit hinein eine alltägliche Todesursache bei Säuglingen. Normalerweise wurde er durch eine infektiöse Nabelschnur verursacht. 1540 empfahl der bekannte chinesische Arzt Xue Ji die Verwendung eines heißen Eisenstücks, um damit die Nabelschnur beim Zerschneiden zu behandeln. Diese Methode beschreibt er in seinem Buch *Nuke Cuoyao* (Ausführungen über Geburt und Gynäkologie). Der Autor hielt dies für den besten Weg, um Wundstarrkrampf bei Säuglingen zu verhindern. Es war die erste dieser Beschreibungen in der Geschichte der chinesischen und westlichen Medizin.

Kinderpflege

Die beste Amme: Eines der besten frühen Bücher über Kinderkrankheiten ist das 1473 in Augsburg gedruckte Buch *Regimen der jungen Kinder* von Bartholomäus Metlinger. Nach der Erörterung der Neugeborenenpflege behandelt der Autor das Stillen und die Wahl der Amme. Nach Metlinger ist die beste Amme wenigstens 20 Jahre, am besten 25 Jahre alt und hat ein eigenes, mindestens sechs Wochen altes Kind: „Sie sollte gut gebaut sein; ihr Gesicht von gesundem Aussehen, braungebrannt; einen kräftigen Hals sollte sie haben, breite Brüste, nicht zu dick und nicht zu dünn, sondern am liebsten wohlgeformt und fleischig . . . Sie sollte gute, lobenswerte Gewohnheiten haben. Sie sollte nicht leicht frieren oder besorgt sein und nicht engstirnig sein oder zum Zorn neigen."

Die erste künstliche Fütterung: Wenn die Mutter oder die Amme nicht in der Lage waren, Milch zu produzieren, wurde der Säugling mit Kuh- oder Ziegenmilch gefüttert. Dabei wurden verschiedene Methoden angewandt, einschließlich Saug-Hörnern, Kannen mit künstlichen Schnullern, Zuckerstücke und in einem Fetzen Leinen eingewickeltes Brot, das wie eine Brustwarze geformt war. Der Gebrauch von Saug-Hörnern wurde im 14. Jh. erwähnt. Bartholomäus Metlingers Text von 1473 enthält die erste Erwähnung der Schnuller-Kanne und der künstlichen Brustwarze.

LITERATUR

Der erste illustrierte Text über Säuglingspflege: 1429 schrieb der Mönch Heinrich von Laufenburg († 1458) das Gedicht *Versehung des Leibs,* in das er Illustrationen einbezog, die die Pflege von Säuglingen darstellen. Er war der erste, der eine Säuglingsflasche, so wie wir sie heute noch benutzen, zeigte. Das Buch wurde 1491 in Augsburg veröffentlicht.

Das erste gedruckte Buch über Kinderkrankheiten hat Paulus Bagellardus à Fleming († 1492) verfaßt. Es wurde 1472 in Padua veröffentlicht. Das Buch ist in zwei große Abschnitte geteilt; der erste erörtert Behandlung und Pflege der Babys im ersten Monat. Der zweite Abschnitt ist in 22 Kapitel unterteilt und behandelt verschiedene Kinderkrankheiten, einschließlich Schlaflosigkeit, Augen- und Ohrenerkrankungen, Durchfall, Verstopfung und Würmer.

Medikamente und Drogen

Medikamente wurden überall verwendet: Sie kamen aus einer Vielzahl von Quellen. Die meisten Leute hatten keinen Zugang zu den wenigen ausgebildeten Doktoren im Umkreis. Sie waren von Volksheilern und -medizinern abhängig. Volksmediziner vertrauten auf Pflanzen und Kräuter, und tatsächlich werden viele einen natürlichen wohltuenden Effekt gehabt haben.

Die umfangreichste wissenschaftliche Studie: Li Shizhen (1518–1591) war einer der berühmten chinesischen Ärzte. Die meiste Zeit seines Lebens arbeitete er daran, einen gewaltigen, vollständig illustrierten Katalog aller Substanzen von medizinischem Wert zusammenzustellen, versehen mit detaillierten Erklärungen der Herkunft und Eigenschaften jeder verzeichneten Substanz. Sein Buch umfaßt 1,9 Mio. Illustrationen und 11 000 Rezepte für alle bekannten Krankheiten. Als Titel wählte Li *Bencao gangmu* (Ausführliche Pharmakopöe). (Das Buch wurde schließlich 1596, drei Jahre nach Li's Tod, gedruckt und wird heute noch von traditionellen Ärzten in China benutzt.)

Die erste moderne Pharmakopöe: Valerius Cordis (1515–1544) veröffentlichte eine neue Edition von Dioskurides Abhandlung über Heilmedizin, die derart verbessert und erweitert war, daß man sie als erste moderne Pharmakopöe bezeichnete, ein Buch der Heilmittel.

Die gebräuchlichste Medizin war Theriac, die schon seit klassischen Zeiten populär war. Theriac war eine Mischung von Substanzen, einschließlich Schlangenfleisch. Viele glaubten, daß das Mittel über wundersame Heil- und Gegenkräfte verfügte.

Arztbesuche fanden häufig in der Apotheke statt, wo die verordneten Arzneien dann gleich an Ort und Stelle gemischt werden konnten.

Kräuter in der Medizin

Populärstes und vielseitigstes Kraut war die *Engelwurz*. Als heiß und trocken charakterisiert, wurde sie vorbeugend gegen Seuchen und bösen Zauber angewandt. Man benutzte sie auch als Verdauungsmittel. Das Kauen der Blätter half, Blähungen vorzubeugen. Destilliert kann Engelwurz zu Parfum verarbeitet werden, und die kandierten Stiele wurden als Süßigkeiten gegessen.

Die Samen des *Wegerichs* waren als Abführmittel beliebt. Wenn man sie aß, absorbierten sie Wasser und wurden dick, so wie die moderne Vollkorn-Nahrung, die einen guten Stuhlgang fördert.

Schwarzwurz (auch: gemeine Beinwurz) wurde vielseitig verwendet. Sie enthält Adstringetien, die bei der Heilung von Wunden halfen. Außerdem enthält sie Pflanzenschleim, eine harte und klebrige Substanz, nicht unähnlich des modernen Knochenleims im Mörtel (Gips).

Zwiebeln wurden bei Husten und Erkältungen verwendet, weil ihr starker Geruch die Schleimhäute des Ohrs, der Nase und des Rachens aktiviert. Der Schleim kann leichter abgehustet werden.

Löwenzahnblätter wurden als Diuretika, harntreibende Mittel, verwendet. Der Verlust von Körperflüssigkeit ist bei manchen Beschwerden, zum Beispiel bei Herzversagen, nützlich. (Wassersucht war der Name, den man Gelenkschwellungen und anderen Anzeichen von Herzversagen gab.) Löwenzahn wirkt nicht nur harnlösend, sondern enthält auch Kalium, eine Substanz, die der Körper bei diuretischen Prozessen verliert. (Die moderne Medizin hat dies erkannt und fügt den Diuretikae Kaliumzusätze bei, um einem Kaliummangel vorzubeugen.)

Das bitterste aller Kräuter war Absinth. Das wohlriechende Kraut wurde von der Ehefrau König Mausolos von Karien, Artemisia, benannt. Das Grabmal, das sie für ihn bauen ließ – das Mausoleum – war eines der Sieben Weltwunder des Altertums. Im 4. Jh. war Königin Artemisia berühmt für ihre botanischen und medizinischen Forschungen. Dioskurides empfahl, den Samen des Wermuts zu essen, um Würmer zu vertreiben. Sie wurden auch zur Behandlung der Melancholie und einer empfindlichen Leber empfohlen. Wermut war der beste Schutz gegen Motten im Kräutergarten. Wermut wurde auch als Talisman gegen die Gefahren des Reisens verwendet, ein Brauch, der sich in manchen Gegenden Europas bis ins 20. Jh. hinein erhalten hat.

Das Passauer Kräuterbuch *von 1485 enthält 150 Holzschnitte von Pflanzen – hier der wilden Weinrebe – und ausführliche Erklärungen über ihre Verwendung.*

Das beste Gegenmittel: Raute war bekannt als „Kraut der Anmut". Als Mittel gegen Gift und Pest war es von enormer Wichtigkeit. Es ist die Hauptzutat bei Mithridatismus (Gewöhnung an Mittel bei Immunität), benannt nach seinem Erfinder, König Mithridates, einem gefürchteten Feind der Römer, der sich so erfolgreich selbst behandelte, daß er immun gegen alle Gifte war und seinen Sklaven bitten mußte, ihn zu stechen. Rautenzweige wurden zum Sprenkeln des Weihwassers vor der Hochmesse benutzt. Ab dem 3. Jh. wurde Raute mit geweihtem Öl vermischt und beim Exorzismus verwendet. Raute war die beliebteste Streupflanze für die Fußböden der Gerichtssäle. Die Räuber der Leichen von Pestopfern besprühten sich zum Schutz mit Rautenessig. Zum Kochen wurde Raute hauptsächlich für Soßen und Salate verwendet. Leonardo da Vinci und Michelangelo benutzten die Raute, um ihre Kreativität zu steigern. Raute ist heiß und trocken. Sie wurde auch zur Behandlung von Epilepsie und Hysterie (von der man zu dieser Zeit glaubte, daß sie ihren Ursprung in der Gebärmutter hat) verwendet. Mit Myrtenblättern und Wachs vermischt, wurde Raute zur Behandlung von Pikkeln ins Gesicht geschmiert.

Das am durchdringendsten duftende Kraut war die *Minze.* Sie war wegen ihres ätherischen Öls wertvoll, das benutzt wurde, um die Gerinnung von Milch zu stoppen und als Verdauungshilfe. Ihre heiße und trockene Natur führte dazu, daß sie als Mittel gegen Erkältungen, Husten, Schwindel und Kopfschmerzen galt. Beliebt war Minze auch als Abführmittel. Seit der römischen Zeit assoziierte man mit Minze Gastfreundschaft, und bis ins späte Mittelalter wurde sie als ein wohlriechendes Streukraut verwendet.

Die beliebteste Art der Minze war bei weitem *Pennyroyal.* Dioskurides beschrieb sie als Gegengewicht bei exzessivem Phlegma, dem wässerigen Temperament. In Wasser gekocht und getrunken, hemmt sie den Wunsch, sich zu übergeben. Bei Gicht wirkt sie schmerzlindernd, wenn sie direkt auf die befallenen Stellen appliziert wird, außerdem entfernt sie Gesichtspickel. Auch Aussatz wurde mit Pennyroyal behandelt. Ihr starker Geruch macht sie zu einem effektiven Insektenschutzmittel; viele Leute trugen Minzenzweige, um Fliegen fernzuhalten.

Die populärsten Kräuter der Tarvernen: *Melisse* wurde, gemeinsam mit *Efeu,* zum Aromatisieren von Bier benutzt und war deshalb eines der beliebten Kräuter in Kloster- und Biergärten. Wegen seiner heißen und trockenen Natur wurde sie für ein Mittel gegen Melancholie gehalten, das auch Ohnmächtige wieder munter machen konnte. Dioskurides behauptete, daß in Wein getauchte Melissenblätter ein Gegenmittel bei Skorpionstichen und Bissen von tollwütigen Hunden seien. Ein solches Blatt, auf ein Furunkel gelegt, läßt dieses reifen und aufplatzen. Melisse war auch ein wichtiger Zusatz des Karmeliter-Wassers, einer populären, kommerziell hergestellten Kosmetik. Der lateinische Name *melissa* spielt auf die Brauchbarkeit der Melisse beim Anlocken von Bienen (mel = Honig) an; Melisse war auch als Blatt der Biene bekannt.

Die erste europäische Erfahrung mit Tabak: Obwohl Kolumbus, als er in der Neuen Welt ankam, eine einheimische Pflanze von Wert kennenlernte, die *tabaco* genannt wurde, und er auf Kuba (November 1492) Männer und Frauen rauchen sah, brauchten europäische Gesellschaften über ein halbes Jahrhundert, um den potentiellen Vergnügungswert des Tabaks zu verstehen. Tabak wurde in der Tat zunächst als medizinisches Kraut eingeführt, und es war bekannt, daß er in Brasilien benutzt wurde, um „die überflüssigen Säfte im Gehirn zu lösen und herauszutragen".

Der bevorzugte Duft: *Lavendel* wurde als Tonikum (Lotion) und Herz-Konzentrat ebenso geschätzt wie als Schutz gegen Seuchen. Auch Lavendel ist heiß und trocken. Ein Kräuterbuch aus dem 16. Jh. rät, die Schläfen von Personen, die an Migräne leiden, mit Lavendel zu baden, um die Schmerzen zu lindern. Seit römischen Zeiten waren die Öle des Lavendels als Badezusatz oder zur Herstellung von Parfum äußerst beliebt. Die Blüten wurden in Salaten oder kandiert gegessen. Häufig wurde Lavendel auch als Streupflanze oder Insektenschutzmittel benutzt.

Die wichtigste Alchimie-Entwicklung: Die Lehre von den Signaturen war eine Idee, die der Alchimist und Arzt Theophrastus Bombastus von Hohenheim (1493–1541), besser bekannt als Paracelsus, hinterlassen hat. Sie war die wichtigste Entwicklung des okkultistischen Gedankenguts über die medizinische Verwendung von Kräutern. Man glaubte, daß jedes Kraut vom Schöpfer mit einem Zeichen versehen worden war, das auf seine Verwendung hindeutete. Kräuter, deren Form an einen Fuß erinnerten, waren gut gegen Gicht. Herzförmige Blätter waren günstig bei Herzproblemen. Frauenfarn war eine Hilfe bei Haarausfall.

Ernährung

Die einflußreichste Lehre: 1526 erschien die erste (etwas verspätete) englische Übersetzung eines Werks, das die Grundlage nahezu der gesamten westlichen Medizin seit dem Anfang des 12. Jh.s bis weit in das 18. Jh. hinein war. Das *Regimen Sanitatis* (Gesundheits-Kur) der Schule zu Salerno wurde 1480 veröffentlicht. Es war eine einzigartige Zusammenfassung griechischer, arabischer und italienischer Theorien des späten 11. Jh.s aus der berühmtesten und fortschrittlichsten Medizinschule dieser Zeit, aus Salerno im Südwesten Italiens. (Bis zum 19. Jh. erreichte das Buch 300 Auflagen.) Möglicherweise mit Ausnahme von China, war keine andere Theorie in der Geschichte der Medizin so lange so einflußreich. Die Salerno-Kur basierte auf der einfachen Aussage, damals nicht weniger attraktiv als heute, daß es mit der richtigen Ernährung möglich war, jünger auszusehen und länger zu leben. Warum, so fragten sich seine Theoretiker, sterben dieser Tage die Menschen so jung, wo doch Adam lebte, bis er 930 Jahre alt war? Und die Antwort – damals wie heute – war, daß die Menschen der „Fehlernährung" und dem „Übermaß" frönten. Gute und schlechte Ernährung wurden entsprechend anspruchsvoller Prinzipien formuliert, doch Salerno war vollkommen zufrieden, die Lehren in einfachen Worten dargelegt zu haben.

Die Abbildung auf der Titelseite von Fabrica de humani corporis *(Die Struktur des menschlichen Körpers) aus dem Jahre 1543 zeigt den jungen Vesalius, wie er Anatomie unterrichtet unter den Augen seiner Schüler und im Beisein zahlreicher Adliger und Repräsentanten der Kirche.*

Die populärste Krankendiät: Großes Vertrauen wurde darauf gesetzt, was ein Kranker aß. Fleischbrühe, Milch und Eier waren die beliebtesten Krankendiäten, wobei Milch besonders gut für Tuberkulose-Patienten war.

Gesundheits- und Ernährungsbücher: Als der Druck mit beweglichen Lettern 1475 in England eingeführt wurde, entstand eine Nachfrage nach Büchern über Ernährung und Medizin – nicht zwei Disziplinen, sondern eine. Für die erste Hälfte des 16. Jh.s sind 32 Haupttitel verzeichnet – nach modernen Kriterien nicht viele, doch keinesfalls unbedeutend, wenn man bedenkt, daß zu Beginn dieser Periode einer der profiliertesten Herausgeber von Druckschriften, Wynken de Worde, nicht mehr als zehn Bücher in einem Jahr veröffentlichte.

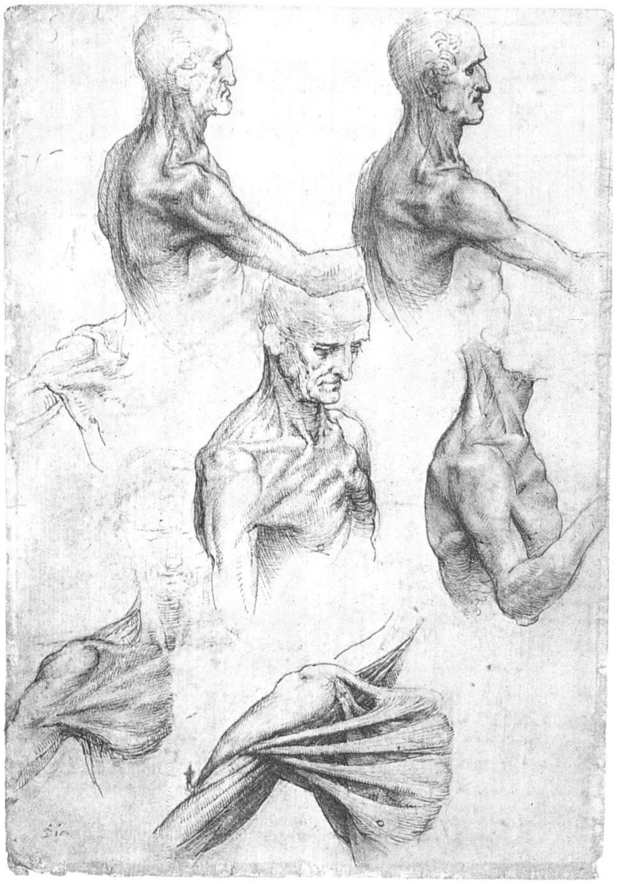

Eine der anatomischen Studien des großen italienischen Künstlers Leonardo da Vinci. Sie zeigt, wie die Muskeln des Armes und des Brustkorbes funktionieren.

Anatomie

Das erste Standard-Lehrbuch hat der italienische Anatom Mondinus verfaßt. 1316 stellte er seine *Anathomia* fertig. Sie wurde häufig als Manuskript reproduziert und 1478 gedruckt. Sie war das Standardlehrbuch der Anatomie für zwei Jahrhunderte bis Vesalius *Fabrica de humani corporis* (Der Aufbau des menschlichen Körpers) 1543 erschien. Mondinus Buch ist ein Klassiker, der einen enormen Einfluß auf das medizinische Denken ausübte.

Die erste Leichenöffnung: Während des 14. und 15. Jh.s waren Sektionen menschlicher Körper selten, da sie die Kirche nicht billigte. Die, die durchgeführt wurden, wurden normalerweise an den Körpern hingerichteter Krimineller vorgenommen, meist in Anwesenheit von Zuschauern – die endgültige Strafe für den Kriminellen. Mondino de Luzzi (Mondinus) (1275–1326) führte 1315 die erste Leichensektion zu anatomischen Zwecken aus. Das revolutionierte den Anatomieunterricht, und viele halten Luzzi für den bedeutendsten der mittelalterlichen Anatomen. Häufig hielt er eine Vorlesung für die Studenten, während die Assistenten die Sektion vornahmen.

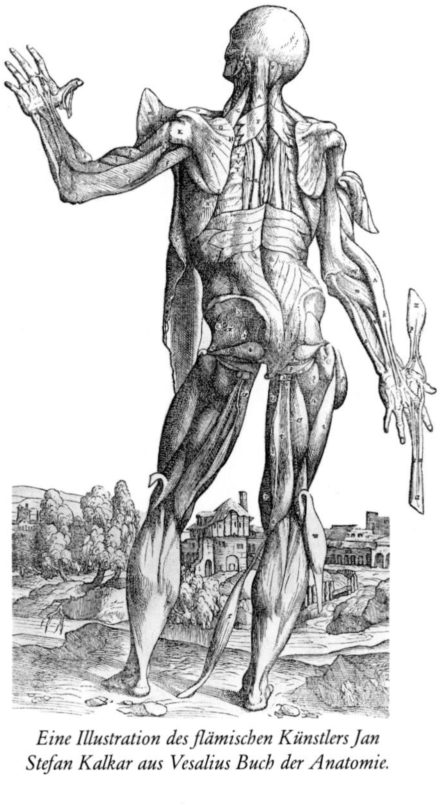

Eine Illustration des flämischen Künstlers Jan Stefan Kalkar aus Vesalius Buch der Anatomie.

Die öffentlichsten Sektionen: Der in Flamen geborene Andreas Vesalius (1514–1564?) und andere Anatome arbeiteten häufig im Freien vor Publikum. Spezielle provisorische Holzkonstruktionen, auf denen die Zuschauer dieser Ereignisse Platz nehmen konnten, wurden zuerst in Padua von dem Anatom Allesandro Benedetti gebraucht. Sie wurden am Ende der Vorlesungsreihe wieder abgebaut.

Das bedeutendste Medizinbuch: Die Forschungen von Andreas Vesalius enthält, zusammen mit den bemerkenswerten Zeichnungen des flämischen Künstlers Jan Stefan Kalkar, die große Abhandlung *Fabrica de humani corporis* (Der Aufbau des menschlichen Körpers), die 1543 veröffentlicht wurde. Die Arbeit umfaßt 659 Seiten und 277 Illustrationstafeln. Sie basiert auf Beobachtungen, die während der Sektionen gemacht wurden. Sie ist eine wissenschaftliche Auseinandersetzung mit der Anatomie, die in vielen Fällen die Theorie Galenus in Frage stellt. Obwohl das Buch sehr populär war, erntete Vesalius manche Kritik, da er Galenus nicht anerkannte, dessen Arbeiten mehr als 12 Jahrhunderte lang Gültigkeit besessen hatten. Wie dem auch sei, das Buch wurde nicht nur als eines der bedeutendsten Medizinbücher zur Kenntnis genommen, sondern auch als eines der am schönsten illustrierten Bücher aller Zeiten. Wie ein modernes Lehrbuch, ist die *Fabrica* in sieben Bücher unterteilt. Das erste behandelt das Skelett, das zweite die Muskeln, das dritte das Gefäßsystem, das vierte das Nervensystem, das fünfte die abdominellen Organe, das sechste die thorakalen Organe und das siebte das Gehirn. Letzteres ist bahnbrechend, wie die prächtige Illustration, die das Kapitel enthält, zeigt.

Die erste päpstliche Zustimmung: Wegen des kirchlichen Verbots der Sektion menschlicher Körper gab es nur wenig Fortschritt auf dem Gebiet der Anatomie während des 14. und frühen 15. Jh.s. Papst Sixtus IV. (1414–1484) war der erste, der Autopsien erlaubte. Viele davon führte der florentinische Arzt Antonio Benivieni aus. Aufzeichnungen hiervon wurden 1507, nach Benivienis Tod, unter dem Titel *De abidis morborum causis* (Die versteckten Ursachen der Krankheiten) veröffentlicht. Seit dem frühen 16. Jh. konnten Sektionen und Autopsien ohne Hindernis durchgeführt werden.

ILLUSTRATION

Das erste gedruckte Bild einer anatomischen Sektion enthält die französische Übersetzung von Bartholomaeus Anglicus *De proprietatibus rerum.* Sie wurde 1482 in Lyon veröffentlicht. Die früheste bekannte Illustration einer Sektion ist in einem Manuskript des 14. Jh.s aus England erhalten.

Der bedeutendste medizinische Künstler war Leonardo da Vinci (1452–1519). Er zeichnete alle Knochen des Körpers, um ihre Arbeitsweise als Hebel, die die Muskeln aktivieren, zu zeigen. Er war der erste, der alle Rückenwirbel genau darstellte und die Krümmung der Wirbelsäule bemerkte. Sein Interesse am Blutfluß führte ihn dazu, in Gefäße und innere Organe zu injizieren, um die Studien zu erleichtern. Keiner hat dies zuvor getan. Er war auch der erste, der das Vier-Kammern-System des Herzens erkannte. Seine Zeichnungen enthalten auch das Moderator-Band an der rechten Kammer, 300 Jahre bevor die Ärzte es bemerkten. Als er einen Fötus im Uterus untersuchte, machte er die Entdeckung, daß die Nahrungsquelle des Fötus die Placenta ist. Durch seine Untersuchung der Leiche eines Mannes, der gehängt worden war, war er in der Lage, die falsche Vorstellung von der Erektion des Penis zu revidieren, indem er erklärte, daß diese durch die erhöhte Zufuhr arteriellen Blutes hervorgerufen wird. Frühere Weisheit glaubte, daß die Erektion durch „pneuma" oder Lebenskraft hervorgerufen wird.

Unglücklicherweise – für die medizinische Wissenschaft – wurden Leonardos Notizbücher verstreut und gingen nach seinem Tod fast verloren, so daß nur wenige Personen von seinen Entdeckungen wußten. Erst in diesem Jahrhundert wurden sie wieder zusammengetragen und in ihrer Gesamtheit publiziert.

Das früheste illustrierte Anatomie-Buch: Johannes de Kethem war Mitte des 15. Jh.s Arzt und Medizin-Professor in Venedig. Sein Buch mit dem Titel *Fasciculus medicinae*, das 1491 in Venedig veröffentlicht wurde, ist das erste Anatomie-Buch mit Illustrationen. Das Buch enthält unter anderem die beste Darstellung des Uterus im 15. Jh.

Die vollständigste Darstellung der inneren Organe: Ein 1501 in Leipzig gedrucktes Buch von Magnus Hundt ist mit mehreren anatomischen Holzschnitten illustriert. Diese umfassen Darstellungen des Kopfes, Gesichts, Hals und Gehirns, des Handtellers und des Skeletts. Es gibt auch eine Illustration der inneren Organe, von der angenommen wird, daß sie die vollständigste Darstellung der Organe ist, wie sie im 15. Jh. gesehen wurden.

Chirurgie

Unbeliebteste Eingriffe: Die meisten Operationen des 15. und 16. Jh.s waren Behandlungen von Wunden und Geschwüren. Unbeliebt war in der Chirurgie die Operation von Eingeweidebrüchen, von Blasensteinen, Entstellungen des Gesichts und grauem Star. Diese Operationen wurden vermieden, da sie hohe Risiken für den Patienten bedeuteten und somit dem Ruf des Arztes schaden konnten. Deshalb wurden sie oft von herumziehenden Quacksalbern ausgeführt, die nach Erhalt ihrer Bezahlung flohen und den Patienten seinem Schicksal überließen. Es gab jedoch auch einige „Quacksalber", die sich auf bestimmte Operationen spezialisierten und sehr tüchtig waren.

Die schmerzhafteste Operation, die man vor der Einführung richtiger Anästhetika ausführte, müssen die „kalten" und nicht die Amputationen oder glühend heißen Kauterisationen gewesen sein, die man im Tumult einer Schlacht ausführte. Die Schmerzen einer solchen geplanten Operation waren individuell verschieden. Dennoch muß eine Operation des grauen Stars, bei der man dem Patienten eine Nadel in das Auge stieß, um die getrübte Linse zu entfernen, ein furchtbarer Preis für die verbesserte Sehkraft gewesen sein. Häufig machte man Operationen, um Eingeweidebrüche in der Leiste zu behandeln und Steine aus der Blase zu entfernen.

Die schnellsten: Das „Entfernen von Steinen" wurde häufig auf herumziehenden Märkten angeboten. Um Nierensteine aus der Blase zu entfernen, schnitt man in das Perineum (Damm) und zog die Steine auf diesem Wege zwischen den Beinen heraus. Aus einleuchtenden Gründen waren die schnellsten Operateure auch am besten angesehen. Sie kamen wohl aus den Reihen der schnellsten Barbier-Chirurgen ihrer Zeit.

Die führenden Nasenrekonstrukteure kamen aus einer Familie aus Catania in Sizilien mit dem Namen Branca. Sie waren Laien. Sie stellten die Nasen ihrer Patienten wieder her, die bei Fehden oder durch Krankheiten verletzt worden waren. Sie konnten auch Ohren und Lippen rekonstruieren, indem sie Hautlappen von der Stirn oder den Wangen benutzten. Branca Senior benutzte einen Hautlappen von einem Arm, um eine Nase wiederherzustellen, eine Methode, die sein Sohn Antonius perfektionierte. 1442 wurde ihre Arbeit zum ersten Mal von dem neapolitanischen Dichter Elysius Catentius aufgezeichnet. Er berichtete, daß sie eine Nase auch dadurch rekonstruierten, "daß sie ihr einen Teil der Nase eines Sklaven einfügten". Vier Mitglieder einer anderen Familie aus Kalabrien in Italien rekonstruierten ebenfalls Nasen, Ohren und Lippen; Vincenzo, sein Neffe Bernardino und seine zwei Söhne Pado und Pietro.

Der einflußreichste Anatom war der in Flandern geborene Andreas Vesalius (1514–1564), der die Chirurgie mehr als jeder andere in die moderne Zeit führte. Durch seine Bemühungen entwickelte sich die Anatomie von einer ungenauen Beschreibung zu einer gut entwikkelten Wissenschaft. Im Alter von nur 23 Jahren wurde er zum Professor der Chirurgie an der Universität in Padua (Italien) ernannt. Dies geschah einen Tag nach seinem Universitätsabschluß. Zu seinen Pflichten gehörten das Lehren der Anatomie sowie öffentliche Sektionen.

AMERIKA

Die besten Chirurgen waren Ärzte der Inkas sowie Medizinmänner. Sie heilten mit vielen verschiedenen Pflanzen und Kräutern, von denen einige, zum Beispiel Chinin, von der westlichen Welt übernommen wurden.

Die außergewöhnlichste Chirurgie gab es bei den Inkas. Ihre Chirurgen trepanierten den Schädel, um bösartige Geschwülste zu entfernen. Dabei durchstachen sie den Knochen und entfernten die infizierten Teile mit ihrem *Tumis* oder ihrem dreieckigen Messer. Viele Patienten lebten noch Jahre nach diesem Eingriff. Röntgenbilder zeigen, daß die Knochen im hinteren Teil des Schädels, wo der Einschnitt gemacht worden war, wieder verknöcherten.

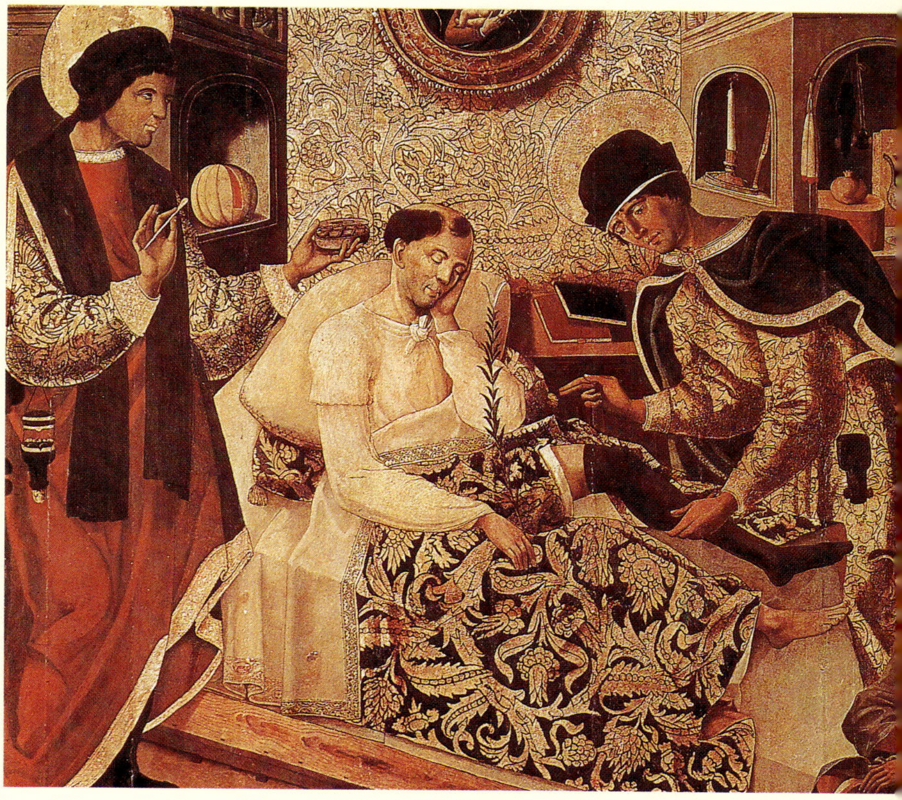

Analog zur Macht der Kirche über die Medizin gab es viele Heilige, die sich auch mit dem Heilen beschäftigten. Zwei der bekanntesten, Cosmas und Damian, haben möglicherweise die erste Transplantation ausgeführt – jedenfalls die erste, die auf einem Bild dargestellt wird. Es zeigt die beiden Heiligen, denen man viele chirurgische Wunder nachsagte, wie sie einem weißen Mann, dem ein Bein amputiert worden war, ein schwarzes Bein transplantieren.

Schmerzmittel

Das wirkungsvollste Schmerzmittel für den Gebrauch auf dem Schlachtfeld war eine Spezies des Froschs, den die Chinesen benutzten. Seine Haut enthielt Opiate, die, wenn sie auf die Haut eines Verletzten gerieben wurden, Schmerzen linderten.

Das stärkste, schmerzstillende Mittel war Opium. Die anderen Anästhetika dieser Zeit waren Mandragora (ein Narkotikum, das aus

Das älteste, noch immer benutzte Krankenhaus der Welt ist das Hotel-Dieu in Paris. Es wurde im 7. Jahrhundert vom Bischof von Paris gegründet. Ein Stich aus dem 15. Jahrhundert zeigt die seinerzeit übliche Überbelegung der Betten. Aufgrund des Mangels an wirksamen Behandlungsmethoden war der Tod für alle ein alltägliches Ereignis.

der Alraune gewonnen wurde) und Alkohol. Opium läßt sich in Alkohol auflösen. Diese Mischung nennt man Laudanum. Opium gewann man aus Schlafmohn. Es enthielt viele Drogen, genannt Opiumalkaloide. Eines davon ist Morphium, ein anderes Kodein. Bis 1803 benutzte man in der Medizin Rohopium. Danach isolierte man seinen Hauptbestandteil und benannte ihn nach Morpheus – in der griechischen Mythologie der Gott der Träume und Sohn des Somnus, Gott des Schlafs.

LITERATUR

Das früheste deutsche Handbuch der Chirurgie, das *Buch der Bundth-Ertznei,* wurde 1460 von Heinrich von Pfolspeundt geschrieben. Er war Bruder des Hermannsordens. Seine Erfahrungen machte er in vielen militärischen Auseinandersetzungen zwischen seinem Orden und den polnischen Königen. Er bespricht die Behandlung von Wunden sowie anderen Verletzungen, unter anderem wie man Schießpulver aus Wunden entfernt. Zum ersten Mal wurden damit Kriegsverletzungen durch Feuerwaffen in der Literatur über Chirurgie erwähnt. Das Buch wurde nie gedruckt und behielt immer seine Manuskriptform.

Das erste illustrierte, gedruckte Handbuch der Chirurgie schrieb Hieronymus Brunschwig. Er wurde 1450 in Straßburg geboren und verbrachte dort sein Leben als Wundarzt. Sein Buch wurde 1497 veröffentlicht. Es war das erste Chirurgiebuch, das Abbildungen enthielt, und war auch eines der ersten, das gedruckt wurde. Seine Illustrationen zeigen Ärzte, Patienten und Arbeitskleidungen, Ausrüstungen sowie die medizinischen Gebräuche dieser Epoche.

Das erste bedeutende Buch über Chirurgie schrieb Guy de Chaulias (1298–1368). Er war zweifellos der bekannteste, wenn nicht sogar der beste Chirurg des Mittelalters. Obwohl er im 14. Jh. lebte und arbeitete, wuchs sein Ansehen durch den Druck seines Handbuchs der Chirurgie *La Pratique en Chirurgie du Maistre Guidon de Chauliac* (Die Ausübung der Chirurgie von Meister Guidon de Chauliac). Besonders wichtig wurde es aufgrund seiner Unterscheidung verschiedener Eingeweidebrüche und seiner Beschreibung der Operationen für diese Erkrankungen.

Die älteste Darstellung einer Amputation lieferte der im 16. Jh. lebende deutsche Chirurg Hans von Gersdorf. Er schrieb ein Handbuch über Wundchirurgie, das 1517 veröffentlicht wurde. Das Buch enthält viele Illustrationen, u.a. die erste Darstellung einer Amputation, bei der eine Tierblase als Druckverband für den Stumpf diente.

Das wichtigste Buch über Träume schrieb Geronimo Cardano (1501–1576), Autor der *Matascopia.* Zu seiner Zeit war er vor allem als Professor der Medizin in Pavia bekannt und durch seine mathematischen Arbeiten, hier besonders über Algebra. Im Bereich der Astrologie leistete er sowohl auf dem Gebiet des medizinischen Wissens als auch auf dem des Studiums der Charaktere einen Beitrag. Sein Buch *Liber de exemplis genituarum* enthält Geburtshoroskope von 100 seiner Zeitgenossen, u.a. solcher Persönlichkeiten wie Erasmus, Albrecht Dürer und Heinrich VIII. Er betonte den Einfluß, den Fixsterne in den Konstellationen auf den Charakter eines Menschen haben. Seine Abhandlung über Traumdeutungen *De Somnis* (Über Träume) ist der erste methodologische Ansatz auf diesem Gebiet seit dem 5. Jh. Im Einklang mit vielen modernen Autoren empfahl er, die Träume aufzuschreiben und sie zu studieren, um die Seele besser zu verstehen. Seiner Meinung nach half das Studium der Philosophie dabei, die Emotionen von den Wahrnehmungen zu trennen. Er glaubte, daß Träume einem Menschen helfen können, seine derzeitige Lage zu verstehen, obwohl einige sich wohl auf die Zukunft beziehen, wenn man sie richtig deutete. Sein therapeutischer Ansatz ähnelt der modernen psychologischen Praxis. Die Arbeit mit seinen eigenen Träumen half ihm, sich mit dem tragischen Tod seines Sohnes abzufinden. Träume waren Tremores des animalischen Geistes, die zwei Ursachen haben konnten, die Physis (so zum Beispiel Essen) oder die Psyche (so zum Beispiel Sorgen oder Erinnerungen). Das Buch enthält 50 Kapitel über die Symbolik der Träume.

Das erste Marinehandbuch über Chirurgie schrieb Bartholomeo dal Sarasin im Jahre 1474. Es war eine sehr seltene Schrift über Wunden und ihre Behandlung. Sie wurde 1513 veröffentlicht. Das Buch war im venezianischen Dialekt geschrieben, damit es von den Seeleuten der venezianischen Flotte verstanden werden konnte. Bartholomeo verließ sich auf die heilende Kraft der Natur. Er sagte, daß man bei kleinen, frischen, umkomplizierten Stichwunden, die von einem Messer oder einem Schwert stammen, nur einen Verband anlegen soll, bei tiefen Wunden eine Kompresse und einen Verband. Arzneien sollten nur um, jedoch nicht in die Wunde getan werden. Er empfahl ebenso das tägliche Baden der Wunde mit warmem Wein.

Krankenhäuser

Die besten: Im 12. und 13. Jh. übernahmen allmählich die Kommunalverwaltungen von den Kirchen die Leitung der Hospitäler. In dieser Periode entwickelten sich die besten heutigen Krankenhäuser. Dazu gehören St. Bartholomäus und St. Thomas in London, Sankt Spiritus in Rom und das Hotel-Dieu in Paris. Die Hospitäler des Mittelalters unterschieden sich von den heutigen Krankenhäusern. Sie kümmerten sich um Kranke, Alte und Obdachlose, erzogen aber auch kleine Kinder und nahmen Reisende auf, die dafür bezahlen mußten.
Von diesen Institutionen gab es viele. Im späten Mittelalter besaß London ungefähr 34 Kranken- und Armenhäuser. Die meisten von ihnen wurden von reichen Geschäftsleuten finanziert, die das als ihre christliche Pflicht ansahen. Von diesen Männern ist Richard (Dick) Whittington († 1423), ein reicher Tuchhändler und Bürgermeister von London, am angesehensten. Dennoch war die tägliche Verwaltung häufig unrationell und korrupt, und viele Hospitäler mußten schließen. Aus diesem Grund begann man, Krankenhäuser von den Stadtverwaltungen führen zu lassen – vier von Londons zehn Leprahospitälern wurden vom Bürgermeister geleitet.

Andere Hilfen

Die ältesten: Entdeckungen in etruskischen Gräbern in der heutigen Toskana (Italien) haben belegt, daß man sogar schon um 700 v. Chr. Zahnprothesen getragen hat. Manche waren dauerhaft an echten Zähnen befestigt, andere konnten herausgenommen werden.

Das erste komplette Gebiß Europas fand man in einem aus dem frühen 16. Jh. stammenden Grab in der Schweiz. Der unbekannte Träger besaß falsche Zähne, die aus dem Oberschenkelknochen eines Ochsen gefertigt waren. Die Teile des Ober- und Unterkiefers waren durch Draht miteinander verbunden.

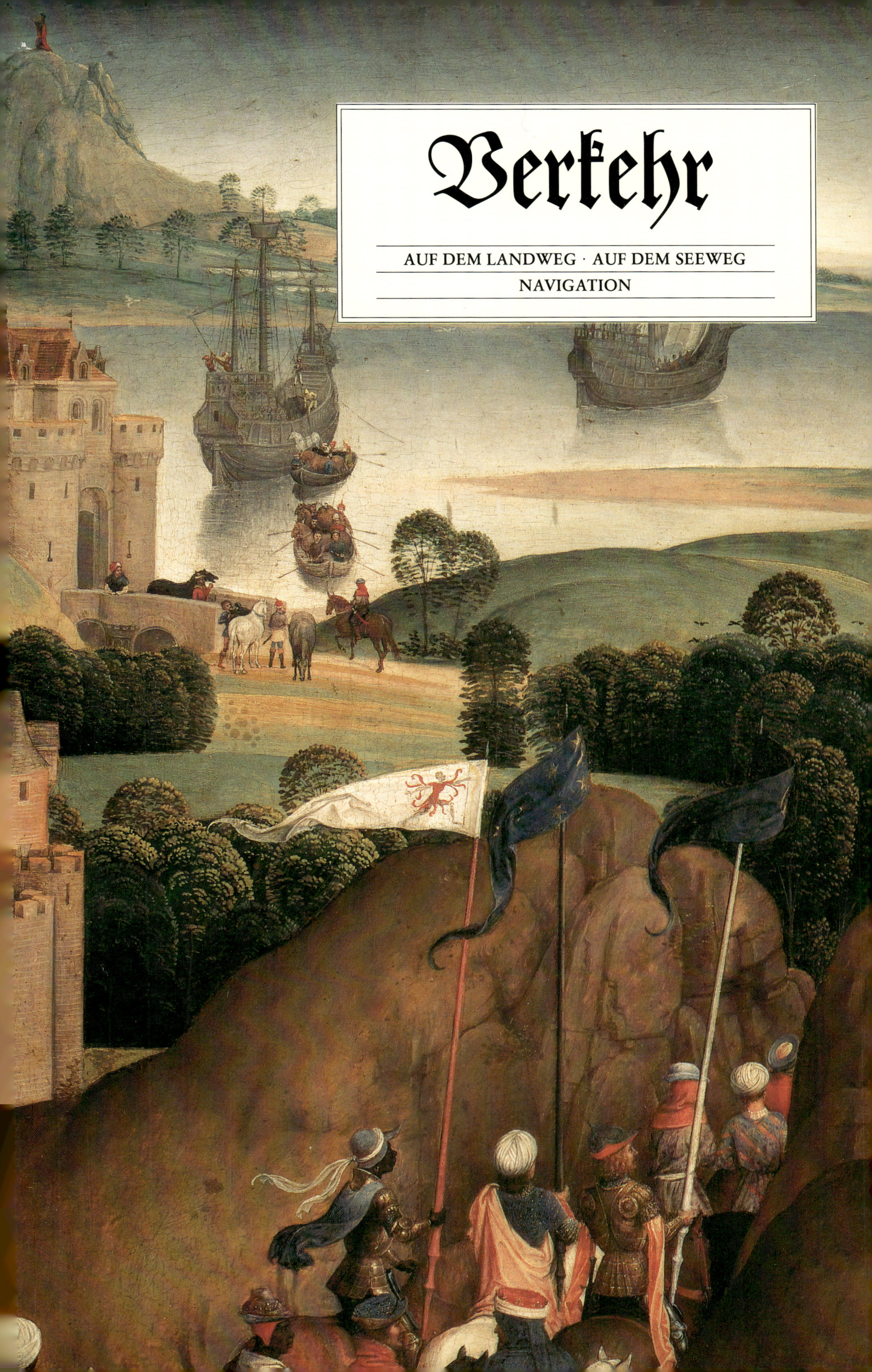

Verkehr

AUF DEM LANDWEG · AUF DEM SEEWEG
NAVIGATION

Das Guinness Buch der Rekorde 1492

Auf dem Landweg

Straßen

Das längste Straßennetz, das im prähispanischen Amerika gebaut wurde, war der *Inkario* der Inkas. Er war mehr als 20000 km lang und erstreckte sich über ein mehr als 30 Breitengrade umfassendes Gebiet von Norden nach Süden. Er verband Chile mit dem heutigen Südkolumbien. In Mittelamerika war die längste befestigte Straße, von der man weiß, 100 km lang. Sie verlief in Yucatan von Cobá bis Yaxuná.

Die Inkas kannten das Rad noch nicht. Ihre Straßen folgten einfach dem Gelände. Daher gab es keine schweren Transportmittel. Transporte erfolgten zu Fuß oder mit Lamas. In steilen Gegenden waren die Straßen manchmal aus dem Felsen geschlagen und bildeten eine Art Treppe. In flachen Gebieten konnten die Straßen bis zu sieben Meter breit sein.

Die höchste befestigte Straße lag zwischen Huarochiri und Jauja. Hier lief der *Inkario* über bis zu 5090 m hohe Pässe und verband als Teil einer Nebenlandstraße das Küstenstraßennetz mit dem Hochlandstraßennetz.

Das höchste Tambo: Tambos waren Wegstationen und Lagerhäuser, an den Straßen des Inkario gelegen. Das höchste war Castillo Grande bei Mallebamba. Es lag zwischen Huamchuco und Conchucos, mehr als 3960 m über dem Meeresspiegel.

Die längste Karawanenstraße verlief zwischen Tunis und Agades durch die Sahara. Sie war 2240 km lang. Insgesamt durchzogen drei Haupt-Karawanenstraßen die Sahara. Sie wurden seit der karthagischen Zeit benutzt. Die andere bedeutende Karawanenstraße verband Timbuktu mit Marrakesch. Sie war etwa 2080 km lang.

Die größte Straße Indiens ließ Sur Sultan Sher Shah bauen, der 1530 den zweiten mogulischen Herrscher Humayun vom Delhischen Thron stieß. Die in Nordindien gebaute Straße hieß später *Grand Trunk Road* (Große Hauptstraße). Die Straße verband das Industal mit dem bengalischen Gebiet in Ostindien und wurde im Herzen des mogulischen Landes zur bedeutenden Verbindungsstraße.

Die mobilste Gesellschaft: In der islamischen Welt gab es kein Straßensystem, das dem der Römer ähnelte. In diesen meist dürren und trockenen Ländern war bei Langstreckenreisen das Kamel viel leistungsfähiger als die zur Verfügung stehenden Transportmittel auf Rädern. Von allen Gesellschaften war – vor der modernen Zeit – die des Islam die mobilste. Das hatte religiöse, kommerzielle und politische Gründe. Als Hilfsmittel benutzten Reisende Bücher mit genauen Angaben über alle Routen der islamischen Welt.

Ein Ausschnitt aus Hans Memlings Einschiffung der Magi *verschafft einen Eindruck von dem, was im 15. Jahrhundert Beförderung hieß.*

Der erste bekannte Führer für Pilger wurde um 330 geschrieben und hieß *Die Reiseroute von Bordeaux nach Jerusalem*. Er lieferte Informationen über Entfernungen zwischen Herbergen und Pferde- bzw. Eselwechselstellen und deren Standorte. Dieses Buch wurde während der folgenden tausend Jahre wieder und wieder kopiert, verbessert und in verschiedenen Formen nachgedruckt.

Die ersten Straßenkarten erstellte der englische Mönch Matthias Paris im 13. Jh. Er zeichnete Straßenkarten, in denen die Pilgerwege innerhalb Englands und die Strecke Dover–Italien eingezeichnet waren. Diese Karten werden als die ersten brauchbaren Straßenkarten für Europa angesehen. Erhard Etzlaub, ein Kompaßhersteller aus Nürnberg, erstellte um 1500 eine Straßenkarte. *Der Rom Weg* kennzeichnete die Hauptreisewege nach Rom als Punktlinien von Stadt zu Stadt, ausgehend von den dänischen Städten im Norden bis Neapel im Süden.

Die verkehrsreichsten Monate lagen im Frühling und Sommer. Obwohl der Verkehr auf dem Landweg in Europa jederzeit möglich war, waren die Straßen in den Frühlings- und Sommermonaten natürlich besser. Die verkehrsreichsten Handelsmonate lagen daher zwischen März und Juli. Weil Reisen durch Europa auf dem Landweg drei Monate dauern konnten und Handelsschiffe in den stürmischen Wintermonaten kaum im Mittelmeer segelten, schwankte der Handelsrhythmus innerhalb eines Jahres. Ein italienischer Chronist, Guicciardini, schrieb 1567, daß es zu dieser Zeit 500 Schiffe im Fluß bei Antwerpen geben konnte, von denen täglich 200 Kutschen und 2000 Fuhrwerke ausgeladen wurden. Dies mag eine Übertreibung gewesen sein, und 20 Jahre früher sind es vielleicht auch weniger gewesen, in den verkehrsreichen Zeiten verließen aber wohl jeden Monat ungefähr 40 Straßenkonvois Antwerpen.

Die höchsten Pässe: In den Westalpen benutzte man den Großen Sankt Bernhard Paß (2472 m) für Reisen zwischen Italien und Frankreich, manchmal auch für Reisen zum Rhein unterhalb Basels. Benannt wurde er nach dem hl. Bernhard von Methon, der 1050 das berühmte Hospiz gegründet hatte. Das Kloster erreichte sein höchstes Ansehen mit allein 98 Heilverfahren und vielen Wohltaten. In den Zentralalpen war der Septimer Paß (2310 m) für Italien und das Rheintal geöffnet. Doch seine Überquerung war bei Schnee schwierig. Häufiger wurde der Splügen Paß (2113 m) passiert. Auf dem Sankt Gotthard Paß (2108 m), zwischen Andermatt und Göschenen, mußten Reisende und Tiere eine Hängebrücke sowie „die Teufelsbrücke“ überqueren, um einen steilen Felsen in der Schöllenen-Schlucht zu umgehen. Das Hospiz wurde rege besucht. In den Ostalpen gab es den Brenner (1375 m). Dieser Paß und der Tendapaß, der weit im Westen lag, waren die einzigen Pässe, die mit einer Kutsche ohne größere Probleme, jedoch mit der gewohnten Anstrengung überquert werden konnten.

Postwesen

Postdienste wurden in der islamischen Welt immer dann organisiert, wenn eine starke Zentralregierung herrschte. Es gab viele Poststationen, die in der Regel 24 km weit auseinander lagen. Kuriere benutzten meist Kamele. Die Postmeister waren nicht nur für die Übermittlung offizieller Briefe zuständig, sondern sie mußten die Zentralregierung auch über die finanzielle, wirtschaftliche und politische Situation in den Provinzen informieren. Zur Zeit der Mamluken (1250–1517) gab es eine gut funktionierende Taubenpost – dafür benutzte man sogar ein besonderes, leichtes „Luftpost“-Papier.

Das neueste Postsystem führte der mogulische Herrscher Babur (1527–1530) in Indien ein. Dort, wie überall, wurden Botschaften mit einer organisierten Läufer- oder Reiterstaffel, die alle paar Meilen wechselte, übermittelt. Ibn Battuta (1304–1368), ein arabischer Reisender, berichtete, daß die Läufer ihr Ziel oft schneller als die berittenen Kuriere erreichten. 1528 verbesserte Babur den Postdienst. Er befahl, daß die Straße von Agra nach Kabul vermessen werden und alle 57 km Stationen gebaut werden sollten, in denen für die Weiterleitung von Botschaften jederzeit einsatzbereite Postpferde warteten.

Die schnellsten Boten hatten die Inkas. Der Stolz des Inkavolks war ihr Postsystem, das 1450 vom 9. Inka, Pachacuti Inka Yupanqui (1438–1471), eingerichtet wurde. Es gab zwei königliche Straßen, auf denen man regelmäßigen Postverkehr aufrechterhielt. Die höhere Route, Andeon, verlief auf einer Länge von 5200 km vom Ancasmeyofluß in Kolumbien nach Tucumán in Argentinien. 1498 wurde diese Route fertiggestellt. Der Spanier Pedro de Cieza von León bereiste zwischen 1547 und 1550 die gesamte Länge. Die kürzere Küstenstraße war 4032 km lang und führte von Tumbes in Nordperu nach Maule in Chile. Die *Chasquis* („der, der bekam; der, der gibt“), Postläufer der Inkaherrscher, legten pro Etappe durchschnittlich 2,4 km in Höhen bis zu 5232 m zurück. An jeder Poststation stand ein O'kla (eine Steinhütte), in der zwei Läufer für 15 Tage stationiert waren. Bei etwa jeder zehnten O'kla gab es ein *Tambos* (Rasthaus). Die Distanz zwischen Quito und Cuzco – über 2000 km – wurde in 15 Tagen bewältigt. Anders gesagt: Pro Tag wurden 400 km oder durchschnittlich 3,6 min/km in gebirgigem Gelände gelaufen.

Eis per Post gab es schon zur Zeit der Mamluken. Der Transport von Eis, das zur Kühlung von Getränken benötigt wurde, war ein bemerkenswerter Einsatz des Postdienstes. In regelmäßigen Abständen wurden auf Kosten der ägyptischen Schatzkammer fünf Kamelladungen Eis von Syrien nach Ägypten geschickt.

Kuriere

Die schnellsten europäischen Reisezeiten: Laut Aufzeichnungen betrug die schnellste von einem Kurier zurückgelegte Strecke von Rom nach Venedig 1 1/2 Tage. Von Paris waren es sieben Tage, von Barcelona acht, von London neun, von Konstantinopel 15 und von Damaskus 28 Tage. Ein Kurier konnte diese Zeiten verbessern, wenn auch meist nur, weil die Bezahlung üblicherweise von der Länge der Übermittlungszeit abhing. Die Schnelligkeit des normalen Posttransports hing eher von der Häufigkeit und dem generellen Service als von der zurückzulegenden Distanz ab. Oft nahmen die Kuriere bizarre Routen. Die Botschafter des Königs von Portugal in Rom schickten beispielsweise ihre Briefe nach Lissabon über Antwerpen.

Die schnellsten Reisen: Im Durchschnitt können Pferd und Reiter ungefähr 24 km/h zurücklegen. Bei regelmäßigem Pferdewechsel kann ein Reiter so erstaunliche Entfernungen bewältigen. Eine Reiterstaffel brauchte 1482 nur zwei Tage, um die 320 km lange Strecke zwischen London und Edinburgh zurückzulegen. Der Rekord ist aber wohl die Strecke Rom–Venedig, deren Distanz von 516 km in 1 ½ Tagen geritten wurde.

Die am besten angepaßten und schnellsten Tiere: 1483 rühmte Bruder Felix Fabri, ein deutscher Mönch und Pilger, die Vorzüge des Kamels. Es sei „besonders gut angepaßt und geeignet, um die Wüste zu durchqueren", und es könne „100 italienische Meilen an einem Tag gehen". Weitere große Vorteile, die er im Kamel als Wüstenlasttier entdeckte, waren: „Es frißt nur wenig, Heu, Rinde und Blätter . . . sie mögen faules Wasser . . . und ertragen Durst viele Tage lang und, wundersam zu erzählen, können zwölf Tage ohne zu trinken auskommen". Da Kamele aber rar waren in Europa, sattelte man entweder das Pferd oder aber den weitaus genügsameren und besonders im unwegsamen Gelände bedeutend sichereren Esel, der zwar langsamer als das Pferd war, aber auch nur halb so viel kostete. Die meisten allerdings reisten zu Fuß: viele aus Armut und die Pilger aus Büßergeist.

Die ersten Fuhrwerke: Die Karren des Mittelalters waren an Gewicht schwer und nicht leicht zu lenken. Ihre Konstruktion war primitiv. Im 15. Jh. wurde der Rumpf des Wagens mit Riemen an Pfählen aufgehängt, die an den Achsen befestigt waren. Hofdamen reisten in *chars*. Der Wagenrumpf lag direkt auf den Rädern, und das Gefährt wurde von 2er-, 4er- oder 6er-Gespannen gezogen. Die Überdachung bestand aus Leder oder Wolle und wurde über Reifen gespannt. Bis zum 15. Jh. hatten Vorder- und Hinterrad die gleiche Größe. Bei der Kutsche, die viel komfortabler war, waren die Hinterräder wesentlich größer als die Vorderräder. Sie konnte von einem einzigen Pferd gezogen werden. Ungarische Kutschen – sie wurden nach der ungarischen Stadt Kocs benannt, in der sie seit dem 15. Jh. hergestellt wurden – bewunderte man wegen ihres geringen Gewichts in ganz Europa. In England wurde die erste Kutsche um 1555 von Walter Rippon für den Grafen von Rutland hergestellt. Ungefähr zur gleichen Zeit tauchte im Englischen das Wort *wagon* (die Bezeichnung für ein schweres Arbeitsfahrzeug) auf.

Eine außergewöhnliche Methode der Kinderbeförderung entdeckten die Europäer, als sie nach Amerika kamen. Sie waren über die Art und Weise erstaunt, in der indianische Frauen ihre Babys auf dem Rücken trugen. Dazu benutzten sie einen Babytragekorb. Ähnliche Transportbeutel wurden in Süd-, Mittel- und Nordamerika von den Frauen benutzt, die ihre Kinder während der Arbeit mit sich herumtragen mußten.

Die ersten Vergnügungsschlitten waren im 15. Jh. in Deutschland, besonders in der Gegend um Nürnberg, sehr beliebt. Diese für Spritztouren benutzten Schlitten wurden von Eseln oder Hunden gezogen. 1452 lief man Sturm gegen damit einhergehendes Spiel und die Frivolitäten, und so wurden 52 dieser Vergnügungsschlitten sehr zum Unwillen so vieler, die mit dem Gefährt ihren Spaß hatten, auf dem Nürnberger Marktplatz verbrannt.

Die überdachten Wagen eines europäischen Reisegefährts des 15. Jahrhunderts konnten von bis zu sechs Pferden gezogen werden. Später waren die Hinterräder größer als die Vorderräder, was das Reisen erheblich angenehmer machte.

Wasserwege

Den ersten Hafen bauten die Phönizier bei Sidon und Tyros an der Ostküste des Mittelmeers schon im Jahre 1350 v. Chr.

Der größte Hafen: Im 15. Jh. stritten sich die Häfen von Alexandria, Genua und Venedig um den Titel „größter Hafen" im Mittelmeerraum.

Der reichste Hafen war, nach Meinung der vielgereisten Venezianer, der von Antwerpen. Sie hielten ihn für den größten und reichsten Hafen der Welt des 15. Jh.s Der venezianische Botschafter beschreibt, wie „dort überall bei dem Verkauf von Sachen das Geld fließt, und jeder, ganz gleich wie niedrig oder faul, wird auf seine Weise reich". Zu Beginn des 16. Jh.s betrug die Bevölkerung Antwerpens mehr als 100 000, und viele ausländische Geschäfte operierten von diesem Hafen aus.

Wertvolle Schiffsladungen wurden auf den Meeren transportiert. Die wertvollsten Frachten, die regelmäßig auf europäischen Gewässern befördert wurden, waren die der venezianischen Galeeren. Der von ihnen verschiffte Pfeffer wurde in Nordeuropa für 200 Pfund/t verkauft, zu einer Zeit, als ein neues Schiff für 3–4 Pfund gebaut werden konnte. Vom Hafen Dschiddas am Roten Meer wurden kostbare Metalle in solchen Mengen nach Indien versandt, daß außergewöhnlich wertvolle Dinge als „mehr wert als ein Dschidda-Schiff" bezeichnet wurden.

Die bedeutenden europäischen Handelsflotten unterschieden sich hinsichtlich ihrer Größe. Die venezianische Flotte war mit etwa 80 000 t die größte. Ihr folgte die Flotte der Hanse mit etwa 60 000 t, ungefähr die gleiche Größe wie die der Städte der zukünftigen holländischen Republik. Die Flotte von Genua belegte mit etwa 30 000 t den dritten Platz.

Die Größe der Flotte war unterschiedlich. Schiffe segelten meistens im Verband. Gründe gab es viele dafür: Schiffahrten hingen häufig von der Jahreszeit ab; Winde, vor allem die asiatischen Monsune, bestimmten rigoros die Zeiten, zu denen die Schiffe segeln konnten. Sicherheit garantierte allein der Verband. Wenn alle Kaufleute zusammen absegelten und ankamen, hatte keiner von ihnen einen Vorteil gegenüber seinen Kollegen. Im Westen waren die Ostsee-Flotten die größten. Sie konnten aus 100 Schiffen bestehen. Noch größer waren die Flotten, die in der Nordsee Heringe fischten. Ihr Verband bestand oft aus bis zu 500 Schiffen.

Die am meisten besteuerten Flüsse waren der Rhein und die Seine. Auf Flüssen war die Besteuerung einfach, denn im Vergleich zu einem Fuhrwerk konnte ein Lastkahn seine Richtung nicht ändern. Im Jahre 1500 mußten auf dem deutschen Rhein 70 Benutzungsgebühren bezahlt werden, und von der Seine in Frankreich sagte man, daß für Frachtkähne alle 7 bis 11 km eine Gebühr bezahlt werden mußte.

Die längste künstliche Wasserstraße war der Große Kanal (Da Yunhe) in China mit einer Länge von knapp über 1600 km; die meisten Abschnitte waren breiter als 330 m. Er führte von Hangzhou im Süden zur Hauptstadt Peking im Norden und kreuzte auf seinem Weg fünf große Flüsse. Ein ausgeklügeltes Schleusen- und Zubringersystem ermöglichte nahe seiner Mitte eine Steigung von 57 m über dem Meeresspiegel. Es wurde zwischen 600 und 1327 von mehr als 5 Mio. Arbeitern gebaut.

Nahrungsmittel haben höchste Priorität: Im China der Ming-Dynastie konnte das Zeremoniendirektorat über den Transport auf dem Großen Kanal und seine Einrichtungen verfügen. Der nächste in der Hierarchie war das Direktorat für Nahrungsmittel, das vor allen anderen Vorrang hatte, wenn es Pflaumen, Loquat-Früchte, Bambussprossen und Früchte des Erdbeerbaums – auf Eis – zum Kaiserpalast transportierte. (Seit etwa 600 v. Chr. benutzten die Chinesen zur Kühlung und Konservierung von Nahrungsmitteln Eis, fast 2000 Jahre vor allen anderen Kulturen.)

Der erste Suezkanal: Als Bruder Felix Fabri auf seiner Pilgerfahrt ins Heilige Land 1483 zum Roten Meer kam, war er erleichtert, daß er es nicht mit dem Schiff überqueren mußte – er hatte gedacht, es wäre mit dem Mittelmeer verbunden. Er bewunderte die Versuche der Ägypter sehr, „das Rote Meer in den Nil zu bringen. Aus diesem Grund begannen sie, durch die Berge der Landenge am oberen Teil des Meeres zu graben, Hügel zu teilen, mitten durch Steine und Felsen zu schneiden und bauten einen Kanal und Wasserweg zur Stadt Arisinoe, die man auch Kleopatridis nennt. Als erster hatte

In dieser Zeit lag Chinas Hauptstadt im Norden des Landes, aber die wichtigsten Getreide-Anbaugebiete befanden sich im Süden. Der künstlich angelegte Große Kanal sicherte deshalb die Nahrungsversorgung in der großen Stadt.

Sesostris, König von Ägypten, diesen Kanal mit großem Kostenaufwand vor dem Trojanischen Krieg begonnen. Danach versuchte Davius, König von Persien, den Kanal zu bauen, vollendete das Werk aber nicht. Nach Davius beendete Ptolemäus II. den Kanal mit viel Geschicklichkeit, jedoch wurde dieser geschlossen und nur für ihn geöffnet. Mit dieser Arbeit wollten die Männer des Altertums den Osten und den Westen verbinden . . ."

Panamakanal: Der Spanier Diego de Almagro, ein Waffenbruder von Francisco Pizarro, wollte mit Hilfe von 2000 indianischen Arbeitern einen Kanal vom Pazifik zur Karibik bauen. Es dauerte 400 Jahre, bis sein Traum erfüllt wurde.

Kanus

Erste Berichte über Kanus liefert Christoph Kolumbus. Auf seiner ersten Reise, 1492/93 sah er *Canoa* (Kanus) in der Karibik: „Auf allen Inseln haben sie viele Kanus, die Rudertechnik gleicht der auf Galeeren. Manche Kanus sind größer, manche kleiner; und viele sind größer als eine Galeere mit 18 Bänken. Sie sind nicht so breit, denn sie sind aus einem einzigen Holzstamm gemacht . . . eine Galeere könnte beim Rudern nicht mithalten, denn ihre Beweglichkeit ist unglaublich . . . Ich habe einige dieser Kanus besetzt mit 70 und 80 Männern gesehen, jeder mit seinem Ruder, das Gesicht nach vorn." Das größte Kanu, das er sah, konnte bis zu 150 Menschen tragen.

Hölzerne Kanus: Ein Mitglied von Kolumbus zweiter Reise (1493) berichtete: „Bei den größeren Schiffen sind die Seiten aus miteinander verbundenen Holzstämmen gebaut und sind 24,4 m lang . . . als Ruder benutzen sie große Bretter, von der Art, wie sie unsere Bäcker als Ofenschieber gebrauchen." Ein von Kolumbus 1494 gemessener Einbaum war 29 m lang. 1502 beschreibt der junge Ferdinand Kolumbus 25-Paddel-Kanus mit 2,5 m Breite in der Bucht von Honduras.

Der erste, der durch Amerika paddelte, war Vasco Nuñez de Balboa, Befehlshaber der Küste von Panama. 1513 erhielt er einige Einbäume und paddelte als erster Europäer durch den Regenwald von der Karibik zum Pazifik.

Schnellster Transport: Als Mexiko 1521 erobert wurde, schätzte man die Anzahl der Kanus in der Hauptstadt Tenochtitlan und auf den nahegelegenen Seen auf 50 000. Acailan (Land der Kanus) war in der Chiapas-Provinz in Südmexiko ein bedeutender Handelsplatz, dessen Händler die 160 km zur Golfküste in etwas mehr als einem Tag paddeln konnten. Die Rückfahrt dagegen dauerte fast drei Tage.

Die Beschreibung eines Kajaks liefert Meister Dioise Settle, Chronist von Martin Frobishers Reise im Jahre 1577. Obwohl Kajaks oft gesehen worden sein sollten, dokumentiert er dies als erster. Er beschreibt zwei Lederboottypen der Baffin-Insel (Kanada): „Diese großartige Bauart ist unseren Ruderkähnen (eigentlich ein Umiak) nicht unähnlich, in denen 16 oder 20 Männer sitzen können . . . in dem anderen Boot *(Kajak)* kann nur ein Mann sitzen und mit einem Paddel rudern."

Die größte überlieferte Armada der amerikanischen Indianer: Im März 1541 traf Hernandes de Soto den Indianerhäuptling Aquixo, der Oberhaupt vieler Städte und Menschen entlang des Mississippi war. Aquixo traf mit 200 Kanus, die bewaffnete Männer an Bord hatten, ein. Sie waren mit Ocker bemalt, trugen große Büsche weißer und farbiger Federn und mit Federn geschmückte Schilder. Die Krieger – gutaussehende Männer – standen aufrecht vom Bug bis zum Heck eines jeden Kanus, um die Ruderer zu schützen. Aquixo saß unter einem Sonnensegel im Häuptlingsboot und erteilte von dort aus seine Befehle. Ein zeitgenössischer portugiesischer Beobachter schrieb: „Es sah wie eine großartige Armada von Galeeren aus."

Seetüchtige Schiffe

Die ersten seetüchtigen Fahrzeuge wurden um 40 000 v. Chr. von den australischen Ureinwohnern, den Aborigines, zwischen Neuguinea und Australien in der Torresstraße, die damals mindestens 70 km breit war, benutzt. Vermutlich haben sie Doppelkanus gefahren.

CHINESISCHER SCHIFFSBAU

Die in China gebauten Schiffe unterschieden (und unterscheiden) sich deutlich von den in Europa üblichen. Die Planken wurden auf andere Weise gefertigt, und an der Innenseite des Rumpfs befanden sich starre, wasserdichte Schotts, die ihn verstärkten und die Überlebensfähigkeit der Schiffe vergrößerten. Die größten Schiffe besaßen mehrere Masten mit hohen, schmalen Luggersegeln, die von waagerechten Rahen aufgespannt wurden. Einige chinesische Schiffe hatten einen flachen Boden und breiten Bug, doch Kiel und spitz zulaufender Bug waren generell unbekannt. Die Heckruder waren groß und konnten in Anpassung an die Wassertiefe, oder um die Abtrift zu verringern, angehoben und abgesenkt werden.

Das älteste erhaltene Boot ist ein Kiefereinboot, das in Pesse (Niederlande) gefunden und auf 6315 ± 275 v. Chr. datiert wurde. Es befindet sich jetzt im Provinzmuseum von Assen.

Die wahrscheinlich älteste Abbildung eines amerikanischen Einbaums enthält der Kodex Mendoza *aus der Zeit um 1530.*

In Tybrind Vig auf der dänischen Insel Fünen wurde ein 8,2 m langes und 0,76 breites Kanu aus der Zeit um 4490 v. Chr. gefunden. Ein Teil eines Bootes, ein Paddel, aus der Zeit um 7600 v. Chr. wurde im englischen Star Carr entdeckt.

Die frühesten Darstellungen von Booten sind Felszeichnungen mesolithischer Tierfellboote. An welchem der drei Fundorte sich die älteste Zeichnung befindet, ist strittig: Høgnipen, Norwegen (10 000–7750 v. Chr.), Minateda, Spanien (12 000–3000 v. Chr.) und Kobystan, UdSSR (8000–6000 v. Chr.).

Die einheitlichsten Boote bauten die Bewohner der Malediven im Indischen Ozean. Sie bestanden aus dem Material eines einzigen Baums, der Kokospalme. Vom Rumpf über die Masten und die Segel bis hin zur Takelage bestand alles aus ihrem Holz bzw. ihren Fasern; sogar die Ladung stammte von ihr.

Die mit Rudern angetriebenen Schiffe des Mittelmeeres wurden nicht nur von den Ruderern bewegt, sondern man benutzte – wie diese Zeichnung einer venezianischen Galeere des italienischen Malers Raffael zeigt – auch Segel.

Galeeren

Die erfolgreichsten Schiffe des 15. und 16. Jh.s waren die großen, im Mittelmeer operierenden Galeeren, bewaffnete Handelsschiffe, die sowohl unter Segel liefen als auch durch Rudern fortbewegt werden konnten und in der Lage waren, sich zu verteidigen. Sie genossen aufgrund ihrer Sicherheit und Zuverlässigkeit einen guten Ruf, insbesondere jene der Republik Venedig. Sie waren etwa 40 m lang und 6 m breit.

Die größte Galeere war, obwohl rudergetriebenen Kriegsschiffen in den rauhen Meeren des Nordens nicht die Bedeutung zukam wie im Mittelmeer, wahrscheinlich die *Great Galley* Heinrichs VIII. von England, die 1505 gebaut wurde. Sie war vermutlich das letzte Schiff, das in England in Klinkerbauweise hergestellt wurde.

Eine neue Ruderweise führten um 1534 die Venezianer ein. Vorher waren die Ruderbänke versetzt angeordnet gewesen, so daß jeder Ruderer ein eigenes Ruder betätigen konnte. Jetzt wurden die Ruderbänke zusammengelegt, und mehrere Männer bedienten ein gemeinsames

GALEERENSKLAVEN

In dem erst 1711 erschienenen Buch Denckwürdige Gesandtschaft an die Ottomanische Pforte *schildert Friedrich Seidel (1568–1637) seine Erfahrungen als Sklave auf einer ottomanischen Galeere: „Was man aber für eine Marter und Not auf der Steingaleere ausstehen muß, kann keiner glauben, der es nicht selber mitgemacht hat. Denn neben unmenschlicher, schwerer Arbeit bei Tag und Nacht, stetem Ziehen und Springen am Ruder, großem Hunger und Durst, Hitze, Frost, Ungeziefer und Wachen wird einer unbarmherzig mit Prügeln, halben Reifen, Strikken, Karbatschen ohne Ende abgeschmiert und zerschlagen. Auch wird zuzeiten, wenn man zwei Tage und zwei Nächte nacheinander Ruder gezogen und gearbeitet, kaum einmal Anker geworfen, die Tenda, das Regenschutzzelt übergezogen und den armen, geplagten Christen, jedoch nur sitzend und aneinander gelehnt, eine oder zwei Stunden Schlaf gegönnt. Bald darauf wird wieder ein Geschrei gemacht, mit welchem die Arbeit und das Prügeln mit großem Ungestüm von neuem angeht, ehe die armen Sklaven, die oft von dem schweren Ziehen gar erstarrt, daß sie sich kaum rühren können, warm geworden und sich wieder erholt haben und in Gang kommen. Was das aber für eine Marter ist, einen bei so unleidlicher Eselsmühe nicht schlafen zu lassen, ist mir aus eigener Erfahrung am besten bewußt. Summa: Größere Pein kann unter der Sonne nicht sein als auf einer Steingaleere, welche voll Steine und Kalk geladen ist. Und oft werden noch hinten große Bauholzbalken angehängt. Wenn dann noch der Wind ein wenig entgegen ist, kann man gar nicht fortkommen."*

Blick vom Meer auf den wichtigen Hafen der Stadt Genua im Jahre 1481.

Ruder. Dieses System erhöhte die Leistung und die Geschwindigkeit der Schiffe.

Die schnellsten Galeeren waren wohl diejenigen, die 1509 wegen eines drohenden Krieges von Otranto (Italien) nach Southampton (England) zurückgerufen wurden und die 4000 km lange Reise in 31 Tagen schafften. Sie legten also durchschnittlich 130 km am Tag zurück. Leichte Kriegsgaleeren konnten kurzzeitig eine Geschwindigkeit von 7–10 Knoten erreichen. Die Durchschnittsgeschwindigkeit lag jedoch bei 2–3 Knoten. Die großen, kanuähnlichen Schiffe Südasiens fuhren wahrscheinlich mit ähnlichen Geschwindigkeiten. Die großen Galeeren des Mittelmeers erreichten ebenfalls bemerkenswerte Geschwindigkeiten und konnten in relativ kurzer Zeit große Entfernungen zurücklegen. Sie waren mit drei Masten bestückt und liefen auf hoher See zumeist unter Segeln, während die Ruder nur für kurze Strekken oder im Notfall eingesetzt wurden.

Die letzten großen Galeeren liefen 1532 Nordafrika und 1535 Nordeuropa an. Mit dem Zusammenbruch des venezianischen Handelsimperiums im 15. Jh. verlor die Stadt auch ihre Vormachtstellung in der Schiffahrt. 1335 waren 26 große Galeeren mit zusammen annähernd 4000 BRZ von Venedig aus über das Mittelmeer gefahren. 1557 waren es nur noch vier.

Die letzte erhaltene Galeere ist ein einfach *Kadirga* (türkisch für Galeere) genanntes Schiff, das im Schiffahrtsmuseum in Istanbul (Türkei) aufbewahrt wird. Es verfügt über 24 Ruder und wird mit Mohammed II., dem Eroberer von Konstantinopel (1453), in Verbindung gebracht. Bildbelege beweisen, daß sie spätestens im 16. Jh. gebaut wurde.

Die ersten Heckruder wurden auf asiatischen Schiffen verwendet, vermutlich chinesischen Dschunken. Diese Erfindung erlaubte eine einfache und wirkungsvolle Kontrolle des Ruders und konnte auf Schiffen jeder Größe eingesetzt werden. Das vorher benutzte Seitenruder, das in Europa noch bis ins 13. Jh. in Gebrauch blieb, hatte die Größe der Schiffe begrenzt, da es nicht mit Hilfe von Blöcken, Hebelsteuerung oder Ruderquadranten benutzt werden konnte. Es ist mehr als wahrscheinlich, daß das Zeitalter der großen Entdeckungen in Europa nicht begonnen hätte, wenn vorher nicht das Heckruder der fernöstlichen Schiffe eingeführt worden wäre.

Die ersten hydrodynamischen Ruder waren nach dem Vorbild von Gittern aufgebaut. Das Prinzip war, daß der Durchfluß von Wasser durch das Ruder die zum Steuern nötige Kraftanstrengung verringerte, weil keine großen Wassermengen mehr zu bewegen waren. Das gitterähnliche, mit Öffnungen versehene Ruder soll erfunden worden sein, als man bemerkte, daß ein löchriges Ruder dem Steuermann weniger Kraftaufwand abforderte. Diese Ruder funktionieren ausgezeichnet und werden heute noch benutzt, fanden aber in China keine große Verbreitung.

Die erste moderne Rumpfform besaßen die Dschunken, die im hinteren Teil am breitesten waren, und nicht im vorderen, wie die europäischen Schiffstypen. Diese Rumpfform reduziert den Reibungsverlust beim Durchschneiden des Wassers und wird bei heutigen Rennyachten bevorzugt verwendet. Europäische Segelschiffe waren traditionell der Gestalt des Kabeljaus oder des Schellfischs nachempfunden, mit der größten Breite vor der Schiffsmitte, während die Dschunkenform von Wasservögeln angeregt war. Da Vögel wie Schiffe auf der Wasseroberfläche schwimmen, liegt dieses Vorbild nahe.

Diese Illustration in der Charta der Stadt Hamburg aus dem Jahre 1497 zeigt eine Reihe mit Rahsegeln getakelter Schiffe.

Die ersten wasserdichten Schotts wurden schon im 10. Jh. in Dschunken eingebaut, damit sie selbst dann noch schwammen, wenn sie unter der Wasseroberfläche leckgeschlagen waren. Marco Polo war der erste Europäer, der diese Erfindung bestaunte, die erst viel später von den Schiffbauern der restlichen Welt übernommen wurde.

Die ersten Stabilisatoren waren wasserdichte Schotts in Bugnähe, in die in Wasserhöhe Löcher gebohrt waren, damit das Wasser hineinund herausströmen konnte. Der Zweck dieser schiffstechnischen Erneuerung war, die Auswirkung des Stampfens und Schlingerns bei schwerer See zu verringern: Die Schotts füllten sich, wenn der Bug nach unten stieß, und leerten sich, wenn er sich hob, und dämpfte so die Heftigkeit der Bewegung.

Die handlichsten Segel waren die Luggersegel der Dschunken, die von wenigen Männern von Deck aus bedient werden konnten. Das Reffen der Segel war von genialer Einfachheit: Man brauchte nur die Rah herabzulassen, um bei schwerer See die Segelfläche zu verkleinern, und die heruntergelassene Rah und den nicht benutzten Teil des Segels am Baum festzubinden. Daß jemand in die Takelage klettern mußte, war nicht nötig. Dschunkensegel konnten auch jeweils optimal in den Wind gestellt werden, wozu an den Rahenden Schoten (Bedienungsleinen) angebracht waren. Auf größeren Dschunken waren die Masten oft nicht in einer Linie auf der Längsachse des Schiffs angeordnet, sondern versetzt, damit kein Segel dem anderen den Wind abfing.

SCHIFFSBAU IN EUROPA

Im europäischen Schiffsbau gab es zwei Entwicklungslinien, die bis ins 15. Jahrhundert weitgehend getrennt verliefen: eine in Nordeuropa und die andere im Mittelmeerraum.

Das typische seetüchtige Schiff im Norden besaß ein einziges rechteckiges Rahsegel und einen Rumpf aus verklinkerten Planken. Das rechteckige Segel war für das Segeln vor dem Wind gedacht und gegen den Wind nicht sehr effektiv. Bei der Klinkerbauweise überlappten sich die Planken dachziegelförmig und wurden an den Enden befestigt. Die Haltbarkeit des Rumpfes wurde dabei eher durch die Planken selbst gewährleistet als durch den auf ihnen angebrachten Rahmen.

Die größeren Segelschiffe Südeuropas verfügten ebenfalls über ein rechteckiges Segel (das um 1300 aus Nordeuropa in den Mittelmeerraum eingeführt wurde) am Hauptmast und häufig zusätzlich ein Lateinsegel (ein an einer schräglaufenden Rah befestigtes Dreieckssegel) an einem kleineren Achter- oder Besanmast. Das Lateinsegel besaß gute Segeleigenschaften und machte das Schiff beweglicher. Der Rumpf wurde in Skelettbauweise – auch Karweelbauweise genannt – aus vorgefertigten Rahmen hergestellt, auf die Planken, stumpf aneinanderstoßend, aufgenagelt wurden, wobei der Rumpf glatter wurde als bei der Klinkerbauweise.

VOM EINMASTER ZUM VIERMASTER VON 1400 bis 1480

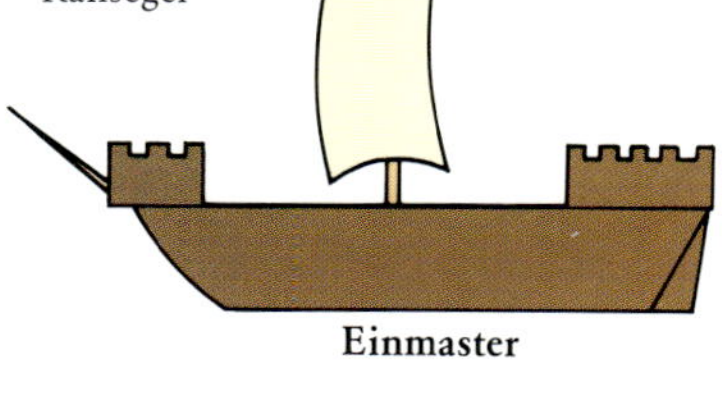

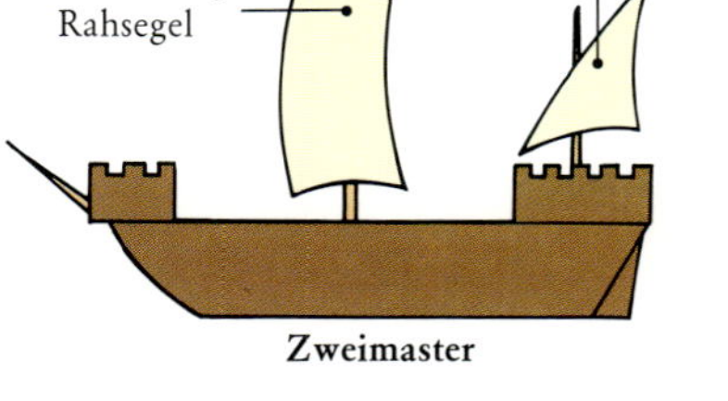

Die ersten nordeuropäischen Schiffe in Skelettbauweise entstanden Anfang des 15. Jh.s obwohl solche Schiffe aus dem Mittelmeerraum schon seit dem 12. Jh. Nordeuropa angelaufen hatten. Die Portugiesen waren es schließlich, die diese Schiffbauweise im Norden verbreiteten, wo sie wahrscheinlich kopiert wurde, weil sie weniger handwerkliches Geschick und Material brauchte als die Klinkerbauweise. Der Skelettrumpf war darüber hinaus widerstandsfähiger und leichter zu reparieren. Der neue Schiffstyp wurde von den Nordeuropäern Karavelle getauft, woraus sich auch die Bezeichnung Karweelbauweise ableitet.

Die erste in Nordeuropa gebaute Karavelle lief, soweit bekannt, zwischen 1438 und 1440 in Sluys (Niederlande) vom Stapel. 1439 bauten portugiesische Schiffbauer in der Nähe von Brüssel (Belgien) eine Karavelle für den Herzog von Burgund. Die erste Karavelle in englischem Besitz war vermutlich die *Carvel* aus Portsmouth (GB), die 1450 dem Freibeuter Clais Stephens gehörte.

Die größte Karavelle vor 1500 in Nordeuropa war vermutlich die *Peter* (700 BRZ) aus La Rochelle (Frankreich). Im Jahre 1462 vor Danzig (Gdansk, Polen) aufgebracht, wurde sie für die dortigen Schiffbauer das Anschauungsmodell, anhand dessen sie die Skelettbauweise erlernten. Die *Peter* befand sich in Privatbesitz; die meisten größeren Schiffe im Europa des 15. und 16. Jh.s waren allerdings Kriegsschiffe, die im Auftrag der jeweiligen Regierung gebaut worden waren.

Der erste bekannte Dreimaster aus Nordeuropa war die königliche Schaluppe *Petit Jesus*, die 1436 in Bursledon, Hampshire (GB), umgebaut wurde. Sie war ein kleines Kriegsschiff mit 36 Rudern sowie einem Fock-, einem Groß- und einem Besanmast. Drei der Schiffe, mit denen Kolumbus 1492 auf seine erste Fahrt ging, waren Dreimaster: die *Santa Maria*, die *Pinta* und die *Nina*, die zunächst nur Lateinsegel besaß, aber auf den Kanarischen Inseln mit Rechtecksegeln ausgestattet wurde. Rechtecksegel sind für das Segeln vor den auf dem Atlantik und anderen Ozeanen vorherrschenden Winden geeigneter als Lateinsegel.

Der erste gesamteuropäische Schiffstyp wurde zu Beginn des 15. Jh.s entwickelt, indem man die beiden europäischen Schiffbautraditionen miteinander verband, das heißt, die drei- oder viermastige Takelage mit der Skelettbauweise des Rumpfs kombinierte. Der so entstandene Schiffstyp wurde Karavelle genannt und war sowohl in Nord- als auch in Südeuropa verbreitet. Das erste belegbare Exemplar einer Karavelle gehörte dem Reeder Narcis Argullol aus Barcelona (Spanien), der sein Schiff 1453 mit neuen Segeln ausstatten ließ: mit rechteckigen Fock- und Großsegeln und einem Lateinsegel für den Besanmast. In Nordeuropa ist die für Sir John Howard zwischen 1463 und 1466 in Dunwich, Suffolk (GB), gebaute Karavelle das erste bekannte, aber sicher nicht früheste Exemplar. Dieser Schiffstyp war es, der Kolumbus und den anderen frühen Entdeckern die Möglichkeit eröffnete, die Ozeane zu überqueren – und ihnen eine größere Chance gab, auch wieder zurückzukehren.

Das erste europäische Schiff, das nach China fuhr, wurde 1514 von Alfonso de Albuquerque (1445/62–1515), dem portugiesischen Statthalter in Ostindien, ausgeschickt. Europäer waren zwar schon seit Jahrzehnten über Land nach China gereist, aber erst nachdem Albuquerque 1511 Malakka erobert hatte und gute Beziehungen zu chinesischen Kaufleuten hergestellt waren, brach ein Schiff mit portugiesischen Händlern nach Kanton auf. Es wurde ihnen nicht erlaubt, an Land zu gehen, aber sie machten von Bord aus gute Geschäfte mit den Chinesen. Nicht lange danach wurde eine portugiesische Abordnung nach Peking entsandt, aber ihr rücksichtsloses Verhalten führte dazu, daß der chinesische Kaiser 23 der „fremden Barbaren" 1523 hinrichten ließ und europäischen Kaufleuten den Zugang nach China versagte.

DREIMASTER

Die Dreimaster sind eine Entwicklung des 15. Jahrhunderts. Sie besaßen rechteckige Fock- und Großsegel sowie ein Lateinsegel am Besanmast. Die neue Takelage machte die Schiffe manövrierfähiger als die alten Ein-oder Zweimaster. Zugleich wurden die Masten erhöht und weitere Segel hinzugefügt, zum einen die Top- oder Marssegel an den beiden Hauptmasten und zum anderen das Blinde unter dem Bugspriet. Von 1470 an wurde auf dem Heck großer Schiffe auch ein vierter Mast – der Bonaventura (Glücksbringer) –, der ein zweites Lateinsegel trug, aufgestellt. Am verbreitetsten aber, selbst auf kleinen Schiffen, war die dreimastige Takelage. Sie war nicht nur die Voraussetzung für die Ozeanüberquerungen, sondern auch bis ins 19. Jahrhundert das Grundmuster des europäischen Schiffsbaus.

Das Modell einer hochseetüchtigen chinesischen Dschunke zeigt, wie die Segel von der Deck-Mannschaft bedient werden konnten.

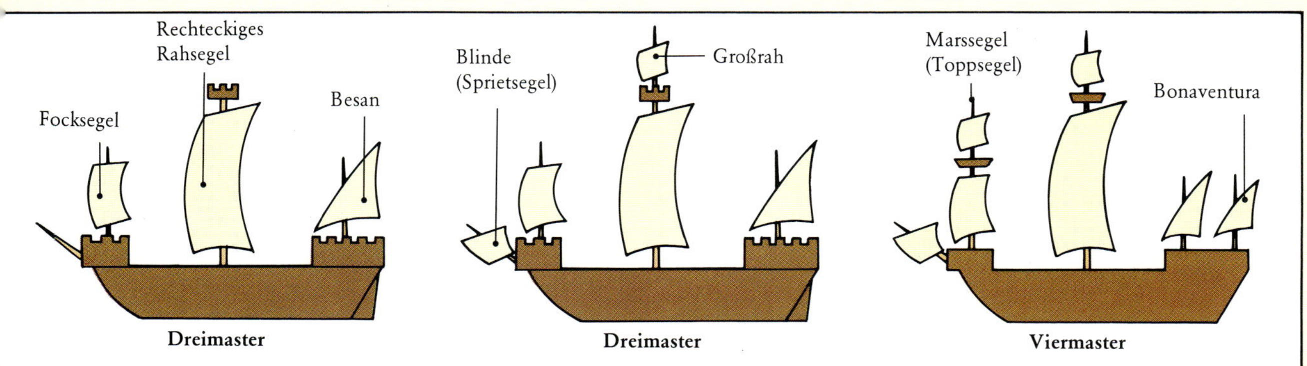

Größte Schiffe

Die größten Schiffe der damaligen Welt gehörten zu den chinesischen Verbänden, die zwischen 1405 und 1433 unter Cheng Ho, dem Großeunuchen des Kaisers, zu Entdeckungsfahrten nach Südostasien und Ostafrika aufbrachen. Das größte von ihnen soll 130 m lang gewesen sein, zwölf Decks und Platz für Hunderte von Männern gehabt haben. Seine Wasserverdrängung wurde mit über 3000 BRZ angegeben. Politischer Druck aus der Heimat beendete Cheng Hos Fahrten, sonst hätte es gut sein können, daß diese hochseetüchtigen Schiffe das Kap der Guten Hoffnung umsegelt und möglicherweise Europa erreicht hätten. Die Portugiesen versenkten 1510/11 in der Straße von Malakka eine Dschunke, die wahrscheinlich über 1000 BRZ groß war, mehr als zehnmal so groß wie die Schiffe, mit denen Vasco da Gama 1497 zu seiner ersten Fahrt aufbrach.

Das größte erhaltene chinesische Schiff, das *Quanzhou-Schiff,* wurde 1974 im Schlamm der Bucht von Quanzhou in der Provinz Fujian entdeckt. Sein Rumpf stammt aus dem späten 13. Jh. und ist nur von der Wasserlinie abwärts erhalten, wurde aber auf eine Gesamtlänge von 34,6 m, eine Breite von 9,82 m und einen Tiefgang von 3 m geschätzt. Zwölf große Schotts unterteilten ihn in 13 Abschnitte. Der Boden war V-förmig, besaß einen Kiel und einen Spitzen Bug. Das Schiff hatte mindestens zwei, wahrscheinlich drei Masten.

Die größten indischen Schiffe beschreibt der italienische Reisende Nicolo Conti, der zwischen 1414 und 1439 Indien und den Fernen Osten bereiste. Er berichtet von fünfmastigen Schiffen, was darauf hinweist, daß es im 15. Jh. in Indien ungewöhnlich große Schiffe gegeben haben muß.

SCHIFFSBAUWEISEN IM 15. JAHRHUNDERT

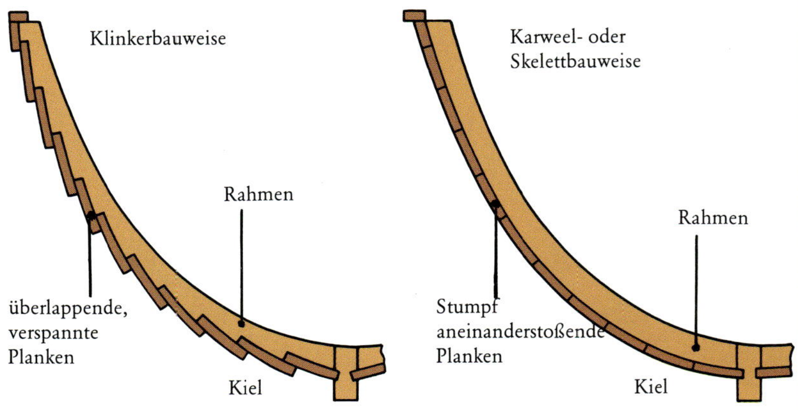

Die größten japanischen Schiffe wurden 1404–1547 im „kontrollierten Handel" zwischen Japan und China eingesetzt. Sie faßten 150–200 Personen und hatten schätzungsweise 246 Bruttotonnage. Der „kontrollierte Handel" wurde 1404 aufgenommen, als die Japaner eine Reihe getrennter Papiere *(Kango)* erhielten, die sie bei ihrer Ankunft in China vorzeigen mußten. Diese Papiere mußten mit der anderen Hälfte der Dokumente in Peking oder Chekiang an der chinesischen Südküste übereinstimmen. Durch diese Methode konnten die Chinesen zwischen offiziellen japanischen Aufträgen und Schiffen japanischer Piraten unterscheiden, die seit etwa 1350 das Chinesische Meer unsicher machten.

Die größten europäischen Segelschiffe waren die Karracken aus Genua und Venedig (Italien) mit bis zu 2000 BRZ. Die Koggen der deutschen Hansestädte, die Kiefernholz und Getreide über die Ostsee transportierten, waren bis zu 500 BRZ groß.

Schnellsten Schiffe

Die schnellsten europäischen Schiffe waren die Karavellen aus Spanien und Portugal, die bis zu elf Knoten erreichen konnten. Diese Geschwindigkeit wurde erst in der großen Zeit der Segelschiffahrt im 19. Jh. überboten.

Spanische Karavellen wie die hier abgebildeten ähnelten den Schiffen, auf denen Kolumbus und die anderen, die ihm über den Atlantik in die Neue Welt folgten, reisten.

Die schnellste Reise: Die 72 Tage, die Kolumbus brauchte, um bis auf die Bahamas zu kommen, sind von all denen, die nach ihm auf der gleichen Passage mit vergleichbaren Schiffen fuhren, nie wieder erreicht worden.

Die längsten Handelsfahrten unternahmen Genueser Karracken, die Alaun zum Gerben und Färben aus dem östlichen Mittelmeerraum zu den Tuchmanufakturen des Nordens brachten, mit Stoffen beladen zurückkehrten und dabei insgesamt 11 500 km zurücklegten. Venezianische Kauffahrer transportierten orientalische Luxusgüter wie Gewürze, Seide und Teppiche bis in die Häfen von Südengland und den Niederlanden und waren in der Lage, die 4000 km lange Rückreise nonstop zu bewältigen.

Das teuerste Schiff war vermutlich, wenngleich jedes der großen Schiffe, das dem Stolz und dem Ehrgeiz des jeweiligen königlichen Herrn diente, gewaltige Kosten verursachte, das schottische Kriegsschiff *Great Michael*, das 1511 für König Jakob IV. von Schottland (regierte 1488–1513) gebaut wurde. Es verschlang mit seinen jährlichen Unterhaltskosten von 3000 schottischen Pfund rund zehn Prozent des Jahresetats des Königs.

Das erfolgloseste Schiff war, aus der Sicht des türkischen Sultans Mohammed II., des Eroberers, ein auf seinen Befehl in Konstantinopel ausgeführter Nachbau eines Genueser Segelschiffs. Es kenterte sofort nach dem Stapellauf, und sein griechischer Erbauer rannte um sein Leben.

Die ersten Schiffshängematten wurden bald nach 1492 eingeführt. Vorher hatten die Matrosen auf Deck oder, bei schlechtem Wetter, unter Deck auf der Fracht oder dem Ballast geschlafen. 1492 jedoch machten sie auf den westindischen Inseln mit der Hängematte Bekanntschaft, die von den Eingeborenen als Schlafstatt benutzt wurde, und nicht viel später wurde sie als bequeme, raumsparende Schlafgelegenheit auf Schiffen verwendet.

Den größten Anker der Zeit hatte die *Grace Dieu* an Bord, ein zwischen 1416 und 1420 in Southampton (GB) gebautes dreimastiges Kriegsschiff von 1400 BRZ, das allerdings nie zum Einsatz kam und 1439 durch einen Brand zerstört wurde. Einer seiner eisernen Anker war 5,23 m lang und hatte eine Spannweite von 3,5 m.

Das am weitesten überschrittene Verfallsdatum dürfte regelmäßig das des Schiffszwiebacks genannten Brots gewesen sein, das aus einem Mehl-Wasser-Gemisch hergestellt wurde und so hart war, daß es angeblich fünfzig Jahre lang, wenn auch nicht unbedingt mit Genuß, eßbar blieb – vorausgesetzt, die Getreidekäfer hatten sich nicht vorher darüber hergemacht. Dieser Schiffszwieback gehörte zu den haltbar gemachten Lebensmitteln, mit denen die in unbekannte Ozeane vorstoßenden Schiffe des 15./16. Jh.s verproviantiert wurden und zu denen zum Beispiel auch in Salz eingelegtes Fleisch und getrocknete Erbsen gehörten. Die hungrigen Seeleute weichten den Zwieback normalerweise in Wasser auf und stellten eine Art Brei daraus her. Wie Christoph Kolumbus Sohn Ferdinand von der vierten Reise seines Vaters berichtete, war „der Zwieback so voller Würmer, daß ich, so wahr mir Gott helfe, beobachtete, daß viele bis zum Einbruch der Nacht warteten, bevor sie ihren Brei aßen, um die Würmer nicht zu sehen“.

Ein deutscher Seemanns-Kompaß aus dem 16. Jahrhundert.

Navigatoren

Das früheste Wissen um den Kompaß findet sich in einer chinesischen Schrift aus dem 8. Jh. in der der buddhistische Priester und Astronom Yi-hsing sowohl die Ausrichtung der Magnetnadel als auch die Deklination darstellt. Für Europäer und sogar Araber ist dieses Wissen erst für das 11. Jh. belegt. Aber obwohl man die Eigenschaften der Magnetnadel kannte, schrieb der chinesische Autor Shen Kuo 1086, „daß niemand sie zu erklären weiß“. Wahrscheinlich wurde der Kompaß zu dieser Zeit zum ersten Mal auf See eingesetzt.

Die erste europäische Beschreibung eines Kompasses stammt von einem französischen Kreuzfahrer, Petrus Peregrinus de Maricourt, der bereits 1269 ein Gerät erwähnte, das einem Kompaß zumindest nicht unähnlich war: eine magnetisierte Nadel auf einer beweglichen Achse in einem Kasten mit Deckel. Auf dem Boden des Kastens befand sich ein Kreuz. Die Achse steckte im Zentrum des Kreuzes.

Die ersten Magnetkompasse kamen in Gestalt des Schwimmkompasses in China, in der arabischen Welt und in Europa im 12. Jh. auf. 1269 wurde in Frankreich mit der Trockennadel eine wichtige Neuerung eingeführt. Die bekannte Kompaßrose wurde am Anfang des 14. Jh.s hinzugefügt. Im 15. Jh. war das Vertrauen in den Kompaß bereits derart groß, daß sich die Kapitäne bei der Kursbestimmung mehr auf ihn verließen als auf Lote und andere Instrumente.

Der erste Kompaß, das wichtigste aller Navigationsinstrumente, wurde im 7. oder 8. Jh. auf einem chinesischen Schiff eingesetzt. Erfunden wurde er in Zentralasien, um Heere und Reisende durch weglose Wüsten und Steppen zu führen, und es war eine logische Folge, ihn auch auf See zu benutzen. Da man in China jedoch die Lage der Pole nicht kannte, wurde zuerst angenommen, die Kompaßnadel zeige nach Süden. Davon zeugt heute noch das chinesische

Wort für „Kompaß“, das übersetzt „südlich zeigende Nadel“ lautet.

Das gebräuchlichste Verfahren europäischer Seefahrer war das sogenannte Koppeln, das heißt die Ermittlung des wahrscheinlichen Standorts („gegißten Koppelorts“) auf dem eingeschlagenen Kurs durch Schätzung der Windgeschwindigkeit in Verbindung mit dem Erfahrungswissen über die Fahreigenschaften des jeweiligen Schiffs. Kolumbus war ein Meister in dieser schwierigen und risikoreichen Kunst. Bei der Rückkehr von seiner zweiten Reise erreichte er, nach sechs Wochen Fahrt im Zickzackkurs, die gesuchte Landmarke mit einer Abweichung von nur 56 km.

NAVIGATIONS-INSTRUMENTE

Die meisten europäischen Seefahrer der Zeit zwischen 1450 und 1550 segelten nur an den Küsten entlang oder kurze Strecken über offene See. Dementsprechend verwendeten sie nur wenige Navigationsinstrumente: den Magnetkompaß, um die Fahrtrichtung zu bestimmen; das Bleilot, um die Wassertiefe festzustellen; das Stundenglas zur Zeitmessung, um die Wachen abzulösen und die Geschwindigkeit zu schätzen; und das Lotsenbuch oder Portolan, ein zuerst handschriftliches, später gedrucktes Verzeichnis von Küstenmerkmalen, Strömungen und Gezeiten. Astrolabien, Seekarten und andere Navigationshilfen waren zwar von großer Bedeutung für die Ozeanüberquerungen, es ist aber unsicher, wie weit sie unter den Seeleuten verbreitet waren.

Das Ermitteln der Längengrade auf See beschrieb Johannes Müller, genannt auch Regiomontanus, in einem Text aus dem Jahre 1474. Als Hilfsgröße diente dabei die Entfernung zum Mond.

Die ersten Quadranten wurden im 15. Jh. benutzt. Sie bestanden aus einem einfachen Holz- oder Messingbogen mit zwei Visieren über einer geraden Kante. Ein am Scheitelpunkt angebrachter Stab schwenkte über eine Skala von 0 bis 90° und zeigte so die Gestirnhöhe an, auf deren Grundlage der Schiffsort berechnet werden konnte.

Astrolabien wie diese waren im 15. Jahrhundert noch nicht für alle Seefahrer erhältlich.

Der farbige Holzschnitt zeigt, wie das Astrolabium benutzt wird, um den Breitengrad aus dem Stand der Sonne zu berechnen.

Der erste Einsatz von Astrolabien ist aus dem Jahr 1429 bekannt. Mit einem Astrolabium oder dem daraus entwickelten Quadranten konnten die Seefahrer den Breitengrad ihres Standorts bestimmen, indem sie den Stand der Sonne oder der Sterne bestimmten. Im Indischen Ozean benutzten arabische Seeleute dafür ein *kamal* genanntes Instrument. Die mechanische Zeitmessung auf See wurde erst im 18. Jh. üblich.

Die erste bekannte Gezeitentabelle stellten die Mönche der St.-Albans-Abtei bei London auf, als sie im 13. Jh. die Wasserstände der Themse an der London-Brücke aufzeichneten. Die ersten gedruckten Tabellen wurden 1546 von Brouscon de Brittany im französischen *Nautischen Almanach* veröffentlicht.

Das erste europäische Handbuch der Navigation und frühester nautischer Almanach war das 1509 im Druck erschienene *Regimento do astrolabio e do quadrante* (Die Handhabung des Astrolabiums und des Quadranten), das der portugiesische König Johann II. 1484 in Auftrag gegeben hatte und in handschriftlicher Form schon vor dem Druckdatum zirkulierte. Es enthielt eine Liste von Breitenangaben von Lissabon (Portugal) bis zum Äquator, die zumeist, mit Abweichungen bis zu einem halben Grad, korrekt waren, einen Kalender und eine Tafel der Sonnendeklination für ein Schaltjahr, einschließlich der Polarsternbeobachtungen.

Das berühmteste Navigationshandbuch war das *Breve compendio de la sphera y de la arte de navegar* (Kurzes Kompendium der Sphären und der Kunst der Navigation) des Spaniers Martin Cortes. Es erschien 1551 und war nicht nur das bekannteste Handbuch des 16. Jh.s, sondern auch das umfassendste.

Das erste umfassende Lotsenbuch war *Il compasso da navigare* (Kompaß der Navigation), in dem im späten 13. Jh. die für das Mittelmeer und das Schwarze Meer existierenden Portolane zusammengefaßt wurden. Die Küstenbeschreibungen beginnen mit dem Kap St. Vincente in Spanien, folgen dann im Uhrzeigersinn den Küsten der beiden Meere und enden mit der marokkanischen Küste. Das Buch enthält außerdem Ratschläge für Meeresüberquerungen von mehreren hundert Kilometern über offene See.

Die ersten Portolane, den Periploi des Altertums ähnliche Schifferhandbücher, die Küstenbeschreibungen in fortlaufender Folge geben, wurden in Italien gefertigt. Die frühesten erhaltenen Portolane beschreiben die englischen Küsten und die Passage durch den Ärmelkanal sowie durch die Straße von Gibraltar. In diesen Handbüchern sind ebenfalls die Gezeiten festgehalten, die in jenen Gewässern von weit größerer Bedeutung waren als im Mittelmeerraum.

GLOBEN

Himmelsgloben aus hohlen Messingkugeln, in die die Position der Sterne eingraviert wurde, und verschiedene Meridiankreise wurden bereits im Altertum und im arabischen Mittelalter von Astronomen gebaut. Im europäischen Mittelalter wurden nur wenige dieser astronomischen Hilfsmittel gefertigt; erst im späten 15. Jahrhundert stieg ihre Herstellung sprunghaft an. Dazu wurden Karten auf Kugeln aus bespannten Holzleisten geklebt (die erste Karte wurde 1472 gedruckt). Zu Beginn des 16. Jahrhunderts wurden Erdgloben als Ergänzung planer Kartenwerke hergestellt.

Erforschung & Entdeckung

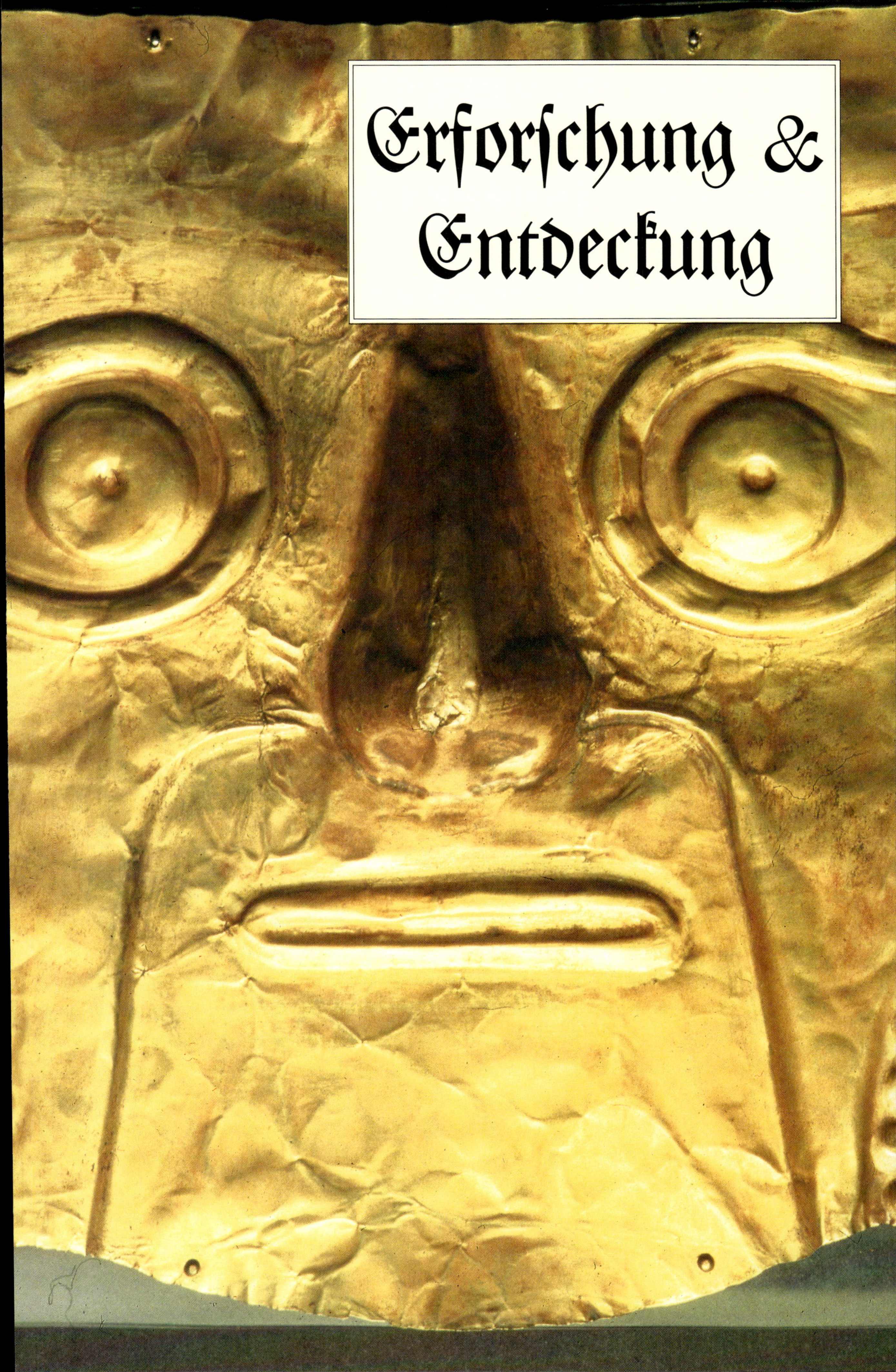

Erforschung & Entdeckung

Das Guinness Buch der Rekorde 1492

Erforscher und Entdeckungsreisen

Die längste Entdeckungsreise vor der spanischen Weltumsegelung von 1519–1522 war eine chinesische Expedition, die ein Jahrhundert früher stattfand. Damals segelte eine Flotte des Ming-Kaisers zu den Küsten des Indischen Ozeans und der angrenzenden Meeresgebiete. Sie gelangte bis nach Ostafrika, Arabien, Indien, Sri Lanka und zu den Ländern Südostasiens. Wie Sindbad der Seefahrer überquerten Inder und Araber den Indischen Ozean, was eine Reise von jeweils mindestens 8000 km darstellte. Einige kamen auf ihren Fahrten sogar bis nach China.

Bereits vor 1500 wurden Ozeanreisen von Indonesien nach Madagaskar unternommen, und Polynesier befuhren seit einem nicht genau bekannten Zeitpunkt den gesamten Pazifik, von Neuseeland bis zu den Sandwich-Inseln, von der Osterinsel bis zu den Hebriden. Sie waren, wie James Cook schrieb, „das am weitesten ausgedehnte Volk der Erde".

Die größte Flotte, die jemals auf eine Entdeckungsfahrt ging, war einer der sieben Schiffsverbände, die von China zwischen 1405 und 1433 ausgesandt wurden, um fremde Länder zu erkunden und diplomatische Beziehungen zu ihnen aufzunehmen. Sie war von 1413 bis 1415 unterwegs und bestand aus 63 Schiffen verschiedener Größe, auf denen sich 28 500 Soldaten, Seeleute und Offiziere befanden. Niemals vorher oder nachher ist eine derartig gewaltige Flotte auf eine Entdeckungsreise gegangen.

Von einem ostafrikanischen Land, das er Po-po-la nannte und bei dem es sich vermutlich um die somalische Küste handelte, berichtete ein chinesischer Gelehrter, der 863 starb, es liege östlich von Indien. Er beschrieb die Sitten und Bräuche der Bevölkerung und erwähnte, daß sie Blut aus ihren Rindern saugten und es roh tranken. Po-po-la wurde 1226 erneut von einem Schriftsteller beschrieben, bei dem es heißt, daß man dort viele Kamele und Schafe habe und daß die Bevölkerung nicht an Buddha glaube, was bedeutete, daß sie moslemischen Glaubens war. 1417–1419 und 1421/22 besuchten kaiserlich chinesische Schiffe unter Cheng-ho die Häfen an der ostafrikanischen Küste, wohin Inder und Araber kurz vorher als Tauschwaren große Mengen chinesischen Porzellans gebracht hatten.

Vorherige Seite:
Die goldene Totenmaske der Inka aus Peru symbolisiert das Ende einer Zivilisation zu dem Zeitpunkt, da die Alte Welt die Neue entdeckte und eroberte.

Die ersten europäischen Ortsnamen gaben die Portugiesen ihren Entdeckungen. Einige von ihnen haben überlebt: Madeira (um 1420), Kap Verde und die Kapverdischen Inseln (verde = grün; um 1456–1460) und Sierra Leone (Berge der Löwen, so genannt nach dem Brüllen der tropischen Gewitter).

AFRIKA

Die erste Umsegelung von Kap Bojador, einem kleinen Landvorsprung an der westafrikanischen Küste, rund 240 km südlich der Kanarischen Inseln, gelang 1434 nach einem vergeblichen Versuch im Jahr 1432 Gil Eannes, einem der Kapitäne Heinrich des Seefahrers. Es war eine ruhige, ereignislose Fahrt, aber sie hatte die Furcht der Seeleute vor dem, was hinter dem Kap lag, besiegt. Dort nämlich sollte die sagenhafte Region der Ungewißheit, das „Meer der Finsternis" der arabischen Legende, beginnen, das Grenzgebiet der Welt.

Der erste Europäer im Innern Afrikas war der venezianische Kaufmann Alvise da Cadamosto (um 1426–1483), der 1455/56 zwei Expeditionen nach Afrika unternahm. Er fuhr zu den Flüssen Senegal und Gambia und reiste auf ihnen mehrere Tage weit ins Landesinnere. Er berichtete zehn Jahre später in dem 1507 gedruckten Buch *El libro de la prima navigazione per l'oceano a le terri de Nigri* (Das Buch über die erste Seereise ins Land der Schwarzen) über seine Reisen. Es war der erste von einem Europäer verfaßte Reisebericht über das Innere Afrikas.

Die tiefste Reise ins Innere Afrikas südlich der Sahara will Benedetto Dei aus Florenz unternommen haben, der behauptete, 1470 bis nach Timbuktu gekommen zu sein. 1513 erreichte der Portugiese Antonio Fernandes Chatacuy das Tal des Sambesi und lernte, vermutlich aus eigener Anschauung, das Gebiet bis nach Kwekwe im heutigen Simbabwe kennen.

Den ersten Explorationsvertrag schloß Alfons V., der Afrikaner, von Portugal (1432–1481) 1469 mit dem reichen Lissaboner Kaufmann Fernão Gomes ab, der im Gegenzug für die Erkundung von jährlich 650 km Küstenlinie ohne Kosten für den König auf fünf Jahre das exklusive Handelsrecht mit Westafrika erhielt. Der Kaufmann erfüllte seine vertragliche Verpflichtung, erkundete bis 1474 3200 km der westafrikanischen Küste und wurde dabei noch reicher, als er vorher schon gewesen war.

Der erfolgreichste Entdecker war der Portugiese Diego Cão († wahrscheinlich 1486), der auf zwei Fahrten, 1482 und 1485/86 den längsten Küstenabschnitt erkundete, den ein einzelner Seefahrer jemals erforschte, und zwar von St. Cathérine im heutigen Gabun (1° 56′ S) bis zur Walfischbai (22° 59′ S; heute südafrikanische Enklave in Namibia). Die von dem Italiener Amerigo Vespucci (1451–1512) gemach-

EUROPÄISCHE ENTDECKUNGEN

Bahamas	*Christoph Kolumbus*	*1492*
Bermudas	*Juan Bermudez (Spanien)*	*1503*
Brasilien	*Pedro Alvares Cabral (Portugal)*	*1500*
Chile	*Fernão de Magellan*	*1520*
Dominikanische Republik	*Christoph Kolumbus*	*1492*
Dominica	*Christoph Kolumbus*	*1493*
Fernando Póo	*Fernão do Po (Portugal)*	*1492*
Grenada	*Christoph Kolumbus*	*1498*
Grönland	*Gunnbjorn*	*um 875*
Guadeloupe	*Christoph Kolumbus*	*1493*
Haiti	*Christoph Kolumbus*	*1492*
Hawaii	*gestrandete Spanier*	*1527*
Honduras	*Christoph Kolumbus*	*1502*
Jamaika	*Christoph Kolumbus*	*1494*
Japan	*Portugiesen*	*1543*
Jungferninseln	*Christoph Kolumbus*	*1494*
(Süd-) Kalifornien	*Spanier*	*1530–50*
Kanada	*Giovanni Caboto*	*1497*
Hudsonbai	*Sebastiano Caboto (angeblich)*	*1508/09*
Labrador	*Bjarni Herjolfsson*	*986*
Neufundland	*Leif Eriksson*	*um 1000*
Kap der Guten Hoffnung	*Bartolomëu Diaz*	*1487/88*
Kuba	*Christoph Kolumbus*	*1492*
Nikaragua	*Christoph Kolumbus*	*1502*
Paraguay	*Juan Diaz de Solís*	*1516*
Philippinen	*Fernão de Magellan*	*1521*
San Salvador	*Christoph Kolumbus*	*1493*
Sankt Helena	*Portugiesen*	*21. Mai 1501*
Sansibar	*Portugiesen (zuerst gesichtet von Vasco da Gama 1499)*	*1503*
Uruguay	*Juan Diaz de Solís*	*1512*
Venezuela	*Christoph Kolumbus*	*1498*

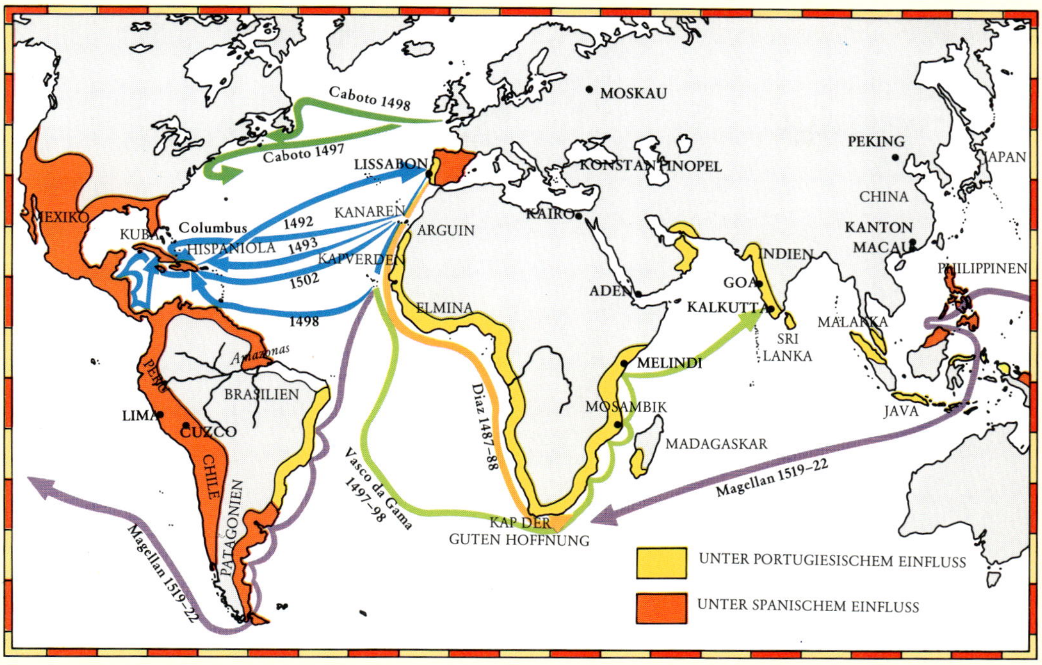

ten Angaben, er habe auf bis zu vier Fahrten (wahrscheinlich zwischen 1499 und 1504) die südamerikanische Küste von ca. 8° N bis 50° S erkundet, sind nicht verläßlich.

Die erste Äquatorüberquerung eines Europäers war die von Diego Cão, der 1482 mit einer Karavelle, die klein genug war, um zur Reparatur und Reinigung anlanden zu können, die Küste des zentralafrikanischen Königreichs Kongo erreichte. Er fand zwar kein Gold oder Silber und auch keine für die Kolonisation geeigneten Inseln, öffnete aber den Seeweg für enge diplomatische und religiöse Beziehungen zwischen Portugal und einem der damals jüngsten und dynamischsten Königreiche Afrikas. Die Route wurde in der Folgezeit jedoch auch von Seefahrern benutzt, die eher als Piraten zu bezeichnen sind und auf Sklavenjagd aus waren.

Die älteste europäische Inschrift in Schwarzafrika befindet sich an einem Felsen unterhalb der Yellalafälle des Kongo. Diego Cão segelte bei seiner zweiten Fahrt im Jahr 1485 den Fluß bis zu dieser Barriere hinauf, und acht Mitglieder seiner Mannschaft meißelten das Wappen Portugals und ihre Namen in den Felsen.

Die ersten, die das Kap der Guten Hoffnung umsegelten, waren vermutlich Vorauseinheiten der großen chinesischen Erkundungsflotten der Ming-Dynastie im 15. Jh., viele Jahrzehnte, bevor die Portugiesen vom Atlantik aus das Kap erreichten. Es ist sogar möglich, daß die antiken Phönizier den afrikanischen Kontinent schon 2000 Jahre vorher umrundeten.

Die erste Hochseefahrt südlich des Äquators unternahm 1488 nicht ganz freiwillig der Portugiese Bartolomëu Diaz von einem nicht genau bekannten Punkt der westafrikanischen Küste aus (wahrscheinlich in Höhe von 23° S), von dem er durch einen Sturm in die Zone der Westwinde (vermutlich bei 38° S) abgetrieben wurde. Als er in Richtung Osten gegensteuern ließ, entdeckte er den Seeweg um Afrika und gelangte bis in die Gegend des Großen Fischflusses nordöstlich des heutigen Port Elizabeth, rund 500 km hinter dem Kap der Guten Hoffnung.

Der erste europäische Seefahrer, der Südafrika erreichte, war Bartolomëu Diaz, der 1488 ein Kap entdeckte, das er angeblich Cabo Tormentoso (Kap des Sturmes) getauft haben soll. Der Name habe beim portugiesischen König Johann II. (1455–1495) jedoch keine Gnade gefunden und sei von ihm in Kap der Guten Hoffnung umgeändert worden. Diaz ging dort jedenfalls am 6. Juni an Land und errichtete zur Erinnerung an die Umsegelung der Südspitze Afrikas eine Steinsäule. Die weitere Erkundung in Richtung Osten ließ ein Jahrzehnt auf sich warten, bis Vasco da Gama (um 1460–1524) 1497 den Seeweg nach Indien eröffnete. Noch später erhielt Diaz Enkel Paulo vom portugiesischen König das Privileg, sich die Völker zu unterwerfen, die sein Großvater an der Küste des heutigen Angola besucht hatte.

Die erste europäische Karte, auf der Madagaskar verzeichnet ist, ist die von Cantino aus dem Jahr 1502. Auf arabischen Karten taucht die Insel vor der Küste Ostafrikas im 12. Jh. auf, obwohl arabische Seefahrer sie vermutlich schon seit dem 8. Jh. anliefen. Der erste Europäer, der sie sichtete, war im Jahr 1500 der Portugiese Diego Diaz.

Die erste gedruckte Reisebeschreibung Südafrikas war *Esmeraldo de situ orbis* von Duarte Pacheco Pereira (1506), der seine Informationen von Antonio de Saldanha bezogen hatte, der 1503 in der Tafelbucht an Land gegangen war.

INDIEN

Der erste Russe, der nach Indien gelangte, war Afanasij Nikitin († 1472), ein Kaufmann aus Twer, 160 km nördlich von Moskau. Er brach 1466 mit einer Gruppe von Kaufleuten mit dem Schiff die Wolga hinab in Richtung Persien auf, ohne zu ahnen, daß damit eine Odyssee begann, die ihn über das Kaspische Meer, durch Persien und über den Indischen Ozean nach Zentralindien führte, wo er sich zwei Jahre aufhielt, wonach er durch die Türkei über das Schwarze Meer den Dnjepr hinauf nach Smolensk zurückkehrte. Er starb kurz nach seiner Ankunft in der Heimat, so daß er nicht mehr in der Lage war, seine Reisenotizen zu einem Buch auszuarbeiten. Sie sind in verschiedenen Chroniken überliefert, von denen die *Troika-Chronik* (Ende 15. Jh.) die älteste ist. Die Notizen wurden im Jahre 1821 zum ersten Mal unter dem Titel *Choschenije sa tri morja* (Fahrt über drei Meere) gedruckt.

Die ersten Portugiesen, die Indien auf dem Landweg erreichten, waren der Diplomat Pedro de Covilhão (um 1450–nach 1526) und der ehemalige Spion Paiva, die beide Arabisch sprachen und es sich in den Kopf gesetzt hatten, „durch das Land der Mauren" nach Indien zu gelangen. Paiva verschwand unterwegs, aber Covilhão kam um 1487 nach Indien und reiste 1491 über Ostafrika nach Ägypten. Dort kehrte er um und ging nach Äthiopien, wo ihn später Landsleute in großem Stil lebend antrafen.

300 Tage auf See war 1497–1499 der Portugiese Vasco da Gama bei seiner Fahrt auf der Ostroute nach Indien. Er legte die 6000 km zum Kap der Guten Hoffnung in 93 Tagen ohne Sichtkontakt zum Land zurück und überquerte anschließend als erster Europäer den Indischen Ozean. Im Mai 1498 wurden seine Schiffe zwischen Malindi und Kalikut von einem einheimischen Lotsen gesteuert (vermutlich einem gujaratischen Seefahrer), von dem lange angenommen wurde, es wäre der berühmte arabische Seefahrer Ahman Ibn Majid gewesen. Neuere Nachforschungen in da Gama betreffenden italienischen Unterlagen haben jedoch ergeben, daß er seinen asiatischen Lotsen mit nach Portugal nahm. Es kann also nicht Ibn Majid gewesen sein, der in Asien blieb und dort seine Schrift über die Seefahrt verfaßte.

Der erste Europäer, der mit dem Schiff von Osten ins Rote Meer einfuhr, war im Jahr 1500 Diego Diaz, nachdem er die Südspitze Afrikas umsegelt hatte.

AMERIKA

Der erste, der Nordamerika erreichte, war 986 der Norweger Bjarni Herjolfsson, der auf der Fahrt von Island nach Grönland vom Kurs abkam und an einer hügeligen, bewaldeten Küste landete, vermutlich der von Südlabrador.

Da Gamas Reise von Lissabon nach Indien und zurück dauerte insgesamt zwei Jahre, davon allein 300 Tage auf See. Doch die Route über das Kap öffnete dem Warenaustausch einen neuen Weg. Schiffe brachten künftighin Seide und Gewürze bedeutend billiger nach Europa, als das auf dem Landweg möglich gewesen wäre.

Um 1000 herum ging Leif Eriksson (um 975–um 1020), der Sohn Eriks des Roten, mit Herjolfssons Schiff und vielleicht auch dessen Besatzung auf Fahrt, um der von diesem unwillentlich eingeschlagenen Route zu folgen. Er fand ein Land, das „voller großer Gletscher war und wo vom Meer bis zu den Gletschern eine einzige Felstafel" zu liegen schien. Er hatte wahrscheinlich die heutige Baffin-Insel erreicht und wandte sich von dort nach Süden in Richtung Neufundland und Labrador. Es ist als sicher anzunehmen, daß seine Expedition in Nordamerika überwinterte, bevor sie im Frühjahr nach Grönland zurückkehrte.

Amerika gesichtet haben möglicherweise die Seeleute an Bord der englischen Schiffe *Trinity* und *George* bereits 1481. Sie waren ausgeschickt worden, um die auf manchen Karten der Zeit weit draußen im Atlantik verzeichnete Insel Brasilia zu suchen. 1497 erfuhr Kolumbus, daß Giovanni Caboto diese Insel gesehen habe, die „vor einiger Zeit von den Männern aus Bristol gefunden wurde, wie Euer Gnaden wissen".

Die früheste Atlantikfahrt des Christoph Kolumbus (1451–1506) will er, wie er als kranker Mann kurz vor seinem Tod erzählte, bereits im Februar 1477 unternommen haben, und zwar 1000 km in Richtung Norden über Island hinaus. Er konnte allerdings im Februar kaum in dieser Gegend gewesen sein, da zu dieser Zeit niemand zum Fischen dorthin fuhr und im übrigen kein Schiff sich so weit nach Norden gewagt hätte. Meinte er vielleicht, daß er mit einem Schiff von Bristol nach Südisland gefahren und dort auf ein Fischerboot umgestiegen war, mit dem er die Nordwestspitze der Insel umrundete? Das erscheint zwar möglich, aber die Erinnerung spielt einem Mann, der so viel erlebt hat, häufig genug einen Streich.

Eine erste Prophezeiung der Entdeckung Amerikas enthielt ein 1492 für den Eintritt der Sonne ins Sternzeichen Waage am Hof von Ferdinand II., dem Katholischen, von Aragón (1452–1516) und seiner Frau, Isabella I., der Katholischen, von Kastilien (1451–1504), in Valencia (Spanien) erstelltes Horoskop. Es zeigte den Jupiter, den Planeten des Reisens, als Herrscher über den Aszendenten, das Wassersternzeichen Fische, während die Himmelsmitte auf Abenteuer und Entdeckungen auf See hinwies. Jupiter stand im 5. Haus der Botschafter im Königszeichen des Löwen, wurde von Mars unterstützt, was ihn kühner und wagemutiger machte, und befand sich darüber hinaus in Opposition zum Gefahr und Widerstand anzeigenden Saturn, der sich im Sternzeichen Wassermann aufhielt. Der Aspekt des Glücks erschien im 9. Haus und deutete auf aus dem Ausland kommenden Zuwachs oder Reichtum hin. Ein moderner Astrologe würde weiterhin feststellen, daß der Neptun (der erst 1834 entdeckt wurde) in der Himmelsmitte stand und den Aspekt des Glücks stützte. Neptun aber herrscht nicht nur über den Ozean, sondern ist auch der Planet der Verwirrung und des Mißverständnisses: Kolumbus trat seine erste Fahrt an, um den westlichen Seeweg nach Indien zu finden.

Die längste Hochseefahrt war die von Christoph Kolumbus im Jahr 1492, als er bei seiner Atlantiküberquerung etwa 4250 km zurücklegte und insgesamt 224 Tage unterwegs war. Eine solche Fahrt suchte seit den Zeiten, als die Wikinger nach Grönland segelten, ihresgleichen (von Norwegen nach Grönland sind es auf direktem Weg 2400 km).

Der erste Europäer der Neuzeit, der Amerika sichtete, war ein gewisser Rodriguez Bermejo im Ausguck der *Pinta*, der am 12. Oktober 1492 etwa zwei Stunden nach Mitternacht den Ruf „Tierra!" (Land in Sicht) ausstieß, woraufhin eine Kanone abgefeuert wurde, um die anderen beiden Schiffe davon zu unterrichten. Bermejo hätte also eigentlich die vom König ausgesetzte Prämie für denjenigen, der als erster Land entdeckte, zugestanden, aber Kolumbus behauptete, er habe das Land schon vorher gesichtet, und strich die Prämie ein, eine jährliche Rente von 10 000 Maravedi. Wo genau die Schiffe des Kolumbus ankerten, ist nicht bekannt. Aber man wartete bis zum Morgen, und dann „ging der Admiral in seinem bewaffneten Beiboot an Land . . . und brachte das königliche Banner und die beiden Kapitänsfahnen mit den grünen Kreuzen aus . . ." Der Admiral des Ozeans, Gouverneur und Vizekönig aller entdeckten Inseln und Festlande, wie Kolumbus sich seit dem 17. April 1492 mit königlicher Genehmigung nennen durfte, hatte sein erstes Land in Besitz genommen.

Die einzige erhalten gebliebene Karte von Kolumbus Hand ist eine grobe Skizze, die er während seiner ersten Fahrt zur Neuen Welt anfertigte. Sie zeigt die Insel Hispaniola und ist mit „Dezember 1493" datiert.

Die schnellste Atlantiküberquerung schaffte aufgrund günstiger Wetterbedingungen Vicente Yáñez Pinzón vom 6. bis 26. Januar 1500 zwischen den Kapverdischen Inseln und Brasilien (wahrscheinlich Kap Santo Agostinho). Ähnlich schnell war Kolumbus bei seiner vierten und letzten Fahrt, als er am 25. Mai 1502 in Gran Canaria in See stach und am 15. Juni Martinique erreichte. Die Kleinen Antillen hatte Kolumbus auf seiner zweiten Fahrt entdeckt, zu der er 1493 mit 17 Schiffen und 1500 Männern aufgebrochen war, und die Route zwischen ihnen und den Kanarischen Inseln war die normalerweise befahrene, weil sicherere.

Die Entdeckung des nordamerikanischen Festlandes für die Neuzeit machte Giovanni Caboto (seit 1498 verschollen), der am 24. Juni 1497 in der Nähe der Kap-Breton-Insel im heutigen Neuschottland (Kanada) von seinem Schiff *Matthew* aus Land sichtete. Er segelte an-

Ein Kupferstich aus dem Jahre 1497, der die Logbücher von Kolumbus illustriert, zeigt die Entdeckung der Neuen Welt.

1541 blickten die ersten spanischen Entdecker in den Grand Canyon hinab.

schließend an der Küste von Neufundland entlang und kehrte Anfang August nach Bristol in England zurück. Er hatte in Amerika zwar keine Menschen gesehen, aber einige Hinweise auf ihre Anwesenheit gefunden, zum Beispiel einen mit Eisenoxid bemalten Stab mit Löchern in beiden Enden.

Die schnellste Überfahrt schaffte Giovanni Caboto bei seiner Rückfahrt von Amerika im August 1497. Hatte die Reise vom englischen Bristol zur Kap-Breton-Insel noch 35 Tage gedauert, so brauchte er, nachdem er gut 800 km der nordamerikanischen Küste erkundet hatte, für die Rücktour von Kap Bauld (Neufundland) nach Bristol nur 15 Tage – ein Rekord, der lange Zeit Bestand hatte.

Eine Rekordreise unternahm Hernando de Soto (1486–1542). Nachdem er sich bei der Eroberung Perus am Gold der Inkas bereichert hatte, faßte er den Entschluß, in Nordamerika ein ähnliches Imperium zu erobern – falls es ein solches gab. So landete er im Juni 1539 in Florida und legte auf der Suche nach Gold über 3200 km zurück, mehr als noch lange nach ihm jeder andere Entdeckungsreisende in Nordamerika. Er wandte sich zuerst nach Norden und ging ins heutige Nordkarolina, überquerte in südlicher Richtung die Appalachen und durchstreifte dann im Zickzackkurs die heutigen US-Staaten Georgia, Alabama, Mississippi, Louisiana, Arkansas und Oklahoma. Er entdeckte und überquerte den Mississippi, an dessen Ufer er im Mai 1542 auf der Rückreise verstarb. Der Bericht seines Stellvertreters vermittelt etwas von dem Eindruck, den die Weite des Landes auf die Expedition gemacht hatte.

Die ersten Europäer, die in den Grand Canyon schauten, waren einige Spanier unter García López de Cárdenas, die zu einer Expedition unter der Führung von Vasquez de Coronado gehörten, die 1541/42 ins Innere Nordamerikas vorstieß.

Der nördlichste erreichte Punkt der amerikanischen Pazifikküste war vermutlich ein Küstenstrich des heutigen US-Staates Oregon. Er wurde 1542 von spanischen Seefahrern erreicht, die von Mittelamerika aus die Westküste Nordamerikas erkundeten.

Den ersten Versuch, die Nord-West-Passage zu finden, unternahm 1508/09 Sebastiano Caboto (spätestens 1484–1557), der Sohn Giovanni Cabotos. Bei seiner Suche nach einem Seeweg um die Nordspitze des neuentdeckten Kontinents kam er wahrscheinlich bis zur Hudsonstraße (60° N), bevor ihn seine Mannschaft zwang, die Rückreise anzutreten. Er sah dort mitten im Juli zahllose im Meere schwimmende Eisbrocken, wie er nach seiner Rückkehr nach England berichtete, wo er, nachdem er irgendwo an der nordamerikanischen Küste überwintert hatte, im Mai 1509 eintraf.

Die erste Reise eines Europäers zum südamerikanischen Festland war Kolumbus dritte Fahrt (1498–1500), während der er am 5. August 1498, wahrscheinlich auf die heute zu Venezuela gehörenden Halbinsel Paria, den Subkontinent betrat. Die Überlieferung, nach der Amerigo Vespucci diese Entdeckung gemacht haben soll, beruht auf einer falschen Datierung seiner Reise von 1499.

Die erste Überquerung des Karibischen Meeres gelang Christoph Kolumbus, der in der Zeit vom 27. bis zum 30. Juli 1502 von einer Bucht an der Südküste Kubas zur Insel Bonacca vor der Ostküste von Honduras segelte. Hinterher behauptete er, keiner seiner Steuermänner wäre in der Lage, diese Heldentat zu wiederholen.

Der erste Europäer, der Nordamerika durchquerte, war Alvar Núñez Cabeza de Vaca. Als er 1528 nach einem vergeblichen Versuch der Spanier, die Golfküste Floridas zu kolonisieren, in der Gegend von Galveston an der Küste des heutigen Texas an Land ging, wurde er von Indianern gefangengenommen. Er lernte ihre Sprache und scharte eine kleine Gruppe Gefangener um sich, mit denen er in Richtung Westen floh. Er schlug sich als Medizinmann durch und baute sich nach und nach eine Gefolgschaft auf, mit der er sich die Indianerstämme, deren Gebiet er durchquerte, unterwarf. So erreichte er schließlich 1536 die Grenze des spanischen Mexiko.

Die erste geographische Aufzeichnung der Südstaaten Amerikas: Nachdem Cabeza de Vaca 1536 von seinen Reisen zurückkehrte, machten sich die Spanier 1538 unter der Leitung von Hernando de Soto, erster Gouverneur Kubas und Adelantado von Florida, daran, das Innere Amerikas zu erkunden und nach dem dort vermuteten Gold zu suchen. Die Dokumentation dieser Reise durch einen „Edelmann aus Elvas" in Portugal, der Soto begleitete und 1557 einen Reisebericht veröffentlichte, vermittelt das erste geographische Wissen über die heutigen Staaten Florida, Georgia, Nord und Süd Carolina, Tennessee, Alabama, Mississippi, Arkansas und Texas.

Der erste Schwarze, der Amerika erkundete: Als Cabeza de Vaca zu seiner großen Amerikadurchquerung (1528–1536) aufbrach, befand sich unter seinen Begleitern auch ein gewisser Estevan (oder Estavanico), ein schwarzer Sklave. Estevan war einer der wenigen, der überlebte und nach Neuspanien zurückkehrte. Er wurde später an Mendoza, den Statthalter von Mexiko, verkauft. Estevan war der erste Schwarze, der die großen Gebiete des amerikanischen Südens sah. 1539 schickte man ihn, zusammen mit dem Franziskaner-Bruder Marcos, von Mexiko aus nach Norden, um die „Sieben Städte", von denen die Indianer Cabeza de Vaca erzählt hatten, zu suchen. Während dieser Expedition wurde er von Indianern getötet.

Paradies auf Erden: Nach einer zeitgenössischen Quelle schilderte Bruder Marcos, der 1539 den Süden Amerikas erkundete, die „Sieben Städte" im Südwesten Amerikas als „irdisches Paradies". In Cibola, die größte Stadt, „paßt Sevilla zweimal oder noch häufiger hinein ... die Häuser waren sehr schöne, fünfstöckig gebaute Häuser mit Terrassen". Außerdem gab es „viele wilde Kühe (Büffel) in diesem Land sowie Schafe und Ziegen und reiche Schätze". Diese Schilderungen ließen die Hoffnungen abenteuerlustiger junger Spanier in Mexiko wachsen. Es ist überliefert, daß die Expedition von Coronado größere Hoffnung in die Schilderungen setzte, „als irgendeine andere während der Kolonialgeschichte Amerikas". Sie überschätzten die „großen Schätze" der Indianer, und als sie 1542 zurückkehrten, bezeichneten sie die Expedition als einen „totalen, kläglichen, extremen Fehlschlag".

Die ersten Europäer, die Yucatán erreichten, waren in Kuba stationierte spanische Soldaten, die dort 1517 eine große Stadt entdeckten, „und da wir weder auf Kuba noch auf Hispaniola eine solch große Stadt gefunden hatten, nannten wir sie Groß-Kairo". Aber sie waren der Bevölkerung nicht willkommen und wurden vertrieben. Im Februar 1519 wurde Hernando Cortez mit elf Schiffen und 100 Männern nach Yucatán geschickt, wo er trotz Verlusten die einheimischen Verteidiger besiegte – hauptsächlich, weil die Pferde der Spanier die Indianer in Angst und Schrecken versetzten.

Die erste offizielle französische Expedition nach Kanada fand 1534 unter der Leitung von Jacques Cartier (1491–1557) statt, einem Seefahrer aus St. Malo, der bereits in Brasilien und im „Neuen Land" gewesen war. Der Auftrag von König Franz I. von Frankreich (1494–1547) lautete, „in dem Neuen Land gewisse Inseln und Ländereien zu suchen, von denen es heißt, es gäbe dort große Mengen an Gold und anderen Dingen". Cartier erreichte Neufundland, wo er auf französische Fischer traf, und den Sankt-Lorenz-Golf. 1535 kehrte er dorthin zurück und segelte 1600 km den Sankt-Lorenz-Strom hinauf bis nach Hochelaga, wo heute Montréal steht. 1542 unternahm er eine dritte Fahrt und versuchte eine Siedlung zu gründen, aber die Huron-Indianer verhielten sich ausgesprochen feindselig, und die Franzosen gaben bald ihren Plan auf.

Die erste bezeugte Fahrt nach Brasilien unternahm Vicente Yáñez Pinzón aus Palos (Spanien), der am 26. Januar 1500 am „Cabo de Consolación" (wahrscheinlich Kap Agostinho) eintraf. Pedro Alvares Cabral (1467/68–1518/20), der von Lissabon aus zum Indischen Ozean unterwegs war, aber eine große Kurve über den Atlantik beschrieb, erreichte am 22. April desselben Jahres Punta do Corumbú. Von dort schickte Cabral ein Schiff zum Bericht nach Portugal zurück, das auch einige kräftig gefärbte Aras an Bord hatte. Das Land wurde später nach dem von anderen Atlantikfahrten bereits bekannten Brasilholz benannt.

Der erste Europäer, der den Pazifik von Amerika aus sah, war der Spanier Vasco Núñez de Balboa (um 1475–1519), der 1513 den Isthmus von Panama, die schmalste Stelle Mittelamerikas, überquerte. Er war so begeistert von seiner Entdeckung, daß er, wie berichtet wird, in voller Rüstung ins Wasser rannte. Er nannte seine Entdeckung die Südsee und nahm im Namen des Königs von Spanien Besitz von ihr und den anliegenden Gebieten.

Die erste offizielle französische Seereise nach Nordamerika: Giovanni da Verrazzano, Leiter der ersten französischen Expedition nach Amerika, segelte südlich und landete im März 1524 an den Outer Banks des heutigen Nord Carolina.

Eine Reise an der Ostküste Nordamerikas entlang unternahm 1527 von Labrador und Neufundland aus in südlicher Richtung der erfahrene englische Seefahrer John Rut. Er gelangte bis zu den spanischen Westindischen Inseln, wo er, da man ihn als Eindringling in spanisches Hoheitsgebiet betrachtete, keineswegs freundlich begrüßt wurde.

Der erste Europäer, der den Amazonas befuhr, und zwar mit improvisierten Booten auf 4750 km vom Rio Napo bis zur Mündung, war 1541/42 der Spanier Francisco de Orellana (um 1511–1546). Er kehrte später ins Amazonasgebiet zurück und starb dort.

Der ehrlichste Bericht über die Motive der spanischen Konquistadoren stammt von Bernal Díaz del Castillo (1492–um 1580), der unter Cortez an der Eroberung Mexikos teilnahm und seine Erlebnisse aus der Sicht eines einfachen, aber hochintelligenten Soldaten, der in nicht weniger als 119 Schlachten gefochten hatte, aufschrieb. Das Ergebnis ist die erst 1632 erschienene *Wahrhafte Geschichte der Eroberung Neuspaniens,* in der Díaz del Castillo freimütig zugibt, daß Männer wie er nicht nur in den Kampf zogen, „um Gott und Seiner Majestät zu dienen" oder „den in der Finsternis Lebenden Licht zu bringen", sondern auch, „um Reichtümer zu erlangen, die wir Menschen alle gemeinhin zu suchen pflegen". Er dürfte damit die Motive zusammengefaßt haben, die die meisten Kolonisatoren für sich angeben würden – oder müßten.

LITERATUR

Die frühesten Bücher über Amerika waren *De rebus oceanicis et orbe novo* (Über die Dinge des Ozeans und die Neue Welt) von dem spanischen Historiker Petrus Martyr Anglerius (Pietro Martire d'Anghiera, 1457–1526) aus dem Jahr 1516 und die *Historia general y natural de las Indias, islas, y tierra firme del mar océano* (Allgemeine Geschichte und Naturgeschichte Indiens, der Inseln und des Festlands jenseits des Ozeans) des Spaniers Gonzalo Fernández de Oviedo y Valdés (1478–1557), deren erster Teil 1535 erschien, während das gesamte Werk erst 1851–1855 veröffentlicht wurde.

SÜDOSTASIEN

Der erste Europäer, der die Molukken erreichte, war Francisco Serrão, einer der Kapitäne der erfolglosen portugiesischen Expedition von 1512/13, der die Reise, nachdem er auf der Insel Lucipara gestrandet war, mit einem einheimischen Schiff fortsetzte. Vor ihm waren die Genueser Girolamo di San Stefano und Girolamo Adorno 1494 auf der gleichen Route bis nach Pegu in Birma gelangt.

ASIEN

Die erste Uralüberquerung unternahm 1499/1500 eine russische Armee unter Semjon Kurbskij und Pjotr Uschattij, die bis zur Petschora und zur Ob-Mündung gelangte. 1581 stieß der legendäre Jermak Timofejewitsch († 1584/85) im Auftrag der Familie Stroganow in das Ob-Gebiet und weiter in das Khanat von Sibirien vor. Er leitete durch seinen Sieg über den Khan von Sibirien (1583) die russische Eroberung Sibiriens ein.

Der erste belegte Hinweis auf eine Nordmeerpassage stammt von einem Gesandten Nowgorods, der Papst Klemens VII. (Giulio de'Medici, 1478–1534) 1525 in Rom berichtete, daß sich „im Norden Rußlands, wo die Dwina ins Meer fließt, die Küste so weit nach Osten erstreckt, daß ein Schiff, das die Küste auf der rechten Seite behält, auf dem Seeweg zum Beispiel China erreichen könnte". In Moskau wurde zu Beginn des 16. Jh.s erzählt, englische und holländische Matrosen wären auf russische Seeleute getroffen, die die Ob-Mündung erreicht hätten und sogar noch weiter ins Nordmeer vorgestoßen wären.

Magellan, der im Auftrage Spaniens segelte, führte die erste Expedition an, die die Umseglung der Erde zum Ziel hatte.

Der erste Christ in Mekka war vermutlich ein „Herr aus Rom", ein gewisser Lodovico de Varthema, der sich 1503 in Damaskus einer Karawane anschloß und mit ihr in die heilige Stadt des Islam gelangte. Er beschrieb die Große Moschee mit dem Ka'aba in der Mitte als „dem Kolosseum in Rom ähnlich". Seine Abenteuer führten ihn bis nach Indien, Bengalen und Malakka, und von den meisten Orten, die er besuchte, gab er in seinem Reisebericht die erste Beschreibung durch einen Europäer.

JAPAN

Die erste Erwähnung Japans in der europäischen Literatur stammt von Marco Polo (1254–1324), dem venezianischen Reisenden. Er beschreibt in seinen *Travels* (Reisen) das Land *Chipangu,* eine Lautmalerei des chinesischen Wortes für Japan, *Jih-pen-Kue.* Tome Pires gibt in seinem Buch *Suma Oriental* (Das Wesen des Orients) eine portugiesische Version des malaiischen *japun* oder *japong,* das wiederum von dem chinesischen *jih-pen* stammt. Das Buch wurde zwischen 1512 und 1515 geschrieben, jedoch erst 1944 veröffentlicht.

Die ersten Europäer in Japan waren drei portugiesische Seeleute. Antonio da Mota, Francisco Zeimota und Antonio Peixota landeten laut japanischen Quellen am 23. September 1543 auf der Insel Tanegashima, südwestlich von Kyushu. Sie wurden freundlich empfangen. Diese zufällige Landung war der Beginn des japanisch-portugiesischen Handels.

Die ersten Europäer, die in Japan landeten, waren 1543 portugiesische Kaufleute, die auf dem Weg nach China ein Taifun an die japanische Küste trieb. Sie wurden freundlich aufgenommen und fanden reißenden Absatz für ihre Waren. Dementsprechend hielten die Portugiesen Japan für „eines der besten und geeignetsten Länder, um Gewinne zu erzielen".

Weltumseglungen

Der erste, der um die Welt segelte, war, was häufig übersehen wird, ein gewisser Enrique, jener malaiische Sklave, den Magellan von Malakka nach Europa mitgebracht hatte und der ihn 1519 auf seine Weltumsegelung begleitete. Als die spanischen Schiffe die Philippinen erreichten, wußte Enrique, da er die Sprache der Einwohner verstand, daß er wieder in heimischen Gewässern war, und nachdem Magellan auf der Insel Mactan im Kampf mit den Eingeborenen gefallen war, verließ er die spanische Flotte. Danach hat man nie wieder etwas von ihm gehört.

Das erste Schiff, das um die Welt segelte, war die *Victoria,* das einzige der fünf Schiffe, mit denen Magellan (um 1480–1521) 1519 zu seiner Weltumseglung aufgebrochen war, das 1522 mit letzter Kraft wieder im Hafen von Sanlúcar de Barrameda in Südspanien einlief. Magellan selbst und 250 seiner Männer waren auf der Fahrt gestorben, und sein Nachfolger Juan Sebastián Elcano (1486/87–1526) kehrte mit nur noch 20 Mann auf der *Victoria* in die Heimat zurück.

Industrie und Handel

LANDWIRTSCHAFT · NAHRUNG · INDUSTRIE
MÄRKTE · GELDWESEN · BANKEN

Landwirtschaft

Die Anfänge gehen, obwohl dafür keine eindeutigen Beweise vorliegen, bis etwa 18 000 v. Chr. zurück, als Rentiere bereits als Nutztiere gehalten worden sein sollen. Ziegen wurden schon 16 000 v. Chr. auf dem Berg Carmel in Palästina in Herden gehalten, und Höhlenfunde aus Thailand scheinen zu bestätigen, daß Pflanzenzucht und die Domestizierung von Tieren Bestandteil der Hoabinhian-Kultur etwa 11 000 v. Chr. waren.
Der früheste Nachweis für den Anbau von Getreide stammt aus Ali Kosh (Iran) und Jericho (Westjordanien). Ziegen wurden um 8050 v. Chr. in Asiab (Iran) gezüchtet, und ein Hund ist aus der Zeit um 7700 v. Chr. im englischen Star Carr, North Yorkshire, nachgewiesen. Die frühesten Beweise für Schafzucht stammen aus der Zeit um 7200 v. Chr. aus Argissa-Magula, Thessalien (Griechenland). Um 7000 v. Chr. hielt man dort auch bereits Schweine und Rinder. Das erste gezähmte Pferd gab es etwa um das Jahr 4350 v. Chr. im Gebiet der heutigen Ukraine (UdSSR). Uralte Wegspuren, die 1982 von einem amerikanischen Raumschiff aus entdeckt wurden, lassen vermuten, daß Zugtiere möglicherweise noch früher gezähmt wurden. Hühner wurden vor 6500 v. Chr. in Indochina gehalten und waren um 5900–400 v. Chr. in ganz Nordchina verbreitet.

Die wenigsten domestizierten Tiere gab es im vorkolumbianischen Südamerika. Neben dem Lama gehörten dazu kleine Hunde, der Truthahn und das Meerschweinchen. In den Anden wurden die Hunde für die Jagd und als Opfertiere benutzt. In vielen Haushalten dienten die Hunde den Menschen in ihren Betten als Bettwärmer. Bei den Azteken in Mittelamerika wurden sie hingegen gegessen.

Haustiere

Der erste domestizierte Vogel war in Südosteuropa und Kleinasien die Graugans des Neolithikums (vor 20 000 Jahren).

Die ersten Europäer, die einen Truthahn sahen, waren wahrscheinlich Kolumbus und seine Schiffsbesatzungen, die auf dessen vierter Reise im August 1502 am Punta Caxinas (Cabo de Honduras) an Land gingen und dort beköstigt wurden, unter anderem mit einem *gallinas de la tierra* (Erdhuhn). 1519 stellte Cortez fest, daß die Bewohner der Küstenlandstriche von der Insel Cozumel bis nach Veracruz (Mexiko) viele dieser *gallinas* züchteten. Als Cortez später, 1525, in Trujillo am Cabo de Honduras eintraf, boten die Einheimischen auch ihm Fisch und Truthahn an. Er wurde wahrscheinlich bereits um 1500 als wohlschmeckende neue Attraktion nach Europa gebracht. 1520 wurde ein Paar nach Rom geschickt, und 1528 war der Truthahn nachweislich in Frankreich bekannt. Die ersten Truthahnfarmen gab es in Spanien, wohin die Tiere seit 1511 zu diesem Zweck gebracht wurden.

Der am mißverständlichsten benannte Vogel war der Truthahn. Bald nachdem er aus „Neu-Indien" nach Europa gelangt war, entdeckten ihn levantinische oder türkische Kaufleute in den von ihnen angelaufenen spanischen Häfen und brachten ihn nach Nordeuropa. Sein ursprünglicher Name war *uexolotl,* aber in England zog man es vor, ihn *turkie cock* (türkischer Hahn – daraus später die heutige Bezeichnung *turkey)* zu nennen. In Frankreich, wo man offenbar eher Vasco da Gama als Hernando Cortez Glauben schenkte, erhielt der neue Vogel den Namen *coq d'Inde* (indischer Hahn) und später zu *dinde* oder *dindo* verkürzt wurde. In Italien nannte man ihn *galle d'India* und in Deutschland indianische Henn. Das indische Thema wurde sogar noch weiter variiert, indem man Kalikut, wo da Gama zuerst in Indien gelandet war, als Herkunftsort annahm. So wurde der Truthahn in Deutschland auch kalekutischer Hahn genannt, in Holland *kalkoen* und in Skandinavien *kalkon.* In der Türkei wurde der Truthahn ebenfalls als indischer Vogel – *hindi* – bezeichnet. In Indien selbst hieß er *peru,* was seinem Ursprungsgebiet zumindest geographisch ein wenig näherkommt.

Die meisten Schafe gab es mit 2,7 Mio. Stück, das heißt einem auf je zwei Einwohner, in Spanien. Sie wurden in jedem Herbst aus den Pyrenäen und dem Kantabrischen Gebirge auf die Winterweiden im Süden und im Frühjahr wieder in den Norden getrieben. In den zwanziger Jahren des 16. Jh.s vergrößerte sich der Schafbestand auf die Rekordhöhe von 3,45 Mio. Stück (die Zahlen sind mit einiger Genauigkeit belegt, da die Tiere während der Weidwechsel besteuert wurden). Wenn die Schafe zu Hunderttausenden die „Straßen" entlanggetrieben wurden, beherrschten sie das Leben der gesamten Gegend. Diese störenden Herdenwanderungen, die keineswegs nur in Spanien üblich waren, stellten in vielen Teilen Europas die einzige Möglichkeit dar, die Tiere lebend durch den Winter zu bringen. Aber nicht die Kälte wäre den Tieren andernfalls gefährlich geworden, sondern die Winternahrung in den nördlichen Gebieten, die aus kaum mehr als getrockneten Bohnen und Pflanzen, Spreu und Stroh bestanden hätte. Die Schafe wurden hauptsächlich als Wollproduzenten gehalten, lieferten aber auch Nahrungsmittel – Milch, solange sie lebten, und Fleisch, wenn sie geschlachtet wurden. Zwanzig weibliche Schafe gaben zur damaligen Zeit genug Milch, um pro Woche 2,5 kg Butter und 6,35 kg Käse herzustellen, und da schätzungsweise 2,5 Mio. der 2,7 Mio. Tiere Mutterschafe waren, ist die Annahme von Butter- und Käsebergen nicht von der Hand zu weisen. Sie dürften allerdings im 15. Jh. in Spanien nicht so groß gewesen sein wie ein Jahrhundert vorher in England, wo bei insgesamt 8 Mio. Stück knapp drei Schafe auf jeden Einwohner kamen.

Eine Kaninchenplage verhinderte die Kolonisierung der Insel Porto Santo, 41 km nordöstlich von Madeira. 1418 hatte Heinrich der Seefahrer Kolonisten dorthin ausgeschickt, die auch ein schwangeres Kaninchenweibchen an Bord hatten. Deren Nachkommen vermehrten sich derart reichlich, daß es den Neusiedlern unmöglich war, das Land zu bestellen, und sie resigniert nach Madeira zurückkehrten.

Eine Schweineinvasion war die Folge der Einführung der Tiere in der Neuen Welt. Schweine

Simon Bening, der Meister des Grimani Breviers, zeigte Schafscherer bei der Arbeit.

Vorherige Seite: Eine italienische Miniatur von 1470 zeigt den Handel in den Straßen der Kleider- und Möbelmacher.

sind Allesfresser und vermehren sich unter günstigen klimatischen Bedingungen ausgezeichnet. So kam es, daß sich die Nachkommen der acht Schweine, die Kolumbus 1493 auf seiner zweiten Fahrt nach Amerika gebracht hatte, bis zum Ende des 15. Jh.s über viele Inseln und das Festland verbreitet hatten. Da außerdem immer wieder neue Tiere aus Europa hinzukamen, vervielfachte sich die Zahl der Tiere rasch, und die Menge der verwilderten Schweine wurde bald als unendlich bezeichnet. In einem zeitgenössischen Bericht heißt es, daß „das ganze Gebirge von ihnen wimmelt". Die verwilderten Schweine kehrten in wenigen Generationen zu ihren Ursprüngen zurück und wurden zu dem bösartigen, besonders im Südosten der USA verbreiteten Wildschwein, das wegen seines spitzen Rückens *razorback* genannt wird.

Die ersten Schafe nach Amerika brachte Kolumbus auf seiner zweiten Reise (1493). Er nahm sie auf den Kanarischen Inseln an Bord und brachte sie zunächst auf Hispaniola (heute Haiti und Dominikanische Republik) und wenige Wochen später auf Kuba an Land. 1521 kamen die ersten Schafe in das Gebiet des heutigen Panama, und nach der Eroberung Mexikos (1519–1521) wurde das spanische Churro-Schaf 1540 in Neuspanien (Mexiko) eingeführt. Bei der Ausdehnung ihrer Eroberung nach Peru hatten die spanischen Konquistadoren als wichtigste Fleischlieferanten Schafherden bei sich, und als die Spanier 1541/42 unter Vasquez de Coronado den Colorado hinauf ins Gebiet des heutigen Neumexiko vordrangen, hatten sie 5000 Schafe und 500 Rinder bei sich.

Die damals neueste Methode der Rinderzucht, die Ranchhaltung, wurde im Mittelalter in den Halbwüsten Andalusiens (Spanien) entwickelt, wo wegen der Trockenheit besondere Methoden angewandt werden mußten. Sowohl die Art, wie die Tiere dort gehalten wurden, als auch die Rinder selbst entsprachen weitgehend den Methoden und dem Viehbestand der späteren mexikanischen und amerikanischen Ranches.

Ein einzigartiger Zuchterfolg war das langhornige, langbeinige, widerstandsfähige Rind, das in den Halbwüsten Südspaniens gezogen wurde. Sie wurden mehr ihrer Haut wegen gehalten und weniger als Lieferanten von Fleisch und Milchprodukten. Diese Rinder waren halbwild und wurden auf Freilandflächen gehalten, ähnlich wie später auf den Ranches der Neuen Welt.

Die ersten Brandzeichen ihrer Besitzer wurden den frei grasenden Rindern in Südspanien im 10. Jh. eingebrannt. Die Zeichen wurden amtlich registriert und geschützt, um einen Raub der Tiere zu verhindern.

Die besten Hetzhunde waren die Alaunt aus Spanien. Sie galten als fähige Jagdhunde auf Wildschweine, als gute Treibhunde, um das Vieh zum Fleischmarkt zu treiben, und als zuverlässige Wachhunde.

Die ersten großen Hunde in Amerika wurden durch Kolumbus und die anderen Konquistadoren eingeführt, die sie zur Jagd auf die Eingeborenen einsetzten. Die Hunde waren dabei durch zusätzliche Felle vor den Pfeilen der Indianer geschützt.

Die größten Fischzuchtbecken gab es in Frankreich. Karpfen waren zwar schon vor 3000 v. Chr. in China gezüchtet worden, und jedes europäische Kloster von einigem Rang besaß sein Vivarium, in dem Fische lebend gehalten wurden, bis sie in der Küche gebraucht wurden. Aber die kommerzielle Fischzucht nahm im 13. Jh. in Frankreich ihren Anfang und erlebte ihre Blütezeit im 15. Jh. Die ersten Fischteiche in Sologne, Brenne, Bresse und Dombes waren fast 40 000 ha groß. Gezüchtet wurden überwiegend große Fische, darunter in erster Linie Karpfen und Hechte.

Pferde

Der größte Pferdeverkauf dürfte im Sommer 1474 stattgefunden haben. Damals wurde, wie berichtet wird, der Gesandte des Tatarenkhans auf seiner Reise nach Moskau von Kaufleuten begleitet, die über 40 000 Pferde bei sich hatten, die sie verkaufen wollten.

Große Vermehrungsraten waren bei den Pferden zu beobachten, die um 1500 von den Spaniern in der Neuen Welt eingeführt wurden. Einmal akklimatisiert, vermehrten sie sich so schnell, daß 1507 für Hispaniola ein Einfuhrverbot erlassen werden mußte. Im späten 16. Jahrhundert pflegte man in Chile zu sagen: „Niemand zählt seine Maultiere und Esel. Wer immer eins haben will, geht aufs Land und fängt sich eins."

Die unergiebigste Pferdezucht scheint diejenige Englands gewesen zu sein. König Heinrich VII. (1457–1509) stellte 1495 besorgt fest, daß Pferde in England knapp zu werden begannen, und bemängelte, daß so viele von ihnen ins Ausland verkauft wurden. Die Konsequenz war ein Ausfuhrverbot. Einen weiteren Schritt zur Hebung der Zahl und Qualität der englischen Pferde unternahm Heinrich VIII., der Agenten ausschickte, die in anderen europäischen Ländern nach guten Pferden Ausschau halten sollten. Aber in einem Erlaß von 1535 wird immer noch das Bedauern über „den großen Verfall der Haltung und der Zucht von guten, schnellen und starken Pferden, wie sie zu früheren Zeiten in diesem Reich gezüchtet wurden", ausgedrückt. Ein anderer Erlaß aus dem Jahr 1540 zählt 30 Grafschaften und Distrikte auf, in denen es keiner Person erlaubt sein sollte, Pferde und ihre Füllen in Ställen zu halten, die niedriger waren als 15 Handbreit.

Die beeindruckendsten Maultiere befanden sich, folgt man dem chinesischen Schriftsteller Xie Zhaozhi, im Park des chinesischen Kaisers, „wo es auch Maultiere gibt, die mit Tigern kämpfen. Sie sind 2,4 m hoch und können einen Tiger mit drei Tritten zu Boden strecken. Der Eunuch Liu Ma bekam von den nordwestlichen Barbaren ein schwarzes Maultier, das 530 km an einem Tag zurücklegen und einen Tiger mit einem einzigen Tritt erledigen kann. Es starb, als es gegen einen Löwen in den Kampf geschickt wurde, in dessen Verlauf ihm das Rückgrat gebrochen wurde".

LITERATUR

Das erste veterinärmedizinische Handbuch wurde, nachdem bei den Kavalleriepferden gesundheitliche Probleme aufgetreten waren, in königlichem Auftrag von Manuel Díaz verfaßt und erschien 1495. Leonardo da Vinci vollendete seine Studien über die *Anatomie des Pferdes* 1499 in Kastilien. Veterinärmedizinisches Wissen war im Mittelalter zwar weit verbreitet, ließ aber viele grundlegende Fragen offen.

Pflanzenanbau

Das früheste Pflanzenerkennungsbuch war das *Jiuhuang bencao* (Kräuterbuch gegen den Hunger), in dem Chu-tsu, der 5. Sohn des chinesischen Kaisers T'ai-tsu (ursprünglich Chu Yüan-chang, 1328–1398), 1404 die Ergebnisse seiner Forschungen vor Ort und die Informationen, die er von den Bauern erhalten hatte, zusammenfaßte. In dem Buch sind 414 eßbare Pflanzen angeführt, von denen 276 zum erstenmal beschrieben wurden, und jede einzelne von ihnen wird nicht nur beschrieben, sondern auch auf einer Zeichnung in ihrer natürlichen Umgebung dargestellt.

Die bedeutendsten Züchter von Kulturpflanzen waren die Indianer Mittel- und Südamerikas, die nachweislich 120 Pflanzenarten zu Kulturpflanzen gemacht haben. In der Andenregion allein waren 30 bis 70 eßbare Arten bekannt. Zu den in Amerika kultivierten Pflanzen gehörten der Mais, weiße Bohnen, die Tomate, der Kürbis, die Kartoffel, die Avocado, der Maniok und der Chili.

Die höchste Produktivität, am Arbeitsaufwand und am Ergebnis gemessen, hatte damals wahrscheinlich das Volk der Taino, das Kolumbus 1492 auf den Westindischen Inseln vorfand. Es hob knietiefe Gräben aus, sogenannte *cunocos,* in denen es Maniok, Kartoffeln, Kürbisse und Bohnen anpflanzte. Diese Vermischung mehrerer Pflanzenarten hatte zur Folge, daß sie sich gegenseitig Nährstoffe und Schatten boten und gleichzeitig die Bodenerosion verhinderten.

Der älteste amerikanische Dünger: Die Irokesen aus dem Osten Amerikas benutzten Fischköpfe und Mist, um ihr Land zu düngen. Später zeigten sie den Siedlern ihre Methode. Andere Indianerstämme benutzten Muscheln und Fische als Düngemittel.

Neue Nahrungsmittel

Neue Nahrungsmittel kamen in großer Zahl aus der Neuen in die Alte Welt. Viele von ihnen, die irgendwo in Europa günstige klimatische Bedingungen vorfanden – und das traf für die meisten der neuen Pflanzen zu –, wurden im Verlauf der Zeit derart heimisch in der Alten Welt, daß es heutzutage viele kaum glauben können, daß zum Beispiel die Kartoffel und die Tomate, auf historische Maßstäbe bezogen, in Europa vergleichsweise junge Kulturpflanzen sind.

Von Westen nach Osten, aus Mittel- und Südamerika nach Europa und über Europa nach Asien, kamen: Mais, Tomaten, Avocados, Kartoffeln, Ananas, Papaya, weiße Bohnen,

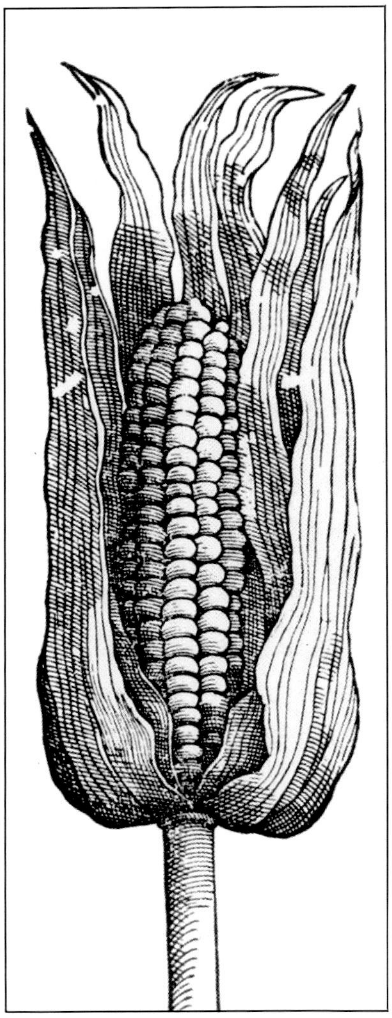

Mais war eines der wichtigsten Getreide, die aus der Neuen Welt in die Alte gebracht wurden.

Wachsbohnen, Limabohnen, Feuerbohnen, Kakao, Erdnüsse, Vanille, süßer Pfeffer, Chili, Maniok und der Truthahn. Aus Amerika nach Afrika gelangten: Mais, Maniok, Kartoffeln und Erdnüsse. Aus Kanada in die Alte Welt kamen etwas später durch Vermittlung französischer Entdecker: Artischocken und grüne Bohnen.

Von Osten nach Westen wurden ebenfalls viele Nutzpflanzen verbreitet. Ost und West hatte vor der Entdeckung Amerikas allerdings etwas anderes bedeutet als danach, und der Nahrungsmittelhandel war fast ausschließlich in einer einzigen Richtung erfolgt: von Asien über die Araber nach Europa. Einige der eingeführten Pflanzen, die sich als kultivierbar erwiesen, wie etwa Reis, Zitrusfrüchte, Pfirsiche und Aprikosen, wurden, vorwiegend im Mittelmeerraum, in Europa angebaut. Andere jedoch, zum Beispiel Gewürze, blieben Handelswaren. Trotz der Vielzahl der eingeführten Pflanzen gelangten jeweils nur ein oder zwei Arten gleichzeitig nach Europa, und es dauerte mit allen Rückschlägen und Neuanfängen lange Zeit, bis sie heimisch gemacht worden waren. Amerika dagegen wurde von den in Europa beheimateten oder akklimatisierten Nutzpflanzen und Haustieren geradezu überschwemmt. Zu den jetzt zum erstenmal in der Neuen Welt angebauten Pflanzen und gehaltenen Tieren gehörten: Zuckerrohr, Bananen, Reis, Zitrusfrüchte, Weizen, Kichererbsen, Kokospalmen, der Brotfruchtbaum sowie Rinder und Pferde. Um die aus Afrika geholten Sklaven zu ernähren, wurden außerdem auch einige afrikanische Pflanzenarten eingeführt, wie Yams, Okra, Spargelbohnen und Taubenerbsen.

Die größte Vielfalt an Nahrungsmitteln hatte, nach der Einführung von Mais, Kartoffeln und Erdnüssen aus der Neuen Welt, die chinesische Küche zur Verfügung, die auch die meisten Arten ihrer Zubereitung kannte.

Die **Tomate** wurde zwischen 1535 und 1554 aus Mexiko auf die Iberische Halbinsel gebracht. Die **Avocado** kam ebenfalls zu dieser Zeit nach Europa. Die Azteken nannten sie *aghuacati,* woraus im Spanischen *aguacate* und im Englischen schließlich *avocado* wurde. Die **Sonnenblume,** die zum erstenmal 1568 erwähnt wird, kam gleichfalls aus Südamerika. Die **Erdnuß** wurde von den Portugiesen in Westafrika eingeführt, während die Spanier sie nach Indien brachten. Um 1530 gelangte sie nach China. Europäische Pflanzen waren in Asien bereits bekannt, als die Portugiesen in Indien neue amerikanische Pflanzen einführten, wie den Tabak, die Ananas und die Cashewnuß. Sie wurden von den indischen Landwirten und Händlern rasch angenommen, so daß zum Beispiel der Tabak vom späten 16. Jh. an in Gujarat und danach auch in vielen anderen Gebieten eine bedeutende, zum Verkauf bestimmte Anbaupflanze war.

Die ersten aus der Alten in die Neue Welt gebrachten Pflanzen waren mehrere Getreidesorten (Weizen, Roggen, Gerste und Hafer), deren Samen Kolumbus auf seiner Fahrt nach Hispaniola an Bord hatte. Aber das Getreide fand zunächst nicht viel Anklang, bis die Eroberer das Hochland von Mexiko und von Peru erreicht hatten. Auf seiner zweiten Reise brachte Kolumbus das Zuckerrohr, das die Spanier aus Asien eingeführt hatten und auf den Kanarischen Inseln anbauten, nach Amerika. Damit hatte er mehr Erfolg, und der erste amerikanische Zucker traf 1512 in Spanien ein. Bananen kamen 1516 von den Kanarischen Inseln nach Hispaniola. Die erfolgreichsten Pflanzen auf der anderen Seite des Atlantiks waren jedoch die Zitrusfrüchte, die 1493 auf Hispaniola, 1518 in Mexiko und um 1540 in Brasilien eingeführt wurden. Reis aus Asien wurde seit dem 14. Jh. in Spanien angebaut und erreichte 1512 die Westindischen Inseln.

Am langsamsten angenommen wurde die Tomate, die die Spanier unter Hernando Cortez 1519 in Mexiko vorfanden, wo die Azteken sie in einer Vielzahl von Varietäten kultivierten. Der Name leitet sich vom aztekischen *tomatl* oder *xitomate* ab. Die in Europa eingeführten Tomaten waren vermutlich gelborange, weshalb sie in Italien auch *pomi d'oro* (Goldäpfel), heute zu *pomodoro* abgeschliffen, genannt wurden. Sie waren vermutlich schon einige Zeit vorher nach Europa eingeführt worden, wurden aber erst 1544 von einem Botaniker erwähnt, und zwar in dem Pflanzenbuch von Matthiolus. In Spanien wurde die Tomate sofort angenommen, während es in Italien über ein Jahrhundert dauerte, bis sie für Suppen und Kochgerichte Verwendung fand, und noch einmal anderthalb Jahrhunderte, bis Nudelsaucen aus ihr bereitet wurden. In Frankreich wurde sie *pomme d'amour* (Liebesapfel) genannt. Andernorts, besonders in Nordeuropa und Nordamerika, sprach man der Tomate jeden Nährwert ab und glaubte, daß sie Gicht verursachte. Unklar ist, ob die Tomate aus ihrem mutmaßlichen südamerikanischen Ursprungsgebiet im heutigen Peru und Ecuador als Wildpflanze oder bereits kultiviert nach Mexiko gelangte, wo sie wahrscheinlich zum ersten Mal als Nutzpflanze angebaut wurde.

Mais

Häufigster Gegenstand der Züchtung war der Mais. Als Kolumbus 1492 Amerika sichtete, hatten die Ureinwohner über 200 Varietäten gezüchtet.

Am schnellsten verbreitet wurde der Mais. Nachdem Kolumbus auf Kuba entdeckt hatte, daß er sowohl gekocht als auch geröstet oder als Mehl verarbeitet schmackhaft war, nahm er eine Ladung Samen mit nach Spanien zurück, und wenige Jahrzehnte später war der Mais eines der wichtigsten landwirtschaftlichen Erzeugnisse der heißen Gegenden der ganzen Welt. Er erreichte 1517 Ägypten, wurde von den Venezianern in den Nahen Osten gebracht und von den Portugiesen zwischen 1525 und 1535 in Afrika eingeführt, wo er zur Versorgung der Menschen auf den Sklavenschiffen angebaut wurde. 1519 gelangte der Mais mit Magellan, der immer noch auf der Suche nach einer Westroute zu den Gewürzinseln war, auf die Philippinen, und von dort wurde er nach China verbreitet. In seinem Ursprungsland wurde er überwiegend als Mehllieferant angebaut, nicht als Gemüse. In Italien und Rumänien stellte man aus dem Mehl Breie oder Gebäcke her wie die Polenta und die Mamaliga. Die ersten europäischen Siedler in Nordamerika verwendeten es für weiche, pfannkuchenartige Flachbrote und das *succotash,* ein Gericht aus Mais, Bohnen und häufig auch Fleisch. In Afrika aß man den Mais vom Kolben oder verarbeitete ihn zu Mehl. In China, wo er um 1550 zu erheblicher Bedeutung gelangt war, wurden die Nudeln, wenn die Weizenernte einmal mäßig ausgefallen war, aus einem Gemisch aus Mais- und Weizenmehl hergestellt. In England und Frankreich wurde Mais als Geflügelfutter betrachtet, nicht als Nahrungsmittel für Menschen.

Die erste Zeichnung der Maispflanze erschien in der *Historia natural y general de las Indias* (Allgemeine Geschichte und Naturgeschichte Indiens) von Gonzalo Fernández de Oviedo y Valdés, der 1513 nach Amerika geschickt worden war, um die dortigen Pflanzenwelt zu studieren.

Die größte Auswirkung besaßen die neueingeführten Pflanzen in Afrika, wo infolge der Entdeckungen des Kolumbus die landwirtschaftliche Produktion und das Bevölkerungswachstum anstiegen. Der Mais bewirkte in den Jahrzehnten nach der ersten Atlantiküberquerung eine tiefgreifende ökonomische Revolution in Afrika. Wo vorher in Westafrika Hirse und Sorghum angebaut wurden, stand jetzt Mais, zuerst in den Savannengebieten aus mexikanischem Samen gezogene Pflanzen (der in England nach den Türken, die im 16. Jh. Nordafrika eroberten, türkischer Weizen genannte Mais), später dann in den Waldgebieten brasilianischer Mais, der von den Eingeborenen wegen seines reichen Ertrages und seiner vor Vogelschäden geschützten Kolben rasch angenommen wurde.

Der wichtigste nordamerikanische Nußbaum ist der Hickory *(Carya illinoiensis),* der von Illinois bis Texas (USA) und zum mexikanischen Oaxaca verbreitet ist. Der ursprüngliche Name *pecanes* oder *paccan* wird heute noch für die Frucht, die Pecannuß, verwendet. Der Spanier Alvar Núñez Cabeza de Vaca war vermutlich, im Jahr 1528 am Guadalupe in Texas, der erste, der beobachtete, wie Indianer Pecannüsse ernteten. 1533 notierte Lope de Oviedo ihre Verwendung als Nahrungsmittel und verglich sie mit kleinen Walnüssen.

Die ersten Erdnüsse wurden offenbar im Gebiet des heutigen Peru angebaut. Um 700 hatte sich die Erdnuß als Kulturpflanze bis nach Mexiko verbreitet. Überall sonst auf der Welt wurde sie erst nach 1492 eingeführt, nachdem die Spanier und Portugiesen für ihre Verbreitung gesorgt hatten. Den malaiischen Archipel erreichte sie durch spanische Vermittlung zwischen 1521 und 1529. In Afrika führten sie die Portugiesen, die sie aus Brasilien kannten, um 1500 ein, und von dort gelangte sie nach Indien und schließlich in den dreißiger Jahren des 16. Jh.s nach China. Auf diese Weise wurden in den verschiedenen Gebieten unterschiedliche Varietäten der Erdnuß angesiedelt. Der Sklavenhandel während der nächsten beiden Jahrhunderte mag zu ihrer weiteren Verbreitung beigetragen haben, insbesondere in die gemäßigten Gebiete Nordamerikas.

Die ersten kolonialen Plantagen wurden von den Portugiesen auf den Kapverdischen Inseln angelegt, wo sie Baumwolle und den Indigostrauch (zur Gewinnung des tiefblauen Farbstoffs) anbauten. Die kombinierten Spinnereien und Webereien wurden nach Vorbildern vom afrikanischen Festland errichtet, von wo auch die nötigen handwerklichen Kenntnisse übernommen wurden. Von Sklaven bearbeitete Baumwollplantagen wurden die Basis der Kolonisation der karibischen Inselwelt und später der Wirtschaft der nordamerikanischen Südstaaten. Die europäische Besiedlung der Kapverdischen Inseln begann eine Generation bevor Kolumbus die Insel Hispaniola entdeckte.

Die ersten Tabaksamen brachte möglicherweise bereits Kolumbus nach Europa. Die früheste Beschreibung der Tabakpflanze stammt von dem spanischen Mönch R. Pane (1496), und es ist belegt, daß Tabaksamen unter der Sammlung von Naturschätzen aus Yucatán (Mexiko) war, die F. Hernandez de Toledo (1517–1587) im Auftrag Philipps II. (1527–1598) nach Spanien brachte. Nach dem französischen Gelehrten Jean Nicot (1530–1600), der 1559–1561 Gesandter am portugiesischen Hof war und Tabaksamen nach Frankreich schickte, nannte der französische Botaniker J. Dalechamps die Pflanze 1586 *herba Nicotiana.* Sie wurde zunächst als Zierpflanze und modisches Allheilmittel genutzt (zum Desinfizieren gegen die Pest, gegen Zahnschmerzen, Gicht, Koliken und Tetanus). Während des Dreißigjährigen Kriegs verbreiteten die schwedischen Truppen dann das Rauchen in weiten Teilen Europas. Es traf jedoch vielerorts auf strikte Ablehnung: In England wurde 1652 der Tabakanbau per Gesetz (das bis 1910 in Kraft blieb) untersagt; in Rußland wurde 1634 das Rauchen verboten (als Strafe war der Verlust der Nase angedroht); in der Türkei stand gar die Todesstrafe auf den Verstoß gegen das Rauchverbot. In Deutschland gab es 1651 ein Anbauverbot in Württemberg, 1654 ein allgemeines Tabakverbot in Franken und Hessen.

Die größte in Afrika angebaute eßbare Nutzpflanze war zweifellos die Yamswurzel. Die unterirdischen Knollen der afrikanischen Yamswurzel können bis zu 10 kg schwer und ein Meter lang werden, sind dann allerdings ungenießbar. Die Yamswurzel wurde über mehrere

Der Anbau von Raps, um Öl zu gewinnen, ist keine neue Erscheinung. In dem Maße wie die Kosten für das importierte Olivenöl ständig stiegen, verlegten sich in der ersten Hälfte des 15. Jahrhunderts mehr und mehr englische Bauern unter Anweisung holländischer und französischer Einwanderer auf den Raps-Anbau. Das Öl wurde auch zur Imprägnierung von Stoffen und als Brennstoff genutzt.

Jahrtausende aus einem einheimischen wilden Wein gezüchtet. Ihre Ernte wurde mit großen zeremoniellen Festlichkeiten begangen und von Königen und Priestern überwacht.

Die erste Kartoffelpflanze, die nach Europa gelangte, war nicht die heutige Frittenkartoffel, sondern die Süßkartoffel *(Ipomoea batatas)*, die ihren haitianischen Namen – Batate – bis heute behalten hat und 1493 von Kolumbus nach Europa gebracht wurde. Sie gedieh in den warmen Gegenden der Iberischen Halbinsel und wurde als spanische Kartoffel bekannt. In der Frühzeit des europäischen Kartoffelanbaus hoben die Rezepte denn auch besonders ihre Süße hervor; man ging sogar so weit, sie kandiert zu servieren. Nach Guam und auf die Philippinen gelangte sie durch die Spanier, und von dort weiter nach China, wo sie um 1560 weithin bekannt war. Die Portugiesen führten sie in Afrika ein.

Die echte Kartoffelpflanze, die *Solanum tuberosum,* hat ihren Ursprung im heutigen Peru, wo sie in Höhen bis zu 3300 m wuchs. Die Inka pflegten einen großen Teil der Ernte durch Einfrieren und Trocknen haltbar zu machen. Das Ergebnis dieses Prozesses wurde von den Spaniern *chunu* genannt. Die Arbeiter in den Silberminen in Potosi (Bolivien) lebten fast ausschließlich von *chunu,* und ihre neuen Herren, die dessen Wert als Schiffsnahrung erkannten, führten es in Spanien ein. Außer in Spanien wurde die Kartoffel aber nur in Italien rasch heimisch. Im übrigen Europa glaubte man, sie verursache entweder sinnliche Begierde oder aber Lepra, weshalb sie dort erst im 17. Jh. – in manchen Gebieten sogar noch später – populär wurde.

Die ersten Europäer, die die echte Kartoffelpflanze sahen, waren 1537 spanische Eroberer im Gebiet des heutigen Peru. Sie aßen die Kartoffeln allerdings nicht. Die Pflanze *(Solanum tuberosum)* scheint erst um 1570 nach Europa gelangt zu sein. Der erste Beleg für Speisekartoffeln stammt aus Sevilla in Spanien (1573), und die früheste Beschreibung gab 1596 der englische Botaniker John Gerrard. Übrigens hatte, ungeachtet der entsprechenden Legenden, weder Sir Walter Raleigh (um 1552–1618) noch Sir Francis Drake (um 1540–1596) etwas mit der Einführung der Kartoffel zu tun.

Die giftigste Nutzpflanze ist der Maniok *(Manihot esculenta)*, eine Wolfsmilchgewächsart, die in weiten Teilen Südamerikas angebaut wurde (und wird), obwohl ihre Knolle stark blausäurehaltig ist. Sie muß aus diesem Grund in einem komplizierten Verfahren entgiftet werden, bevor sie, geraspelt oder als Mehl (im Handel Tapioka genannt) verarbeitet, gegessen werden kann.

Gemüse

Das verwirrendste neue Gemüse war der südamerikanische „Pfeffer" der Gattung Capsicum, der nichts mit dem *Piper nigrum* aus Indien gemein hat. *Capsicum annum* und *Capsicum longum* liefern Paprika, Spanischen Roten Pfeffer, Schotenpfeffer und Beißbeere, während *Capsicum frutescens* und *Capsicum fastigiatum* Cayennepfeffer produzieren. Aber die Spanier waren, als sie die Neue Welt entdeckten, auf der Suche nach Gewürzen, und die fanden sie auch. Im Rückblick erscheint es allerdings bedauerlich, daß sie das alte Wort für echten Pfeffer – *pimienta* – mit neuer Endung *(pimiento)* für die großen, fleischigen, süßen Paprikaschoten vergaben – die, von den Samen abgesehen, keinen Pfeffergeschmack haben – und der kleinen, scharfen Varietät aus Mexiko (nicht Chile!) die neue Bezeichnung *chile* (Chili) gaben, deren Wirkung vom warmen Glühen bis zum feurigen Brennen reicht. (Piment, auch Nelken- oder Jamaikapfeffer genannt, ist übrigens die getrocknete Beere des Pimentbaums, der ebenfalls auf den Westindischen Inseln und in Mittel- und Südamerika beheimatet ist.)

Der erste Kopfsalat, das heißt ein Gartensalat mit zu einem Kopf zusammenschließenden Herzblättern, ist in dem 1543 erschienenen *New Kreuterbuch* von Leonart Fuchs (1501–1566) beschrieben und abgebildet. Gartensalate waren natürlich schon vorher bekannt und wurden (häufig wegen ihrer sedativen Wirkung) schon von den Pharaonen und in der Zeit vor ihnen gegessen. Aber die damals vorhandenen Arten waren Lattiche mit losen, nicht geschlossenen Blättern.

Obst

Die erste Erwähnung der Papaya, der Frucht des Melonenbaums *(Carica papaya)*, findet sich in Oviedos *Historia general y natural de las Indias.* Sie muß in Mittelamerika allerdings schon in der Vorzeit genutzt worden sein. Durch die Europäer wurde sie in anderen tropischen Gebieten, einschließlich des südlichen Pazifiks, verbreitet.

Die ersten Bananen in der Karibik wurden, nach Angaben Oviedos, 1516 auf den Westindischen Inseln angepflanzt, wohin sie von den Kanarischen Inseln gebracht worden waren.

Die Ananas entdeckte als erster Kolumbus 1493 auf Guadeloupe. Sie wurde 1502 auch in Panama gefunden, und spätere Eroberer und Reisende stellten fest, daß sie in den tropischen Gebieten beider Amerikas verbreitet war. Ihre ursprünglichen Namen lauteten u.a. *yayama* und *bonima.* Die wild wachsenden Ananasfrüchte bilden harte Samenkerne heraus, doch waren in Südamerika damals bereits samenlose Kulturpflanzen gezüchtet worden.

Die ersten Weintrauben in Amerika wurden dort schon Ende des 15. Jh.s eingeführt. Der erste belegte Anbau an der Ostküste Nordamerikas fand jedoch erst 1621 durch die London Company statt. Die Edelrebe der Alten Welt *(Vitis vinifera sativa)* ist wahrscheinlich die wichtigste in die Neue Welt eingeführte Pflanze. Sie wurde im Nahen Osten zwar schon im 4. Jh. v. Chr. angebaut, gelangte aber erst relativ spät nach Amerika. Die Besuche der Wikinger scheinen keine neuen Pflanzenarten in Amerika hinterlassen zu haben.

Zucker

Das erste Zuckerrohr in Amerika brachte Kolumbus auf seiner zweiten Fahrt (1493) von den Kanarischen Inseln nach Hispaniola. Die ersten Anbauversuche waren zwar wenig erfolgversprechend, bis 1509 aber war die Zuckerproduktion zu einem gewinnbringenden Geschäft geworden. Die Zuckerherstellung ist indischen Ursprungs. Schon im 3. Jh. beschreibt Kautilja in seinem *Arthaschastra* (Das altindische Buch vom Welt- und Staatsleben) Zucker, Zuckerrohr sowie Gewinnung, Verwendung und Besteuerung verschiedener Zuckersorten, darunter zum Beispiel *scharkshara* (daraus: Saccharum) und *khand* (daraus: Kandis). Für die Vermittlung der Kenntnisse über den Zucker nach Europa durch die Araber sprechen die in den europäischen Sprachen verwendeten Worte für den Zucker, die sich vom arabischen *sukkar* ableiten. In Mexiko wurde Zuckerrohr 1520 angebaut, wo Hernando Cortez 1535 auch die erste Zuckerfabrik errichten ließ. Danach verbreitete es sich rasch nach Venezuela, Kolumbien, Peru, Brasilien und Puerto Rico. Gleichzeitig breiteten sich in Europa die Technologie der Zuckerherstellung und der Handel von Nordafrika und Italien nach Nordeuropa aus.

Die Ananas war eine der neuen Pflanzen, die die Europäer in Amerika entdeckten.

Die ersten Sklaven in Amerika wurden von den Spaniern – überwiegend aus Afrika – auf die Zuckerrohrplantagen gebracht, die sie auf Kuba und anderen Inseln der Großen Antillen seit 1506 anlegten. An Ort und Stelle waren nicht genügend Arbeitskräfte vorhanden, und so löste man das Problem auf traditionelle Weise – Sklaven waren in Europa nichts Ungewöhnliches –, indem man auf Sklavenarbeit zurückgriff. Den Sklavenhandel im großen Stil betrieben während der nächsten Jahrzehnte allerdings die Portugiesen, um ihre Zuckerrohrplantagen in Brasilien mit Arbeitskräften zu versorgen. Bis zum Ende des 16. Jh.s waren schätzungsweise bereits eine Million Afrikaner nach Amerika verschleppt worden.

Die erste von Sklavenarbeit profitierende Zuckerrohrinsel war Sao Tomé, auf dessen Plantagen Sklaven aus dem nahegelegenen Königreich Benin (im heutigen Nigeria) arbeiteten. Sie wurden sowohl als Zuckerrohrschneider und in der Zuckerherstellung als auch als Diener in den Häusern der Plantagenbesitzer beschäftigt. Die Kolonisten waren portugiesische Christen oder Juden, die sich afrikanische Frauen nahmen und kreolische Familien gründeten, in denen sich europäische und afrikanische Sprache und Kultur vermischten. Sao Tomé wurde von den siebziger Jahren des 15. Jh.s an zu einem bedeutenden Sklavenmarkt, von dem aus Sklaven in die Goldminen von Elmina (Ghana) verkauft wurden.

Weinbau

Die bedeutendsten Weinbaugebiete lagen entlang des Rheins, der Loire, in der Gegend um Bordeaux, an der Nord- und Südküste Spaniens und auf den Inseln des östlichen Mittelmeers. Darüber hinaus war der Weinbau südlich des 55. Breitengrades allgemein weit verbreitet.

Die nördlichsten Weinbaugebiete gab es an der Weichsel in der Nähe von Bromberg (Bydgoszcz, Polen) und südlich von Stettin im damaligen Pommern (heute Szczecin, Polen) an der Oder. In der Umgebung von Berlin gab es ebenfalls zahlreiche Weinberge.

Die größten Weinberge gehörten im Mittelalter häufig Klöstern. Das wohl bedeutendste Weingut war mit 50 ha der zisterziensische Clos de Vougeot, dessen Wein jahrhundertelang als der beste aller Burgunder galt. Den Zisterziensern gehörte auch eines der größten Weingüter Deutschlands, der 25 ha große Steinberg des Klosters Eberbach (1135 durch Bernhard von Clairvaux gegründet). 1506 sollen in den Kölner Weinkellern des Klosters 538 Stückfaß Wein der Ernten von 1503 und 1504 gelagert haben (6819 hl).

Frühester und spätester Lesebeginn der Trauben waren zwischen 1485 und 1515 in Nordostfrankreich, der französischen Schweiz und dem südlichen Rheinland der 12. September 1495 und der 20. Oktober 1491. Die Weinlesezeiten schwankten aufgrund des Klimawandels in Europa erheblich, lagen jedoch zu Beginn des 16. Jh.s wegen des wärmeren Wetters im Durchschnitt etwas früher als um die Mitte des Jahrhunderts.

Die bekanntesten Rebsorten waren in Frankreich: der Pinot noir (Roter Burgunder), der bereits im 14. Jh. in Burgund die bevorzugte Sorte war; die Chenin-blanc-Traube, die in Anjou auch Pineau de la Loire genannt wurde und dort um 1500 die beliebteste Sorte war; der Cabernet France, auch als der Bretone bekannt, der um Tours und Orléans die verbreitetste Sorte war; und der Muskadet, der damals im Elsaß besonders beliebt war. In Italien konzentrierte man sich im 16. Jh. in der Toskana und den Marche auf den Trebbiano, in Ligurien auf den Vernaccia und im Po-Tal auf den Schiava.

Die ersten Weinbaugebiete in der Neuen Welt lagen in Mexiko, wo die Spanier seit den zwanziger Jahren des 16. Jh.s europäische Rebsorten anbauten. Von dort verbreitete sich der Weinbau rasch südwärts; seit den dreißiger Jahren wurde er in Peru betrieben, und seit den fünfziger Jahren in Chile. Nur wenig später, in den sechziger Jahren, begannen die Hugenotten den Weinbau in Florida (USA) heimisch zu machen.

Die ersten detaillierten Darstellungen der Weinherstellung sind in großer Anzahl aus dem frühen 16. Jh. überliefert. Eine der genauesten findet sich in einem flämischen Stundenbuch der heiligen Jungfrau, das um 1500 entstanden ist. Im Hintergrund sieht man, wie die Trauben von an Bäumen rankenden Reben gepflückt werden. Die Trauben werden in Körben auf dem Rücken in einen Hof getragen und in eine Schraubpresse geworfen, aus der der Most fließt und sorgfältig zum Gären in Holzfässer gefüllt wird. Schließlich sieht man, wie der Besitzer des Weinbergs eine Probe von dem jungen Wein nimmt und einem Freund oder potentiellen Käufer zum Kosten anbietet.

Im Oktober war in den Weinbaugebieten jeder bei der Traubenernte beschäftigt.

Getränke

Der Kaffee gelangte im 14. Jh. von Äthiopien in den Jemen und wurde im frühen 15. Jh. in der Umgebung der heiligen Stadt Mekka angebaut. Um 1500 wurde er in Kairo (Ägypten) eingeführt, wo ihn die Sufis (Derwische) als Anregungsmittel tranken, um während ihrer nächtlichen Riten wachzubleiben. 1554 kam der Kaffee nach Konstantinopel, und der früheste europäische Hinweis auf ihn stammt aus dem Jahre 1585.

Das geschützteste landwirtschaftliche Produkt war der Kaffee. Die Kaffeebohnen wurden vermutlich in Äthiopien schon seit dem 6. Jh. geerntet, aber zunächst nur gekaut. Erst im 13. Jh. entdeckte man, daß man sie rösten, mahlen und aufbrühen konnte – der heutige Kaffee war geboren. Im späten 15. Jh. war Kaffee in der gesamten arabischen Welt als anregendes Getränk und Ersatz für den vom Islam verbotenen Wein beliebt. Der Kaffeehandel unterlag allerdings einer strengen Kontrolle: Keine Kaffeebohne durfte außer Landes gehen, bevor nicht dafür gesorgt war, daß sie nicht mehr keimen konnte. Infolgedessen blieb der

Kaffee in Europa eine Rarität und daher natürlich recht kostspielig, bis im 17. Jh. das arabische Monopol gebrochen wurde.

Das meistgeschätzte Getränk war der Kakao, den die Azteken als Getränk der Götter betrachteten. Seine kräftigende Wirkung war bei ihnen

Die ersten auf Rädern laufenden Pflüge sind in Europa ganz offensichtlich ab dem Jahre 900 benutzt worden.

gut bekannt. Sie führten die Bohnen, häufig als Tribut, aus wärmeren Gegenden ein und boten sie ihren Göttern als Opfer dar. Das aus den Bohnen hergestellte überaus beliebte Getränk nannten sie *chocolatl,* was wohl soviel wie bitteres Wasser heißt. Es wurde aus gemahlenen Kakaobohnen, einigen Getreidekörnern und Wasser zubereitet und so lange geschlagen, bis es schließlich schäumte. Manchmal fügte man zur Geschmacksveredelung noch etwas Vanille oder Honig hinzu.

Die wichtigste mittelamerikanische Nutzpflanze ist wohl der Kakaobaum *(Theobroma)* – die meistangebaute Art ist *Theobroma cacao* –, dessen Bohnen in einigen Gegenden wie Geld verwendet wurden. Nachdem das Kakaogetränk am spanischen Hof eingeführt worden war, hüteten die Spanier fast ein Jahrhundert lang eifersüchtig ihr Monopol in Kakaoanbau, -verarbeitung (die extrem kompliziert war) und -handel. Die Worte „Kakao" und „Schokolade" leiten sich von Maya-Worten ab, und die lateinische Bezeichnung des Kakaobaums trägt der Tatsache Rechnung, daß er von den präkolumbianischen Kulturen als heilig angesehen wurde: *Theobroma* heißt nichts anderes als „Speise der Götter". Die Schokolade kam im Jahre 1520 in Form von Tafeln und Klumpen nach Spanien. Mit der wachsenden wirtschaftlichen Bedeutung des Kakaos für die Europäer weitete sich in der Folgezeit auch der Anbau aus, zuerst nach Venezuela, Trinidad und auf die Windward Islands und schließlich auch nach Asien.

Das erste gehopfte Bier wurde wohl schon von finnisch-ugurischen Stämmen vor dem frühen Mittelalter getrunken, von denen der Einsatz von Hopfen im 5.–7. Jh. nach Westeuropa gelangte. In Deutschland wird der Hopfen das erste Mal 736 erwähnt, den Porst als Bitterstoff verdrängte er aber erst im 14. Jh.

Das älteste Reinheitsgebot für Bier erließ im Jahre 1516 der bayerische Landtag. Er bestimmte, daß außer Malz, Hopfen und Wasser keine anderen Stoffe zum Bierbrauen benutzt werden dürften.

Ein plötzliches Ende bereitete Heinrich VIII. von England dem Met. Da Met aus Honig und Wasser hergestellt wird und der Honig überwiegend aus den Klöstern kam, wo man Bienen hielt, um das Wachs für die Kirchenkerzen zu gewinnen, bedeutete die Auflösung der Klöster (1538–1540) durch den König gleichzeitig das Ende der Honigproduktion, und damit des Mets. Außerdem trug auch das Bier zur Verdrängung des Mets bei.

LITERATUR

Das bedeutendste arabische Werk über den Ackerbau war *Kirab-al-filahah* von Ibn al-Awwam Abu Zakariya Yahya Ibn Muhammed dessen praktische Ratschläge großen Einfluß besaßen. Er pries Vogelkot, ausgenommen den von Wasservögeln, als den besten Dünger. Als solcher seien, der Rangfolge nach, ebenfalls zu verwenden: menschliche Exkremente, Ziegenkot, Schafsdung, Kuhdung, Pferde- oder Eselsdung. Als Dünger könne auch Pflanzenasche verwendet werden, sofern man sie mit Tierdung vermische.

Das erste gedruckte Buch über den Ackerbau war das *Liber ruralium commodorom,* ein Werk, verfaßt von Petrus Crescentius, das im Jahre 1471 bei Johann Schußler in Augsburg gedruckt wurde.

Gelage

Die größten Esser scheint es unter den Azteken gegeben zu haben. In den Palästen der Herrscher der vereinten Städte Tenochtitlán, Texcoco und Tlacopan konsumierten sie jeden Tag enorme Mengen an Lebensmitteln. Im Palast von Texcoco verbrauchte man, wie berichtet wird, in der Herrschaftszeit von Nezahualcoyotl (1427–1472) täglich Tribute, die aus bis zu 1200 kg Mais, 143 kg Bohnen, 32 000 Kakaobohnen, 100 Truthähnen, 20 Salzkegeln, 20 Körben mit großen und weitere 20 mit kleinen Chilischoten, 10 Körben mit Tomaten und 10 mit Teig für 400 000 Tortillas bestanden. An Moctezumas II. Tafel in Tenochtitlán wurden täglich über 300 verschiedene Gerichte serviert. Sein Hof aß von über 1000 Tellern, erhielt mehr als 2000 Gefäße mit schäumender Schokolade und unzählbare Mengen von Früchten. Zu den in Moctezumas Palast verspeisten Gerichten gehörten geschmorte Hühner, Truthähne („Doppelkinnhühner", wie Bernal Díaz del Castillo sie nannte), Fasane, „Rebhühner des Landes", Wachteln, Wild- und Hausenten, Wildbret, Pekaris (Nabelschweine), gebratene Singvögel, Tauben, Hasen, Kaninchen, kurz, „viele Sorten von Geflügel und Dingen, die im Lande wachsen", wie Díaz del Castillo berichtete. „Ich habe auch sagen hören", schrieb er weiter, „daß Knaben in zartem Alter für ihn gekocht würden, aber da bei ihm so viele verschiedene Kochgerichte und andere Dinge serviert wurden, waren wir nicht in der Lage zu erkennen, ob darunter auch Menschenfleisch war."

Der Herrscher pflegte an einem niedrigen, mit einem Tuch bedeckten Tisch zu sitzen. Vor dem Essen brachten ihm, wie die Chroniken vermerken, vier „saubere und schöne" Diene-

Zu einem Hochzeitsmahl zusammengekommen, beginnt eine französische Adelsfamilie das Fest beim Klang der Trompeten von der Musikempore.

rinnen in einem *xical* (Krug) Wasser zum Händewaschen. Danach legten ihm zwei andere Dienerinnen die gewünschten Gerichte vor. Als Nachtisch aß er verschiedene Früchte, und dann trank er eine Tasse Kakao und rauchte eine Pfeife. Wie die Spanier berichteten, aß der Aztekenherrscher im Vergleich zu der Menge der aufgetischten Gerichte jedoch recht wenig, da er sich von jedem Teller nur eine Kleinigkeit nahm.

Das üppigste Fest in der Türkei wurde 1530 anläßlich der Beschneidung dreier Söhne Sulaimans des Prächtigen in Konstantinopel veranstaltet. Die Festlichkeiten, zu denen öffentliche Festmahle, Feuerwerke, artistische Darbietungen, Turniere und allgemeine Debatten gehörten, begannen am 17. Juli und dauerten 20 Tage.

Das kostenbewußteste Festessen war, wenn man die knapp zwölf Pfund, die dafür ausgegeben wurden, ohne Vergleichsmaßstab sieht, dasjenige, das der Herzog von Buckingham anläßlich des Dreikönigsfests am 6. Januar 1508 für 459 Gäste und 100 Angehörige seines eigenen Hausstands gab. Es umfaßte ein Mittag- und ein Abendessen, bei denen 678 Brote, 45 Krüge Wein und 259 Krüge Ale verkonsumiert wurden. Dazu gab es an Fischen Leng, Kabeljau, Stör, Lachs, Hundshai, Schlei, Flunder, Scholle und Plötze; an Fleisch Rind und Kalb, Schwein, Lamm (darunter zwölf ganze Schafe) und Kaninchen; an Geflügel drei Schwäne (die zusammen etwa 25 kg wogen), Gänse, Kapaune, Pfaue (von etwa 2,5 kg), Reiher, verschiedene Wildvögel (darunter Stockenten, Schnepfen und Wachteln) und Hühner; weiterhin Aale, Neunaugen und Austern sowie Eier, Milch und Butter.
Zu dieser Zeit stellten zwölf Pfund fast das Doppelte des Jahresverdiensts eines Arbeiters dar.

Die meisten Köche gab es am Hof der chinesischen Ming-Kaiser. Dort waren 7874 Menschen damit beschäftigt, die kaiserliche Tafel zu versorgen.

Das nützlichste Grundnahrungsmittel der arabischen Beduinen war die Frucht des Dattelbaumes, die zusammen mit Kamelmilch die Grundlage ihrer Ernährung darstellte. Die Datteln waren, neben Kamelfleisch, die einzige feste Nahrung, die die Beduinen zu sich nahmen. Durch Gärung wurde aus den Datteln ein beliebtes Getränk gewonnen, und die zerstoßenen Kerne dienten darüber hinaus als Futter für die Kamele. In der Umgebung von Mekka (Saudi-Arabien) wuchsen über 100 Arten von Dattelpalmen.

Haltbarmachung

Die ersten eisgekühlten Lebensmittel gab es in China schon um 600 v. Chr. In der Provinz Shansi nutzten viele, nicht nur die Reichen, den Winter, um sich einen Eisvorrat für den Sommer anzulegen. Das Eis wurde aus Flüssen und Seen geschnitten und in Eishäusern gelagert, die durch Verdunstung kühl gehalten wurden. In späteren Jahrhunderten wurden große Eisblöcke in unterirdischen Kammern aufbewahrt, die als riesige Kühlschränke dienten. Das Eis schmolz erst, wenn die Sonne das Erdreich bis in mehrere Meter Tiefe erwärmt hatte. Die Kühlung war den Chinesen des 2. Jh.s v. Chr. derart wichtig, daß zum Küchenpersonal (2271 Menschen) im Palast der Ch'u-Könige 94 „Eismänner" gehörten. Das Eis wurde benutzt, um Fisch frischzuhalten, Gemüse und Früchte – insbesondere Melonen – zu kühlen und eisgekühlte Getränke zuzubereiten. Ein Gedicht aus dem 3. Jh. v. Chr. spricht von „eisgekühltem Likör, von Verunreinigungen befreit, klarem Wein, kühl und erfrischend". Und in Hangtschou gab es im 13. Jh., zu Marco Polos Zeiten, unter den vielen Gasthäusern und Restaurants – einschließlich Fisch- und buddhistischer Vegetarierrestaurants – eine große Zahl von Häusern, die sich auf geeiste Speisen spezialisiert hatten.

Die fortgeschrittenste Technik besaßen die südamerikanischen Inka, die in einem ausgefeilten Verfahren Kartoffeln trockneten. Die Kartoffeln wurden zehn Tage lang tagsüber der Sonne und nachts dem Frost ausgesetzt. Danach wurden sie mit Strohmatten bedeckt und getreten, bis das verbliebene Wasser herausgepreßt war. Anschließend wurden sie erneut zehn Tage der Sonne ausgesetzt, nachts jedoch bedeckt. Dieses Verfahren reduzierte das ursprüngliche Gewicht der Kartoffel um ein Drittel, und das Endprodukt – *chuno* genannt – konnte über lange Zeit gelagert werden.

DIE PERFEKTE ANRICHTE

Der perfekte Anrichteraum eines Butlers mußte drei scharfe Messer enthalten, „eins zum Schneiden des Brots, ein zweites, um die Kruste zu entfernen, und ein drittes scharfes, um die Scheiben quadratisch zuzuschneiden.
Schneide das Brot deines Herrn immer vor, und achte darauf, daß es frisch ist; alles andere Brot sei einen Tag alt, bevor du es schneidest, das Haushaltsbrot drei Tage und das Tranchebrot vier Tage.
Sorge dafür, daß dein Salz fein, weiß, sauber und trocken ist; und benutze ein Salzbrett aus Elfenbein von zwei Zoll Breite und drei Zoll Länge; und achte darauf, daß der Deckel des Salznapfs nicht das Salz berührt.
Guter Sohn, sorge dafür, daß dein Tischleinen glatt und rein ist und daß deine Tischtücher, Handtücher und Servietten ordentlich gefaltet, deine Tischmesser glänzend poliert und deine Löffel sauber gewaschen sind – du weißt gut, was ich meine." (John Russel, Book of Nurture *[Buch der Ernährung], im Kapitel „The Duties of a Panter or Butler" [Die Pflichten eines Anrichters oder Butlers]).*

Zubereitung

Am schmackhaftesten war eine *mole* genannte Sauce, die die Azteken aus zwei Hauptzutaten zubereiteten: Tomaten und Chili. Häufig wurde diese Sauce auch mit Avocados vermischt und als Füllung von Tortillas verwendet. Sie wurde außerdem mit aromatischen Pflanzen gewürzt, wie dem Koriander und sogar den Staubfäden von Blumen.

Der erste scharfe Curry entstand, als das lateinamerikanische Chili in Indien eingeführt wurde. Der frühere, mit weißem Pfeffer und Senfsamen gewürzte Curry war nur im Vergleich mit milderen Gewürzmischungen scharf zu nennen, die aus Kardamom, Kümmel, Koriander und Gelbwurz bestanden.

Eine neue *haute cuisine*, die ihre Ursprünge im Nahen Osten hatte, wurde in Indien nach der Gründung des Mogulreichs (1526) eingeführt, als die Eroberer kamen. Erwähnenswerte neue Gerichte der Mogul-Küche waren das Kebab und das Pilau oder Pilaf. Andere Neuerungen waren die Verwendung von Obst in Fleischgerichten, der Einsatz von Mandeln, Mandelmilch und Rosenwasser, die Garnierung vieler Gerichte mit Oblaten aus gestoßenem Gold oder Silber und die Vorliebe für Süßigkeiten wie dem Kandiszucker und süßen Nachspeisen, zum Beispiel dem *halwa*.

Das Barbecue oder Grillen lernten schiffbrüchige Seeleute und andere karibische Abenteurer kennen, die im Jahrhundert nach dessen Entdeckung nach Hispaniola kamen und von den überlebenden Eingeborenen das Rauchtrocknen von Fleisch über kleinen Feuern aus Tierknochen und Häuten lernten. Das Fleisch wurde dazu auf Holzgitter gelegt. Die Bezeichnung der Eingeborenen für diese Zubereitungsform war *boucan*, was direkt ins Französische übernommen wurde, allerdings als Bezeichnung des Räucherrosts (daraus *boucaner* = räuchern), und den westindischen Seeräubern den Namen Bukanier einbrachte. Im Spanischen erhielt der Holzrost den Namen *barbacoa*, von dem das Wort Barbecue abgeleitet wurde.

Das großzügigste „Hunde-Geschenk": Als Gouverneur de Sotos Truppen die Stadt Guaxulle erreichten, bemerkten die Indianer, daß die Spanier „Hunde wegen ihres Fleisches verfolgten, das sie selbst nicht aßen. So schenkten sie den Spaniern 300 Hunde".

Die ersten Kaugummis kauten die Mayas in Mittelamerika. Sie bestanden aus dem Harz des Sapotillbaums *(Manilkara zapota)*. Kaugummis waren auch im mediterranen Altertum bekannt, als man das Harz des Mastixstrauchs *(Pistacia lentiscus)* kaute, um die Zähne zu säubern und Mundgeruch zu verhindern.

Das beliebteste Anregungsmittel waren in Südamerika (wie heute auch noch) die Blätter des Kokastrauchs *(Erythroxylum coca)*, die, mit Hilfe von Kalkpulver zu Kügelchen geformt, im Mund hin- und hergeschoben wurden. Der Gebrauch halluzinogener Drogen war ebenfalls weit verbreitet.

LITERATUR

Das erste gedruckte Kochbuch (außerhalb Chinas) war nicht das Werk eines Kochs, sondern eines Bibliothekars im Vatikan, des italienischen Humanisten Bartolomeo Sacchi (1421–1481), der auch als Platina bekannt ist. Sein Buch – *Platina de honesta voluptate et valetudine* (Platina über ehrenwerte Genüsse und Gesundheit) – behandelt die Eigenschaften und den Nährwert verschiedener Lebensmittel, ihre Zubereitung und die passenden Saucen. Es war einerseits ein Kochbuch und andererseits ein Gesundheitsbuch. Iß gut, meinte Platina, aber achte darauf, was du ißt und wann du ißt, und jammere nicht über Völlegefühle. Die früheste, undatierte Ausgabe stammt aus dem Jahr 1474, die erste datierte erschien 1475. Es wurde häufig wiederaufgelegt (1480, 1498, 1499 usw.). Eine italienische Übersetzung erschien 1494, eine französische 1505 und eine deutsche 1530.

ÜBERRASCHUNGS-PASTETE

Das überraschendste Rezept ist wohl das folgende für eine Pastete, aus der, wenn sie aufgeschnitten wird, Vögel aufsteigen: „Man stelle eine große Pastetenhülle her. Im Boden derselben lasse man ein faustgroßes Loch offen; es kann auch größer sein, ganz nach Belieben. Die Seiten der Pastete mache man etwas höher als gewöhnlich. Ist das getan, fülle man die Pastete mit Mehl, und wenn sie gebacken ist, entferne man durch das Loch im Boden das Mehl. Dann nehme man eine Pastete von der Größe dieses Lochs und stecke sie in das Loch hinein, nachdem man so viele kleine lebende Vögel in die große Pastete getan hat, wie außer besagter kleiner Pastete in den Hohlraum im Innern passen. Das ist zu tun, kurz bevor die Pastete den Gästen serviert wird. Wird sie bei Tisch abgedeckt oder aufgeschnitten, fliegen dann zum Vergnügen der Tischgesellschaft all die Vögel heraus. Und damit sie einen nicht alle zusammen narren, schneide man die kleine Pastete auf."

Der gewissenhafteste Autor auf dem Gebiet der Ernährung war Li Shih-chen (1518–1593), der für sein Kräuterbuch *Pen-ts'ao Kang-mu* (Leitfaden durch die Pflanzenwelt) 800 frühere Arbeiten durchforstete und 27 Jahre aufwandte. Er behandelt in seinem Werk 1800 Nahrungsmittel, Pflanzen und Mineralien. Das Buch wird heute noch von Ärzten benutzt.

Wein und Bier

Die ersten Weinkenner sind wohl im frühen 16. Jh. anzusiedeln. Nach dem römischen Altertum waren große Weine im heutigen Sinn nicht mehr bekannt. Der Reife des Weins wurde keinerlei Beachtung geschenkt. Er wurde zumeist im selben Jahr gekeltert und getrunken. Im 16. Jh. entdeckte man dann jedoch, daß die süßen Anjouweine auch nach zwei oder drei Jahren nichts von ihrer Güte verloren hatten und daß Rheinweine sogar bis zu sechs Jahre gelagert werden konnten.

Der erste Madeirawein – „Malvoisie [Malvasier] of the Isle of Madeer in Portyngale" – wurde 1537 nach London geliefert.

Das größte Faß, das „Heidelberger Faß", war kein Küfer-, sondern Zimmermannswerk. Es faßte 221 726 l. Die Faßgrößen als Hohlmaß variierten zwischen 10 und 1600 l. Heute hat das Stückfaß in Deutschland 1200 l (mit Unterteilungen und Verdoppelung). Das Fuder entspricht 1000 l.

VERSCHIEDENES

Den größten Verfälschungsskandal erlebte vermutlich Venedig im Jahr 1498, als gegen einige kleine Händler der Vorwurf erhoben wurde, sie hätten Speiseöl verkauft, das vorher zur Behandlung von Geschlechtskrankheiten verwendet worden war.

Die ersten Gabeln waren kleine goldene Bestecke, mit denen der byzantinische Adel im 10. Jh. klebrige Süßspeisen aufzuspießen pflegte. Von Konstantinopel aus gelangte die Gabel über Italien nach Frankreich und an den burgundischen Hof. Ins europäische Bürgertum fand sie jedoch erst im 16. Jh. Eingang. So wird sie auch zum erstenmal 1518 in Italien erwähnt, dem Land, dessen feine Manieren in ganz Europa gerühmt wurden. Größere Verbreitung fand sie jedoch erst nach 1700. Bis dahin aß man mit den Fingern und einem Messer oder einem Löffel und Brot.

Die bestgenährte Bevölkerung war seit etwa dem 16. Jh. diejenige Chinas, die, am Nährwert und an der Menge gemessen, besser aß als jedes andere Volk in Asien und wahrscheinlich der ganzen Welt. Die Getreideernten brachten etwa 270 kg pro Kopf der Bevölkerung ein, und der größte Teil davon wurde für die Nahrung verwendet. Der Fleischverbrauch war gering, und Milchprodukte gab es nicht, aber das wurde durch den hohen Verbrauch von Sojabohnen, die proteinhaltiger als Fleisch und calciumhaltiger als Milch sind, mehr als ausgeglichen. Darüber hinaus verzehrte man in China, im Winter wie im Sommer, mehr frisches Gemüse – und damit Mineralien und Vitamine – als sonst irgendwo auf der Welt.

Die erste kommerzielle Butterproduktion wurde in Skandinavien betrieben. Im 13. Jh. wurden viele Wälder, in denen Schweineherden gehalten und mit Eicheln und Bucheckern gefüttert wurden, gerodet. Die Folge war, daß sich die Städte nicht mehr auf die ständige Be-

Dieser italienische Metzger des 15. Jahrhunderts buk in den Geschäftsräumen auch seine eigene Pastete.

VOM BIER UND DEN BIERBRAUERN

Obgleich man Hopfen schon im Altertum kannte – wahrscheinlich allerdings nicht als Aromaspender für das Bier –, begann man in Deutschland erst im 8. Jh. mit dem Anbau, und erst im 11. Jh. ist das Hopfen des Bieres zum erstenmal erwähnt. Es soll von gallisch-romanischen Klöstern in der Region Brabants zuerst praktiziert worden sein – möglicherweise rührt auch daher die Legende von der Erfindung des Bieres durch Gambrinus, den sagenhaften König von Brabant. Die Klosterbrauereien waren es auch in Deutschland, die den Hopfenanbau in großem Stil betrieben und Hopfen als Bierwürze gebräuchlich machten. Die berühmte Äbtissin Hildegard von Bingen hat im 12. Jh. als Naturforscherin und Ärztin in ihrem Buch von dem inneren Wesen der verschiedenen Naturen *zum erstenmal den Nutzen des Hopfens im Bier behandelt.*

Im Altertum war die Bierherstellung noch denkbar einfach. Das Bier wurde aus gemälztem oder ungemälztem Getreide – Hirse, Mais, Reis, Hafer, Weizen oder Gerste – meist unter Zusatz von Honig, Wacholder, Pilzen oder Baumrinde hergestellt. Auf einem ägyptischen Wandbild aus dem Grab des Kenamon in Schech abd el Gurna ist die Zubereitung des Bieres detailliert dargestellt: Da werden große Brotfladen kreuzförmig in vier Stücke zerteilt, und aus diesen wird in großen Bottichen Maische hergestellt und in einer Kufe ausgetreten. Bereitstehende Krüge werden gereinigt und von innen ausgeschmiert. Im nächsten Arbeitsgang wird die Maische in Krügen zu einem Sieb gebracht und mit Wasser durch das Sieb geknetet. Schließlich wird das Bier in Krüge gefüllt.

Im Mittelalter waren es vor allem die Klöster, die sich mehr und mehr um das Brauen des Bieres kümmerten. Als erstes deutsches Braukloster wird das von St. Gallen in der heutigen Schweiz erwähnt, das nach einem Bauriß von 820 nicht weniger als drei Brauhäuser hatte. Mit den Jahrhunderten wurde die Klosterbiererzeugung immer umfangreicher. Immer häufiger wurde das Klosterbier auch nicht bloß zur Eigenversorgung gebraut. Immer stärker wurde aber auch der Widerstand bürgerlicher Brauereien und Gaststätten gegen das Klosterbier. In verschiedenen Städten kam es im ausgehenden Mittelalter zu tätlichem Aufruhr gegen die klösterlichen Konkurrenten, in deren Verlauf Brauereieinrichtungen und Schenken der Klöster zerstört und Fässer verbrannt wurden. Ein erstes Verbot des öffentlichen Verkaufs von Klosterbier und der Führung von Bierschenken in Klöstern erließ Kaiser Sigismund (1410–1437). Die Bekämpfung der Klosterbrauereien durch Städte und Privatbrauereien, die zu weiteren Schließungen von Klosterbetrieben durch die Landesfürsten führte, zog sich bis ins 17. Jh. hin. Dann hatten nahezu alle Klöster vom Bier abgelassen – und sich dem Weinanbau zugewandt.

lieferung mit Schweinefleisch oder auch nur Schmalz verlassen konnten. Daraufhin begann man sich in bestimmten Gegenden zu spezialisieren. So konzentrierte man sich in Skandinavien auf die Rinderzucht, und in der Mitte des 15. Jh.s war dänische Butter in ganz Nordeuropa so etwas wie ein Markenartikel geworden.

Der italienische Künstler Domenico Ghirlandaio (1449–1494) malte einen Mann, der zur Lagerung Wein aus einem Faß in eine Tonflasche umfüllt.

Den Safranmarkt beherrschte Kaschmir im Nordwesten Indiens, das für seine ausgedehnten Safranfelder berühmt war. Ein Zeitgenosse, Ain-i-Akbari, beschrieb die Pflanze: „Der Stiel ist weiß, und wenn er die Größe eines Fingers erreicht hat, beginnt eine Knospe nach der anderen zu blühen, bis sich acht Blüten entfaltet haben. Sie haben lila gefärbte Stempel. Für gewöhnlich sind unter sechs Staubfäden drei gelb und drei rötlich, und diese sind es, die das Safran liefern."

Die wertmäßig bedeutendsten Gewürze waren die verschiedenen Pfeffersorten, Zimt, Muskat und Gewürznelken. Zu den Gewürzen zählte man im 15. Jh. jedoch nicht nur die Stoffe zum Würzen und Haltbarmachen von Nahrungsmitteln, sondern auch eine Vielzahl von Medikamenten, Duft- und Farbstoffen, Salben und Wachse.

Industrie

Der älteste Wirtschaftszweig ist die Feuersteingewinnung und die damit verbundene Herstellung von Schneid- und Hackwerkzeugen sowie Handäxten. Dieses Handwerk wurde bereits vor 2,5 Mio. Jahren in Äthiopien ausgeübt. Die ersten Belege finden sich in Europa aus der Zeit um 28 000 v. Chr. Landwirtschaft wird häufig als ältester Gewerbezweig bezeichnet, es gibt jedoch keinen stichhaltigen Beweis dafür, daß sie vor ca. 11 000 v. Chr. ausgeübt wurde. Jüngste Ausgrabungen in La Tolita (Ecuador) haben ergeben, daß Platin bereits im 2. Jh. v. Chr. in beträchtlichem Umfang hergestellt wurde. Die jüngsten Beweise für Zinkabbau stammen aus Zwar in Rajasthan (Indien) und sind, wie Altersbestimmungen der in den Minen verwandten Hölzer zeigen, 2000 Jahre alt oder gar noch älter.

Das größte einzelne Industrieunternehmen war die staatliche Werft Venedigs, das Arsenal. Als 1473 das Neueste Arsenal dem Neuen Arsenal, das wiederum das Alte Arsenal erweitert hatte, zugefügt wurde, wuchs die ganze Anlage zum größten Industrieunternehmen Europas. Der Komplex umfaßte Docks, Slipanlagen, Pulvermühlen und eine Seilerei. Das Arsenal baute und reparierte Schiffe und produzierte jede Art von Ausrüstung und Waffen. 1436 hat ein Beobachter beschrieben, wie eine Galeere in einem Fließbandsystem für ihren Einsatz vorbereitet wurde – während sie einen Gang hinunterglitt, belud man sie mit Waffen, Munition und Ausrüstung. Im 15. Jh. wurden überdachte Slipanlagen gebaut, in denen man 80 Galeeren unterbringen konnte. Vom Schiffsbauer bis zum weiblichen Segelmacher waren alle handwerklichen Berufe vorhanden. Im 16. Jh. stieg die Zahl der Beschäftigten auf 2000 bis 3000 an.

Die größte Belegschaft, die dauerhaft bei einem zivilen Arbeitgeber angestellt war, arbeitete wohl beim Ming-Getreidetransportsystem. 1432 gab es ungefähr 160 000 feste Angestellte – vor allem nicht an Kämpfen beteiligte Soldaten – die etwa 360 Mio. kg Reis über Entfernungen bis zu 2560 km transportierten. Bis 1492 war der durchschnittliche Jahrestransport auf etwa 220 Mio. kg gefallen.

Die erste Verarbeitung von Alaun: Alaunsalze brauchte man zur Herstellung von Klebstoffen, beim Färben und zum Gerben, aber Alaun gab es in Europa nicht vor dem Jahre 1458. In diesem Jahr brachte Bartholomäus Perdix aus Genua die zur Alaunverarbeitung notwendige Technologie aus dem Nahen Osten mit. Eine zweite italienische Alaunfabrik (1465) wurde durch päpstliches Dekret sofort monopolisiert.

Die erste kommerzielle Produktion farbigen Papiers gab es im späten 15. Jh. in Venedig. Die *carta azurra* wurde blau gefärbt.

Papier in Indien: Die Herstellung von Papier ist in Indien wahrscheinlich auf Sultan Zain ul Abidin von Kaschmir (1417–1467) zurückzuführen. Als erster eindeutiger Beweis gilt dessen Rückkehr aus seiner Verbannung in Samarkand in Zentralasien. Von dort brachte er Handwerker mit, die Papier herstellen konnten. Die Herstellung von Papier verbreitete sich schnell über andere Gebiete, und es dauerte nicht lange, bis Gujarat zum größten Papierproduzenten wurde.

Die erste große moderne Förder-Industrie war die Salzindustrie. Auf allen Ebenen der Produktion und der Verteilung beschäftigte sie Kolonnen geschickter Handwerker und Armeen von Arbeitern. Hinsichtlich der Menge war Salz in der Mitte des 15. Jh.s eines der drei wichtigsten Güter des internationalen Handels, die anderen beiden waren Getreide und Wein. Man brauchte enorme Mengen Salz, um langten große Mengen chinesischer Waren ins

Die Farbstoffe, die im flämischen Tuchhandel benutzt wurden, kamen hauptsächlich aus entfernten Orten. Der für den blauen Farbstoff benötigte Färber-Waid kam ausschließlich aus Frankreich. Der rote, von der Kermesschildlaus produzierte Farbstoff kam aus Spanien und dem Nahen Osten und das wahre Zinnoberrot vom Roten Meer. Die rote Farbe des Paranußbaums kam sogar aus Sri Lanka. Die Entfernungen, die diese Farbstoffe zurücklegten, und die große Nachfrage machten sie genauso teuer wie Gewürze.

Fleisch, Fisch, Käse und Butter zu konservieren: Im Durchschnitt kam ein kg Salz auf zehn kg eines anderen Erzeugnisses.

Die ersten russischen Salinen wurden 1515 von Anika Stroganow im Ural, in der Nähe der modernen Stadt Solikamsk – der Name bedeutet „Salz vom Flußbecken des Kama" – angelegt. Sie waren bis zu 100 m tief.

Die erste Raffinadeproduktion betrieb die Bevölkerung von Fujian in China, einer südlichen Provinz. Festgehalten wurde dies 1522 in dem von Liu Ji-Zhuang geschriebenen Buch *Guang-yang Zaiji* (Erwähnenswertes über guangyang). Vorher waren die Chinesen nur in der Lage, Rohrzucker herzustellen, oder unraffinierten Zucker, der aus dem Zuckerrohrsaft gewonnen wurde, indem man durch Verdampfungs- und Abtropfungsprozesse die Melasse zurückbehielt.

Keramik

Das am höchsten entwickelte Produkt war das chinesische Porzellan. Im 15. und 16. Jh. war China das einzige Land der Welt, das Porzellan herstellen konnte. Dieses keramische Material ist extrem hart, und man kann daraus so dünne Gefäße herstellen, daß sie lichtdurchlässig sind. Chinesisches Porzellan war mit farbigen gemalten Mustern und Figuren fein verziert. Aufgrund seiner einzigartigen Qualität gab es außerhalb Chinas eine große Nachfrage. Trotz der Versuche der Ming-Regierung im 15. Jh., ausländische Kontakte einzuschränken, ge-

Seit dem 16. Jahrhundert entwickelte sich zwischen Europa und China ein bedeutender Handel. Einige Schiffswracks haben Informationen über die Menge des in den Westen gelieferten Porzellans gegeben. Ein Schiff hatte eine Ladung von 25 000 nicht zerbrochenen Objekten aus Porzellan an Bord, die in Amsterdam, dem ursprünglichen Zielort, hätten verkauft werden sollen.

Ausland, sogar bis zur Ostküste Afrikas und in den Palast des Sultans von Konstantinopel. Das Geheimnis des Porzellans liegt in der Verwendung von sehr reinem Kaolin mit Zusätzen wie beispielsweise Quarz und Feldspat. Die Gefäße werden in Öfen gebrannt, die Temperaturen bis zu 1400 °C erreichen müssen. Es gab wiederholte europäische Versuche, herauszufinden, wie Porzellan hergestellt wird, sie waren jedoch bis zum 17. Jh. erfolglos, weil man weder die Ausgangsstoffe und deren Zusammensetzung

DIE BEDEUTUNG DES SALZES

Salze stimulieren im allgemeinen nicht nur die Geschmacksknospen, sondern sind biologisch notwendig. Beim Schwitzen verlieren Menschen natürliche Körpersalze, die durch die Nahrung ersetzt werden müssen. Rohes Fleisch erfüllt diese Funktion am besten, eine hauptsächlich aus gekochtem Getreide und Gemüse bestehende Kost (die häufigste Ernährung der Menschheit in der Geschichte) ist jedoch sehr mangelhaft und muß mit Mineralsalzen ergänzt werden; daher gab es 1450 den Treck der Vakaranga und zu allen Zeiten andere, kaum weniger extreme Folgen des Salzmangels. Die meisten Sprachen der Welt spiegeln die enorme Wichtigkeit des Salzes wider. Das englische Wort „salary" (Gehalt) wurde von dem römischen Wort für Salzrationen (lat. sal = Salz) abgeleitet. Im Russischen trägt das Wort für Gastfreundschaft („Khleb-sol") die wörtliche Bedeutung „Brot-Salz". Wenn man das Salz eines anderen ißt, entsteht, nach dem Glauben der Araber, ein heiliger Bund.

noch die entsprechenden Brenntechniken kannte. Erst dem Alchimisten Fr. :drich Böttger, der sich anfangs im Auftrage August des Starken von Sachsen nicht ganz freiwillig mit der Herstellung von Gold beschäftigt hatte, gelang es 1709, erstmals in Europa weißes Porzellan herzustellen.

Die schönsten glasierten Tonwaren des 15. Jh.s waren in Europa die hispano-maurischen zinnglasierten Tonwaren. Die Zinn-Glasur – zuerst im 9. Jh. in Bagdad bekannt und von den Mauren nach Spanien gebracht – produzierte eine weiße Oberfläche, die sich ausgesprochen gut zur Dekoration eignete. Im 15. Jh. wurde die Technik verbessert. Die schönsten Exemplare, große glänzende Platten, mit Arabesken und kufischer Schrift verziert, wurden vor dem Fall von Granada 1492 hergestellt. Danach verloren die Meister an Lebendigkeit. Die Technik wurde über Mallorca, wo sie als Majolica bekannt wurde, nach Italien gebracht.

Diese chinesische Weichporzellan-Schale, verziert mit dem Abbild der Lotus-Blume, wurde im 16. Jahrhundert hergestellt.

Die neueste Kunstform: *Istoriato* (Geschichten) tauchten ab etwa 1515 in Urbino (Italien) auf. Die Platten mit der charakteristischen bläulichen Glasur, vollständig mit historischen oder mythologischen Szenen bedeckt, sind als Kunstobjekte gedacht. Die historisierenden Platten waren eine neue Kunstform, die einzige zeitgenössische Kunst, die keine antiken Vorbilder hatte. Die Künstler signierten ihre Werke. Der erste, beste und berühmteste von ihnen war Nicola da Urbino (tätig 1520–1535). Das früheste, ihm zugeschriebene Werk ist eine Serie aus 17 Stücken (im Correr Museum, Venedig). Sie wurden für Isabella d'Este um 1524 angefertigt.

Die schönste nordeuropäische Keramik war das deutsche Steingut. Die grauen salzglasierten Töpferwaren, die bei Köln hergestellt wurden, erreichten im frühen 16. Jh. ihren höchsten künstlerischen Ausdruck. Die Relief-Blattwerk-Ornamente waren appliziert, und die besten Exemplare waren in Silber aufgesetzt.

Der gefeiertste französische Töpfer war Bernard Palissy (1510–1590). Er war ein Naturalist mit einer Vorliebe für Reptilien. Er gehörte zu den ersten, die mit Abgüssen toter Reptilien experimentierten. Um 1548 gingen seine „rustikalen" Platten, die wie Teiche geformt sind, und in schleimigem Grün glasierte Abgüsse von Eidechsen, Fröschen und Schlangen besitzen, in die regelmäßige Produktion. Er fuhr fort, die Innenausstattung von Grotten für Chateaux mit speziellen Effekten zu versehen. (Vor kurzem sind 500 Fragmente von Gußformen und Töpferwaren bei Ausgrabungen an der Stelle seiner ehemaligen Werkstatt, nahe des Louvre in Paris, entdeckt worden.)

Die ineffektivste Industriespionage: Porzellan, die harte keramische Substanz, am meisten wegen ihrer Lichtdurchlässigkeit bewundert, kannte man bis zum frühen 19. Jh. in Europa nur von chinesischen Importen. Doch die Suche nach dem Geheimnis ihrer Herstellung war im späten 15. Jh. die größte Sorge der Töpferindustrie. Das opake, undurchsichtige Glas, das im späten 15. Jh. produziert wurde – *lattimo* – war während des gesamten 16. Jh.s der beste Porzellanersatz. Weich-Porzellan scheint in Venedig und Ferrara hergestellt worden zu sein, doch das erste europäische Weich-Porzellan, das erhalten ist, wurde in der Medici-Manufaktur im 16. Jh. hergestellt.

Die erste italienische Majolica: Die italienische Majolica-Produktion beginnt 1454. Von den verschiedenen Zentren, in denen sie produziert wurden, waren die Faenza-Töpfereien die berühmtesten und ab etwa 1475 auch die besten. Das älteste noch vorhandene Beispiel ist eine Plakette im Musée Cluny in Paris. Sie stammt aus dem Jahr 1469. Die meisten der im 15. Jh. entwickelten Farben sind kräftig: Dunkelblau, tiefes Purpurrot, Türkis, Orange und leuchtendes Gelb. Ab etwa 1500 sind die Farben gedämpfter, und die Motive werden zarter. Ab 1520 nimmt die Majolica-Dekoration die Groteske auf, die von Raffael eingeführt wurde.

Die ersten Mahei-Markierungen: Während des 16. Jh.s wurden die italienischen Majolica-Hersteller die ersten in der Geschichte Europas, die Hersteller-Markierungen benutzten.

Souvenirs

Massenproduktion von Pilgersouvenirs erlebte 1519 die Stadt Regensburg, als Pilger dorthin strömten, um das wundervollbringende Bildnis der Jungfrau Maria zu sehen. Die Stadt war auf diesen Besucheransturm nicht vorbereitet. Im gleichen Jahr wurden 10 172 Zinn- und 2430 Silberplaketten hergestellt und im Laden der Kirche verkauft. Viele der 50 000 Pilger gingen leer aus. Im nächsten Jahr wurde der Ausstoß auf 109 198 Zinn- und 9763 Silberplaketten erhöht.

Rekordverkäufe machten die Wallfahrtsorte. Bedeutende Pilgerstätten wie Köln, Canterbury, Rocamadour oder Mont-Saint-Michel verkauften jährlich Hunderttausende von Plaketten und anderen Souvenirs an die Pilger. 1466 wurden innerhalb von zwei Wochen beim Schweizer Kloster Einsiedeln 130 000 Plaketten an Pilger verkauft. 1438 stellte Johann Gutenberg, der Erfinder des Buchdrucks, der zu der Zeit in Straßburg arbeitete, bei den Vorbereitungen zu einem großen Sommerfestival in Aachen im Jahre 1440, Metallplaketten in großen Mengen her.

Die wertvollste Erde besaßen die Moslems in Palästina, die mit dem Verkauf von Souvenirs an Pilger ein lukratives Geschäft machten. Noch mehr Geld verdienten sie jedoch durch den Verkauf und Export „der Erde, aus der Gott Adam schuf". Die Erde des Heiligen Landes wurde in großen Mengen ausgegraben, in Kisten verladen und nach ganz Europa sowie nach Ägypten und Äthiopien und überall dorthin verschickt, wo Christen sie kauften. Man sagte, daß sich der Nachschub auf mysteriöse Art erneuerte, so daß sich die Gruben, aus denen man die Erde holte, „ohne Hineinwerfen oder helfende menschliche Hände" innerhalb eines Jahres von allein füllten. Die Erde wurde nicht nur als Reliquie – ein Gegenstand, den man verehrte und der eventuell wundersame Kräfte besaß –, sondern auch als Schutz gegen Epilepsie verkauft.

Glas

Führender Hersteller von Glas war Venedig. Die geschickten Handwerker, die im späten 13. Jh. wegen eines Feuersturms auf die Insel Murano gingen, machten die ersten technischen Verbesserungen in der Glasherstellung seit römischen Zeiten und führten die Glasherstellung vom niedrigen Handwerk zu den Schönen Künsten. Komplexität und Form der eleganten Entwürfe nahm während des 16. Jh.s zu. Glas aus Venedig wurde überall imitiert, doch konnte es nie erreicht werden. Die Geheimnisse der Glasmacher wurden sorgfältig gehütet. Der Doge (Herrscher) von Venedig verbat den Glasmachern, auszuwandern. Diejenigen, die es dennoch taten, wurden aufgespürt und ermordet.

Das begehrteste Glas war *Cristallo* (Kristall), klares Glas. Mangan, die geheime Zutat, die die Herstellung von farblosem Glas erlaubte, wurde im späten 15. Jh. wahrscheinlich von Anzolo Barovier († 1460) wiederentdeckt. Der Glasmacher hatte Verbindungen mit den Wissenschaftlern der italienischen Universitäten von Padua und Venedig. (Mangan wurde bereits beim farblosen Glas der Spätantike verwendet.) Barovier fügte die rote Substanz dem ‚Metall' zu, um seine natürliche gelbe Färbung zu neutralisieren.

Das erste Millefiori Glas: *Millefiori* Glas, eine Wiederbelebung der gemusterten Römerglastechnik, wurde im Jahre 1496 in der berühmten Barovier-Glasmanufaktur hergestellt. Kurze Stangen farbigen Glases werden in Mustern in eine Gußform gelegt und in geschmolzenes, andersfarbiges Glas eingebettet. Normalerweise wurden florale Muster kreiert: *Millefiori* ist ein italienisches Wort; es bedeutet „tausend Blumen".

Der wichtigste Lampenlieferant: Die Venezianer erwarben im 12. Jh. die Technik der Glas-Emaille von den Persern, die diese Technik wiederum bei den Chinesen gelernt hatten. Im späten 15. Jh. wurde Venedig zum wichtigsten Lieferanten von Moscheenlampen für die Islamische Welt. Die älteste erhaltene venezianische Lampe wurde für Sultan Quaytbay von Kairo (1468–1498), dessen Name sie trägt, angefertigt.

Die besten Edelsteinfälschungen: Die leuchtenden Farben der Glasmacher ermöglichten es ihnen, die besten Edelsteinfälschungen herzustellen. Auch vielfarbige Halbedelsteine, wie Achat und Chalzedon, wurden im 16. Jh. nachgemacht.

Die Abläufe bei der Glasherstellung waren bereits in einer Handschrift über die Reisen von Sir John Mandeville aus dem 15. Jahrhundert vollständig illustriert.

Textilien

Die längsten Fasern hatte Seide. In der Renaissance war Seide der einzige Stoff, dessen Fasern so lang waren, daß man ihn nicht spinnen mußte, um brauchbare Fäden herzustellen. Man gewinnt die Fäden, indem man den Kokon des Seidenwurms aufrollt, der aus den Drüsen am vorderen Kopfteil als ein Faden gesponnen wird. Die Durchschnittslänge variiert zwischen 100–500 m. Aufgrund der extremen Feinheit des Fadens werden mehrere Seitenfäden zusammengedreht, um ein brauchbares Garn zu erhalten. Das größte Problem der Seidenarbeiter war, den Konkon aufzurollen. Die Italiener erfanden dazu wassergetriebene Mühlen. Für 5 kg Seide benötigte man 35 000 Seidenwürmer. 3000 km dieses Fadens wiegen nur 1 kg.

Die erfolgreichste Seidenherstellung: Italien war das Zentrum der Seidenherstellung und verfügte über die am schnellsten wachsende Textilindustrie des 15. Jh.s. Überall im Land wetteiferten die Städte darum, neue Produktionsstätten entstehen zu lassen. 1470 erließ Galeazzo Maria Sforza ein Gesetz, das vorschrieb, daß mindestens fünf Maulbeerbäume je 37 ha Land auf dem Land um Mailand stehen sollten. Der Seidenwurm frißt ausschließlich die Blätter des weißen Maulbeerbaums. Ein Ertrag von 50 kg Seide pro halbem Morgen oder *hectare* Land war das Maximum, das man erwarten konnte.

Die schönsten Seiden: Genua war der führende Hersteller der schönsten italienischen Seiden. 1464, als die allgemeine Einfuhr von Seide nach London verboten war, akzeptierte man jedoch die Seide aus Genua, da ihre Qualität einzigartig war.

Die neuesten Stoffe wurden in Italien im 15. Jh. eingeführt. Dies waren: Damast (gewebte Muster), eingeschossene Seide (vielfarbige Webkunst, die bei unterschiedlichem Licht die Farben zu wechseln scheint) und verzierter Samt (Muster werden durch den Kontrast von glänzender und stumpfer Oberfläche erzielt).

Die ersten bedruckten Stoffe in Europa: Obwohl in Indien seit dem 5. Jh. Stoffe bedruckt wurden, erreichten sie bis zum späten 16. Jh. Europa nicht. In der Zwischenzeit wurden gemusterte Stoffe mit schwarz bemalten Holzblöcken bedruckt, doch waren diese Stoffe nicht waschbar.

Die größte Verbesserung beim Spinnen: Der einzige Spinnradtyp, der bis zum 16. Jh. erhältlich war, waren großrädrige Modelle, die im frühen Mittelalter aus Indien nach Europa kamen. Sie blieben bis zum 18. Jh. in Gebrauch. Das sächsische Rad, noch heute in Gebrauch, wurde von Johann Jürgen um 1530 erfunden. Es hatte ein kleineres Rad, das es gestattete, den Faden härter zu drehen. Zusätzlich hatte es eine Spindel, die simultanes Drehen, Auswählen und Wickeln erlaubte. Die früheste Illustration dürfte im *Hausbuch* von Waldenburg erschienen sein, doch das genaue Datum ist unbekannt. Leonardo da Vinci hatte das Prinzip der Spindel für das Weben einfacher Stoffe um 1490 erforscht. Seine Zeichnungen datieren sowohl die Erfindung als auch die erste Illustration des Arbeitsmodells vor. Viele andere Probleme des Spinnens und Webens, die er ansprach, wurden in den beiden darauffolgenden Jahrhunderten nicht gelöst.

Münzprägung

Die höchste Anzahl Münzen, die aus einem einzigen Prägestempel gehämmert wurde, betrug im späten 13. und 14. Jh. 70 000 Stück. So viele Münzen konnte ein Münzer aus einem einzigen Aversprägestempel hämmern, bevor dieser weggeworfen wurde. Der Aversprägestempel, der normalerweise für die Kopfseite war, hieß Oberstempel und wurde in einen hölzernen Amboß gesetzt. Der Reversprägestempel, genannt Unterstempel, wurde in der Hand gehalten. Dann setzte man eine Metallscheibe zwischen die beide Prägestempel und hämmerte das Muster heraus. Man schlug mit dem Hammer auf den Unterstempel. Daher war das Verhältnis der im späten 15. Jh. benutzten Prägestempel zwei Revers zu einem Avers.

Die ersten Prägestempel aus Stahl schnitt wohl der Renaissance-Medaillenpräger und Münzengraveur Vittore Gambello Camelio (1460–1539), der bei der venezianischen Münzstätte und der päpstlichen Münzstätte in Rom arbeitete. Er war berühmt für seine zeitgenössischen Medaillenportraits.

Die erste Münzpresse: Von einem gewissen Nicolo Grosso wird angenommen, daß er 1550 bei der Florentiner Münzstätte eine Drehpresse benutzt hat. Wahrscheinlich wurden damit aber ungeprägte Münzen geschnitten. Man glaubt, der berühmte Architekt der Italienischen Renaissance, Donato Bramante (1444–1514), habe während des Pontifikats Julius II. (1503–1517) die Münzpresse erfunden. Zuerst wurde die Presse benutzt, um päpstliche Bullen aus Blei zu prägen – Siegel, die an allen päpstlichen Edikten angebracht waren. Cristofano Caradossa, ein italienischer Goldschmied und Medaillenhersteller, hat, wie Aufzeichnungen belegen, Bramantes Presse benutzt, um Medaillen zu prägen. Leonardo da Vinci unternahm 1506 ebenfalls Versuche mit einer Münzpresse und erfand eine andere, die runde, ungeprägte Metallstücke von gleicher Dicke schnitt.

Die erste europäische, aus afrikanischem Gold geprägte Münze war der *Crusado.* 1457,

MÜNZPRÄGUNG

Bis auf einige Ausnahmen wurden die Münzen des 15. Jahrhunderts immer noch von Hand geprägt und waren trotz strikter Gewichts- und Materialkontrollen schlecht gemacht oder hatten mißlungene Formen. Viele orientalische und bestimmte europäische Münzen sowie nah-östliche Münzen wurden in Formen gegossen. Im letzten Viertel des Jahrhunderts verbreitete sich die italienische Renaissance über ganz Europa und spiegelte im kleinen auf den Münzen die künstlerischen, politischen und wirtschaftlichen Errungenschaften des Zeitalters wider. Ganz gleich, ob Münzen im Altertum, im Mittelalter oder in der modernen Zeit geprägt werden, sie durchlaufen drei wichtige Prozesse: die Herstellung der Prägestempel, die Produktion der ungeprägten Münze und schließlich die eigentliche Prägung.

nach den portugiesischen Entdeckungsfahrten um die Westküste Afrikas, wurde sie von Alfonso V. von Portugal in Europa eingeführt.

Die ersten Münzen in Amerika: Bei der Entdeckung und militärischen Besetzung der zentralamerikanischen Gebiete fanden die Spanier unschätzbare Reichtümer aus Gold und Silber, besonders in Mexiko und Peru. In Orten wie Lima, Guatemala, Mexiko, Potosí, Santa Fé und Santiago wurden Münzstätten gegründet, um aus den Metallen Münzen zu prägen. Sie erhielten eine praktische Form, in der große Mengen von Barren zurück nach Spanien transportiert werden konnten. Man könnte sagen, daß Amerika eher Münzen exportierte als importierte.

Das Modell einer Maschine, die von Leonardo da Vinci für die Herstellung von Münzen entworfen wurde. Solche Schraubpressen können durchaus um 1500 in Italien verwendet worden sein.

Bergbau und Mineralogie

Die früheste Beschreibung der Bergbautechniken lieferte die um 1508 in Deutschland veröffentlichte kleine Broschüre *Ein Nützlich Bergbüchlein.* Sie wurde anonym veröffentlicht.

Die erste Beschreibung über das Prüfen war die Broschüre *Probierbüchlein,* die 1510 von einem unbekannten deutschen Schreiber verfaßt wurde. Es beschreibt die Prüfungsprozesse.

Das erste systematische Buch über Bergbau und Metallurgie schrieb Vannucio Biringuccio, ein Italiener aus Siena. Das Buch hieß *De la Pirotechnia* (Über die Pyrotechnik) und wurde 1540 veröffentlicht.

Der größte Minenexperte war zweifellos Georg Bauer (1494–1555), allgemein unter seinem Pseudonym Georgius Agricola bekannt. Er widerlegte als erster die früheren, weithergeholten Spekulationen über Minerale und entwickelte die Theorie über die *versteinerten Säfte* – die Ablagerung von Mineralen durch Lösungen. Dies tat er in einem Buch mit dem Titel *De Ortu et Causis Subterraneorum* (Über die Entstehung und den Ursprung der Dinge unter der Erde), das zum ersten Mal 1546 in Basel veröffentlicht wurde. Agricola sagt darin, daß die wichtigen Prozesse bei der Formation von Mineralen Hitze und Kälte sind, *succus lapidescens* (mineralhaltige Lösungen). Seine größte Arbeit, die enorme Abhandlung *De Re metallica* (Über Metalle) erschien nicht vor 1560. Georgius Agricola schrieb auch die erste systematische Abhandlung über Mineralogie mit dem Titel *De Natum Fossilium* (Die Geburt von Fossilien), die 1546 in Basel veröffentlicht wurde.

Ein Bergarbeiter schiebt eine hölzerne Karre mit massiv-hölzernen Rädern aus der Mine heraus.

Der früheste Schachtbergbau Europas ist eine englische Kohlenmine bei Lounge, nahe Coleorton in der Grafschaft Leicestershire. Archäologen, die dort Anfang 1991 an einer Tagebauzeche arbeiteten, entdeckten hunderte holzgestützter Schächte und Stollen, deren 25 cm breite Stützen aus Eiche ungefähr aus dem Jahre 1450 stammen. Durch Stützen gesicherte Stollen waren schon lange vorher in Belagerungskriegen benutzt worden, um Festungen zu unterhöhlen. Heinrich V. beispielsweise stellte für seine Kriege mit Frankreich Bergarbeiter aus Gloucestershire ein.

Georg Bauer (1494–1555), besser bekannt unter dem Namen Georgius Agricola, war der größte Mineraloge dieser Zeit.

In Zentraleuropa waren tschechische und slowakische Untertagebauminen zur Silbergewinnung seit Generationen in Betrieb. Sie kannten Belüftungsschächte und durch Pferde angetriebene Förderwinden. Die früheren englischen Zechen betrieben jedoch Bergbau durch Stollenvortrieb, d.h., man treibt den Stollen in den Hang. Dagegen wurden die unterirdischen Stollen der Gruben in Zentraleuropa direkt aus dem Felsen geschlagen. Die Coleorton-Zeche, in der die Stützen im Zargen-System gebaut waren, wurde bis in die dreißiger Jahre unseres Jh.s bearbeitet und förderte schätzungsweise 6000 Tonnen pro Jahr. Sie ist die älteste bekanntgewordene Grube, in der sowohl Schächte als auch gestützte Stollen vorhanden sind.

Die ältesten Bergwerkgebiete im tropischen Afrika gibt es in Zaire. Der Kupfergürtel Zaires ist seit dem 8. Jh. ständig ausgebeutet worden. Man goß das für den Export bestimmte Kupfer in kreuzförmige Barren, die die frühen europäischen Besucher des Landes – sie kauften die Barren nach 1500 an der Küste Mosambiques – mit Windmühlen verglichen. Eines der großen Kupferverarbeitungszentren des 15. Jh.s war die Stadt Ingombe Ilede am Sambesifluß.

Die erste Ausbeutung westafrikanischen Goldes fand um 1400 statt. Im Akanwald im Hinterland der westafrikanischen Goldküste (heute Ghana) lag der reichhaltigste Mineraliengürtel mit Goldvorkommen Afrikas. Er wurde um 1400 zum ersten Mal ausgebeutet. Händler der Mande, die lange Strecken reisten, kauften das Gold von akanischen Goldwäschern und Tagebau-Bergmännern. Sie reisten mit Trägern und Eseln südlich des Nigers, um am Rande des Waldes bei Begho einen Goldmarkt zu eröffnen. Mythen über die „stille Art und Weise" des Handels – man tauschte stumm – spiegeln wahrscheinlich nicht die hervorragenden ökonomischen Fertigkeiten dieser Kaufleute wider, die den Handel dominierten. In den siebziger Jahren des 15. Jh.s wurde der akanische Handel in Europa bekannt. Die Portugiesen machten als erste die lange Seereise an die Goldküste. Jedes Jahr wurden über fast 300 kg Gold verschifft, die die Goldvorräte Europas in der Zeit vor der Eroberung Perus beträchtlich aufstockten.

Den größten Profit machten die Portugiesen. Wie man annimmt, exportierten sie zu Beginn des 16. Jh.s von ihren Handelsniederlassungen Mina und Axim (Ghana) aus ungefähr 400 kg Gold. Teilweise zahlten sie bar, teilweise tauschten sie, in jedem Fall handelten sie jedoch unfair. Man schätzt, daß sie einen Profit von etwa 500 Prozent machten.

Die früheste Rohölproduktion: Rohöl wurde auf der Sinai-Halbinsel und bei Kirkuk im Irak gewonnen und raffiniert. Die wichtigste Quelle war jedoch Baku am Kaspischen Meer, heute in der UdSSR gelegen. Die dortigen Petroleumquellen wurden seit dem 9. Jh. ausgebeutet. 1402 wurden aus den Lagerstätten täglich 200 Maultierladungen Öl gefördert.

Die wichtigsten Quecksilberminen lagen in der Nähe von Cordoba in Spanien. 1000 Männer waren angestellt, um das Erz zu fördern und zu verarbeiten. Die Minen waren 125 m tief. Auch nach der Eroberung Cordobas durch die Christen 1236 blieben die Minen in Betrieb.

Die wichtigsten Silberminen gab es im indischen Hindukush, nahe der Städte Panjir und Jariyana. In Panjir waren mehr als 10000 Männer angestellt.

Die ersten spanischen Silberminen in der Neuen Welt: Die Minen bei Potosí in Bolivien wurden 1545 in Betrieb genommen. Die Minen von Zacatecas in Mexiko produzierten 1548 Silber für den europäischen Export.

Der größte Steinhersteller in Europa war Frankreich. Steine gehörten zu den bedeutendsten Exportgütern Frankreichs. Bemerkenswert sind die unterirdischen Stollen in Paris, die bei der Förderung von Steinen im Mittelalter angelegt wurden. 300 km dieser Gänge gibt es. (Zum Vergleich: Die Pariser Metro hat 189 km.)

Die größte Backsteinfabrik in Rußland war zugleich die erste Fabrik Moskaus. Sie entstand 1475 unter der Aufsicht des italienischen Architekten Aristoteles Fioravanti, der auch die Fabrikpläne entworfen hatte. 20 Jahre, bis 1495, produzierte das Werk ungefähr 120 Mio. rote Backsteine, die beim Bau der Türme und Gebäude des Kremls verwendet wurden.

Die wertvollsten Schiffsladungen bestanden aus kostbaren Metallen. Obwohl der Umfang des Metallhandels zwischen der Neuen Welt und Europa nicht bekannt ist, läßt sich mit Sicherheit schätzen, daß 80 Prozent der Schiffsladungen von Indien nach Europa während des ganzen 16. Jh.s aus diesen Gütern bestanden.

Metallarbeiten

Die berühmtesten Goldschmiede aller Zeiten: In den Jahren um 1500 erreicht die Kunst der europäischen Goldschmiede ein Qualitätsniveau, das später nicht mehr übertroffen werden konnte. Viele der berühmtesten italienischen Künstler begannen ihre Karriere als Lehrling eines Goldschmieds: Ghiberti, Brunelleschi, Botticelli, Ghirlandaio, Verrocchio. Der berühmteste von allen war Benvenuto Cellini (1500–1571). In seiner Autobiographie beschreibt er viele Arbeiten, die in Fontainebleau für Franz I. von Frankreich und in Florenz angefertigt wurden. Die einzige erhaltene kleinangelegte Arbeit ist ein herrliches goldenes und glasiertes Salzfäßchen, das 1540 im manieristischen Stil für Ippolito d'Este angefertigt wurde. Das Thema reflektiert die intendierte Funktion des Stückes: Seegott und Erdgottheit symbolisieren die Entstehung des Salzes durch ihre gemeinsamen Anstrengungen. Ein Tempel mit einem Triumphbogen ist der Pfefferbehälter, während das Salz in einem Schiff lagert. Acht Nixen repräsentieren die vier Jahreszeiten und die vier Tageszeiten. Ein Ebenholzstück war mit vier Elfenbeinkugeln verbunden, um das Salzfäßchen über den Eßtisch zu rollen.

Das schönste Beispiel der Goldschmiedekunst: Die von dem berühmten portugiesischen Dichter und Goldschmied Gil Vicente 1503 entworfene Monstranz (ein Kelch, der die geweihte Hostie enthält), nach dem Vorbild des Südportals des Konvents von Belem, nahe Lissabon, gearbeitet, wurde aus dem Gold hergestellt, das Vasco da Gama aus Ostafrika mitbrachte. Das Konvent wurde von König Manuel I. als Danksagung für die Entdeckung der Handelsroute nach Indien gegründet. Das Symbol Manuels, eine mit Waffen bestückte Kugel (eine aus Metallringen hergestellte Himmelskugel), erscheint sechsmal auf dem sechseckigen Stiel, der die Figuren der zwölf Apostel trägt. An der Spitze eines auf drei Säulen stehenden *Baldachins* erteilt Gottvater den Segen.

Der beste deutsche Goldschmied des 16. Jh.s war Wenzel Jamnitzer (1508–1585) aus Nürn-

Georgius Agricolas Buch über Metalle (De Re metallica) *zeigt zwei Mühlentypen für die Zerkleinerung goldhaltigen Erzes.*

berg. Sein frühestes erhaltenes Werk ist eine Tischdekoration des Typs, der die *Nef* (ein Miniaturschiff, normalerweise aus Silber) als beliebtestes Mittelstück ablöste. Der Merkelsche Tafelaufsatz von 1547/49 (heute im Rijksmuseum, Amsterdam) wurde nach einem Kaufmann des 19. Jh.s benannt, der ihn vor dem Schmelzofen bewahrte. Diese von einer weiblichen Figur getragene Schale, eine Stilmischung aus Gotik und Renaissance, ist eine Glanzleistung im Gießen, Gravieren, Prägen und Glasieren. Die Insekten-, Reptilien- und Pflanzenformen, die die Dekoration vervollständigen, sind nach der lebendigen Fauna und Flora gegossen.

Die kunstvollste Tischdekoration war das Schüsselfelder *Nef* von etwa 1503. Das *Nef* (ein Miniaturschiff, normalerweise aus Silber hergestellt) war manchmal als Salzfäßchen gedacht; andere hielten das Besteck und die Serviette des Hausherrn. Das realistisch konzipierte Schüsselfelder Drei-Mastschiff ist mit Matrosen bevölkert, die im Moment eines Alarms dargestellt werden. Winzige Figuren holen Segel ein und schleppen Munition aus dem Laderaum des Schiffs. Das Schiff selbst wird von Sirenen, den mythischen Meeresgeschöpfen, die von den mittelalterlichen und Renaissance-Seefahrern am meisten gefürchtet wurden, emporgehalten. (Selbst Kolumbus berichtete, daß er drei Sirenen auf seiner Fahrt nach Amerika gesehen habe.)

Der erste bekannte Apostel-Löffel: Silberne Apostel-Löffel, mit winzigen Apostelfiguren, die ihr Symbol in der einen und ein Buch in der anderen Hand halten, waren die beliebtesten Typen der Löffel, die religiöse Motive am Ende ihres Griffs trugen. Sie wurden seit dem 15. Jh. in England und Nordeuropa hergestellt. Die

Ein Goldschmied bei der Arbeit in seiner Werkstatt, umgeben von Werkzeugen und von den Auslagen mit den Erzeugnissen seines Handwerks.

Löffel aus England besaßen meist einen Heiligenschein und vergoldete Figuren. Das älteste Einzelstück stammt von etwa 1490. Die erste Erwähnung von Apostel-Löffeln befindet sich in einem auf 1494 datierten Testament aus York. Dort wird eine komplette Serie von 13 Löffeln beschrieben: einer für jeden Apostel und ein großer Meisterlöffel mit einer Christusstatuette. Die Beaufort-Serie ist das älteste erhaltene Beispiel. 1509 wurde sie dem Christ College in Cambridge vermacht.

Auf dem Tisch dieses wohlhabenden italienischen Edelmannes befindet sich ein Kelchglas und ein goldenes oder zumindest vergoldetes dekoratives Schiff, das den Wein oder das Besteck und die Serviette enthalten haben könnte.

Der berühmteste Kupferschmied war Sebastian Lindenast (1460–1526). Kaiser Maximilian I. gewährte ihm das Monopol, Kupfer zu vergolden und zu versilbern, was die Kupferschmiede mit Bestürzung zur Kenntnis nahmen. Nach heftigen Protesten der Standesorganisationen wurde entschieden, daß er auf jedem fertiggestellten Exemplar ein Stück Kupfer freilassen sollte, damit man sehen konnte, daß es vergoldet oder versilbert war. Trotz des kaiserlichen Patents wurde er 1527 wegen Vergoldens von Kupfer angeklagt und verurteilt. Sein Meisterstück ist die Männlein-Laufen-Uhr, die er für eine Kirche in Nürnberg angefertigt hatte. Sie enthält die Figuren Karl IV., sieben Prinzen, eines Herolds, eines Trompeters, eines Posaunisten und eines Trommlers.

Häufigste Verwendung zur Herstellung von Haushaltswaren für den Mittelstand fand Zinn, eine Legierung aus Zinn und anderen Metallen. Zinnwaren dominierten vom 15. bis 18. Jh. den Markt, bis billige, hochwertige Tonwaren überall erhältlich waren. Die beste, mit Kupfer zusammengesetzte Zinnlegierung hat eine hellere Farbe. Sie ist eine gute Alternative zu Silber. Die schlechteste, mit Blei zusammengesetzte Zinnlegierung ist dunkler und potentiell giftig. In Europa organisierte sich im frühen 15. Jh. das Zinngießerhandwerk, und in England wurde 1493 die Worshipful Company of Pewterers (Verehrte Gesellschaft der Zinngießer) gegründet. Ab dem 16. Jh. benutzten Schankwirte ausschließlich Geschirr und Meßbecher aus Zinn. In Lyon (Frankreich) entwikkelte sich im 16. Jh. das kunstvolle „Ausstellungs-Zinn", das auf Möbeln verwendet wurde und als gegossenes Relief gearbeitet war.

Die besten Emaillierer: Die Kunst des Emaillierens, des Überschmelzens von Glas auf eine Metalloberfläche bei hohen Temperaturen, war die effektivste Art, um Farbe auf Metall aufzutragen. In Limoges (Frankreich) wurde kurz vor 1479 eine neue Technik der Metallkolorierung entwickelt, bei der lichtdurchlässige Farben auf einen weiß emaillierten Kupfergrund aufgetragen werden. Jede Farbe muß einzeln in einem Brennofen eingebrannt werden. Nardon Pénicaud (um 1470–1543) war der fähigste frühe Vertreter dieser Technik. Mindestens fünf weitere Familienmitglieder sind ebenfalls als Emaillierer bekannt. Die meisten der Emaillen-Maler ließen sich von den Gemälden der Schönen Künste inspirieren. Die Herstellung kleiner emaillierter Plaketten markiert die Wiederbelebung des Ruhms von Limoges. Schon im 12. Jh. waren die Emaillen aus Limoges die besten in der Welt gewesen, doch das Emaille-Handwerk starb aus, als der Schwarze Prinz 1371 die Stadt in einem Massaker verwüstete.

Der beste Schmuckdesigner in Europa war Hans Holbein (1497–1543). Sein einziger wirklicher Rivale war Albrecht Dürer. Doch Dürer gab das Entwerfen von Schmuck früh auf. Er stand unter dem Einfluß Martin Luthers, der erklärte, daß diese Dinge Eitelkeiten seien, die mit der christlichen Lebensführung nicht zusammenpassen. Ab 1537 stand Holbein im Dienst Heinrich VIII. Er war der erste, der Renaissancethemen und -stile in England einführte. Er lieferte außerdem Entwürfe für Juweliere. Ein Skizzenbuch mit annähernd 200 Schmuckentwürfen ist in der Slone-Sammlung der British Library erhalten. Viele der Schmuckstücke, die auf Holbeins Gemälden zu sehen sind, finden sich in diesem Skizzenbuch wieder.

Das begehrteste und berühmteste Schmuckstück waren die *Three Bretheren* (Drei Brüder), drei große, nahezu identische Rubine und ein sehr spitzer Diamant. Als die „Drei Brüder" sich im Besitz von Johann dem Furchtlosen († 1419) befanden, wird das Schmuckstück zum erstenmal erwähnt. Als sein Enkel, Karl der Kühne (1433–1477), Herzog von Burgund, die Schlacht bei Grandson (Schweiz) 1476 verlor, wurde es von den Schweizern konfisziert. Um 1506 befand es sich im Besitz der Fugger, der Bankiersfamilie aus Augsburg. Die Habsburger Kaiser Karl V. und Ferdinand I. entschieden, daß sie die notwendigen Mittel nicht aufbringen konnten, um das Schmuckstück zu kaufen. Heinrich VIII. stimmte dem Preis zu, starb jedoch, bevor der Kauf abgeschlossen war. Eduard VI. schaffte das nötige Geld zusammen, um es zu kaufen, doch starb er 1553 vor dem Erwerb. (Es wurde schließlich an Queen Mary von England geliefert. Auf dem Ermine Portrait trägt Queen Elizabeth die Steine als einen Anhänger. Jakob I. trug sie als Hutschmuck. Mit

Charles, Prinz von Wales, der auf Brautschau war, reiste das Schmuckstück nach Spanien. 1623 befand es sich in einem Leihhaus. Die „Drei Brüder" wurden 1650 zuletzt in Rotterdam (Niederlande) gesehen. Dann verschwanden sie aus den Verzeichnissen.)

Die gefragtesten antiken Schmucksteine waren Kameen, kleine Edelsteine oder Muscheln, aus deren verschiedenfarbigen Schichten Reliefdarstellungen herausgearbeitet werden, so daß eine Farbe den Hintergrund bildet. Sie waren sehr begehrt, da man sie hervorragend als Schmuck tragen konnte. Auch wurden sie, in kostbares Metall eingefaßt, auf Vasen und Kelchen angebracht. Die klassischen Kameen wurden häufig nachgeschnitzt, und viele Fälschungen wurden verkauft. In Mailand wurden Glasimitationen angefertigt. Intaglios sind ähnlich, doch wird der Stein hier graviert und nicht modelliert, sie eigneten sich daher als Siegel. Durch die Verwendung bei Siegelringen wurden Intaglios sehr bekannt.

Die ersten Kronjuwelen: Kronjuwelen sind unveräußerliche Erbstücke aus der persönlichen Sammlung des Monarchen. Die erste Deklaration zu Kronjuwelen unternahm 1530 Franz I. von Frankreich. (Die Auszeichnung bezieht sich nur auf die Edelsteine, nicht auf die Fassungen, weil die Schmuckstücke 1559 von seinem Nachfolger, Franz II., modernisiert wurden. Es existiert keine Aufzeichnung über das ursprüngliche Aussehen der Juwelen.)

Ein Lapidarium aus dem 16. Jahrhundert zeigt diesen Edelsteinschleifer bei der Arbeit.

Die größte Sammlung: In Heiligenschreinen häuften sich die größten Juwelensammlungen an – sie wurden von Gläubigen in Dankbarkeit für ihre Gesundheit oder als Ablaß für ihre Sünden gegeben. Der unvergleichliche, zur Schau gestellte Reichtum sollte beeindrucken. Der große Gelehrte Erasmus (1466–1536) besuchte 1514 den berühmten Schrein des wundertätigen St. Thomas Becker in Canterbury und beschrieb die Kostbarkeiten: einen Sarg aus Gold, der einen Holzsarg verbarg, der mit Seilen und einer Winde gehoben werden konnte. Der Inhalt wurde von einem Prior vorgeführt, der jedes Stück hervorhob, seinen Wert und den Stifter vortrug. Gold, schrieb der Gelehrte, war die Hauptsache, die zu sehen war, und einige der Edelsteine waren so groß wie Gänseeier. 1538, als Heinrich VIII. die Klöster auflöste und ihren Reichtum konfiszierte, vermehrte er seinen Besitz beträchtlich. Die lange existierende traditionelle Einnahmequelle der Kirche von England versiegte jedoch. Die Beute aus dem Schrein von St. Thomas füllte zwei riesige Kisten mit Gold und Edelsteinen. Sie waren so schwer, daß acht Männer sie gerade bewegen konnten.

EDELSTEINE UND DER EDELSTEINHANDEL

Venedig war, wegen seines Handels mit dem Orient, das Zentrum des Edelsteinhandels, bis Edelsteine und kostbare Metalle aus der Neuen Welt nach Europa kamen. Doch Luxus-Gesetze (gegen auffälliges Zurschaustellen) stellten sicher, daß die Bürger Venedigs ein konservatives Aussehen wahrten. 1505 wurden mit Edelstein besetzte Haarbänder verboten, ebenso mit Perlen besetzte Gürtel. Halsketten durften nur aus einer Perlenschnur bestehen und nicht mehr als 200 Dukaten gekostet haben. Die Gesetze wurden 1541 und 1548 erneuert.

Der Status der Juweliere stieg. Man begann, die Handwerker namentlich zu kennen. Graveure und Goldschmiede in Ganztagsstellungen waren Giovanni delle Corniuole bei Lorenzo de Medici in Florenz und Domenico dei Cammei in Mailand. Der Familiennahme des berühmten Künstlers Ghirlandaio leitete sich von dem Familiengeschäft ab: Sie stellten Gold- und Silberkränze für die Damen der Gesellschaft her.

Seit dem 15. Jahrhundert, als man begann, Edelsteine zu schleifen, änderte sich das Schmuckdesign radikal, da nicht mehr so viel Wert auf die Metalle gelegt wurde, sondern die farbigen Edelsteine in den Vordergrund rückten. In den ersten vier Jahrzehnten des 16. Jahrhunderts orientierten sich die Künstler beim Schmuckdesign sehr eng an den Stilrichtungen der Malerei und Bildhauerei. Es wurde mehr Schmuck als jemals zuvor getragen. Die großen Entwürfe und die Betonung großer Edelsteine hebt sich von der Zartheit, die zuvor bevorzugt wurde, ab.

Der härteste Stein: Vom Kuenlun Gebirge in Nordwest-China wurde die Jade heruntergespült. Sie ist auch als Nephrit (Beilstein) bekannt, aber auch als „Stein des Himmels". Es existieren zwei verschiedene chemische Verbindungen, die in der Welt offiziell als Jade anerkannt werden: Nephrit und Jadeit. Nephrit

Die Werkstatt eines edelmetallverarbeitenden Handwerkers des 16. Jahrhunderts.

ist härter als der meiste Stahl; Jadeit ist etwas härter, aber nicht so hart wie Nephrit. In China wurde Jadeit nicht gefunden, er wurde aus Burma importiert.

Die lange bevorzugte Farbe der Jade in China ist natur-weiß. Die Praktik, Jade braun oder schwarz einzufärben, stammt aus der frühen Ming-Periode. Die Farbe hängt von den Spurenelementen im Stein ab – Grün ist zum Beispiel die beliebteste Farbe für Schmuck. Das wertvolle Material wurde vergeben, um die Leistungen von chinesischen Athleten auszuzeichnen; erster Preis: Jade; zweiter Preis: Gold; dritter Preis: Elfenbein. Objekte aus hervorragender Jadearbeit schmückten die Pulte der Gelehrten. Haarnadeln, Ringe und Halsketten aus Jade wurden von chinesischen Kaiserinnen getragen, und Jade wurde mit dem wertvollsten Besitz der Kaiser begraben.

Reichtum

Der größte Jadeschatz: Pacal der Große, Herr der Maya-Stadt Polanque, regierte zwischen 603 und 648. Er wollte sich, wie die ägyptischen Pharaonen, ein Grabmal anlegen. Natürlich wurde es im Stil der Mayas gebaut. Die Grabkammer, die von einer Pyramide überdeckt wurde, maß 7 × 9 m. Allgemein ist dieser Bau als der Tempel der Inschriften bekannt. Es war der Wille Pacals, der auch erfüllt wurde, in der Gruft beerdigt zu werden und von einem riesigen Schatz aus Jadestücken umgeben zu sein. Die Gruft sollte mit einem großen dreieckigen Stein versiegelt und von weiteren Steinplatten bedeckt werden. Das Grabmal wurde 1957 entdeckt. Es enthält den größten Jadeschatz, der jemals in Amerika bekannt wurde; eine lebensgroße Maske, Ohrschmuck, Ketten, Ringe und sogar Hände aus Jade.

Das größte Goldobjekt der Inkas war die rituelle Kette. Diese Kette bestand aus geflochtenen Maguey-Fasern, die mit goldenen Blättern versetzt waren. Man nimmt an, daß die Kette 150 Fäden (= 274 m) lang war. Sie wurde zusammengerollt auf dem großen Platz in Cuzco (Peru) aufbewahrt. Nur während eines jährlichen Festes nahm man sie von diesem Platz und zog sie ins Wasser des Urcos-Sees, der 120 km südlich lag.

Die größte Beute: Als die Spanier in Amerika landeten, wurde Gold dort schon abgebaut. Als Hernando Cortés (1485–1547) 1519 die Azteken bei Tenochtitlán besiegte, nahm er 740 kg Gold von Moctezuma. Der ansässige Goldschmied schmolz es ein, goß es in Barren und stempelte diese mit dem Wappen der spanischen Krone. Der Inkaschatz in Peru war der größte „Fund". Als Francisco Pizarro (um 1478–1541) die Inkas 1531 schlug, nahm er 4800 kg Gold mit.

Der größte tributpflichtete Posten war im aztekischen Reich die Baumwolle. Von insgesamt 371 tributpflichtigen Gemeinden, mußten jährlich 123 400 Baumwollumhänge, 665 abgesteppte, wattierte Baumwollrüstungen, 11 200 Hemdblusen und Röcke sowie 4400 Ballen Rohbaumwolle an Tenochtitlán, die Hauptstadt der Azteken, abgegeben werden. Andere Abgaben: Mais (224 000 Scheffel plus 256 Scheffel einer Mischung aus Mais und Kakao oder Salbei), schwarze Bohnen, Salbei und Portulak (jeweils 168 000 Scheffel), Kakao (980 Ladungen), Salz (4000 Barren), roter Pfeffer (1600 Bündel), Weihrauch (64 000 Bälle unraffinierten und 3200 Körbe raffinierten Kopals – Räucherharz – plus 16 000 Gummibälle), Federn (33 680 Handvoll Zierfedern plus 20 Säcke Daunen), Bambusstöcke (u.a. 90 000 Speerschäfte und Rauchröhren), Limonen (16 800 Ladungen), Häute (3200 Hirschhäute, 80 Ozelote), flüssiges Bernstein (16 000 Stücke und 100 Töpfe), Türkis, Gold, Jade und Kupfer. Von dem seltensten und wertvollsten Gegenstand, Jade, bekam Tenochtitlán jährlich nur 21 Halsketten und drei große Perlen. Der gesamte Goldtribut bestand aus einem Schild, 2 Diademen und zwei Halsketten, zehn Tafeln, 60 Scheiben und 60 Schüsseln voller Goldstaub.

Die teuerste türkische Krone gehörte Sultan Suleiman dem Prächtigen (1494–1566, Sultan seit 1520). Er erzielte diesen Rekord durch den Erwerb einer dreistöckigen, goldenen, juwelenbesetzten Krone, die er in Venedig bestellte. Er konnte sie erst bezahlen, nachdem er die Jahreseinnahmen dreier Provinzen erhalten hatte.

Das wertvollste Geschenk: Über vier Jahrhunderte machten Pilger dem Schrein des St. Thomas von Canterbury in England wertvolle Geschenke. Das wertvollste war ein riesiger Rubin, den ein französicher König mitgebracht hatte. Ein böhmischer Pilger beschrieb ihn 1465 als „so kostbar, daß ein gefangengenommener englischer König damit ausgelöst werden könnte, denn man sagt, daß er mehr als ganz England wert ist". 1492 waren die Schätze des Grabes der größte bewegliche Reichtum Englands.

Das größte Geschenk: Als 1538 Hernandes de Soto die Indianerkönigin Cacica von Carolina in den heutigen USA, traf, bekam er von ihr eine Perlenkette geschenkt. Als sie bemerkte, wie sehr die Spanier die Perlen bewunderten, lud sie die Spanier ein, in den Grabstätten ihrer Stadt und den verlassenen Nachbarstädten nach weiteren Perlen zu suchen. Die Spanier fanden 770 kg Perlen „und Vogel- und Babyfiguren, die aus Perlen hergestellt" worden waren. Trotz Cacicas Großzügigkeit nahm de Soto, als er ihre Stadt Cutifachiqui verließ, sie und ihre weiblichen Sklaven mit. Sie reiste über 2000 km mit ihm. Sie veranlaßte, daß die spanischen Ladungen zwischen den Städten entlang der Route getragen wurden. Wahrscheinlich entkam sie ihm und kehrte nach Hause zurück. Die Perlen gingen in der Schlacht bei Mauilla in Alabama verloren.

Der seltsamste Brauch, der mit Kunst zu tun hatte, war die Potlatch- (oder: Tausch-)Zeremonie der Nordwestküsten-Indianer. Ihr sozialer Status war von der Abgabe von Reichtum in Form schöner Kunst abhängig. Dabei wurden keine Kosten gescheut. Weil die bekanntesten Mitglieder der Gemeinschaft versuchten, einander zu übertrumpfen, führte dieser Brauch häufig direkt in die Armut.

Die triumphierendste Stadt war Venedig: Der Reichtum dieser Stadt beruhte auf ihrer Vorherrschaft bei den traditionellen Handelsabläufen im Mittelmeerraum, besonders aber auf

Drei Beispiele für die Handwerkskunst der Renaissance: zwei Werke, in denen Amethyst und Jaspis verarbeitet worden waren sowie eine Silberschmiedearbeit.

Der außergewöhnlichste prä-kolumbianische Schatz wurde 1932 in der Stadt Monte Alban in Mexiko gefunden. Hier wurden die Überreste neun menschlicher Leichname entdeckt: ein sehr hoher Beamter und seine Gefährten, die vielleicht von Dienern oder Untertanen beerdigt worden waren, umgeben von goldenen Grabbeilagen. Dazu zählten zehn Brustplatten, eine sieben Zentimeter lange Maske – hier in etwa dreifacher Vergrößerung abgebildet –, die den Gott Xipe Totec darstellt, elf Ringe, eine Krone, fünf Ohrschmuckstücke, Armbänder, Pinzetten, falsche Nägel und ein Krug. Ein großer Diskus mit einer goldenen und einer silbernen Seite, die Tag und Nacht symbolisieren, stammt aus der Zeit der Azteken.

dem Luxushandel mit Gewürzen, Seide und Teppichen aus dem Osten. Bis weit ins 16. Jh. hinein kontrollierte Venedig zusammen mit Genua einen Großteil der europäischen Seestreitkräfte. Als einer der größten Seehäfen Europas im Jahre 1500 hatte Venedig ungefähr 120 000 Einwohner und war damit eine der großen Städte Europas. Ende des 15. Jh.s wurde es von einem Besucher als „die triumphierendste Stadt, die ich jemals gesehen habe" beschrieben.

Der reichste Ort der ganzen Welt war Malakka in Südmalaya. Es war „die Fundgrube der Gewürze" und zog alle asiatischen Händler mit der gleichen Gewißheit, mit der „Flüsse zum Meer fließen", nach Malakka. Zu dem Lagerhaus von Malakka kamen Kaufleute aus China und Indien, Tunis und Japan. Hier wurden Waren aus allen diesen Ländern gesammelt und weiterverteilt. Nur Aden, das an der Verbindung des Roten Meers mit dem Arabischen Meer liegt, konkurrierte mit seinem „unglaublichen Handel" als Lagerhaus auf den Ost-West-Routen; es verschiffte Gewürze nach Westen, exportierte Gold aus Afrika, Pferde aus Arabien und Tuch aus Europa.

Das reichste Kloster Englands war die Benediktinerabtei Westminister in London. Zu Beginn des 15. Jh.s besaß sie die größten Besitztümer.

Die größte Neuverteilung von Besitz gab es in England zur Zeit Heinrich VIII. Er löste die Klöster auf, übernahm deren Besitztümer und verkaufte davon zwischen 1539 und 1546 ungefähr zwei Drittel. Auf diese Weise nahm er 800 000 englische Pfund ein. Diese Privatisierung war seit der normannischen Eroberung im Jahre 1066 die größte Neuverteilung von Landbesitz in England.

Die reichsten Mitglieder der Gesellschaft von Simbabwe: Obwohl es nicht möglich ist, den Reichtum der Könige und Barone der Gesellschaft von Simbabwe zu messen, ist bekannt, daß sie ausländische Kleidung aus dem Nahen Osten trugen und von Seladon-Geschirr aßen, das aus China importiert wurde. Sie bezahlten diesen Luxus mit Gold, das in den Shona-Goldadern gefördert und über den im Flachland liegenden Markt in Manikweni, in der Nähe des mosambiquanischen Hafens Inhambane, exportiert wurde.

Die reichsten Engländer wurden durch eine Steuerbemessung aus dem Jahre 1522 festgestellt. Das Vermögen des Königs (dessen Einkommen von 1502 auf ungefähr 40 000 englische Pfund pro Jahr geschätzt wurde) und das Vermögen der Kirche (mit einem Jahreseinkommen von mehr als 320 000 Pfund) waren nicht verzeichnet. Abgesehen vom König und der königlichen Familie waren die Londoner Kaufleute die reichsten Männer. Sir Stephen Jenyons und Sir Thomas Seymour wurden auf 3500 Pfund geschätzt, obwohl ihr gesamtes Vermögen viel größer war. Der Besitz eines anderen Londoner Kaufmanns, Robert Thorn der Jüngere, belief sich insgesamt auf 20 000 Pfund. Der reichste Mann außerhalb Londons war im Jahre 1522 der Tuchhändler Thomas Spring aus Lavenham in Suffolk, dessen Waren allein auf 3200 Pfund geschätzt wurden. Der Reichtum war ungleich verteilt. (Jene, die in London mit mehr als 100 Pfund veranlagt wurden, waren 5 Prozent der Bevölkerung, besaßen aber 81 Prozent des Reichtums. Die Mehrheit der Bevölkerung besaß quasi nichts. In Coventry zum Beispiel besaß die Hälfte der Bevölkerung nichts, während den elf Personen an der Spitze der Stadt 44 Prozent des persönlichen Reichtums gehörten.)

Der reichste Franzose war Jacques Coeur, dessen Name zu Beginn des 15. Jh.s für Reichtum stand. Ein Sprichwort aus der Zeit sagte: „Jacques Coeur tut, was er will, der König, was er kann." Man schätzte sein Vermögen auf 500 000 Florine, außerdem besaß er 30 Schlößer, Häuser und Siedlungen in 50 Dörfern sowie Kupfer-, Blei- und Silberminen. Durch direkten Handel mit dem Nahen Osten und durch Spekulationen mit Gold und Silber hatte er seinen Reichtum zusammengetragen. Es überrascht nicht, daß er der Veruntreuung, Münzfälschung, des Verrats und Betrugs beschuldigt und zum Tode verurteilt wurde. Es überrascht vielleicht noch weniger, daß er entkam und nach Rom floh. Dort wurde er zum Befehlshaber einer Flotte ernannt und zu den griechischen Inseln gesandt, um sie von den Türken zu befreien. Er starb 1459 bei Chios.

Eine außergewöhnliche Behandlung von Schuldnern gab es auf Java. Der italienische Kaufmann Niccolo Conti, der zum Islam konvertierte und 1415–1439 den Osten bereiste, berichtete: „Schuldner, die ihre Schulden nicht begleichen können, werden zu Sklaven ihrer Gläubiger; andere entgehen diesem Los, indem sie sich auf die folgende Weise freiwillig umbringen: Sie nehmen ein Schwert, gehen damit auf die Straße und bringen jeden um, den sie sehen, bis sie auf jemanden treffen, der besser als sie ist und der sie tötet; dann erscheint der Gläubiger des toten Mannes und verlangt, daß der Mörder des Schuldners nun dessen Schulden begleichen muß, und das Gericht zwingt ihn, dies zu tun."

Die höchsten Schulden: Zu Beginn des 16. Jh.s verzeichnete ein Chronist eine Schuld des Prinzen Ury von 315 000 Rubel an seinen Bruder Iwan III., den russischen Zaren – eine kolossale Summe für die Zeit.

Europas reichste Handelsstadt war um 1550 Antwerpen. 80 Prozent des flämischen Außenhandels wurden hier abgewickelt. Das Handelsvolumen war dreimal so groß wie dasjenige von London zur gleichen Zeit. Die enormen Umsätze ließen die Stadt gedeihen und wachsen. Schon 1460 wurde hier die erste Börse eröffnet, die 1531 in ein neu errichtetes Gebäude umzog, das 1858 zerstört wurde. Zu Beginn des 16. Jh.s hatten gut 1000 Handelshäuser ihre Niederlassungen in Antwerpen.

Außerordentlicher Reichtum wurde in England entdeckt. Eine italienische Beschreibung Englands um 1500 schildert, daß es (in London) in einer einzigen Straße – sie trägt den Namen *The Strand* und führt zu St. Paul's – 52 Goldschmiedeläden gibt. Diese Geschäfte seien so reich und voller großer und kleiner Gefäße aus Silber, und legte man all die Läden Mailands, Roms, Venedigs und Florenz zusammen, so würde man sicherlich keine solche Pracht finden. (Tatsächlich war diese Straße nicht *The Strand*, sondern *Cheapside*, in der 1491 eine Häusergruppe, bekannt als Reihe der Goldschmiede, gebaut wurde.)

Die Erfolgreichsten: Die Medici aus Florenz wären 1450 sicherlich als die erfolgreichste italienische, wenn nicht sogar europäische Geschäftsfamilie angesehen worden. Sie übertrumpften ohne Schwierigkeit die mit ihnen konkurrierenden Familien Strozzi und Pazzi. Cosimo Medici (1389–1464) besaß in Florenz ein Bankunternehmen und drei Firmen, die Seide und Wolle produzierten. Außerdem besaßen die Medici Zweigstellen in der Schweiz, Flandern, England und in Frankreich sowie in anderen italienischen Städten. In den folgenden Dekaden erwarben sie Minenanteile. Bis 1474 hatten sie praktisch das Monopol für das päpstliche Bankwesen, mit dem die gesamten Geschäfte des Papstes abgewickelt wurden. Die Medici benutzten ihren Reichtum auch, um Kunst, Literatur und Architektur zu fördern.

Beruf

Den größten Einfluß auf den Beruf: Der Charakter und der Beruf eines Menschen konnte sehr leicht durch den Planeten bestimmt werden, der das Sonnenzeichen zur Geburtsstunde regierte; die Theorie der planetarischen Kinder war im 14. Jh. das beliebteste astrologische Thema der visuellen Künste. Die Kinder der Sonne sind Könige, Adlige und Verwalter. Die Kinder des Mondes sind einfache Leute, Frauen, Seemänner, Brauer, Reisende und Jäger. Die Kinder des Merkur sind Kaufleute, Gelehrte, Schreiber, Geldwechsler und Boten; sie können auch Diebe oder Klatschbasen sein. Die Kinder der Venus sind Schneider, Sticker, Musiker, Parfümeure, Maler und Verkäufer von Frauenkleidung. Die Kinder des Mars sind Soldaten, Schlachter, Ärzte, Henker, Leder- und Metallarbeiter; sie können auch Tyrannen oder Diebe sein. Die Kinder des Jupiter sind Richter, Männer des Gesetzes, Kirchenmänner und Universitätsgelehrte; sie können auch Kleiderverkäufer sein, vor allem dann, wenn sie mit Wolle zu tun haben. Die Kinder des Saturn sind Mönche, Bergarbeiter, Töpfer, Leichenbestatter, Gärtner, Hirten; sie können auch Bettler sein.

Die beeindruckendste Bewerbung stammt wohl von Leonardo da Vinci an den Herzog von Mailand, geschrieben 1428: „Nachdem ich, sehr erlauchter Herzog, die Versuche all derer gesehen und erwogen habe, die sich als Meister des Erfindens von Kriegsinstrumenten gefallen, und da ich bei diesen Erfindungen keinen Unterschied zu den allgemein gebräuchlichen Dingen finden kann, bin ich ermutigt, ohne Vorurteil gegen jemanden, Eure Exzellenz um eine Bekanntmachung mit einigen meiner besonderen Geheimnisse zu erbitten.
1. Ich kann Brücken bauen, die sehr leicht und stark und gut tragbar sind, mit denen man den Feind verfolgen und schlagen kann; und andere, solidere, die Feuern und Angriffen widerstehen, jedoch sehr leicht entfernt und aufgebaut werden können; außerdem kann ich jene der Feinde verbrennen und zerstören.
2. Kommt es zu einer Belagerung, kann ich die Wassergräben trockenlegen und Pontons und Sturmleitern und ähnliche Geräte bauen.
3. Kann ein Ort wegen seiner Anhöhe oder günstigen Position nicht bombardiert werden, kann ich jede Festung zerstören, wenn seine Fundamente nicht auf Steinen ruht.
4. Ich kann auch eine Art Kanone herstellen, die leicht und einfach zu transportieren ist, mit der man kleine Steine wie in einem Hagel schleudern kann und deren Rauch den Feind in großen Schrecken versetzt, so daß er viele Verluste erleidet und sehr verwirrt ist.
5. Ich kann an jedem mir angegebenen Punkt unterirdische Gänge ohne ein Geräusch bauen, entweder gerade oder kurvig, und wenn es nötig ist, sogar unter Gräben oder einem Fluß hindurch.
6. Ich kann gepanzerte Wagen machen, die Artillerie tragen, die durch die geschlossensten Reihen der Feinde brechen, und so der Infanterie einen sicheren Durchgang öffnen.
7. Sollte die Situation es erfordern, kann ich Kanonen und Minenwerfer und leichtes Wehrmaterial herstellen, die sowohl verziert als auch nützlich und nicht wie die allgemein gebräuchlichen sind.
8. Ist es unmöglich, Kanonen zu benutzen, kann ich statt ihrer Katapulte, Steinschleudern, *trabocchi* und andere Geräte mit vorzüglicher Leistung herstellen, die nicht allgemein benutzt werden – kurz, je nachdem, was eine Situation verlangt, kann ich unbegrenzte Mittel für Angriff und Verteidigung liefern.
9. Und sollte der Kampf auf dem Meer stattfinden, kann ich viele Maschinen bauen, die zugleich für Attacke und Verteidigung vorzüglich geeignet sind, und Schiffe, die dem Feuer der schwersten Kanonen widerstehen, und Pulver oder Waffen.
10. In Friedenszeiten, so glaube ich, kann ich Ihnen, wie andere, zur vollständigen Befriedigung öffentliche und private Gebäude bauen und Wasser von einem Ort zum anderen leiten.
Ich kann weiterhin Skulpturen aus Marmor, Bronze und Ton machen, und auch beim Malen kann ich ebensoviel leisten wie jeder andere, wer immer es auch sein mag.
Überdies würde ich den Auftrag über das bronzene Pferd ausführen, das das teure Andenken an Euren Vater und das erlauchte Haus der Sforza mit unsterblichem Ruhm und ewiger Ehre preisen wird.
Und sollte irgendeiner der hier vorgebrachten Dinge irgend jemandem unmöglich oder undurchführbar erscheinen, bin ich sofort bereit, mich in Eurem Park oder jedem anderen Ort, wie es Eurer Exzellenz beliebt, einer Prüfung zu unterziehen.
Ich empfehle mich Eurer Exzellenz mit aller gebotenen Demut."

Der Name des französischen Kaufmanns Jacques Coeur war gleichbedeutend mit Reichtum. Er fiel in Ungnade und tat am Ende Dienst auf See.

Handel

Der ertragreichste Handel: Die kommerzielle Aktivität, die zumeist im schnellen Reichtum der europäischen Kaufleute endete, war der Kauf und Verkauf von hochwertigen, wichtigen Waren, wie zum Beispiel Gold, Edelsteine, Gewürze, Seide, Elfenbein, Perlen und Korallen.

Die meisten dieser Waren waren afrikanischen Ursprungs, mußten aber, bevor das Kap der Guten Hoffnung umschifft wurde, das Mittelmeer passieren, um die europäischen Märkte zu erreichen. Auf der Reise steigerte sich ihr Wert enorm. Das ganze Anliegen der Reise von Christoph Kolumbus war es, China und die große und reiche Welt, von der man wußte, daß sie in Asien existierte, zu erreichen, um ihre Waren per Schiff auf dem direkten Weg nach Europa zu bringen.

Die wertvollsten Gewürze: Der Begriff „Gewürz" wurde im 15. Jh. nicht nur für diejenigen Mittel benutzt, die zur Konservierung und zum Würzen von Lebensmitteln verwendet wurden, sondern auch für eine Vielzahl von Arzneimitteln, Parfums, Farbstoffen, Wachs und Gummi. Die wichtigsten, und somit wertvollsten Gewürze waren Pfeffer, Zimt, Muskatnuß und Gewürznelken.

Die von den Indianern am meisten begehrten Gegenstände waren im nördlichen Neu England, als sie mit den Europäern Pelze tauschten, Messer. Für die Indianer hatten Angelhaken und andere scharfe Metallgegenstände den größten Wert.

Der erste chinesische Kaufmann, der Afrika besuchte: 1417–1419 und 1421/22 besuchten kaiserliche chinesische Schiffe, die unter dem Kommando von Cheng-Ho standen, die nördlichen Häfen der ostafrikanischen Küste. Große Mengen chinesischen Porzellans waren von Indern und Arabern schon vorher als Handelsware nach Afrika gebracht worden.

Die erste ständige europäische Niederlassung in Afrika südlich der Sahara war ein Handels-Fort und eine Fabrik, die wahrscheinlich um das Jahr 1448 auf Befehl Prinz Heinrich des Seefahrers von Portugal auf der Argin-Insel nahe der Küste des heutigen Mauretaniens errichtet wurden. Die Fabrik wurde an private Kaufleute vermietet, die sie als Standort nutzten, um den Goldmarkt der Region um die Sahara anzuziehen.

Die längste Schiffsreise dauerte zehn Monate. Solange brauchte Vasco da Gama, um die 12 200 km um das Kap der Guten Hoffnung herum zu bewältigen, um die Gewürzmärkte Südasiens zu erreichen. Aber er erreichte sie. Deshalb waren es die Portugiesen und nicht die Spanier, die die absolute Macht über den Gewürzhandel erwarben.

Die lukrativste Indienexpedition: Obwohl nur sechs von 13 Schiffen von Cabrals königlicher Flotte 1501 von einer Indienreise nach Portugal zurückkehrten, deckte der Verkauf der geladenen Gewürze die gesamten Expeditionskosten. Die Folgen des Handels rund um das Kap der Guten Hoffnung und auf den alten Gewürzrouten durch das Morgenland zeigten sich schnell. Als venezianische Galeeren 1504 in Alexandria (Ägypten) und Beirut (Libanon) eintrafen, waren die Märkte fast leer. Die Portugiesen hatten die Vorräte des Ostens aufgekauft. Doch der Handel erholte sich wieder und war höchstwahrscheinlich 50 Jahre später beinahe so groß wie zuvor.

Die größte Preissteigerung: Im späten 15. Jh. bestand in Europa eine große Nachfrage nach Pfeffer, der sowohl als Konservierungsmittel als auch als Gewürz benutzt wurde. In Indien und Südostasien, dort wo der Pfeffer herkam, kostete ein Kilo ungefähr ein oder zwei Gramm Silber. Wenn er Alexandria in Ägypten erreicht hatte, kostete ein Kilo 10 oder 14 g, in Venedig 14–18 g, und die europäischen Verbraucher bezahlten 20 oder 30 g Silber pro Kilo.

Steigende Nahrungsmittelpreise: Während des 15. Jh.s waren die Lebenshaltungskosten überall in Europa relativ stabil. Doch im 16. Jh. gab es eine Inflationswelle. In England stiegen, setzt man zum Vergleich die Preise für zwölf Nahrungsmittel (Brot, Bier, Fleisch, etc.) von 1501–1510 mit 100 an, die Preise im Jahr 1541 auf 180 an.

Die schnellste Schätzung: Ein besonderes kommerzielles Charakteristikum von Malakka, Sultanat von Südmalaya, das die Portugiesen 1511 eroberten, war, daß Schiffe, die den Hafen dringend verlassen mußten, ihre Ladung *en masse* an ein Handelskonsortium verkaufen konnten. Um dies zu ermöglichen, erschien ein Kommitee von „Experten"-Händlern, die eine ungefähre und prompte Schätzung vornahmen.

Besondere Geschenke: Die Arabische Halbinsel war das einzige Gebiet der Welt, das in der Lage war, die Geschenke der „Drei Weisen" zu exportieren: Gold, Weihrauch und Myrrhe. Der Export dieser Waren ging von der Stelle des heutigen Sultanats Oman aus. Andere Länder, wie Indien, produzierten – und produzieren noch – zwei dieser Waren. Doch Weihrauch dieser Qualität kommt nur in den nördlichen Tälern von Dhofar (Oman) vor, von wo aus es in früheren Zeiten von der Königin von Saba exportiert wurde.

Die wichtigsten Fischereien: Der Handel mit getrocknetem und gesalzenem Fisch war für die Wirtschaft Nordeuropas von großer Bedeutung. Am Beginn des 15. Jh.s waren die Fischereien von Skanör in Südschweden die bedeutendsten in Europa. Doch ihre Wichtigkeit ging zurück. Ihr Platz wurde während des 15. Jh.s von den Nordseefischereien eingenommen. Die Niederlande zogen daraus großen Gewinn, wie das aus einem zeitgenössischen holländischen Sprichwort deutlich wird: „Der Hering läßt den holländischen Handel wachsen, und der holländische Handel überschwemmt die Welt."

Die ersten Touristen in Amerika waren eine Gruppe von 30 jungen englischen Männern, die 1536 von einem gewissen Kapitän Horn über den Atlantik gebracht wurden, damit sie sich die neu entdeckten Länder ansehen konnten. Eigentlich als Angel-Expedition geplant, wurde die Reise in eine Sightseeing-Tour nach Neufundland und zum St. Lorenz-Golf geändert. Es gab einige Mißgeschicke: Die Nahrung wurde knapp, ein Mann wurde an Land von einem anderen umgebracht und anschließend aufgegessen. Die englische Gruppe traf wahrscheinlich auf ein französisches Fischereischiff. Sie bezwangen und übernahmen das Schiff und die Vorräte und segelten sicher nach Hause.

Die merkwürdigsten Handelsmethoden: Frühe portugiesische Beobachter des indischen Subkontinents waren erstaunt über einige Geschäftspraktiken, die in den Zentren Goas angewandt wurden. Die Gewohnheit, Rechnungen „im Kopf" und nicht mit dem Abakus zu machen, erschien ihnen ungewöhnlich. Noch sonderbarer war für sie die Geschäftstechnik, bei der die beiden Parteien Gebote und Gegengebote mit den Fingern ihrer gefalteten Hände machten, die unter einem Tuch verborgen waren, um sie vor neugierigen Passanten zu verstecken.

Märkte

Das prächtigste Warenhaus: Mitte des 15. Jh.s pries Aeneas Piccolomini von Siena Venedig mit seinen Kanälen, „breit genug, um ein Schlachtschiff mit Rudern aufzunehmen". In diese Stadt kamen Kaufleute und Waren aus der ganzen Welt. Es gab kein „prächtigeres Warenhaus in Europa". Die Stadt, so kommentiert Piccolomini, „besteht ganz aus Steinen, aber wenn ihre Macht weiter wächst, wird sie bald ganz aus Marmor sein". Piccolomini berichtet enthusiastisch über den Reichtum der Stadt, in der „sie sagen, daß die Spitze des Campanile mit 60 000 Gold-Dukaten vergoldet ist . . . Täglich", so fährt er fort, „wächst diese Stadt, denn sie ist nicht von einer Mauer umgeben, sondern nur von Wasser."

Der größte afrikanische Markt befand sich im Stadtstaat Kano. Er bediente die extensive Textil- und Eisenindustrie des nachmittelalterlichen Haussastaats (Nigeria). Der Karavanenhandel verband Kano mit den meisten Teilen Nord- und Westafrikas. Die herrschende Dynastie trat zum Islam über und lud Philosophen, Gelehrte, Theologen und Juristen ein, sich in der Stadt niederzulassen. Der bekannteste war Muhammad al-Maghili, von 1463–1499 königlicher Ratgeber.

Noch im 19. Jh. war Kano ein Zentrum der Lehre. Der erste europäische Besucher des Haussastaats wurde gefragt, ob er ein Werk der klassischen griechischen Mathematik, das aus der Königlichen Bibliothek verloren gegangen war, wiederbeschaffen könne.

Der größte Markt der Neuen Welt war der in Tlatelolco (nahe dem heutigen Mexiko-City). Es wurde berichtet, das er täglich 20 000–25 000 Leute bediente und bis zu 50 000 jeden fünften Tag. Laut einem spanischen Eroberer konnte man das Gemurmel noch in vier Meilen Entfernung hören. Der Marktplatz war größer als jeder, den er oder einer seiner Kameraden in der Alten Welt gesehen hatten.

Die größte Einkaufsfläche: Viele islamische Städte besaßen große Märkte oder Basare, in denen viele Geschäfte und Werkstätten auf einer Fläche oder unter einem Dach zusammengefaßt waren. Der größte war der „Große Basar" oder *Bedesten* in Konstantinopel. Mit dem Bau wurde 1455, bald nach der Eroberung, begonnen, er wurde aber erst sehr viel später fertiggestellt. 500 Jahre lang war er das Zentrum des städtischen Handels. Der ursprüngliche Basar beherbergte 140 Geschäfte unter einem Dach, in denen die reichsten Kaufleute mit den prächtigsten und teuersten Importwaren handelten. Zum Schutz gegen Raub und Feuer war der Basar stark befestigt. Der Markt hatte 15 Kuppeln und war von großer architektonischer Schönheit. Ihm war ein Seidenmarkt mit 200 Geschäften angegliedert. Vier Straßen führten strahlenförmig aus den vier Toren des Hauptbasars, der auch überdacht war, hinaus. Die äußere Fläche hatte 12 große und 20 kleinere Tore sowie über 1000 Geschäfte.

Der erste kommerzielle Landkartenverkäufer war Francisco Rosselli von Florenz (tätig von 1482–1520). Ihm gehörte das erste bekanntgewordene Landkartengeschäft in Europa. Er verkaufte nicht nur Karten aus Papier, sondern auch karthographische Kupferplatten und Holzschnitte. Sein Sortiment beinhaltete Weltkarten, Globen, Seekarten und Karten einzelner Länder. Unter seinen Kunden befanden sich auch zahlreiche Seefahrer.

Die erste gedruckte Anzeige, die erhalten blieb, wurde wahrscheinlich 1477 von William Caxton, Englands erstem Drucker, aufgegeben, der 1476 in der Umgebung von Westminster Abbey sein Geschäft eröffnete. Er handelte mit kirchlichen Gesangbüchern.

Sklavenhandel

Sklavenhandel auf dem Seeweg: Die ersten Sklaven, die aus den subsaharischen Gebieten Afrikas nach Europa verschifft wurden, waren in der Gegend von Kap Blanco gefangen worden. 1441 wurden sie von Antão Goncalves und Nuno Tristão auf von Prinz Heinrich dem Seefahrer ausgerüsteten Schiffen nach Portugal gebracht. 1443 brachte eine Flotte von sechs Karavellen 200 Männer, Frauen und Kinder, die als Sklaven auf öffentlichen Aktionen verkauft werden sollten, nach Portugal. Danach, bis zum Ende des Jh.s, wurden ungefähr 1000 Sklaven pro Jahr nach Europa verschifft.

Die ersten afrikanischen Sklaven in der Karibik: Die karibisch amerikanischen Indianer wurden gezwungen, für die Spanier zu arbeiten, doch ihre Anzahl verringerte sich wegen der eingeschleppten Krankheiten und der harten Behandlung sehr schnell. Europäische Arbeit wurde als nicht wettbewerbsfähig angesehen. Deshalb wurden Sklaven aus den portugiesischen Handels-Forts in West-Afrika geholt. Die ersten afrikanischen Sklaven wurden 1503 in die Karibik verschifft. Danach stieg der Handel rapide. Bis 1515 wurden sie von den Portugiesen in Lissabon gekauft, doch danach begann man, sie direkt von der Guinea-Küste aus zu verschiffen.

Die teuersten Sklaven: Afrikanische Sklaven galten als besonders geeignet für die Bedürfnisse der Spanier in der Karibik. Sie vertrugen das Klima gut und ertrugen die physische Not besser als Indianer und Europäer. Aus ihren Heimatländern brachten sie einen Fundus an Wissen und Geschicklichkeit in tropischer Landwirtschaft mit. Sie kamen aus einem Kontinent, auf dem Sklaverei bekannt war. Diese Faktoren machten sie sehr wertvoll, und Mitte des 15. Jh.s waren afrikanische Sklaven dreimal soviel wert wie amerikanische Indianer.

Preisvergleich: Auf den Auktionen im portugiesischen Goa mußten die weiblichen Sklaven im 16. Jh. meist nackt in den Auktions-Ring treten. Sie erzielten die höchsten Preise, wenn sie nähen, singen, tanzen konnten und ein Spezialist festgestellt hatte, daß sie noch Jungfrauen waren. Diese Frauen konnten 30 *Cruzados* einbringen. Zum Vergleich: Ein Araberpferd oder ein persisches Pferd wurde für über 500 *Cruzados* verkauft.

Weinhandel

Die einträglichsten Weine: Die Weine aus Nordeuropa waren normalerweise leicht und trocken, konnten aber nicht lange in Fässern gelagert werden, da sie sauer wurden. Sie mußten innerhalb eines Jahres verbraucht werden, im Gegensatz zu den Weinen aus Südeuropa, besonders zu denen von den Inseln im östlichen Mittelmeer und denen aus Griechenland. Diese Weine waren süßer und hatten einen höheren Alkoholanteil. Das bedeutete, daß sie länger haltbar waren und höhere Preise erzielen konnten.

Der höchste Verbrauch: Im späten 15. und frühen 16. Jh. stieg der Weinverbrauch rapide an. In Teilen Deutschlands auf über 150 l pro Jahr und pro Kopf. Der steigende Alkoholabsatz wurde hauptsächlich durch die zunehmende Zahl der Menschen, die in Städten lebten, hervorgerufen. In Nordeuropa wurde Wein nicht mehr nur von der Elite, sondern immer mehr von allen Schichten der Gesellschaft konsumiert. In Frankreich hatte die Entwicklung von Paris großen Einfluß auf die Weinproduktion. Die Stadt war für die meisten Weine aus Nordfrankreich der wichtigste Absatzmarkt.

Die wichtigsten Handelsrouten: Der internationale Weinhandel fand im späten 15. Jh. auf vier Hauptrouten statt. Von den Flußtälern Westfrankreichs zu den nordeuropäischen Häfen, den Niederlanden und der Ostsee; vom Rhein und seinen Nebenflüssen nord- und ostwärts zur Nord- und Ostsee; vom Mittelmeer nach Nordeuropa, entweder durch die Straße von Gibraltar oder über das Schwarze Meer; und von Iberien westwärts über den Atlantik nach „Neuspanien“. Die steigende städtische Nachfrage vor Ort wurde durch einen ständigen Fluß von Wein aus benachbarten Anbaugebieten, die die meisten städtischen Zentren umgaben, gedeckt.

Die bedeutendsten weinimportierenden Länder waren die Länder Nordeuropas, in denen es schwierig war, selbst ertragreiche Jahrgänge zu produzieren. Um 1492 waren höchstwahrscheinlich die Niederlande und England die größten Weinimporteure, doch die jährlichen Einfuhren konnten von Jahr zu Jahr sehr stark schwanken. Die englischen Zollaufzeichnungen zum Beispiel zeigen, daß 1509 nur 4194 Tonnen (= ein engl. Weinfaß = 252 gallons = 1144,98 l) importiert wurden, im Gegensatz dazu wurden 1521/22 immerhin 17 518 Tonnen eingeführt.

Der wichtigste Wein-Hafen: Simon Benings Miniatur von Brügge in Belgien, datiert um 1500, ist eine graphische Illustration, die zeigt, wie der Wein in einem der wichtigsten Wein-Häfen Nordeuropas ankam. Hier werden die Weinfässer mit einem Kran von einem Leichter, einer Art Schute, entladen. Die Schiffe, die den Wein brachten, lagen wahrscheinlich in den Docks des äußeren Hafens der Stadt. Eines der Fässer wird gefüllt, um den Verlust auf See zu kompensieren und um die Gefahr einer weiteren Oxidation und Abfalls des Weins zu minimieren. ein anderes Faß wird von einem Kaufmann für eine Weinprobe vorbereitet, der den Wein einem interessierten Kunden zum Probieren anbietet. Daneben wartet ein Transporteur mit seinem Pferd darauf, den verkauften Wein wegzuschaffen.

Ein farbiger Holzschnitt aus dem 15. Jahrhundert zeigt einen Weinzüchter, der den Most seiner Ernte prüft. Schon zu dieser Zeit genoß der französische Wein den Ruf, der beste der Welt zu sein.

Die bekanntesten mediterranen Weine: Im internationalen Handel Ende des 15. Jh.s stieß man auf zahlreiche Weinsorten. Der größte Unterschied bestand zwischen den leichten Sorten, besonders aus Bordeaux und vom Rhein und den süßen Weinen des Mittelmeerraums, die zunehmend wichtiger wurden.

Der beste Wein der Welt: Ende des 15. Jh.s standen die Weine aus Beaune in Burgund im Ruf, die besten der Welt zu sein. Dieser Ansicht war sicherlich Philipp der Gute, Herzog von Burgund, der 1459 behauptete, daß der Wein aus Beaune wegen seiner guten Natur und seiner hervorragenden Qualität den Ruf als Führer der besten Weine der gesamten Christenheit habe. Sie wurden dem päpstlichen Legaten, Georges d'Amboise, als Geschenk überreicht, als dieser 1501 seinen offiziellen Antritt in Paris hatte.

Der dominierende spanische Weinexport: Die endgültige Eroberung Granadas 1492 durch die katholischen Monarchen Ferdinand II. von Aragon und Isabella von Kastilien beendete die *Reconquista* (Zurückeroberung) Iberiens und führte zur Wiederauferstehung des Weinanbaus in Südspanien. Der Verlust der Gascogne an die Franzosen und die wachsende Vorliebe für süße Weine führte die englischen Händler zunehmend nach Spanien, um dort ihre Vorräte zu decken. 1491 wurde die Exportsteuer für Weine aus Sanlúcar abgeschafft. Danach dominierte speziell ein Wein den südspanischen Export; es war „Sack" aus Jerez de la Frontera, der Vorläufer des Sherry.

Der letzte Wein aus dem östlichen Mittelmeerraum: 1453 fiel Konstantinopel an das moslemische Ottomanische Reich, das den östlichen Mittelmeerraum eroberte, in dem zuvor der meiste hochwertige süße Wein Europas produziert wurde. Obwohl der Weinanbau und -export während des 16. Jh.s von den Inseln wie Rhodos, Zypern und Kreta fortgesetzt wurde, kam es schließlich dazu, daß Nordeuropa aus anderen Regionen die süßen Weine mit hohem Alkoholanteil importierte.

Die frühesten Jahrgangsweine: 1492 gab es noch keine Jahrgangsweine. Der meiste Wein wurde während des Jahres, in dem er hergestellt wurde, verbraucht. Sogar die süßeren Weine mit höherem Alkoholanteil aus dem Mittelmeerraum hielten sich nicht länger als ein paar Jahre. Während des 16. Jh.s wurden zahlreiche Versuche unternommen, um die Haltbarkeit von Weinen zu verlängern. Weintonnen aus Deutschland waren ein Mittel, um dies zu erreichen. Doch die spanischen Weinhersteller experimentierten auch mit einem Gemisch aus gekochtem und normalem Wein und mit der Alterung von Wein in Fässern.

Die schädlichsten Auswirkungen für den Weinhandel hatte der Hundertjährige Krieg zwischen England und Frankreich. Im Jahre 1453 schlugen die Franzosen die Engländer in der Schlacht von Castillon, nahe St. Emilion im Südwesten Frankreichs. Seit dem Ausbruch des Krieges erlebte der Weinhandel zwischen England und Gascogne einen dramatischen Niedergang. Während des 14. Jh.s wurden pro Jahr zwischen 90 000 und 100 000 englische Fässer Wein aus Bordeaux exportiert. Um 1430 war es noch die verschwindende Menge von jährlich 4000 bis 5000 Fässern. Am Ende des 15. Jh.s stieg der Export von Bordeaux nach England auf etwas zwischen 5000 und 10 000 Fässer pro Jahr an. Doch dies war nur noch ein Bruchteil des einst florierendsten europäischen Weinhandels.

Die größten Weinfässer: Im ausgehenden 15. Jh. begannen die deutschen Winzer und Weinhändler damit, große Fässer zu bauen, um den Wein zu lagern. Diese wurden gleichmäßig gefüllt. Da, verglichen mit der großen Menge an Wein, nur sehr wenig Luft in diesen Fässern enthalten war, hielt sich der Wein in diesen großen Fässern länger als in den kleineren. Besonders gute Weinjahrgänge, in denen die Trauben einen hohen Zuckeranteil enthielten, konnten eine beträchtliche Zeit gelagert werden. Unter den frühesten Aufzeichnungen findet sich das sogenannte Straßburger Faß von 1472. Im Jahr 1500 wurde im Zisterzienserkloster Eberbach im Rheingau ein Faß erstmals gefüllt, das 70 000 l fassen konnte. Das Faß heißt Eberbacher Riesenfaß und wurde nach dem Vorbild von Clairvaux angefertigt. Über seine Größe gibt es jedoch unterschiedliche Angaben. Sie schwanken zwischen 100 000 l, über 71 000 l, 74 000 l oder 47 000 l. So müßte man zumindest bei der Angabe ein ‚zirka' einfügen; es war in jedem Fall das damals größte Weinfaß der Welt.

1525, während des Bauernkriegs, wurde Kloster Eberbach geplündert. Die Mönche mußten die eindringenden Scharen mit Nahrung und Wein versorgen. An die 80 000 l sollen dabei verbraucht worden sein. Am Ende war auch das große Faß leer.

Währungen

Wissen über Währungen: Als die Europäer Amerika entdeckten, trafen sie dort auf eine Gesellschaft, die keinerlei Wissen über Geld besaß. Man handelte, indem man tauschte: Tierhäute, Stoff, Kaffeebohnen, Tabak und sicher auch Schnüre oder geflochtene Gürtel, *Wampum*. Diese dienten als eine Art Währung. Sie bestanden aus aufgefädelten Perlen oder Scheibchen von Muschelschalen. Das Wort *Wampum* bedeutete in der Sprache der nordamerikanischen Indianer ursprünglich „weiß" und bezieht sich genaugenommen nur auf die weißen Perlen. Die schwarzen Perlen bezeichnete man als *Suckanhocks*. Ein *Wampum* bestand normalerweise aus weißen und schwarzen Perlen, die aufgefädelt oder in Mustern zu Gürteln geflochten wurden. Eine *Wampum*-Perlenschnur war als *Wampumpeag* bekannt. Die Perlen wurden nicht nur zum Handel, sondern auch als Schmuck benutzt, als ein Symbol des Reichtums, als Talisman. Sie wurden sogar als heilig angesehen. Nach 1661 war das *Wampum* kein offizielles Zahlungmittel mehr.

Die erste Beschreibung eines Wampum stammt von Jacques Cartier. Er beschrieb im Jahre 1535 den wertvollsten Gegenstand der Indianer einer Insel, die er Montreal nannte, in der folgenden Weise: „. . . Esognuy (Wampum), das so weiß ist wie Schnee. Sie stellen es in folgender Weise aus den Muschelschalen des Flusses her. Wenn ein Indianer zum Tode verurteilt wird oder sie einige Kriegsgefangene genommen haben, töten sie einen von ihnen, machen große Schnitte in sein Gesäß und seine Oberschenkel, seine Beine, Arme und Schultern. An der Stelle, an der Esognuy gefunden wird, versenken sie ihn auf den Grund und lassen ihn dort für zehn oder zwölf Stunden liegen. Danach wird er wieder an die Oberfläche gezogen. In den oben erwähnten Schnitten finden sie all die Muscheln, aus denen sie eine Art Perle herstellen. Diese haben für sie den gleichen Wert wie für uns Silber und Gold; sie glauben, dies sei der wertvollste Gegenstand der ganzen Welt."

Die unterschiedlichsten Zahlungsmittel: Neben Gold-, Silber- und Kupfermünzen kannte man in Asien auch andere Währungsmaterialien. Im 15. Jh. wurde in Südostasien gewöhnlich Zinn zur Münzherstellung benutzt. In Bengalen und Burma bestand das Kleingeld aus dem Schneckenhaus der Kaurischnecke, die von den Malediven eingeführt wurden. In Gujarat erfüllte der Samen des Mandelbaums den selben Zweck.

Das weitverbreitetste nichtmetallische Zahlungsmittel war um 1492 die Kaurimuschel *(Cypraea moneta)*. Sie war zu diesem Zeitpunkt als Tauscheinheit in weiten Teilen der Welt, in Asien, Afrika und Europa anerkannt und gebräuchlich.

Münzen

Die am längsten in Umlauf befindlichen Münzen: Die chinesischen Bronzemünzen *Ch'ien* wurden durch die T'ang-Dynastie eingeführt. Frühe Exemplare mit der Aufschrift K'ai Yuan, geprägt 618–626 n. Chr., waren 1492 in Umlauf und zirkulierten noch im frühen 20. Jh.

Kaurimuscheln sind überall gefunden worden – in ägyptischen wie angelsächsischen Grabstätten. Bronzene Nachbildungen lagen in etruskischen Grabkammern, solche aus Gold wurden in Ägypten und auf Zypern entdeckt. Die Muscheln von den Malediven, den Philippinen und Borneo fanden Erwähnung in den Berichten Marco Polos und Vasco da Gamas. Sie blieben Zahlungsmittel in weiten Teilen der Welt.

Die Münzen waren rund mit einem viereckigen Loch in der Mitte, damit man sie zu 100 oder sogar 1000 auffädeln konnte (1000 hatten den Wert von einem Silber-Tael von 37 g). Die Ch'ien-Münze blieb über 1300 Jahre nahezu unverändert. Andere chinesische Münzen, wie das Wu Ch'u-Geld aus der Han-Dynastie (1. Jh. n. Chr.), befand sich höchstwahrscheinlich sporadisch für fast 2000 Jahre in Umlauf.

Das weitverbreitetste Handelsgeld: 1497 führten Ferdinand und Isabella von Spanien ein neues Währungssystem ein. Das System schloß den spanischen Taler zu acht *Realen* ein, der als romantisches „Stück von Achten" *(peso de à ocho)* berühmt wurde. Nur wenige dieser Münzen wurden vor der Rückkehr Karl V. nach Spanien im Jahre 1517 geprägt. Diejenigen, die die „Säulen des Herkules" zeigten und die Inschrift *plus ultra* trugen, wurden ab 1535 in den spanisch-amerikanischen Münzstätten geprägt. Spätere Auflagen wurden in riesigen Mengen geprägt. (Allein in der Münzstätte Mexiko wurden zwischen dem 16. und 19. Jh. 2 Mrd. davon geprägt.) Die spanische Münze stellte zu dieser Zeit eine universelle Währung dar. In den meisten Teilen der Welt wurde sie als Zahlungsmittel akzeptiert und in vielen Ländern häufig gegengezeichnet und überprägt. Der Name der späteren lateinamerikanischen Währungseinheit Peso ist die Abkürzung von *peso de à ocho*.

Gürtel und Ketten aus Muschelperlen, bekannt unter dem Namen Wampum, waren eine Währung in Nordamerika.

Die größte bekannte echte Münze war 1492 die römisch-republikanische *Aes Grave* (ca. 269

Die ältesten Münzen: Die roh geprägten Elektron-Stater von König Gyges von Lydien (Türkei) stammen aus dem Jahr 670 v. Chr.

v. Chr.), die in Italien hergestellt wurde. Die schwersten dieser gegossenen Bronzemünzen waren mehrere *Decussis as* (10 asses). Sie wogen 2730 g.

Die kleinsten in Umlauf befindlichen Goldmünzen: König Johann II. von Aragon (1458–1479) brachte eine Goldmünze, den Viertel-Florin, in Umlauf, der 0,80 g wog. Der *Mas* war eine winzige Goldmünze, die zwischen 1297 und 1760, während der Herrschaft der Sultane von Atjeh, in Sumatra in Umlauf war. Einige davon bestanden aus weniger als 0,4 g purem Gold. 1336 kam die Hindu-Dynastie der Vijayanagar in Südindien an die Macht und verbreitete den Gold-*Fanam*, der nur 0,3 g wog.

Die größte europäische Silbermünze: Erzherzog Sigismunds Münzstätte Hall in Tirol prägte

Römische Münzen befanden sich in einigen Gebieten noch nach 1492 im Umlauf.

1486 zuerst einen silbernen *Guldengroschen* oder *Guldiner.* Die Münze hatte einen Durchmesser von 41 mm und eine Dicke von 2,33 mm. Sie wog 31,3 g (1 Troy Unze). Sie war der Vorläufer des deutschen *Talers* (dessen Name später zu ‚dollar' wurde).

Ein Shilling, der den Kind-König Eduard VI. zeigt, der 1547 auf den englischen Thron kam.

Die kleinsten in Umlauf befindlichen Silbermünzen: 1492 werden in England die Silber Farthings aus der niedrigen Währung Eduard IV. (etwa 1464–1467) und ähnliche Ausgaben Heinrich VII. (etwa 1490–1494 geprägt) in Umlauf gewesen sein. Das Standardgewicht dieser Münzen ist mit drei Schrötlingen – gerade einmal 0,194 g – überliefert. Der durchschnittliche Durchmesser betrug 7,5–9,5 mm. Die Münzen wurden in sehr geringer Stückzahl produziert. Nur wenige blieben erhalten. Die kleinen gelochten Silbermünzen der Indianer wogen nur 0,150 g. Sie könnten noch im 15. Jh. in Umlauf gewesen sein.

Die erste erfolgreiche reine Kupfermünze in Europa: Die Kuschana-Dynastie aus Indien ließ Kupfer zur Münzenherstellung benutzen (etwa 100 n. Chr.). Die Kalifen der Abbasiden-Dynastie ließen ab dem 7. Jh. überall in Nordafrika Kupfermünzen prägen. Doch die erste reguläre Verbreitung von Kupfermünzen in der westlichen Welt waren die *Cavallo*-Münzen, die durch Ferdinand von Aragon im Jahre 1472 im Königreich Neapel und Sizilien eingeführt wurden. Der *Cavallo* erhielt seinen Namen von seiner Rückseite, die ein Pferd und die Inschrift *equitas regni* (Gerechtigkeit regiert) trug. Man kannte Einheiten von 2, 3, 4, 6 und 9 *Cavalli,* was nicht sonderlich überrascht, da eine Einheit nur 0,005 (1/200stel) eines Dukaten betrug. Es handelte sich um eine Scheinwährung ohne wirklichen Wert, konnte aber in gutes Geld gewechselt werden.

Der Ursprung des Dollarsymbols: Die nordamerikanische Währung war in mehr als nur einer Weise außerordentlich eng mit den spanischen Acht-Realen verbunden. Die ersten Ausgaben aus dem Jahre 1535 der Münzstätte Mexico Stadt waren Acht-Realen-Stücke, die auf große, dünne Rohlinge gestanzt wurden und viel Ähnlichkeit hatten mit mittelalterlichen Münzen. Spätere Ausgaben wurden auf roh geformte Silberstücke (cobs) geprägt, die aus gegossenen Platten oder Zylindern gehauen worden waren. Zusätzlich zu den Acht-Realen stellte die Münzstätte auch 4, 2, 1, 1/2 und sogar 1/4 Realen her. Das Zwei-Realen-Stück und seine Brüche waren einfach Silberstückchen, die Teile eines grob geprägten Entwurfs zeigten. Der Terminus „bits" (Stückchen) hat sich über die Jahrhunderte hinweg als Spottname für den Vierteldollar erhalten. Das Hauptmerkmal der Gestaltung der „cob" Acht-Realen war eine Acht zwischen zwei Säulen. Man kann sich gut vorstellen, wie – in geschriebener Form – dies schnell zu einem „S" zwischen zwei vertikalen Linien wurde. Bald als Abkürzung verwendet, war das Dollarsymbol geboren!

Ein Kupfer-Cavallo, den Ferdinand II., als er König von Neapel war, einführte.

Das Kreuz von Jerusalem erschien auf der Oberseite des spanischen Gold-Escudo von Karl I. und seiner Mutter Johanna. Karl wurde 1519 im Heiligen Römischen Reich als Karl V. gewählt.

Die ersten in Schwarzafrika geprägten Münzen wurden von Shirazi, Sultan von Kilwa, an der Ostafrikanischen Küste am Ende des 12. Jh.s hergestellt. Während der folgenden 200 Jahre wurden zu verschiedenen Zeiten Silber- und Kupfermünzen, die mit den Namen verschiedener Sultane beschriftet waren, geprägt. Während dieser Zeit wurden auch in Mogadishu (Somalia) Münzen produziert.

Die ersten numerischen Datenangaben auf Münzen: Seit frühester Zeit wurden Münzen häufig mit Jahresangabe der Amtszeit des herausgebenden Regenten versehen. Die Kalifen der Omajjaden-Dynastie aus Córdoba (Nordafrika und Spanien) prägten Gold-Dinare, datiert auf das Jahr 138 A. H. (756 n. Chr.) und in Damaskus sogar auf das Jahr 38 A. H. (659 n. Chr.). Die dänischen Bischöfe von Roskilde gaben einen auf das Jahr 1234 (MCCXXXIV) datierten Silber-Pence heraus, und bis ins 15. Jh. existieren vereinzelte numerisch datierte europäische Münzen. Die Jahresangabe 1474 auf einem Doppel-*Vuurijzer* aus der niederländischen Provinz Gelderland ist das erste bekannte Datum in Zahlen auf einer niederländischen Münze. Die erste numerisch datierte Münze in Großbritannien war das schottische Forty-Shilling-Stück von 1539, während die erste englische Münze, die ein numerisches Datum trägt, der Eduard-VI.-Gold-Half-Sovereign von 1548 (MDXLVIII) war.

Eine Gold-Doppel-Dukate von Ludovico Sforza, um 1495 geprägt.

Die erste Portrait-Münze der Renaissance: Für Francesco Sforza von Mailand wurde kurz nach 1450 eine Golddukate geprägt. Doch die wertvolle Münze war für ein Hochrelief nicht dick und groß genug. Künstlerisch war die Münze kein Erfolg. 1452 gravierte und prägte Antonio Marescotti eine Dukate von Borso d'Este. Man weiß nicht viel über den Münzenpräger Marescotti, außer, daß er in den Jahren zwischen 1444–1462 in der Münzstätte von Ferrara (Italien) arbeitete.

Die erste Verwendung des *Tughra* auf islamischen Münzen: *Tughra* oder der ornamental gestaltete Namenszug der Herrscher, den viele Münzen trugen, die in islamischen Ländern herausgegeben wurden, wurde 860 n. Chr. zuerst auf einer Ottomanischen Münze durch Kaiser Suleiman bin Bayazid benutzt.

Die ersten runden Silber-Farthings (ein Viertelpenny) wurden in England am 4. August 1279 während der Regierungszeit Eduard I. (1272–1307) herausgegeben. Zuvor wurden Farthings hergestellt, indem man einfach einen Silberpenny in vier Stücke zerhackte – ‚fourthlings' entstanden. Runde Halfpennies wurden offiziell erst ein Jahr später herausgegeben, obwohl eine begrenzte Anzahl von runden Halfpennies bereits in Umlauf waren.

Die erste echte türkische Goldmünze: Das Gold-Altun wurde zum erstenmal zur Zeit Mohammed II. 1478 nach der Eroberung Konstantinopels geprägt. Das Altun ersetzte den Venezianischen Gold-Zecchino oder Sequin, die zuvor den gesamten türkischen Golddevisenbedarf deckten.

Der erste Gold-Sovereign: Das Pfund Sterling ist in England jahrhundertelang ein bedeutender Nennbetrag gewesen, obwohl nie eine Pfund-Münze geprägt wurde. Durch die Einführung einer prächtigen Gold-Pfund-Münze im Jahr 1489 änderte sich das englische Währungssystem radikal. Bekannt wurde diese Münze als Sovereign, benannt nach ihrer Gestaltung, die die feierliche Inthronisierung des Königs zeigte. Auf der Rückseite der Münze sind die königlichen Waffen auf einer Tudor-Rose abgebildet. Die erste Ausgabe des Sovereigns wog 15,5 g, war aus 23karätigem Gold gefertigt und hatte einen Durchmesser von 41 mm.

Der erste Silber-Shilling: Wie das Pfund Sterling ist der Shilling (12 alte Pence entsprechen fünf neuen Pence) seit der Zeit der Sachsen in England Zahlungsmittel gewesen. Eine Silbermünze dieses Nennbetrages wurde zum erstenmal 1503/04, während der Regierungszeit Heinrich VII., geprägt. Anfangs kannte man die Münze als Testoon, abgeleitet von der italienischen *Testone,* die das Design des Shillings beeinflußt zu haben scheint. Der Shilling, der von dem Meister-Graveur Alexander de Brugsal hergestellt wurde, war die erste englische Münze, die ein naturgetreues Monarchenportrait trug.

Die erste englische Krone: Heinrich VIII. fügte den englischen Münzen im Jahre 1526 eine weitere Münze hinzu, die Goldmünze „crown of the rose" (Rosenkrone), die einen Wert von vier

Shilling und sechs Pence hatte. Sie wurde in Umlauf gebracht als Konkurrenz zur erfolgreichen französischen Münze *écu au soleil*. Aber schon nach wenigen Monaten wurde die englische Münze wieder zurückgezogen und durch die „crown of double rose" im Werte von fünf Shilling ersetzt. Seitdem gilt im Englischen eine Krone als ein 5-Shilling-Stück. Die gebräuchlichere Silberkrone wurde erst 1551, während der Regentschaft von Heinrichs Sohn Eduard VI., eingeführt.

Die Crown of the Rose von Heinrich VIII.

Papiergeld

Das erste Papiergeld war eine Erfindung der Chinesen. Im Jahr 812 wurde es probeweise eingeführt und 970 vorherrschendes Zahlungsmittel.

Die größte Banknote: Das größte gedruckte Papiergeld war die von 1368–1399 während der chinesischen Ming-Dynastie verbreitete 1-Kwan-Note, die 22,8 × 33 cm maß. Im Oktober 1983 wurde sie für 340 engl. Pfund verkauft.

Das älteste erhaltene Papiergeld: Die Idee, Papier als Schuldscheine zu benutzen, wird T'sai Lun, 105 n. Chr., zur Zeit der chinesischen Han-Dynastie, zugeschrieben. Doch die älteste erhaltene Banknote stammt aus der Regierungszeit Hung-Wus (1368–1398), der Gründer der Ming-Dynastie war. Die Banknote war mit schwarzer Tinte auf Papier, das aus der Rinde des Maulbeerbaumes hergestellt wurde, gedruckt. Sie war 360 mm lang und 230 mm breit. Sie hatte zwei zinnoberrote Reichs-Siegel. Auf der Banknote wurde erklärt, daß sie die „Große kostbare Ming-General-Währungsnote" sei und daß „Fälscher geköpft werden. Informanten erhalten 250 Liang als Belohnung sowie das gesamte Eigentum des Fälschers". Diese Banknoten waren bis Mitte des 15. Jh.s im Umlauf.

Zur Zeit gibt es vage Nachrichten über die jüngste Entdeckung eines Schatzes von Banknoten aus der Inneren Mongolei. Sie sollen aus der Zeit der Yuan-Dynastie (1271–1368) stammen. Dadurch würde die Entstehung des ältesten erhaltenen Papiergeldes um 100 Jahre vordatiert.

Bank- und Geldwesen

Die größte Inflation dieser Zeit gab es in China. Hier waren seit dem 9. Jh. sowohl Papiergeld als auch Kupfer- und Silbermünzen im Umlauf. 17 *caixas* aus Papier hatten 1378 einen

Kublai Khan (1214–1294), mogulischer Khan und Kaiser von China, überwacht die Verteilung von Papiergeld. Banknoten wie diese waren bis zur Mitte des 15. Jahrhunderts im Umlauf. Marco Polo, der venezianische Kaufmann und Reisende, verbrachte 17 Jahre im Dienst von Kublai Khan. Bei seiner Rückkehr nach Europa im Jahre 1295 schilderte er viele seiner Erfahrungen aus China und von seiner Reise in einem sehr populären Reisebuch, das noch im 15. Jahrhundert weit verbreitet war.

Wert von 12 *caixas* aus Kupfer. Aber weil die Zentralregierung ihre Ausgaben decken wollte, druckte sie so viel Papiergeld, daß 1448 1000 Papier-*caixas* 13 Kupfer-*caixas* wert waren.

Der wichtigste Meßplatz: Seit 1494, der Zeit, in der zwischen Nordwesteuropa und dem Mittelmeerraum der Handel wieder aufgenommen wurde und die Toskana ihre finanzielle Vormachtstellung an Genua abtrat, wurde Lyon (Frankreich) alle Vierteljahr zum wichtigsten Meßplatz. Der Meßplatz erfüllte zwei Zwecke:
1. Er regulierte die Zahlungen (sowohl akzeptierte Wechsel als auch feste Kurse – der *écu de mark* wurde auf jedem Meßplatz als Bruchteil der Goldmünze festgelegt).
2. Die Tilgung von Schulden wurde vereinbart (entweder durch Warentausch - *virement des parties* – dieser erfolgte direkt zwischen A und B oder wurde über einen Schuldner C abgewickelt; oder durch Bargeld, das zu einem bestimmten Prozentsatz von Handelsbankiers geliehen wurde – der *dépôt de tent*). Kredite wurden „von Meßplatz zu Meßplatz gegeben", manchmal auch „über zwei Meßplätze hinweg". Das System funktionierte gut. Allein die finanziellen Abwicklungen dauerten auf den Meßplätzen mehr als drei Wochen. Der Meßplatz begann am Dreikönigsfest (Anfang Januar), am Weißen Sonntag (dem Sonntag nach Ostern), Anfang August und an Allerheiligen (Anfang November). Lyon bot die Gelegenheit, ausländische Rechnungen zu begleichen – während des Meßplatzes ruhten Feindseligkeiten, damit Kaufleute aus sich bekriegenden Ländern teilnehmen konnten. Der Meßplatz in Lyon war ein einflußreicher Interessenverband der Bankiers aus der Toskana, Mailand und Genua: Ihre finanziellen Abmachungen mußten von Frankreich, Süddeutschland, dem Rheinland und den Niederlanden befolgt werden.

Die tiefgreifendste Korruption ist mit dem Namen Medici verbunden. Im Kampf um die politische Macht im Florentiner Stadtrat gab Cosimo de Medici auffällig viel Geld für öffentliche Gebäude der Stadt, Steuern und wohltätige Zwecke aus. Er brachte hierfür eine Summe von 400 000 Florinen auf. Sein Sohn Lorenzo ging noch einen Schritt weiter. Für ihn gab es zwischen den Staatsfinanzen und seinen eigenen keinen Unterschied. Mußte ein Krieg finanziert werden, dann waren die Wertpapiere nicht länger zinsarm und über die Staatsverschuldung von Florenz gedeckt, sondern sie waren Darlehen mit hohen Zinsen, die von Inhabern wichtiger Ämter und ihren reichen Freunden gewährt wurden. Diese teuren Kredite konnten nur durch eine Schuldenerhöhung, durch Wertminderung der Wertpapiere, die die Schulden trugen, oder durch Steuererhöhungen für das Bürgertum finanziert werden. Lorenzo zog sich dadurch viel Unwillen zu.
Den eklatantesten Fall von Korruption leistete sich jedoch sein Sohn Piero. Als Karl VIII. fran-

Ein Kaufmann und seine Frau prüfen das Bargeld und die Geschäftsbücher.

zösische Truppen durch die Toskana nach Rom führte, gab Piero den örtlichen Befehlshabern dieser Truppen Bestechungsgelder, damit sie die Bevölkerung nicht angriffen. Diese Summen waren so hoch, daß sogar Anhänger der Medici empört waren und sich von ihm abwandten. Die Familie Medici wurde für 18 Jahre in die Verbannung geschickt.

Die häufigste Form langfristiger Kredite waren Leibrenten. Auf dem Land gab es diese Kredite nur selten – in Teilen Italiens und Spaniens lieh man Bauern entweder Korn, oder die Bauern konnten Ersparnisse unter notarieller Aufsicht deponieren und dafür Geld leihen. In der Stadt bekamen kleine Geschäftsleute häufig Kredit, indem sie Leibrenten verkauften. Dies waren regelmäßige Zinszahlungen für Land. Da das Maximum dieser Zahlungen zehn Prozent des Gesamtkapitals betrug und tilgbar war, waren diese Beträge keine Wucherzahlungen. Eine päpstliche Bulle von 1455 regelte die Zahlungsbedingungen. Ein Unternehmer kaufte beispielsweise aus Spekulationsgründen Land, verkaufte es an Bauherren und benutzte die daraus erhaltenen Leibrenten – sie liefen über einen Zeitraum von bis zu drei Lebenszeiten –, um mehr Land zu kaufen. Ein 1545 datiertes Leibrentenregister aus Antwerpen verdeutlicht, daß die untere Mittelschicht unter den Käufern einen hohen Anteil hatte.

Das erste Darlehen der Fugger an einen kaiserlichen Entleiher: Jakob Fugger, ein Enkel des Begründers der Augsburger Weber und Kaufleute, war nicht der erste in seiner Familie, der mit Königshäusern Geschäfte machte. – 1473 belieferte einer seiner Brüder das Gefolge Friedrich III. mit „gutem Tuch und guter Seide“ für einen Auslandsaufenthalt.
Der nächste Abschluß mit einem Herrscherhaus zeigt, wie solche Geschäfte in der Zukunft abgewickelt werden sollten. 1487 gewährte Jakob zusammen mit Antonio de Cavallis von Genua dem Erzherzog von Tirol, Siegmund, einen Kredit über 23 627 Florine. Die Schwatz-Silberminen und die gesamte Tiroler Provinz dienten als Sicherheit. Im nächsten Jahr folgte ein weiteres Darlehen über 150 000 Florine. Bis die gesamte Schuld getilgt war, erhielten die Fugger das ganze Silber, das bei Schwatz gefördert wurde, zu einem nominalen Preis. 1496 bekamen sie ihr Geld zurück, indem sie es von einem anderen Darlehen einbehielten, das an Kaiser Maximilian I., Siegmunds Nachfolger als Statthalter von Tirol, gezahlt wurde. Solche Geldleihen verliehen den Fuggern im nächsten Jahrhundert ihre unübertroffene Größe und Macht als Finanzhaus.

Kompetent, scharfsinnig und mit der Liebe zur Kunst ausgestattet, sicherte Cosimo (1389–1464), der Vater der Medici-Familie, die Vorherrschaft der Medici in Florenz.

Einen Tiefpunkt der Medici-Bank verzeichnet die Geschichte im Jahre 1492, dem Todesjahr Lorenzo de Medicis. Die Bank, die sein Urgroßvater gegründet hatte, wurde vom allgemeinen Vertrauensverlust in die Banken erfaßt. 40 Jahre vorher hatten die Medici ihre zehnte Filiale, einen prächtigen Palast in Mailand, der von Michelozzo, dem Familienarchitekten, gebaut wurde, eröffnet. Ihr gesamtes Vermögen belief sich auf ungefähr 100 000 Florine. Der herausragende Generalmanager, Giovanni Benci, leitete ein Bankennetz, das von Rom über Genf, Lyon und Brügge bis nach London reichte. Die Medici handelten sowohl mit Grundgütern wie Wolle und Öl als auch mit Luxusartikeln für ihre reicheren Kunden. Sie waren die Bankiers des Papstes und besaßen eine Filiale, die mit dem Papst reiste, wo immer sich dessen Sitz befand: in Florenz, Avignon oder im Vatikan. Lorenzo zog sich jedoch den Ärger von Sixtus IV. zu, als er ihm nach 1470 ein Darlehen verweigerte. Dies führte 1478 zum Attentat auf Lorenzo. In der folgenden Dekade kamen Banken, wie die der Medici, in Schwierigkeiten, denn ihre nordeuropäischen Zweigstellen bekamen immer größere Probleme, verarbeitete Materialien sowie Rohstoffe für Italien zu erwerben. Außerdem zog der Familienname kredithungrige Könige wie Eduard IV. von England an (Lorenzo mußte die Filiale in London schließen), ein Geschäft, das die Medici nicht wollten.

Die erste Hypothek auf kaiserliches Land zugunsten der Fugger zahlte Kaiser Maximilian I., Kaiser seit 1508. Er war in einen zehn Jahre dauernden Krieg mit Italien verwickelt und brauchte Geld, um seine Schweizer Söldner zu bezahlen. Da er über keinen Kredit und kein Einkommen verfügte – die kaiserlichen Ratgeber hatten entschieden, die Ausgaben aus zukünftigen Steuern zu finanzieren – gab es keine Möglichkeit für ihn, Bargeld zu bekommen. Das zwang ihn, seine Ländereien als Graf von Kirchberg und Herr von Weissenhorn mit einer Hypothek von 50 000 Florinen zugunsten der Fugger zu belasten. Diese Ländereien sind der Beginn der enormen Eigentumserwerbungen Jakob Fuggers.

Das am wenigsten von einer Familie dominierte Bankhaus gehörte den Welsern. Sie waren eine der älteren Handelsfirmen Augsburgs, und ihre Anfänge tragen starke Züge eines Familienunternehmens. Drei Brüder gingen eine Verbindung mit einem nicht zur Familie gehörenden Geschäftsmann (Hans Vöhlin) ein. Ei-

Jakob Fugger II., der Kopf der großen deutschen Bankiersfamilie, wurde 1518 von Albrecht Dürer portraitiert.

ner der Brüder, Lukas, hatte drei Söhne mit Namen Anton, Lukas und Jakob, wovon jeder eine nach ihm benannte Filiale führte. 1479 heiratete Anton Vöhlins Tochter. Seine Firma Welser & Vöhlin, die mit Silber handelte, etablierte sich sehr schnell. Die Welser gaben den Handel nie auf (im Gegensatz zu den Fuggern), auch dann nicht, als sie dem Kaiser Geld liehen. Ein weiterer Unterschied bestand in der Struktur ihrer Partnerschaft. Nur wenige von ihnen waren mehr als entfernte Verwandte: Die Partnerschaftsliste verzeichnet 1508 18 Namen, von denen nur vier zur direkten Welser-Vöhlin-Familie gehören. Die Kontrolle war auf viele Personen verteilt (im Unterschied zu den Fuggern), die eine Fabrik lieber selbst leiteten, anstatt diese Aufgabe zu deligieren. Daher neigten die Welser zu einem gutinformierten, manchmal aggressiven Führungsstil – 1517 verließen mehrere Partner das Geschäft.

Der schnellste internationale Geldtransfer dauerte sechs Wochen. 1508 setzten sich im Bündnis von Cambrai dessen Mitglieder (der Habsburger Kaiser Maximilian I., Ludwig XII. von Frankreich, Ferdinand von Spanien, Papst Julius II. sowie die Herrscher von Ferrara und Mantua) zum Ziel, Venedigs Gebiete zwischen den Bündnispartner aufzuteilen. Das Bündnis stellte Maximilian eine Subvention von 170 000 Dukaten in Aussicht. Maximilian, wie üblich in Geldnöten, brauchte das Geld sofort, außerdem sollte alles in Deutschland gezahlt werden. Die einzelnen Beträge wurden jedoch in so weit auseinanderliegenden Städten wie Antwerpen, Rom und Florenz zur Verfügung gestellt. Jakob Fugger benutzte Wechsel bei diesem Transfer. Damit gelang es ihm, innerhalb von zwei Wochen in Augsburg einen Teil des Geldes zusammenzutragen. Sechs Wochen nach Beginn des Transfers wurde das restliche Geld ausgezahlt – ein Rekord zu dieser Zeit, in der der internationale Gebrauch von Wechseln in Nordeuropa nicht üblich war.

Die ersten Pachtzahlungen der spanischen Krone an die Fugger erfolgte im Jahre 1525. Das Recht, für drei Jahre die Pachtgebühren für die Ländereien der Ritterorden von St. Jago, Calatrava und Alcantara zu kassieren, war der Beginn eines großen Geschäfts der Fugger mit Spanien. Diese „Maestrazgos"-Pacht schloß später die Erträge der Quecksilberminen bei Almadén ein (Quecksilber wurde für einen neuen Versilberungsprozeß benötigt). Genua überbot die Fugger bei einem fünfjährigen Verlängerungsvertrag. Doch die deutsche Familie bekam die Pacht anschließend zurück und behielt sie für weitere 100 Jahre. Die Maestrazgos-Pacht zahlte jenen Teil der Wahlschulden Karls V. ab, die Spanien in Rechnung gestellt worden waren.

Die mächtigste Bankiersfamilie waren die Fugger. Der Tod eines Seniorpartners und die Notwendigkeit, das Vermögen umzuverteilen, war der oft einmalige Anlaß, um eine Gesellschaftsbilanz zu erstellen. Jakob Fugger starb im Januar 1526. Zu diesem Zeitpunkt hatte die Familie den Höhepunkt ihres Ruhms und Einflusses erreicht. Ihr gehörten Minen sowie Minenanteile in Tirol (Silber) und Ungarn (Kupfer), außerdem Ländereien in Süddeutschland. Die Schulden des Hauses Habsburg bildeten ihr Hauptvermögen – allein König Ferdinand von Österreich war mit 651 000 Florinen verschuldet. Als ein Jahr nach Jakobs Tod die Bilanz gezogen wurde, belief sich das Vermögen der Fugger auf 3 Mio. Florine.

Das größte, firmeneigene Kapital gehörte den Fuggern. Unter Anton Fugger vermehrte das große Augsburger Bankhaus sein Geschäftskapital enorm. Am Ende des Jahres 1546 betrugen allein die Forderungen an die Spanische Krone und an Antwerpen 2,75 Mio. Florine. Gewinnbringende Einnahmen garantierten hauptsächlich Spanien und Ungarn (2,6 Mio. oder beinahe 90 Prozent des gesamten Nettogewinns). Das Firmenvermögen sicherte Anton und seinen Neffen ein Kapital in Höhe von ungefähr 5 Mio. Florinen, das größte, das damals eine Firma besaß.

Abgaben und Steuern

Höchste Abgaben in Silber: Der erste Herrscher der Ming-Dynastie in China versuchte, den Handel vollkommen auf die Basis von Papiergeld und Kupfermünzen zu stellen. Alle Abgaben mußten in dieser Form entrichtet werden. Ungemünztes Gold und Silber wurden streng überwacht, und beide Edelmetalle waren von jedem Handelsvorgang ausgeschlossen. Doch bald schwächte die Inflation das Papiergeld, und der Mangel an Kupfer behinderte gar den seinerzeit größten Handelsplatz der Welt. Mehr und mehr kam wieder Silber in Umlauf. Westliche Händler, die im 16. Jh. nach China kamen, hatten in Silber zu zahlen. Da sie viel kauften, gaben sie der Wirtschaft des Landes einen deutlichen Schub. Die Silberreserve wuchs rasch an. Lag sie im Jahre 1528 bei knapp 50 000 kg, so war sie elf Jahre später auf 75 000 kg angewachsen.

Wissenschaft und Technik

MATHEMATIK · GEHEIMSCHRIFTEN
MASCHINENBAU · UHREN · FLUGGERÄTE
BUCHDRUCK · KRIEGSMASCHINERIE

Das Guinness Buch der Rekorde 1492

Mathematik

Das älteste mathematische Rätsel stammt aus dem Jahre 1650 v. Chr.:
Als ich nach St. Ives ging,
traf ich einen Mann mit 7 Frauen.
Jede Frau hatte 7 Säcke,
und in jedem Sack waren 7 Katzen.
Kätzchen, Katzen, Säcke und Frauen.
Wie viele gingen nach St. Ives?

Das früheste bekannte Gewichtsmaß ist das Beqa aus der amratischen Periode der ägyptischen Zivilisation um 3800 v. Chr. Es wurde in Naqada in Ägypten gefunden. Die Gewichte sind zylindrisch mit abgerundeten Kanten und wiegen zwischen 188,7 und 211,2 g.

Das kleinste Gewicht, das in England gesetzlich anerkannt war, war das Gran. Es entsprach einem getrockneten Gerstenkorn, das aus der Mitte einer Ähre entnommen worden war. Geldmacher hatten jedoch noch kleinere Gewichtseinheiten. Die kleinste war der Schrötling. 230 bis 400 Schrötlinge enthielt ein Gran. Nachstehend die vollständige Tabelle:

24 Schrötlinge	= 1 Perit
20 Perits	= 1 Doit
24 Doits	= 1 Scherf (1/2 Pfennig)
20 Scherfe	= 1 Gran
24 Grane	= 1 Pennygewicht
20 Pennygewichte	= 1 Unze (Troygewicht)
12 Unzen (Troygewicht)	= 1 Pfund (Troygewicht)

Die präzisesten Maße: Um Betrug beim Handel zu verhindern und Fairneß zu garantieren, wurden ab 1491 die ersten Versuche unternommen, die englischen Maße und Gewichte zu vereinheitlichen. Anhand eines 1 1/2 Zoll dikken achteckigen Messingstabes wurde 1497 ein neuer Standard für das Yard eingeführt, das nur 0,037 Zoll oder 9,4 mm kürzer war als das heutige englische Yard. Die Normen für Gewichte und Maße der Tudor-Periode gehörten zu den präzisesten und hochentwickeltsten in Europa. (Einige dieser Standardmaße sind im Naturwissenschaftlichen Museum in London aufbewahrt.)

Vorherige Seite: Die höchst dekorative Fertigkeit, durch Intarsien verschiedener Hölzer Bilder zu gestalten, fand 1497 ihren Niederschlag auch in dem Studierzimmer des Ducal-Palastes im italienischen Urbino mit zahlreichen in Holz gearbeiteten Symbolen aus Wissenschaft und Technik.

Das längste Moment aller Zeiten wurde im Mittelalter definiert. Im Mittelalter bestimmten Zeitmaße die hypothetischen Bruchteile einer kanonische Stunde (der offiziellen Gebetsstunde). Folglich sind sie mit der christlichen Theologie und den philosophischen Schreibern, die Autoritäten waren, verbunden und haben eine lange Geschichte. Bei den Zeitmaßen war die kleinste Einheit das *Atom* (von lat. *atomus*, „ein Augenzwinkern"). Nach Papias, einem Bischof aus Hierapolis (Phrygien) im 2. Jh., hatte eine Stunde 22560 Atome. Seine Zeittabelle sah wie folgt aus:

Moderne Äquivalente	
47 Atome	= 1 Unze (7 1/2 Sekunden)
8 Unzen	= 1 Ostent (1 Minute)
1 1/2 Ostent	= 1 Moment (1 1/2 Minuten)
2 2/3 Momente	= 1 Teil (4 Minuten)
1 1/2 Teile	= 1 Minute (6 Minuten)
2 Minuten	= 1 Punkt (12 Minuten)
5 Punkte	= 1 Stunde (1 Stunde)

Verantwortlich für das rekordbrechende Moment war wohl ein Mann des 12. Jh.s, Honorius Augustodunensis von Autum, der – im Gegensatz zu Papius fünf Punkten – die kanonische Stunde in vier Punkte einteilte. Seine Stunde hatte auch weniger Atome – 22500 im Gegensatz zu Papius 22560 Atomen. Er bestimmte folgende Werte.

1 Stunde = 4 Punkte oder
10 Minuten oder
15 Teile oder
40 Bewegungen oder
60 Marks oder
22500 Atome

Doch laut anderer Gelehrten repräsentierte das Moment, für das es heute keinen speziell vergleichbaren Wert mehr gibt, einen noch längeren Zeitraum. Die 1495 erschienene Ausgabe von *The Descrypcyon of Englonde* (eine Zusammenfassung eines Klassikers aus dem 14. Jh.) erklärte: „Eine Stunde enthält 4 Punkte und ein Punkt 10 Momente." Ein auf dieser Basis berechnetes Moment ist das längste aller Zeiten.

Den akkuratesten Zensus gab es in Südamerika. Die Europäer entdeckten eine Gesellschaft der Inkas, die in Untergruppen von 10, 50, 100, 500, 1000, 5000, 10000 und 40000 geteilt war. Dieses Dezimalsystem wurde von dem Inka Pachacutec eingeführt, von dem man sagte, daß er genau wußte, wie viele Lamas und Männer ihm zur Verfügung standen. Da es kein System gab, um Dinge schriftlich aufzuzeichnen, benutzte man das *Quipu.* Dies war ein Zählinstrument, das aus einer langen Schnur bestand, von der – wie bei einem Kamm – andere Schnüre herabhingen. Jeder „Zahn" hatte Knoten in verschiedenen Höhen. Diese waren im Dezimalsystem angeordnet – Einer am unteren Ende, dann Zehner, Hunderter, Tausender usw. Die Schnüre hatten verschiedene Farben, damit zwischen ihrem jeweiligen Zweck unterschieden werden konnte: Gelb stand für Mais. Nur der *Quipucamayoc,* der sein eigenes Quipu entwickelt hatte, war in der Lage, seine Zählungen zu deuten. Ein einziger Fehler beim Zählen konnte dem Quipucamayoc das Leben kosten. Sie machten nur selten Fehler.

Einzigartige Mathematiker waren die Azteken. Sie waren seit ihrer Ankunft in Mexiko um 1200 bis 1519, als sie auf dem Höhepunkt ihrer Blüte von Cortes unterworfen wurden, das herrschende Volk in Mexiko. Unter ihren Errungenschaften befand sich ein einzigartiges, erstaunliches mathematisches System:
Eine einzelne Zahl war neutral. Setzte man sie jedoch mit einer zweiten Zahl in Beziehung, wurde sie gut oder schlecht. War die zweite Zahl ungerade, dann war die Grundzahl gut. War sie gut, blieb sie in der Rechnung, war sie schlecht, wurde sie gestrichen. Die Azteken ignorierten Brüche völlig, trotzdem waren ihre Berechnungen immer richtig.
Ein einfaches Beispiel: 35 × 10. Da 10 gerade ist, also schlecht, wird 35 in der Rechnung nicht mehr beachtet. Bei der gegenteiligen Rechnung 10 × 35 akzeptiert 10 aber 35, denn 35 ist ungerade, also gut. Um beide Zahlen miteinander zu multiplizieren, verdoppelten die Azteken die Grundzahl, während sie gleichzeitig die zweite Zahl halbierten (und Brüche ignorierten). Dies machten sie so lange, bis die zweite Zahl 1 erreichte. Wenn 1 erreicht war, addierte man alle guten Zahlen auf der Basisseite und erhielt das korrekte Resultat.

a) 35 × 10

35 :	10	(10 schlecht, streicht 35)
70 :	5	(5 gut, akzeptiert 70)
140 :	2	(ignoriert 1/2, 2 schlecht, streicht 140)
<u>280</u> :	1	(1 gut, akzeptiert 280)
350 :		(1 erreicht, addiere alle guten Zahlen)

b) 10 × 35

10 :	35	(35 gut, akzeptiert 10)
20 :	17	(ignoriert 1/2, 17 gut, akzeptiert 20)
40 :	8	(ignoriert 1/2, 8 schlecht), streicht 40)
80 :	4	(4 schlecht, streicht 80)
160 :	2	(2 schlecht, streicht 160)
<u>320</u> :	1	(1 gut, akzeptiert 320)
350 :		(1 erreicht, addiere alle guten Zahlen)

Der Ursprung der Algebra liegt im Dunkeln. Babylonier, Griechen und Inder können alle für sich in Anspruch nehmen, zu den ersten gehört zu haben, die ein algebraisches System benutzten. Ein einflußreiches Werk des islamischen Gelehrten Muhammed ben Musa al Khwarizmi (um 825) wurde häufig gelesen und ungefähr 1126 von Robert von Chester ins Lateinische übersetzt.
Leonardo von Pisa (Leonardo Fibonacci) wurde durch die Einführung der Algebra in Italien berühmt, wo Algebra als „Regel von Kos" oder als die „große Kunst" bekannt wurde. Fibonaccis Schrift *Liber abaci* (1202, 1228) spielte bei der Einführung der arabischen Ziffern in Europa eine Schlüsselrolle.
Luca Pacioli aus Venedig (1494) schrieb das erste gedruckte Buch über Algebra. François Vieta aus Frankreich (1540–1603) nannte Algebra die „analytische Kunst" und verwendete als erster Mathematiker Buchstaben anstelle von Zahlen. Vieta benutzte Vokale für unbekannte Größen und Konsonanten für bekannte Größen.

Plus- und Minuszeichen: Der Gebrauch dieser Zeichen in der Mathematik ist in Europa Stephilius (Michael Steifel oder auch Stifel) zu verdanken. Das Multiplikationszeichen wurde nicht vor dem 17. Jh. eingeführt.

Als vollkommenste Form bestimmte man den Kreis. Er hat weder Anfang noch Ende und ist daher das angemessenste Gottessymbol. Leonardo da Vinci entdeckte, daß die idealen menschlichen Proportionen genau in einen Kreis passen. Der berühmte „Homo ad circulum" (Figur nach Vitruv) in der Galleria della Accademia in Florenz, den Leonardo da Vinci um 1492 zeichnete, ist nach dem klassischen

Architekturtheoretiker Vitruv benannt. Dessen Werk *De Architectura* wurde im 15. Jh. wiederentdeckt und 1486 gedruckt. Der zentralisierte Entwurf war die radikalste Neuerung bei der Kirchengestaltung; ein kreisförmiger Zentralbau wurde innerhalb eines quadratischen Gebäudes geschaffen, wenn er von einem Kreis in Form einer Kuppeldecke bedeckt wurde.

Trigonometrie beschäftigt sich mit den spezifischen Funktionen von Winkeln. Sie war den Mathematikern und Astronomen in Indien, Arabien und möglicherweise auch in Griechenland bekannt. Die Entstehung der Trigonometrie als moderne mathematische Disziplin war zum größten Teil das Werk des persischen Mathematikers Nasir ad-din at-Tusi (18. Jh.) und Johannes Müllers aus Deutschland, bekannt als Regiomontanus (1436–1475). Sein Buch über die Trigonometrie, *Triangulis*, schrieb er 1464. Es wurde allerdings erst 1533 veröffentlicht.

Das früheste Handbuch der doppelten Buchführung war die *Summa de Arithmetica*, die 1494 von dem venezianischen Franziskaner Luca Pacioli als Anleitung geschrieben wurde. Mehr als ein Jahrhundert war zu diesem Zeitpunkt die doppelte Buchführung in Südeuropa von wichtigen Kaufleuten schon angewandt worden.

Die erste Studie über die Wahrscheinlichkeit stammt von dem Italiener Giralamo Cardano (1501–1576). Bevor der hochangesehene Arzt, Naturforscher und Mathematiker berühmt und reich wurde, besserte er sein spärliches Einkommen durch Glücksspiele auf. Um 1540 war er zwei Jahre lang so sehr vom Spielen besessen, daß seine Arztpraxis darunter zu leiden begann. Die Fertigkeiten und Erfahrungen, die er durch Schach, Würfel- und Kartenspiele erwarb, veranlaßten ihn dazu, die erste Studie über die Prinzipien der Wahrscheinlichkeit zu schreiben. *Liber de Ludo Aleae* (Das Buch der Glücksspiele) enthält Ratschläge, wie man präparierte Würfel und gezinkte Karten erkennt. Obwohl er Spielen als ein Mittel gegen Melancholie empfahl, warnte er auch, daß es eine mögliche Ursache für den Bankrott sei.

Geheimschriften

Die beste Geheimtinte: Es gibt zwei verschiedene Arten von Geheimtinten, die beide seit der Antike in Gebrauch sind. Die erste Art besteht aus organischen Flüssigkeiten und wird lesbar, wenn man die Flüssigkeit ein wenig erwärmt. Urin ist eine solche Flüssigkeit. Die zweite Art besteht aus reaktiven Chemikalien. Eine chemische Flüssigkeit, die in trockenem Zustand farblos ist, wird dazu verwendet, die Botschaft zu schreiben, und wenn die entsprechende reaktive Chemikalie hinzugefügt wird, erscheinen die Worte in Farbe. Im Jahre 1492 waren mehrere verschiedene unsichtbare Tinten beider Arten bekannt und verbreitet im diplomatischen Schriftverkehr.

Die ersten Dechiffrierexperten waren Araber, die entdeckten, wie man mittels der Häufigkeit, mit der einzelne Buchstaben in der Sprache auftauchten, einen Code entschlüsseln konnte. 1492 hatten sie sich darin bereits seit 200 Jahren geübt.

Der einzige bekannte chinesische Code war seit dem 11. Jh. eine Liste von 40 Aussagen mit militärischem Inhalt, die von der Forderung nach mehr Pfeilen bis zur Verkündung eines Sieges reichten. Spezifische Zitate aus Gedichten, die in ansonsten normaler und bedeutungsloser Korrespondenz angeführt wurden, standen für diese Botschaften.

Die größte Enzyklopädie stammt von dem Ägypter Qalqashandi, der sein gewaltiges vierzehnbändiges Werk 1412 fertigstellte. Dieses Werk war eigens für die Kaste der Schreiber geschrieben worden und enthielt Kapitel über Chiffren, das Entschlüsseln von Codes, unsichtbare Tinten sowie codierte Gesten und Verhaltensformen.

Das erste europäische Buch über Chiffren und Codes wurde 1518, achtzehn Monate nach dem Tod seines Autors, veröffentlicht. Verfaßt wurde es von dem Benediktinermönch Johannes Trithemius. Es enthielt Alphabet-Tabellen, die als Modelle zur Codierung benutzt werden konnten, und gab Anweisungen, nach denen man Codes gestalten konnte, die sogar noch komplizierter waren als die, die Albertis Scheibe ermöglichte.

Der größte Experte für Geheimschriften war Leon Battista Alberti. Alberti, geboren 1404 in Rom als unehelicher Sohn in einer reichen Familie florentinischer Kaufleute, entsprach dem Renaissance-Konzept des Universalgenies so wie sonst nur Leonardo da Vinci. Im Alter von 63 Jahren fragte ihn der Sekretär des Papstes eher beiläufig, ob er einen unentschlüsselbaren Code wohl entwickeln könne. Das Resultat war seine berühmte Chiffren-Scheibe, die auf der Stelle alle Codes, die nach dem Austauschprinzip funktionierten, obsolet machte. Diese Kupferscheibe mit dem beweglichen Innenring versetzte den Absender geheimer Botschaften in die Lage, sich gegenüber jenen Neugierigen und Feinden abzusichern, die nach der Häufigkeit des Auftauchens einzelner Buchstaben einen Code zu entschlüssen versuchten. Nehmen wir einmal an, die Scheibe ist so eingestellt wie in der Illustration (siehe Seite 98), also mit A = d. Das bedeutete, daß ein Buchstabe A in dem übermittelten Brief vom Empfänger der Botschaft als D interpretiert werden sollte. Wenn man jetzt jedoch an einer vorher abgemachten Stelle im Text die Scheibe im Uhrzei-

Portrait des italienischen Mathematikers Luca Pacioli (um 1445 bis um 1510) aus Venedig, der das erste gedruckte Buch über die Arithmetik verfaßt hat. Mit der darin enthaltenen Abhandlung über die doppelte Buchführung beschrieb er eine übliche Praxis venezianischer Kaufleute.

DIE CHIFFREN-SCHEIBE VON LEON BATTISTA ALBERTI

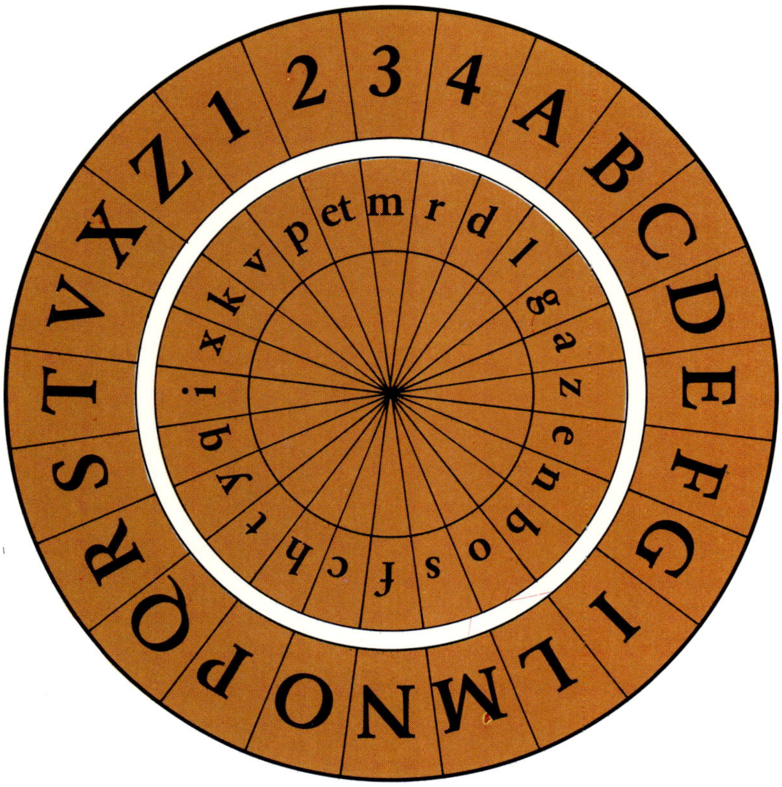

gersinn nur einen Buchstaben weiterdreht, dann steht jetzt der Buchstabe B für das d. Die Variationsmöglichkeiten sind nahezu unbegrenzt. Absender und Empfänger der geheimen Botschaft müssen nur jeweils im Besitz identischer Scheiben sein und vorher miteinander absprechen, wann und wie sie ihren Code verändern wollen. Albertis Alphabet enthielt kein J, U und W. Darüber hinaus ignorierte er die Buchstaben H, K und Y, da er sie für „unnötig" hielt.

Der erste große europäische Code-Knacker: Die besonderen Bedingungen der venezianischen Gesellschaft brachten eine herrschende Klasse hervor, die sich von der anderer italienischer Kommunen oder gar der kontinentalen Staaten stark unterschied. Um jeden Versuch der Machtergreifung einer einzelnen Person zunichte zu machen, wurde 1310 der Rat der Zehn gegründet, der für die Einhaltung der bürgerlichen Ordnung sorgen und das existierende Regime verteidigen sollte. Mit Hilfe einer höchst rührigen Geheimpolizei schaffte es dieser Rat, die Macht über das starke und unabhängige Venedig für lange Zeit zu bewahren. Giovanni Soro, der im Jahre 1506 zum Chiffriersekretär ernannt wurde, war gewissermaßen der erste große Code-Knacker der westlichen Welt. Er war so talentiert, daß ihm schon um 1500 herum die päpstliche Kurie codierte Schriften schickte, die niemand in Rom hatte entschlüsseln können.

Der erste große englische Code-Knacker war im 16. Jh. Thomas Phelippes, der auch eine Rolle in der tragischen Mär um Mary, die Königin von Schottland, spielte und dessen ganze Familie sich landesweit einen Namen beim Entschlüsseln von Codes und Geheimschriften machte.

Maschinenbau

Die älteste Maschine der Welt, die heute noch genutzt wird, ist die *Dâlu* – eine Vorrichtung zur Wasserförderung, die bereits 3500 v. Chr. von der Sumerer-Kultur im südlichen Irak benutzt wurde; noch früher als die *Saqijas* am Nil.

Die ältesten Kurbelmechanismen in Europa stammen aus dem 11. Jh. Eine Wasserförderungsmaschine mit einfachem Kurbelmechanismus beschrieb 1206 der arabische Ingenieur al-Jazari. Die robustere, ausgewogenere doppelseitige Kurbel wurde aus einem als „Brustleier" bekannten Handbohrer entwickelt. Das früheste Exemplar eines solchen Geräts fanden Archäologen an einem Fundort des späten 14. Jh.s in Jütland (Dänemark). Die älteste bildliche Darstellung befindet sich auf einem Pariser Gildensiegel aus dem Jahr 1407.

Kolbenmaschinen arbeiten mit einer Kurbel und einer damit verbundenen Pleuelstange und/oder Kurbelwelle, die die Hin- und Herbewegung des Kolbens in eine Drehbewegung umsetzen. Bei Kolbenpumpen zum Beispiel wird der Kurbelwellenmechanismus zur Umwandlung der Dreh- in Hin- und Herbewegung in umgekehrter Richtung eingesetzt. Die Kombination von Kurbel und Stangenverbindung, wie sie für einen Großteil der modernen Maschinen wesentlich ist, wurde um 1458 in Italien eingeführt.

Die erste Erwähnung des Schwungrades im Zusammenhang mit größeren Maschinen findet sich in einer Abhandlung eines aus dem Gebiet der heutigen ČSFR stammenden anonymen Ingenieurs, die etwa 1430 geschrieben wurde. Schwungräder sind notwendig, um den „toten Punkt", das größte Problem bei der Bewegung von Kurbeln, zu überwinden und die Drehbewegung gleichförmiger zu gestalten.

Die erste Beschreibung konischer Ventile in Europa stammt von Leonardo da Vinci, der sich in seinen Notizbüchern mit diesem Problem befaßte. Automatische konische Ventile wurden allerdings schon im 9. Jh. von den Brüdern Mohammed, Ahmed und Hasan Banu Musa in Bagdad (Irak) für vielfältige Zwecke verwendet.

Die mächtigsten Winden, die einzige Vorrichtung der Zeit zum Heben von Lasten in große Höhen, haben sich in England erhalten: in den Kathedralen von Peterborough und Salisbury sowie der Abtei von Tewksbury. Die Winde der Kathedrale von Salisbury wurde im 13. Jh. für den Bau des Turms benutzt. Sie hat ein Tretrad von 3,3 m Durchmesser, das mit Hilfe von am Rand befestigten Speichen bedient wurde. Die

GEHEIME BOTSCHAFTEN

Im Jahr 1492 gab es erst seit knapp 25 Jahren höher entwickelte Formen des geheimen Schriftverkehrs. Die große Mehrheit von Codes und Chiffren basierte auf einem Grundprinzip, das seit mehr als 3000 Jahren in Gebrauch war und sich direkt auf eine Inschrift zurückführen ließ, die im Jahre 1900 v. Chr. im Innern des Grabmals eines Edelmanns in Menet Khufu an den Ufern des Nil in eine Steinplatte geschlagen worden war.

Bei Codes, die nach diesem Prinzip funktionieren, wird einfach ein Zeichen durch ein anderes ersetzt. Ein klassisches Beispiel dafür ist der Code des Julius Cäsar. In Cäsars Code stand der Buchstabe D für den Buchstaben A, E für B, F für C, und so ging es weiter, das ganze Alphabet hindurch bis zu C, das für Z stand. Solche Codes waren allerdings leicht zu entschlüsseln, wenn man wußte, wie oft einzelne Buchstaben in der jeweiligen Sprache auftauchten.

Wenige Benutzer von Codes und Geheimschriften waren sich klar darüber, wie leicht nach diesem Prinzip ein Code entschlüsselt werden konnte, was zur Folge hatte, daß man es im allgemeinen schwarzer Magie zuschrieb, wenn ein Code geknackt wurde.

Ein Code, der sich nicht dieses einfachen Austauschprinzips bedient und den man noch erwähnen sollte, ist jener der Spartaner. Jeweils identische Stäbe wurden beispielsweise einem General, der eine Teilarmee in einem weit entfernten Gebiet führte, und seinem Pendent daheim in der Heimat gegeben. Sollte eine Nachricht übermittelt werden, wurde ein schmaler Streifen Stoff spiralförmig um den Stab gewunden und der so „eingewickelte" Stab anschließend mit der Meldung beschriftet. Wieder abgewickelt, waren auf dem Stoffstreifen nur bedeutungslose Striche und Punkte zu erkennen, die sich erst wieder zur Schrift zusammenfügten (und damit ihre Nachricht preisgaben), wenn der Stoffstreifen in der ursprünglichen Weise um den „Zwillingsstab" gewickelt wurde.

Tromel ist 1,75 m lang und 27 cm dick. Die Winde blieb das ganze Mittelalter über in Benutzung, zuerst für das Heben der Glocken und dann für Instandhaltungsarbeiten.

Wasserkraft

Um die Leistung der Wassermühlen zu erhöhen, wurden während des gesamten Mittelalters große Anstrengungen unternommen. Man baute die Mühlen auf Brückenpfeiler oder Schiffe, um den höheren Wasserdurchfluß in der Mitte der Flüsse auszunutzen, und errichtete Dämme, um den Wasserspiegel vor den Mühlen zu erhöhen.

Die leistungsstärksten Mühlen waren die aus Teakholz und Eisen gebauten Schiffsmühlen, die im oberen Mesopotamien im Tigris verankert waren und Mehl für die Städte im Gebiet des heutigen Irak lieferten. Sie verfügten über zwei Paar Mühlensteine und produzierten in 24 Std. zehn Tonnen Mehl, weit mehr als jede Mühle im Europa des 15. Jh.s.

Die ersten „Großmühlen" waren die Mühlenansammlungen in Château-Narbonnais (16 Mühlen), Bazacle (12 Mühlen) und La Daurade (15 Mühlen) in Frankreich, für die im 12. Jh. drei große Dämme über die Garonne gebaut wurden. (Die Mühlen in Château-Narbonnais und Bazacle waren bis ins 19. Jh. in Betrieb.) Im mittelalterlichen Paris gab es allein am Hauptzweig der Seine – auf einer Strecke von 1450 m – 68 Mühlen.

Vorformen der Wasserturbine finden sich auf Zeichnungen von waagerechten Wasserrädern aus dem späten 15. Jh., insbesondere auf denen von Francesco di Giorgio Martini (1439–1501/1502) und Leonardo da Vinci. Sie enthalten zwei wesentliche Komponenten: zum einen die Düse, und nicht, wie in früheren Beispielen, offene Rohre, und zum anderen die Form der Laufräder oder Turbinenschaufeln mit doppelter Krümmung in der Senkrechten, die bewirkt, daß der Wasserdruck überwiegend auf eine waagerechte Fläche trifft.

Die größte Noria befand sich in Toledo (Spanien) und maß 41 m im Durchmesser. *Norias* sind Räder zum Wasserschöpfen, die außen in Kammern aufgeteilt sind, zwischen denen sich Schaufeln befinden. Während das auf die Schaufeln auftreffende Wasser das Rad dreht, füllen sich die Kammern und entleeren sich auf dem höchsten Punkt der Drehung in einen Aquädukt. *Norias* werden in einigen Teilen der Welt auch heute noch benutzt. Gute Beispiele sind in Córdoba und Murcia (Spanien) und in Hama (Syrien) zu besichtigen.

Pumpen

Die erste Kolbenpumpe wurde um 300 v Chr. in Alexandria (Ägypten) erfunden. Die Griechen und Römer benutzten zum Feuerlöschen noch relativ kleine und handliche Pumpen aus Bronze, deren Zylinder aufrecht in ein flaches Wasser gestellt werden mußten und deren Kolben ausschließlich manuell angetrieben werden konnten. Diese Pumpen, deren Handlichkeit es auch erlaubte, sie ohne Mühe dorthin zu tragen, wo man sie brauchte, hatten keinen sonderlich starken Ausstoß. Wenn der Mann am Zylinder eifrig war, konnte das Wasser immerhin einige Meter weit gespritzt werden.

Das Wasserbad beim Alchimisten, ein Holzschnitt aus dem Jahre 1519.

Die erste Kolbenpumpe im modernen Sinn wurde 1206 von dem arabischen Ingenieur al-Jazari beschrieben. Sie wurde mit einem Wasserrad betrieben und besaß zwei einander gegenüberliegende Zylinder sowie ins Wasser führende Ansaugrohre. Die Ausstoßrohre der Zylinder waren verbunden, so daß aus einer einzigen Öffnung ein starker Wasserstrahl schoß, der bis zu 10 m hoch reichte.

Die größte Hubleistung einer Pumpe lag bereits um 1500 bei nicht weniger als 70 m. Man bediente sich, um Wasser über eine solche Höhe empor zu transportieren, der Kraft von Pferden. Besonders an den Ufern der größeren Flüsse, die sich tief ins Land eingeschnitten hatten, war es für die Bewässerung der höher gelegenen landwirtschaftlichen Flächen nützlich, das Wasser den Flußläufen mittels dieser leistungsstarken Pumpen zu entnehmen.

Die erste Mehrzylindermaschine beschrieb Taqi al-Din in einem 1552 im heutigen Syrien verfaßten Buch. Es war eine sechszylindrige „Monoblock"-Pumpe, die mittels eines Wasserrades betrieben wurde. Auf der Radachse waren Nocken angebracht, die Hebel betätigten, welche ihrerseits nacheinander sechs senkrecht angeordnete Kolben, deren Zylinder in einen Block aus besonders hartem Holz geschnitten waren, in Gang setzten.

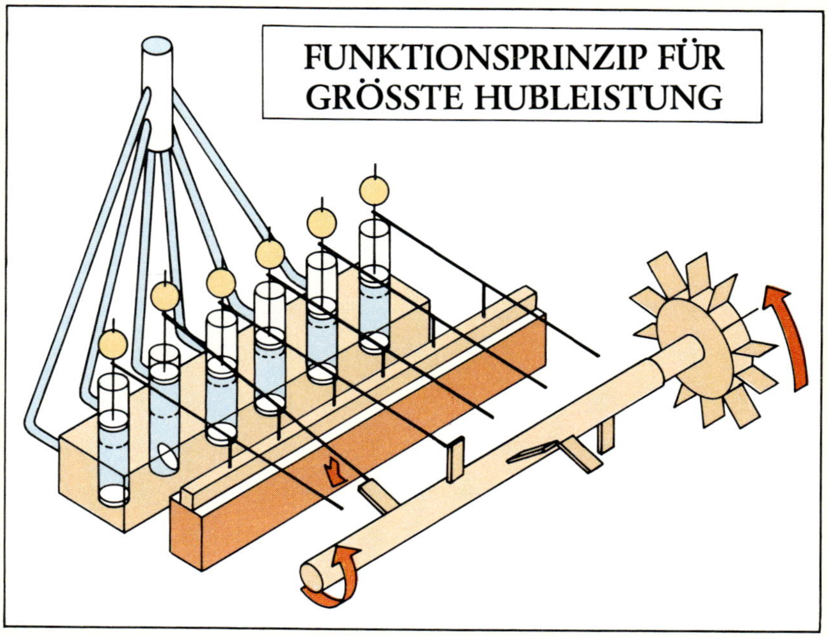

Das größte Wasserrad der Welt ist mit einem Durchmesser von 40 Metern das Mohammedieh-Noria-Wasserrad in Hama (Syrien). Es wurde in römischer Zeit gebaut.

Windmühlen

Die ältesten Windmühlen sind aus dem Iran des 7. Jh.s bekannt.

Die älteste niederländische Windmühle ist die Stadtmühle von Zeddam im Gelderland. Sie wurde um 1450 erbaut.

Die größten Windmühlen wurden im 15. Jh. in den Niederlanden für die Entwässerung errichtet. Die Bewegung der Segel wurde durch zwei Gestänge auf ein großes Schöpfrad übertragen. In einigen Fällen wurden diese *wipmolen* in Anordnungen von drei oder sogar vier Maschinen eingesetzt. Eine einzige von ihnen konnte eine Leistung von bis zu 37 kW (50 PS) entwickeln.

Die ersten Gasturbinen setzten Techniker des späten 15. Jh.s ein. Sie hatten bemerkt, daß die heiße Luft in den Kaminen der Küchen aufstieg, und bauten kleine Turbinen in die Essen ein, die über ein Gestänge einen Bratspieß drehten. Wenn man bedenkt, daß sich der Spieß um so schneller drehte, je heißer das Feuer war, kann man dieser Erfindung eine gewisse Finesse nicht absprechen.

Sonnenuhren

Die erste Sonnenuhr entwickelte Eudoxos von Knidos (1. Hälfte 4. Jh. v. Chr.) aus dem Schattenweiser, einem einfachen senkrecht stehenden Stab, dessen Bezeichnung – Gnomon – auf die Sonnenuhr überging – aus Ägypten ist ein Exemplar etwa aus dem Jahr 1450 v. Chr. bekannt. Etwa ein Jahrhundert später wurde die Skaphe erfunden, eine Sonnenuhr in einer hohlen Halbkugel, von der in der Folgezeit die vom Schattenweiser nicht überstrichene Vorderseite weggelassen wurde. In dieser Form wurde sie die gebräuchlichste Sonnenuhr der Griechen und Römer.

Im 9. oder 10. Jh. erfanden die Araber die Sonnenuhr mit auf den Pol ausgerichtetem, also parallel zur Erdachse stehendem Stab. Durch die Kreuzfahrer vermittelt, verbreitete sich diese Art der Zeitmessung bald über ganz Europa. Die Flächen, auf denen der Stab aufgestellt wurde, teilte man durch mathematische oder konstruktive Methoden in Stunden ein, deren Markierungen das ganze Jahr über gültig waren. Die Erfindung der mechanischen Uhren machte die Sonnenuhren keineswegs überflüssig. Die Abweichungen, die selbst bei den besten mechanischen Uhrwerken auftraten, machten eine regelmäßige Überprüfung der Zeit notwendig, die im Mittelalter und darüber hinaus nur mit Hilfe von Sonnenuhren möglich war.

Die komplizierteste Sonnenuhr wurde im 14. Jh. am Hauptminarett der Omajjaden-Moschee in Damaskus (Syrien) angebracht. Sie zeigt die Zeit sowohl in bezug auf den Aufgang, Höchststand und Untergang der Sonne als auch in bezug auf den Zeitpunkt des Nachmittagsgebets an. Es ist die komplexeste Sonnenuhr des Mittelalters.

Die größte Sonnenuhr, eine Uhr mit Mittagspunktskala, wurde 1472 im Dom von Florenz (Italien) installiert. Bei dieser Art von Sonnenuhren wurde ein Loch in die Südwand eines Gebäudes geschnitten, durch das ein Sonnenstrahl genau um 12 Uhr mittags eine Meridianlinie auf dem Fußboden traf. Das Loch kann als Ende eines Gnomons betrachtet werden. Dasjenige in der Kuppel des Florentiner Doms befindet sich 90 m über dem Kirchenboden.

Wasseruhren

Die ersten Wasseruhren waren Tonkrüge mit einem Loch kurz über dem Boden. Sie wurden Klepshydra (griechisch für Wasserdieb) genannt und waren bereits vor 1500 v. Chr. in Ägypten und Babylonien in Gebrauch. Das älteste erhaltene Exemplar stammt aus Ägypten und wird auf etwa 1380 v. Chr. datiert. Es hat auf

Das berühmteste Nilometer, eines der Geräte, mit denen der alljährliche Anstieg des Nils gemessen wurde, ist das auf der Insel Roda in Kairo (Ägypten). Es besteht aus einer 10 m hohen und 48 cm dicken Säule, auf der eine Meßskala eingekerbt ist, die in Ellen eingeteilt ist, von denen die obersten zehn in jeweils 24 Unterabschnitte gegliedert sind. Die Säule steht in einem von Steinen eingefaßten quadratischen Schacht von 6 m Seitenlänge, in den eine Treppe hinunterführt. Die Verbindung zum Nil wird durch drei Tunnel in verschiedenen Tiefen hergestellt. Der auf der Säule jeweils erreichte Punkt bestimmte die Höhe der von den Bauern zu zahlenden Steuern. Das Nilometer wurde 861 errichtet und ist bis heute erhalten. Das Bild zeigt das Nilometer am Tempel von Kom Ombo, nördlich von Assuan.

PROBLEME BEI DER SONNENUHR

Die Stundeneinteilung der Sonnenuhren zu erstellen war ein kompliziertes Verfahren, das bemerkenswerte mathematische Fähigkeiten erforderte, da man den Stab zunächst senkrecht auf eine waagerechte Fläche stellte oder waagerecht an einer senkrechten Wand anbrachte und die Länge des Schattens ablas, nicht seine Richtung. Diese Länge aber war zur gleichen Zeit an jedem Tag verschieden. Die Griechen des Altertums erfanden eine Vielzahl unterschiedlicher Skalen, die später von den Arabern übernommen und weiterentwickelt wurden.

der Innenseite eine Stundeneinteilung, die nach der Beobachtung in Übereinstimmung mit der ausfließenden Wassermenge erstellt worden sein muß. Die Erfindung der Wasseruhr ist wohl darauf zurückzuführen, daß Sonnenuhren nur tagsüber zu gebrauchen waren.

Große, weitentwickelte Wasseruhren werden von al-Jazari in einem 1206 verfaßten Buch eingehend beschrieben. Sie nutzten eine wahrscheinlich von Archimedes stammende Erfindung, bei der ein geniales Rückkopplungssystem dafür sorgte, daß der Abfluß aus einem zylindrischen Wasserbecken stets mit gleicher Geschwindigkeit erfolgte und ein schweres Floß im Becken mit mehreren Zeitmessungseinrichtungen verbunden war. Al-Muradi, der im 11. Jh. in Córdoba (Spanien) lebte, berichtet von Wasseruhren, die mit einem komplizierten Räderwerk versehen waren.

Die größte bekannte Wasseruhr wurde 1357 in Fez (Marokko) gebaut. Sie ist 11,3 m lang. Reste haben sich bis heute erhalten.

Mechanische Uhren

Die älteste mechanische Uhr, das heißt eine Uhr mit Hemmung, wurde 725 in China von Hsing und Liang-tsan gebaut. Die Hemmung ist einer der wichtigsten Bestandteile der mechanischen Uhren überhaupt. Denn sie bewirkt die schrittweise Bewegung des Räderwerks in dem vom Zeitnormal vorgegebenen Takt.

Die älteste Uhr der Welt, die heute noch geht, ist eine Uhr ohne Zifferblatt in der Kathedrale von Salisbury (GB). Sie wird in das Jahr 1386, möglicherweise noch früher, datiert. 1956 wurde sie überholt, nachdem sie mehr als 500millionenmal getickt hatte. Bis auf etwa 1335 zurück datiert wird die von Gewichten angetriebene Uhr in der Kathedrale von Wells, Somerset (GB), doch nur noch ihr Eisengehäuse ist das der Originaluhr.

Die eigentliche mechanische Uhr, die bedeutendste im Mittelalter erfundene Maschine, wurde in Europa gegen Ende des 13. Jh.s entwickelt. Um den für die Gewichte nötigen Raum zu haben, wurden diese Uhren in Türme oder an Hauswänden installiert. Während des 14. Jh.s wurden Turmuhren in vielen Städten zu einer gewohnten Erscheinung. Häufig in Kirchtürme eingebaut, boten sie meist nicht nur ein Zifferblatt, sondern auch Figurendarstellungen, den Stand der Himmelskörper und Glockenspiele.

Die ersten Uhren mit Gewichtsantrieb werden im *Libros del Saber* (Buch des Wissens) dargestellt, das 1277 von Alfons X., dem Weisen, von Kastilien (1221–1284) mit der Absicht in Auftrag gegeben wurde, die Kenntnisse der Araber zugänglich zu machen. Eine der Uhren bestand aus einer großen, abgedichteten Holztrommel, deren Inneres in zwölf Kammern unterteilt war. Diese Kammern waren durch kleine Löcher miteinander verbunden, durch die Quecksilber floß, von dem sich gerade genug in der Trommel befand, um die Kammern jeweils zur Hälfte zu füllen. Die Trommel war auf die Achse eines großen Rades montiert, das von einem Gewicht gedreht wurde, dessen Seil um das Rad gelegt war. An der Achse befand sich darüber hinaus ein Zahnrad mit sechs Zähnen, die in die 36 Zähne auf dem Rund eines Astrolabiums – das ist ein scheibenförmiges astronomisches Beobachtungs- und Meßgerät – griffen. Die Trommel mitsamt dem Zahnrad drehte sich alle 4 Std. einmal um die eigene Achse, so daß das Astrolabium alle 24 Std. eine volle Umdrehung ausführte.

Eine Sonnenuhr, die im 14. Jahrhundert im syrischen Damaskus für das Minarett der Omajjaden-Moschee hergestellt wurde, zeigt neben der Uhrzeit noch den Sonnenaufgang und -untergang sowie die Zeit des nachmittäglichen Gebetes an.

Diese Art von Uhr war in der arabischen Welt seit dem 11. Jh. bekannt, also wenigstens zwei Jahrhunderte, bevor in Europa die ersten Uhren mit Gewichtsantrieb gebaut wurden. Die hydraulische Hemmung, das heißt die Kontrolle der Abwärtsbewegung des Gewichts durch den Quecksilberfluß in der Trommel, war zweifellos ein gut funktionierender Mechanismus. Ähnliche, vermutlich vom *Libros del Saber* angeregte Uhren kamen später in Europa als billige, aber verläßliche Zeitmesser in Gebrauch, allerdings erst im 16. Jh.

Die erste mechanische Uhr in Rußland war eine Uhr mit Gewichtsantrieb, die der serbische Mönch Lasar 1404 für die Residenz des Moskauer Großfürsten, den Kreml, fertigstellte. Sie hatte ein rundes Zifferblatt mit kyrillischen Buchstaben anstelle der Zahlen, das hinter einem feststehenden Zeiger rotierte. Die Uhr schlug die vollen Stunden an.

Der älteste bekannte Wecker wurde um 1365 in Würzburg gebaut.

Die ersten „Plattenuhren“, federgetriebene Uhren, deren Werk nicht in einem offenen Gestell, sondern zwischen zwei Platten untergebracht war, wurden um 1450 in Belgien entwickelt. Die Bedeutung dieser Veränderung bestand darin, daß nur noch die Größe verringert werden mußte, um zu tragbaren Uhren zu gelangen.

Tragbare Uhren

Die frühesten tragbaren Uhren stammen aus dem letzten Viertel des 15. Jh.s. Sie wurden in zahlreichen großen Städten Europas gebaut; die Uhrmacher wetteiferten geradezu darin, die kleinste Uhr zu schaffen, und manche waren so winzig, daß sie in einen Fingerring oder den Griff eines Dolchs paßten. Franz I. von Frankreich gab 1518 für zwei dieser Kunstwerke ein Vermögen aus.

Die erste Taschenuhr der Welt konstruierte Peter Henlein (1485–1542) im Jahr 1504 in Nürnberg. Voraussetzung für diese erste eiserne Taschenuhr, die Nürnbergisch Ei genannt wurde, war die Erfindung der Unruh, ebenfalls durch Henlein.

Der erste Minutenzeiger tauchte um 1480 auf. Zu dieser Zeit waren die Uhren bereits genau genug, um diese Verfeinerung zu ermöglichen und wünschenswert zu machen.

Automaten

Einer der erstaunlichsten Automaten wäre, wenn man den notorisch unzuverlässigen Berichten über solche Erfindungen Glauben schenken will, der eiserne Adler gewesen, den der Mathematiker Johannes Müller, besser bekannt als Regiomontanus (1436–1496), gebaut haben soll. Der Adler soll beim Einzug des deutsch-römischen Kaisers Maximilian I. (1459–1519) in Nürnberg durch die Lüfte geschwebt sein und sich auf dem Stadttor niedergelassen haben.

Chinesische Automaten sollen, wie berichtet wird, noch phantastischer gewesen sein: „Kaiser Hu aus der nördlichen Qui-Dynastie (Mitte des 6. Jh.s.) ließ durch den Mönch Kingzhao die Bühne der Sieben Kostbaren Spiegel bauen. Sie hatte 36 Türen, und hinter jeder stand eine Frau. Wenn man den inneren Mechanismus anstellte, schlossen sich alle 36 Türen automatisch. Zog man noch einmal, öffneten sie sich wieder, und die Frauen kamen heraus. In der

Tang-Zeit baute Ma Dengfeng das Modell einer kaiserlichen Frisiertoilette, bei der alle Bewegungen ohne menschliche Einwirkung ausgeführt wurden. Handtücher und Kämme, Parfüm und Puder kamen nacheinander zum Einsatz. Die Betrachter hielten den Apparat für Teufelswerk, und er war in der Tat von einer Vollkommenheit, die ihresgleichen suchte . . . Kaiser Shun aus der Yüan-Dynastie (um 1333) konstruierte einen Klepshydra-Palast. Er verbarg den Wasserbehälter in einem Kasten, aus dem das Wasser floß, das den Apparat antrieb. Auf diesem Kasten stand der Palast der Drei Weisen, in dessen Mitte sich ein Jademädchen befand, das für jede Stunde die entsprechende Anzahl Hölzer hochhielt. Zwei Götter in goldenen Rüstungen schlugen ohne den geringsten Fehler auf Trommeln und Glocken, und wenn die Glocken und Trommeln die Stunde verkündeten, flogen Phönixe durch die Luft und tanzten Löwen an den Seiten im Takt. Neben dem Kasten standen die Paläste der Sonne und des Mondes, vor denen die sechs Unsterblichen flogen. Um Mitternacht und zur Mittagsstunde überquerten die Unsterblichen automatisch eine Brücke, betraten den Palast der Drei Weisen und kehrten anschließend an ihren üblichen Standort zurück. Die geschickte Handwerkskunst und der Ideenreichtum dieses Apparats zeugten von Fähigkeiten, wie sie seit Menschengedenken nur diesem einen Mann gegeben waren."

Eine deutsche mechanische Uhr aus den Jahren um 1520. Sie kombiniert die Zeitangabe mit einem komplizierten mechanischen Gerät zum Schlagen der Stunde.

Fluggeräte

Den ersten Flug mit einem Hängegleiter in Europa soll der italienische Mathematiker Giovanni Battista Danti aus Perugia unternommen haben. Er sprang 1490, wie berichtet wird, mit künstlichen Flügeln von einem Turm und flog über den Lago Trasimeno. Einer der Flügel zerbrach jedoch, so daß der Flugpionier abstürzte und sich schwere Verletzungen zuzog.

Das erste Modell eines Hubschraubers war eine um 1500 von Leonardo da Vinci gebaute und erprobte Pappkonstruktion. Sie besaß einen von einer Feder angetriebenen Drehflügel und erwies sich als flugtüchtig.

Die ersten aeronautischen Einsichten über den Wert der Stromlinienform bei Fluggeräten finden sich in Leonardo da Vincis *Sul volo degli uccelli* (Über den Vogelflug) aus dem Jahre 1505. Die Schrift enthält viele Erkenntnisse über das Gleiten und Segeln. Leonardo hätte sich vielleicht der Entwicklung eines Fluggleiters zugewandt, wenn er nicht darauf erpicht gewesen wäre, statt dessen einen von Muskelkraft bewegten Flugapparat zu entwickeln. Seine Entwürfe von Schwingflüglern, die allein durch menschliche Muskelkraft angetrieben werden sollten, waren dazu verdammt, papierne Träume zu bleiben.

FLUG UND FLÜGEL

So unmöglich erschien das Fliegen, daß allein die Engel Flügel haben durften. An vielen Stellen wird in der Bibel berichtet von den Flügeln jener, die ausgeschickt worden waren, den Menschen zu helfen, sie unter ihre Fittiche zu nehmen, zu schützen und zu bewahren. Die Kraft schöpft sich auch aus dem Unmöglichen. So heißt es im Alten Testament im Buch des Propheten Jasaja: „Serafim standen über ihm; ein jeder hatte sechs Flügel: mit zweien deckten sie ihr Antlitz, mit zweien deckten sie ihre Füße, und mit zweien flogen sie." Es den Engeln gleich zu tun, war immer Ziel der Menschen. Es gelang spät.

Andere Erfindungen

Erste Berichte über die Camera obscura oder Lochkamera stammen aus vorchristlicher Zeit. Bereits Aristoteles scheint mit dem Prinzip des dunklen Raums, in den durch ein kleines Loch Bilder von äußeren Objekten auf die dem Loch gegenüberliegende Wand geworfen werden, vertraut gewesen zu sein. Die Camera obscura war um 1500 ein verbreitetes Arbeitsgerät von Schaustellern. Roger Bacon und andere mittelalterliche Gelehrte beschrieben ihre Funktionsweise, und Leonardo da Vinci fertigte eine Zeichnung von ihr an. Im 16. Jh. schlugen bereits mehrere Wissenschaftler vor, anstelle des winzigen Lochs eine Linse zu verwenden.

Neue Methoden der Glasherstellung wurden im 15. Jh. in Venedig entdeckt, genaugenommen wiederentdeckt, denn die meisten Verfahren waren bereits im Altertum bekannt gewesen. Zu den neuen Gläsern gehörten das Millefiori- und vor allem das Fadenglas, das wesentlich dazu beitrug, die venezianische Glasindustrie in aller Welt berühmt zu machen. Das *cristallo,* dünnwandiges, farbloses Glas, bildete den größten Ruhm Venedigs, da die meisten europäischen Glashütten noch nicht in der Lage waren, das Glas zu entfärben, und bald bemühte man sich in ganz Europa, nach der *Façon de Venise*, der venezianischen Art, zum Beispiel die bekannten Flügelgläser herzustellen. Ein anderes Ergebnis waren Glasgefäße, die für die Lagerung von Wein benutzt werden konnten.

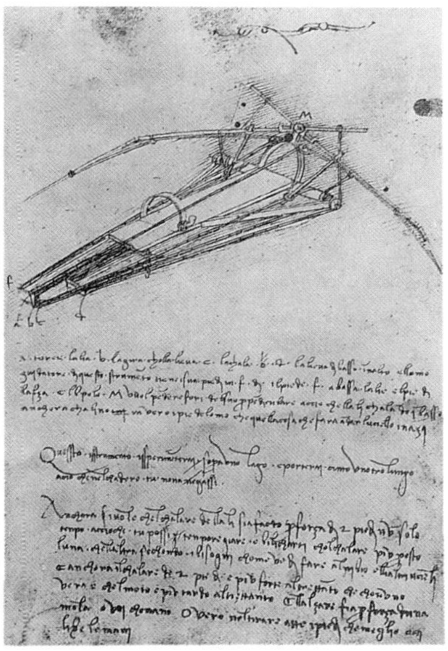

Leonardo da Vincis Notizen und Skizzen für eine Flugmaschine aus dem Jahre 1505.

Buchdruck

Die Erfindung des Buchdrucks war die weitreichendste Erfindung der damaligen Zeit, in ihrer umwälzenden Wirkung vergleichbar der der Fotografie oder des Radios oder des Fernsehens. Vormals waren Bücher mühsam von Hand kopiert und mit schmuckvollen Zeichnungen illustriert worden, ein ebenso kostenwie arbeitsaufwendiger Arbeitsprozeß. Der Großteil der Bücher befand sich in den Bibliotheken von Klöstern, Universitäten oder reichen Privatmännern. Um 1500 war der Preis eines gebundenen Manuskripts ungefähr so hoch wie ein Monatsgehalt eines durchschnittlichen Angestellten bei Hofe. Das wesentliche an der Erfindung war die Verwendung einzelner Metalltypen, die wieder und wieder verwendet werden konnten. Der Buchdruck signalisierte gleichermaßen die Geburt der Massenmedien, indem er es ermöglichte, Text billig zu reproduzieren und somit viel mehr Menschen zu erreichen.

Mehrere bereits existierende Faktoren trugen zu der Erfindung bei. Die Herstellung von Papier, das über die spanischen Araber Einzug im mittelalterlichen Europa gehalten hatte, nahm im Verlauf des 15. Jh.s an Masse gewaltig zu. Die mechanischen Pressen und Holzblöcke, die bereits von Papiermachern, Buchbindern und beim Bedrucken von Textilien verwendet wurden, wurden so verändert, daß man damit auf Papier drucken konnte. Die Verwendung von Gravurtechniken und Metallgußformen, wie sie mittelalterliche Goldschmiede und Buchbinder einsetzten, erleichterte die Herstellung großer Mengen exakt geformter Drucktypen.

Das erste mechanisch gedruckte Dokument, das mit einem festen Datum versehen ist, ist eine päpstliche Bulle aus dem Jahre 1454, die aus Gutenbergs Druckerwerkstatt stammt.

Der erste mechanische Buchdruck in Europa fand aller Voraussicht nach um 1450 in Mainz statt. Obwohl der Buchdruck in China schon seit dem 8. Jh. oder noch früher bekannt war, wird heute gemeinhin akzeptiert, daß er unabhängig davon in Europa im 15. Jh. noch einmal erfunden wurde. Der Druck mit Holzblöcken wurde im ersten Viertel des Jahrhunderts erfunden. Über den genauen Zeitpunkt und das genaue Datum der Erfindung des mechanischen Drucks mit Metalltypen herrscht immer noch Unklarheit.

Als erster Drucker wird gemeinhin Johann Gutenberg (um 1398–um 1468) bezeichnet, der vermutlich als erster wiederverwendbare Metalltypen verwendet hat. Es ist aber möglich, daß diese Ehre eigentlich Laurens Janszoon Coster (um 1370–um 1450) aus Haarlem gebührt, der schon um das Jahr 1440 mit Holzblöcken druckte.

Das erste Buch, das Name und Zeichen eines Druckers trug, ist der *Psalter* von Johann Fust und Peter Schoeffer, ehemals Gehilfen von Gutenberg in Mainz. Der Psalter war das erste Buch, in dem die Namen der Drucker und das Datum der Veröffentlichung verzeichnet waren. Hier wurde auch zum ersten Mal das Druckersignum verwendet, ein grafisches Zeichen, ähnlich den Warenzeichen, die Kaufleute für ihre Waren verwendeten. Solche Signen setzten sich schnell auf breiter Ebene durch. Das Signum von Fust und Schoeffer bestand aus einem Doppelschild, der von einem Ast baumelte.

Die ersten Druckerpressen außerhalb Deutschlands gingen anfangs auf deutsche Drucker zurück, die ausgewandert waren. Die Druckerpresse, die im Kloster von Subiaco in der Nähe von Rom 1464 in Italien aufgestellt wurde, war die erste außerhalb Deutschlands. 1467 wurde sie nach Rom geschafft. 1469 erwarb die Stadt Venedig ihre erste Druckerpresse und wurde schnell zum bedeutendsten Druckerzentrum von Europa. Paris, wo der Bibliothekar der Universität 1470 in den Kellern der Sorbonne eine Druckerpresse aufgestellt hatte, nahm den zweiten Rang ein. Um 1500 gab es in Venedig an die 150 Druckerpressen, die etwa 3750 verschiedene Bücher gedruckt hatten, in Paris waren es im selben Zeitraum an die 2200.

Die erste Druckerpresse der Neuen Welt gelangte 1539 dorthin, als Juan Cromberger, der Repräsentant der deutschen „Großen Handelskompagnie" aus Ravensburg in Sevilla eine Druckerpresse in die Hauptstadt der spanischen Kolonie in Mexiko schickte. Diese Presse wurde dort von Juan Pablos (der von Geburt Italiener war) aufgestellt, 100 Jahre, bevor das erste Buch in Nordamerika gedruckt wurde.

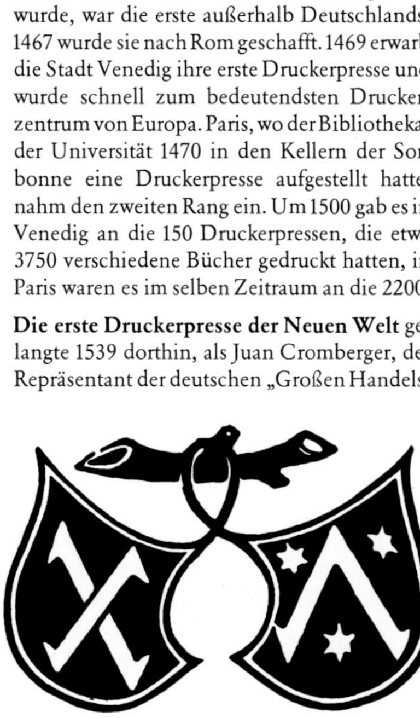

Das Druckerzeichen von Fust und Schoeffer war ein Doppelschild, das an einem Ast hängt.

Die erste Druckerpresse in Asien geht auf den neugegründeten Jesuitenorden zurück, der 1556 in Goa eine Druckerpresse aufstellte.

Die erste englische Druckerpresse stellte William Caxton auf dem Grundstück der Westminster Abbey in London 1476 auf. Zu den ersten Büchern, die aus dieser Presse liefen, zählten griechische Sagen, philosophische Werke und eine frühe Ausgabe der *Canterbury Tales.*

Das erste englisch gedruckte Buch ist eine Nacherzählung des Trojanischen Kriegs, die William Caxton 1474 eigens für die in England geborene Herzogin von Burgund verfaßte und die in Brügge im heutigen Belgien gedruckt wurde. Caxton, heute berühmt als erster englischer Drucker, war ursprünglich ein Stoffhändler gewesen. Dieser Beruf hatte ihn auch in das damalige Textilzentrum Brügge gebracht. Nachdem er 1471 bei einem Besuch in Köln etwas über die Druckerkunst gelernt hatte, führte er von 1474–1476 zusammen mit Colard Mansion, einem Kalligraphen und Illustratoren in der Bibliothek des Erzherzogs von Burgund, eine Druckerwerkstatt.

After the
peticions
& reques;
tes that
been con;
teyned in the holy Pater
noster . vs behoueth to
speke in grete reuerence
of so hye a matere as of
the holy yeftes of the ho;
ly ghoost. like as he hym
self of hys grace shalle
enseygne and teche vs .
And we shal saye fyrste
whyche ben the yeftes of
the holy ghoost .¶ After

Die ersten gedruckten Bücher waren in gotischen Lettern, wie sie zu dieser Zeit in Deutschland üblich waren, gesetzt. In den späten sechziger Jahren des 15. Jahrhunderts wurden in Rom die romanischen Lettern entwickelt, aus denen die meisten der heutigen Druckschriften entstanden sind.

Das erste mechanisch gedruckte Buch ist nach allgemeiner Auffassung die 42zeilige Gutenberg-Bibel. Diese großformatige Bibel in zwei Bänden ist wahrscheinlich 1454 in Mainz hergestellt worden. Die Auflage soll an die 200 Stück betragen haben, teils auf Pergament, teils auf Papier gedruckt; zwölf Exemplare auf Pergament und 36 auf Papier existieren noch.

Erster Großbetrieb in Deutschland: 1513 starb in Nürnberg der große Drucker und Verleger Anton Koberger. Er hatte den ersten Druckerei-Großbetrieb aufgebaut: An teilweise bis zu 24 Pressen arbeiteten über 100 Gesellen. Zur Druckerei gehörten auch 16 Buchläden.

Opfer von Raubdrucken: Aus der Zahl der bekannten Drucker des ersten Jahrhunderts nach Gutenbergs Erfindung ist der Venezianer Aldus Manutius einer der wichtigsten. Als erster führte er um 1500 das wissenschaftlich einwandfreie, kompakte, zugleich handliche, billige Buch ein. Seine Ausgaben waren in einer neuen platzsparenden Drucktype, der Antiqua-Kursiv, fehlerfrei, schön und wohlfeil gedruckt. Die Auflagen waren höher als bisher. Ihm widerfuhr als erstem, was die Geschichte des Buchdrucks von Beginn an begleitete: seine Werke wurden unberechtigt nachgedruckt.

Der wohl berühmteste Drucker des 15. Jh.s war Anton Koberger aus Nürnberg (der Pate von Albrecht Dürer). Man sagt, er habe 24 Druckerpressen besessen, an die 100 Handwerker beschäftigt und internationale Geschäfte von gewaltigem Umfang betrieben. Sein Meisterwerk ist die Nürnberger Chronik von 1493 mit Illustrationen von Dürers Lehrer, Michael Wolgemut. Der bedeutendste Drucker des frühen 16. Jh.s. war Aldus Manutius (um 1450–1515) aus Venedig. Seine berühmteste Veröffentlichung war *Hypnerotomachia Poliphili* (Der Traum des Poliphus) von 1499, eine Liebesgeschichte, die ein Abt geschrieben hatte, wenngleich seine revolutionäre und einflußreiche Ausgabe der Werke von Vergil 1501 einen größeren Stellenwert in der Geschichte der Bücher einnimmt. Dabei handelt es sich um einen kleinen Oktavband, ein neues Format, das aus einem großen Papierbogen bestand, der in acht Einzelblätter gefaltet war. Ein solches Buch war preiswert und handlich, die Schrift war kursiv und eng gesetzt: in der Tat das erste moderne Buch. Die Familie des Aldus Manutius führte die Werkstatt noch nach seinem Tod.

1499 halten Todessymbole in ein frühes Druckergeschäft Einzug.

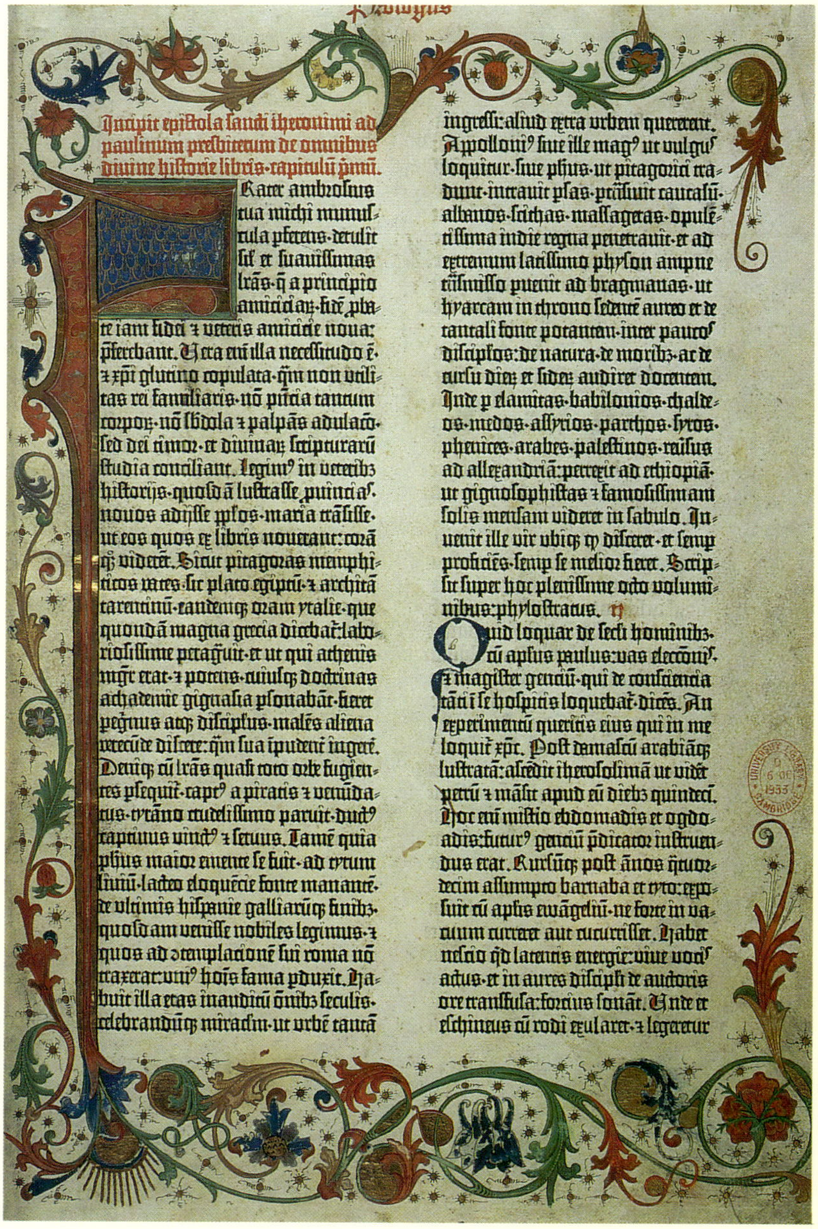

Incipit epistola sancti ieronimi ad paulinum presbiterum de omnibus divine historie libris-capitulu primu.

Frater ambrosius tua michi munuscula perferens detulit sil et suavissimas lrās-q a principio amicicias-fide pba-te iam fidei et veteris amicicie noua: pferebant. Vera enim illa necessitudo ē et xpi glutino copulata-q̄ non utilitas rei familiaris-nō pñtia tantum corporu-nō subdola et palpās adulacō. sed dei timor-et divinaru scripturaru studia conciliant. Legim⁹ in veteribȝ historijs-quosdā lustrasse puincias. novos adijsse ppłos-maria transisse. ut eos quos ex libris noverant: corā q3 viderent. Sicut pitagoras memphiticos vates-sic plato egiptū-et archita tarentinū-eandemq3 oram ytalie-que quondā magna grecia dicebat:laboriosissime peragrauit-et ut qui athenis mgr erat-et potens-cuiusq3 doctrinas achademie gignasia psonabāt-fieret pegrinus atq3 discipulus-malēs aliena verecūde discere:q̄m sua ipudent ingere. Denicq3 cū lrās quasi toto orbe fugientes psequit-capt⁹ a piratis et venūdatus-tyranno crudelissimo paruit-duct⁹ captiuus vinct⁹ et seruus. Tamē quia phūs maior emente se fuit-ad tytum liuiū-lacteo eloquēcie fonte manantē. de ultimis hispanie galliarumq3 finibȝ-quosdam venisse nobiles legimus-et quos ad ɔtemplacionē sui roma nō traxerat:vni⁹ hoīs fama pduxit. Habuit illa etas inauditū oībȝ seculis. celebrandūq3 miraculu-ut urbē tantā ingressi:aliud extra urbem quererent. Apollonius siue ille mag⁹ ut vulgus loquitur-siue phūs-ut pitagorici tradunt-intrauit psas-ptransiuit caucasū. albanos-scithas-massagetas-opulētissima indie regna penetrauit-et ad extremum latissimo phison amne transmisso puenit ad bragmanas-ut hyarcam in throno sedentē aureo et de tantali fonte potantem-inter paucos discipulos:de natura-de moribȝ-ac de cursu dierū et siderū audiret docentē. Inde p elamitas-babilonios-chaldeos-medos-assyrios-parthos-syros-phenices-arabes-palestinos-reuers⁹ ad alexandriā:pexit ad ethiopiā. ut gignosophistas et famosissimam solis mensam videret in sabulo. Invenit ille vir ubiq3 qd disceret-et semp pficiens-semp se melior fieret. Scripsit super hoc plenissime octo voluminibus:phylostratus.

Quid loquar de seculi hominibȝ: cū apłus paulus:vas electiōis. et magister gentiū-qui de conscientia tāti se hospitis loquebat-dicēs. An experimentū queritis eius qui in me loquit xpc. Post damascū arabiāq3 lustratā:ascēdit ierosolimā ut videt petrū et māsit apud eū diebȝ quindeci. Hoc enī mistio ebdomadis et ogdoadis:futur⁹ gentiū pdicator instruendus erat. Rursumq3 post ānos quatuordecim assumpto barnaba et tyto:exposuit cū apłis euāgeliū-ne forte in vacuum curreret aut cucurrisset. Habet nescio qd latentis energie:viue vocis actus-et in aures discipli de auctoris ore transfusa:fortius sonat. Unde et eschineus cū rodi exularet-et legeretur

Eine Seite aus der 42-Zeilen-Bibel, die um 1455 von Johann Gutenberg gedruckt wurde.

Unterschiedliche Schriften: Mit dem Druck mit beweglichen Lettern entwickelten sich die Formen dieser Lettern in Europa höchst unterschiedlich. So wie der Buchdruck in Deutschland die Reformation voranbrachte, so transportierte er in Italien die Ideen des Humanismus und der Renaissance. In beiden Räumen entstanden unterschiedliche Drucktypen. In Italien war es die *Antiqua*, während in Deutschland mit dem Schwergewicht auf religiöse und theologische Texte die *Fraktur* als Schrift bevorzugt wurde. Die ersten Drucker waren Stempel-

DER BUCHDRUCK IN DEUTSCHLAND

Nach dem Erscheinen der ersten Drucke Gutenbergs um 1445 entwickelte sich der Buchdruck selbst nur langsam. Das geschriebene Manuskript, die Handschrift, behielt noch lange ihre Bedeutung, die deutsche Sprache wurde weiterhin gesprochen, aber nicht gelesen. Noch um 1520 waren 90 Prozent aller Bücher lateinisch abgefaßt, 1570 waren es immer noch 70 Prozent. Erst 1494 war mit Sebastian Brants Narrenschiff *das erste deutsche Buch erschienen, das für den Druck geschrieben worden war.*

Die Auflagen der ersten Bücher lagen im Durchschnitt bei 250 Exemplaren. Die Preise waren zwar im Verhältnis zu den Handschriften deutlich niedriger, aber deswegen war ein Buch noch lange nicht für jeden erschwinglich. Die niedrigen Auflagen ergaben sich nicht nur aus den immer noch hohen Preisen, sondern auch durch das Fehlen einer allgemein anerkannten einheitlichen Sprachform des Deutschen. Es gab nebeneinander einige halbwegs einheitliche Sprachformen von begrenztem Geltungsbereich. Der Markt für Bücher war dadurch fest umrissen und beschränkt.

Die Gesamtzahl der deutschen Drucke stieg von gut 150 im Jahre 1518 über 600 im Jahre 1521 auf 1000 im Jahre 1524 an.

DIE ERSTEN DRUCKERPRESSEN

um 1445	*Mainz*
1466	*Rom*
1468	*Pilsen*
1469	*Venedig*
1470	*Paris, Nürnberg, Utrecht*
1471	*Mailand, Neapel, Florenz*
1472	*Köln*
1473	*Lyon, Valencia, Budapest*
1474	*Krakau, Brügge*
1475	*Lübeck, Breslau*
1476	*Westminster, Rostock*
1478	*Genf, Palermo, Messina*
1479	*Augsburg*
1480	*London*
1481	*Antwerpen, Leipzig*
1482	*Odense*
1483	*Stockholm*
1525	*Island*

schneider, Schriftgießer, Holzschneider, Drukker, Verleger und Buchhändler in einer Person. Mit dem Fortschreiten der arbeitsteiligen Wirtschaft nach 1500 wurden aus allen Tätigkeiten bald selbständige Berufe. Claude Garamond, französischer Schriftkünstler und -gießer, war beispielsweise einer der ersten eigenständigen Schriftleute aus der ersten Hälfte des 16. Jh.s. Die von ihm entwickelten Druckbuchstaben gehören heute noch zu den am häufigsten verwendeten Drucktypen.

Die römische Schrift, die wir auch heute verwenden, wurde zum ersten Mal gegen 1470 in Rom eingesetzt.
Die ersten gedruckten Bücher waren in gotischer Schrift, die damals gemeinhin in Deutschland verwendet wurde. Die römische Schrift basierte auf den gerundeten Buchstaben, die italienische Gelehrte bevorzugten. Sie ist der direkte Vorläufer der heute verwendeten Schrifttypen.

Kriege

Der längste Krieg war der Hundertjährige Krieg zwischen England und Frankreich, der 115 Jahre dauerte (1339–1453). Die Kreuzzüge dauerten vom ersten (1096–1099) bis zum siebten (1270) und dem Verlust der letzten christlichen Bastion in Palästina (Akko) im Jahr 1291 insgesamt 196 Jahre.

Den letzten Kreuzzug initiierte Papst Pius II. (Enea Silvio de'Piccolomini, 1405–1464) nach dem Fall von Konstantinopel im Jahre 1453. Er versuchte lange Zeit erfolglos, die zerstrittenen Herrscher Europas durch einen Zug gegen die Türken zu einen. 1464 schien sein Werben endlich von Erfolg gekrönt zu sein: Er rief die christlichen Streiter auf, sich in Ancona am Adriatischen Meer zu versammeln, und nahm, um ein Vorbild zu geben, selbst das Kreuz. Aber Frankreich versank im Bürgerkrieg, und die italienischen Staaten standen sich mit einem derartigen Mißtrauen gegenüber, daß nur wenige von ihnen Truppenkontingente entsandten. Als der Papst, krank und erschöpft, in Ancona eintraf, zogen seine Diener die Vorhänge seiner Sänfte zu, damit er nicht mitansehen mußte, wie die Truppen desertierten. Er starb am 14. August 1464 in Ancona – erfolglos, wie die Geschichte zu berichten weiß.

Armeen

Die besten Soldaten des türkischen Sultans waren die Janitscharen. Sie waren persönliche Sklaven des Sultans und überwiegend Infanteristen. Das Wort Janitscharen ist vom türkischen *yeni ceri* (neue Armee) abgeleitet. Um Janitschar zu werden, mußte man entweder ausländischer Kriegsgefangener sein oder zu den jungen Christen gehören, die in den Ländern des Sultans selbst (in Griechenland oder auf dem Balkan) zwangsweise rekrutiert wurden. Der militärischen Ausbildung gingen der Übertritt zum Islam, eine Arbeitszeit auf einem türkischen Bauernhof, um die Sprache zu erlernen, und eine Ausbildung als Zimmermann, in der Metallbearbeitung oder einem anderen Handwerk, voraus. Nicht nur die Feinde der Sultane fürchteten die Janitscharen, sondern auch diese selbst. Es war ihnen verboten, zu heiraten und Kinder zu bekommen, um sie ganz an ihren Herrn zu binden. Dennoch kam es häufig zu Janitscharenaufständen. Ursprünglich Bogenschützen, waren die Janitscharen die erste Infanterie Europas, die die neuen Handfeuerwaffen benutzte. Mohammed II. Fatih, der Eroberer, setzte 1453 bei der Belagerung von Konstantinopel 12000 Janitscharen ein, und ihr konzentriertes Feuer war es auch, das 1526 in der Schlacht von Mohács die ungarische Kavallerie zerschlug. Gegen Ende des 16. Jh.s gab es nicht weniger als 50000 Janitscharen. Jedes Jahr wurden die besten von ihnen ausgewählt, um in der osmanischen Verwaltung oder im Sultanspalast Dienst zu tun. Einem Janitscharen boten sich also ausgezeichnete Aufstiegsmöglichkeiten, weshalb viele moslemische Familien die Beamten bestachen, um ihren Kindern Zugang zu dieser Truppe zu verschaffen.

Die gefürchtetste leichte Kavallerie in Europa waren die albanischen Stradioten, die seit den späten siebziger Jahren des 15. Jh.s von den Venezianern eingesetzt wurden, zunächst in ihren Kämpfen mit den Türken und dann auch zunehmend in den europäischen Kriegen. Diese verwegene Truppe war leicht bewaffnet, mit kurzen Lanzen und Schwertern, und ritt kleine, schnelle Pferde. Sie machte keine Gefangenen, sondern schnitt den Feinden, die ihr in die Hände fielen, die Köpfe ab, um sie den venezianischen Beamten vorzuzeigen und für jeden einen Dukaten als Bezahlung zu verlangen. Der verstärkte Einsatz solcher leichten Kavallerie im späten 15. Jh. brachte einen neuen Zug und eine neue Grausamkeit in die Kriegsführung hinein. Eine ähnliche, aber weniger gefürchtete Truppe waren die ungarischen Husaren, die etwa zur gleichen Zeit erstmals zum Einsatz kamen.

Die am meisten gerühmte Infanterie waren die Schweizer Pikeniere, die ein Drittel der großen französischen Armee stellten, die 1494 in Italien einfiel. Über zwei Jahrhunderte lang hatten die Hirten der ursprünglichen Kantone der Schweizer Eidgenossenschaft eine Kampftechnik entwickelt, in der sie in Karrees zu je 1000 Mann mit ihren drei Meter langen Piken operierten. Diese Taktik war nicht nur für die Verteidigung gedacht, um einem feindlichen Kavallerieangriff zu widerstehen, sondern auch für den Angriff. Die Schweizer Karrees konnten sich in disziplinierter Weise rasch vorwärtsbewegen und den Feind regelrecht überrennen. Die Blütezeit der Schweizer Pikeniere waren die letzten drei Jahrzehnte des 15. Jh.s. In den großen Schlachten der italienischen Kriege zwischen 1500 und 1525 fanden die Spanier eine passende Antwort auf die Taktik der Schweizer, indem sie befestigte Barrieren errichteten, um den Vormarsch der Schweizer aufzuhalten, mit Arkebusen und Artillerie in die Karrees feuerten, um sie aufzubrechen, und schließlich mit der Kavallerie den Rest erledigten. Die Schlachten von Cerignola (1503), Marignano (1515) und Bicocca (1522) zeigten, daß die Karrees der Schweizer Pikeniere durch sorgfältige Generalstabsarbeit zu besiegen waren. Die Truppe, die den Schweizern am nächsten kam, waren die deutschen Landsknechte, die der römisch-deutsche Kaiser Maximilian I. (1459–1519) um 1500 aufstellte und die bald einen ähnlichen Ruf genossen wie ihre berühmten Rivalen.

Die älteste Armee der Welt ist die Schweizer Garde im Vatikan, die offiziell am 21. Januar 1506 gegründet wurde, aber faktisch schon seit Ende des 14. Jahrhunderts bestand.

Das größte Heer des zentralasiatischen Raums war das der Tataren, das gegen Ende des 15. Jh.s 300000 Mann zählte. Sein Lagerplatz maß 190 km im Durchmesser, und man brauchte, so hieß es, sechs Tage, um einmal um ihn herumzugehen.

Die grausamsten Eroberer waren die Spanier. Bartolomé de Las Casas (1474–1566), selbst Spanier, der 1502 als Kolonist nach Hispaniola gegangen war und 1508 das Priestergelübde ablegte, war entsetzt über das Verhalten seiner Landsleute und schrieb, die Art und Weise, in der sie die Eingeborenen behandelten, sei „von einer nie zuvor gesehenen oder gehörten oder berichteten Grausamkeit". Gonzalo Fernández de Oviedo y Valdés (1478–1557), der Chronist der Neuen Welt, schrieb in seiner *Historia general y natural de las Indias* (Allgemeine Geschichte und Naturgeschichte Indiens), daß „die Konquistadoren besser Entvölkerer und Verwüster der neuen Länder" genannt werden sollten, da sie „viele zahllose Tode" verursachten, die „so unzählbar wie die Sterne" seien. Unter den von Las Casas angeführten Grausamkeiten, von denen er sagt: „All dies habe ich mit eigenen Augen gesehen", sind Scheußlichkeiten wie „Wetten darüber, ob man einen Mann in zwei Hälften schneiden oder ihm mit einem Schlag seinen Kopf abhacken kann". Die Spanier „rissen stillenden Müttern die Babys von der Brust und schlugen ihre Köpfe gegen Felsen . . . Sie spießten die Körper von Babys zusammen mit ihren Müttern und jeden anderen auf, der ihnen vor die Schwerter kam." Als übliche Bestrafung hängten sie Gefangene in Gruppen zu je 13 Personen – „zu Ehren unseres Erlösers und der zwölf Apostel" – so auf, daß ihre Füße dicht über dem Boden schwebten, und „legten dann Holz darunter und verbrannten die Indianer bei lebendigem Leib". Im weiteren Verlauf der Eroberungen zwangen die Spanier die Eingeborenen in sklavenähnliche Verhältnisse und jagten sie mit scharfen Hunden, die so bösartig waren, daß sie „mit zwei Bissen die Eingeweide der Opfer freilegten". Widerspenstigen Indianern wurden die Hände und die Nasen abgeschnitten. Pedro Arías de Avila allein wird für den Tod oder die Versklavung von zwei Millionen Indianern verantwortlich gemacht.

Der Große Hauptmann – *el gran capitán* – wurde Gonzalo Fernández de Córdoba y Aguilar (1453–1515) genannt. Der Grund dafür waren seine Erfolge als Feldherr im Krieg der spanischen Könige gegen die Mauren, der nach zehnjährigem Ringen 1492 zur Übergabe von Granada führte, des letzten maurischen Reichs auf spanischem Boden. Drei Jahre später wurde Córdoba mit einer Armee nach Italien geschickt, um den französischen Angriff auf das spanische Königreich Neapel zurückzuschlagen. 1496 hatte er es geschafft, die Franzosen zu vertreiben, doch vier Jahre darauf einigten sich Spanien und Frankreich im Vertrag von Granada, das Königreich Neapel unter sich aufzuteilen. Dieser Kompromiß hielt allerdings nicht lange, und der Große Hauptmann führte die spanische Armee 1503 zu den dramatischen Siegen bei Cerignola und am Garigliano, durch die die spanische Herrschaft in Neapel für lange Zeit gesichert wurde. Córdoba wurde der erste Vizekönig von Neapel, bis er 1506 in den Ruhestand trat. Seine größten Fähigkeiten lagen auf dem Gebiet der Organisation und Disziplinierung, mit denen er die spanische Armee reformierte, und in dem Geschick, mit dem er in den von ihm geführten Schlachten Kavallerie, Infanterie und Artillerie aufeinander abgestimmt einsetzte. Er wurde in Europa weithin als der größte Feldherr seiner Zeit betrachtet.

Die kriegerischsten Herrscher waren die der Azteken. Axayacatl soll während der 14 Jahre seiner Herrschaft (1469–1483) 37 Gemeinwesen erobert haben. Ahuitzotl werden während der 17 Jahre seiner Herrschaft von 1486–1503 insgesamt 45 solcher Eroberungen zugeschrieben, und Moctezuma II., der herrschte, als die spanischen Konquistadoren auftauchten, soll in den 18 Jahren seiner Herrschaft (1502–1520) 44 Eroberungen gemacht haben, die jedoch ein weit größeres Gebiet erfaßten als diejenigen seiner Vorgänger.

Von einer außergewöhnlichen Kriegskönigin berichtet der Spanier Hernando de Soto (1486–1542), der 1539–1542 auf der Suche nach Gold durch Amerika streifte. Er erzählt von einer großen Herrscherin, der Herrin von Cofachiqui (vermutlich im heutigen Georgia, USA), der in weitem Umkreis gehorcht wurde: „Was immer sie befiehlt, wird auf der Stelle mit Eifer ausgeführt." Sie wurde von ihren Edlen in einer Art Sänfte durch ihr Herrschaftsgebiet getragen und ständig von ihren Sklaven begleitet.

Der letzte römische Soldat war, wenn er 1492 noch am Leben war, was denkbar ist, vermutlich ein Engländer. Die Warägergarde, eine Infanterietruppe, die zum Heer des oströmischen Reiches (Byzanz) gehörte, hatte die gleichen Aufgaben wie die Prätorianergarde im antiken Rom. Sie war von dem russischen Großfürsten Wladimir I., dem Heiligen († 1015), 977–984 aus schwedischen Soldaten aufgestellt und 987/88 Basileios II. von Byzanz (957–1025) zu Hilfe geschickt worden. Von 1066 an rekrutierte sie auch Engländer, und als die Türken 1453 das oströmische Reich endgültig zerschlugen, bestand die Warägergarde ausschließlich aus Engländern.

Die letzten Ritter stellten in einem Zeitalter der rapiden Veränderung der Kriegsführung, in dem die schwer bewaffnete Kavallerie in den europäischen Heeren den häufig mit Arkebusen ausgerüsteten Infanteriemassen Platz machen mußte, Repräsentanten einer vergangenen Epoche dar. Die bemerkenswerteste dieser Gestalten, „un chevalier sans peur et sans reproche" (ein Ritter ohne Furcht und Tadel), war Pierre du Terrail, Seigneur de Bayard. Er war 18 Jahre alt, als er 1494 seinem König, Karl VIII. von Frankreich (1470–1498), auf den Feldzug nach Italien folgte. Er kämpfte bei diesem wie in allen folgenden Schlachten der italienischen Kriege mit großer Tapferkeit. Seine Geschicklichkeit im Einzelkampf und seine außerordentliche Fähigkeit, mit einer kleinen Schar Gefolgsleute große Waffentaten zu vollbringen, waren berühmt und machten ihn zu einem Inbegriff von Mut und Ehre. Als er 1524 in der Schlacht an der Sesia von einem Arkebusenschuß tödlich verwundet worden war, kam der gegnerische kaiserliche Kommandeur, der Marquis von Pescara, mit allen seinen Hauptleuten zu dem sterbenden Ritter, um ihm die letzte Ehre zu erweisen.

Eroberungen

Die erste europäische Landnahme in Afrika war 1415 die Eroberung von Ceuta am marokkanischen Ufer der Straße von Gibraltar durch ein Heer unter dem Infanten Heinrich von Portugal (1394–1460). Heinrichs Gefolgsleute waren Landadlige, die sich in der Schlacht ihre Sporen verdienen und fruchtbares Land jenseits der kahlen Küsten von Portugal erwerben wollten. Der territoriale Zugewinn hielt sich allerdings in Grenzen, aber der abendländische Appetit auf überseeische Beute war geweckt, und auf diese erste Eroberung folgten bald Expeditionen über den Atlantik und die westafrikanische Küste hinunter und die Kolonisation der atlantischen Inseln (San Miguel, Madeira-Gruppe), die Heinrich den Beinamen „der Seefahrer" eintrugen, obwohl er nur der Auftraggeber war und selbst nie zur See gefahren ist.
Er verfolgte von Sagres an der Algarve aus, wo er eine Sternwarte errichtet hatte, die Erfolge der von ihm auf ihre Entdeckungsfahrten ausgeschickten Seefahrer, die bis zum Kap Verde, zum Gebiet des Senegal und bis Gambia vorstießen und 1444–1446 Guinea erreichten. Die Eroberung von Ceuta wird häufig als das Ende der abgeschlossenen Welt des europäischen Mittelalters und der Beginn der europäischen Ausdehnung in die Welt betrachtet.

Der längste Marsch begann am 29. August 1494, als König Karl VIII. von Frankreich an der Spitze eines 22000 Mann starken Heeres von Grenoble aus nach Italien aufbrach, um sein Anrecht auf das Königreich Neapel gegen den Besitzanspruch Aragóns durchzusetzen. Nachdem er die Alpen überquert hatte, wurde er, an den Pocken erkrankt, einen Monat in Asti aufgehalten. Am 6. Oktober marschierte er mit seinem Heer weiter, durch die Po-Ebene und über den nördlichen Apennin nach Florenz, das er Mitte November erreichte. Weihnachten war er in Rom, und am 22. Februar 1495 nahm er, ohne auf großen Widerstand zu stoßen, Neapel ein. Der unaufhaltsame Vormarsch dieses großen Heeres erregte das Erstaunen der Zeitgenossen und veränderte die politische Landschaft in Italien auf Dauer.

Der nördlichste Marsch dieser Zeit fand vom Herbst 1499 bis zum Frühjahr 1500 statt, als ein von dem Moskauer Großfürsten Iwan III. (1440–1505) ausgesandtes russisches Heer mit 5000 Mann fast den nördlichen Polarkreis erreichte – die Durchschnittstemperatur lag dort zu jener Zeit vermutlich bei minus 25–40°C. Das Heer bewegte sich auf Skiern vorwärts, weshalb es *Lyschnoje woysko* (die skifahrende Armee) genannt wurde, und war mit Arkebusen und einigen leichten Kanonen bewaffnet. Angeführt wurde es von den Kommandeuren Semjon Kurbskij und Pjotr Uschattij. Das Heer überquerte den nördlichen Ural und viele zugefrorene Flüsse, darunter die Petschora, eroberte mehrere sibirische Städte, erreichte die Mündung des Ob und kehrte nach einem Marsch von 1900 km in die Heimat zurück.

Den entferntesten Feldzug im vorkolumbianischen Südamerika führte Tupac Yupanqui, der 10. Herrscher der Inka, durch, der 1486 von seiner Hauptstadt Cuzco am Titicacasee (Peru) aus den Fluß Bibio im Süden Chiles erreichte. In Mittelamerika kam der Aztekenherrscher Moctezuma II. (um 1466–1520) von seiner Hauptstadt Tenochtitlán in der Nähe der heutigen Stadt Mexiko aus bis an den Pánuco im Norden und nach Xoconusco im Süden. Dieser Rekord wurde in gewisser Weise nach der spanischen Eroberung gebrochen, als die Spanier unter Hernando Cortez (1485–1547) nach Honduras und unter Pedro de Alvarado (um 1485–1541) nach Guatemala vordrangen.

Eine einmalige überseeische Eroberung wird dem Inkaherrscher Tupac Yupanqui zugeschrieben, der vermutlich im letzten Viertel des 15. Jh.s die als Auachumbi und Ninachumbe bezeichneten Pazifikinseln erobert haben soll. Diese Episode wird häufig ins Reich der Fabel verwiesen, obwohl zum Beispiel die Galapagos-Inseln oder Juan Fernández mehrfach mit den damals eroberten Inseln identifiziert wurden.

Die schnellste Eroberung war die des heutigen Syriens, des Libanon und Ägyptens durch den türkischen Sultan Selim I. Yavuz, den Strengen (1467 oder 1470–1520), während des dramatischen Feldzugs von 1516/17. Diese Gebiete gehörten vorher zum Reich der von Kairo aus regierenden Mamluken. Selims furchterregendes Heer drang am 28. Juli 1516 in das Gebiet von Syrien vor, gewann am 24. August eine Schlacht in der Nähe von Aleppo und hatte im September ganz Syrien erobert. Danach durchquerte es im Januar 1517 in der bemerkenswert kurzen Zeit von fünf Tagen mit seiner schweren Ausrüstung und seinen Kanonen die Halbinsel Sinai und nahm am Ende des Monats die Mameluken-Hauptstadt Kairo.

Der verwegenste Feldzug war die Eroberung des Aztekenreiches durch eine spanische Streitmacht unter Hernando Cortez, die aus nicht mehr als 400 Mann und 16 Reitern bestand.

Eine unübertroffene Waffentat war die Eroberung des Inkareiches im Jahr 1531 durch die Spanier unter Francisco Pizarro (1478–1541) und Diego de Almagro (1475–1538). Das Terrain, auf dem die Spanier fochten, war schwieriger als alles, was sie aus Europa kannten. Neben den Anden verblaßten die höchsten Gebirge Europas; die Täler waren tiefer, die Wüsten trockener und die zu überwindenden Entfernungen größer als bei jedem Krieg in Europa.

Die erste gedruckte Militärkarte erschien um das Jahr 1500 und stammt von jemandem, der mit dem Kürzel P.W. zeichnete. Es ist ein Kupferstich, auf dem militärische Aktionen während des Schweizer Schwabenkriegs (1499) abgebildet sind.

Schlachten

Die blutigste Schlacht des Altertums war die von Platäa im Jahr 479 v. Chr. zwischen den Griechen und den Persern, in der 250000 Mann fielen. Im Jahr 451 wurden in der Schlacht zwischen den Römern und den Hunnen auf den Katalaunischen Feldern zwischen Troyes und Châlons-sur-Marne im heutigen Frankreich angeblich an einem einzigen Tag 200000 Mann getötet.

Die blutigste Schlacht im vorkolumbianischen Südamerika war vermutlich das von Huayna Capac, der 1493–1525 über das Inkareich herrschte, befohlene Massaker an 20000 Caranqui-Indianern, deren Leichen in den daraufhin Yahuar-cocha (Blutsee) genannten Lag cocha, eine der Quellen des Putumayo im heutigen Kolumbien, geworfen wurden. Die Kriegsführung der Inka hatte höhere Verluste zur Folge als die der Azteken in Mittelamerika, wo das Kriegsziel darin bestand, Gefangene zu machen.

Als Entscheidungsschlachten können viele der Kriege der damaligen Zeit betrachtet werden. So wurde in der Schlacht von Tschaldyran nahe Täbris im heutigen Iran, in der die sunnitischen Osmanen unter Sultan Selim I. Yavuz, dem Strengen, die iranischen Safawiden unter Schah Ismail I. († 1524) besiegten, die weitere Ausdehnung des militanten schiitischen Safawiden-Staates nach Westen verhindert. Ein anderer bedeutender Sieg war die erfolgreiche Belagerung von Konstantinopel durch die Türken im Jahre 1453, mit der das oströmische Reich zugrunde ging. Die Osmanen setzten ein 80000 Mann starkes, von schwerer Artillerie unterstütztes Heer ein, während die 22,4 km lange Stadtmauer von Konstantinopel von nicht einmal 7000 Mann verteidigt wurde. Die Belagerung dauerte vom 7. April bis zum 29. Mai, einem Dienstag, und sogar heute noch wird der Dienstag von vielen Griechen als ein ungünstiger Tag betrachtet. Eine weitere entscheidende Schlacht fand 1525 bei Panipat in Nordwestindien statt, wo Babur (1483–1530) die Herrscher Nordindiens schlug und auf diese Weise das große Mogulreich begründete. In Europa war die Schlacht bei Nancy (Frankreich) am 5. Januar 1477 eine der folgenreichsten. In ihr wurde das neu aufgestellte, 10000 Mann starke Heer Herzog Karls des Kühnen

Eine Tapisserie der Schlacht von Pavia zeigt die Truppen Karls V., wie sie die französische Armee attackieren.

von Burgund (1432–1477) von einer doppelt so großen Streitmacht aus Lothringer und Schweizer Infanteristen geschlagen. Karl der Kühne und viele seiner Männer fielen, was nicht nur das Ende der Expansionsgelüste des Herzogs bedeutete, sondern auch, da er starb, ohne einen Erben zu hinterlassen, das eines unabhängigen Burgunder-Staates.

Der unerwartetste Sieg gelang einem 4000 Mann starken Moskauer Heer, das 1471 in der Schlacht am Fluß Schelon eine Nowgoroder Streitmacht von 40000 Mann schlug.

Die größte Schlacht der Zeit war nach der Anzahl der Beteiligten, dem Maß, in dem neue Ideen der Kriegsführung angewandt wurden, und der Heftigkeit der Kämpfe die Schlacht bei Pavia (1525). Auf der einen Seite stand die von Franz I. von Frankreich (1494–1547) angeführte französische Armee mit rund 35000 Mann, die in das Herzogtum von Mailand eingefallen war und aus starken Befestigungen heraus Pavia belagerte. Auf der anderen Seite kämpfte das nur wenig kleinere Heer Kaiser Karls V. (1500–1558) unter Fernando Francisco de Avalos, Marquis von Pescara (1490–1525), dem die Aufgabe zufiel, die Franzosen aus ihren Befestigungen zu locken und die Belagerung zu durchbrechen. Er schaffte dies, indem er in einem kühnen Ausfall vor den Mündungen der französischen Kanonen aufmarschierte. Die Franzosen stürmten, den Sieg vor Augen, ungeordnet gegen die kaiserlichen Truppen an und wurden durch die disziplinierter vorgehenden Verteidiger in Stücke geschlagen. 6000 Franzosen, einschließlich einer großen Anzahl von Edelleuten, blieben tot auf dem Schlachtfeld zurück, die berühmten Schweizer Pikeniere wurden zerschmettert und Franz I. gefangengenommen. Der französische Plan, Mailand an sich zu reißen, war endgültig gescheitert.

Die größten Armeen standen sich gegenüber, als 1473 am Euphrat in der Osttürkei der persische Herrscher Hasan der Lange mit einem Heer von 300000 Mann und der türkische Sultan Mohammed II. Fatih, der Eroberer, mit einer Streitmacht von 260000 Mann aufeinandertrafen. Obwohl das persische Heer zahlenmäßig leicht überlegen war, verlor es die Schlacht, weil es nicht über Kanonen verfügte und viele der Soldaten vor den Salven aus den türkischen Geschützen die Flucht ergriffen.

Eines der größten Massaker richtete der türkische Sultan Selim I. Yavuz, der Strenge, in Vorbereitung seines Angriffs auf das Safawiden-Reich im Jahr 1514 an. Um sich nicht mit einer schiitischen fünften Kolonne in seinem überwiegend sunnitischen Reich auseinandersetzen zu müssen, ließ er 40000 der im Osmanischen Reich lebenden 70000 Schiiten töten.

Die größte Schlacht zwischen Europäern und Indianern in Nordamerika: Im Oktober 1540 erreichte Gouverneur Hernandes de Soto die Stadt Mauilla im heutigen Alabama. Es entbrannte ein Streit zwischen ihm und den Indianern, und eine Schlacht begann. „Die Indianer", so überliefern es zeitgenössische Aufzeichnungen, „hatten einen so großen Kampfgeist, daß sie unsere Leute mehrmals aus der Stadt trieben." Wahrscheinlich brannten die Spanier die Stadt nieder und trieben die flüchtenden Indianer in die Palisaden zurück: „Viele, Hals über Kopf aus den brennenden Häusern stürzend, wurden erstickt, aufeinander geschichtet und verbrannt." Ungefähr 2500 Indianer und 18 Spanier starben; 150 Spanier hatten 700 Pfeil-Wunden; zwölf Pferde wurden getötet, weitere 70 verletzt.

Die Verbesserungen des Festungsbaus im frühen 16. Jh. vermochten der Entwicklung der Artillerie Paroli zu bieten. Die Folge war, daß der Belagerungstaktik eine neue Bedeutung zukam. Die große Belagerung von Rhodos im Jahr 1522, bei der sich 400 Ritter des Johanniterordens und ihr Gefolge vier Monate gegen 100000 Türken behaupteten, ist ein Beispiel dafür.

Die prachtvollste Belagerung war die von Neuss im heutigen Nordrhein-Westfalen, das Karl der Kühne von Burgund vom 30. Juli 1474 bis zum 27. Juni 1475 mit einem Heer von über 22000 Mann belagerte, das mit Kanonen und Belagerungsmaschinen ausgerüstet war. Das Ereignis erregte überall in Europa bewundernde Aufmerksamkeit. Es galt wegen der vielen ritterlichen Kämpfe als eine Schule der Ehre und überhaupt als die großartigste Belagerung seit hundert Jahren. 900 Zelte beherbergten den Haushalt des Herzogs, während er selbst und die führenden Höflinge in rasch erbauten Holzhäusern wohnten. Das Lager glich einer Stadt: Von Bäckereien über zwei große Märkte, Sportplätze, Gasthäuser, Kapellen bis hin zu Bordellen war alles vorhanden.

Die größte osmanische Belagerung ist aufgrund der Entbehrungen der Belagerten und vor allem wegen der Bedeutung ihres Ausgangs wohl die von Malta durch die Türken unter Suleiman II., dem Prächtigen oder Großen (1494?–1566), von Mai bis September 1565. Die Ritter des Johanniterordens trotzten damals der größten bis dahin gesehenen Flotte und retteten damit das Christentum in Europa, war Malta doch die letzte Barriere zwischen dem Christentum des Westens und dem Islam des Ostens gewesen.

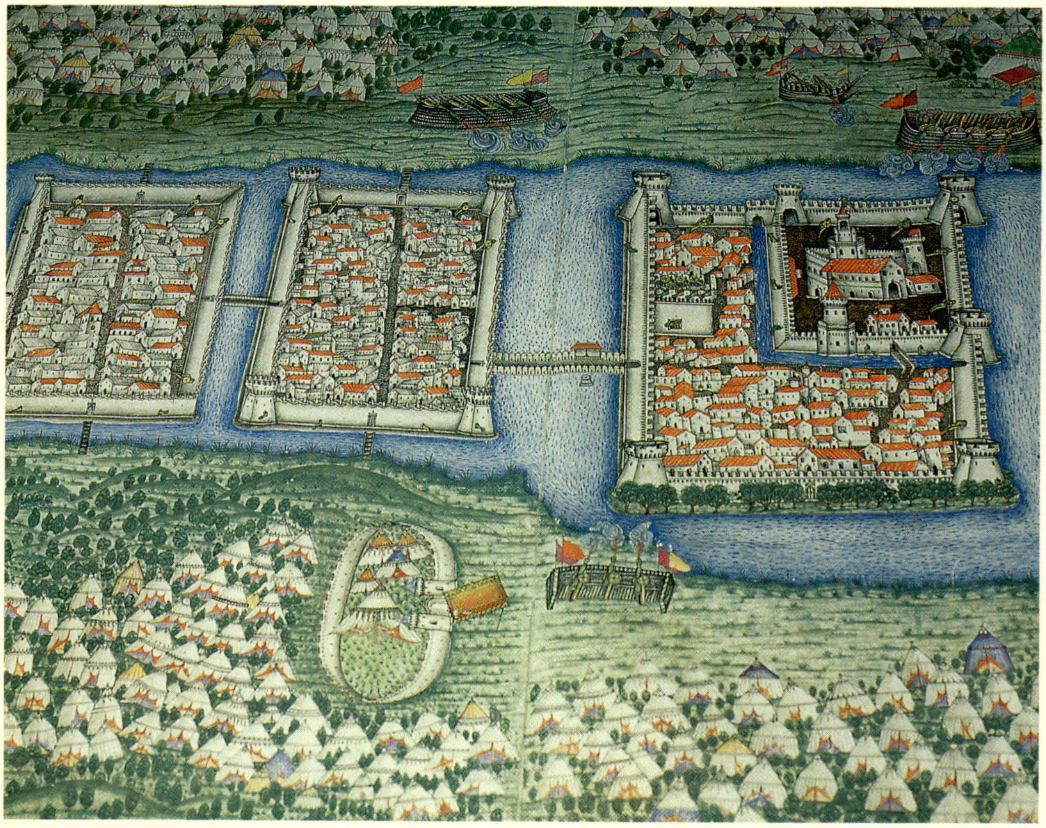

Der Schlachtplan für die Belagerung einer Festung durch die Armee des ottomanischen Sultans Suleiman des Prächtigen im Jahre 1543.

Die furchtbarste Belagerung war die mehrere Monate dauernde Einschließung von Nowgorod durch den Großfürsten Iwan III. von Moskau im Jahr 1476. Nowgorod war ein selbständi-

Belagerungen

Die längste bezeugte Belagerung war die von Azotus (Ashod), heute Israel. Die Stadt wurde laut Herodotos vom ägyptischen König Psamtek I. im 7. Jh. v. Chr. 29 Jahre lang belagert.

ges Staatswesen, das sich seit 1019 mit Moskau um die Vorherrschaft in Rußland stritt. Während der Belagerung starben in der Stadt selbst 45000 Menschen an Hunger oder fielen im Kampf, während im Umland 200000 Menschen dem Hunger oder dem Moskauer Heer zum Opfer fielen.

Die vollständigste Zerstörung einer Stadt fand auf Befehl von Hernando Cortez statt, der 1521 die aztekische Hauptstadt Tenochtitlán dem Erdboden gleichmachen ließ. Die Zerstörung war derart gründlich, daß heute kaum noch Beweise für ihre einstige Existenz zu finden sind. Cortez ließ anschließend auf den Ruinen eine neue Stadt erbauen, die Ciudad de México (Mexico City).

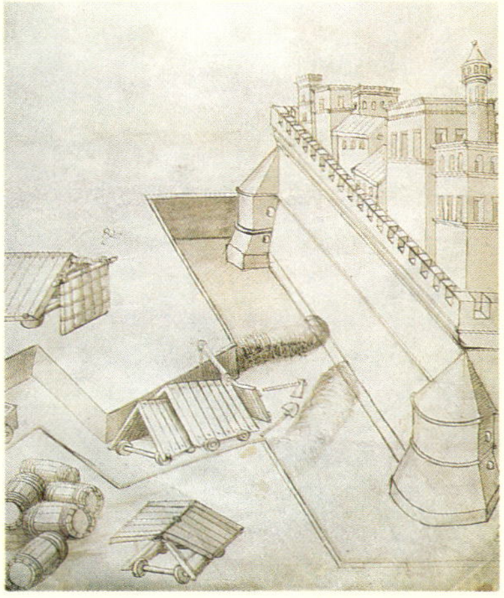

Entwurf für verschiedene Belagerungswaffen des italienischen Meisters der Kunst und Kriegskunst, Francesco di Giorgio Martini (1439–1502).

Die schlimmste Plünderung einer Stadt war die von Rom im Jahr 1527 durch das Heer Kaiser Karls V. und wahrscheinlich das brutalste kriegerische Ereignis der Zeit überhaupt. Die Plünderung dauerte einen Monat, währenddessen die Straßen, auf denen sich die Leichen häuften, Tag und Nacht von den Schreien der Einwohner erfüllt waren. Die Soldaten plünderten Kirchen, Paläste, Hospitäler und zerstörten Grabmale. Man schätzt, daß während dieses Schreckensmonats die Hälfte der Stadtbevölkerung ums Leben kam.

Waffen

Die letzten Bogenschützen gab es in England noch gegen Ende des 16. Jh.s. Der Langbogen wurde in der Schlacht von großen Bogenschützeneinheiten eingesetzt. Durch die enorme Schnelligkeit der gut ausgebildeten Schützen und ihren massiven Einsatz sowie die bis zum 15. Jh. verbesserte Qualität der Rüstungen konnten sowohl die feindlichen Ritter selbst als auch ihre Pferde ausgeschaltet werden. Unter Herzog Karl dem Kühnen von Burgund kämpfte noch in den siebziger Jahren des 15. Jh.s eine weithin gerühmte Einheit englischer Bogenschützen. Aber die bevorzugt verwendeten Waffen für den massierten Infanterie-Einsatz waren um 1500 die neuen Handfeuerwaffen, die Arkebusen.

Die bevorzugte Waffe der Leibgarden war am Ende des 15. Jh.s die Armbrust, die im wesentlichen eine Waffe für Heckenschützen war. Sie war auf kurze Distanz äußerst zielgenau und von tödlicher Wirkung, aber in größeren Einheiten nur schwer einzusetzen. Als Waffe der Leibgarde von Fürsten erlebte sie jedoch zu dieser Zeit eine neue Blüte.

Die 22 geheimsten Kampfarten waren die der *Ninja* in den japanischen Bergfestungen. Sie übten sich in mindestens 22 Kampftechniken: mit dem Blasrohr, Mundpfeilen, einem kleinen Bogen, Segeln aus Bambus und Stoff, Sprengstoff, tragbaren Flößen mit Paddeln, Steigleitern, kurzen Ketten zum Erdrosseln, blind machendem Pulver, Schwimmflossen, Bambusschnorcheln, Handkrallen zum Klettern und Kämpfen, Dornensternen zum Werfen oder Auslegen und mit Knallfröschen, im Wassergehen, Tauchen, Sprinten und Langlauf, Hochsprung, Verkleiden, Reiten und in der Geographie.

Die erste Artillerie zu Pferde: Die ersten großen Kanonen waren so schwer, daß sie praktisch nicht mehr von Menschenhand bewegt werden konnten. Unter dem französischen König Karl VIII. (regierte 1483–1498) wurden deshalb erstmals Kanonen auf Wagen geladen, die von Pferden gezogen wurden.

Die erste taktische Theorie für den Artillerieeinsatz stammt von Bartolomeo Colleoni (1400–1475). Er schlug vor, die Kanonen durch Lücken zwischen den Infanterieblöcken feuern zu lassen, die vormarschieren sollten, während die Kanonen nachgeladen wurden.

Die besten Rüstungen wurden in Mailand hergestellt, insbesondere in der Werkstatt der Familie Missaglia, die bis zu seinem Tod im Jahre 1495 von Antonio Missaglia geleitet wurde. Eine der großen Errungenschaften der Waffenschmiede des 15. Jh.s war die Entwicklung der

Kanonen und Gewehre im Einsatz gegen eine vorrückende Kavallerie.

Gliederplattenrüstung, des Harnischs, der von Pfeilen nicht durchdrungen werden konnte und dafür sorgte, daß die schwere Kavallerie ihre bedeutende Stellung in den Heeren der Zeit behielt.

Die besten Kavallerieschilde wurden aus im Sonnenlicht weiß glänzenden Spießbockhäuten gefertigt. Sie wurden von den nordafrikanischen Berbern in der Sahara für den Gebrauch von Kamelreitern hergestellt. Der Autor des *Kitab al-Istibsar* schrieb um 1135: „Die besten und teuersten Schilde sind die aus dem Fell alter weiblicher Tiere gefertigten, deren Hörner aufgrund ihres Alters so lang gewachsen sind, daß sie die männlichen Tiere daran hindern, sie zu bespringen."

Die giftigsten Waffen in Nordamerika waren ohne Zweifel die vergifteten Pfeile der Otapas-Indianer aus Kalifornien. Die Pfeile mußten nur eine kleine Wunde hervorrufen, und der Körper begann – wie es ein Zeitzeuge beschrieb – „unerträglich und verderblich zu stinken", bevor das Opfer starb. 1541 starben 17 Soldaten von Coronado auf diese Weise.

Die erste und berühmteste, von einem europäischen Beobachter verfaßte Beschreibung des Skalpierens stammt aus der Feder von Jacques Cartier. 1535, während seiner zweiten Reise entlang des St.-Lorenz-Stroms in Kanada, zeigte man ihm in der Nähe von Quebec die Stadaconanas, „die Kopfhäute von fünf Männern, wie Pergament auf Ringe gespannt". Diese stammten von Toudmamans (Micmacs) aus dem Süden, die permanent Krieg gegen seine Leute führten. Bis heute diskutiert man, ob das Skalpieren in Nordamerika schon vor der Ankunft der Europäer existierte oder ob die Indianer es von den Europäern übernommen hatten. Die Tatsache, daß das Wort in vielen Indianersprachen auftaucht, aber mit keiner europäischen Sprache verwandt ist, legt nahe, daß das Skalpieren bereits vor der Ankunft der Europäer existierte.

Kriegsmaschinen

Die größten Katapulte oder Wurfmaschinen konnten eine Kugel von 27 kg Gewicht über eine Entfernung von 450 m schleudern.

Die ersten gepanzerten Fahrzeuge wurden in den Hussitenkriegen in Böhmen (1419–1436) eingesetzt. Es waren Wagen mit erhöhten Seitenwänden aus Holz, auf denen sich kleine Kanonen befanden. Eingeführt wurden sie von dem Hussitenführer Jan Žižka von Trocnov (um 1370–1424). Im Kreis aufgestellt, mit gepanzerten Stellwänden, die die Lücken zwischen den Wagen füllten, waren Žižkas Kriegswagen ein ernstes Problem für angreifende Infanterie- oder Kavallerietruppen.

Ein windgetriebenes Kampffahrzeug dachte sich 1472 Guido da Vigevano aus. Es war ein von einem Windrad angetriebenes panzerähnliches Gefährt, das jedoch von vornherein als viel zu unzuverlässig angesehen und niemals getestet wurde.

Die einfallsreichste Kriegsmaschine dürfte der *Ballistica quadrirotis* gewesen sein, ein mobiler Pfeilwerfer, der von zwei gepanzerten Pferden gezogen wurde und nach allen Seiten Pfeile verschießen konnte. Er wurde jedoch niemals in einer Schlacht eingesetzt.

Leonardo da Vincis im Jahre 1500 entworfener Panzer war massiv, aber auf von Hand angetriebene Radachsen angewiesen. Das hätte dem Fahrzeug nur eine eher kriechende Geschwindigkeit ermöglicht.

Kanonen und Gewehre

Die frühesten Kanonen wurden um 1250 in China und in Nordafrika gebaut. In Frankreich gab es sie (nachweislich) seit 1326, in England (gerade ein Jahr später), 1327. Diese Kanonen waren zunächst keine sonderlich wirksamen Waffen, da die Rohre schwer auszurichten waren und die Qualität des Schießpulvers erheblich schwankte und dadurch litt die Treffergenauigkeit erheblich. Die Kanonen hatten zu diesem Zeitpunkt eher psychologische denn tatsächliche militärische Bedeutung. Erst im 15. Jh. wurde die Kanone durch Verbesserungen der Metallgußverfahren und vor allem durch das „Mahlen" des Schießpulvers, das zu Körnern führte, die in Größe und Zusammensetzung gleich waren, zu einer brauchbaren Waffe. Im 15. Jh. wurde das Orgelgeschütz eingeführt, auch Totenorgel oder Hagelbüchse genannt, das aus mehreren kleinen, auf einer Lafette befestigten Rohren bestand, so daß statt einer Kugel mehrere gleichzeitig abgefeuert werden konnten. Es war ein Vorläufer der späteren Mitrailleuse (Kartätschengeschütz oder Kugelspritze), die wiederum als Vorläufer der heutigen Maschinenkanonen und -gewehre anzusehen ist.

Die größten Kanonen wurden in der ersten Hälfte des 15. Jh.s hergestellt, als der Lafettenbau und die Schießpulverherstellung noch wenig entwickelt waren und man sich darauf verlegte, die feindlichen Festungsmauern mit gewaltigen Geschossen zu bombardieren. Ein erhaltenes Exemplar dieser Generation von Kanonen ist *Mons Meg* auf der Burg von Edinburgh (Schottland). Die Kanone wurde 1449 für Herzog Philipp III., den Guten, von Burgund (1396–1467) hergestellt. Sie wiegt 5685 kg und verschoß Kugeln von 203 kg Gewicht. Wie es heißt, soll sie eine Kugel von 50 cm Durchmesser fast 1,6 km weit geschossen haben. In Gent (Belgien) steht ein 13 t schweres Geschütz mit einem Rohrdurchmesser von 63 cm, das Kugeln von 315 kg Gewicht verschoß. Die sogenannte Zarenkanone, die jetzt im Moskauer Kreml steht, hat ein Rohr von 91 cm Durchmesser und wiegt fast 40 t. Zur Zeit von Christoph Kolumbus verzichtete man allerdings bereits auf die Herstellung solcher Riesenkanonen, weil sie sich in Gefechtssituationen als unbewegliche Kolosse erwiesen hatten, die einen Stellungswechsel erschwerten oder gar vollkommen verhinderten.

Die größten vom russischen Heer eingesetzten Kanonen hatten ein Rohr von 7,3 m Länge und kamen während der dreimonatigen Belagerung der schwedischen Festung Wiborg am Finnischen Meerbusen im Jahr 1496 zum Einsatz.

Die größte Kanone bei der Belagerung von Konstantinopel wurde 1453 speziell für diese Aufgabe in Edirne im Süden der Türkei hergestellt. Sie hatte nach zeitgenössischen Angaben ein 7,36 m langes Rohr von 3,5 m Umfang, wog 49 t und verschoß Kugeln von 493 kg Gewicht. Sie war das Werk von ungarischen Kanonengießern und wurde als „ein außerordentlich schreckliches Monster" beschrieben. Man mußte 60 Ochsen aufbieten, die die Kanone in drei Monaten die 234 km von Edirne nach Konstantinopel schleppten, während 200 Männer sie von beiden Seiten im Gleichgewicht hielten und 50 Zimmerleute mit 200 Helfern vorauseilten, um die Straßen und Brücken für den Transport zu präparieren. Die Türken feuerten aus dieser Kanone zwischen dem 12. April und dem 29. Mai 1453 täglich bis zu sieben Schüsse auf die Mauern von Konstantinopel ab.

Das Luntenschloß ist der älteste Zündmechanismus von Feuerwaffen. Bei ihm wird ein S-förmiger Hahn niedergeschlagen, der mit einem Zündschwamm in einer seitlich des Verschlusses angebrachten Pfanne eine kleine Ladung Schießpulver zündet. Es kam in der zweiten Hälfte des 15. Jh.s auf und ersetzte die Zündung durch einen glühenden Draht oder eine brennende Lunte, die der Schütze in der Hand hielt. Durch das Luntenschloß war es dem Soldaten möglich, beim Abfeuern das Ziel im Auge zu behalten, anstatt auf die Pfanne zu schauen, um zu sehen, ob die Lunte das Zündpulver traf. Der Nachteil des Luntenschlosses war, daß der Zündschwamm ständig glimmen mußte, was, da das Schießpulver nicht weit war, ein Risiko darstellte und bei regnerischem oder windigem Wetter zu Problemen führte.

Die ersten Feuerwaffen in Japan: 1510 importierte Japan chinesische Handfeuerwaffen mit Kupferläufen. Sie wurden jedoch nicht vor 1543 oder 1548 im Kampf benutzt. Die Portugiesen brachten europäische Musketen nach Japan, sogenannte *Tanegashima*, die die Japaner bald in Waffenschmieden nachbauten. Möglicherweise wurden diese Waffen 1548 zum ersten Mal im Kampf eingesetzt.

Die russische „Zarenkanone" hat eine Bohrung von 91 Zentimetern und ein Gewicht von fast 40 Tonnen. Um 1500 jedoch wurden so schwere Geschütze nicht mehr hergestellt.

Die ersten Luntenschlösser im Mittleren Osten setzte Babur, der spätere erste Mogulherrscher in Indien, bei den Kanonen ein, mit denen er 1515 die Festung von Kabul im heutigen Afghanistan angriff. Er schrieb, daß die Männer „noch nie vorher *tufang* (Luntenschlösser) gesehen hatten. Sie machten aber zuerst keinen Eindruck auf sie und boten Anlaß für unziemliche Gesten".

Handfeuerwaffen waren von Beginn an, also seit dem 14. Jh., Teil der Entwicklung der Feuerwaffen. Sie waren in der Frühzeit so schwer, daß sie durch Gewehrgabeln oder Hakenstangen gestützt werden mußten. Am Ende des 15. Jh.s wurden die mit einem Radschloß versehene Arkebuse in großen Mengen produziert. Ihr Name (frz. *arquebuse*) leitet sich möglicherweise von dem niederländischen Wort *haakbus* (Hakenbüchse) her. Sie löste die vorher verwendeten Faustrohre und Stielbüchsen ab, beide eine Art Miniaturkanone, die vor der Brust abgefeuert wurden und sich durch die Länge des am Rohr angebrachten Stiels unterschieden. Die Arkebuse war eine leichtere, handlichere Waffe als ihre Vorgänger und wurde an der Schulter angeschlagen.

Der Schiffskompaß der Mary Rose.

Um 1500 enthielt das kaiserliche Artilleriedepot in Innsbruck 18000 Arkebusen, und in Venedig wurden ähnliche Waffen an die Landpolizei ausgegeben. Diese Gewehre waren für den Masseneinsatz bestimmt; sie waren nicht sehr zielgenau, bedurften aber kaum einer Ausbildung und nur wenig Übung, und ihre Bleikugeln waren in der Lage, die besten Panzerungen zu durchdringen, so daß die Verlustrate unter den Rittern erheblich anwuchs, seit sie sich dem mörderischen Feuer der Arkebusiere ausgesetzt sahen. Die ersten, die die Arkebuse einsetzten, waren die Spanier in den Schlachten von Bicocca 1522 und Pavia 1525. Sie wurden bald wegen des Sperrfeuers aus ihren Gewehren überall gefürchtet. Filippo Struzzi verbesserte die Arkebuse in den dreißiger Jahren des 15. Jh.s, so daß sie eine Reichweite von 400 Schritt bekam, und die Franzosen führten das standardisierte Kaliber ein. Diese Waffen waren es, denen die Europäer, mehr noch als den Kanonen, ihre militärische Überlegenheit im Zeitalter der großen Entdeckungen zu verdanken hatten.

Die wirkungsvollste Artillerie war wohl die von Karl VIII. von Frankreich 1494 auf seinem Feldzug nach Italien eingesetzte. Sie erregte überall Staunen und wurde allgemein als die Ursache für den einzigartigen Erfolg des Feldzugs angesehen. Karl VIII. führte als erster von Pferden gezogene Gespanne ein und verlieh der Artillerie damit eine Beweglichkeit, die sie vorher nicht besessen hatte, auch weil die von ihm verwendeten Kanonen nicht mehr die gewichtigen Monster waren, wie sie ein halbes Jahrhundert zuvor gebaut wurden, sondern mittelgroße Geschütze mit aus Bronze gegossenen Rohren, die zwei bis drei Tonnen wogen und mit hoher Geschwindigkeit 7,4 kg schwere Eisenkugeln verschossen. Für diese Artillerie-Einheiten, einschließlich des Personals und der Zugtiere, wurden acht Prozent der gesamten Militärausgaben der französischen Monarchie aufgewandt. Ein solcher artilleristischer Aufwand war zur damaligen Zeit jedoch keine einmalige Erscheinung: Die Herzogtümer von Mailand und Burgund besaßen ähnliche Einheiten mit mobilen Kanonen, und im Arsenal der Venezianer befand sich ebenfalls eine große Anzahl von ihnen, die sowohl für die Galeeren als auch für das Heer des Staates Venedig bestimmt waren. 1513 setzte Heinrich VIII. von England (1491–1547) bei der Belagerung von Tournai im heutigen Belgien 180 Geschütze ein, die täglich 32 t Schießpulver verbrauchten.

Die ersten, die Schießpulver benutzten, allerdings für Feuerwerkskörper, waren bereits im 8./9. Jh. die Chinesen. Der militärische Einsatz wird zum Beispiel von Feldzügen des Sultans Mahmud Bigarh von Gujarat (Indien) berichtet. Die Portugiesen sorgten dann für die weitere Verbreitung. In Europa, wo es seit etwa 1320 für Schußwaffen verwendet wurde, wird die Erfindung des Schießpulvers dem Briten Roger Bacon und dem deutschen Mönch Berthold Schwarz aus Konstanz zugeschrieben.

Restaurierung der Mary Rose, *des ältesten erhaltenen, breitseits feuernden Kriegsschiffs.*

Minen und Raketen

Die Erfindung der Sprengmine wird Francesco di Giorgio Martini (1439–1501/02), einem berühmten Maler, Bildhauer, Gießer, Architekten und Festungsingenieur aus Siena (Italien), zugeschrieben, der im November 1495 mit einer Mine einen Teil der Festungsmauern des Castel Nuovo in Neapel zerstörte, was zu großen Verlusten unter den französischen Verteidigern und zum Fall der Festung führte. Experimente mit Sprengminen wurden aber im Gefolge der mittelalterlichen Taktik, Stollen unter Festungswerke zu treiben, um sie zum Einsturz zu bringen, zweifellos schon vorher durchgeführt.

Die ersten Raketen schossen 1232 die Chinesen auf die mongolischen Belagerer von Kaifeng ab. In Europa wurden, wie der italienische Historiker Ludovico Muratori (1672–1750) schreibt, Raketen zum ersten Mal 1379 durch das Genueser Heer in der Schlacht um die venezianische Insel Chioggia eingesetzt.

Ein Holzschnitt aus Robertus Valturius De re militari *(über die militärischen Dinge), gedruckt 1472 in Verona (Italien). Es war das erste illustrierte Buch, das dort gedruckt worden war, und erst das zweite in ganz Italien. Der Holzschnitt zeigt ein Kriegsschiff jener Zeit und dürfte von Matteo de' Pasti stammen.*

Seekrieg

Die stärkste Seemacht des Mittelmeerraums war das Osmanische Reich. Es vertrieb die Venezianer 1484 aus dem Schwarzen Meer, überrannte 1516 das Gebiet des heutigen Syriens und ein Jahr darauf Ägypten, nahm 1522 Rhodos, drang 1529 ins westliche Nordafrika vor und schlug 1538 im Ionischen Meer die vereinte Flotte von Venedig, Genua und Spanien.

Die erste europäisch-asiatische Seeschlacht in asiatischen Gewässern war die von 1508 vor Chaul südlich von Bombay (Indien), in der die Portugiesen der vereinten Flotte von Ägypten und des nordindischen Staates Gujarat unterlagen. Ein Jahr später besiegten die Portugiesen unter Francisco de Almeida (um 1450–1510) vor Diu die ägyptisch-gujaratische Flotte.

Die erste europäisch-nordamerikanische Seeschlacht: Im Juni 1543 besaß der neue Gouverneur Kubas (Nachfolger von Hernando de Soto, der am Fieber gestorben war) sieben Schoner-Briggs (kleine Schiffe, die zum Segeln und zum Rudern ausgestattet sind), die nahe der Mündung des Arkansas Flusses gebaut worden waren. Am 2. Juli gingen 322 Spanier mit ihren Begleitern an Bord und brachen in Richtung Meer auf. Jede Schoner-Brigg zog ein Kanu. Ein Boot wurde von Indianern angegriffen und gekapert. Fast alle, die sich an Bord befanden, kamen dabei um. Durch ihren Erfolg ermutigt, griffen die Indianer ein Schiff nach dem anderen an. Die Schlacht dauerte drei Tage und Nächte, bis sich wahrscheinlich die Indianer wieder in ihre eigenen Gebiete zurückzogen.

Kanonen auf See

Die ersten Kanonenluken wurden im 16. Jh. eingeführt. Sie waren quadratische oder rechteckige Öffnungen in der Bordwand, die mit Laden versehen waren, so daß sie bei rauher See geschlossen werden konnten. Die Kanonenluken erlaubten es, mehr Kanonen an Bord unterzubringen, da sie unter Deck aufgestellt werden konnten, der Schwerpunkt der Schiffe näher an die Wasseroberfläche verlagert und der destabilisierende Effekt des zusätzlichen Gewichts verringert wurde. Die Kriegsschiffe waren jetzt in der Lage, ganze Breitseiten aus schweren Kanonen abzufeuern. Die Kanonenluke soll 1501 von dem französischen Schiffsbauer Descharges erfunden worden sein, aber das läßt sich durch keinen stichhaltigen Beweis belegen.

Das älteste erhaltene kanonenbestückte Kriegsschiff, das in der Lage war, eine Breitseite abzufeuern, ist die Karavelle *Mary Rose*. Sie wurde 1510 für Heinrich VIII. von England gebaut und war eines der großen Schiffe der englischen Flotte. Nachdem sie in den dreißiger Jahren des 16. Jh.s überholt worden war, ging sie am 19. Juli 1545 unter, als sie gegen eine französische Invasionsflotte in den Kampf segeln sollte und beim Auslaufen aus dem Hafen von Portsmouth kenterte. Das Unglück war vermutlich auf menschliches Versagen zurückzuführen. Die *Mary Rose* hatte 14 große bronzene und schmiedeeiserne Geschütze an Bord, von denen vermutlich vier Bronzekanonen in Fahrtrichtung schossen und die restlichen zehn auf beiden Seiten des Schiffs aufgereiht waren.
Das Wrack wurde 1982 nach langen Ausgrabungsarbeiten unter Wasser gehoben und ist jetzt im Hafen von Portsmouth zu besichtigen.

Die erste Kanone auf einem Schiff war vermutlich das kleine Geschütz, mit dem das englische Kriegsschiff *Hallow's Cog* 1337/38 ausgestattet wurde. Dennoch waren Kanonen bis zum Beginn des 16. Jh.s in der Seekriegsführung kaum von Bedeutung. Die Schiffe vermochten nicht viele Kanonen zu tragen, weil sie nur auf Deck montiert werden konnten und zuviel Gewicht die Schiffe instabil gemacht hätte.

Der erste Einsatz von Kanonen auf See durch indische Schiffe wird aus dem Jahre 1482 berichtet, als Mahmud II. von Gujarat eine Flotte gegen die Piraten ausschickte, die Kanoniere und Musketiere an Bord hatte. 1500 feuerte ein gujaratisches Schiff mit mehreren Kanonen auf die Portugiesen. 1503 verfügte die Flotte von Zamorin angeblich über 380 Kanonen.

Gebäude & Bauwerke

FRÜHESTE BAUTEN · GRABSTÄTTEN · TÜRME
FESTUNGEN · RELIGIÖSE BAUTEN · STÄDTE
SCHLÖSSER UND GÄRTEN · BRÜCKEN
KANÄLE UND DÄMME

Das Guinness Buch der Rekorde 1492

Früheste Bauten

Das älteste bekannte Bauwerk von Menschenhand ist ein Kreis lose aufeinandergeschichteter Lavablöcke, die im Januar 1960 in der untersten Kulturschicht auf dem paläolithischen Gelände der Olduvai, einer Schlucht in Tansania, von Dr. Mary Leakey entdeckt wurde. Da man dort auch Knochen und Werkzeuge gefunden hat, könnte es sich um eine Arbeitsstätte gehandelt haben, die auf etwa 1750000 v. Chr. datiert wird.

Die frühesten Gebäude im eigentlichen Sinn, die bisher entdeckt wurden, sind 21 Hütten, die Feuerstellen oder mit Kieseln ausgelegte Gruben besaßen und die Löcher von einstigen Umzäunungspfosten aufweisen. Sie wurden im Okober 1965 auf dem Terra-Amata-Gelände bei Nizza (Frankreich) ausgegraben. Man nimmt an, daß sie aus der Acheuléen-Stufe des Altpaläolithikums (vor etwa 400000 Jahren) stammen.

Die ältesten freistehenden Gebäude dürften wohl die megalithischen Tempel von Mgarr und Skorba auf Malta bzw. Gigantija auf der zu Malta gehörenden Insel Gozo sein, die um 3250 v. Chr. errichtet wurden.
Die Reste eines 6,1 m hohen Steinturms, der in die Mauern von Jericho eingebaut war, wurden auf 5000 v. Chr. datiert, und die Fundamente der Mauern sogar auf 8350 v. Chr.

Die ausgedehntesten Erdwälle aus Zeiten vor der Mechanisierung waren die Grenzwälle des früheren Königreiches Bénin im heutigen Nigeria. Zum ersten Mal darüber berichtet wurde im Jahr 1900; teilweise vermessen wurden sie 1967, und im April 1973 schätzte Patrick Darling die Gesamtlänge der Wälle auf zwischen 6400 und 12800 km und die gesamte zu diesem Zweck aufgeschüttete Erdmasse auf 380–460 Mio. m^3.

Grabstätten

Das größte Grabmal ist das von Cheng, „Erstem Erhabenen Herrscher (Kaiser) der Ch'in", am Berg Li, 40 km östlich von Xianyang (China), aus dem Jahre 221 v. Chr. Die beiden das Grab umgebenden Mauern messen 2173 × 974 m und 685 × 578 m.

Größtes nordamerikanisches Grabmal aus der Zeit vor der europäischen Eroberung ist die größte Erdpyramide der Welt, der sogenannte „Mönchshügel", einer von 120 solcher Hügel der Fundstätte von Cahokia, East St. Louis, Illinois (USA). Er hat einen Rauminhalt von etwa 623000 m^3 und eine Grundfläche von 6 ha. All diese Erdmassen wurden um das Jahr 1200 von Menschen bewegt, die noch keine Arbeitstiere besaßen.

Als phantasievollstes Gebäude, das Mitte des 16. Jh.s gebaut wurde, kann das Grabmal Sher Shahs in Sasaram (Bihar) angesehen werden. Sher Shah starb 1545. Das 75 m breite und 45 m hohe, fünfstöckige, oktogonale Grabmal steht in der Mitte eines künstlichen, 420 m² großen Sees. Es wurde von dem Architekten Aliwal Khan entworfen.

Die größte Pyramide ist die Pyramide des Quetzalcóatl in Cholula de Rivadebia, 100 km südöstlich von Mexico City (Mexiko). Sie ist 54 m hoch, die Grundfläche mißt 18,2 ha. Das Gesamtvolumen der Pyramide wurde auf 3,3 Mio. m^3 geschätzt (die Cheopspyramide hat 2,568 Mio. m^3). Das Zeitalter der Pyramiden in Mexiko lag zwischen dem 2. und 6. Jh.

Die älteste bekannte Pyramide ist die 62 m hohe Stufenpyramide des Djoser in Sakkara (Ägypten), die um 2600 v. Chr. von dem Baumeister, Arzt, Schriftsteller und Ratgeber Djosers Imhotep erbaut wurde und ursprünglich mit Blöcken aus Tura-Kalkstein belegt war.

Die größten vorgeschichtlichen Religionsbauten in Europa sind Riesensteinblöcke, die sich als Wälle über 11,5 ha bei Avebury in England erstrecken. Sie wurden 1646 wiederentdeckt. Das früheste meßtechnisch ermittelte Datum für diese Kultstätte aus der Jungsteinzeit ist ca. 4200 v. Chr. Die gesamte Anlage hat einen Durchmesser von 365 m, war von einem 12 m tiefen Graben umgeben und benötigte schätzungsweise 15 Mio. Arbeitsstunden.

Die größten Trilithen (Steinblöcke in Dreiergruppen) finden sich in Stonehenge, südlich der Ebene von Salisbury in England. Die einzelnen Steinpfeiler wiegen mehr als 45 t und mußten von etwa 550 Mann eine Steigung von neun Grad hinaufgeschleppt werden. Die früheste Bauphase des Rundgrabens wurde mit 2800 v. Chr. errechnet. Ob Stonehenge als Mondkalender, Tempel zur Beobachtung von Luftspiegelungen (Fata Morganen) oder zur Vorhersage von Sonnen- und Mondfinsternissen diente, ist umstritten.

Das erste in Backsteintechnik gebaute Grabmal in Bengalen war das des Sultans Jalal-ud-din Mohammed Shah, der von 1414 bis 1431 regierte. Das als Eklakni Grabmal bekannte Bauwerk wurde um 1425 in Pandua errichtet. Es gilt als Prototyp des islamischen Architekturstils in Bengalen. Geschwungene Gesimsstreifen, wie sie bei dieser Bauweise verwendet wurden, wurden für den bengalischen Stil charakteristisch. Andere Kennzeichen, wie zum Beispiel die Verwendung von Laufbändern, die eine doppelstöckige Fassade schaffen, verbundenen Ecktürmen, fensterlosen Blendnischen über den Laufbändern und der Gebrauch von fein gemeißeltem Backsteinmauerwerk zur Dekoration geben der Frontansicht Form und Gestalt. All diese Merkmale sind charakteristisch für die späteren bengalischen Grabmäler.

Das älteste, datierte islamische Monument ist die Grabstätte von Ibrahim (Dargah La'l Shahbaz) in Bhadresvar, Kachh (Westindien). Eine Inschrift datiert sie auf 554 A.H. (1159/60 n.Chr.). Der kleine Steinbau wurde mit der in Gujarat typischen Steinkonstruktionstechnik, zum Beispiel mit einem durch Kragsteine gestützten Gewölbe, gebaut. Die Dekoration der Säulen und des Mihrab ist vom lokalen traditionellen Stil abgeleitet, doch fehlen figürliche Motive aus religiösen Gründen, dem Bilderverbot des Islam (Koran V, 91).

Vorherige Seite: Eine persische Zeitung aus dem Jahre 1494 zeigt Sklaven beim Bau eines Palastes im Iran. Scheinbar so leichtgewichtige wie zerbrechliche Holzgerüste wurden zu dieser Zeit bei allen größeren Bauten verwendet.

Höchste Bauten

Die höchsten Bauwerke Europas waren die Kirchen mit ihren Türmen und Kuppeln. Von denen, die vollendet wurden und heute noch stehen, ist der von Ulrich von Ensingen (um 1359–1419) entworfene, von ihm auch begonnene und 1439 von Johannes Hültz († 1449) fertiggestellte Nordturm des Straßburger Münsters mit 140 m der höchste. Der Westturm des Ulmer Münsters, an dessen Bau Ulrich von Ensingen ebenfalls beteiligt war, ist mit 161 m noch höher, wurde aber erst 1890 vollendet. Der Turm von St. Pierre in Löwen (Belgien), dessen Bau 1425 begonnen wurde und der 150 m hoch war, stürzte 1606 während eines Sturms ein. Der Turm der Waltrudiskathedrale in Bergen (Belgien), begonnen 1450, sollte mit 180 m der höchste von allen werden, kam aber nicht über die Grundmauern hinaus.

Der größte Obelisk (abgeleitet vom griechischen *obelós* = Bratspieß, Spitzsäule) der Welt ist der Obelisk des Königs Thutmosis III., den der römische Kaiser Constantius II. 357 n. Chr. im ägyptischen Assuan abreißen und in seine Heimat schaffen ließ. Am 3. August 1588 wurde der Obelisk auf der Piazza San Giovanni vor dem Papstpalast in Rom wieder aufgestellt. Ursprünglich 36 m hoch, mißt die Spitzsäule heute nur noch 32,81 m.

Höchstes bekanntes Bauwerk in Amerika war der Tempel IV in Tikal, einer Maya-Stadt im Tiefland des Petén in Nordguatemala. Datiert auf das Jahr 741, während der Herrschaft von Yaxkin Caan Chac, erhebt sich die Tempelpyramide immer noch 65 m hoch.
Das höchste Bauwerk in Südamerika zur Zeit der spanischen Eroberung war vermutlich die *Huaca del Sol* (Sonnenpyramide) in Moche nahe bei Trujillo (Peru), die von den Mochica vor 600 erbaut wurde. Ihre Ruine erhebt sich heute 41 m hoch auf einer Grundfläche von 228 × 136 m.

Der höchste Glockenturm ist der 101,8 m hohe Torre del Mangia des Palazzo Pubblico in Siena (Italien). Er wurde 1338–1348 erbaut.

Die höchsten Türme Rußlands waren zwei Kremltürme: der 76,35 m hohe Troitskaja-Turm (Dreifaltigkeitsturm) in der Mauer der Festung, der 1495–1499 errichtet wurde, und der 81 m hohe Glockenturm „Iwan der Große", der 1505–1508 erbaut wurde und 1600 durch zwei weitere Geschosse seine heutige Höhe erhielt. Die schwerste seiner Glocken wiegt 65,5 t. Der Turm diente, bei einer Sichtweite von rund 25 km, auch als Wachtturm.

Das größte und bedeutendste Minarett wurde in Indien im Auftrag des Statthalters des Königs von Ghasni, Qutbud-din Aybak, 1199 zur Erinnerung an seinen Sieg über den Rajput-Herrscher Prithvi Raj von 1191/92 erbaut. Es ist in Form und Bauweise den in Transoxanien, dem Gebiet von Buchara und Samarkand (heutige Usbekische SSR), errichteten Türmen ähnlich, die als Wegzeichen für die Reisenden durch die Wüste dienten, wie etwa das 60 m hohe Kaljan-Minarett in Buchara aus dem Jahr 1127.

Festungen und Burgen

Die älteste Burg der Welt befindet sich in Gomdan im Jemen. Sie stammt aus dem 1. Jh. n. Chr. und besaß 20 Stockwerke.

Die älteste deutsche Burg stand in Meersburg am Bodensee. Sie wurde um 930 auf den Fundamenten des Dagobert-Turms errichtet, der aus dem 7. Jh. stammt. Besser erhalten ist allerdings die Brömserburg bei Rüdesheim am Rhein. Diese Befestigung wurde etwa 970 n. Chr. vom Erzbischof von Mainz erbaut.

Die älteste und größte Befestigung in Österreich, die noch existiert, ist die Feste Hohensalzburg auf dem 542 m hohen Festungsberg in Salzburg. Sie wurde 1077 errichtet, von 1465 bis 1527 und im 17. Jh. erweitert und ausgebaut, so daß sie zur größten Festung Europas wurde.

Als stärkste Festung nicht nur Österreichs, sondern des Abendlandes galten die Schloßberg-Befestigungen der Stadt Graz (Steiermark). Weder die Türken (15–16. Jh.) noch die Franzosen (1809) konnten sie erstürmen.

Der größte Palast der Welt ist der kaiserliche Palast (Gu gong) in der Stadtmitte Pekings, dessen Areal ein Rechteck von 960 × 750 m bildet und 72 ha mißt. Der äußere Grundriß entspricht noch dem ursprünglichen Bau, der unter Yung lo (1402–1424), dem dritten Kaiser der Ming-Dynastie, entstanden ist. Danach kam es jedoch zu ständigen Umbauten, so daß die meisten Gebäude des Palastes innerhalb der Außenmauern aus dem 18. Jh. stammen. Die gesamte Palastanlage besteht aus fünf großen Hallen und 17 verschiedenen Palästen. Einen davon, den Palast der Gesammelten Vornehmheit (Chu xia gong), bewohnte die letzte chinesische Kaiserin bis 1924.

Die Zitadelle von Aleppo in Syrien wird als eines der perfektesten militärischen Bauwerke der mittelalterlichen islamischen Welt angesehen.

Die größte Burg der Welt ist der Prager Hradschin (ČSFR), der aus dem 9. Jh. stammt. Das langgestreckte unregelmäßige Polygon mit einer Achse von 570 m und einem Durchmesser von etwa 128 m steht auf einem Gelände von 7,28 ha.

Die größte Festung Europas war der Moskauer Kreml auf dem Borowitskij-Berg, der auf zwei Seiten von den Flüssen Moskwa und Neglinnaja geschützt war. Er wurde zuerst 1156 als befestigter Platz erwähnt. Am Ende des 15. Jh.s gab es im Inneren des Kreml mehrere Kirchen, die Residenz des Großfürsten von Moskau und zwei Klöster. Zwischen 1485 und 1495 wurden unter der Leitung italienischer Architekten neue Mauern und 20 Türme aus rotem Backstein errichtet. Der Kreml hat den Grundriß eines unregelmäßigen Dreiecks und eine Ausdehnung von 28 ha. Die Mauern sind 2235 m lang, 3,5–6,5 m dick und, abhängig vom Geländeverlauf, 5–19 m hoch. Sie enthielten 1045 Schießscharten. Sechs der 20 Türme waren Eingänge mit Toren aus Eisen und Eichenholz, drei hatten Zinnen mit Schießscharten. Auf der Seite des Roten Platzes wurde der Kreml durch einen Festungsgraben von 32 m Breite und 12 m Tiefe geschützt, der zusätzlich durch niedrige Wälle befestigt war.

Die größte Inkafestung, wahrscheinlich die größte in der Neuen Welt überhaupt, war die Festung von Sacsahuamán oberhalb von Cuzco (Peru). Spanischen Aufklärern erschien sie groß genug, um bequem eine Garnison von 5000 Mann aufnehmen zu können, einschließlich der für eine lange Belagerung nötigen Vorräte. Die drei Mauern waren fast 18,3 m hoch und 366 m lang. Ein einziger Steinbrocken, der noch heute in der Ruine der untersten Terrasse steht, ist 8,5 m hoch und wird auf 361 t geschätzt. Er ist damit einer der größten jemals verbauten Steine.

Die stärksten Befestigungen in Arabien besaß, wenn man dem italienischen Reisenden Varthema Glauben schenkt, im frühen 16. Jh. Sanaa, die Hauptstadt des Jemen. Varthema berichtet, die Burg habe 10 *braza* (6,5 m) hohe und

DIE HÖCHSTEN BAUWERKE DER WELT (nach der Entstehungszeit)

Höhe (in m)	*Bauwerk*	*Ort*	*Material*	*Bauzeit*
62	*Djoser-Stufenpyramide*	*Sakkara, Ägypten*	*Kalksteinquader*	*um 2600 v. Chr.*
91,7	*Pyramide von Medum*	*Medum, Ägypten*	*Kalksteinquader*	*um 2570 v. Chr.*
101,1	*Knickpyramide des Snofru*	*Dahschur, Ägypten*	*Kalksteinquader*	*um 2550 v. Chr.*
104	*Rote Pyramide des Snofru*	*Dahschur, Ägypten*	*Kalksteinquader*	*um 2550 v. Chr.*
146,5[1]	*Cheops-Pyramide*	*Giseh, Ägypten*	*Kalksteinquader*	*um 2530 v. Chr.*
160[2]	*Vierungsturm der Kathedrale von Lincoln*	*Lincoln, GB*		*1307–11*
149[3]	*Vierungsturm der St.-Paul-Kathedrale*	*London, GB*		*1315–1561*
142	*Nordturm des Straßburger Münsters*	*Straßburg, Frankreich*	*Sandstein*	*1399–1439*
153[4]	*Vierungsturm der Kathedrale von Beauvais*	*Beauvais, Frankreich*		*–1568*

[1] *Originalhöhe. Nach Verlust des Pyramidions, des obersten Steinblocks, beträgt die heutige Höhe 137 m.*
[2] *stürzte in einem Sturm ein*
[3] *wurde am 4. April 1561 vom Blitz getroffen und zerstört*
[4] *stürzte im April 1573, kurz nach der Fertigstellung, ein*

20 *braza* (13 m) dicke Mauern gehabt, so daß acht Pferde auf ihnen nebeneinander galoppieren konnten. Das hieße, daß sie größer gewesen wären als die Chinesische Mauer, die allerdings um vieles länger und älter ist.

Die vollkommensten Beispiele mittelalterlichen Festungsbaus in der islamischen Welt sind die Zitadellen im heutigen Syrien, insbesondere die von Damaskus und Aleppo. Die Zitadelle von Damaskus, zum Beispiel, wurde überwiegend aus sorgfältig behauenen Steinblöcken erbaut. Obwohl sie vom 10. bis zum 15. Jh. immer wieder vergrößert und stärker befestigt wurde, ist sie hauptsächlich das Werk von al-Adil, dem Bruder von Saladin (1138?–1193), aus dem 13. Jh. Ein typischer Festungsturm hatte eine Grundfläche von 27 × 13 m, war 25 m hoch und besaß Wände von 3,4 m Dicke. Die Zitadelle von Aleppo hatte ähnliche Türme.

Die berühmteste Burg in Persien, die von Alamut im Alborz-Gebirge in Nordiran, war die Hauptfeste des berüchtigten Geheimbundes der Assassinen (arabisch für Haschischraucher). Die Ruinen der Burg, die 1256 von den Mongolen eingenommen wurde, sind heute noch zu besichtigen.

Die kurzlebigste Burg, sein „Traumhaus", begann 1480 William Lord Hastings, ein reicher englischer Adliger, der zu den Anhängern von Eduard IV. von England (1442–1483) zählte, in Kirby Muxloe (Northamptonshire) zu bauen. Sie wurde mit ungewöhnlichen Mustern aus roten Ziegeln verziert und hatte die ersten wie Schlüssellöcher geformten Schießscharten für Kanonen. Über den Fortgang des Baus wurden peinlich genaue Berichte abgefaßt, die erhalten sind. Gebaut wurde allerdings nur bis zur Thronbesteigung Richards III. von England (1452–1485) im Jahr 1483, der Lord Hastings wegen Hochverrats hinrichten ließ. Die Burg blieb unvollendet.

Befestigte Städte

Die am stärksten befestigte Stadt in Europa war Konstantinopel. Bis 330 n. Chr. hieß die Stadt noch Byzanz (der Sage nach 600 v. Chr. von Byzas aus Megara gegründet), ehe sie durch Konstantin den Großen zur Hauptstadt des Römischen Reiches erhoben wurde. Als der türkische Sultan Mohammed II. Fatih, der Eroberer, die Stadt am 29. Mai 1453 nach fast 100jähriger Bedrohung durch die Türken einnahm, ließ er sie erneut befestigen und fügte eine weitere Festung hinzu, die als Burg der sieben Türme bekannt ist und auch als Gefängnis und Hinrichtungsstätte bedeutender Gefangener diente.

Die dicksten Mauern waren mit 27 m die Urnammu-Stadtmauern von Ur (heute Tell Muquaijar, Irak), die 2006 v. Chr. von den Elamiten zerstört wurden.

Rapide Fortschritte des Festungsbaus waren infolge der Entwicklung wirksamerer Belagerungsgeschütze in der Spätphase des Hundertjährigen Krieges (1339–1453) zu verzeichnen. Zwischen 1450 und 1530 wurde in Italien das Bastionssystem eingeführt, mit niedrigen, kanonenbestückten Wällen und massiven polygonalen Basteien, die aus den Mauern hervorsprangen, so daß es möglich war, sie mit dem eigenen Feuer abzudecken und so vor einem Angriff zu schützen. Die größten Bastionen der Zeit, mit 24 Kanonen und tiefen unterirdischen Gewölben, um dem feindlichen Stollenbau vorzubeugen, fügte 1535–1545 Antonio da Sangallo d.J. (1483–1546) an der Porta Adriatina in die Stadtmauer von Rom ein.

Die am stärksten befestigte Stadt in Mittelamerika war vermutlich Quetzaltepec, das die Azteken 1506 einnahmen. Es war von sechs Ringwällen eingeschlossen, von denen fünf bis zu 8 m tief und 3–5 m hoch waren. Für gewöhnlich waren mittelamerikanische Städte nur leicht befestigt, verließen sich auf natürliche Hindernisse oder besaßen vergleichsweise bescheidene Stadtmauern wie die, die man heute noch in Tulum an der Küste von Yucatán (Mexiko) besichtigen kann.

Die größten Befestigungen in Afrika besaß Simbabwe im oberen Sabi, südöstlich von Fort Victoria, das eine 18 Meter hohe Stadtmauer hatte. Oberhalb der Siedlung befand sich auf einem Hügel eine stark befestigte Zuflucht mit schmalen Steintoren, die von schroffen Felsen geschützt war. Entstehungszeit: 5.–9. Jahrhundert. Der Wohlstand des Reichs von Simbabwe beruhte auf einem Netz aus steinernen Provinzhöfen des Monarchen, die eine fortgeschrittene Viehwirtschaft kontrollierten, von der der König und seine Gefolgsleute Tribute erhielten, und auf dem Handel mit Gold, Kupfer und Elfenbein, das auch arabische Kaufleute von dort bezogen. Um 1450 zerfiel das Reich und wurde von dem des Monomotapa (von Bantu Mwame Mutapa = *Herr der Bergwerke) abgelöst, der den Handelsweg zwischen den Goldminen und dem schiffbaren Teil des Sambesi kontrollierte.*

Kuppeln

Die größten türkischen Kuppeln sind die der Suleiman-Moschee und der Hagia Sophia in Istanbul. Die Suleymaniye (Moschee Suleimans I.) wurde 1550–1557 erbaut und ist wahrscheinlich die bekannteste Moschee des großen osmanischen Architekten Sinan, der 1489 bei Kayseri (Türkei) geboren wurde und 1578 in Kontantinopel starb. Er hatte zunächst als Pionieroffizier an mehreren Feldzügen Suleimans II., des Prächtigen (1494?–1566), teilgenommen, bevor er 1539 zum Hofarchitekten und Baumeister für das gesamte Osmanische Reich wurde und insgesamt 364 Bauwerke errichtete, darunter mehrere herausragende Moscheen. Die Suleymaniye hat eine Kuppel von 26,5 m Durchmesser und 53 m Höhe, erreicht damit jedoch nicht diejenigen der Hagia Sophia, die 532–537 unter dem byzantinischen Kaiser Justinian I. (482–565) erbaut wurde. Ihre Kuppel mißt 31–32 m im Durchmesser (sie ist leicht oval) und ist 55,93 m hoch. Der Bau wird in der Hauptachse abgestützt durch zwei Halbkuppeln; im Norden und Süden befinden sich Folgen von Gewölben. Im Innern ist die Hagia Sophia reich ausgestattet mit Marmor und Mosaiken. Die Hagia Sophia wurde 1453 nach der Eroberung Konstantinopels durch die Türken in eine Moschee umgewandelt.

Die größte Kuppel, die seit der Zeit des antiken Roms in Europa gebaut wurde, ist die des Doms von Florenz (Italien). Sie wurde 1418–1436 von Filippo Brunelleschi (1377–1446) erbaut und mißt 42 m im Durchmesser. Angeregt von der größten Kuppel des Altertums, derjenigen des Pantheons in Rom, wurden bei ihrem Bau einige auf antiken und nahöstlichen Vorbildern fußende neue Techniken angewandt, wie zum Beispiel die leichte Doppelschalenkonstruktion und die Fischgrätenvermauerung. Sie erscheint aufgrund ihrer spitzen Form, die sich aus konstruktiven Überlegungen ergab, die überwiegend von dem vorhandenen achteckigen gotischen Grundriß bestimmt wurden, dennoch mittelalterlich. Brunelleschi wandte sich gegen die herrschende Gotik und wurde zum Schöpfer der Renaissance-Architektur. Die erste perfekte Halbkugel, wie sie das Pantheon krönte, schuf 1500–1502 Donato Bramante (1444–1514) in Rom für den Tempietto im Klosterhof von St. Pietro in Montorio.

Religiöse Bauten

Das größte religiöse Bauwerk der Welt ist der Tempel Angkor Vat in Kambodscha. Dieser gewaltige, reich verzierte Sandsteinbau entstand im 12. Jh. und war ursprünglich einer Hindu-Gottheit geweiht, wurde später jedoch als buddhistischer Schrein benutzt. Die Umfassung bildet mit einem 200 m breiten Graben ein Rechteck von 1300 × 1500 m. Der Hauptweg zum eigentlichen Tempel (215 × 197 m mit drei von Galerien umschlossenen Terrassen) ist 200 m lang und führt durch drei von Türmen überragte Pavillons.

Die größte Zikkurat (das Wort leitet sich von *zaquaru* = „hoch bauen" ab), die jemals gebaut wurde, war die um 1250 v. Chr. unter dem Elamitenkönig Untaschnapirischa errichtete, immer noch 25 m hoch anstehende Zikkurat von Tjoga Zanbil, den Ruinen der elamitischen Stadt Dur-Untasch, südöstlich von Susa (Iran). Die Basis maß 105 m im Quadrat, und das 5. „Stockwerk", fast 50 m darüber, 28 × 28 m. Die besterhaltene Zikkurat ist die in der Regierungszeit von Urnammu (2047–2029 v. Chr.) erbaute Stufenpyramide in Ur, dem heutigen Ruinenhügel Tell Muqaijar rund 150 km westlich von Basra (Irak). Sie hatte eine Basis von 61 × 45,7 m, war 3 Terrassen hoch und auf der Spitze von einem Altar gekrönt. Übriggeblieben sind die erste und Teile der zweiten Plattform. Ihre heutige Höhe beträgt 18 m.

Kirchen

Der größte Kirchenbau der Welt war bei seiner Fertigstellung im Jahr 1461 (begonnen 1296) der 149 m lange Dom von Florenz (Italien). Er wurde 1614 von der Peterskirche in Rom (Italien) übertroffen (begonnen 1506), die 186,3 m lang ist – einschließlich der Vorhalle sind es 211,5 m – und mit einer Grundfläche von 23 000 m² heute noch die größte Kirche der Welt darstellt. Die größte Grundfläche einer mittelalterlichen Kirche hat mit 11 000 m² die 1402–1506 im spätgotischen Stil errichtete Kathedrale von Sevilla (Spanien).

Das größte freitragende Dach war das Stichbalkendach der Westminster-Abbey in London, des einzigen erhaltenen Teils des Westminster-Palastes. Es mißt 73 × 21 m.

Das längste Kirchenschiff ist mit 82,3 m das des Doms von Florenz (Italien).

Das weiteste Gewölbe in Europa besitzt mit 22 m das Hauptschiff der 1312–1598 erbauten Kathedrale von Gerona (Spanien).

Die schönste Kirche war nach Ansicht des deutschen Mönchs Felix Fabri, der 1483 nach Jerusalem pilgerte, die dortige Grabeskirche. Er schrieb, sie sei „wegen der Vielzahl der Völker, die in ihr Gott anbeten, schöner als alle anderen Kirchen der Welt". Trotzdem fand er, wie mancher heutige Besucher, diese Vielzahl der Nutzer auch anstößig: „. . . es gibt sieben verschiedene Arten von Christen in dieser Kirche, von denen jede ihre eigene Sekte bildet, ihre eigenen Rituale und ihren eigenen Chor hat, wozu noch viele furchtbare Fehler sogar in den Grundsätzen des Glaubens kommen."

Die riskanteste Bautätigkeit wurde am Kapitelhaus des 1402–1557 erbauten Klosters Santa Maria de Victória in Batalha (Portugal) ausgeführt, das nach zwei vergeblichen Versuchen, es zu überwölben, mit einem gut 18 m Seitenlänge messenden Klostergewölbe (auf quadratischem Grundriß) ausgestattet wurde. Die Arbeit soll so gefährlich gewesen sein, daß sie von zum Tode Verurteilten verrichtet wurde.

Der gewaltigste Einsturz fand am 20. Mai 1474 statt, als die Uspenskij-Kathedrale im Moskauer Kreml bei der Vollendung des Gewölbes in Trümmer fiel. Sie maß 45 x 38,5 m und hatte 23,5 m hohe Wände.

Moscheen

Die beiden größten Moscheen befanden sich im heutigen Irak und waren im 15. Jh. bereits verfallen. Sie hatten Grundflächen von 38 300 m² bzw. 28 850 m². Die größere der beiden wurde 847 in der damaligen abbasidischen Kalifenresidenz nördlich von Samarra mit einem ungewöhnlichen, 60 m hohen Spiralminarett errichtet und war von einem über 50 000 m² großen äußeren *ziyada* (Hof) umgeben. Die 785–990 erbaute Große Moschee von Córdoba (Spanien), die heute noch weitgehend erhalten ist, war also die größte Moschee der Zeit, auch wenn sie im 15. Jh. in eine christliche Kirche umgewandelt wurde und heute noch als solche genutzt wird (Kathedrale La Mezquita). Sie besitzt eine Grundfläche von 22160 m².

Die größte türkische Moschee ist mit 53 m Höhe und einer Kuppel von 26,5 m Durchmesser die 1550–1557 von Sinan erbaute Suleymaniye in Istanbul. Vom gleichen Architekten und am selben Ort steht die Prinzen-Moschee (Schehzade), die 1544–1548 errichtet wurde und mit 49,5 m Höhe und einer Kuppel von 26,5 m Durchmesser kaum kleiner ist. Vorher war die Moschee Mohammeds II., die zum Külliye Mohammeds II. gehörte, einem großen Stiftungskomplex, den der türkische Sultan nach der Eroberung Konstantinopels (1453) errichten ließ, die größte. Sie war 44 m hoch und besaß eine Kuppel von 26 m Durchmesser. Die heutige Moschee Mohammeds II. ist ein Neubau aus dem 18. Jh.; der ursprüngliche Bau war bei einem Erdbeben eingestürzt.

Die bekannteste Moschee Ostafrikas und bevorzugter Gebetsort war die um 1430 erweiterte Freitagsmoschee in Kilwa (Tansania).

Die größte Moschee in Indien ist die 1374/75 unter Sikander Schah erbaute Adina-Moschee. Sie erhebt sich auf einer Grundfläche von 153 × 87 m, zuzüglich eines Hofs von 122 × 40 m, und ihr Tonnengewölbe ist am höchsten Punkt 15 m hoch. Die Fundamente des Baus wurden aus neu behauenen benutzten Basaltblöcken errichtet, während die Gewölbe und Kuppeln aus kleinen gebrannten Ziegeln gemauert wurden. In ihr finden sich zum ersten Mal in Indien der niedrige Spitzbogen und das Tonnengewölbe über einem Gebetshaus.

Brunelleschis Kuppel des Doms von Florenz wurde zwischen 1418 und 1436 erbaut. Sie dominiert bis heute das Stadtbild.

Der größte buddhistische Tempel war der von Borobudur, nahe Jogyakarta in Indonesien (8. Jahrhundert): 31,5 mal 123 Meter.

Die größte Säulenmoschee war, wie berichtet wird, die Adina-Moschee in Patan, Gujarat (Indien). Unter Ulugh Khan, Gouverneur von Alaudin Khalji, erbaut, hatte sie eine Grundfläche von 122 × 100,5 m und war mit über 1050 Säulen ausgestattet.

Das größte unterirdische Wasserreservoir befand sich unter dem Hof der im Januar 1325 fertiggestellten Jami-Moschee in Cambay, Gujarat (Indien). Solche unterirdischen Wasserbehälter waren in Zentralpersien weit verbreitet und unter vielen Moscheehöfen zu finden.

Die erste Verwendung eines Blattfrieses ist in dem *Mihrab* (Gebetsnische) der Arhai-din-ka-Jhompura-Moschee zu sehen. Sie wurde 1200 von Abu Bakr von Herat unter der Schirmherrschaft von Qutb-ud-din Aybak gebaut. Die Dekoration der großen Qiblawand im Qutb Minar in Delhi, 1225 erbaut, ist mit der in Arhai-din-ka-Jhompura identisch.

Die Große Moschee in Córdoba war die größte Moschee der Welt, bis sie im 15. Jahrhundert in eine Kathedrale umgewandelt wurde, als die das Gebäude noch heute dient. Vollendet in den letzten Jahren des 10. Jahrhunderts, mißt ihre Fläche über 22 000 Quadratmeter.

Der größte Tempel, der jemals gebaut wurde, ist, mit einer Fläche von 162,5 ha, Angkor Wat (Stadt Tempel) in Kambodscha in Südostasien. Er wurde von Khmer König Suryavarman II. in der Zeit von 1113–1150 zu Ehren des Hindu-Gottes Vishnu erbaut. Seine äußere Mauer maß 1280 × 1280 m, und seine Bevölkerung betrug, bevor er 1432 verlassen wurde, 80 000 Menschen. Der gesamte Komplex aus 72 Hauptdenkmälern wurde um 900 begonnen und expandierte auf über 24 × 8 km.

Der älteste erhaltene sakrale Holzbau der Welt ist die fünfstöckige Pagode von Horyuij mit dem „Goldene Halle" genannten Haupttor südwestlich von Nara (Japan). Sie wurde 586 gegründet und wahrscheinlich 607 vollendet und ist damit zugleich der älteste buddhistische Tempel Japans. Sie brannte 670 vollständig ab, wurde aber in alter Form bald danach neu errichtet. Das für sie verwendete Holz stammte von 1000 Jahren alten Hinoki-Bäumen.

Die älteste japanische Tempelanlage war der Asukadera Tempel (heute Angoin). Er lag auf der Hauptinsel Honschu, etwa 24 km von Nara entfernt. Der Tempel wurde im späten 6. Jh. erbaut und war ein bedeutendes Zentrum für die Verbreitung des Buddhismus in Japan.

Der älteste erhaltene Stupa ist der 250 v. Chr. errichtete Stupa I in Sanchi (Indien). In der Sunga-Zeit ein Jahrhundert später (um 185–170 v. Chr.) wurde er in behauenen Stein eingefaßt; die Halbkugel wurde um 36,5 m vergrößert, eine größere, kompliziertere Bekrönung angebracht und der kreisförmige Hof um den Stupa gepflastert, um den ein reich dekorierter Steinzaun gezogen wurde. Stupas waren ursprünglich halbkugelförmige Begräbnishügel, später Aufbewahrungsorte für buddhistische und jainistische Reliquien und schließlich Kultdenkmale. Sie bestehen aus einer massiven Kugel auf runder Basis, über der sich ein würfelförmiges „Haus" mit Reliquienurne und ein Ehrenschirm befinden.

Der größte Azteken-Tempel zur Zeit der spanischen Eroberung war entweder einer der beiden Doppeltempel von Tenochtitlán und Tlateloco (deren Dimensionen nicht genau bekannt sind) oder mit 160 000 m² Grundfläche, 54 m Höhe und 120 Stufen der Quetzalcoatl-Tempel in Cholula, der Pilger aus ganz Mexiko anzog. Die Pyramide des Sonnengottes Huitzilpochtli in Texcoco hatte 117 Stufen und wurde als die nächstgrößere angesehen.

Das größte religiöse Zentrum war vermutlich Teotihuacán („Ort, wo man zum Gott wird") im Nordosten von Mexico City. Die Stadt war der Mittelpunkt der gleichnamigen Kultur, deren Blütezeit zwischen 500 und 700 lag. Ihr Kultbezirk erstreckt sich auf einer Fläche von 1,7 km Länge und 800 m Breite. Die nächstkleineren sind die von Chichén Itzá in Yucatán (Mexiko) und Tikal (Guatemala), die jedoch nicht einmal halb so groß sind. Der Kultbezirk von Tenochtitlán hatte wahrscheinlich eine Größe von 116,5 x 100 m.

Der reichste Tempel der Inka und damit vermutlich der gesamten Hemisphäre war der des Sonnengottes Curicancha in Cuzco (Peru). Er hatte einen Umfang von 122 m und war, nach spanischen Berichten, von einem Garten umgeben, dessen Erde aus Goldklumpen bestand und der geschickt mit aus Gold gefertigten Getreidehalmen bepflanzt war. Unter anderen goldenen Kunstgegenständen, mit denen das Innere des Tempels angefüllt gewesen sein soll, befanden sich viele Wannen aus Gold, Silber und Smaragden.

Der größte und am besten erhaltene Sakralbau Indiens ist der Ranganatha-Tempelkomplex in Srirangam auf der Insel Kaveri (Tamil Nadu). Er wurde in der Chola-Zeit begründet, im 13. Jh. zum erstenmal erweitert und im 16. Jh. schließlich auf seine heutige Ausdehnung von 63 ha vergrößert. Er besteht aus dem inneren Heiligtum, das von sieben hohen rechteckigen Mauereinfassungen eingeschlossen wird, in deren Mitte sich auf jeder der vier Seiten Tore befinden, durch die man zum inneren Tempel gelangt. Ihre Größe nimmt von innen nach außen zu, so daß die äußersten Tore auch die größten sind. Die Bewohner der Stadt lebten überwiegend innerhalb der äußeren drei Mauern, und die vier Hauptwege ins Herz der Anlage waren von Geschäften gesäumt.

Ausgiebigsten Gebrauch von Keramik machten die Erbauer der 84 Meter hohen Porzellanpagode, die Kaiser Cheng-tsu 1412–1431 zu Ehren seines verstorbenen Vaters in Nanking errichten ließ. Sie war neun Stockwerke hoch und vollständig mit Porzellankacheln verkleidet und mit glasierten Tonreliefs geschmückt, die in den kaiserlichen Manufakturen hergestellt worden waren. Die Pagode wurde während des Taiping-Volksaufstandes von 1850–1864 zerstört.

Das größte nordamerikanische Kultzentrum befand sich bei Cahokia im heutigen East St. Louis, Illionois (USA), wo um 1200 der sogenannte „Mönchshügel" der im wahrsten Sinn des Wortes herausragende sakrale Mittelpunkt war. In der nahegelegenen Stadt sollen 40000 Menschen gelebt haben, und es wurden Beweise gefunden, daß Pilger aus so weit entfernten Gebieten wie dem des Oberen Sees und aus dem heutigen Oklahoma und Nordkarolina diese Stätte aufsuchten. Ähnliche Zentren gab es auch im heutigen Alabama und Georgia. Hernando de Soto berichtet, daß er auf seiner Reise durch Nordamerika (1539–1542) solche Hügel gesehen habe, doch in den nächsten beiden Jahrhunderten verschwand das Volk, das sie erbaut hatte, und seine Bauten zerfielen.

Städte

Die schönste Stadt war, nach Ansicht des arabischen Reisenden Ibn Battuta, der sie 1331 besuchte, Kilwa im heutigen Tansania. Sie war für ihn eine der elegantesten Städte, die er gesehen hatte. Sie bestand zu jener Zeit ausschließlich aus Holzhäusern, erst später wurden eine Moschee aus geschnittenen Korallen und ein königlicher Palast mit einem großzügigen achteckigen Wasserbecken errichtet. Kilwa war einer der bedeutendsten Stadtstaaten in Ostafrika. Die Stadt diente den Goldhändlern, die den Monsun nutzten, um zur Küste des heutigen Mosambique zu gelangen, als Lager- und Umschlagplatz. 1505 wurde sie von einer portugiesischen Flotte beschossen, die den vom Monsun bestimmten Seeweg und die Indienroute für Portugal unter ihre Kontrolle bringen wollte. Die Wirkung der ersten in Südostafrika abgefeuerten Kanonen war verheerend. Kilwa verlor die Stellung als wichtigster Hafen an der ostafrikanischen Küste später an Mombasa und Sansibar.

Die erste archäologische Abhandlung: Mit *Roma instaurata* unternahm der italienische Gelehrte Biondo Flavio (1392–1463) den ersten Versuch, die Topographie des antiken Rom zu rekonstruieren. Seine Arbeit wurde von anderen Gelehrten fortgeführt, und 1519 legte der große Maler Raffael Papst Leo X. einen ehrgeizigen Ausgrabungsplan vor.

Der prächtigste Herrschersitz war das maurische Granada in Südspanien mit der auf einem schmalen Plateau oberhalb des Darro errichteten Alhambra, der festungsartigen Residenz der Nasriden-Dynastie. Sie wurde 1300–1354 erbaut und stellt eine kleine Stadt für sich dar. Ihre maximale Länge beträgt 740 m und ihre maximale Breite 220 m. Im Palast wie in der Stadt gab es überall Wasser, das über einen Aquädukt aus der Sierra Nevada herbeigeleitet wurde. Da Granada 1492 kampflos an das Kö-

Der bedeutendste buddhistische Fundort in Indien ist Sanchi, nordöstlich von Bhopal, wo eine Vielzahl von Bauwerken aus der Zeit zwischen dem 3. Jahrhundert v. Chr. und dem 7. Jahrhundert n. Chr. erhalten geblieben ist. In den Stupas werden die sterblichen Reste zweier Jünger des Gotama Buddha aufbewahrt. Solche Steintore sind wichtige Zeugnisse spätarchaischer Bildhauerkunst.

nigspaar Ferdinand von Aragón und Isabella von Kastilien übergeben wurde, ist die Alhambra heute noch so erhalten wie zur Zeit der Nasriden.

Die ersten Europäer in Tenochtitlán waren 1519 die Spanier unter Hernando Cortez, der über die Azteken-Metropole schrieb: „Die Stadt ist so groß wie Sevilla oder Córdoba . . . Einer der Marktplätze ist doppelt so groß wie der von Salamanca und ganz von Arkaden eingefaßt. Zu ihm kommen täglich über 60000 Menschen, um zu kaufen und zu verkaufen."

den ästhetischen und philosophischen Richtlinien der *Zehn Bücher über die Baukunst* des Gelehrten und Architekten Leon Battista Alberti (1404–1472) zu einer Musterstadt umzubauen, hatte der dort geborene Papst Pius II. erteilt. In dieser Hinsicht unterschieden sich die Pläne für Pienza von den mittelalterlichen Gepflogenheiten, da Albertis Ideen auf den Texten des klassischen Altertums fußten, insbesondere denen von Cicero und Vitruvius.

Die vollständigste Zerstörung einer Stadt war die der Azteken-Hauptstadt Tenochtitlán, die

ße Baugrund vorbereitet wurde. Die Stadt wurde im Auftrag des Zaren Iwans IV., des Schrecklichen (1530–1584), von dem Architekten Iwan Wyrodkow errichtet. Sie sollte der Eroberung des Chanats Kasan dienen und war daher von Festungswällen umschlossen, die mit 20000 m³ Erdreich gefüllt waren. Sie besaßen sieben Mauertürme, aber auch Kirchen, Wohnhäuser, Lagerhallen und andere Gebäude, allesamt sogenannte *skorodomy*, das heißt Häuser, die aus Fertigteilen erstellt worden waren.

Aus der kleinen, mit Mauern umgebenen Stadt Nürnberg – hier eine Darstellung aus dem Jahre 1516 – kamen einige der bedeutendsten Ideen und einflußreichsten Personen der Renaissance.

Die kultivierteste Stadt war Rom. Nach dem Zerfall während des Mittelalters, den inneren Kämpfen und der Herrschaft der Straße, die den Papst ins Exil getrieben hatten und die Künste in der Stadt verkümmern ließen, wurde Rom im 15. Jh., nach dem Ende des Kirchenschismas, zur Hauptstadt des fürstlichen Kirchenstaats; die bürgerliche Ordnung wurde wiederhergestellt, und die Künste erlebten einen neuen Aufschwung. Um 1500 hatte die Stadt bereits Florenz überflügelt, die bisherige Kunstmetropole Italiens. Michelangelo (1475–1564), Raffael (1483–1520) und andere ließen sich, vom päpstlichen Hof und den Bauten und Statuen des antiken Rom angezogen, in der Stadt nieder. Zu den ersten, die dies taten, gehörten die Florentiner Architekten Donatello und Brunelleschi. Der erste ausländische Künstler, der Rom besuchte, um das klassische Altertum zu studieren, war 1508/09 der flämische Maler Jan Gossaert (um 1478–1532). Danach pilgerten viele Künstler aus dem Norden in die Stadt und verbreiteten den von der Antike inspirierten italienischen Stil nach 1500 über ganz Europa.

Erste ausgeführte Stadtplanung der Renaissance war die der Stadt Pienza (Italien) durch den Florentiner Architekten Bernardo Rosselino (1409–1464) zwischen 1460 und 1464. Den Auftrag, das bisherige Dorf Corsignano nach

auf Befehl von Hernando Cortez 1521 systematisch dem Erdboden gleichgemacht wurde. Auf den Ruinen wurde eine neue Stadt errichtet, das heutige Mexico City.

Am schnellsten erbaut wurde die Stadt Swijaschsk in Rußland, die im Dezember 1551 innerhalb eines Monats entstand. Die Vorbereitungen begannen im Sommer 1551 in einem Waldgebiet nahe der Stadt Uglitsch, 200 km nordöstlich von Moskau, von wo aus 23000 m³ Bauholz die Wolga hinab bis zur Mündung der Swijaga trieben, wo inzwischen der 150 ha gro-

Das größte Jagdschloß ist das von Chambord im Tal der Loire (Frankreich), das 1519–1538 für Franz I. (1494–1547) nach Entwürfen von Pierre Nepveau (genannt Trinqueau), Jacques Sourdeau u.a. erbaut wurde. Obwohl als Jagdschloß gedacht, steht es mit seiner 120 Meter langen Fassade eher als riesiger Palast mitten in der Landschaft.

Schlösser

Die engste Verbindung zur Natur: Während des 15. Jh.s wuchs, angeregt durch den Einfluß der römischen Antike, das Interesse an Landschaft und Natur. Daraus folgte der Bau von Häusern, die die herrlichen Ausblicke berücksichtigten, wie zum Beispiel der Palast Papst Pius II. in Pisa, Toskana (1464), und zunehmend nach 1500 die Landvillen. Die bedeutsamsten und einflußreichsten dieser Bauten sind die von Palladio aus der Mitte des 16. Jh.s in der Umgebung von Venedig, wie zum Beispiel die Villa La Rotonda in Vicenza (begonnen etwa 1550).

Der größte Schloßgraben war vermutlich der des Kaiserpalastes in Peking. Aus französischen Plänen geht hervor, daß er 49 m breit war und eine Gesamtlänge von 3,29 km hatte. Die Gräben der Stadt insgesamt sind 38 km lang.

Der schönste Renaissancepalast: Viele Bauwerke können diesen Titel für sich beanspruchen. Der Ducal Palast in Urbino (Italien) wurde im späten 15. Jh. von Federigo Montefeltro, Herzog von Urbino, in die „perfekte Umgebung für den vollkommenen Menschen der Renaissance" umgestaltet.

Der größte königliche Palast in Europa war Hampton Court, Middlesex (England), das Heinrich VIII. (1491–1547) 1525 von Kardinal Thomas Wolsey (1472/73–1530) erwarb. Es wurde unter ihm selbst sowie unter Wilhelm III. von Oranien (1650–1702), Anna (1665–1714) und Georg I. (1660–1727) vergrößert und hat heute auf einem Grundstück von 270,7 ha eine Grundfläche von 1,6 ha.

Andere Bauwerke

Der größte Saal seiner Zeit war der 1495 von Cronaca (1457–1508) geschaffene Salone del

Der größte Palast der Welt ist der kaiserliche Palast (Gu gon) in der Stadtmitte Pekings, dessen Areal ein Rechteck von 960 mal 750 Metern bildet und 72 Hektar mißt. Der äußere Grundriß entspricht noch dem ursprünglichen Bau, der in der Regierungszeit von Yung-lo (1403–1424), dem dritten Kaiser der Ming-Dynastie, entstand. Danach kam es zu ständigen Umbauten, so daß die meisten Gebäude des Palastes innerhalb der Außenmauern aus dem 18. Jahrhundert stammen.

Cinquecento im Rathaus von Florenz. Er mißt 53 × 22 m und hatte im 16. Jh. eine Höhe von 18 m. Der von Benedikt Ried (um 1454–1534) entworfene Wladislaw-Saal in der Prager Hofburg besitzt mit 16 m Spannbreite das größte Gewölbe eines mittelalterlichen Säkularbaus. Er wurde für Turniere genutzt und war 1618 der Schauplatz des Prager Fenstersturzes, der den Dreißigjährigen Krieg auslöste.

Das nördlichst gelegene Haus war John o' Groats House auf dem nördlichsten Punkt der britischen Insel. Er soll nach einem Dänen benannt worden sein, der sich 1489 an diesem abgeschiedenen Ort in Schottland ansiedelte.

Das erste „Apartement"-Haus in Amerika: Die Völker der Hopi und Zuni aus dem Südwesten Amerikas lebten seit ungefähr 1200 in großen, stufenförmig angelegten Häusern in planmäßig angelegten Dörfern. Das mit 800 Räumen größte Haus stand im Puebla Bonita. 1000 Menschen mögen darin gelebt haben. Entdeckt wurden die Gebäude 1540 von den Spaniern unter Francisco Vasques Coronado, der von dem, was er sah, sehr beeindruckt war.

Die höchsten Häuser Amerikas: 1540 sahen Coronados Männer Häuser im Dorf Matsaki im heutigen New Mexico, die sieben Stockwerke hoch waren. Einige dieser Häuser wurden als Festungen benutzt: „Sie waren höher als die anderen und überragten sie wie Türme. Sie haben Schießscharten und Gucklöcher, um die Dächer und die verschiedenen Stockwerke verteidigen zu können."

Die erste und die letzte: Die letzte große perpendikulare gotische Decke ist die der Kapelle Heinrich VII., die über seinem Grabmal, das die erste Renaissancearbeit in England ist, hängt. Richmond Palace, Heinrich VII. Palast nahe London, war 1498 das erste Gebäude Englands, das im italienischen Renaissancestil erbaut wurde.

Das erste Teehaus in Japan: Die Teezeremonie, der „Weg des Tees", wurde in Japan von chinesischen Zen-Buddhisten eingeführt und etablierte sich 1472 als Ritual und Kunstform. Die Zeremonie wurde in einer Umgebung praktiziert, die durch die Asymmetrie des Raumes, die Wärme und Beschaffenheit des Belags und die Gegenwart von Kunstwerken Stille für die Kontemplation schafft, die die „spirituelle plötzliche Offenheit" einschließt. Das erste Teehaus, ungefähr 7,5 m² groß, war die Kapelle des Silber-Pavillons, Haus des Shogun Yoshimasa (regierte 1449–1474). Der Raum hatte in der Mitte eine eingebaute Feuerstelle, um Tee zu kochen.

Das erste Museum war das Belvedere auf dem Hügel hinter dem Vatikanpalast in Rom. Er wurde 1484–1492 erbaut und 1503 von Bramante (1444–1516) mit dem Palast verbunden. Im Belvedere wurde in reich verzierten Nischen die päpstliche Sammlung der neuentdeckten berühmten antiken Statuen ausgestellt, darunter der *Apollo von Belvedere* und die *Laokoon-Gruppe*, die heute im Vatikanischen Museum zu bewundern sind. Sowohl die Idee, Kunst auf diese Weise darzubieten, als auch das Kunstideal, das die Sammlung repräsentierte, waren von großem Einfluß auf die Zeit.

Die erste afrikanische Kunst, die nach Europa geschafft wurde, waren afro-portugiesische Elfenbeinschnitzereien. Ungefähr 100 sind erhalten geblieben, meistens Salzstreuer oder Löffel. Sie sind hauptsächlich im Stil der Nomoli-Figuren aus Sierra Leone gearbeitet.

Die erste europäische Ausstellung amerikanischer Kunst fand 1520 in Brüssel statt: mexikanische Gold-, Silber- und Federarbeiten, die Hernando Cortés an Karl V. geschickt hatte.

Architekten

Der erste Renaissance-Architekt war der Florentiner Filippo Brunelleschi (1377–1446). Er war der erste Architekt, der bewußt von der römischen Antike inspirierte Bauformen benutzte, die Gesetze der Linearperspektive formulierte und für einen verhaltenen Gebrauch von Materialien stand. In San Lorenzo in Florenz (fertiggestellt in den sechziger Jahren des 15. Jh.s) führte er zum Beispiel die neuartigen Vorstellungen des Klassizismus und der Harmonie vor, an die spätere Architekten anknüpften, zunächst in Italien, dann in ganz Nordeuropa, wo der Stil der Renaissance sich um 1500 verbreitete. Wahrscheinlich ist der 1490 entstandene Pavillon von Anne von Beaujeu in Moulins (Frankreich) das erste Renaissance-Gebäude.

Der meistimitierte Architekt ist Andrea Palladio (1508–1580). Er baute zahlreiche Kirchen, Paläste, Villen und öffentliche Gebäude in seiner Heimat Venezien (Region um Venedig) und schrieb die bedeutende Abhandlung *Quattro libri dell' architettura* (Vier Bücher über Architektur). Sein klarer und klassisch eleganter Stil, der die antiken Vorstellungen von Symmetrie und harmonischen Proportionen wiederbelebte, konnte leicht kopiert werden. Er beeinflußte formal und theoretisch die nachfolgende Architektur der westlichen Welt.

Das erste Renaissance-Gebäude: Der Portikus des Findelhauses in Florenz, 1419 von Brunelleschi entworfen, 1421–1444 erbaut, wird aufgrund seiner klassisch inspirierten Formen und Proportionen, häufig als das erste im Renaissancestil errichtete Bauwerk bezeichnet.

Die genaueste Architekturzeichnung: Die Linearperspektive, um 1415 durch den Florentiner Architekten Brunelleschi entwickelt, erlaubte den Architekten, ihre Entwürfe mit neuer Genauigkeit anzulegen. Aber erst die Einführung von maßstabgerecht gezeichneten Plänen, Schnitten und Aufrissen revolutionierte diese architektonische Praktik. Der Architekt und Theoretiker Alberti (1404–1472) empfiehlt sie in seiner Schrift *De re aedificatoria* (1452), doch der erste Beleg ihrer Anwendung findet sich nicht vor 1519. Es sind Entwürfe aus der Werkstatt des Architekten und Malers Raffael (1483–1520) für St. Peter in Rom.

Gärten

Die prachtvollsten Gärten des Heiligen Landes waren die Gärten von Jericho. Sie waren wegen ihrer außergewöhnlichen Schönheit bekannt, wie Bruder Felix Fabri 1483 berichtete: „... als wir zwischen den trockenen Felswänden der Gärten von Jericho entlanggingen, sahen wir die prachtvollsten Obstgärten, die durch die Elisha-Quelle bewässert wurden ... Wir sahen viele Sykomoren (Maulbeerfeigenbäume). Außer Sykomoren wuchsen dort auch andere Bäume – Obstbäume und wohlriechende Weinstöcke und viele Feigenbäume, die außergewöhnlich süße Früchte tragen, und wir sahen dort auch alle möglichen Arten von Blumen und Rosen vieler verschiedener Sorten, und wir rochen herrliche und angenehme Düfte von den Büschen und dornigen Sträuchern, die besonders schöne Rosen und süße Früchte tragen. Grünpflanzen und Gemüse scheinen dort besser zu wachsen als irgendwo sonst. Alle Pflanzen, was auch immer in dem Boden dort wächst, gedeiht außergewöhnlich gut."

Die ersten persischen Gärten in Indien: Springbrunnen, Wasserfälle und andere hochentwickelte Elemente der traditionellen persischen Gartenbaukunst in Gujarat (Westindien) wurden von einem Gartenbauarchitekten aus Khurassan (Iran) in Halol, einem Vorort der 1484 von Sultan Mahmud Bigarah gegründeten Hauptstadt von Champaner, ausgeführt.

Die prächtigsten und modernsten Gärten Europas waren im 15. und 16. Jh. die italienischen Gärten. Ein gut entworfener Garten bestand aus drei wesentlichen Teilen: dem *Bosco* – ein Waldgebiet mit hohen Bäumen und einem Obstgarten mit symmetrisch angeordneten Obstbaumreihen; dem *Orto* – ein kleiner Garten mit Kräutern und Blumen in Beeten. Größere Gelände werden außerdem einen *Prato* (Rasen) gehabt haben. In diesen Gärten wurde Kunst mit Natur verbunden. Hieraus entstanden die ornamentalen Kennzeichen der Gärten, zum Beispiel: Topiarys (zu Formen und Gestalten beschnittenen Hecken), Pergolen (eine Anlage von Säulen oder Pfosten, die ein Spalier tragen und von Kletterpflanzen umrankt sind), Grotten (künstliche Höhlen), Berge, Labyrinthe oder Irrgärten, Baumhäuser, überraschende Wasserstrahle und Automata (automatische Vorrichtungen) verstärkten das Interesse und den Reiz der großen Vergnügungsgärten der Reichen. Der gesamte Garten wurde von einem hohen, pflanzenbewachsenen Gitter umgeben und Teile des Gartens wurden durch Myrte-, Wacholder- oder Buchsbaumhecken, auf verschiedene Höhen beschnitten, untergliedert.

Als reichster, schönster und dekorativster Garten Europas wurde von dem Kunsthistoriker Vasari der Garten der Villa in Castello Villa bezeichnet. Er wurde um 1540 von Tribolo für Cosimo de Medici, Großherzog der Toskana, geschaffen. Mittelpunkt war der Brunnen der Venus von Giambologna, der in der Mitte des von einem Labyrinth umgebenen Hauptplatzes stand. Die Wege umgab eine Allee mit Zitrusbäumen, deren Äste vollkommen verflochten waren. Die Zitrus-Terrasse lag auf einer höheren Ebene, die über zwei Treppen zu erreichen war. Sie formten das Gelände nach monumentaler Art. Die Grotte war für ihre Überraschungsspringbrunnen, Muschel-Mosaiken und Tierskulpturen berühmt.

Die „perfekteste Vorstellung von Realität/Illusion": So wird der Dry Landschaftsgarten von Ryoanji, Kyoto (Japan), aus der Zeit um 1480, beschrieben. Der mit einer Mauer umgebene Garten ahmt ein Seestück, bestehend aus 17, in fünf Gruppen arrangierten Felsen, nach. Weiße Kieselsteine bedecken den Grund dazwischen und sind so angeordnet, daß sie Wellen formen. Die psychologische Verdichtung, die durch diesen Entwurf erzielt wird, ist so perfekt, daß die Zerstörung eines Elements die Komposition schwächen würde. Der Entwurf dieses Gartens blieb unübertroffen.

Babur, der erste mogulische Herrscher von Indien (1483–1530), ist in einer späteren Handschrift dargestellt, wie er die Arbeiten in seinem Garten in Jalalabad überwacht.

Der bevorzugteste Entwurf in England war an der Wende zum 16. Jh. der umzäunte Garten. Aufzeichnungen des Thornbury Castle in Gloucestershire von 1520 beschreiben die häufigsten Anordnungen der Gartenanlagen der spätmittelalterlichen Herrenhäuser. Hohe, befestigte Mauern umgaben den Garten und schützten ihn vor Eindringlingen. Holzzäune riegelten die Obstgärten ab; eine mächtige Hecke und ein Wassergraben markierten die Grenzen des Besitzes. Die geschlossenen Gärten entwickelten sich aus der früheren Schloßanlage und den befestigten Gutsbesitzen, als die Notwendigkeit, Sicherheitsvorkehrungen gegen Feinde und Diebe zu treffen, höchste Priorität beim Entwurf der Anlagen hatte. Als 1535 die Klöster geschlossen und die unentbehrlichen Kräuter nicht mehr von den Mönchen erworben werden konnten, wurden in England Kräuterpflanzen ein äußerst wichtiger Bestandteil der Gärten. Auch das Gartenmobiliar wurde im Entwurf berücksichtigt. Zum Sitzen waren Bänke in Lauben aus Rosen und anderen Pflanzen vorgesehen sowie erhöhte, mit duftender Kamille bepflanzte Beete.

Der erste ornamental angelegte Kräuter- und Gemüsegarten: Beschreibungen und Illustrationen eines solchen Gartens tauchen in dem 1467 von Francesco Colonna in Italien verfaßten Gedicht *Hypnerotomachia Poliphili* auf. Es wurde 1499 veröffentlicht. Verflochtene

Schlingmuster waren ein populäres Design-Element in allen Zweigen der dekorativen Kunst – von Textil- bis zu Verputzarbeiten. Sie fanden auch Ausdruck in den kunstvoll beschnittenen Hecken und Gehwegen der Vergnügungsparks. Die Wurzeln der Pflanzen sollten sich nicht verknäueln.
Hypnerotomachia war die Geschichte über einen Traumgarten, der auf Kreta geschaffen wurde, der Heimat der planetarischen Gottheit, die die Macht über die Gärten hatte.

Die schönsten Rosen: 1483 schrieb Bruder Felix Fabri, ein Mönch aus Ulm, über die berühmten Rosen von Jericho: „... selbst die göttliche Weisheit vergleicht sich mit einer Rose, aber nicht mit irgendeiner, sondern mit der Rose von Jericho, wo sie am schönsten sind . . . Und in der Tat sind diese Rosen die herrlichsten: Sie füttern den Anblick mit ihrer Schönheit, erfreuen den Geruch mit ihrem Duft, erzücken die Berührung durch ihre Zartheit, heilen die Kranken mit ihrer Heilkraft, erfreuen die Traurigen durch ihre Farbe und bewegen selbst ernsthafte Menschen dazu, sie wegen ihrer wunderschönen Erscheinung zu verehren. Ihre Schönheit nimmt die Herrlichkeit des Paradieses vorweg. Eine dieser Rosen besitzt mehr Schönheit als hundert andere Blumen."

Der italienische Architekt Palladio baute Mitte des 16. Jahrhunderts die Villa Rotunda in Vicenza, nahe Venedig. Die Verbindung von offenen Flächen mit den umliegenden Gärten ist ein wesentlicher Bestandteil des Entwurfs.

Der berühmteste Chinesische Garten zwischen Mitte des 14. und Mitte des 15. Jh.s., während der Ming-Periode, wurde von dem Gelehrten-Künstler Wen Cheng-Ming entworfen. Wens Vision eines Idealgartens schloß einen Hof-Pavillon neben einem kleinen Teich, der in einen großen See mündet, ein. Er erstreckt sich bis zu den Ausläufern einiger schemenhaft erkennbarer Berge. Es war das uralte Ziel chinesischer Gartenbaukünstler, den Effekt einer Ideallandschaft im Garten wiederzuerschaffen. Während der Ming-Dynastie gewann das konfuzianische Ideal des pensionierten Gelehrten ohne Portefeuille Anerkennung. Die Ming-Dynastie war eine repressive autokratische Dynastie, in der viele Ehrenmänner aus dem öffentlichen Dienst ausschieden und ihr Leben den Künsten widmeten und die Natur in einem elegant angelegten Garten betrachteten. Die chinesische Landschaftsmalerei und die Gartenbaukunst sind somit eng miteinander verknüpft. Es ist schwer, das eine ohne das andere zu verstehen. Die größte Ähnlichkeit können westliche Menschen bei einem Spaziergang durch die Kathedrale von Chartres erfahren. Der Chinesische Garten liegt zwischen Architektur und Landschaftsmalerei.

Der berühmteste Französische Garten wurde zwischen 1502 und 1509 vom Erzbischof von Rouen, Kardinal Georges d'Amboise, in Gaillon angelegt. Es war ein Terrassengarten mit Aussicht auf die Seine. Der Garten war in vier quadratische Beete mit Blumen, Früchten, Bäumen und Buchsbäumen oder Rosmarinbüschen, die in Formen gestutzt waren, unterteilt. Ein Quadrat zeigte die Waffen von Frankreich, und ein anderes war als Labyrinth oder Irrgarten angelegt.

Die ersten französischen Orangerie: Ludwig XII. und Königin Anne de Bretagne schufen zwischen 1499 und 1515 einen großen, auf zwei Ebenen liegenden Garten. Zeitgenössische Autoren berichteten von der Vielfalt der Früchte und Gemüse, und von Orangen- und Zitronenbäumen in Kübeln – möglicherweise die erste französische Orangerie. Orangen, ursprünglich chinesischer Herkunft, waren in Europa sehr gefragt.

Der größte maurische Garten in Spanien: Der ursprünglich aus dem 12. Jh. stammende Alcázar in Sevilla wurde zerstört und im 14. Jh. von maurischen Architekten wiederaufgebaut. Sein Garten ist der größte erhaltene Garten im maurischen Stil.

Der erste künstliche Garten: Frühe chinesische Aufzeichnungen beschreiben einen Garten, der von einem reichen Mann aus Maoling, wahrscheinlich schon im 1. Jh. n. Chr., angelegt worden ist. Er war 2,4 km breit. Im Inneren flossen Bäche, und es existierte ein über 30 m hoher Felsen. Diese künstlich angelegten Gärten waren in China populär. Von einem Garten aus der späten Ming-Periode ist überliefert, daß er einen aus Holz nachgemachten Berg mit Grotten und Gipfeln, die aus aufgestapeltem Holz angefertigt wurden, hatte. Für diesen Berg wurde „weder ein Stückchen Stein, noch eine handvoll Erde" verwendet.

Der Inbegriff eines Wassergartens war der Zhuo Zheng Yoan Garten in der Jiangsu-Provinz in China. Der 1502–1521 für einen pensionierten Gerichtsbeamten angelegte Garten wird als „der Inbegriff eines Wassergartens" angesehen. Hauptsächlich enthält er miteinander verbundene Wasserbecken, Inseln, Brücken und Bäche. Die Gebäude sind nach dem Prinzip der „geliehenen Aussicht" angelegt, so daß einer, der durch den Garten läuft, sich an dem entworfenen Panorama erfreut.

Eine große Periode der Zen-Kunst in Japan war die Muromachi-Periode (1392–1573). Während dieser Zeit verließen sich die Shogunen oder Kriegsherren in allen Fragen, von der „Besteuerung bis zum Tee", auf den Rat der Mönche. Der Reiz, den der Zen auf die Kriegsherren ausübte, lag in seiner Qualität, am meisten mit der militärischen Lebenseinstellung der Shogunen übereinzustimmen: Stärkung des Willens und Betonung der Charakterbildung und der Selbstheilung. Zen war die instinktivste und intuitivste Religion und daher die am wenigsten rationale und intellektuelle. Das größte Denkmal des Zen ist der große Tempelkomplex von Daitokuji in Kyoto. In den Gärten gibt es keine Blumen, so daß immer die richtige Jahreszeit herrscht.

Der älteste erhaltene Botanische Garten ist der in Padua (Italien). Er wurde 1542 angelegt. Botanische Gärten waren ursprünglich Medizin-Gärten – sie waren den Medizin-Fakultäten der Universitäten angegliedert. Die Pflanzen wurden zur Herstellung von Arzneimitteln angebaut.

Brücken

Bereits die Sumerer (um 3200 v. Chr.) kannten sich im Brückenbau aus. Auf einem Papyrus aus dem Jahr 2650 v. Chr. wird eine Brücke über den Nil erwähnt.

Die älteste heute noch bestehende Brücke ist die Einzelbogenbrücke aus Steinplatten über den Fluß Meles in Smyrna, dem heutigen Izmir (Türkei), die etwa 850 v. Chr. entstand.

Die älteste bekannte Bogenbrücke der Welt ist die 605–616 erbaute An-chi-Brücke in Chaohsien in der chinesischen Provinz Hopeh. Sie hatte mit ihrer flachen Krone, die sich bei 35 m Spannweite nur 7 m aufwölbte, bis ins 16. Jh. in Europa nicht ihresgleichen.

Die gewaltigste Brücke in China war, nach Aussage des Schriftstellers Xie Zhaozhi aus der

Den längsten erhaltenen Brückenbogen besitzt der dreibogige Ponte del Castelvecchio in Verona (Italien), der 1352–1356 errichtet und nach der Zerstörung im Zweiten Weltkrieg restauriert wurde. Der längste der Bögen ist 49 Meter lang und 13,70 Meter hoch. Die gewagteste der mittelalterlichen Brücken war jedoch diejenige, die bei Trezzo in Norditalien über die Adda führt. Sie wurde 1370–1377 erbaut und 1417 zerstört, so daß heute nur noch die Pfeiler erhalten sind. Sie bestand aus einem einzigen Bogen von 72 Metern Länge, der sich 21 Meter hoch aufwölbte.

späten Ming-Zeit, die Luoyang-Brücke in der Provinz Fu jian. „Sie erstreckt sich in einer Art über das Wasser, daß man den Eindruck hat, sie könne nicht von Menschenhand gebaut worden sein", schreibt Xie Zhaozhi. Die Brücke soll 1115 m lang und 4,6 m breit gewesen sein. Sie führte über einen Gezeitenstrom, und wenn die Flut mächtig war, „war es schwer, sich auf ihr zu halten".

Die längste Steinbrücke war die um 400 erbaute und 1500 m lange Brücke über den Tab in der Nähe von Arrajan im Zentraliran. In Europa ist die berühmte, 1177 entstandene Brücke in Avignon (Frankreich) zu nennen, die aus Bögen von 30 m Länge bestand und insgesamt 914 m überspannte.

Der höchste Brückenbogen wurde um 700 in der iranischen Provinz Khuzestan über den Fluß Karun geschlagen, der an dieser Stelle durch eine Schlucht fließt. Die Brücke spannte sich 75 m über den Fluß. Sie bestand aus Steinen, die von Eisenklammern zusammengehalten wurden. Ihre Reste können heute noch besichtigt werden.

Die längste Inka-Brücke war vermutlich die über den Pampas auf dem Weg nach Uranmarca in der Nähe von Cuzco (Peru). Ihre Länge wurde von den Spaniern auf 110 m geschätzt, und sie soll breit genug gewesen sein, um zwei Reitern nebeneinander Platz zu bieten. Die Inka brauchten für ihr Straßensystem quer durch Südamerika viele Brücken und entwikkelten dafür die verschiedensten Techniken. Die einfachste war die Seilbrücke, die nicht mehr war als ein über den Geländeeinschnitt gespanntes Hanfseil. Bei der hängenden Holzbrücke wurde zu diesem Seil ein Stück Holz hinzugefügt, an das sich der Reisende binden mußte, um sich anschließend auf die andere Seite zu ziehen. Die Hängebrücke bestand aus Seilen, die auf beiden Seiten des Abgrunds oder Flusses an Pfosten oder Bäumen befestigt wurden. Etwas komfortabler war es, wenn die Brükke aus vier Seilen bestand und zwischen den unteren beiden einen Schilfrohrboden besaß. Schwimmende Pontonbrücken, wie die über den Pampas, baute man, indem man Matten auf Flöße legte.

Die erstaunlichsten Brückenfundamente sind die des Pont Notre-Dame in Paris (Frankreich). 1507 für eine Steinbrücke gelegt, die die ältere Holzbrücke ersetzen sollte, demonstrieren sie die Haltbarkeit von Betonfundamenten. Der Beton wurde über in den Untergrund gerammten Pfeilern aufgebracht und erwies sich als derart haltbar, daß die Fundamente 1853 bei der Erneuerung der Brücke wiederverwendet wurden.

Die ersten Eisenbrücken wurden in China gebaut, wo die Eisenverarbeitung weit genug entwickelt war, um eiserne Kettenbrücken über die vielen Flüsse und Schluchten des Landes zu spannen. Eine von ihnen wurde in Baoshan in der Provinz Yünnan mit einer Spannweite von 61 m über den Mekong geschlagen. Sie hatte ursprünglich Bambustaue besessen, die ein Ingenieur namens Wang Huai 1470 durch Eisenketten ersetzte. Ein zeitgenössisches Gedicht sprach von „geflochtenem Eisen, das sich als einsame Schnur durch den Himmel zieht". Die Chinesen hatten solche Brücken seit Anfang des 1. Jahrtausends v. Chr. gebaut. Die erste europäische Ketten- oder Hängebrücke wurde erst 1839–1849 in Budapest (Ungarn) errichtet.

Die älteste Holzbrücke Europas ist die um 1330 erbaute Kapellbrücke in Luzern (Schweiz). Sie spannt sich über die Reuß und ist 200 m lang und 3,5 m breit.

Die älteste Steinbrücke Deutschlands, über die heute noch der Verkehr rollt, ist die Steinerne Brücke in Regensburg. Ihre Bauzeit von 1135 bis 1147 ist urkundlich verbürgt.

Aquädukte

Der größte Aquädukt des Altertums war der von Karthago (im heutigen Tunesien), der über 141 km von den Quellen des Saghuan bis Djebel Djugar führte. Er wurde von den Römern in hadrianischer Zeit (117–138) erbaut. 1895 waren noch 344 Bögen erhalten. Die ursprüngliche Tagesleistung des Aquädukts hat man mit 1,8 Mio. Liter errechnet.

Der größte Stufenbrunnen, der im 15. Jh. gebaut wurde, ist der Rudabai-Brunnen in Adalaj, etwa 32 km außerhalb von Ahmedabad in Gujarat (Indien). Er wurde von der Frau eines Großen des Ortes gespendet und, wie eine Inschrift am Brunnen besagt, 1499 erbaut. Stufenbrunnen sind eine geniale indische Erfindung: Treppen führen in den Brunnenschacht hinein, so daß man zur wasserführenden Ader hinabsteigen und die Kühle und die Ruhe in den unterirdischen Gewölben genießen kann. Dar-

Der dreistöckige Aquädukt „Pont du Gard" bei Nimes, 19 n. Chr. erbaut, ist 49 Meter hoch und 275 Meter lang.

über hinaus wird auf diese Weise ermöglicht, daß viele gleichzeitig das Wasser erreichen können.

Kanäle

Die Überreste des ältesten Kanals der Welt, dessen Entstehung von Archäologen um 4000 v. Chr. angenommen wird, wurden Anfang 1968 bei Mandali (Irak) freigelegt.

Der längste Kanal des Altertums war der Große Kanal Chinas (Kaiserkanal) von Peking nach Hangtschou. Sein Bau wurde 540 v. Chr. begonnen, aber erst 1327 vollendet, als er sich (einschließlich der kanalisierten Flußstrecken) über 1781 km erstreckte.

Längster Kanal der arabischen Welt war der Nahrawan-Kanal im heutigen Irak, der von Samarra bis etwa 160 km südlich von Bagdad das Land am Ostufer des Tigris bewässerte. Er war insgesamt etwa 320 km lang.

Der tiefste Qanat wurde im Osten des Iran gefunden. Er liegt an seinem Ausgangspunkt 305 m tief. Qanate sind fast waagerechte unterirdische Stollen, die das Grund- und Sickerwasser der Gebirge sammeln und ohne Hebevorrichtung in die fruchtbaren Täler leiten. Im allgemeinen liegen Qanate etwa 8–45 m tief und sind 0,9 bis 1,5 m breit; etwa alle 80 m ist ein Luftschacht zu den wasserführenden Stollen getrieben. Ihr Ursprung ist wahrscheinlich das Gebiet des heutige Iran, von wo aus sie sich über die gesamte arabische Welt verbreiteten. Sie sind seit über 2500 Jahren in Gebrauch, und noch heute liefern sie einen großen Teil des im Iran verbrauchten Wassers. Diese bautechnischen Meisterwerke sind manchmal über 32 km lang und wurden sorgfältig austariert, damit das fließende Wasser so wenig Schaden anrichtet wie möglich.

Die Erfindung der Kammerschleuse ist Leonardo da Vinci zu danken, der um 1480 das Problem löste, wie ein Schiff Gewässerstufen überwinden kann. Einfache Wassersperren und Schleusenvorrichtungen waren allerdings schon im 14. Jh. in Holland bekannt.

Die ersten Stemmtore für Schleusen, die sogenannten Mitratore, entwickelte Leonardo da Vinci im Dienst des Herzogs von Mailand. Sie sind auf seinen Zeichnungen der San-Marco-Schleuse abgebildet. Vorher wurden die Tore senkrecht geöffnet (eine chinesische Erfindung aus dem 10. Jh.). In den Jahren, die Leonardo da Vinci den Mailänder Kanalbau leitete, brachte er mehrere wichtige Grundlagen des modernen Schleusenbaus zusammen: Zwillingstore, steingefaßte Kammern, Mitrator mit von oben zu bedienenden Schützen, die Benutzung von Winden und Kettenzügen zum Öffnen der Tore. Wenngleich er dabei auf eine ganze Reihe von Erfindungen anderer zurückgriff, bleibt sein Beitrag zur Schleusentechnik doch erheblich.

Der erste Seitenkanal Europas, also ein parallel zu einem Fluß verlaufender Kanal, war der Bereguardo-Kanal in Italien. Er wurde 1452–1458 unter Bertola da Novate, Ingenieur des Herzogs von Mailand, erbaut und war 18,5 km lang.

Die älteste überlieferte Bewässerungsanlage Nordamerikas: Die Indianer aus dem Gebiet des späteren New Mexico und Arizona bewässerten lange vor dem 15. Jh. ihre Felder. So ist zum Beispiel bewiesen, daß die Einwohner von Salido Valley in Arizona die Bewässerung von mindestens 100000 ha kontrollierten.

Dämme

Die frühesten Dämme wurden 1974 vom Britischen Archäologischen Institut, das in Jerusalem seinen Sitz hat, in Jawa (Jordanien) entdeckt. Diese mit Steinen verkleideten Dämme gehen auf die Zeit von etwa 3200 v. Chr. zurück.

Das verbreitetste Prinzip des Dammbaus war immer das Gewicht, das heißt, der Druck des Wassers, durch den der Damm aufgerissen, abgetragen oder umgestürzt werden konnte, wurde durch seine Masse ausgeglichen. Einen guten Untergrund vorausgesetzt, kann man jedoch Material sparen, indem man den Damm stromaufwärts gebogen anlegt.

Der früheste gebogene Damm wurde um 1300 von den Mongolen in der Nähe von Qum (Iran) gebaut. Er war 26 m hoch, 55 m lang und hatte eine Kammbreite von 5 m. Der Kurvenradius betrug 38 m. Gebogene Dämme wurden seit 1420 auch im christlichen Spanien gebaut und seither – bis heute – auch im übrigen Europa und in Amerika.

In Córdoba in Südspanien arbeiteten der Damm über dem Guadalquivir und die Mühlen zusammen, um das Korn zu mahlen.

Der früheste Staudamm dürfte der von Sadd al-Kafara, 10 km südlich von Heluna (Ägypten), gewesen sein. Er wurde bereits zwischen 2950 und 2750 v. Chr. errichtet und hatte nach seiner Fertigstellung eine Länge von 106 m und eine Höhe von 11 m.

Der früheste arabische Damm wurde 677 in Taif auf der Arabischen Halbinsel erbaut. Die Araber erbten die Kenntnisse im Dammbau von den Völkern, deren Gebiete sie von Spanien über Nordafrika bis nach Mesopotamien und Zentralasien im 7. und 8. Jh. eroberten. Dabei hatte das Vorbild der römischen Ingenieure besonderen Einfluß, da sie auf einem hohen Standard gearbeitet hatten und ihre Erkenntnisse noch relativ jung waren. Später führten die Araber eine Reihe von Verbesserungen im Dammbau ein.

Der längste europäische Damm der Zeit war mit 427 m ein im 10. Jh. bei Córdoba im Guadalquivir (Südspanien) errichteter Damm. Wie bei vielen von Arabern erbauten Dämmen nutzte man auch bei diesem Strom die Wasserkraft, um drei Mühlenhäuser mit je vier Mühlen zu betreiben. In ihnen wurde während des gesamten Mittelalters Korn für Córdoba gemahlen. Die Mühlenhäuser sind, ohne die Maschinen, bis heute erhalten.

Einer der ersten Dämme zur Nutzung der Wasserkraft war der 960 erbaute Band-i-Amir, der zwischen Schiras und Persepolis (Iran) den Kur staute. Er wurde aus behauenen, vermörtelten Steinblöcken errichtet und von in Blei befestigten Eisenankern verstärkt. Er war 9 m hoch, 76 m lang und auf der Dammhöhe breit genug, daß zwei Reiter nebeneinander Platz hatten. Es gab 10 *norias* (wasserhebende Anlagen) und zehn Mühlen unterhalb des Damms. Mit dem von ihm abgeleiteten Wasser wurden die Felder von 300 Dörfern bewässert.

Die frühesten Entschlammungsschleusen sind ebenfalls eine arabische Erfindung. Viele maurische Dämme in Spanien gehen auf einer Seite in eine steinerne Mauer über, die sich etwa 20 m flußabwärts parallel zum Ufer hinzieht. Zwischen dieser Mauer und dem Flußufer wird ein Teil des Flußwassers in einen Bewässerungskanal geleitet. In die Mauer sind üblicherweise zwei verschließbare Öffnungen eingelassen, die zwei Zwecken dienten: Zum einen konnte während des normalen Betriebes mit ihrer Hilfe überschüssiges Wasser in den Fluß zurückgeleitet werden, und zum anderen

Die gesamte Länge der Großen Mauer in China soll einmal 9980 Kilometer betragen haben.

wurden sie regelmäßig bis zum Anschlag geöffnet, um die Kanalmündung zu entschlammen. Solche Anlagen sind notwendig, weil sich an Staudämmen vom Fluß mitgetragene Feststoffe ansammeln, die in regelmäßigen Abständen entfernt werden müssen, wenn die Bewässerungskanäle nicht hoffnungslos verstopft und unbrauchbar werden sollen.

Die Dämme, die am längsten in Betrieb sind, befinden sich im Turia in der spanischen Provinz Valencia. Als Bewässerungsdämme errichtet, haben sie ein niedriges Profil und sehr solide Fundamente, so daß sie seit tausend Jahren den gefährlichen Hochwassern des Flusses widerstehen. Ein weiterer Grund für ihren Erhalt sind die Entschlammungsschleusen, mit denen sie ausgerüstet sind. Das von den Dämmen gespeiste Kanalnetz bewässert heute noch die Reisfelder der Provinz.

Sonderbauten

Die längste Statue der Welt war die liegende Buddhafigur aus mit Mörtel verkitteten Steinen, deren Überreste bei Bamijan (Afghanistan) gefunden wurden. Sie soll etwa 305 m lang gewesen sein und wird auf das 3. oder 4. Jh. datiert.

Die längste Mauer der Welt ist natürlich die Große Mauer Chinas, die während der Herrschaftszeit des Kaisers Ch'in Shih-huang-ti (221–210 v.Chr.) begonnen wurde und ihre heutige Form im 15. Jh. erhielt. Sie entstand dadurch, daß ältere Schutzwehren der drei nördlichen Staaten Ch'in, Chao und Yen verbunden und erweitert wurden. Sie ist 3460 km lang. Außerdem kommen weitere 2860 km an Abzweigungen und Ausläufern hinzu. Ihre Höhe schwankt zwischen 4,5 und 12 m, und sie ist bis zu 9,8 m stark. Sie verläuft von Shanhaiguan am Golf von Pohai nach Yumen-kuan und Yanguan und wurde bis ins 16. Jh. instand gehalten. Das Baumaterial ist im Westen und Süden meist gestampfte Erde (Löß), im Norden bei Peking Stein. 1985 wurde aus China gemeldet, man habe in fünfjährigen Untersuchungen festgestellt, daß die Mauer ursprünglich eine Gesamtlänge von 9980 km hatte.

Der kunstvollste Schnitt: Der Hatrun-Rumiyok-Palast in Cuzco (Peru) enthält einen berühmten Stein, dessen Vorderseite zwölf rechte Winkel hat. Es existiert ein weiterer Stein, der in den drei Dimensionen 35 Winkel hat. Dieser befindet sich in Machu Picchu.

EIN TOR

Bis vor kurzem zierte es allein die 50-Mark-Scheine. Diese Ehre ist jetzt dahin. Das Holstentor in Lübeck, erbaut zwischen 1466 und 1477/78, ist dennoch populäres Zeugnis deutscher Baukunst aus dem Spätmittelalter.

Der Schöpfer des Holstentores war Hinrich Helmstede, Ratsbaumeister der Stadt. Das Tor war Bestandteil der einstigen Wehranlage, von der heute, neben einem Rest der Mauer im Osten der Stadt, nur noch ein Burgtor im Norden und eben das Holstentor im Westen der Stadt zeugt. Der Trave-Übergang an der Straße nach Hamburg war schon seit dem frühen 14. Jahrhundert mit einem inneren Tor im Zuge der Stadtbefestigung und mit einem äußeren Tor am Westufer des Flusses bewehrt gewesen. Das Holstentor ersetzte den Vorgängerbau des äußeren Tores. Das massive Gebäude mit seinen beiden Rundtürmen, ähnelt flandrischen Vorbildern.

Die Stadtseite präsentierte sich schon immer als einheitliche Fassade. Allerdings ist der Bau bei seiner Restaurierung in den Jahren 1864–1871 in manchen Details verändert, vieles ist geglättet worden und hat dem Turm so seinen Charakter einer Wehranlage genommen.

Kunst und Unterhaltung

MALEN UND ZEICHNEN · BILDHAUEREI
KUNSTHANDWERK · MODE · SPRACHE UND
LITERATUR · SCHULEN · MUSIK · THEATER
VOLKSFESTE · SPIELE

Malen und Zeichnen

Die wertvollsten Gemälde stammen von Leonardo da Vinci († 1519). Schätzungen aus dem Jahre 1525 plazierten sie unter die teuersten Gemälde ihrer Zeit. *Mona Lisa*, wohl das berühmteste Portrait, das jemals gemalt wurde, war 100 Scudi wert, ebensoviel wie *Anna Selbdritt* (heute im Louvre, Paris). Noch wertvoller war *Leda mit dem Schwan*, ein mythologisches Gemälde, das verloren ging und nur noch durch Kopien bekannt ist. Es wurde auf 200 Scudi geschätzt und war damit so viel wert wie das Haus seines Eigentümers. (1962/63 wurde *Mona Lisa* vom Louvre in Paris zu Ausstellungen nach Washington DC und New York geschickt. Die Versicherung taxierte das Gemälde auf 100 Mio. Dollar. Damit ist das Bild noch immer das wertvollste Gemälde.)

Leonardo da Vincis Portrait der Mona Lisa.

Vorherige Seite: In dem Gemälde von Jacopo del Sellaio (1442–1493) sind die Kleidung, die Innendekoration und die dekorativen Gegenstände klar zu erkennen, während der Hausherr zu Tische sitzt.

Der größte Aufschwung kirchlicher Kunst und der Bildersturm: Die meisten Kunstwerke in Nordeuropa waren religiöser Art. Ab 1500 stieg die Produktion kirchlicher Kunst rapide an. Aufzeichnungen zeigen, daß allein in Zürich in den ersten 18 Jahren des 15. Jh.s die Produktion um 100 Prozent anstieg. Die protestantische Reformation, die die Kirche in zwei Lager spaltete, war auch eine Krise der Kunst. Die erste Kritik an der katholischen Kirche, die Martin Luther zu Wittenberg in Jahre 1517 in seinen Thesen formulierte, richtete sich gegen die Geldsummen, die für St. Peter in Rom ausgegeben wurden. Die Hauptkritik der protestantischen Bewegung an den zunehmend realistischeren frommen Gemälden und Skulpturen zielte darauf, daß die einfachen Leute die Objekte so behandeln, als wären sie reale Dinge und nicht Bilder. Bilder wurden von den meisten freimütigen Kritikern als Götzenverehrung verdammt. Im zweiten Jahrzehnt des Jh.s zerstörten und verbrannten dieselben Leute, die zuvor Kunstwerke für die Kirche in Auftrag gegeben hatten, die Kunstwerke zusammen mit den sogenannten wundertätigen Heiligenreliquien. Zürich war die erste Stadt von vielen, die ihre Kirchen „säuberte". In Basel brachte der gewalttätigste Bildersturm die Stadt an den Rande eines Bürgerkriegs. Im Februar 1529 entfernten Bilderstürmer alle Kunstwerke aus der Kathedrale und aus den meisten Kirchen und verbrannten sie am Aschermittwoch auf dem Marktplatz.

Der größte Verlust: Die Reformation vernichtete in England mehr Kunstwerke als jedes andere Ereignis der Geschichte. Im Jahre 1538 schloß König Heinrich VIII. die Klöster, verkaufte sie und strich den Gewinn ein. Die Beute beinhaltete Gold und Juwelen aus den berühmtesten Schreinen. Doch erzielte niemand einen Gewinn aus den bunten Glasfenstern, Skulpturen und anderen Objekten, die zerstört oder verbrannt wurden. Viele Handschriften wurden zerstört, viele andere wiederum einfach verändert. Die wichtigste Änderung, die im Gebetbuch erforderlich war, war die Entfernung von St. Thomas von Canterbury aus dem Heiligenkalender: Der beste Weg, um herauszufinden, ob ein Gebetbuch zur Zeit der Reformation benutzt wurde, besteht darin, im Kalender für den Monat Dezember nach Streichungen zu suchen.

Größtes Werk der Kunst oder zumindest der Geschicklichkeit war in der prä-spanischen Neuen Welt eine riesige Anlage von Linien, Spiralen und Formen, die auf der Erdoberfläche angelegt worden war und sich über die Plateaus oberhalb der Flüsse Palpa und Ingenio in Peru erstreckte. Die Nazca-Linien, wie sie genannt wurden, bedeckten eine 97 Kilometer lange und einige Kilometer breite Fläche. Sie enthielten auch riesige Figurendarstellungen, wie zum Beispiel von Vögeln und Affen. Entstehungszeit und Zwecke dieser Muster sind unbekannt.

Größtes Altargemälde: Das große Altarretabel, das die Apsis der Alten Kathedrale in Salamanca (Spanien) vollständig ausfüllt, besteht aus 53 kunstvoll vergoldeten Tafelbildern, die Szenen aus dem Leben Christi zeigen. Sie stammen von Nicolas Florentino, einem Florentiner Künstler, der sie 1445 vollendete, als er vertraglich vereinbarte, die Apsisrundung mit dem Fresco *Das Jüngste Gericht* auszumalen.

Die größte Ikone, bekannt unter der Bezeichnung *Die Taten des Erzengel Michael*, wurde wahrscheinlich von dem griechischen Künstler Theophanes und seinen Schülern um 1399 ge-

DIE REGEL VON QI

Das wichtigste Gesetz der chinesischen Kunst und Architektur ist die Regel von Qi. Sie ist die erste der sechs notwendigen Regeln, die von Xie He im 6. Jahrhundert kodifiziert wurden. Ein Gemälde, zum Beispiel, muß vor Leben sprühen. Das Qi der gemalten Formen muß mit den realen Formen, die außerhalb der Malerei existieren, korrespondieren. Das gesamte Gesetz ist deshalb eines der Übereinstimmung, Harmonie und auch des mythischen Realismus, in dem der Künstler den lebendigen Geist der Natur einfängt. Diese Vorstellung basiert auf dem Taoismus, dessen Ziel es ist, eins mit dem Universum zu werden.

malt. Sie mißt 235,5 × 182 cm. Es handelt sich um die Ikone des Schutzheiligen der Kreml-Kathedrale, des Erzengels Michael in Moskau. Dieser wird in Rußland als Schutzpatron der Soldaten, Führer der himmlischen Heerscharen und Verteidiger der Christenheit gegen die Satanshorden verehrt.

Der größte Kunst-Export: Das Triptychon Portinari (dreiteiliges mit Scharnieren verbundenes Tafelbild) wurde von Hugo van der Goes in den Niederlanden für den Bankagenten der Medici in Brügge, Tommaso Portinari, gemalt (heute in den Uffizien, Florenz). Es war für den Altar der Familienkapelle der Portinari in Florenz bestimmt. 1483 wurde es per Schiff nach Italien gebracht. Mit den Maßen 253 × 586 cm (Mittelteil: 253 × 304 cm, Flügel: je 253 × 141 cm, die übrigens nicht die Idee des Künstlers waren, sondern ausdrücklicher Wunsch des Auftraggebers) ist es das größte frühe flämische Triptychon, das noch existiert. Bei seiner Ankunft in Florenz benötigte man 16 Träger, um das riesige Gemälde durch die Stadt zur Kirche S. Egidio zu transportieren.

Der erste Kunsthistoriker war der italienische Künstler Giorgio Vasari (1511–1574). Er verfaßte die erste erzählende und kritische Darstellung der Renaissancekunst. *Vite de' più eccellenti architetti, pittori e scultori italiani* (Das Leben der vortrefflichsten Maler, Bildhauer und Architekten Italiens) wurde 1550 veröffentlicht; 1568 erschien die revidierte Ausgabe. Die „Vite" sind – wegen ihrer Brauchbarkeit als Quellensammlung und ihres Einflusses – vielleicht das wichtigste Werk der Kunstgeschichte, das jemals geschrieben wurde. Vasari vertritt in dem Buch die These, daß die Künste, die nach dem Zusammenbruch des Römischen Reiches verfielen, im 15. Jh. in Italien, besonders in Florenz, wieder aufblühten, um im 16. Jh. die Perfektion der Kunst Michelangelos zu erreichen.

Kunsttheorie: Die kritische Kunsttheorie, seit der römischen Antike unbeachtet, wurde in der Renaissance in Italien neu formuliert. Der Florentiner Leon Battista Alberti (1402–1472) schrieb einflußreiche Bücher über Malerei (1435), Bildhauerei (um 1463) und Architektur (1452). Es folgten eine Vielzahl theoretischer Abhandlungen, einschließlich der Notizbücher Leonardo da Vincis (1452–1519) und den *Vite* von Vasari (1511–1574). Die wichtigen, zwischen 1537 und 1551 verfaßten Architekturabhandlungen des Bologneser Architekten Serlio (1475–1554) und die des norditalienischen Architekten Palladio (1508–1580) – 1570 veröffentlicht – verbreiteten im Laufe der Zeit die italienische Renaissance-Architektursprache in Europa und Amerika.

Der erste Künstler, der Gewaltszenen malte, war Antonio del Pollaiuolo (1431–1498). Er war der erste Künstler seit der griechischen Antike, der Menschen bei gewalttätigen Aktionen portraitierte. Er war außerdem einer der ersten, der dem menschlichen Körper bei Sektionen studieren konnte. Pollaiuolo war ein vollkommener Zeichner von außerordentlicher Geschicklichkeit; er entwickelte einen Stil der Konturenführung, der so machtvoll war, daß durch die Dicke oder Dünne der Umrißlinien auf das innere Volumen, den Wechsel des Farbtons oder Unterbrechungen geschlossen werden konnte. Dies gab es bis dahin noch nicht (und wurde bis zum 20. Jh. nicht gewürdigt). Sein Meisterstück ist das Gemälde des heiligen Sebastian (1475). Es ist die erste groß angelegte Komposition, die Gestalten in Bewegung darstellt. Die sechs Bogenschützen werden in drei verschiedenen Posen aus unterschiedlichen Blickwinkeln gezeigt.

DIE GRÖSSTEN KÜNSTLER

Land	Name		Lebensdaten	Beruf
China	*Wu Wei*		*1458–1508*	*Maler*
Flandern	*Pieter Bruegel d.Ä.*		*1525/30–1569*	*Maler*
	Quentin Massys		*1465/66–1530*	*Maler*
	Hans Memling	*um*	*1433–1494*	*Maler*
	Hieronymus Bosch		*1450–1516*	*Maler*
Deutschland	*Albrecht Altdorfer*	*um*	*1480–1538*	*Maler u. Holzschneider*
	Lucas Cranach		*1472–1553*	*Maler*
	Albrecht Dürer		*1471–1528*	*Maler, Kupferstecher u. Holzschneider*
	Hans Holbein d.Ä.	*um*	*1460–1524*	*Maler*
	Hans Holbein d.J.		*1497–1543*	*Maler*
	Hans Baldung (gen. Grien)		*1483–1554*	*Maler*
Italien	*Leone Battista Alberti*		*1404–1472*	*Architekt*
	Fra Bartolomeo		*1472–1517*	*Maler*
	Giovanni Bellini		*1428–1516*	*Maler*
	Sandro Botticelli		*1444–1510*	*Maler*
	Bramante		*1444–1514*	*Architekt*
	Benevenuto Cellini		*1500–1571*	*Bildhauer u. Goldschmied*
	Correggio		*1489–1534*	*Maler*
	Luca della Robbia		*1399–1482*	*Bildhauer*
	Donatello	*um*	*1385–1466*	*Bildhauer*
	Piero della Francesca		*1416–1492*	*Maler*
	Domenico Ghirlandaio		*1449–1494*	*Maler*
	Giorgione		*1477/78–1510*	*Maler*
	Filippino Lippi		*1457–1504*	*Maler*
	Andrea Mantegna		*1431–1506*	*Maler*
	Michaelangelo Buonarotti		*1475–1564*	*Architekt, Maler u. Bildhauer*
	Andrea Palladio		*1508–1580*	*Architekt*
	Perugino	*um*	*1450–1524*	*Maler*
	Raffael		*1483–1520*	*Maler u. Architekt*
	Andrea Sansovino		*1486–1570*	*Bildhauer u. Architekt*
	Jacopo Sansovino		*1486–1570*	*Bildhauer u. Architekt*
	Tizian Vecellio	*um*	*1477–1576*	*Maler*
	Leonardo da Vinci		*1452–1519*	*Maler u. Bildhauer*

Techniken

Die neueste Maltechnik: Bis etwa 1400 benutzte man für die Staffelmalerei normalerweise Tempera, die mit in Wasser verdünntem Eigelb gebunden wurde. Die Erfindung der Ölmalerei wird dem niederländischen Maler Jan van Eyck († 1441) zugeschrieben. Von ihm stammt das Gemälde *Die Hochzeit des Giovanni Arnolfini* (National Gallery, London) und das Genter Altarbild (St. Bavo, Gent). Streng genommen, hat van Eyck der Ölmalerei, die bereits zu bestimmten Zwecken angewendet wurde, jedoch nur neue Wirkung verliehen. Die lange Trockenzeit und die das Licht brechenden Eigenschaften gestatteten die subtile Mischung und Schichtung der Farben, um Effekte zu erzielen, die die Gemälde lebensechter erscheinen ließen. Um 1450 war die hochentwikkelte Technik der Ölmalerei, deren unerreichter Vertreter van Eyck war, in den Niederlanden und Teilen Nordeuropas die gängige. Unter dem niederländischen Einfluß wurde Öl während des späten 15. Jh.s allmählich in Italien populär. Neben anderen waren Leonardo da Vinci, Piero della Francesca und Raffael die führenden Repräsentanten dieser Maltechnik. Um 1550 war sie die gängige Technik der europäischen Staffelmalerei geworden.

Die verheerendsten Experimente: Für das Fresco *Das letzte Abendmahl* (etwa 1495/97) im Refektorium des Klosters Santa Maria delle Grazie in Mailand benutzte Leonardo da Vinci eine ungewöhnliche Substanz, die aus Öl und Lack bestand. Bei der Fresco-Technik, die in Italien seit dem Mittelalter angewandt wurde, wurden normalerweise Kalkfarben auf nassen Kalkputz aufgetragen. Bereits um 1517 begann das Wandgemälde brüchig zu werden. Seither wurde es mindestens sechsmal restauriert und ist damit eines der am häufigsten restaurierten Gemälde. Ein anderes Fresco von Leonardo – *Die Schlacht von Anghiori* (1505/06) im Rathaus von Florenz – war eine Art der Brandmalerei, wie sie bereits im antiken Rom üblich war. Ein Teil des Gemäldes dunkelte extrem nach, ein anderer schmolz. Wahrscheinlich wurde das Gemälde 1565 von dem Maler und Kunsthistoriker Vasari übermalt. Heute kennt man es nur noch von frühen Kopien.

Der meist benutzte Malgrund: Überall in Europa wurden Staffelgemälde (im Gegensatz zu Wandgemälden) sowohl auf Holztafeln als auch auf Leinwänden angefertigt. Vor 1500 wurden Holztafeln für bedeutende und kostbare Arbeiten bevorzugt. Nach 1500 wurde zunehmend Leinwand benutzt. Am Ende des Jh.s war dies der meist benutzte Malgrund, höchstwahrscheinlich eine Folge der steigenden Nachfrage nach Bildern. Leinwand war billiger, leichter zu transportieren und konnte schneller als Holz vorbehandelt werden.

Die neuste Art der Darstellung von Gegenständen: Linear oder künstlich, Perspektive ist ein quasi-mathematisches System zur Projektion dreidimensionaler Gegenstände auf eine zweidimensionale Fläche. Sie beruht auf der Annahme, daß fliehende Linien rechter Winkel auf der Bildoberfläche so erscheinen, als träfen sie sich in einem Punkt am Horizont – Fluchtpunk genannt. Wahrscheinlich von Brunelleschi im frühen 15. Jh. in Florenz erfunden, wurde das System von dem Architekten und Theoretiker Alberti weiterentwickelt und beschrieben und – differenzierter – in der zweiten Hälfte des 15. Jh.s von dem Maler Piero della Francesca (1410/20–1492) in seiner Abhandlung *De Prospectiva Pigendi* (Über die Perspektive in der Malerei).

Die erste Farben-Luft-Perspektive: In Burgund (Frankreich) erfand man im späten 15. Jh. die Farben-Luft-Perspektive, bei der blaue Farbtöne für Gegenstände, die in der Distanz zu sehen sind, benutzt werden. Simon Marmions († 1489) flämische Landansichten sind reine Landschaften. Der Meister von Jakob IV. von Schottland (wahrscheinlich Gerard Horneboulte, † 1540) machte große Fortschritte bei der Lösung des Problems der Darstellung der Mitteldistanz.

Neue Maltechniken: Die mühsame Maltechnik des frühen 15. Jh.s mit einem normalerweise aus Silber hergestellten Stilus auf speziell präpariertem Pergament oder Papier veränderte sich allmählich. Neue Materialien wurden eingesetzt, zum Beispiel Federkiel, Pinsel und – ganz wichtig – Kreide. Diese Materialien ermöglichten es dem Künstler, schnell Skizzen anzufertigen und – im Fall der Kreide – großflächig zu arbeiten. Die zunehmende Verfügbarkeit von Papier erlaubte Zeichnungen in Originalgröße (Karton) für große Gemälde. Sie stellten eine genaue Blaupause des Originalentwurfs des Künstlers zur Verfügung. Kartons wurden mit Hilfe eines Rasters vergrößert, das über die Originalzeichnung gelegt und anschließend auf die Oberfläche, die bemalt werden sollte, übertragen wurde, indem man zur Markierung durch die punktierten Umrisse Kohlenstaub blies.

Die Explosionszeichnung: Nirgendwo ist das Prinzip objektiver Beobachtung, das die Grundlage wissenschaftlichen Arbeitens ist, besser exemplifiziert als in den anatomischen Studien des Künstlers und Erfinders Leonardo da Vinci (1452–1519). Im Verlauf von mehr als dreißig Leichensektionen machte Leonardo verschiedene Entdeckungen und entwickelte Zeichentechniken, die von modernen Illustratoren noch immer verwendet werden. Es ist besonders die Explosionszeichnung, die er in seinen Schulter- und Fußzeichnungen entwikkelte, um die Struktur der Knochen unter den Muskeln zu demonstrieren. Er war der erste, der Querschnitte zeichnete und Organe so wiedergab, als seien sie durchsichtig, damit ihre Position im Verhältnis zu den dahinterliegenden Organen beobachtet werden konnte.

Die dynamischsten indischen Malereien: Im späten 15. Jh. veränderten persische Einflüsse, besonders die „arabeske" Linienführung, den seriösen konservativen Miniatur-Malstil Indiens. Die dynamischsten Gemälde, die der Subkontinent je gesehen hat, entstanden. Die lebendigsten, dramatischsten und elegantesten Beispiele sind die Handschriften im Stil der Caurapancasika, die sich durch flache, eindimensional dargestellte Räume und den Gebrauch von leuchtenden Primärfarben auszeichnen. Sie wurden vom späten 15. Jh. bis Mitte des 16. Jh.s an einem unbekannten Ort zwischen Delhi und Jaunpur hergestellt. Die Gruppe nannte sich nach einem berühmten Liebesgedicht, das eine der Handschriften enthält. Das Gedicht handelt von dem reuelosen Liebhaber der Tochter des Königs, der für seine Übertretungen hingerichtet werden soll. Der höchst aufgeladene Malstil reflektiert die emotionalen Erotizismen des Gedichts.

Neue Themen: Das erneute Interesse an der antiken griechischen und römischen Literatur führte zur Themenübernahme aus der klassischen Mythologie in die Malerei und Bildhauerei, wobei die Figuren – die antike Skulpturen imitierten – häufig nackt oder in antiken römischen Gewändern abgebildet wurden. Die ersten dieser Werke stammten aus Florenz. Darunter befindet sich auch Botticellis Gemälde *Die Geburt der Venus* (Uffizien, Florenz) von etwa 1485/86 und Michelangelos Statue des *Baccus* (Bargello, Florenz) von 1497. Eines der ersten Beispiele dieses Genres im Norden ist Jan Gossaerts Gemälde *Neptun und Amphitrite* (Bode Museum, Berlin) von 1516.

Die erste Nachtszene: Geertgen tot Sint Jans, ‚Kleiner Gerrit des Ordens von St. Johannes' (um 1460–1490) verbrachte die meiste Zeit seines kurzen Lebens in Haarlem, Holland, wo er die erste Nachtszene der europäischen Malerei schuf: das Gemälde *Die Geburt Christi*. Das Bild wird von einer künstlichen Lichtquelle, dem Körper des Christuskindes, beleuchtet. In die-

Der italienische Maler Sandro Botticelli (1444–1510) wählte um 1480 eine Geschichte aus der klassischen Mythologie für ein Bild. Es handelt sich um die Geburt der Venus, der römischen Liebesgöttin.

sem Bild werden zum erstenmal Gestalten und Räume, die nicht durch das Licht der Sonne erhellt werden, optisch korrekt und systematisch dargestellt.

Portraits

Die populärste Pose war die Dreiviertel-Ansicht; hierbei ist der Kopf des Modells schräg zur Bildoberfläche gedreht. Es scheint, als sei diese Haltung zuerst von den frühen Niederländern, zum Beispiel von Jan van Eyck († 1441), entwickelt worden. Unter dem niederländischen Einfluß wurde diese Pose während der zweiten Hälfte des 15. Jh.s auch in Italien übernommen, wo zuvor das Profil bevorzugt worden war. Um 1500 war die Dreiviertel-Ansicht – wie sie Leonardo da Vincis *Mona Lisa* von etwa 1503 veranschaulicht – das normale Portrait-Format sowohl in Italien als auch in Nordeuropa.

Das älteste bekannte italienische Ganzkörperportrait malte im Jahre 1526 Alessandro Moretto (um 1498–1554), Hauptmeister der Schule von Brescia. Die Gestalt, die auf dem *Portrait eines Edelmannes* abgebildet ist, ist bis heute unbekannt.

Die schmeichelhaftesten Portraits waren die Bildnisse von zukünftigen Bräuten, die während der Heiratsverhandlungen normalerweise dem Prinzen zugesandt wurden, um dessen Wahl durch die Schönheit der Portraitierten so positiv zu beeinflussen. Heinrich VIII. von England wählte seine vierte Frau, die deutsche Prinzessin Anna von Kleve, die er zuvor nie gesehen hatte, zum Teil wegen ihres überzeugenden Portraits (heute im Louvre, Paris), das Hans Holbein d.J. (1497/98–1543) malte. Als Anna 1540 in England ankam, war der König über ihr wirkliches Aussehen derart entsetzt, daß er sich bald von ihr scheiden ließ.

Der berühmteste Portraitmaler war der Deutsche Hans Holbein d.J. (1497/98–1543). Er arbeitete in den Schweizer Städten Basel, Zürich und Luzern, bevor er 1526 England besuchte. Dort malte er Portraits verschiedener wichtiger Persönlichkeiten, einschließlich eines Bildnisses von Nicholas Kratzen, dem Astronomen des Königs, und eines Portraits der Familie von Sir Thomas Morus. 1533, wieder in England, malte er das Doppelportrait *Die Gesandten*. Es folgten Portraits der immer nur kurzzeitigen Ehefrauen Heinrichs VIII., und zur Zeit des Englandbesuchs von Franz I. malte er die Organisatoren der prunkvollen Festivitäten, die die Unterzeichnung des ‚Ewigen' Friedens zwischen Frankreich und England in Greenwich umrahmten. Es war die erste Portrait-Serie, die in England entstand. 1536 berief Heinrich VIII. Holbein zum Hofmaler.

Die ersten amerikanischen Portraits: 1505 wurde brasilianische Ureinwohner von portugiesischen Künstlern gezeichnet. Azteken, die Hernando Cortés 1529 nach Spanien brachte, zeichnete Christopher Weiditz, der auch eine exzellente Schaumünze von Cortés selbst anfertigte.

Das erste Portrait von Sultan Mohammed II.: 1479 reiste der italienische Künstler Gentile Bellini auf Wunsch des Sultans von Venedig nach Konstantinopel, um ein Portrait des furchterregenden Eroberers von Konstantinopel zu malen.

Maler

Die berühmtesten Maler: 1450 wertete der italienische Autor Bartolomeo Fazio die Niederländer Jan van Eyck († 1441) und Rogier van der Weyden († 1464) sowie die Italiener Gentile da Fabriano († 1427) und Antonio Pisanello

Der produktivste Selbstportraitist war zu einer Zeit, als Selbstportraits ungewöhnlich waren, der deutsche Maler und Grafiker Albrecht Dürer (1455–1528). Von seinem eigenen Aussehen war er außergewöhnlich fasziniert. Seit er 13 Jahre alt war, zeichnete oder malte Dürer acht Selbstportraits sowie zahlreiche versteckte Selbstportraits in seinen Arbeiten.

(† 1455) als die vier größten Maler seiner Zeit. Die ersten beiden sind noch heute berühmte Vertreter der frühen niederländischen Malerei. Gentile da Fabriano und Pisanello wurden von angesehenen Förderern überall in Italien begehrt, darunter befanden sich auch der Papst, der König von Neapel und der Venezianische Senat. Von ihren Arbeiten blieb vergleichsweise wenig erhalten. Um 1550, in der ersten Ausgabe von Vasaris *Vite*, waren Michelangelo († 1564) gemeinsam mit Leonardo († 1519) und Raffael († 1520) die berühmtesten; sie blieben, unter anderen, die bekanntesten Künstler aller Zeiten. Der deutsche Maler und Zeichner Albrecht Dürer (1471–1528) wurde zu Vasaris Zeit als genialster Künstler Nordeuropas angesehen.

Der größte venezianische Maler des 15. Jh.s war Giovanni Bellini (tätig um 1460, † 1516). Leuchtende Farben, der Gebrauch des Lichts und der Atmosphäre, die die venezianische Malerei kennzeichnet, erscheint zuerst in seinen Werken. Der größte venezianische Maler des 16. Jh.s ist Tizian (1487–1576). Seine frühen Werke orientieren sich an Giorgione. Die späteren zeigen eine unkonventionelle, noch nie dagewesene Pinselführung.

Als größter japanischer Maler aller Zeiten wird der *Gaso* oder Priester-Maler Sesshu Toyo (1420–1506) angesehen. Er arbeitete in *Haboku*, Tusch-Technik, die in den Klöstern als spirituelle Übung, um die Grenzen der physischen Welt zu durchbrechen, praktiziert wurde. Wenige kraftvolle, vom Pinsel des Malers getropfte Tuschespritzer schaffen im erleuchteten Moment tiefer Meditation eine Landschaft voller Inspiration. Sesshus Stil ist am besten in der *Winterlandschaft* von 1495 zu erkennen. Anders als in anderen japanischen Bildern zeigt dieses ein rauhes, massives Setting in einem wirklichen Raum anstelle der traditionell poetischen Leere.

Die großartigste Maler-Familie: Die japanische Künstlerfamilie Kano stand vom 15. bis ins 19. Jh. für höchsten Standard in der professionellen Malerei. Die Zahl der Genies in direkter Blutlinie hält man für einzigartig in der Welt. Von Anfang an waren die militärischen Herrscher ihre Kunden. Kano Masanobu (um 1434–1530), aus der ersten belegten Generation, war der Sohn eines Samurai-Amateur-Malers. Während der zweiten Generation wurde der Stil der chinesischen Song-Schule absorbiert und bürgerte sich ein, um die kraftvollen, dekorativen und asymmetrischen Entwürfe, für die die Japaner berühmt sind, zu schaffen. Ihre besten, groß angelegten Gemälde fertigten sie an für Schiebetürflügel und Spanische Wände, die die inneren „Mauern" eines japanischen Hauses bilden.

Die ersten Künstlerautobiographien wurden von zwei Florentinern geschrieben, einem Bildhauer und einem Goldschmied. Lorenzo Ghiberti (1378–1455) fügte seinem Buch über die Kunst einen Bericht über sein Leben hinzu: *Commentari* von 1447. Die *Autobiographie* von Benvenuto Cellini (1500–1571), verfaßt zwischen 1558 und 1562, die Goethe ins Deutsche übersetzt hat, war von der ersten Ausgabe von Vasaris *Vite* inspiriert. Sie war sowohl eine geistvolle, farbige Darstellung des Lebens im Italien des 16. Jh.s als auch des künstlerischen Schaffensprozesses.

Miniaturist: Der persische Miniaturist Bihzad (1450–1536) wurde in Tabriz, im heutigen Iran, beerdigt. Seine Arbeiten werden als herausragende Beispiele der Miniaturkunst angesehen. Zu Lebzeiten wurde er als Meister anerkannt, d.h., er wurde von den moslemischen Herrschern, besonders von Shah Tahmasp, Herrscher von Safawiden-Iran, großzügig entlohnt.

Die schönsten Miniaturen: Die schönsten Gemälde, die während der Renaissance in England geschaffen wurden, sind Portrait-Miniaturen. 1496 wurde ein Spezialisten-Atelier, ein Ableger der Buchmalerschule an der Royal Library, gegründet. 1525 wurde die gesamte Horenbout-Familie (Gerard, sein Sohn Lucas und seine Tochter Susanna) von den Niederländern abgeworben und zu Hofmalern berufen. 1531 wurde Lucas zum Königsmaler ernannt, mit einem Gehalt, das dreimal so hoch war wie das seines Vorgängers. Mit 30 Pfund Jahreslohn verdiente er mehr als Holbein. Zu seinen Aufgaben gehörte die Anfertigung von Tafelbildern, buntem Glas und Tapisserie sowie der Entwurf von Schmuck und von Kostümen für Theateraufführungen und spezielle Gelegenheiten, außerdem die Illustration von Büchern und Dokumenten. Lucas entwickelte die neue Form der Portrait-Miniaturen auf Pergament. Die winzigen Portraits haben einen Durchmesser von 30–55 mm. Sie sind von beispielloser Ungezwungenheit und Lebendigkeit. Sie wurden ohne Vorzeichnung angefertigt. Für die Herstellung einer Miniatur benötigte Lucas drei Sitzungen. Heute schreibt man Lucas 23 Portrait-Miniaturen zu. Nur Holbein verriet er die Geheimnisse seiner Technik, doch beide Maler starben innerhalb eines Jahres. Keiner von beiden hinterließ einen Nachfolger. So mußte sich Heinrich VIII. wieder in den Niederlanden nach einem neuen Portrait-Miniaturisten umschauen. Er entdeckte dort Levina Teerlinck, die talentierte Tochter des größten Miniaturisten der Gent-Brügge-Schule, Simon Bening.

Die ersten Landschaftsmaler: Das Genre der Landschaftsmalerei entwickelte sich in Nordeuropa während des 16. Jh.s. Albrecht Dürer († 1528) malte eine Vielzahl von Landschafts-Aquarellen um 1490. Doch neben diesen Skizzen, die für den Privatgebrauch der Künstler bestimmt waren, und Landschaftskulissen in Gemälden mit anderem Inhalt sind vor 1500 keine Landschaftsgemälde bekannt. Bis 1550 hatten die meisten Landschaftsgemälde vorgeblich andere, meist religiöse Inhalte. Doch in den Arbeiten Albrecht Altdorfers († 1538) und des Niederländers Joachim Patinir († 1528) trat die Landschaft immer mehr in den Vordergrund, die Darstellung von Menschen wurde unwichtiger. Landschaftsmalerei wurde als niederländische Spezialität angesehen, ihr führender Vertreter ist Pieter Bruegel d.Ä. († 1569).

beispiellose Meisterleistung in einer Zeit, in der es an der Tagesordnung war, Flächen großer Gemälde an Assistenten zu delegieren.

Künstlerinnen: Die ersten Künstlerinnen, die internationale Anerkennung erlangten, waren Caterina van Hemessen (1527/28–1566) und Lavinia Teerlinck (um 1520–1576), die beide aus niederländischen Künstlerfamilien, die großen Ruhm genossen, stammten. Caterina arbeitete für die Regentin der Niederlande, Maria von Ungarn. Lavinia wurde Hof-Miniaturistin für Heinrich VIII., Eduard VI. und Mary von England.

Der gefühlsbetonteste Maler war Jacopo Pontormo (1494–1556). Seine expressiven Verzerrungen der menschlichen Gestalt sind Ausdruck seiner hohen Kunst. Die Kreuzabnahme in S. Felicita in Florenz ist sein Meisterwerk.

Der verleumdetste Künstler war Andrea del Castagno (1423–1457). Vasari behauptete, Castagno habe Domenico Veneziano († 1461) ermordet. Doch der mutmaßliche Mörder starb vier Jahre vor seinem Opfer.

Der erste bekannte geisteskranke Künstler: Der niederländische Maler Hugo van der Goes (um 1435–1482) setzte sich auf der Höhe seiner Karriere in einem Kloster in der Nähe von Brüssel zur Ruhe. Zwar arbeitete er weiter, doch er erlitt kurz vor seinem Tod einen schlimmen Depressionsanfall, den der Vorsteher des Kloster-Krankenhauses, Caspar Ofhuys, beschrieb: „Er schrie unaufhörlich, daß er verloren und zu ewiger Verdammnis verurteilt sei. Er hätte sich sogar selbst verletzt, wenn er nicht von seinen Kameraden mit Gewalt daran gehindert worden wäre."

Das erste Eintrittsgeld, um ein Gemälde zu sehen, wurde 1530 von den Besuchern der St. Bavo Kathedrale in Gent (Belgien) verlangt. Sie mußten der Kirche Geld bezahlen, um das Flügelaltarbild *Anbetung des Heiligen Lamms* (1432 vollendet) der Brüder Jan und Hubert van Eyck aus Maaseyck bei Maastricht (Niederlande) betrachten zu können. Geöffnet maß es 375 × 250 cm. Der Flügelaltar bestand aus zwölf Tafeln, acht davon beidseitig bemalt, und insgesamt 252 Gestalten. Es ist noch immer das berühmteste und eines der bedeutendsten Werke der frühen niederländischen Malerei.

Gott beseelt Adam. Detail aus Michelangelos Deckengemälde in der Sixtinischen Kapelle.

Der produktivste Fresco-Maler war Michelangelo. Die Deckengemälde der Sixtinischen Kapelle (Vatikan, Rom) messen 40,2 × 13,6 m. Michelangelo malte sie zwischen 1508 und 1512 mit Szenen aus dem Alten Testament aus. Glaubt man den frühen Biographen, so bewältigte er diese Arbeit ohne Assistenten. Auch wenn man in Rechnung stellt, daß Michelangelo Assistenten hatte, die seine Farben zermahlten und entsprechend der Frescotechnik immer wieder nassen Putz auftrugen, bleibt dies eine

Die ersten Kunstakademien: Um 1490 begannen Künstler, sich zu Gruppen zusammenzuschließen, die man sehr vorsichtig als Akademien bezeichnen kann; in den Medici-Gärten in Florenz, wo der Bronzebildhauer Bertoldo di Giovanni eine informelle Schule unterhielt, die der junge Michelangelo besucht und um Leonardo da Vinci in Mailand. (Die erste organisierte Kunstakademie mit Lehrbetrieb wurde 1563 in Florenz gegründet.)

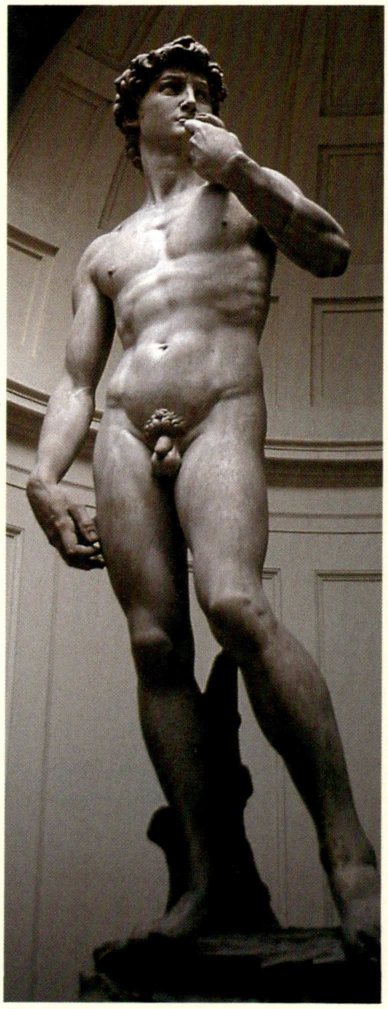

Die größte männliche Nacktstatue war Michelangelos David, *den er 1504 vollendete. Er wurde vor dem Palazzo della Signoria in Florenz als Symbol der städtischen Freiheit aufgestellt – heute steht er in der Galleria dell'Accademia in Florenz. Der* David *war nicht nur die größte Nacktstatue seit der römischen Antike, sondern auch die erste, die auf einem öffentlichen Platz gezeigt wurde. Der Marmorkoloß mit seinen 4,10 Meter Höhe zeugt außerdem von einer technischen Meisterleistung, da die Statue aus einem Marmorblock gehauen wurde, der von einem früheren Bildhauer aus der Domhütte in Florenz verpfuscht worden war.*

Bildhauerei

Die älteste, moderne Statue wurde 1455 in Frascati, in der Nähe von Florenz, Italien, entdeckt. Sie ist als Apollo vom Belvedere bekannt. 1511 ließ Papst Julius II. die Statue im Vatikan in Rom aufstellen.

Die feinste, naturalistische Skulptur Afrikas: Lebensechte Bronze- und Terrakottaköpfe wurden vom 12. bis 16. Jh. in den religiösen Zentren der Yoruba im Südwesten Nigerias hergestellt. Naturalismus ist in der Kunst Afrikas bei Menschendarstellungen höchst ungewöhnlich, da man glaubte, daß realistische Abbilder wehrlos gegen Zauberkräfte sind. Die Qualität der Arbeiten der Ife war so hoch, daß man lange annahm, sie seien von der europäischen Kunst des Mittelmeerraums beeinflußt worden. Die Ife waren die direkten Nachfahren der Nok-Kultur. Sie waren die Begründer der ältesten Bildhauertradition, die man außerhalb Ägyptens kannte, und es ist gerechtfertigt, diese Kunst „klassisch" zu nennen. Mitte des 16. Jh.s, als die Europäer ein Konkurrenz-Handelszentrum zum Süden aufbauten und die Bénin-Kultur im Osten bekannt wurde, starb diese Kultur aus.

Der wichtigste archäologische Fund der Renaissance war im Jahre 1506 die Ausgrabung einer großen Marmorskulptur, die unter dem Namen *Laokoon und seine Söhne* bekannt ist. Es handelt sich dabei um eine Gruppe von drei Figuren, die von Schlangen zu Tode gewürgt werden. Der qualvolle Ausdruck der Figuren schockierte die Kenner, die geglaubt hatten, daß eine derartige Emotionalität in der klassischen Kunst nicht vorkam. Die Debatte darüber, ob die Opfer in würdevoller Stille litten, dauerte einige Jahrhunderte. Michelangelo, der am nachhaltigsten von der Emotionalität dieser Gruppe beeinflußt wurde, arbeitete im 16. Jh. an der Restauration dieser Figurengruppe. (Das meiste seiner Arbeit wurde inzwischen wieder entfernt.)

Die beliebteste Bildhauerkunst: Luca della Robbia (um 1400–1483) war der beliebteste Bildhauer des 15. Jh.s. Er erfand die Technik der glasierten Terrakotta, die 75 Jahre lang ausschließlich in seiner Werkstatt betrieben wurde. Die Technik erlaubte, große Skulpturen dauerhaft zu kolorieren. Sie wurde sofort zur Innendekoration von Wänden, Fußböden und Decken genutzt. Die charakteristischsten Produkte waren Blumen- und Früchtekränze. Doch fand della Robbia seinen größten künstlerischen Ausdruck in Skulpturarbeiten: in den glasierten Madonnenreliefs in Wandnischen wohlhabender Haushalte. Die Madonna von Genua, entstanden um 1450, die in vier Kopien erhalten geblieben ist, ist seine schönste Arbeit. Die Beziehung zwischen der Mutter und dem erschrockenen Kind begründete della Robbias Ansehen als genialer Bildhauer des normalen Lebens.

Das ambitionierteste Projekt war Michelangelos Grabmal für Papst Julius II. (Rom, S. Pietro in Vincoli). Es wurde 1505 begonnen. Der Originalentwurf sah eine Konstruktion von 10,5 m Länge und 7 m Breite vor, versehen mit 40 Statuen, viele davon in Lebensgröße. 1545 wurde das Projekt in reduzierter Form von Assistenten vollendet. Das fertiggestellte Grabmal hat sechs Statuen. Sicher kann jedoch nur die Statue des *Moses* Michelangelo zugeschrieben werden.

Der erste neue Bronzeguß: Die komplizierte Technik des Gusses großer Statuen in Bronze, seit der römischen Antike praktisch vergessen, wurde durch den Florentiner Bildhauer Lorenzo Ghiberti (1378–1455) wiederbelebt. Er schuf die überlebensgroße Statue *Johannes der Täufer* (1414) für die Kirche Or San Michele in Florenz. Dabei überzog man eine Tonplastik mit Wachs, die wiederum mit Gips überzogen wurde. Dann schmolz man das Wachs durch Lüftungskanäle aus. Das Wachsoriginal geht verloren. Der Guß ist somit einmalig. Durch einen schmalen Gußkanal wurde flüssige Bronze eingegossen, die dort erkaltete. Dann wurde der Gipsmantel entfernt und die Bronzestatue freigelegt. Am fertigen Bronzeguß wurde anschließend die Oberfläche abgefeilt und geglättet („ziseliert"). Während des ganzen 15. Jh.s assoziierte man Florentinische Kunstfertigkeit mit der Kunst des Bronzegießens. Besonders deutlich machte dies die Erteilung wichtiger Aufträge über Pferdestatuen für Padua und Venedig, die die Florentiner Bildhauer Donatello und Verrocchio erhielten.

Die neuste Kunstform waren Portraitmedaillen, die, inspiriert von alten römischen Münzen, auf einer Seite den Kopf des Modells im Profil und auf der anderen Seite sein persönliches Emblem zeigen. Diese Kunstform entwickelte sich während des 15. Jh.s in Italien und wurde um 1500 überall in Europa modern. Ihr berühmtester Vertreter war Pisanello (1395–1455). Seine Portraitmedaille von Johann VIII. Palaiologos, die er 1438/39 herstellte, war der Beginn des modernen Stils realistischer Portraitkunst. Pisanellos Medaillen wurden entweder in Bronze oder Blei gegossen.
Normalerweise aus Bronze gemacht, konnten die Münzen in großen Mengen hergestellt werden. Da sie klein waren, waren sie leicht zu transportieren und wurden zu beliebten diplomatischen Geschenken.

Die besten Metallarbeiter Afrikas: Die Bronzearbeiter aus Bénin arbeiteten unter dem Schutz des *Oba*, des Königs. Sie lebten in separaten Vierteln der Stadt. Zwei in Bronze gegossene Köpfe der Königsmutter halten dem Vergleich mit den besten Bronzen jeder Zeit und jedes Ortes stand. Die interessantesten und informativsten Arbeiten sind die Tafeln, die historische oder rituelle Ereignisse darstellen und im Haus des Oba aufgehängt wurden. Eine 16.-Jh.-Tafel aus Bénin, die im British Museum

Diese Tafel schuf Luca della Robbia für das Hospital in Pistoia (Italien). Sie stellt treffend einen Besuch auf der Krankenstation dar.

zu sehen ist, zeigt den Oba, der ein Opfer darbringt, während er zwei Leoparden an ihren Schwänzen umherwirbelt. Aufgrund seines göttlichen Königtums durften die Füße des Oba den Boden nicht berühren. Auf dieser Ta-

Zwei Bronzemasken aus Bénin – sie sind vergleichbar nur den schönsten Bronzen, die überhaupt jemals geschaffen worden sind.

fel sind sie als schlangenartige Kreaturen, die ihn mit dem Seegott in Verbindung bringen, gearbeitet. Das rechteckige Bildformat unterscheidet sich vollkommen von der üblichen Volkskunst in Afrika. Es wurde vermutet, daß die Künstler gedruckte Bücher aus Europa kannten. Diese sollen die Inspiration für dieses ungewöhnliche Format gewesen sein. Die Portugiesen waren die ersten Europäer, die Bénin

DEKORATIONSSTILE

Der Renaissancestil in den dekorativen Künsten, der einzige wichtige Faktor des Entwurfs, war in Italien im 15. Jahrhundert vollkommen entwickelt und verbreitete sich im 16. Jahrhundert überall in Europa. Der neue Stil basierte auf der Römischen Architektur und unterschied sich vom früheren gotischen Stil durch die Präferenz des Rechtecks, solider Formen über der Vertikalen, komplizierte und lichte Elemente. Die architektonische Qualität der Objekte wird durch klassische Säulen oder Pilaster betont. Bevorzugte Motive sind Kränze, Akanthus-Blätter, mythologische Gestalten, Putten (Engel) und Kopfportraits, wie man sie auf klassischen Kammeen findet. Da die besten Architekten, Maler und Bildhauer auch Tapisserien entwarfen, Schmuck, Möbel und andere Dekorations-Objekte anfertigten, wurde dieser Stil schnell in die „kleinen" Künste aufgenommen.

Der manieristische Stil entwickelte sich um 1520 in Rom und Florenz aus dem Renaissancestil und wurde von Künstlern an Hofschulen überall in Europa aufgenommen: Paris, Fontainebleau, Prag, Mantua, London. Es war der dominierende Kunststil fast des gesamten 16. Jahrhunderts. Die Plünderung Roms, 1527, war der wichtigste Grund, warum die Künstler sich zerstreuten und den neuen Stil an die anderen Höfe Europas übermittelten. Die Elemente, die man aus der Renaissance kannte, wurden verlängert und häufig in gezierter Form stilisiert. Gestalten in aufrechter Haltung und komplizierte ornamentale Muster ineinander geschlungener Linien wurden modern. Der Hauptunterschied zwischen der frühen Renaissance und dem Manierismus liegt in dem Appell des letzteren an die Sinne und Gefühle, wohingegen die Renaissance logischer, ruhiger und geordneter erscheint.

erreichten. Seit 1485 tauschten sie Kupfer und Messing gegen Elfenbeinschnitzereien und Sklaven. Ab dem frühen 16. Jh. tauchten Bilder langhaariger, bärtiger Portugiesen in der Volkskunst Afrikas auf.

Die erste neue Pferdestatue: Das lebensgroße Denkmal des Venezianischen Militärbefehlshabers Gattamelata in Padua ist ein Werk des Florentiner Bildhauers Donatello. Er schuf es zwischen 1443 und 1453. Es war die erste Bronze-Pferdestatue seit der römischen Antike. Mit dieser Statue wurde die durch antike Modelle, wie zum Beispiel der Statue des römischen Kaisers Marc Aurel, inspirierte Vorstellung des Pferde-Monuments als Verkörperung des heroischen Ideals der Macht wiederbelebt.

Die ersten englischen Renaissancewerke stammen von dem Florentiner Bildhauer Pietro Torrigiano (1472–1528). Sein Auftraggeber war König Heinrich VIII. Torrigianos Meisterstück ist das Bronzegrabmal König Heinrich VII. (1512–1518) in der Kapelle Heinrich VII. in Westminster Abbey, London. Um 1522 verließ Torrigiano England. Danach schnitt die Reformation England von den italienischen Einflüssen, die sich in Kontinental-Europa verbreiteten, ab. Bis nach 1600 hatte die Renaissancekunst in England nahezu keine Auswirkungen.

Die erste bekannte Fälschung: 1496 reiste Michelangelo nach Rom. Er war derart überwältigt von dem, was er dort sah, daß er begann, Imitationen griechisch-römischer Plastiken anzufertigen. Eine dieser Plastiken (heute verschollen) wurde als antikes Stück verkauft. Diese Skulptur wird als erste bewiesene Fälschung angesehen.

Holzschnitzerei

Die besten nordamerikanischen Bildhauer groß angelegter Holzobjekte waren die der Tlingit und Haida. Bis zur Ankunft der Europäer benutzten sie Steinwerkzeuge und Jade. Dann begannen sie, mit Metallwerkzeugen zu arbeiten. Bis zu 21 m hohe Totempfähle dienten als Clan-Denkmäler. Sie gaben Auskunft über die soziale Position desjenigen, der die Arbeit in Auftrag gegeben hatte.

Einzigartiger Entwurf: Der besondere Stil der Tlingit, später als „Röntgen"-Stil bezeichnet, der am häufigsten bei Holzschnitzereien oder auf Stoffen verwendet wurde, ist einzigartig in Amerika. Tierkörper weden nach einem abstrakten flachen Schema dargestellt, das sowohl die inneren Organe als auch die Glieder und normalerweise sichtbaren Teile zeigt.

Die beste Bildschnitzerarbeit Nordeuropas: Die Arbeiten der süddeutschen Bildschnitzer waren außergewöhnlich. Lindenholz, das am leichtesten zu bearbeitende Hartholz, war ihr bevorzugtes Material. Tilman Riemenschneider (um 1460–1531) war der erfolgreichste Vertreter dieser Schule. Er war gleichzeitig Bürgermeister der Stadt Würzburg und Meister einer Werkstatt, die zwölf Lehrlinge beschäftigte. Das einzige seiner großartigen Altarbilder, das noch intakt ist und existiert, ist der *Heiligblut-Altar* (1499–1505) in der St. Jakobskirche in Rothenburg. Das Innere des Altarbildes enthielt einen Tropfen des wundertätigen Blutes Christi: der am meisten geschätzte Besitz der Kirche, der viele Pilger aus den Nachbarstädten anzog. Der Künstler hat sich auf dem Mittelbild mehr darauf konzentriert, die Geschichte des Letzten Abendmahls als historisches Ereignis zu erzählen, als ein frommes Werk zu schaffen. Christus und seine zwölf Jünger werden in dem dramatischen Moment dargestellt, in dem Judas seinen Verrat preisgibt. Keine der Figuren ist so dargestellt, daß den einfachen Leuten die Möglichkeit genommen wird, diese als echte Menschen anzusehen. Obwohl Judas, der schlechteste Charakter der Szene, bei direkter Beleuchtung im Mittelpunkt der Szene steht, wußte Riemenschneider, daß die Sonne im Verlauf eines Tages andere Figuren hervorhebt und somit keiner Person übertriebene Beachtung zufällt.

Wandverkleidung

Die teuerste Wanddekoration war Tapisserie. Sie diente als hervorragende Isolation für zugige Steingebäude. Bei der echten Tapisserie sind die umwickelten Kettfäden (die, die auf den Webstuhl gezogen sind) nicht sichtbar. Die Schlußfäden, die eingewebt werden, um das Muster zu halten, werden heruntergeschlagen, um das Tuch zu bedecken. Diese wurden aus den hochwertigsten Materialien – Wolle, Seide, Gold oder Silber – hergestellt.

Die aufwendigsten Bildteppiche waren die *Gideon Bildteppiche.* Sie wurden zwischen 1449 und 1452 in Tournai (Belgien) hergestellt, (im 18. Jh. zerstört). Die Teppiche waren die berühmtesten Wandteppiche des 15. Jh.s und wahrscheinlich die luxuriösesten, die jemals gewebt wurden. Philipp der Gute, Herzog von Burgund, gab sie für den einflußreichen Ritterorden des Goldenen Vlies in Auftrag. Sie bestanden aus acht Teppichen, jeder maß 5,60 m in der Höhe, zwei Teppiche waren etwa 15,4 m lang, die restlichen 11,2 m. Sie kosteten die ungeheure Summe von 8960 Kronen. Nur die kostbarsten Materialien wurden verarbeitet: Fäden aus echtem Gold für Gelb und Seide für den Rest. Um ihre Exklusivität zu sichern, zahlte Philipp der Gute für die Kartons, die als Webvorlage dienten, dem Maler Baudouin de Ballieul eine große Summe für das Copyright.

Das unbestrittene Zentrum der Tapisserie-Produktion war bis zur Eroberung durch Ludwig XI. von Frankreich im Jahre 1477 Arras. Zwischen 1423 und 1467 sind die Namen von 59 Hochwebstuhl-Webern verzeichnet, und der Name der Stadt galt überall in Europa als Synonym für die schönsten gewebten Wandbehänge. Unter der französischen Besatzung waren die Steuern und Einschränkungen so groß, daß viele der Weber emigrierten. Zu der Zeit, als Karl VIII. 1484 den Bürgern ihre vollen Rechte zurückgab, war dieses Handwerk nicht mehr zu retten. 1491 arbeitete nur noch ein Meisterweber in der Stadt. Tournai und Brüssel konkurrierten dann um das Ansehen als Tapisserie-Zentrum.

Die berühmtesten Tapisserien: Die mysteriösesten und romantischsten Tapisserien sind die sechs Behänge der *Frau mit dem Einhorn*, die sich heute im Musée Cluny in Paris befinden. Sie wurden um 1490 von Jean la Liste, Mitglied des gehobenen Bürgertums, bei einer Brüsseler Werkstatt, die berühmt für ihre *Mille fleur* (tausend Blumen), mit Blumen und kleinen Tieren dekorierten Hintergründe war, in Auftrag gegeben. Auf jedem der sechs Wandbehänge erscheint eine zeitgemäß gekleidete junge Frau mit einem Löwen, der den Blutadel symbolisiert, und mit einem Einhorn, das für den neuen Adel steht. Die befriedigendste Interpretation der Szenen ist die, die sagt, daß die dargestellten Aktivitäten die Fünf Sinne symbolisieren.

Die berühmtesten Wandteppiche waren die zehn Teppiche, die *Szenen aus dem Leben der Apostel* zeigen. Jedes dieser zehn Stücke, von Papst Leo X. für die Sixtinische Kapelle in Auftrag gegeben und von Pieter van Aelst 1515 nach Kartons des italienischen Malers Raffael gewebt, kosteten zwischen 1600 und 2000 Dukaten. (Die Originalteppiche, von denen einige Kopien existieren, sind im Vatikan-Museum in Rom zu sehen, die Kartons im Victoria- und Albert-Museum in London.)

Tapete war die billigste Alternative zur Tapisserie. Es existieren Beweise, daß ab 1481 Papier aus dekorativen Zwecken an Wände geklebt wurde. Im 16. Jh. war das Tapezieren von Wänden weitverbreitet.

Die älteste erhaltene Tapete: Die „Cambridge Fragments", die 1911 in der Master Lodge des Christ College entdeckt wurden, sind die ältesten Tapeten. Die Jahreszahl 1509, durch einen Text auf der Rückseite belegt, bezieht sich auf das erste Regierungsjahr von Heinrich VIII. Das schwarze Muster basiert auf Granatäpfeln. Es ist auch das dominierende Muster, das man auf italienischer Seide findet. Die Blockform, in der das Papier bedruckt ist, mißt 40 × 27 cm.

Die erste Velourstapete: Tapete mit Strukturmuster, als Samtimitat entworfen, wurde in der Alten Kapelle in Regensburg entdeckt. Die Tapete stammt aus der Zeit um 1450. Die Jagdszene hebt sich in Rot von dem weißen Hintergrund ab. Sie könnte zur Wanddekoration benutzt worden sein.

Die älteste erhaltene Blumentapete: Ein Stück englischer Tapete aus der Zeit um 1550 hat eine Tudor-Rose, die als schwarzer Holzschnitt auf grauem Grund gearbeitet ist. (Alle Tapeten wurden in kleinen Stücken hergestellt. Die kommerziell produzierte Tapetenrolle mit sich wiederholenden Mustern wurde nicht vor dem 17. Jh. erfunden.)

Die schönsten Fliesen der Welt waren die glasierten Tonfliesen, die in den Brennöfen in Iznik nahe Konstantinopel (Türkei) hergestellt wurden. In der islamischen Welt schmückte man die Wände mit Fliesen, besonders in Moscheen, bei denen sie die Innen- und Außenwände überdeckten. In Europa wurden Fliesen als Fußbodenbelag benutzt. Bedeutende Fliesenherstellungszentren, die im 15. Jh. in Neapel und Faenza (Italien) eingerichtet wurden, produzierten blaue und weiße Majolika, wie die Technik in Italien zur Zeit ihrer Entstehung genannt wurde.

Die hervorragendste Illusion: In Italien bevorzugten die Wohlhabenderen die Frescomalerei zur Dekoration von Wänden. Mantegnas *Camera delgi sposi* (Der Raum von Braut und Bräutigam), 1471 vollendet, ist der spektakulärste, illusionistisch entworfene Raum. Ein Gruppenportrait der ganzen Familie, gemeinsam mit der Dienerschaft und einem Zwerg, war auf die Kaminwand gemalt; der Kaminsims ist als Plattform für die Gruppe kunstvoll in die Komposition eingearbeitet. Die Gemälde, die Aussichten in die Landschaft im Hintergrund freigeben, setzten sich auf allen vier Wänden fort, so daß der Eindruck entsteht, als seien die Wände verschwunden. Die Decke besitzt das spektakulärste Aussehen. Ein zylindrischer Ausblick erweckt die Illusion, als ob sie sich zum Himmel hin öffne mit Gestalten, die über ein Geländer hinweg auf die Betrachter hinabschauen, während perspektivisch gezeichnete *Putti* (Engel) auf den Kanten sitzen. Ein mit Blumen gefüllter Kübel steht auf der Kippe und droht jeden Augenblick hinabzufallen.

Die ersten Intarsienarbeiten: Intarsien, eine Schmucktechnik, bei der Bilder geschaffen werden, indem verschiedene Holzarten in herausgearbeitete Vertiefungen eingelegt werden, wurden zuerst in Siena bei Chorstühlen benutzt. Schnell wurden Einlegearbeiten an Wänden und Möbeln beliebt. Die *Trompe l'œil*-Dekoration von 1479 im Arbeitszimmer des Herzogpalastes in Urbino (Italien) ist die schönste Arbeit. Fast 30 verschiedene Holzarten konnten in den illusionistischen Tafeln identifiziert werden.

Der erste komplette Grotesken-Entwurf: Die *Groteske* ist eine manieristische Ornamentform, die häufig auf Wänden benutzt wurde. Sie wurde aus der antiken römischen Wandmalerei und Reliefornamentik übernommen. Der Name leitet sich von *grotte* ab, womit wohl die grottenartigen Stätten unter der Erde, die entstanden, als man die Häuser der Römer ausgrub, bei denen man diese antike Ornamentform entdeckte, bezeichnet wurden. Für den Raum von Kardinal Bibblena im Vatikan schuf Raffael 1516 als erster ein komplettes Ornament, bei dem er sowohl gemalte als auch stuckierte Grotesken benutzte. Mitte des 16. Jh.s fand man Grotesken überall in Europa. Die Beliebtheit der Motive wuchs ständig, ebenso die Phantasie, die die Skala der Objekte, auf die Grotesken angebracht werden können, ständig erweiterte. Giovanni da Udine (1487–1564), ein Schüler Raffaels, der ihn zu den ärchäologischen Ausgrabungsstätten der römischen Häuser begleitete, rekonstruierte das verlorene Rezept der Stuckherstellung.

Möbel

Das wichtigste neue Handwerk: Die Entwicklung des Tischlerhandwerks im späten 15. Jh. in Flandern revolutionierte die Möbelherstellung und schuf neue Spezialisten. Die Aufgabe des Tischlers bestand darin, Holzplatten in die Furchen der Rahmen zu stecken. Der Hauptvorteil dieser Konstruktionstechnik bestand darin, daß sie ein Zerbrechen verhindert und das Umwickeln der Bretter überflüssig macht. Die Fugen- und Zapfentechnik war bei dieser Technik unentbehrlich.

Das größte Bett war das „Great Bed of Ware" (heute im Victoria- und Albert-Museum, London). Das Entstehungsdatum schwankt zwischen 1463 und 1590. Das Bett war 332,5 cm lang, 315 cm breit und 240 cm hoch, einschließlich des hölzernen Baldachins. Obwohl der Reichtum der Schnitzereien nahelegt, daß das Bett für eine reiche Person angefertigt wurde, ist die erste beweisbare Herkunft das Saracen's Head Inn im englischen Ware. Ein Bett mit anderen zu teilen, war normal, egal ob dies Familienmitglieder oder Fremde waren, die in einem Gasthof übernachteten. Die Schnitzereien zeigen beispielhaft die Motive Tudor-Englands: Akanthus-Blätter, Schlaufenmotive, Löwenköpfe und figürliche Säulen. Das Kopfbrett weist Intarsienarbeiten (Bilder, die durch eingelegtes Holz geschaffen werden) auf. (Das Bett war sogar zur Zeit Shakespeares berühmt; er erwähnt es in *Twelfth Night*, 1620.)

Teppiche

Die schönsten Teppiche der Renaissance waren die orientalischen. Zum ersten Mal interessierte sich der Westen im 14. Jh. für sie; im 16. Jh. wurde das Interesse zur Leidenschaft. Es war ein Gebiet des Kunsthandwerks, das die Europäer nie übertrafen. Die ersten orientalischen Teppiche, die Europa erreichten, waren von den Seldschuken-Türken auf der anatolischen Halbinsel gewebt worden. Die schönsten waren die geknoteten Teppiche, die um 1500 am Safawiden-Hof in Persien (Iran) hergestellt wurden.

Der größte, prächtigste und besterhaltenste: All diese Rekorde hielt der Heilige Teppich von Ardebil. Er maß 11,5 × 5,34 m. Er bestand aus 32 Mio. Knoten. Die Feinheit und Präzision der Muster verraten, daß ein lebensgroßer Karton bei seiner Herstellung verwendet wurde, und identifizierten ihn als ein Mitglied der nordpersischen Medaillon-Gruppe. Eine Inschrift datiert ihn präzise auf das Jahr 946 der Hijra (islamische Epoche) oder 1539/40. Es

Teppiche wurden in Europa im 15. Jahrhundert so hoch angesehen, daß sie auf Gemälden nur vor dem Thron der Jungfrau oder in der Kirche auftauchten. Im 16. Jahrhundert wurden sie als Altarbedeckungen verwendet, aber auch als säkulare Tischbedekkungen oder über Balustraden drapiert.

wird viel spekuliert, wie lange es wohl gedauert haben mag, den Teppich herzustellen: die zurückhaltendste Schätzung geht dabei von drei Jahren aus.

Handarbeit

Die ältesten gedruckten Musterbücher für Spitzen, Näharbeiten und Netzarbeiten wurden von Matio Pagano aus Venedig geschrieben. Darunter waren: *Giardinetto nuovo di punti tagliati* (Neuer Garten der Netzarbeitsmuster), 1542 gedruckt, und *Ornamento de le belle et virtudiose donne* (Die Zierde der schönen und tugendhaften Frauen) von 1543. Sie erreichten in kürzester Zeit hohe Auflagen. (Nur wenige Handarbeits-Musterbücher sind erhalten, da die Benutzer die Muster mit Löchern direkt durch die Seiten des Buches hindurch auf den Stoffen markierten.)

Die erste echte Spitze war die Nadelspitze (Handarbeit). Sie war eine venezianische Entdeckung des späten 15. Jh.s. Sie entwickelte sich aus den Durchbruch-Arbeiten, die zur Dekoration von Unterwäsche, Altartüchern und leichten Kleidungsstücken verwendet wurden. Sie hat eine offene Struktur, die durch eine Nadel hergestellt wird, wobei ein einzelner Faden ähnlich wie beim Knopflochstich verarbeitet wird. Die Technik nannte man *punto in aria* – Stich in die Luft. Klöppelspitze wurde im späten 15. Jh. in Flandern erfunden. Sie wird hergestellt, indem verschiedene Fäden um Nadeln, die in einem Muster auf einem Klöppelkissen fixiert sind, herumgeschlungen und umeinandergeflochten werden. Die schönsten Klöppelspitzen wurden (und werden noch heute) in Brüssel produziert.

Die erste Erwähnung von Spitze in England: Der erste Beleg für Spitzenarbeiten in England ist eine Beschwerde, die die Frauen der Mystery-Gilde der Textilarbeit 1454 gegen die Anwesenheit von sechs flämischen Frauen, die mit einer neuartigen Faden- und Seidenschnitttechnik arbeiteten, einlegten. Die erste explizite Erwähnung von Spitze findet sich in dem Gesetz von Eduard IV. aus dem Jahr 1463, das die Einfuhr von Spitze, Bändern und Fransen verbot. Unter dem Staat, den Richard II. 1483 während seiner Krönung umhüllte, befanden sich „Fransen aus Venedig“ und „Spitzen aus weißem und venezianischem Gold“.

Kunsthandwerk

Höchste Kunstfertigkeit hatten die Inka überall in Amerika bei Keramik- und Textilarbeiten sowie der Edelmetallverarbeitung entwickelt. Alonso de Carmona, der in Mexiko und Peru gelebt hatte und einer der Spanier war, die Hernando de Soto 1539–1542 bei seiner Schatzsuche in Nordamerika begleitet hatten, berichtete, daß er in einer Grabstätte, im heutigen Georgia gelegen, mit Schnitzereien und Perlen verzierte Waffen gesehen hat, die zu den schönsten der ganzen Welt gehören.

Das älteste bunte Glas: Der Lichtgaden des Augsburger Doms enthält ein Fenster, von dem man annimmt, daß es Mitte des 11. Jh.s eingebaut wurde.

Die außergewöhnlichsten Trinkgefäße: Das Schüsselfelder Schiff (Germanisches Nationalmuseum, Nürnberg) ist ein besonders luxuriöses Beispiel für Trinkgefäße und Tischdekorationen, die man in reichen Haushalten dieser Zeit fand. 1503 in Nürnberg aus teilweise vergoldetem Silber hergestellt, ist das Gefäß ein kompliziertes und genaues Modell einer Galeone mit Takelage, Kanonen, einem beweglichen Ruder, einer Sonnenuhr und 74 Figuren, die bei verschiedenen Beschäftigungen, wie zum Beispiel beim Essen und Trinken, beim Musik machen, Kartenspielen oder beim Klettern in der Takelage dargestellt sind. Es ist 79 cm lang und 43,5 cm breit; die gesamten Aufbauten können abgenommen werden, damit der Schiffsrumpf mit Wein gefüllt werden kann. Er faßt 2,33 l.
Shah Ismail, der Gründer der Safawiden-Dynastie im Iran des frühen 16. Jh.s, tötete einen Widersacher. Dessen Schädel goß er mit Gold aus und benutzte ihn als Trinkgefäß.

Die kompliziertese Korbflechtkunst war die qualitativ hochstehende Korbwebkunst der Pomo-Stämme aus Kalifornien. Sie flochten Federn und Perlen in die Gräser ein und produzierten die schönsten Muster. Die winzigen Körbe hatten einen Durchmesser von nur 1,6 cm. Sie sind als „Edelstein-Körbe“ bekannt.

Eine herrliche Handschrift des Korans aus dem Jahre 1545, die dem Sultan von Buchara, heute in der Sowjetunion gelegen, gewidmet war. Es galt übrigens als Ketzerei, das heiligste Buch des Islam zu drucken. So blieb seine Herstellung unbeeinflußt vom Buchdruck.

Handschriften

Die größte Sammlung: Im 15. Jh. waren handgemachte und -kolorierte Bücher noch immer die besten. Sie waren Luxusartikel, die für einen fürstlichen Lebensstil absolut notwendig waren. Der erste Philosophen-Fürst Federigo da Montefeltro (1422–1482), Herzog von Urbino, besaß eine Büchersammlung, von der angenommen wird, daß sie größer als die irgendeiner europäischen Universität jener Zeit gewesen ist. Der Herzog ließ verlauten, daß er sich schämen würde, wenn er auch nur ein gedrucktes Buch besäße. Ein Portrait von Justus von Gent von etwa 1475 zeigt ihn in voller Rüstung beim Studium einer Handschrift.

Die größte Handschrift war im Jahre 1492 der *Codex Gigas.* Es handelt sich hierbei um eine Bibel, die im 12. Jh. in Böhmen geschrieben wurde. Mit 90 × 50 cm großen Folioformaten ist er das größte Buch, das auch aus Tierhäuten hergestellt werden konnte.

Die höchste Auflage erreichten Stundenbücher. Sie wurden in größeren Stückzahlen produziert als irgendeine andere Sorte Manuskripte. Fromme Christen benötigten die Stundenbücher für ihre täglichen Andachten. Auf die illustrierten Zyklen der kontinental-europäischen Stundenbücher – hauptsächlich die täglichen Gebetssequenzen, die Offizien der Maria, die in Intervallen von einigen Stunden begangen wurden – folgt ein Zyklus der Ereignisse der Kindheit Christus. Er beginnt mit der Verkündigung und endet mit der Krönung der Jungfrau. Im Zentrum des Zyklus in Stundenbüchern für englische Benutzer stehen die Peinigungen Christi während der Kreuzigung. Je nach geographischer Lage unterschieden sich die Gebete und Andachten der Stundenbücher. Die am luxuriösesten illustrierten Stundenbücher konnten bis zu 60 ganzseitige Illustrationen enthalten.

Die schönste europäische Handschrift ist das Grimani-Brevier von etwa 1515. Es umfaßt 1664 Seiten und 110 Miniaturen. Die Handschrift ist für ihre Umrahmungen und ihre illusionistische Raumaufteilung in den Kalenderszenen berühmt. Die Handschrift enthält Arbeiten großer Meister: Simon Bening, Meister von Jakob IV. von Schottland und Arbeiten des Meisters David Scenes. Bis 1520 befand sich die Handschrift im Besitz von Kardinal Grimani. Allerdings wurde sie nicht für ihn angefertigt. Bis heute ist nicht klar, wer dieses ambitionierteste religiöse Buch der Renaissance in Auftrag gab.

Ein einzigartiger Stammbaum ist der des Infante Don Fernando von Portugal, 1530–1534. Er ist der einzige illuminierte Stammbaum in der flämischen Kunst und die größte Handschrift, die in Flandern hergestellt wurde (55,9 × 39,4 cm). Sie ist außerdem die am besten belegte Handschrift, die jemals produziert wurde, obwohl sie unvollendet blieb, weil der Kunde starb. Die Illustrationen sind die größten, die der Meister Simon Bening jemals schuf. Der auf der Einfassung von Folio 2 erstaunlich realistisch gemalte Familienbaum zeigt die Abstammung der portugiesischen Könige von Magog, dem Enkel von Noah.

Die größten Maya-Handschriften: Die einzigen illustrierten „Handschriften“ der Neuen Welt wurden von den Mexikanern hergestellt.

Sie wurden zu „Blättern" gefaltet, die aus der Rinde des wilden Feigenbaums bestanden und mit Kalk grundiert und mit Erdfarben bemalt waren. Sie zeigten die regierenden Häuser. Die meisten basierten auf dem rituellen astrologischen Kalender, der überall in Mittelamerika heilig war. Es gab 18 Monate mit 22 Tagen plus fünf tote Tage im Jahr. Die Maya-Handschriften wurden schonungslos vernichtet, nur vier sind erhalten geblieben. Die längste ist der Madrid-Kodex aus dem späten 15. Jh. Sie besteht aus Rinden-Papier und ist 6,6 m lang. Die Handschrift ist mit Horoskopen, die für die Weissagungen benutzt wurden, illustriert. Der erste Bischof von Yucatan, Diego de Landa, war der eifrigste Zerstörer dieser Handschriften, die er als Werk des Teufels ansah.

Der letzte Buchmaler: Simon Bening (1483–1561) war der beste Handschriften-Landschaftsmaler und der letzte der großen flämischen Buchmaler.

Buchillustration

Die schönsten gedruckten Bilder: Aufgrund ihrer langen Erfahrungen mit dem Holzschnitt-Druck waren die chinesischen Handwerker im 15. Jh. in der Lage, hervorragende Buchausgaben, mit Illustrationen auf jeder Seite, zu drucken. Eines der schönsten Exemplare ist die Ausgabe des Theaterstückes *Die Geschichte der westlichen Kammer* von 1499. Europäische Bücher, die zur gleichen Zeit entstanden, hatten wesentlich einfachere Bilder. Um 1550 begannen die chinesischen Drucker, mit vielfarbigen Illustrationen zu experimentieren.

Die ersten illustrierten Bücher: Vor der Erfindung der beweglichen Lettern um 1450 druckte

Albrecht Dürers Holzschnitt Triumphbogen und Prozession *aus dem Jahre 1518.*

man Bücher, indem für jede Seite ein einziger Holzstock, der Bild und Text enthielt, hergestellt wurde. Diese sogenannten Blockbücher wurden während des ganzen 15. Jh.s produziert. Eines der bekanntesten war *Ars moriendi* (Die Kunst des Sterbens). Das Buch erschien ab 1450 in mindestens zwölf Auflagen und in drei Sprachen: Latein, Deutsch und Französisch. Man nimmt an, daß das früheste illustrierte Buch, dessen Text mit beweglichen Lettern gedruckt wurde, *Der Ackermann aus Böhmen* war. Das Buch wurde 1460 von Albrecht Pfister aus Bamberg gedruckt.

Die älteste bekannte Graphik ist *Die Geißelung Christi* von einem anonymen Meister. Sie trägt die Jahresangabe 1446. Graphische Techniken, besonders die verfeinerte Technik des Kupferstichs, wurden in Deutschland entwickelt. 1518 entstand eine Folge von Druckgraphiken von Dürer und anderen Künstlern: *Triumphbogen Prozession.* Zusammengefügt sollte sie die Habsburger Dynastie preisen. *Der Triumphbogen* bestand aus 192 Holzschnitten, die – zusammengefügt – eine Fläche von ungefähr 3 × 3,60 m bedeckten.

Erste gedruckte Bilder in Europa: Gedruckte Bilder wurden nicht nur zur Buchillustration verwendet. Sie waren auch preiswerte Kunstwerke. Viele der gedruckten Werke waren religiöse Bilder, die als Souvenirs an die reisenden Gläubigen an den Wallfahrtsorten verkauft wurden. Andere wiederum wurden auf Karton aufgeklebt und zur Dekoration oder als Schrein in den Haushalten verwendet, die sich keine Gemälde leisten konnten. Holzschnitte, die früheste Form des Drucks, entstanden Anfang des 15. Jh.s in Deutschland oder den Niederlanden. Sie erreichten mit den Werken Albrecht Dürers – zum Beispiel *Die Apokalyptischen Reiter* von 1498 – ihren Höhepunkt.

Die frühesten Graphiken: Während die Chinesen bereits einige Jahrhunderte vor Christus Holzschnitte anfertigten, wird die moderne Form des Holzschnitts ins 15. Jh. datiert. Das früheste Beispiel stammt aus dem süddeutschen Memmingen aus dem Jahr 1423. Die früheste Prägung mit einer Metallplatte wurde 1452 angefertigt. Als Druckvorlage diente ein Schrotschnitt, der wie der Holzschnitt ein Hochdruck ist, während es sich beim Kupferstich um einen Tiefdruck handelt. Den Schrotschnitt gab es nur im 15. Jh. bis Anfang des 16. Jh.s. Der Schrotschnitt ist eine Abart des Holzschnitts – ein Hochdruck von einer Metallplatte. Die weißen Stellen sind eingeschnitten oder punktförmig mit Punzen eingeschlagen.

Die ersten Exlibris: Gedruckte Einlagen, die den Besitzer eines Buches verraten, wurden im späten 15. Jh. zuerst in Deutschland benutzt. Das älteste erhaltene Beispiel (13,75 × 17,5 cm) wurde von einem Holzschnittblock für Johannes Knabbenburg gedruckt, der auch als der „Igler" bekannt war. Der Schriftzug über dem Bild eines Igels lautet „Hans Igler. Möge der Igel dich küssen". Dieser unfreundliche Wunsch steht in der Tradition der Anatheme oder Flüche, die während des Mittelalters als Warnung vor potentiellen Dieben in Bücher geschrieben wurden.

Mode

Die erste internationale Mode: Die rechteckige Silhouette des Renaissancestils in der Mode kam in den letzten Jahrzehnten des 15. Jh.s an verschiedenen Höfen Italiens in Mode. An der Wende zum 16. Jh. eiferte man überall in Europa diesem Stil nach; zum ersten Mal in der Geschichte wurde die Mode international. Die großen Fortschritte bei der Kommunikation, besonders die Erfindung des Drucks, erlaubten es, daß neue Handarbeits- und Schmuckent-

EUROPÄISCHE KLEIDUNG

In allen Ländern Europas war die dreilagige Bekleidung gängig, während die Art und Weise, wie sie getragen wurde, und Details des Stils und der Konvention stark variierten. Frauen trugen Unterkleidung, Oberbekleidung und darüber ein Gewand, normalerweise einen Mantel. Männer trugen Hemden und Oberbekleidung, normalerweise ein Wams und eine Hose. Ihre Oberbekleidung bestand aus einer Hemdbluse, die sich zu einem Überzieher entwickelte. Der Unterschied zwischen den Geschlechtern wurde strengstens überwacht; Transvestiten verbrannte man auf dem Scheiterhaufen. Die Kopfbedeckungen, abhängig von den subtilsten regionalen Unterschieden, verrieten am meisten über ihre Träger. Italienische Edelfrauen unterschieden sich von nordeuropäischen durch ihre Bereitschaft, ihr Haar zu zeigen. Im Norden dagegen hielten sich die Frauen enger an die Predigten des Paulus. Im 1. Korinther 11, Vers 6–10 schreibt er: „... soll sie das Haupt bedecken. Der Mann aber soll das Haupt nicht bedecken, denn er ist Gottes Bild und Abglanz; die Frau aber ist des Mannes Abglanz, denn der Mann ist nicht vom Weibe, sondern das Weib ist vom Manne ... die Frau [ist] um des Mannes willen [erschaffen] ... Darum soll die Frau eine Macht auf dem Haupte haben, um der Engel willen." Die meisten verheirateten Frauen in den meisten Ländern Europas trugen deshalb einen Schleier.

Corna, eine wie ein Horn geformte Kopfbedeckung, wurde um 1450, aus dem Norden kommend, modern. Mitte des 15. Jahrhunderts wurde dieser schwere Stil der Kopfbedeckung seltener, und das Haar, ob echt oder falsch, wurde mit eingeflochtenen feinen Stoffen oder Edelsteinen kunstvoll um den Kopf gelegt.

In Rete, Haarnetze aus Silber und Gold, die die italienischen Damen des Hochadels trugen, wurden Edelsteine eingearbeitet. Rete kamen vom spanischen Hof in den letzten Jahrzehnten des 15. Jahrhunderts und wurden während des 16. Jahrhunderts immer populärer.

Das Barett, ein eckiger Hut ohne Krempe, bevorzugte der Mann während des 15. Jahrhunderts als Kopfbedeckung. Um 1500 wurden flache Hüte, an deren hochgeklappter Krempe eine edelsteinbesetzte Brosche angeheftet war, die eleganteste Kopfbedeckung.

Bis etwa 1500 ist der dominante Modestil in Frankreich, den Niederlanden, England und Norddeutschland gotisch; die Männerbekleidung zeigt eine Vorherrschaft der Vertikalen und linearer Elemente. Frauenkörper verformte man durch beengende Kleidung zu einer langen, spitzbogigen gotischen Kurve. Die französische und holländische Mode betonte den Unterschied zwischen der männlichen und weiblichen Silhouette ganz besonders. Der Mann erschien als auf dem Kopf stehendes Dreieck, während die Silhouette der Frau ein auf der Basis ruhendes Dreieck darstellte. Beides unterscheidet sich stark von dem italienischen Renaissance-Rechteck, das um 1480 auch im Norden bekannt wurde und zunächst in der Männermode auftrat. Die Frauenmode reflektiert diesen Einfluß nicht vor 1520.

würfe in Musterbüchern und andere illustrierte Unterlagen sich schneller als je zuvor über den Kontinent verbreiteten. Während des 16. Jh.s rückte der aufwendige deutsche Stil in den Vordergrund. Um 1550 dominierten spanische Einflüsse mit dunklen Farben.

Den größten Einfluß auf die Mode hatten Kirche und Adel. Während sie der breiten Masse einen Standard der Schicklichkeit auferlegten, stellten sie sicher, daß die gehobene Mode die exklusive Domäne der Fürstenklasse blieb. Luxusgesetze (gegen übermäßige Ausgaben und Zurschaustellungen) versuchten, die ausgefallendsten Darbietungen des Mittelklasse-Wohlstands zu zügeln und als Angriff gegen den öffentlichen Anstand zu tadeln, während die großen Herzöge und Herzoginnen fortfuhren, sich so anzuziehen, wie sie es wollten. Die Moden wechselten schnell. Besonders schnell wechselte die Kleidermode, die von den jüngeren Mitgliedern der wohlhabenden regierenden Klasse getragen wurde: Wenn verschiedene Generationen gemeinsam auf einem Bild erscheinen, lassen sich, bei Altersunterschieden von nur 20 Jahren, ganz unterschiedliche Moden erkennen.

Die einzige Modeerfindung dieser Zeit war der Reifrock. Um 1460 tauchte er zum ersten Mal auf und wurde argwöhnisch begrüßt. Die erste Frau, die einen Reifrock trug, war Königin Juana von Portugal; die hölzernen Reifen – meist sechs – wurden unter dem Rock getragen. Um 1470 trug Königin Isbella (damals noch Prinzessin) 14 Reifen auf der Außenseite ihrer Röcke. Die Vorteile leuchteten der Trägerin sofort ein, besonders in den heißen spanischen Sommern. Um 1530 wurden die Reifen wieder unter dem Rock angebracht. Diese Mode verbreitete sich an den europäischen Höfen sehr schnell. 1507 wurde der Reifrock in Venedig verboten.

Beispiellos unanständige Kleidung: Die breite, runde Silhouette der europäischen Mode der Zeit vor 1450 wurde von einer schlichteren Linie abgelöst. Um 1450 wurden die Mieder enger geschnürt, und die Ärmel lagen enger an. Große Muster und leuchtende Farben kennzeichneten die Kleider der Frauen. Tiefere Ausschnitte schufen Platz, um Schmuck zu tragen. Um 1480 lief der Modetrend darauf zu, die menschlichen Formen in noch nie dagewesener Unanständigkeit zu enthüllen. Die Ausschnitte der Frauen wurden noch tiefer, und ihre Ärmel waren der Länge nach aufgetrennt. Die jungen Männer verbrannten ihre Hemdblusen, und die engsitzenden, bis in die Taille verlängerten Hosen zeigten mehr von der männlichen Anatomie als dies jemals zuvor der Fall gewesen war.

Das konservativste der wichtigsten italienischen Modezentren war Florenz. Die Gesetze, die auffallendes Aussehen der Bekleidung beschränkten, waren die strengsten. 1464 wurde den Florentinerinnen verboten, ein Kleidungsstück in Zahlung zu geben, bevor es nicht mindestens drei Jahre getragen worden war. Nicht mehr als zwei Kleider aus Seide durften auf einmal erworben werden, und nur ein Oberbekleidungsstück konnte mit *chermisi* gefärbt werden, dem teuren Farbstoff, der aus dem Osten importiert wurde und zum Färben der Roben der Kardinäle benutzt wurde.

Das beliebteste Stoffmuster in Italien war in der Zeit zwischen 1420 und 1550 das Granatapfelmotiv. Zwischen 1460 und 1470 benutzte man für die modernsten Kleider der Damen am Hof großangelegte Muster. Doch am Ende des Jh.s wurden die Muster, die zur Kleiderdekoration entworfen wurden, extrem verkleinert. Größere Muster benutzte man für Bezugsstoffe und andere Dinge im Haus.

Der berühmteste Ärmel: Kunstvolle Stickereien aus Gold- oder Silberfäden und sogar mit Perlen und Rubinen wurden oft benutzt, um das Aussehen von einfach geschnittenen Kleidern zu verbessern. Am effektvollsten erschienen Stickereien auf den Ärmeln der Kleidungsstücke von Männern und Frauen. Besonders häufig war nur der linke Ärmel bestickt. Bona von Savoy besaß den berühmtesten Ärmel; sie bewahrte ihn mit ihrem Schmuck, nicht im Kleiderschrank, auf. 1468 beschreibt ein Inventar ein mit einem Phoenix aus Rubinen, Perlen und Diamanten bestickten Ärmel. Sein Wert wurde auf 18000 Dukaten veranschlagt.

Der mit den meisten Perlen besetzte Gegenstand war ein Leichentuch. Es wurde in der Stadt Cahotzia (Bevölkerung im 15. Jh. etwa 35000) im Mississippi Valley (USA) gefunden. Es war mit 12000 Muschelperlen dekoriert.

Der erste in Nordamerika verzeichnete Schirm: Als Gouverneur de Soto in die Stadt Tastaluca im Süden Amerikas kam, begrüßte ihn der Cacique oder Häuptling auf der Piazza vor seinem Haus. Er saß auf zwei Kissen, seine Männer, die hochrangigsten Indianer, saßen „am nächsten zu seiner Person". Einer von ihnen „schützte ihn vor der Sonne mit einem runden Schirm, der, aufgespannt, die Größe einer Schießscheibe hatte. Mit einem kleinen Stiel und Tierhäuten, die über gekreuzte Stöcke gespannt sind, in vier rot-weiße Teile unterteilt, die von weitem wie Taft aussehen – so perfekt waren die Farben. Es ist die Standarte des Häuptlings, mit der er in die Schlacht zieht".

Kopfschmuck

Das maßgeblichste Kennzeichen: Kopfschmuck war das unverwechselbarste und ausdruckstärkste Kennzeichen der Garderobe nordeuropäischer Frauen. Er gab Auskunft über ihr Alter, ihren sozialen und materiellen Status sowie ihre religiöse Zugehörigkeit. In Flandern zeigten so kleine Details wie die Anzahl der Falten oder die Plazierung der Nadeln, aus welchem Dorf die Trägerin stammte. Die Frauen aus Brüssel waren die einzigen in Flandern, die den veralteten Brauch, Schleier über ihrem Hals zu tragen, aufrechterhielten. Überall sonst wurde der Kinn-Schleier mit älteren oder berufstätigen Menschen in Verbindung gebracht.

Am größten und unpraktischsten war der turmartige Kopfschmuck um 1460. Er erreichte Höhen von 85 cm (3/4 Ellen), und die Schleppenlänge der Schleier war ein zusätzliches Hindernis der Bewegung, die schon durch die Kleiderschleppen eingeschränkt war. Die Schleppen waren so lang, daß ihre Trägerinnen einen Diener benötigten, nur um sich bewegen zu können. Agnes Sorel († 1450), die erste französische Frau, die Politik und Mode beeinflußte,

Diese modischen Hofdamen bezeugen die Verwendung von Granatapfel-Symbolen auf Stoffen, kunstvoll bestickten Ärmeln und aufwendigem Kopfschmuck.

trug Schleppen, die anderthalb mal so lang wie die anderer waren. Und ihre Turmhauben waren anderthalb mal so hoch.

Modeführer

Ungewöhnlichste Kleider trugen die böhmischen Männer: Ihre langen, ungekämmten Locken und weiten, tiefausgeschnittenen Hemden hoben sie von ihren spießig zugeschnürten europäischen Zeitgenossen ab. In italienischen Gemälden sind sie sofort zu erkennen. Die Frauen trugen entsprechend leuchtende und reich geschmückte Kostüme und schwereren Schmuck als andere Frauen anderer Länder. Deutsche Kaufleute, die 1476 in der Schlacht von Grandson in der Schweizer Armee dienten, übernahmen die Mode der Schweizer Truppen, ihre Uniformen mit Stoffen zu flicken, die sie in den Städten geplündert hatten. Die Neuheit, verschiedene Stoffe zusammenzufügen, gefiel am französischen Hof. Die neue Mode der geflickten Kleider war geboren. Diese Masche verbreitete sich an allen Höfen Europas.

Das Portrait von Maximilian I., Kaiser des Heiligen Römischen Reiches, und seiner Familie zeigt auch verschiedene Kopfbedeckungen der Zeit.

Die bestangezogene Frau: Beatrice d'Este (1475–1497) wird von vielen für die liebreizendste Prinzessin der Renaissance gehalten. Sie genoß internationale Reputation wegen ihrer Modeinnovationen. Anläßlich ihrer Hochzeit im Jahre 1491, als sie 15 Jahre alt war, wurde ein Turnier abgehalten, bei dem alle Ritter in Grün gekleidet waren: die Turnierkämpfer und viele andere, einschließlich zwölf „wilder Männer". 1493 bezauberte sie die Einwohner der Stadt Ferrara (Italien), als sie zu einer Zeremonie in einem Kleid erschien, das mit den acht Türmen des Hafens von Genua großzügig bestickt war. Man berichtet von ihr, daß sie jede Nacht aufstand, um Kleider zu entwerfen. Und mindestens einmal – als sie ein türkisches Kleid entwarf – wurde dies von den Damen bei Hof nachgeahmt. Ein Mißerfolg hingegen scheint ihr Ausflug in das Reich des Kopfschmucks gewesen zu sein. Als sie und ihre Schwester Isabella in Mailand mit einem neapolitanischen Leinen-Pannicelli erschienen, war die Reaktion der einheimischen Frauen so negativ, daß sie nach Hause gingen und sich umzogen. Der turmartige französische Kopfschmuck aus Seide und Schmuck wurde hingegen vollkommen akzeptiert. Während der ersten zwei Jahre ihrer Ehe besaß sie in einem Kleiderschrank in einer ihrer Residenzen 84 Mäntel. Beatrice d'Este starb mit 22 Jahren im Kindbett.

Die Bekleidung, die sich am wenigsten änderte, war die Berufsbekleidung. Die universitäre Bekleidung wurde im 14. Jh. aus der Laientracht entwickelt und kann im 15. Jh. als die gängige Bekleidung gesehen werden. Seit ungefähr 1450 waren Kapuzen ein anerkanntes, wenn auch veraltetes Kennzeichen. Die runde Haube des Mittelalters, der *Pileus*, wurde breiter und noch runder. An der Wende zum 16. Jh. tauchte in Paris der *Pileus Quadrata*, der Doktorhut, den es bis heute gibt, auf. Die Robe, die einen Doktor verrät (Gelehrter mit Doktorwürde) war eine italienische Entwicklung: Der glockenärmelige Talar mit herunterhängendem Kragen, wie ihn der Theologe Marsilio Ficino (1433–1499) im späten 15. Jh. trug, ist der Vorläufer des heutigen Bekleidungsstils. Im Laufe des 16. Jh.s wurde Schwarz die gängige Farbe der Universitätsbekleidung von Paris, Oxford und Cambridge. Scharlachrot stand für Kanonisches Recht, Weiß für Theologie, Blau für Philosophie. Die Bekleidung verwies nicht nur auf die Fakultät, der der Träger angehörte, sondern auch auf seinen Status innerhalb der Fakultät. Seide, Gold und Pelz waren den höheren Rängen vorbehalten.

Die höchsten Absätze: Hochhackige Schuhe werden meist nicht aufgrund ihrer Funktionalität, sondern nur um der zugefügten Höhe Willen getragen. Um 1480 wurden in Venedig die *Zoccoli* konstruiert, mit Sohlen, die den Träger um einen halben Meter erhöhten.

Der erste Anhänger des maurischen „Fimmels" war René d'Anjou. Der maurische „Fimmel" war eine dieser fremden Faszinationen, die über die Höfe hereinbrachen. D'Anjou besaß 21 Paar türkische Schuhe in seiner Garderobe und war häufig mit einer „Robe de Sarazin" bekleidet. Er hatte an seinem Hof einen Mauren und besaß einen Zoo, der mit afrikanischen Tieren gefüllt war.

Sprache

Früheste Sprach- und Schriftzeugnisse: Die Fähigkeit zu sprechen geht vermutlich auf eine physiologische Veränderung des Kehlkopfes zurück: der Larynx wurde höher. Mit dieser Entwicklung, die etwa 45 000 v. Chr. in der Übergangszeit vom *Homo erectus* zum *Homo sapiens* vonstatten ging, entwickelte sich auch das Sprachtalent des Menschen. Die ältesten Zeugnisse für eine geschriebene Sprache sind Reste von Tontafeln aus der Yangshao-Kultur, die 1962 in Paa-t'o bei Xi'an (Sian) gefunden wurden. Sie zeigen die Urformen für die Ziffern 5, 7 und 8 und sind auf 5000–4000 v. Chr. datiert worden. Die älteste datierbare Bilderschrift ist um 3400 v. Chr. analog zu Uruk V/VI im Irak auf Tontafeln festgehalten worden. Das ergaben Untersuchungen im Jahr 1979, nachdem bei Nippur im Südirak entsprechende Tontafeln mit Piktogrammen entdeckt worden waren. Schon 8500 v. Chr. waren Kerbhölzer oder Hölzer mit eingeritzten Symbolen in Gebrauch, die in Tepe Asiab und Ganji-l-Dareh Tepe im Iran entdeckt worden sind.

Die größte sprachliche Vielfalt: Die Ureinwohner Amerikas sprachen ungefähr 2000 Sprachen, die in zwölf Hauptgruppen unterteilt werden können. Ihre linguistische Vielfalt ist größer als in irgendeinem anderen Teil der Welt. Cabeza de Vaca kommentierte nach seinen Reisen von 1528–1536: „Wir hörten viele verschiedene Sprachen . . . obwohl wir sechs Sprachen kannten, konnten wir nicht überall Gebrauch davon machen, denn es gibt Tausende von Unterschieden."

Einzigartige Abwesenheit des grammatischen Geschlechts: Viele der Sprachen der amerikanischen Ureinwohner benutzten kein Geschlecht zur Unterscheidung. Statt dessen kennen sie andere Unterscheidungskriterien, zum Beispiel: belebt – unbelebt; adelig – unwürdig; Formunterschiede wie rund, flach oder lang.

Die kompliziertesten Sprachen: Chippewa, eine Indianersprache im nordamerikanischen Minnesota, hat mit rund 6000 die meisten Verbformen; Haida, eine nordamerikanische Indianersprache, hat die meisten Vorsilben, nämlich 70; Tabassaran, eine Sprache im jetzt sowjetischen Dagestan, kennt 48 Fälle für Substantive; in der Eskimosprache gibt es 63 Gegenwartsformen und bis zu 252 Beugungen bei einfachen Hauptwörtern.

Das aus 40 Bänden bestehende chinesische *Chung-wén-Tà-Tz'u-tién*-Wörterbuch enthält eine Liste von 49905 Schriftzeichen. Die vierte Betonung von „i" hat zum Beispiel 84 Bedeutungen, angefangen von *Kleid* und *Schluckauf* bis zu zügellos. Die Schriftsprache besitzt für „i" 92 verschiedene Zeichen. Das komplizierteste Schriftzeichen im Chinesischen steht für „xiè", besteht aus nicht weniger als 64 Strichen und bedeutet *gesprächig.* Das komplizierteste Schriftzeichen, das noch benutzt wird, ist „yù" (32 Striche) und bedeutet *drängen* oder *anflehen.*

Der am weitesten verbreitete Sprachzweig in Afrika hat seinen Ursprung bei den Bantu. Die Bantu-Sprachen wurden überall gesprochen – von Kamerun in Westafrika bis Natal in Südafrika und Kenia in Ostafrika. Daher konnten Forschungsreisende Dolmetscher anheuern, denen es relativ leicht fiel, die artverwandten Sprachen weit entfernter Regionen zu lernen. Die Leute im südlichsten Teil Südafrikas, die

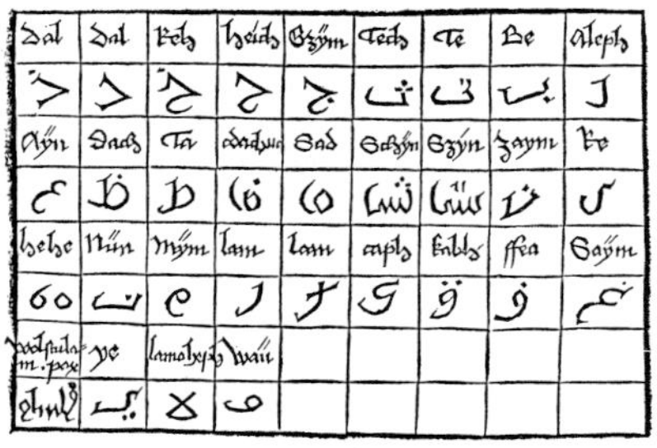

Die hebräischen Buchstaben und ihre Aussprache wurden von Erhard Reuwich in Bernard von Breydenbachs Buch von 1486 dargestellt.

die Bantu-Sprachen erlernten, behielten dabei die ungewöhnlichen glottalen „Klick-Laute" ihrer eigenen Khoi- und San-Sprache bei, nahmen aber Grammatik und Wortschatz der weiter verbreiteten Bantu-Sprachen auf.

Alphabete

Anfänge: Der älteste Beleg für eine alphabetische Schreibweise stammt aus dem syrischen Ugarit (heute: Ras Sharma). Dort wurde eine Schreibtafel aus der Zeit um 1450 v. Chr. gefunden, die 32 Keilschriftzeichen aufweist. In der Gegenwart sind 65 Alphabete in Gebrauch.

Der älteste Buchstabe ist „O", der seit seiner Einführung ins phönizische Alphabet um 1300 v. Chr. unverändert geblieben ist.

Die meisten Buchstaben hat Kambodschanisch mit 72 (einschließlich solcher, die nicht mehr verwendet werden); Rotokas, das im Inneren der Insel Bougainville (Salomoninseln, Papua-Neuguinea) gesprochen wird, hat mit 11 (a, b, e, g, i, k, o, p, r, t und u) die wenigsten. Amharisch hat 231 Zusammensetzungen von 33 Grundsilbenformen, von der jede sieben Abwandlungen hat; Amharisch kann deshalb nicht als alphabetische Sprache bezeichnet werden.

Die meisten Vokale hat Sedang, eine zentralvietnamesische Sprache, die 55 verschiedene Selbstlaute hat. Die mit den wenigsten ist Abchasisch, eine kaukasische Sprache mit nur zwei Vokalen.
Ein Wort mit vier gleichen Vokalen hintereinander ist das estnische *jäääärne*, was „Rand des Eises" bedeutet. Uoiauai, eine Sprache, die im brasilianischen Bundesstaat Pará gesprochen wird, besteht nur aus sieben Vokalen. Aus acht verschiedenen (und insgesamt zehn) Konsonanten besteht ein Wort aus der Sprache der Georgier (UdSSR): Es heißt „gvprtskvnis" und bedeutet „er beobachtet uns".

Wörter

Die längsten Wörter: Wortreihen oder auch zusammengesetzte Worte (Agglutinationen) und aus dem Stegreif gebildete Wörter wurden und werden gelegentlich wie ein Wort geschrieben. Ein gutes Beispiel dafür findet man in einem Wort, das in der Komödie *Die Weibervolksversammlung* des Aristophanes (445–385 v. Chr.) auftaucht. Das Wort hat in der griechischen Schrift 169 Buchstaben, in lateinischer Schrift 179: Lopadotemachoselachogaleokranioleipsanodrimhypotrimmatosilphioaraomelitokatakochymenokichlepikossyphophattoperisteralektryonoptekephalliokigklopeleiolageiosiraiobaphetraganopterygon.
Johann Heinrich Voss verdeutschte das 78silbige Wort mit den 20 Bestandteilen einer Pastete „Austerigpökeligbuttenlampretigesschädelzerstückelungsherbegebrühetessilfionwürzigeshonigbeträufeltesamseligschnepfigestaubenfasanigeshähneleinhirnigesdrosselgebratenesemmerlinghasigesmostigesgraupigesflügelgericht".
Das Wort *honorificabilitudinitas* aus dem mittelalterlichen Latein – es bedeutet „Ehrenhaftigkeit" – läßt sich in Ursprüngen ungefähr auf das Jahr 1300 zurückführen. In der Form *honorificabilitudinitatibus* taucht es in Shakespeares „Verlorene Liebesmüh" (1588) auf und wurde als Beispiel für ein sehr langes Wort herangezogen.

Das längste literarische Wort: Nicht existente Bücher – wie beispielsweise jene, die Sherlock Holmes angeblich verfaßt haben soll – werden bisweilen in anderen literarischen Werken erwähnt. Eines davon taucht in der klassischen Humoreske *Gargantua und Pantagruel* des französischen Autors François Rabelais (1490–1553) auf.

Schulsprache: Anfang des 16. Jh.s war Latein sowohl in Schrift wie auch in Sprache in ganz Europa die Sprache der Wissenschaft und der Gelehrten. In der Tat erachteten viele Leute die englische Sprache für krude und ohne Schliff und unfähig, die abstrakten Ideen zum Ausdruck zu bringen, die man in der Literatur der klassischen Sprachen fand. Dieses mangelnde Vertrauen in die englische Sprache teilten viele Übersetzer der Zeit, und deren einer, Sir Thomas Elyot, in seinem *Doctrinal of Princes* schrieb: „Dies kleine Buch . . ., das ich aus dem Griechischen übersetzt habe . . ., vielmehr nur versucht habe zu übersetzen, denn unsere englische Sprache kennt den klaren und präzisen Sätzen der Griechen nichts Ebenbürtiges."
Übersetzungen der großen Werke aus dem Lateinischen und dem Griechischen wurden jedoch im Verlauf der Renaissance zunehmend gefragter, um sie einer breiteren Öffentlichkeit zugänglich zu machen. Dieser Nachfrage wurde stattgegeben, und gegen Ende des 16. Jh.s war auch Englisch als Lernsprache akzeptiert. Im Kontrast zu den wenigen Sprachen, die einen großen Einfluß auf das heutige Englisch hatten, gab es viele, die wenig oder gar keinen Einfluß während dieser Periode hatten. So gibt es beispielsweise keinerlei Hinweise auf Wörter aus dem Finnischen, Polnischen, Ungarischen und Tschechischen, Rumänischen, Bulgarischen, aus dem Hindi, Chinesischen oder Japanischen. Die russische Sprache spielt erst seit 1550 eine Rolle, als einige wenige russische Wörter (beispielsweise Rubel und Zar) über englische Texte über Rußland Eingang in die englische Sprache fanden.

Wörterbücher: Anfang des 15. Jh.s erschien zuerst in den Niederlanden ein ganz neuer Typ von Wörterbüchern mit deutschen Stichwörten und lateinischen Erklärungen. Diese *Vocabularia incipiens teutonicum ante latinum* basierten in der Mehrzahl noch auf alten lateinischen Glossaren. Eines der wichtigen Werke dieser Art ist der *Theutonista of der Duytschlendes* des Jahres 1477 von Gert van der Scheuren, dem Sekretär des Herzogs von Kleve.
In Italien entstanden jedoch um die Jahrhundertwende unter dem Einfluß der Humanisten Perottus und Calepius, die sich von den mittelalterlichen Quellen abgewandt und dem klassischen Latein zugewandt hatten, neue Wörterbücher. Der Allemanne Petrus Dasypodius reagierte mit seinem *Dictionarium latinogermanicum,* das 1525 in Straßburg erschien, auf diese von Italien ausgehende Entwicklung. 1526 legte er sein *Germanico-latinum* vor. 1561 erschien das Wörterbuch mit dem Titel *Die Teutsch Sprach. Alle Wörter, Namen und Arten zu reden in hochdeutscher Spraach, dem ABC nach ordentlich gestellt und mit gutem Latein ganz fleißig vertolmetscht, dergleich bißhär nie gesähen.*

Die ersten indo-portugiesischen Einflüsse: Mehrere asiatische Sprachen verwenden Worte, die aus dem Portugiesischen entlehnt sind. Dabei handelt es sich oft um Begriffe, die sich auf Objekte und Gegenstände bezogen, die erst durch die Portugiesen in Gebrauch gekommen waren, beispielsweise den Tisch *(mesa).* Umgekehrt entlehnten auch die Portugiesen Begriffe aus den indischen Sprachen, wie beispielsweise *Chatim* (abgeleitet von *chetti,* Händler). Das Wort „Canarim" wurde zuerst von den Portugiesen verwendet, um das Konkani-Volk von Goa zu bezeichnen. Schließlich wurde es zur allgemeinen Bezeichnung für alle Menschen indo-portugiesischer Abstammung, und ein weit verbreitetes Sprichwort besagte: „Jeder Canarim stammt von Vasco da Gama ab."

Den detailliertesten Wortschatz wiesen die Jäger auf, die einen äußerst komplexen Wortschatz über alle Tiere entwickelt hatten, der sie nach Alter, Geschlecht und Verhalten klassifizierte. Selbst die Geräusche, die jedes Tier von sich gab, waren klar definiert, wie Sir Thomas Urquharts Übersetzung von François Rabelais (1494–1553) zeigt. Unter anderem war hier genau aufgeführt, wie Doggen heulen, Schafe meckern, Schweine grunzen, Katzen miauen, Mäuse quieken, Wiesel quietschen, Frösche quaken, Hähne krähen, Raben krächzen usw.

Der englische Einfluß auf die deutsche Sprache war im Mittelalter auf relativ wenige Fachausdrücke der Seefahrt beschränkt. Noch um 1650 gab es in Deutschland kaum jemanden, der die englische Sprache beherrschte. Erst die Hinrichtung Karls I. erregte als „Königsmord" ganz Europa, mit der Folge, daß es zunächst englische Ausdrücke aus der Politik waren, die in der deutschen Sprache auftauchten.

Die gesprochene niederdeutsche Mundart erlebte im 15. Jh. durch die Expansion des Ostmitteldeutschen nach Norden einen starken

Rückgang. Vor allem die städtischen Stände sprachen mehr und mehr mitteldeutsch. Die geschriebene Sprache der Kanzleien ging zum größten Teil im 16. Jh. zum Hochdeutschen über: in Berlin 1504, in Stettin wie in Dortmund, Bielefeld, Magdeburg um 1550, in Rostock um 1570, in Hamburg 1610, in Lübeck erst 1809. Auch mit den niederdeutschen Drucken ging es von 1550 ständig abwärts. Um 1700 bestand kein nennenswertes Schrifttum in niederdeutscher Sprache mehr. Doch selbst Luther bemühte sich um das Niederdeutsche. Unter der Aufsicht des Pommern Johannes Bugenhagen wurde in Wittenberg eine niederdeutsche Bibel herausgegeben. Sie konnte sich nicht durchsetzen. 1621 erschien in Goslar die letzte niederdeutsche Bibel überhaupt.

Satzzeichen entwickelten sich in der deutschen Sprache sehr langsam über die Jahrhunderte hinweg. Das System der antiken Grammatiker bis zu Isidor von Sevilla († 636) war einfach: tiefer Punkt für eine kurze Lesepause *(comma)*, mittlerer Punk für die mittlere Pause *(colon)*, hoher Punkt für das Ende eines Satzes *(periodus)*. Im Mittelalter wurden diese Zeichen zwar vielfach abgewandelt, sie blieben aber immer noch Indikatoren für Sprechpausen oder Atemeinschnitte beim Vorlesen.
Das heutige Komma entwickelte sich nicht aus seinem antiken und mittelalterlichen Namensvetter, sondern aus einem schrägen Strich, der Zeilenhöhe hat, dem *Virgel*. Dieses Zeichen tritt vom 13. Jh. an auf und wird im 18. Jh. zum Komma umgewandelt. Das Fragezeichen ist in der heutigen Form seit dem 14. Jh. bekannt, das Ausrufezeichen setzte sich erst im 17. Jh. durch, ebenso wie Strichpunkt (Semikolon) und die Klammer. Der Doppelpunkt erhielt in der deutschen Sprache erst im 18. Jh. seine heutige Funktion.

Grammatik bedeutete während des gesamten Mittelalters hindurch immer lateinische Grammatik. Zwar soll Karl der Große eine deutsche Grammatik in Auftrag gegeben haben, doch erhalten ist von ihr nichts. Einen neuen Versuch gab es unter Kaiser Maximilian um 1500. Doch erst 30 Jahre später erschienen die ersten tatsächlichen Schreibe- und Leseanleitungen. Die größte Bedeutung unter ihnen hatte das Rechtschreibebuch *Teutsche Grammatica* von Valentin Ickelsamers aus dem Jahre 1534. Es enthält auch eine Anleitung, wie einer „von selbst mag lesen lernen" und – für heutige Begriffe – nicht sonderlich strenge orthographische Regeln. Nach dem Vorbild der lateinischen Grammatik Philipp Melanchthons war die *Grammatica Germanicae Linguae* des Johann Clajus aus dem Jahre 1578 gestaltet, die erst 1720 ihre 11. und letzte Auflage hatte.

Neue Wörter aus der Neuen Welt: Viele neue Wörter für zuvor unbekannte Dinge gelangten aus der Neuen Welt in die europäischen Sprachen. Dazu gehörten die Wörter für Kanu, Chili, Schokolade, Hurrikan, Tomate, Alpaka, Lama, Kondor, Pampa, Puma, Kartoffel und Thunfisch.

DIE SPRACHE IM HUMANISMUS

Das 15. und 16. Jahrhundert ist geistesgeschichtlich vom Humanismus geprägt. Er war die erste gesamteuropäische Bildungsbewegung, die nicht von der Kirche getragen wurde. Man widmete sich dem Studium der Antike, entdeckte das Griechische neu und orientierte sich am Latein der klassischen römischen Schriftsteller. Das Mittellatein des Mittelalters, das fast selbständig gewordene Latein der Kirche, wurde jetzt als Küchenlatein *abgetan.*
Die Sprache der Humanisten in Deutschland war vielfach eine deutsch-lateinische Mischsprache. Luthers Tischreden, aufgezeichnet von aufmerksamen Zuhörern, liefern dafür treffliche Beispiele: Sonst weys ich kein causam darauff wirs wagen *oder* so kompt man ex secunda tabula in prinam *oder* Quia hoffen est ex spiritu Dei.
Nicht nur zahlreiche Lehnwörter, sondern auch viele Lehnbildungen, vor allem Lehnübersetzungen, waren die Folge des engen Kontakts des Deutschen mit dem Lateinischen. So ist zum Beispiel minderjährig *eine wörtliche Übersetzung von* minorennis, *genauso wie* Völkerrecht *von* ius gentium, Hauptsache *von* causa principalis, obliegen *von* incumber.
Auch das Griechische lieferte seinen Anteil: beispielsweise sind Analyse, Metamorphose, Aristokratie, Autodidakt griechischen Ursprungs. Die Orientierung am Lateinischen und Griechischen ging so weit, daß die Gelehrten ihre deutschen Personennamen in die Fremdsprache übersetzten. Da wurde dann aus einem Schwarzerd *ein* Melanchthon, *aus einem* Fischer *ein* Piscator, *und wer vorher* Weber *oder* Busch *hieß, nannte sich nun* Textor *oder mindestens* Buschius.

Ortsnamen

Die frühesten bekannten Ortsnamen der Welt stammen aus der prä-sumerischen Zeit: Die Namen der Städte Kish, Ur und Attara datieren auf die Zeit vor 3500 v. Chr. zurück.

Der längste Ortsname dürfte der von Bangkok, der Haupstadt Thailands, sein. Der offizielle Name ist zwar Krungtep Manahakton, der vollständige Name lautet jedoch Krungthep Manahakhon Bovorn Ratanakosin Mahintharayutthaya Mahadilikpop Noparatratchathani Burirom Udomratchanivetmahasathon Amornpiman Avatarnsathit Sakkathattiyavisnukarmprasit (167 Buchstaben), in genauester Umschrift sind es 175 Buchstaben.

Der längste Ortsname, der heute noch benutzt wird, ist Taumatawhakatangihangakoauauotamatea (turipukakapikimaungahoronuku) pokaiwhenuakitanatahu, die inoffizielle 85-Buchstaben-Version, mit der ein Hügel (305 m üNN) im Bezirk der Southern-Hawke-Bucht der Nordinsel Neuseelands bezeichnet wird. Übersetzt heißt der Maori-Name: Der Ort, an dem Tamatea, der Mann mit den großen Knien, der die Berge bestieg und an ihnen hinabglitt, der die Berge verschlang und als Landfresser bekannt war, die Flöte spielte für seine Geliebte.

Kanada: Es gibt zwei Geschichten, wie Kanada zu seinem Namen kam, aber beide werden sie Jacques Cartier zugeschrieben, dem Franzosen, der 1535 den Sankt-Lorenz-Strom hochsegelte. Die eine Version besagt, daß er die Indianer häufig das Wort *Kanata* verwenden hörte, was indianisch „Dorf" bedeutete, und er fälschlicherweise annahm, es bezeichne das ganze Land. Die andere Version besagt, der Name käme daher, daß Cartier das Irokesenwort für „Metalle, die nicht Gold sind", *Caignetdaze*, falsch verstanden habe.

Wörterbücher und Grammatiken

Das erste Lexikon für Fernost-Händler wurde um 1300 hergestellt, vermutlich von den Genuesern, um Kaufleuten, die Handel im Fernen Osten trieben, ihre Aufgabe zu erleichtern. Es enthielt Persisch, Lateinisch und *Couman* („die Sprache, die in den Reichen der Tataren, Perser, Chaldäer, Medäer und Karthager verwendet und gesprochen wird").

Die erste griechische Grammatik: Bis zum 15. Jh. gab es weder ein richtiges Wörterbuch noch eine Grammatik des klassischen Griechisch. 1478 veröffentlichte Giovanni Crestone ein griechisch-lateinisches Wörterbuch in zwei Bänden. Diese zwei Bücher erleichterten das Studium der altgriechischen Sprache anderen Gelehrten beträchtlich. 1497 veröffentlichte Urbano Bolzanio die erste Grammatik der griechischen Sprache. Auch sie war auf Latein.

Die ersten lateinisch-kastilischen Wörterbücher: Antonio de Nebrija, der bedeutende spanische Humanist (1444–1522) erstellte gegen 1492 ein lateinisch-kastilisches Wörterbuch. Nahezu zur selben Zeit veröffentlichte Alonso Hernandez de Valenzia ein ähnliches Nachschlagewerk. Nebrija hatte sich außerdem große Vedienste in Spanien dabei erworben, die Lehrmethoden im Lateinunterricht zu verbessern, nachdem er zehn Jahre lang in Italien studiert hatte.

Die erste wissenschaftliche Untersuchung von Manuskripten geht auf den italienischen Gelehrten Angelo Ambrogimi Poliziano (besser bekannt als Politian) (1454–1494) zurück. Er unterzog als erster alte Manuskripte einer systematischen Untersuchung: Sorgsam studierte er die Paläographie (Handschrift), die Orthographie und den „usus scribendi".

Schrift

Die komplizierteste Schrift ist ohne Zweifel die japanische, die von einem Außenstehenden nur mit größten Schwierigkeiten zu erlernen ist. Sie besteht im Kern aus mehreren tausend Schriftzeichen, die der chinesischen Sprache entlehnt sind, aber eine japanische Schreibweise und Aussprache erhalten haben. Jedes dieser Zeichen muß einzeln erlernt werden, und für manche braucht man zehn oder gar mehr Pinselstriche. Schon rudimentäres Lesen macht das Erlernen von an die 5000 Schriftzeichen erforderlich. Um die Sache noch zusätzlich zu verkomplizieren, hat jedes japanische Schriftzeichen – im Gegensatz zu den chinesischen, wo jedes Schriftzeichen für gewöhnlich nur eine Schreibweise kennt – zwei oder gar drei verschiedene Schreibweisen, und es ist unerläßlich zu lernen, wann die jeweilige Schreibweise zu verwenden ist. Darüber hinaus gibt es noch zwei völlig separate Systeme von *kana*, 50 Zeichen, die dazu verwendet werden, die Aussprache grammatischer Endungen und anderer Partikel, die man nur im Japanischen findet, anzugehen. Dennoch scheinen im Japan des 15. Jh.s mindestens genauso viele Menschen des Lesens kundig gewesen zu sein wie in Europa.

Die kleinste Schrift schrieben wohl Chinesen in der Zeit der Tand-Dynastie. Zu dieser Zeit war es Brauch, erbauliche Texte in winzigen Buchstaben bzw. Schriftzeichen niederzuschreiben. So schrieb man ganze buddhistische Gebete auf eine kleine Kupfermünze oder kurze Sinnsprüche auf einen Hanfsamen.

Das außergewöhnlichste System zur Aufzeichnung von Informationen – und auch eines der umfassendsten – in der Neuen Welt vor dem Eindringen der Spanier hatten die Maya entwickelt, das Volk, das im Gebiet des heutigen Yucatan und in anderen Teilen Südmexikos, in Guatemala, Belize und Honduras lebte. Es handelte sich um ein erweitertes Schriftsystem, das Piktogramme, Wortteile und phonetische Angaben umfaßte und bis in die Zeit von Christi Geburt zurückdatiert. Die Völker in Zentralmexiko, die eine Sprache namens Nahua sprachen, verwendeten mnemonische Piktogramme und teilweise auch Ideogramme, wohingegen manche südamerikanischen Stämme, die Inkas eingeschlossen, eine Knotenschrift dazu benutzten, statistische Daten aufzuzeichnen.

Die erste Kurzschrift geht noch auf die Römer zurück: Bereits im 1. Jh. war eine Art Stenographie entwickelt worden, mittels derer man die Reden im Senat festhielt. Im Jahre 1500 war die am weitesten verbreitete Kurzschrift ebenfalls auf lateinisch – es handelte sich um eine Adaption einer älteren römischen Schrift. Mittelalterliche Gelehrte, unter ihnen auch Erzbischof Thomas Becket in England, verwendeten eine Kurzschrift, die auf dem lateinischen System des Marcus Tullius Tiro basierte.

Bibeln

Die erste vollständige Bibel, die auf englisch gedruckt wurde, wurde von Miles Coverdale, dem Bischof von Exeter (um 1488–1569) 1535, während er in Antwerpen lebte, bearbeitet und gedruckt. Allerdings hatte William Tyndale schon vorher, 1525 in Worms und Köln, das Neue Testament auf englisch gedruckt. Die erste Übersetzung von John Wycliffe in handschriftlicher Form datiert sogar von 1382.

Das längste Buch der Bibel ist das Buch der Psalmen. Das Buch des Propheten Jesaja ist mit 66 Kapiteln das längste Buch, da es auch Prosa enthält.

Das kürzeste Buch ist die 3. Epistel des Johannes.

Der längste und der kürzeste Psalm: Von den 150 Psalmen ist der 119. mit 176 Versen der längste. Mit zwei Versen ist der 117. der kürzeste.

Die erste russische Bibel erschien 1499.

Die erste mehrsprachige Bibel Europas druckte 1517 Arñao Guillén de Brocar, der Drucker der Universität von Alcala in Spanien. Darin standen in Spalten nebeneinander die verschiedensprachigen Versionen des Textes. Verfaßt wurde eine mehrsprachige Bibel jedoch bereits von Origen († 253). Die Alcala-Bibel enthielt griechische, hebräische und lateinische Fassungen des Alten Testaments, ein hebräisches Wörterbuch und andere Texthilfen zur wissenschaftlichen Arbeit, eine lateinische Fassung des Neuen Testaments und erstmalig auch eine griechische Fassung des Neuen Testaments. Mit der Arbeit an diesem Werk wurde 1502 begonnen. Es dauerte drei Jahre, bis die sechs Bände gedruckt waren, und kostete den Sponsor dieser Arbeit, Kardinal Francisco Jiménez (Ximenes), 50000 Goldkukaten.

Die ältesten noch erhaltenen Almanache stammen aus der Zeit um 1100. John Somers (1380) und Nicolas de Lynne (1386) verfaßten in Oxford Almanache. Georg Purbach (1423–1461), der deutsche Wissenschaftler, veröffentlichte 1457 in gedruckter Form einen Almanach, der in den nächsten 30 Jahren jeweils jährlich erschien.

Die erste Enzyklopädie stellte Speusippus (403–338 v. Chr.), ein Neffe des Plato, um 370 v. Chr. in Athen zusammen. Die älteste von einem Briten zusammengestellte Enzyklopädie ist *Liber exerptionum* von dem schottischen Mönch Richard († 1173). Dieses Werk wurde um 1170 in der Abtei St. Victor in Paris verfaßt.

Die größte russische Enzyklopädie wurde von 1543 bis 1564 unter der Leitung des Metropoliten Macàrius von Moskau erstellt. Das zwölfbändige Werk hatte 27000 Seiten. Dutzende von Schreibern hatten in den Werkstätten des Kreml daran gearbeitet. Das Buch enthielt die ganze damals bekannte Weltgeschichte. Sechs der Bände waren der russischen Geschichte gewidmet. Die Schreiber schrieben in gewaltigem Ausmaß nationale Chroniken ab und bisweilen auch um, wobei sie der Darstellung einzelner russischer Prinzen, der Folklore und russischer Legenden besondere Bedeutung beimaßen. Die Enzyklopädie war mit 10000 Bildern illustriert, viele davon in Farbe. Die Bilder zeigten Gebäude, Trachten, Werkzeuge, Waffen und Rüstzeug sowohl des Adels als auch der einfachen Bevölkerung.

Zeitungen

Die ersten Zeitungen in Europa sind ebenfalls auf die Erfindung der Druckerpresse zurückzuführen. Die ersten Zeitungen überhaupt, die regelmäßig veröffentlicht wurden, waren die römischen *Acta Diurna* (Ereignisse vom Tage), Mitteilungsblätter, die an öffentlichen Orten aufgehängt wurden. Auch in China wurden handgeschriebene Berichte und Meldungen öffentlich ausgehängt. Im Europa des Mittelalters hingegen verbreiteten sich Neuigkeiten und Nachrichten fast ausschließlich von Mund zu Mund über Ausrufer und Reisende und gelegentlich durch öffentliche Erlasse und Bekundungen der Regierungen. Die Erfindung der

DIE GRÖSSTEN AUTOREN

Land	Name	Zeit	
Dänemark	Christiern Peterson	1480–1554	Übersetzer der Bibel
England	Alexander Barclay	1475–1552	Dichter
	Miles Coverdale	1488–1568	Übersetzer der Bibel
	John Heywood	ca. 1497–ca. 1580	Dramatiker
	Sir Thomas Malory	ca. 1470	Übersetzer von Morte d'Arthur
	John Skelton	1460–1529	Dichter
	Henry Howard, Earl von Surrey	1517–1547	Dichter
	William Tyndale	ca. 1484–1536	Übersetzer der Bibel
	Sir Thomas Wyatt	1503–1542	Dichter
Frankreich	Nicholas Bartelemy	1478–ca. 1535	Dramatiker
	Jean Calvin	1509–1563	Theologe
	Guillaume Coquillart	1450–1510	Satiriker
	Jean de Troyes	um 1480	Chronist
	François Rabelais	1495–ca. 1553	Satiriker
	François Villon	1431–ca. 1480	Dichter
Deutschland	Sebastian Brant	1458–1521	Satiriker
	Martin Luther	1483–1546	Theologe
	Hans Sachs	1494–1576	Dramatiker
Italien	Leone Battista Alberti	1404–1472	Humanist
	Baldassare Castiglione	1478–1529	Verfasser von „Das Buch Buch vom Hofmann“
	Lorenzo de Medici	1449–1492	Dichter u. Kunstmäzen
	Niccolo Machiavelli	1469–1527	Historiker u. Politautor
	Michelangelo Buonorotti	1475–1564	Dichter
	Poliziano (Angelo Ambrogini)	1454–1494	Dichter u. Dramatiker
	Georgio Vasari	1511–1574	Biograph
	Leonardo da Vinci	1452–1519	Verfasser von Schriften über die Malerei und Naturphilosophie
Niederlande	Anna Bijns	ca. 1494–1575	Dichterin
	Desiderus Erasmus	1467–1536	Gelehrter

Druckerpresse Mitte des 15. Jh.s gab der Verbreitung von Informationen neuen Auftrieb. Das älteste erhaltene europäische Nachrichtenpamphlet wurde 1470 in Köln herausgebracht. 1529 veröffentlichte die Regierung von Venedig Flugblätter, in denen sie an die anderen christlichen Nationen appellierte, Venedig gegen die türkischen Belagerer zu Hilfe zu kommen.

Auflagen und Preise: Die Auflagen der frühen Nachrichtendrucke und Flugschriften, die in Deutschland mit der Reformation aufkamen, sind nur selten über 1000 Exemplare hinausgegangen. Diese scheinbar niedrige Auflage hatte zwei Hauptgründe: Die Zahl jener, die lesen konnten, war nicht sonderlich groß, und der Preis der Zeitungen war ungeheuer hoch: Wenn man einen Gulden gleich 60 Kreuzer gleich 240 Pfennige setzt, dann ist leicht auszurechnen, wer überhaupt in der Lage war, eine Zeitung zu erstehen. Ein gewöhnlicher Tagelöhner hatte einen Verdienst von sechs bis acht Kreuzern oder 24 bis 32 Pfennigen. Eine Zeitung kostete im Durchschnitt sechs Pfennige, also etwa 20 Prozent des Tageslohnes. Zeitungen blieben lange Luxusartikel. Noch im 18. Jahrhundert waren selbst den gut verdienenden bürgerlichen Kreise diese Periodika so teuer, daß man sich in Lesevereinen und Lesezirkeln zusammenfand, um die Zeitungen und Zeitschriften zu lesen.

Die größte Attraktion war nicht das Lesen, sondern das Hören der Zeitung. Es ist bekannt, daß die Texte zahlreicher Zeitungen in Reimen gesetzt waren und die Zeitungen durch Zeitungssänger öffentlich vorgetragen wurden. Die Zeitungslieder basierten auf bekannten weltlichen oder geistlichen Melodien, auf die der neue Text gelegt war. Es ist nur naheliegend, daß so die Trennung zwischen Nachricht und Satire nicht immer ganz eindeutig war.

In der Legende von König Artus und den Rittern der Tafelrunde träumt Parzival von zwei Frauen, die ihn maßregeln.

Bücher

Meister François Rabelais, Autor von Gargantua und Pantagruel, *steht für derben Humor.*

Die größten Auflagen: Bücher waren rar, so lange es sich bei ihnen um handgefertigte Ausgaben mit einer verschwindend kleinen Auflage handelte. Jedes Buch war ein Unikat. Erst mit der Erfindung der beweglichen Lettern war es möglich, mehr Bücher in höheren Auflagen zu drucken. In den ersten fünfzig Jahren nach der Erfindung Gutenbergs sollen, so die Schätzungen, 20 Millionen Bücher gedruckt worden sein: eine einmalige Explosion des Wissens.

Die sinnloseste Beschäftigung scheint das handschriftliche Kopieren eines gedruckten Textes zu sein. Doch kam dies sehr häufig vor. Die meisten Gelehrten betrachteten gedruckte Bücher als „Handschriften, die nicht von Hand gemacht wurden", und wenn ein spezieller Text nicht sofort erhältlich war, war der beste und einfachste Weg zum Erwerb, ihn auf alte Weise abzuschreiben.

Als populärstes Buch gilt allgemein das *Tai-Shang ganying pian* (Die Antworten des Höchsten Wesens). Das Buch wurde in China zwischen dem 3. und 4. Jh. geschrieben und war im 16. Jh. schon wesentlich öfter herausgegeben worden als die Bibel (es sollte in dieser Hinsicht auch weiterhin sowohl die Bibel als auch Shakespeare übertreffen). Viele Millionen gläubiger Chinesen glauben, daß es von großem Verdienst ist, dieses Buch weiter zu vertreiben. Der Kern des *Tai-Shang ganying pian* besteht in der näheren Ausführung einer Doktrin, die eine Art Jüngstes Gericht als moralische Instanz auffaßt.

Der populärste Klassiker der damaligen Zeit war ohne Zweifel Cicero. Die Erfindung der Druckerpresse brachte eine Flut von Ausgaben der Klassiker auf den Markt. Noch vor dem Jahr 1500 waren nicht weniger als 200 Ausgaben von Ciceros Schriften erschienen. Für ihre Herausgabe verantwortlich waren die bedeutendsten humanistischen Gelehrten der Zeit.

Das schludrigste Buch: Die Ausgabe von Statius *Silvae* aus dem Jahr 1472 nannte man „Spitzenreiter in jedem Wettkampf um den Titel der schludrigsten Ausgabe, die jemals von irgend etwas gedruckt wurde". Als Puteolanus im folgenden Jahr eine neue Ausgabe in Parma herausbrachte, behauptete er, daß er über 3000 Verbesserungen im Text vornehmen mußte. Der Druck war nicht die beste Versicherung für Genauigkeit bei der Übertragung von Texten.

Das erste englische Rätselbuch war *The Demaundes Joyous.* Es wurde 1511 von Wynken de Worde veröffentlicht. Heute ist nur noch ein Exemplar in der University Library of Cambridge erhalten. Die Sammlung von Rätseln wurde aus einer französischen Quelle, die mehr obszönes und fäkalsprachliches Material als die englische Version enthielt, zusammengestellt und übersetzt. Das heutigen Lesern bekannteste Rätsel ist sicher dies: „Was war zuerst da? Das Huhn oder das Ei?" – Die meisten Rätsel sind jedoch besser als dieses.

Die ersten wissenschaftlichen Bücher: Das zunehmende Interesse an der Wissenschaft führte zu der Veröffentlichung zahlreicher illustrierter Bücher über naturwissenschaftliche Themen. Eine der frühesten Anatomiestudien, *De humani corpori fabrica* von Vesalius, wurde 1543 in Basel in der Schweiz gedruckt. Das erste der berühmten Bücher über Blumen, *De historia stripium* von Fuchs, erschien 1542 in Basel.

Reisebeschreibungen

Die populärsten Reisebeschreibungen stammten von Sir John Mandeville. Marco Polos Berichte seiner Reisen nach Asien 1271–1273 und noch einmal 1292 und über sein Leben in Peking entsprechen den Tatsachen und sind im großen und ganzen akkurat, aber zur damaligen Zeit hielt man sie nicht für wahrheitsgetreuer als die weitaus romantischeren und phantastischeren Geschichten des Sir John Mandeville. Sein Buch, obwohl es vorwiegend als Belletristik gelesen wurde, war viel bessere Unterhaltung und tat vielleicht viel mehr dazu, das Interesse an Entdeckungsreisen zu steigern und den Gedanken einer breiten Öffentlichkeit zugängig zu machen, daß man die Erde umsegeln konnte.

Die frühesten chinesischen Reisebeschreibungen sind zum einen der 1434 veröffentlichte *Bericht über die Barbarenländer im Westozean* des Kung Chen sowie das zwei Jahre später erschienene Buch des Fei Tsin *Glorreiche Visionen des sternenerleuchteten Floßes* – als „Sternenerleuchtetes Floß" bezeichnete man die Schiffe, die chinesische Botschafter in die Ferne trugen. Fei Tsin verfaßte außerdem ein reich illustriertes Buch über Reisen in fremden Ländern, das leider nicht erhalten ist. Ma Huan aus Yunnan, ein chinesischer Moslem, der als Dolmetscher arbeitete, veröffentlichte 1451 seine *Glorreichen Visionen des grenzenlosen Ozeans.* Ein Werk aus dem Jahre 1520, *Beschreibung der tributzahlenden Länder im Westen,* enthielt Navigationsangaben für den Kompaß und eine Seekarte.

Die herausragendsten Berichte über Südamerika stammen von spanischen Konquistadoren. Viele von ihnen, vor allem aber Hernan Cortes und Bernal Diaz beschrieben ihre Erfahrungen in Südamerika so großartig, daß diese Darstellungen kaum je übertroffen worden sind. Cortes schrieb über die Azteken: „Sie lebten fast so wie wir in Spanien, mit genauso viel Harmonie und Ordnung. Wenn man in Betracht zieht, daß sie Barbaren sind und so weit entfernt von der Weisheit Gottes und abgeschnitten von allen zivilisierten Nationen, dann ist es wahrhaft bemerkenswert, was sie vollbracht haben."

Das erste europäische Buch über das Innere Afrikas schrieb Alvise de Cadamosto, ein venezianischer Kaufmann, der 1455 und 1456 Expeditionen nach Afrika machte. Er besuchte die großen Flüsse von Senegal und Gambia und reiste auf ihnen mehrere Tagesreisen weit ins Landesinnere. Sein Reisebericht *El libro de la prima navigazione per l'oceano a le terri de Nigri* (Das Buch der ersten Ozeanreise ins Land der Schwarzen) wurde zehn Jahre später geschrieben und 1507 gedruckt.

Das erste Buch mit Illustrationen ist *Sanctae Peregrinatione* (Reise ins Heilige Land) von Bernard Breydenbach mit Illustrationen von Erhard Reuwich, das 1486 in Mainz erschien. Es handelt sich um die Beschreibung der Pilgerreise nach Jerusalem, die Breydenbach unternommen hatte. Breydenbach, ein wohlhabender deutscher Adeliger, hatte Reuwich mit auf die Reise genommen, damit dieser Zeichnungen von den Orten, durch die sie kamen, anfertigte. Reuwich machte Holzschnitte, auf denen seltsame Tierwesen, Städte und Sehenswürdigkeiten zu sehen waren. Der berühmteste dieser Schnitte zeigt ein Panorama von Venedig und ist voll ausgefaltet 145 cm lang. Darüber hinaus ist bemerkenswert, daß in diesem Buch auch zum ersten Mal der Name des Illustrators festgehalten wurde.

Die ersten Studien Amerikas verfaßten der Spanier Orviedo y Valdes mit seiner *Historia general y natural des las Indias* und Peter Martyr, ein Italiener, der in Spanien lebte, mit *De Orbe Novo* (Von der Neuen Welt).

Islamische Pilger auf der Straße nach Jerusalem im Jahre 1486, wie sie von dem deutschen Künstler und Pilger Erhard Reuwich gesehen wurden.

Belletristik

Die berühmteste chinesische Kriegsgeschichte ist die *Saga der drei Königreiche,* die, soweit wir wissen, 1494 zum ersten Mal erschien. Die berühmtesten Heldenkrieger Chinas lebten in der Periode der Drei Königreiche (220–265). Erzählungen und Episoden über diese Heldenkrieger wurden in diesem Roman mit dem gewaltigen Umfang von 120 Kapiteln miteinander verwoben und erweitert. Die älteste noch erhaltene Ausgabe stammt aus dem Jahr 1522. In dem Roman geht es vorwiegend darum, wie die gewaltigen Krieger Guan Yu und Zhang Fei und der einem Hexer ähnelnde Militärstratege Zhuge Liang gegen den dämonischen und verschlagenen Kriegsherrn Cao Cao kämpfen.

Lyrik

Der letzte Skalde war John Arason (1484–1551), der letzte katholische Bischof von Holar, Island. Er war nicht nur ein Historiker, sondern auch der letzte Dichter in dieser uralten skandinavischen Tradition, die unter diesem Namen bekannt war. Die Skalden waren Dichter bei Hofe, zu deren Pflichten es gehörte, Verse zu ersinnen, die laut rezitiert werden konnten, bevor man in die Schlacht zog. Sie schrieben in einer literarischen Form von Altnordisch, der Sprache, die zur damaligen Zeit in Norwegen, Island, auf den Färöer-Inseln, auf Orkney, auf Shetland, Grönland, auf einem großen Teil der Hebriden und selbst in Teilen von Schottland, Irland und England gesprochen wurden und auf den Einfluß der Wikinger aus dem 13. Jh. zurückzuführen war. Man nimmt an, daß das literarische Altnordisch ungefähr um 1500 aufhörte zu existieren.

Als letzter großer klassischer Dichter gilt gemeinhin der persische Dichter Jami (1414–1492). Zu seinen Vorgängern zählten Sadi und Omar Hayyam, im Westen wohl am bekanntesten für sein Robáiyat. Jami war ein großer religiöser Suchender, Dichter und Prosaautor, dessen Talente von den moslemischen Herrschern der Zeit reichlich belohnt wurden. In Persien waren und sind Dichterwettstreite sehr beliebt, wobei zwei oder mehr Rivalen sich darin versuchen, einen Vers wechselseitig in korrektem Stil und Versmaß weiterzuführen oder zu Ende zu bringen. Bei einer solchen Gelegenheit suchte ein Rivale Jami auf, und sie begannen einen solchen Wettstreit. Jami übertraf sich selbst und leistete wahrhaft Übermenschliches. Nach drei Tagen erkannte sein Rivale, daß er dem Meister nicht gewachsen war, der Kopf fiel ihm auf die Brust, und er antwortete nicht – denn er war tot.

Das erste angloamerikanische literarische Werk brachte um 1510 der überaus rege englische Drucker Wynken de Worde heraus. Es handelte sich um ein Buch mit dem Titel *Hyckescorner.* In diesem Buch kehrt die Hauptfigur, Hycke Scorner, von einer imaginären Reise zurück und beschreibt all die Orte, die er dabei gesehen hat. Darunter befindet sich auch das neuentdeckte Amerika.

Das neueste literarische Genre: An der Wende zum 16. Jh. entstand in Italien ein neues literarisches Genre: Gedichte, die den Garten rühmen. 1527 versuchte sich Erasmus (1466–1536) an dieser neuen Form und schuf das *Convivium Religiosum*, ein Gedicht, in der die Natur symbolische Bedeutung besitzt.

Autoren

Der bedeutendste Verfasser von Bibliographien war der Schweizer Conrad Gesner (1516–1565). In seiner Bibliotheca Universalis (1545–1555) katalogisierte er „alle bekannten Schriften auf latein, griechisch und hebräisch". Er führte mehr als 1800 Titel und Autoren an und lieferte kurze Inhaltsangaben. Außerdem stellte er eine naturgeschichtliche Enzyklopädie zusammen, *Historia Animalum* (Naturgeschichte der Tiere), für die er auf griechische und mittelalterliche Quellen zurückgriff. Dieses Nachschlagewerk enthält die erste genaue Beschreibung des Walfangs im Mittelalter. Seine *Opera Botanica*, die unvollendet blieb, enthielt an die 1000 Illustrationen von Pflanzen.

Der komplexeste Prosastil der damaligen Zeit stammte aus China und war bekannt unter dem Namen *Der achtbeinige Essay.* In der zweiten Hälfte des 15. Jh.s gelangte diese Form zur vollen Blüte. 1497 mußte jeder, der ein öffentliches Amt im Dienste des Kaisers antreten wollte, eine Arbeit in diesem Stil liefern, und schließlich dominierte diese Form die gesamte ernstzunehmende Belletristik und übte einen starken Einfluß auf die ganze Literatur und selbst das Theater aus. Die unvergleichlich komplexen strukturellen Anforderungen eines in diesem Stil geschriebenen Textes waren eine große Hilfe dabei, abstrakte Gedanken und Ideen logisch geordnet und präzise und lebhaft darzustellen.

Der berühmteste westafrikanische Historiker ist Mahmud Kati aus Timbuktu, der um das Jahr 1519 herum mit seiner großen Chronik des westlichen Sudan, dem *Taritch al-Fattash,* begann. Gegen 1655 wurde seine Arbeit von anderen vollendet.

Bibliotheken

Die erste Sammlung von Archivmaterial war die von König Ashurbanipal von Ninive (668–627 v. Chr.). Sie besaß Tontafeln, die sich auf Ereignisse und Personen bezogen, die zurückreichten bis in die Dynastie von Agode, etwa 23. Jh. v. Chr.

Größte Bibliothek der Azteken: Die Azteken faßten ihre Handschriften in Bibliotheken zusammen, die sie *Amoxcalli* nannten. Die größte von allen befand sich in Texcoco und wurde während der Eroberung durch die Spanier zerstört. Lediglich vier Handschriften blieben erhalten, nur eine davon stammt aus präkolumbianischer Zeit. Bei den anderen handelt es sich um Kopien aus der spanischen Periode.

Die älteste erhaltene Handschrift stammt von den Mayas (Mayan) und ist bekannt als die „Handschrift von Dresden". Es ist eine Abhandlung über Weissagung und Astronomie. Sie wurde möglicherweise um 1200 im mittleren Yucatan angefertigt. Viele andere Handschriften wurden zerstört: entweder von den Verfassern selbst oder durch die *Conquistadores* (die Eroberer) oder spanische Priester, die sie für Teufelswerk hielten.

Die erste große Bibliothek, die nach Einführung der Druckkunst gegründet wurde, war die einstige Königliche Bibliothek, die jetzige *Bibliothèque Nationale* in Paris, die 1520 von Franz I. ins Leben gerufen wurde. Ältere große und moderne Bibliotheken sind u. a. die Universitäts-Bibliothek von St. Andrews, Schottland, gegründet 1456, und die Kaiserliche Bibliothek von Wien, Österreich, gegründet von Friedrich III., etwa 1440. Die Universitäts-Bibliothek von Cambridge wurde ebenfalls im 15. Jh. gegründet.

Die erste Buchmesse war wahrscheinlich die von Leipzig, die erstmals 1545 stattfand, obwohl Bücherausstellungen bereits seit 1268 üblich waren.

Die größte italienische Bibliothek, die man aus Aufzeichnungen kennt, war die Visconti-Bibliothek in Mailand. Bei der Bestandsaufnahme im Jahre 1462 verzeichnete man 968 Bücher; 1499 waren es über 1000. Im gleichen Jahr wurde die vollständige Sammlung von den Franzosen beschlagnahmt.

Schulen und Universitäten

Die erste Schulpflicht in Britannien wurde durch ein schottisches Gesetz 1494 eingeführt. Es zwang alle Barone und Grundbesitzer, ihre Söhne in die Schule zu schicken. (In England und Wales wurde die Schulpflicht erst 1876 eingeführt).

Das meistverkaufte Schulbuch: Das im 15. Jh. populärste und am häufigsten verwendete Textbuch in Schulen war eine Grammatik mit dem Titel *De octo partibus Orationes* (Von den acht Teilen einer Rede), verfaßt von Donatus, einem Grammatiker des 4. Jh.s.

Die erste Fremdsprachenschule Chinas: Nachdem die großen chinesischen Flotten ihre intensive Erforschung der Welt in den ersten Jahren des 15. Jh.s durchgeführt hatten, gründete man in China eine Schule, um die Sprache der „Barbaren" zu unterrichten, die man besucht hatte. Die Schule veröffentlichte zweisprachige Texte und Listen mit Wörtern der Malayen und Chinesen, die bis heute existiert.

UNIVERSITÄTS-GRÜNDUNGEN

Im europäischen Kulturkreis bedeutete „universitas" ursprünglich die Gemeinschaft der Lehrer und Schüler. Die Universität entstand aus Schulen der Theologie, des Rechts und der Medizin. Unterrichtssprache war Latein. Die ersten Universitäten entstanden seit dem 11. Jahrhundert in Italien, Frankreich, Spanien und England (Salerno, um 1000; Parma, 1065; Bologna, 1119; Modena, 1175; Paris, 12. Jahrhundert; Oxford, 1163; Salamanca, 1218; Cambridge und Toulouse, 1229). Im Deutschen Reich in Prag (1348) und Wien (1365), Heidelberg (1368), Köln (1388) und Erfurt (1392). Die älteste in Osteuropa ist die Universität in Krakau (1364).

Außerhalb Europas steht jedoch die allgemein als älteste angesehene Hochschule, die Azhar-Moschee in Kairo, die 972 gegründet wurde. Benannt ist die neunschiffige Moschee nach der Tochter Mohammeds Fatima az-Zahre (arabisch die „Glanzvolle"). Seit 1268 ist die Moschee der geistliche und geistige Mittelpunkt des sunnitischen Islam. Unterrichtet werden dort islamische Theologie, Arabistik und verschiedene praktische Fächer. Angegliedert ist ein Institut für Islamforschung und ein islamisches Kultur- und Missionsinstitut. Die Azhar-Moschee war im 15. Jahrhundert das größte Studien- und Bildungszentrum der Welt.

Das aufwendigste Kinderschulbuch gehörte Maximilian Sforza, Sohn von Beatrice d'Este und Lodovico Sforza. Gian Pietro Birago malte Miniaturen, die den jungen Schüler bei Arbeit und Spiel zeigen. Die Bilder waren als moralische Unterweisung des jungen Prinzen gedacht, der beim Reiten in Siegerpose dargestellt ist. Unglücklicherweise verlief sein Leben nicht so glorreich, wie es die Bilder vermuten lassen.

Die berühmteste Universität im tropischen Afrika hatte im 15. Jh. ihren Sitz in der großen Moschee von Timbuktu am Rande der Sahara. Aus weit entfernten Ländern, wie Spanien und Ägypten, kamen reisende Gelehrte, um hier Seminare abzuhalten.

Die bedeutendste okkulte Wissenschaft war im ausgehenden 15. Jh. die Astrologie. Sie war ein Fachgebiet an den Universitäten, zusammen mit der Astronomie, und galt als eine der Sieben Schönen Künste. Dozenten lehrten an den bedeutendsten medizinischen Fakultäten in Paris, Padua und Bologna. Das astrologische System des Denkens produzierte sowohl Theorien der Geschichte als auch Voraussagen der Zukunft. Die meisten Astronomen waren auch gleichzeitig Astrologen. Sie waren angestellt bei Königen und Adeligen, um ihnen ihre Fähigkeiten der Vorhersage zur Verfügung zu stellen. Astronomische Forschungen konnten sie hingegen gewöhnlich nur in ihrer Freizeit betreiben.

Die Anzahl von Universitäten in Westeuropa um 1500

Italien	*20*
Frankreich	*18*
Deutschland	*16*
Spanische Halbinsel	*14*
Schottland	*3*
England	*2*
andere	*6*

Gelehrte

Der größte Gelehrte des Nordens während der Renaissance war Desiderius Erasmus (1466–1536), 1492 zum Priester geweiht, geboren in Rotterdam/Niederlande und bekannt auch als Erasmus von Rotterdam. Er lebte in Paris, Oxford, Padua, Cambridge, Basel und Louvain (jetzt Belgien). Seine *Adagia* (etwa 1507)

Das größte Bildungszentrum der Zeit befand sich in der Azhar-Moschee in Kairo. Die Moschee war 972 errichtet worden und galt über Jahrhunderte hinweg als das größte Bildungszentrum der islamischen Welt; heute wird sie auch als die älteste Universität der Welt angesehen.

enthält mehr als 3000 Sprichwörter, zusammengestellt aus den Werken der klassischen Autoren. Sein *Colloquia* (1519) gilt allgemein als sein Meisterwerk. Seine Kommentare zu den Mißbräuchen durch die Kirche, in diesem und anderen seiner Werke, bildeten die Grundlage für die Ideen der Reformation. Sein kommentiertes *Neues Testament* von 1516 gilt als der erste griechische Text. Es wird von ihm gesagt, „daß er mehr als irgendein anderer einzelner Mensch für das Fortschreiten des Lernens" getan hat.

Der langlebigste „Blaustrumpf": Durch eine Rede, gehalten 1487 zu Padua anläßlich der Promotion ihres Cousins, konnte Cassandra Fedele aus Venedig den Anspruch erheben, die erste weibliche Akademikerin zu sein, obwohl ihr nie ein offizieller Status an der Universität zugebilligt wurde. Um 1490 genoß sie ein unvergleichliches Ansehen gegenüber vorangegangenen weiblichen Intellektuellen, weil sie mit mehreren europäischen Prinzen und zahlreichen Gelehrten korrespondierte. Sie starb 1558 im Alter von 93 oder 103 Jahren, wobei selbst das niedrigere Alter für diese Zeit äußerst selten war.

Italienische Musikanten spielen Blechblas- und Saiteninstrumente, während Kinder mit Glocken hinzukommen und den Takt schlagen.

Instrumente

Die berühmtesten Orgeln des 15. Jh.s stehen in Reims in Frankreich und in Halberstadt in Deutschland. Zu dieser Zeit waren in Europa

Über Erasmus von Rotterdam (1466–1536) wird gesagt, er habe mehr als jeder andere das Lernen vorangetrieben.

Pfeifenorgeln weit verbreitet, die bis zu drei Manualen plus einer Fußlage hatten. Die wohl berühmtesten waren die neuen Orgeln in den Kathedralen von Reims (1487) mit 2000 Pfeifen und die in Halberstadt (1495) mit mehr als 1190 Pfeifen und 20 Blasebälgen, die die nötige Luft lieferten.

Der erste bekannte Posaunenmacher und ein berühmter Spieler dieses Instruments dazu war Hans Neuschel aus Nürnberg, der 1503 starb. Er führte seine Instrumente in Rom vor und schuf einen Satz silberner Posaunen für Papst Leo X. Seine Söhne Hans und Jörg traten seine Nachfolge an.

Das erste Piano hat der Franzose Henri Arnaut 1450 in Dijon beschrieben als ein Musikinstrument, dessen Saiten von kleinen Hämmern, die mittels einer Tastatur bewegt wurden, wie bei einem Klavier angeschlagen wurden. Aber zu dieser Zeit war der gezupfte Ton des Instrumentes, das wir Harpsichord nennen, viel populärer, und so mußte das Piano Anfang des 18. Jh.s gewissermaßen neu erfunden werden.

Das erste Harmonium wurde gegen 1450 erfunden. Das Harmonium gehört, so verblüffend das klingen mag, zur selben Gattung von Musikinstrumenten wie die Mundharmonika. Der Ton entsteht, indem man Luft über flache Metallblättchen bläst und sie dadurch zum Vibrieren bringt. Mundharmonikaspieler verwenden ihren eigenen Atem, die Zunge und die Finger, aber Harmoniumspieler haben einen Blasebalg und eine Tastatur, die diese Aufgaben für sie bewerkstelligen.

Das eigenartigste Musikinstrument geht auf Leonardo da Vinci zurück. Um 1490 gab Leonardo am mailändischen Hof in Italien eine musikalische Vorstellung, bei der er auf einer Art Leier spielte, die ganz aus Silber war und die Form eines Pferdeschädels hatte. Allem Anschein nach überstrahlte der große Mann mit seiner Kunstfertigkeit alle anderen anwesenden Musiker – was sich ohne Zweifel auch von seinem Instrument sagen läßt.

Der erste Dirigentenstab taucht in einem Gemälde von Melozzo da Forli auf. Das Bild, das aus dem späten 15. Jh. datiert und jetzt im Vatikan hängt, zeigt klar erkennbar einen musizierenden Engel mit einem schmalen Stöckchen, das den modernen Dirigentenstäben sehr ähnelt.

Komponisten

Die berühmtesten Komponisten: In einer Schrift aus dem Jahre 1477 behauptet der Theoretiker Tinctoris, daß sich alle Experten darin einig wären, daß keine Musik, die vor 1430 komponiert worden war, es wert sei, sich näher damit zu befassen. Das Hauptverdienst an der Gestaltung der „neuen Kunst" schrieb er dem Einfluß englischer Komponisten, vor allen Dingen John Dunstable († 1453), auf den Kontinent zu. Komponisten aus Nordeuropa dominierten die ernste Musik der gesamten Periode. Dem Engländer Dunstable folgten Guillaume Dufay (1400–1474), Johannes Ockeghem (1410–1490) und, am wichtigsten, Josquin des Pres (1450–1521). Sie alle waren Franko-Flamen. Ein italienischer Zeitgenosse nannte Josquin den „Michelangelo der Musik". 1527 folgte der venezianische Hof der vorherrschenden italienischen Mode und ernannte einen flämischen Komponisten zum musikalischen Leiter der wichtigsten Kirche der Stadt, der Markuskirche. Sie genoß bereits einen beträchtlichen Ruf, aber die Ernennung von Adrian Willaert zum *Maestro da capella* brachte mit sich, daß Venedig für lange Zeit das musikalische Leben Norditaliens dominierte.

Der fortschrittlichste Musiktheoretiker seiner Zeit war der Chinese Zhu Zaiyu, ein 1516 geborener Prinz der Ming-Dynastie. Er verwendete den Reichtum und die Muße, die ihm zur Verfügung standen, um langwierige wissenschaftliche Untersuchungen der mathematischen Theorien hinter der Stimmung musikalischer Instrumente durchzuführen. Er entdeckte als erster eine Möglichkeit, Saiteninstrumente so zu stimmen, daß man auf ihnen problemlos innerhalb eines Stückes die Tonart wechseln konnte, ohne das gesamte Instrument neu stimmen zu müssen – was man heute „wohltemperiert" nennt.

Zu den beliebtesten Melodien der ersten Hälfte des 15. Jh.s gehörte auf jeden Fall das Stück *O rosa bella,* zumindest nach der Anzahl noch existierender Partiturabschriften zu urteilen. Von ungefähr 1450 bis 1540 war die weitverbreitetste Melodie mit großer Wahrscheinlichkeit *L'homme armé* (Der bewaffnete Mann). Das Stück, möglicherweise komponiert von dem Burgunder Antoine Busnois, wurde von nicht weniger als 24 Komponisten als Thema eingesetzt, um das herum sie eine Messe schrieben.

Die erste mehrstimmige Partitur brachte der venezianische Notendrucker Ottaviano Petrucci (1466–1539) im Mai 1501 heraus. *Harmonice musices odhecaton* enthielt die mehrstimmigen Noten zu einhundert Liedern. Frühere Drucker hatten einstimmige Partituren produziert; dies war die erste mehrstimmige Partitur.

Das erste Musiknachschlagewerk schrieb der flämische Gelehrte Johannes Tinctoris 1473. Das Buch mit dem Titel *Terminorum Musicae Diffinitorium* (Definition musikalischer Termini) galt lange als das beste Buch seiner Art. 1495 wurde es im italienischen Treviso herausgebracht und wurde damit zum ersten Musiknachschlagewerk, das gedruckt wurde.

Lieder

Das älteste bekannte Lied ist der Schaduf-Gesang, der seid undenklichen Zeiten an den von Menschen angetriebenen Eimerbaggern zur Bewässerung der Wassermühlen am Nil (Saquiyas) in Ägypten gesungen wird.

Die älteste Nationalhymne ist vom Text her gesehen die japanische. Der Text des Kimigayo stammt aus dem 9. Jh. Von der Musik hingegen gebührt dieser Rang der niederländischen Hymne.

Die berühmtesten Sänger gingen fast ausnahmslos aus der Gesangsschule der Kathedrale von Cambrai im nordwestlichen Frankreich hervor. Aus ihr stammten die berühmtesten von Europas jugendlichen Sopranisten. 1467 hielt ein Talentsucher der Römischen Kirche des Hl. Johannes dort ein Vorsingen ab. Talentsucher der päpstlichen Chöre rekrutierten ihre jungen Sänger oft aus dieser Schule.

Als komplizierteste Komposition der Zeit gilt ein Choral des franko-flämischen Komponisten Johannes Ockeghem (1425–1495), der von seinen Zeitgenossen als schieres Wunder erachtet wurde – hatte er doch 36 verschiedene Stimmen. Ockeghems Name taucht in mindestens 44 verschiedenen Schreibweisen auf – Okeghem, Ockenheim, Okenghem usw. – voraussichtlich ein weiterer Rekord.

Die früheste Hymne, ein Preislied mit meist übertriebenem pathetischen Inhalt, stammt mit der *Oxyrhnchus Papyri* etwa aus dem 2. Jh. Die erste genau datierte Hymne ist *Heyr Himno Smióur* (Höre den Erbauer des Himmels) aus dem Jahre 1208 von dem isländischen Barden Kolbeinn Tumason (1173–1208).

Die längste Hymne stammt aus dem 12. Jh. von Bernard von Cluny. Sein Werk *Hora novissima tempora pessima sunt vigilemus* hat nicht weniger als 2966 Verse.

Glocken

Die älteste Glocke der Welt ist das aus der Zeit 1100 v. Chr. stammende Tintinnabulum, das Austen Henry Layard (1817–1894) im Jahr 1849 im babylonischen Palast des Nimrod fand. Die älteste bekannte Turmglocke gibt es in Pisa (Italien). Sie trägt die Jahreszahl MCVI (1106).

Die älteste bekannte Oktavglocke Europas trägt die Jahreszahl MCC (1200). Sie hängt im Turm der Pfarrkirche zu St. Martin, Ybbsfeld (Niederösterreich). Die Bronzeglocke überlebte die Türkenzeit nur dadurch, daß sie vergraben wurde. Sie ist auch heute von hervorragender Tonqualität, ihre Klangschönheit (Akkord und Nachhall) beruht auf der Legierung der Glockenspeise und der besonderen Formgebung der Glockenrippe.

Die älteste Glocke Deutschlands, die noch geläutet wird, ist die *Lullusglocke* in der Ruine der Stiftskirche von Bad Hersfeld (Hessen). Sie wurde um 1050 gegossen und trägt ihren Namen zu Ehren des hl. Lullus, eines Bonifatius-Schülers, der das Kloster Hersfeld gründete. Der Abt Meghinher ließ sie während seiner Amtszeit (1036–1059) aus einer noch älteren Glocke gießen. Sie hat die Form eines Bienenkorbes und wird einmal im Jahr zu Beginn des Lullusfestes im Oktober angeschlagen.

VERSCHIEDENES

Als unmusikalischster König mag wohl Ludwig XII. von Frankreich (1462–1509) gelten. Diesen wenig beneidenswerten Titel verdankt er der Tatsache, daß er ein solch erbarmungswürdiger Sänger war, daß sein Hofkomponist Josquin des Pres eigens ein Stück für ihn schrieb. Dieses Stück hatte eine Stimme, die als *vox regis* gekennzeichnet war (was buchstäblich „des Königs Stimme" bedeutet). Diese Stimme bestand aus einem einzigen Ton, der im Verlauf der Komposition mehrfach wiederholt wurde.

Der musikalischste König war Heinrich VIII. (1491–1547), der berühmt für seine Liebe zur Musik war. Er komponierte Hymnen, Messen und mehrstimmige Lieder und war ein begeisterter Sänger. Zu seiner Sammlung von Musikinstrumenten gehörten 10 Posaunen, 14 Trompeten, 5 Dudelsäcke und nicht weniger als 76 Blockflöten und 78 andere Flöten.

Der erste Ritter der Musik war der deutsche Organist Conrad Paumann. Als der 60jährige im Jahre 1470 eine Tour durch Italien machte, wurde er, den man allgemein für den größten Virtuosen seiner Zeit hielt, von Federico Gonzaga, dem Marquis von Mantua, zum Ritter geschlagen.

Theater

Frühestes Gebärdenspiel: Das Bühnenschauspiel wurzelt im wesentlichen in der italienischen *Commedia Dell'Arte,* einer Form des Improvisationstheaters, das im frühen 15. Jh. entwickelt wurde. Seine Ursprünge sind unklar, doch 1530 wurde es als moderne dramatische Erfindung beschrieben. Die Schauspieltruppen der *Commedia Dell'Arte,* die Formen der klassischen Komödie, des Straßentheaters, der Farce und Pantomime mischten, waren bis 1545 in Italien aktiv. Die berühmtesten waren die Gelosi, unter der Leitung von Francisco und Isabella Andreini.

Das berühmteste chinesische Theaterstück ist *Das Westzimmer.* Es wurde von Wang Shih-Fu Ende des 13. oder Anfang des 14. Jh.s geschrieben, aber die älteste noch komplett erhaltene Ausgabe wurde 1498 gedruckt. Das Stück ist so lang, daß eine komplette Aufführung mehrere Tage dauern würde. Es ist eine Liebesgeschichte, die das Hohelied der Romantik und der freien Wahl in der Liebe singt. Öfter als jedes andere Stück ist es neu herausgebracht und auch verboten worden. Das Stück enthält

Das Konzert in einem Ei, *eines der bizarren Gemälde Hieronymus Boschs. Der rätselhaften Symbolik des niederländischen Malers ist man bis heute auf der Spur.*

wunderschöne Lyrik, hinreißende Komik und Spannungselemente und ist Chinesen aller Alters- und Gesellschaftsgruppen vertraut. Eine Unmasse späterer Literatur und kultureller Darbietungen zogen ihre Inspiration daraus.

Das erste große chinesische Rachedrama ist auch eines der berühmtesten. *Die Seidenwäsche* von Liang Chenyu (um 1519–1591). In sage und schreibe 45 Akten erzählt dieses Stück davon, wie der König von Yue sein ganzes Leben und seine ganze Kraft der Rache am rivalisierenden Königreich Wu widmet. Eine große Rolle spielt auch die Liebesgeschichte zwischen Xishi, der legendenumwobenen Schönheit Chinas, und Fan Li, dem gefeierten Abenteurer und Kaufmann von China. Dieses Stück brachte auf innovative Weise eine Mischung zwischen nord- und südchinesischem Liedgut zustande, die bald im ganzen chinesischen Reich für Begeisterung sorgte. Es leitete das Kunju-Theater ein, bis zum heutigen Tag die höchstentwickelte und anspruchsvollste Theatergattung Chinas.

Das erste säkulare Theaterstück Großbritanniens stammt von Nicholas Udall (1505–1556). *Ralph Roister Doister*, vermutlich 1531 geschrieben, als Udall Rektor von Eton war, ist nicht nur das erste säkulare englische Theaterstück, sondern gilt auch als die erste englische Komödie.

Schnell wachsende Blumen: Der Autor der späten Ming-Periode, Xie Zhaozhi, liebte es, Zaubertricks zuzusehen. Einen der erstaunlichsten Tricks kannte man als „Fertig-Blumen“: „Ein Lotus-Samen wird in heißes Wasser gegeben. In der Zeit, die man benötigt, um ein Mahl zu essen, entwickelt es Triebe und Blätter. In der Zeit, die es braucht, ein zweites Mahl zu sich zu nehmen, entsteht eine Lotusblume, so groß wie eine Weinschale.“
Bei einem anderen Zaubertrick wird der Magen eines kleinen Jungen geöffnet und ein Melonenkern eingepflanzt: „Sofort entstehen kleine Melonen, die, zerteilt, geprüft werden können, ob sie eßbar sind.“

Volksfeste

Die zerstörerischsten Folgen hatte der Karneval. Er konnte manchmal in Gewalt und Rebellion enden, wenn Fest und Alltag aus der Balance gerieten. Nach den Juni-Feiern im Jahre 1513 marschierten 300 junge Bauern aus einem ländlichen Bezirk nahe Bern in der Schweiz in die Stadt. Sie plünderten sie aus, um die *mangeurs de couronnes* zu bestrafen. Bern befand sich in der Macht weniger reicher Aristokratenfamilien (die „Kronen-Fresser“ waren die Zielscheibe der Bauern), zu einer Zeit, als Religionskämpfe die ganze Schweiz überzogen.

Das schamloseste Ziel: Die meisten Jahrmärkte boten Gelegenheiten für groben Unfug und Satire. Verantwortlich hierfür war gewöhnlich eine „Abtei“; eine Gruppe junger Leute, meistens Männer, aus einer bestimmten Gegend, Zunft oder Berufsgruppe. Lyon in Frankreich (60000 Einwohner) besaß 20 dieser Gruppen, jede mit einem Gefolge von Offizieren, angeführt von einem Abt der Mißwirtschaft, einem Prinz der Narren oder ähnlich betitelten Anführern. Die Männer stellten ihre Offiziere auf einen Festwagen, machten den Umzug mit und riefen ihre Erklärungen aus. (Der Abt von Rouen verkündete einmal das Jahrhundert der Polygamie.) Satire und Kritik konnten sehr direkt sein. Die *Charivaris* (maskierte Gruppen) gaben die Namen lokaler Missetäter bekannt, manchmal führten sie sie auf einem Esel herum. Amtsinhaber waren häufig eine Zielscheibe dieser Gruppen. Die Behörden ließen diese Übertretungen zumeist unbestraft, innerhalb eines engumrissenen Stillhalteabkommens bei der Gesetzesdurchführung, das beide Seiten akzeptierten. 1516 brachte *Basoche*, eine Organisation von Justizangestellten, eine Komikshow auf die Bühne, bei der der König gezeigt wurde, wie er das Gericht durch *Mere Sotte* („Mutter Schnaps“) ersetzte, die die Leute besteuerte und schröpfte.

Das häufigste Ziel des Spotts der Stadt-Charivaris war die dominante Ehefrau. Sie selbst wurde kaum gezeigt. Statt dessen war ihr Ehemann Teil der Vorführung auf dem Festwagen während des Umzugs durch die Stadt. Die Leute sahen, wie ihm der Bart abgerissen wurde oder man ihm in seine empfindlichsten Teile trat. Bekannte Fälle wurden auch rückwärts auf einem Esel sitzend durch die Stadt geführt. Panurge, aus Rabelais Roman *Gargantua und Pantagruel* (1532/34), zögert zu heiraten, weil er befürchtet, eine ehebrecherische Frau zu bekommen, doch die Aussicht, von ihr das Fell über die Ohren gezogen zu bekommen, ängstigt Panurge ebensosehr.

Ereignisse

Die extravaganteste Feier: In einer Zeit bemerkenswerter Exzesse war das Fasanen-Fest, das Philipp der Gute, Herzog von Burgund, am 17. Februar 1454 in Lille gab, ohne Konkurrenz. 35 Künstler, sechs Tischler und ein Klempner waren nötig, um den Schauplatz herzurichten, der auch ein Windorchester, das im Innern einer Pastete spielte, einschloß. Der Tisch des Herzogs wurde von zwei Dienern versorgt, die, während sie Rücken an Rücken auf einem doppelköpfigen Pferd saßen, Trompete spielten; danach von einem Mann, der einen anderen auf den Schultern trug und selbst auf dem Rükken eines Elefanten stand, und von einem Sängerknaben, der auf einem Hirsch ritt, der die Tenorpartie der Melodie sang. Der Höhepunkt war erreicht, als ein lebender Fasan an einem Gold- oder Rubin-Halsband hineingeführt wurde und der Herzog den Eid schwor, an einem Kreuzzug gegen die Türken teilzunehmen – was er allerdings niemals tat.

Das glänzendste Fest: Im Juni 1462 arrangierte Papst Pius II. die Feiern zum Corpus-Christi-Fest in der norditalienischen Stadt Viterbo. Im Vorfeld ließ er die Straße, die von der Zitadelle zur Kathedrale führte, verbreitern. Den Kardinälen wurde je ein Straßenabschnitt zugewiesen, den sie in einem großen Wettbewerb ausschmücken mußten. Es gab Archen aus Blumen, Springbrunnen, aus denen Wein floß, luxuriöse Teppiche, Orchester, Musikkapellen, Chöre und wunderschöne Knaben, die als Engel verkleidet an Seilen schwangen. Unter den Ausstellungsstücken war auch ein junger Mann, der, als Personifizierung Christi, Blut schwitzte und einen Kelch mit dem Blut aus seiner Lendenwunde füllte. Eine andere Szene zeigte das Letzte Abendmahl, derweil der hl. Michael einen großen Drachen köpfte, aus dem „Dämonen kopfüber herausstürzten und wie Hunde bellten“.

Heimspiele

Das erste englische Schachbuch war *The Game and Playe of Chesse*, das zweite Buch, das Caxton überhaupt druckte. Es wurde 1474 veröffentlicht.

Das populärste Kartenspiel in ganz Europa war *Primero*, ein Vorläufer des modernen Pokerspiels. Die Ansagen waren anders, und ein Blatt bestand aus vier Karten, das gesamte Spiel umfaßte nur 40 Karten.

Das älteste und beliebteste Gesellschaftsspiel im 15. und 16. Jh. war *Go* („Umzingelungsschach“). So stark war die Faszination dieses Spiels, daß man es den „hölzernen Verzauberer“ nannte und von ihm sagte, „es kann Besitz von Männern ergreifen ganz genauso wie Alkohol und Sex“. *Go* wird auf einem Brett mit 361 Kreuzungen gespielt. Eine etwas kleinere Version des Spiels geht bis mindestens Anfang des 10. Jh.s zurück. Hauptziel des Spiels ist es, die Spielsteine des Gegners zu umzingeln.

Die ältesten europäischen Spielkarten wurden gegen 1440 nach Holzschnitten in der Provence angefertigt. (1841 wurden sie im Britischen Museum in einem Buch aus dem 15. Jh. gefunden; die Karten waren dazu verwendet worden, das Buch zu stützen.) Die Erfindung der Druckerpresse brachte es mit sich, daß sich Kartenspiele in Windeseile weit verbreiteten. Die besten Karten wurden weiterhin in spezialisierten Werkstätten angefertigt und waren so teuer, daß sie sich nur die Reichen leisten konnten.

Wari wurde im 15. Jahrhundert in Westafrika gespielt.

Die ältesten bekannten gravierten Spielkarten sind die „Tarots von Mantegna“ von 1485. Die künstlerische Zuschreibung ist umstritten. Sowohl Botticelli als auch Baldini werden mit dieser Arbeit in Verbindung gebracht.

Die ersten Spielkarten in der Neuen Welt: Von den Matrosen, die mit Christoph Kolumbus nach Amerika fuhren, wird berichtet, daß sie aus lauter Angst während eines Sturms ihre Spielkarten über Bord warfen. Später fertigten sie aus den Blättern des Copasbaumes neue Karten an. Die Karten fanden bei den Indianern großes Interesse. So wurden die Spielkarten in Amerika eingeführt.

Die beliebtesten Würfelspiele des 16. Jh.s waren die sogenannten Hasard-Spiele: Das Wort selbst stammt vom arabischen *al zahr*, was Würfel bedeutet. Eine Anzahl solcher Spiele gelangte im Mittelalter über zurückkehrende Kreuzritter nach Europa.

Sport

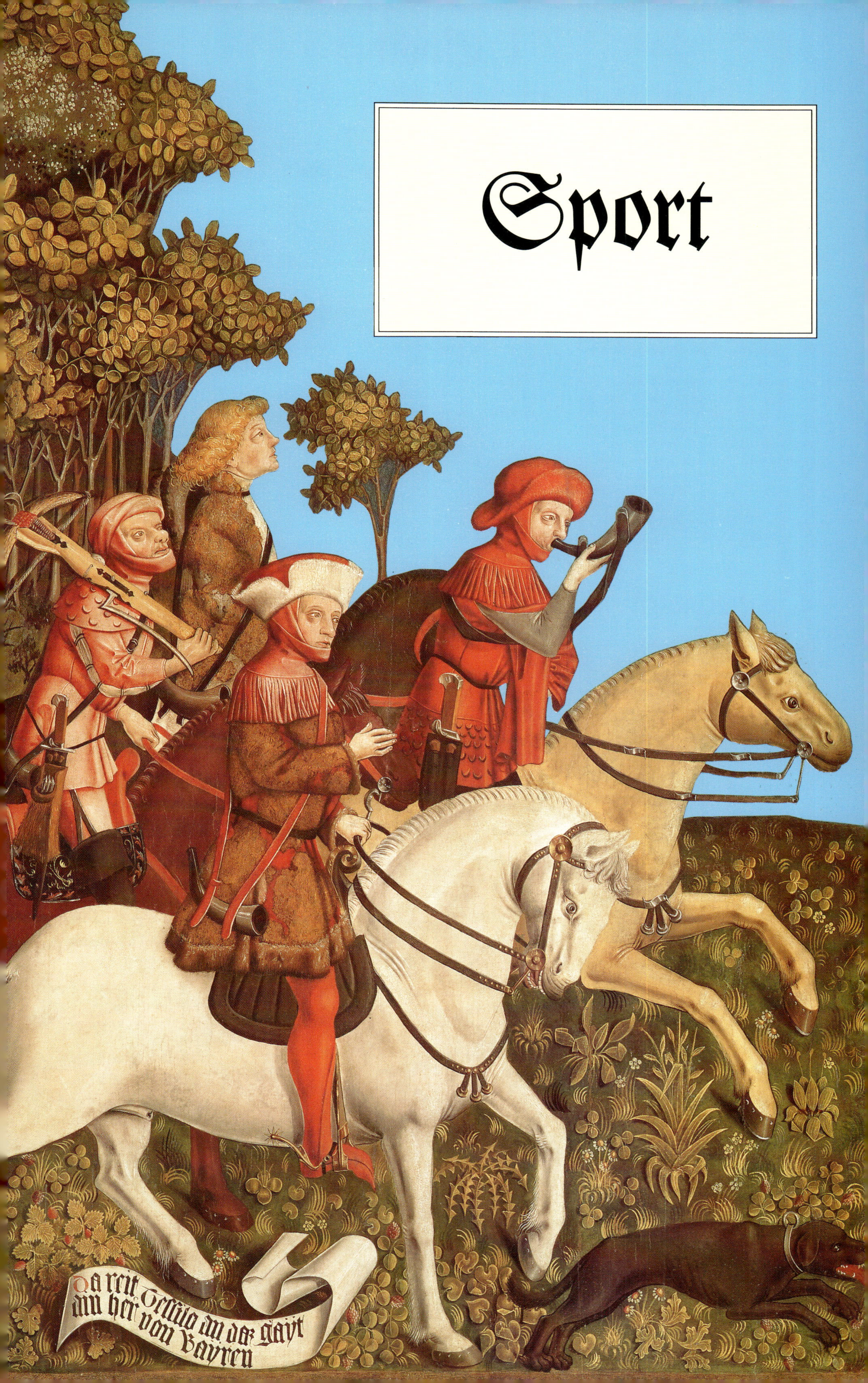

Sport

Das Guinness Buch der Rekorde 1492

Die Ursprünge des Sports liegen in der Zeit, in der die schiere Selbsterhaltung noch das vorrangige Anliegen des Menschen war. Bogenschießen, obwohl schon im Mesolithikum (bis 8000 v. Chr.) weit verbreitet, wurde erst viel später zu einem organisierten Wettkampfsport. Möglicherweise gegen 1150 v. Chr., nach der Beschreibung eines Bogenwettschießens in Homers Ilias zu schließen, auf jeden Fall aber gegen 300 v. Chr. bei den Genuesern. Berichte über Ringkämpfe aus den Jahren 2750–2600 v. Chr. sind die frühesten Sportwettkämpfe, für die es Nachweise gibt.

Bogenschießen

Das erste Wettschießen: Um 1450 hatten die befestigten Städte in Deutschland und der Schweiz feste Gilden von Bogenschützen, die allzeit dazu bereit waren, die Stadt gegen türkische Invasoren zu verteidigen. Diese Bogenschützen übten jeden Sonntagnachmittag auf dem örtlichen Schießplatz, wo sie aus einer Entfernung von 130 Schritten schossen. Der Sieger erhielt einen Preis und durfte am folgenden Sonntag als Schützenmeister fungieren, der die Treffer der einzelnen Schützen anzeigte. Wettbewerbe, an denen jeder teilnehmen konnte, wurden mehrere Male im Jahr abgehalten. Jährlich wurde auch im königlichen Tierpark von Prag ein Wettschießen abgehalten, dem auf Tribünen bis zu 800 Zuschauer beiwohnten.

Das erste Wettschießen zwischen zwei Städten: Wettbewerbe im Armbrustschießen wurden in der zweiten Hälfte des 15. Jh.s zweimal, manchmal sogar viermal im Jahr in der italienischen Stadt Lucca abgehalten. Es gab auch einen jährlichen Wettstreit zwischen den beiden italienischen Städten San Sepolcho und Gubbio.

Die ersten internationalen Wettbewerbe fanden um 1467 statt, als die Armbrustschützen der Stadt Zürich per Boot die 240 km nach Straßburg reisten, um dort an einem Wettschießen teilzunehmen. 1504 ließ die Stadt Zürich Hunderte von Einladungen ins Schwabenland, nach Bayern, Tirol, Norditalien und Flandern ergehen, mit denen sie allen Teilnehmern kostenlose Unterkunft und Verpflegung in Aussicht stellte. Die besten sieben Schützen erhielten Preise. 1540 schließlich nahmen an einem Wettschießen im schweizerischen Liestal an die 1000 Schützen teil.

Vorherige Seite: Ein italienischer Edelmann geht auf die Jagd in Begleitung dreier Diener, von denen einer eine Armbrust trägt.

Das Zielschießen mit Pfeil und Bogen war im England des 15. Jahrhunderts weit verbreitet. Für gewöhnlich wurde es jeden Sonntag nach der Morgenmesse abgehalten. Dazu versammelten sich alle Männer zwischen 16 und 60 bei eigens dafür hergerichteten Erdhügeln, an denen mit Stroh gefüllte Zielscheiben aus Leinen angebracht worden waren, die einen Durchmesser von ungefähr 45 cm hatten. Zwei dieser Zielscheiben waren in einer Entfernung von 201 m zueinander angeordnet. Verordnungen in England und Schottland sorgten dafür, daß die Bogenschützen in Übung blieben, um für den Kriegsfall gerüstet zu sein. Zwischen 1457 und 1483 wurden mehrere dieser Verordnungen erlassen. Eine schottische von 1457 besagt: „Das Schießen auf die Zielscheiben hat an jedem Sonntag von Ostern bis zum 1. November stattzufinden, wobei jeder Mann mindestens sechs Schuß abgeben soll, andernfalls er eine Strafe von zwei Pence an die zu entrichten habe, die anwesend waren, auf daß sie es vertrinken können."

Das sogenannte Papageienschießen hat seinen Ursprung in Flandern und war im 15. und 16. Jh. in Holland, Belgien und Nordfrankreich die populärste Art des Wettschießens. Es wurde auf eine Vogelattrappe aus Holz oder Leder geschossen. Man befestigte die Attrappe an einer Stange, die bis zu 26 m hoch war, wo sie dann von den Schützen anvisiert wurde. Als er zwölf Jahre alt war, wurde Karl V. von Deutschland beim jährlichen Wettschießen in Brüssel zum Schützenkönig ernannt. Das Schießen auf Vogelattrappen war auch in anderen Teilen Europas beliebt, so beispielsweise in Dresden, wo die sogenannten *Kronenbolzen* auf einen bunten Holzadler schossen, der an der Spitze einer 40 m langen Stange angebracht war. Der Vogel bestand aus 50 Einzelteilen, und die Preise wurden dem Wert des jeweiligen Teils nach verteilt, den der erfolgreichste Schütze mit einem stumpfen Armbrustpfeil aus dem Vogel herausgeschossen hatte.

Königlicher Bogenschütze: Heinrich VIII. pflegte mit seiner 100 Mann starken Garde Wettschießen abzuhalten, bei denen er oftmals gut abschnitt. 1510 wurde berichtet: „Seine Gnaden schossen so stramm und weit wie nur irgendeiner seiner Garde." 1513 überraschte er seine Getreuen, „indem er das Ziel in der Mitte kerbte". 1520, als er vor Calais lagerte, traf Heinrich aus einer Entfernung von 220 m wiederholt ins Schwarze. Paul Jovius schrieb: „Ging noch kein Mann im ganzen Reich mannhafter mit dem Bogen um als Heinrich höchstselbst, schoß keiner weiter oder treffsicherer."

Die weitesten Bogenschüsse sind persischen und türkischen Schützen zuzuschreiben, deren Interesse seit jeher darin lag, mit Pfeil und Bogen eine möglichst große Distanz zu überwinden. Dies bewerkstelligten sie mit den stärkeren und längeren Bogen der Tataren. Türkische Bogenschützen schossen oft weiter als 1000 Bogenlängen (etwa 622 m), und noch heute stehen auf dem Ok Meydan (Platz der Pfeile) in Istanbul Marmorsäulen in Erinnerung an Rekordschüsse.

Die strengsten Regeln beim Bogenschießen gehen auf Konfuzius zurück, dessen Anhänger im China des 15. und 16. Jh.s immer noch seine Regeln streng befolgten: „Ein Kaiser soll aus einer Entfernung von 110 m schießen, ein König aus 73 m, ein Mandarin aus 64 m und ein Gelehrter und Schreiber aus 46 m." Traditionelle Weisheit in China besagte: „Ein Herr, der sein Ziel nicht zu treffen vermag, ist weder fähig noch tugendhaft." Viel von dieser Philosophie drang auch in die benachbarten Länder wie Korea, Vietnam, Burma und Thailand. Das Bogenschießen wurde sowohl zu Fuß als auch rittlings nach Art der Mongolen betrieben.

Auf die Qabaq, einen Ball auf einer Stange, vom Pferde aus zu schießen, war der Lieblingssport des Sultans Mohammed II. (1451–1481). Die besten Schützen saßen gar rittlings auf dem Pferde.

Der längste japanische Bogen ist der *Yumi*, der bis zu 2,60 m lang war. Die Japaner verwendeten zwei verschiedene Arten von Bogen; einen zusammengesetzten, der aus drei verleimten Holzstücken bestand, und diesen besonders langen *Yumi*. *Kyudo* (die Kunst des Bogenschießens) wurde zu Fuß betrieben; dabei schossen die Schützen auf Ziele, die zwischen 27 und 61 m entfernt waren.

Die größte Anzahl von Pfeilen verschossen die nordamerikanischen Apachen. Wahrscheinlich verwendeten alle nordamerikanischen Indianerstämme Pfeil und Bogen. Der erste Forschungsreisende, der sich über das Geschick beim Bogenschießen äußerte, war Le Moyne im Jahre 1539 auf seiner Expedition ins östliche Florida. Das Abschießen von möglichst vielen Pfeilen hintereinander war eine Spezialität der Apachen, deren beste Schützen es schafften, bis zu zehn Pfeile auf einmal in der Luft zu haben. Die Pawnee-Indianer aus Nebraska wiederum liebten es, in einem sportlichen Spiel um die Wette zu schießen. Wer zuerst über eine bestimmte Markierung hinaus traf, erhielt alle Pfeile, die bis zu diesem Zeitpunkt abgeschossen worden waren.

Schießen

Schon seit ungefähr 1420 legte man in deutschen Städten aus Verteidigungszwecken großen Wert auf Handfeuerwaffen. 1420 hielt die Stadt Eger ein „Zielschießen mit Handkanonen" ab, desgleichen Nürnberg in den Jahren 1430 und 1433. 1431 verkündete der Stadtrat von Frankfurt am Main, daß „jeder Bürger, der in der Lage ist, eine Waffe zu tragen, mit einer Handkanone ausgerüstet werden soll". 1446 wurde in Luzern in der Schweiz die vermutlich erste Büchsengilde gegründet.
Um das Jahr 1450 herum gab es mehrere bedeutende Erfindungen, die die Technik der

Das internationale Schützenfest, das 1504 in Zürich in der Schweiz stattfand, war wahrscheinlich der größte Schießwettbewerb dieser Zeit.

Handschußwaffen entscheidend verbesserten. Schießpulver konnte in Form von Körnern hergestellt werden, was Schwefel, Holzkohle und Salpeter besser zusammenhielt und so für eine effektivere Explosion sorgte. Die Erfindung von Kimme und Korn verbesserte die Zielgenauigkeit beträchtlich. Schließlich verwendete man einen Federzug mit einem gewundenen Hebel dazu, die Ladung zu zünden. Es dauerte mehr als 30 Jahre, bis sich diese Neuerungen durchgesetzt hatten, was in erster Linie auf Aberglaube und Vorurteile gegenüber solchen Innovationen zurückzuführen war.

Die ersten Regeln für ein Wettschießen wurden in Magdeburg etwa im Jahr 1450 festgelegt, in Leipzig 1464 und in Basel 1466. Die Teilnehmer an einem Wettschießen durften entweder ihre eigene oder die Waffe eines nahen Verwandten benutzen. Jeder hatte drei Übungsschüsse und schoß im Stehen, für gewöhnlich mit dem Kolben der Waffe unter dem Arm. Der Zünder mußte die Lunte des Gewehrs auf ein Kommando des teilnehmenden Schützen entfachen. Man schoß auf rechteckige oder runde Bretter, und nur Treffer zählten. Drei Fehlschüsse galten als ein „Schuß".

Die ersten Schützenvereine wurden Ende des 15. Jh.s populär, und in vielen Städten bildeten sich regelrechte Schützengilden.

Der erste englische Schützenverein wurde offiziell 1537 von Heinrich VIII. (regierte 1509–1547) mit einem königlichen Patent versehen. Darin gestattete er den Schützengilden von St. George, „mit Bogen, Armbrust und Schießgewehr auf alle möglichen Ziele und Vogelattrappen zu schießen".

Das schwerste schottische Gewehr verwendete König Jakob IV. Anfang des 16. Jh.s, als er bei einem Wettschießen eine Waffe verwendete, die *Culverying* (ein großes Gewehr, das 13,6 kg wog und dessen Lauf einen Durchmesser von 20 mm hatte) hieß. Es mußte von einem Ständer abgefeuert werden, und zwei Männer waren nötig, es zu bedienen.

Die ersten Schußwaffen in Japan gehen auf die Portugiesen zurück, die sie 1543 nach Japan brachten. Zeitgenössischen Berichten zufolge waren die Vasallen des Fürsten Tokitaka hervorragende Schützen, die bei 100 Schüssen hundertmal trafen!

Die ersten gezogenen Läufe werden Gaspard Kollner aus Wien und Augustas Kotter aus Nürnberg zugeschrieben. Beide verwendeten eine ähnliche Technik. Sie gossen um 1500 Gewehrläufe mit gezogenen, geraden Rillen, die zum einen dafür sorgten, daß sich die Kugel drehte und zum anderen eine wesentlich verbesserte Zielgenauigkeit zur Folge hatten. Der deutsche Kaiser Maximilian I. (regierte 1493–1519) besaß im Jahr 1500 ein solches Gewehr. Die gezogenen Läufe waren nicht beliebt, weil weithin geglaubt wurde, daß die Kugel verhext sei. Der „Hexenhammer" von 1487 beschreibt im Detail, wie der Teufel Einfluß auf die Zielgenauigkeit eines Schützen nehmen konnte!

Die magischsten Kugeln brachten ihrem Schöpfer kein Glück. Im Jahre 1522 wurde konstatiert, daß „kein Teufel auf der sich drehenden Kugel einer sündigen Welt reiten" könne. Noch im Jahr 1547 fand in Mainz ein streng überwachter Test mit bleiernen und silbernen Kugeln statt. Letztere waren sorgfältig mit kirchlichem Segen versehen worden, und man hatte ein Kreuz in sie eingeritzt. Aber auf 180 m Entfernung traf nicht eine davon das Ziel, was hingegen 19 der 20 Bleikugeln taten! Die Hersteller der Bleikugeln wurden der Zauberei beschuldigt.

Entfernungen: Viele der frühen Schußwaffen wurden in Nürnberg und Umgebung oder in Norditalien hergestellt. Die typische Handfeuerwaffe des 15. Jh.s war zwischen 90 und 130 cm lang und wog 6 bis 15 kg. Mit zunehmender Verbesserung der Feuerkraft wurde aus immer größeren Entfernungen geschossen. So schossen die Teilnehmer eines Wettschießens 1472 in Zürich aus 230 Schritten Entfernung, 1477 in Eichstadt aus 245 Schritten, und um das Jahr 1550 herum war es nicht unüblich, aus bis zu 280 Schritten Entfernung zu schießen.

Aus nächster Entfernung geschossen wurde noch ungefähr 1460. Eine Verordnung der Wiener Hofbibliothek aus dieser Zeit zeigt deutlich die Grenzen der frühen Handfeuerwaffen auf: „Das Zielschießen mit Handkanonen auf Vögel, Tiere und andere Ziele soll aus 16 Schritt Entfernung geschehen." Im Verlauf der nächsten 20 Jahre wurde die Reichweite von Handfeuerwaffen stark vergrößert.

Das berühmteste Schützenfest der Zeit war wahrscheinlich das Schützenfest von Zürich im Jahre 1504. Nicht weniger als 405 Schützen aus der Schweiz, Österreich und Deutschland nahmen daran teil. Für Unterkunft und Reisekosten kamen die Veranstalter auf.

Boxen

Die ungewöhnlichste Art des Boxens fand man auf der Insel Flores in Indonesien. Diese Art des Boxsports nannte sich *Bajawah*. Es war eine Art Ritual, bei der die Gegner von hinten von einem Partner geführt wurden, der den vorderen Kämpfer an Schultern oder Armen festhielt.
Auch auf Tonga wurden Boxkämpfe nach ritueller Art veranstaltet. Dabei mußten die Boxer in einem Wechselschritt seitwärts laufen. Sie umwickelten sich die Hände zum Schutz mit Bändern. Die Schläge wurden in großer Geschwindigkeit verabfolgt. Durchaus üblich waren Kombinationen, bei denen ein Schlag ausgeteilt wurde, der Kämpfer sich auf dem Absatz drehte und mit der anderen Faust den Gegner mit der Rückhand ein weiteres Mal schlug. Wenn ein Boxer zu Boden ging, wurde ein Siegeslied gesungen.
Die *Mokomo*-Saison in Hawaii dauerte von Mitte Oktober bis Mitte Januar. Dabei versammelten sich die jungen Männer aus verschiedenen Dörfern, um gegeneinander anzutreten.- Man bildete mit Speeren einen Ring, und die Kämpfe wurden von einem Ringrichter mit einem Stock überwacht. *Lua* war eine Kombination aus Boxen, Ringen und Ausrenken. Dieser Sport wurde von den Kriegern des Geheimdienstes der hawaiianischen Häuptlinge ausgeübt.

Siamesische Duelle: Das Boxen in Thailand geht auf indische Ursprünge zurück. Die Gegner umwickelten sich Hände und bisweilen auch die Knöchel mit Hanf und Leim. Von 1411 an wurden im Königreich Siam Duelle mit Faust und Füßen ausgetragen, bei denen der Sieger war, der zuerst den anderen blutig schlug. Die Kämpfe fanden oft bei Dorffesten statt. Ein berühmter Kampf soll sieben Stunden gedauert haben.

Massenkämpfe veranstalteten viele Städte und Dörfer in Norditalien als eine Art Sicherheitsventil für das Gleichgewicht der Bevölkerung. Die Einwohner der Städte bekamen die Gelegenheit, ihre Streitigkeiten miteinander auszutragen, indem ein *Contrada* (Distrikt) gegen einen anderen kämpfte. Ursprünglich wurden viele dieser Massenkämpfe mit Steinen ausgetragen, aber ungefähr gegen 1280 ersetzte die Stadt Gubbio die Steine durch einen Kampf mit Fäusten, den sogenannten *Guioco della Pugna*. Diesem Brauch folgte Siena 1291. In Pisa fand 1494 eine regelrechte Schlacht statt. Als Karl V., der Kaiser von Deutschland, Siena 1536 besuchte, wurde zu seinen Ehren ein solcher Kampf veranstaltet.

Ringen

Der erste Ringerländerkampf zwischen Frankreich und England fand statt, als Heinrich VIII. seine berühmte Reise nach Calais antrat.

Die bekanntesten Ringkämpfer Englands waren die Männer aus Cornwall. Sie kämpften im Stehen und versuchten den Gegner mittels Umklammerungs- und Aushebeltechniken von den Beinen zu holen. König Heinrich VIII. nahm diese Ringer mit nach Calais. Sie hatten eine eigene Flagge, die einen Ringer zeigte. Die Männer aus Cornwall rangen mit den Franzosen. Das gleiche taten bei dieser Gelegenheit auch Heinrich VIII. und Franz I. von Frankreich. Heinrich hatte Franz mit folgenden Worten dazu aufgefordert: „Bruder, wir werden ringen." Das konnte Franz nicht abschlagen. Heinrich war größer und schwerer, aber Franz holte ihn mit einer Fußangel französischen Stils von den Beinen und gewann den Wettstreit, wenngleich die Engländer dies für einen unfairen Trick hielten.

Die meisten verschiedenen Ringkampfstile gab es im Gebiet der heutigen Sowjetunion: über 20. Eine Abart des asiatischen Ringkampfs war in Aserbaidschan als *kresh* bekannt, in Armenien als *kokh* und wurde auch in nördlichen Teilen Rußlands und in Finnland ausgeübt. Das moderne russische *sambo*-Ringen hat seinen Namen von zwei weiteren einheimischen Kampfstilen: *samozaschtschita* (Selbstverteidigung) und *bez-orvschiya* (ohne Waffen): Sam + B-O. Beim Ringkampf, wie er in Georgien und Teilen Armeniens praktiziert wurde, ging es darum, den Gegner auf den Rücken zu werfen und ihn anschließend mit Klammergriffen auf dem Boden zu halten.

Die glitschigsten Ringer waren die Kämpfer im traditionellen türkischen Stil. Beim klassichen Ringkampf der Ottomanen, der *yagli* hieß, mußte sich der Kämpfer von Kopf bis Fuß einölen und auch seinen ledernen Schurz in Wasser einweichen, damit er geschmeidig wurde. Nach 1453 hielten sich die Sultane freie Männer aus Indien und den Gebieten der Tataren, sogenannte *gouressis* von großer Muskelkraft als Berufsringer.

Der furchtbarste Ringkampfsport wurde im Hindu-Teil Südindiens im 15. Jh. betrieben. Man nannte das *varjramushiti*. Es handelte sich um eine Kombination von Ringen und Boxen, bei der die Kämpfer noch zusätzlich dornenbewehrte Schlagringe trugen. Da Hanuman, der Hindu-Gott der Stärke, in der Hand eine Keule hielt, erhält auch der Gewinner eines solchen Kampfes oftmals als Preis eine hölzerne Keule. Ein Meister dieses Kampfstils wurde mit dem Namen *Rustam-I-Hind* bezeichnet, bis er von einem anderen Meister besiegt wurde.

Die größte Anzahl verschiedener Griffe hatte ein Ringkampfstil namens *guile*, der in Indien praktiziert wurde. Als die Mogule 1526 in Delhi an die Macht kamen, hatte jeder Prinz einen regelrechten Ringer-Stall. Beim *guile* gab es mehr als 400 verschiedene Griffe, die ein Kämpfer erlernen mußte, der den Titel *pulwan* (Könner) führen wollte.

Der ungewöhnlichste Ringkampfstil ist das japanische *yoroi kumi uchi* (Ringen in hölzernem Panzer). Zuvor war in Japan ein Kampfstil namens *sumai* verbreitet gewesen. Dabei handelte es sich um eine frühe Form des Sumo-Ringens, die dann im 15. und 16. Jh. unter Landarbeitern populär wurde, nachdem die Feudalherren den Sport bei den Samurai in Mißkredit gebracht hatten. Dieser Kampfstil ähnelte eher dem mongolischen Ringkampf, ließ aber tödliche Tritte und Schläge zu. Die Samurai verlegten sich daraufhin auf besagtes *yoroi kumi uchi*. Die erste Schule, an der dieser Stil gelehrt wurde, wurde im 15. Jh. gegründet. Auf Okinawa war im 15. Jh. *teguni* der vorherrschende Ringkampfstil. Dabei handelte es sich um einen Stil mit Würgegriffen und Aushebeltechniken, der in normaler Straßenkleidung betrieben wurde.

Das erste Buch, das gänzlich dem Ringkampfsport gewidmet war, wurde anonym 1507 in Landshut von Hans Wurm herausgebracht. Das deutsche Ringen war eine Art Freistilkampf, bei dem alles erlaubt war. Im größten Teil von Frankreich wurde auf die gleiche Weise gekämpft.

Schwertkampf

Die älteste japanische Schwertkampfschule ist wahrscheinlich Tenshin Shoden Katori Shinu Ryu in der Nähe der Stadt Sawara. Das 15. Jh. war die Hochzeit des *kenjutusu* (Schwertkampf mit stählerner Klinge) in Japan. Jeder *daimyo* (Fürst) beschäftigte in seinem *dojo* einen Schwertkampfmeister. Um das Jahr 1450 herum kamen die bedeutendsten Lehrer des Schwertkampfes aus der Higuchi-Familie. Auch sie betrieben ein *ryu* (Schule). Im 15. Jh. wurden noch Dutzende anderer Kampfschulen gegründet, und jede wachte eifersüchtig über die Geheimhaltung ihrer Lehrmethoden. Der Schwertkampfmeister der Schule in Sawara, Izasa Ienao, war auch der Lehrer von Yoshimasa, dem 9. Askaga-Shogun (1435–1490).

Die schärfsten Klingen hatten die Samurai. Die Waffe, die man zum *kanjutusu* benutzte, nannte man *katana* (normales Schwert), und man übte die Techniken des *kiri* (Schneidens) und *tsuki* (Stechens) mit detailliert markierten Zielen. Das *wakizashi* (Kurzschwert) und das *nodachi* (Langschwert) waren auch verbreitet. Die Tradition verlangte von *iaijutsu* (Kämpfern) den Gebrauch eines rasiermesserscharfen Schwertes. Manche Samurai-Krieger, die die Schärfe ihres Schwertes auf die Probe stellen wollten, lauerten einem nichtsahnenden Passanten auf und versuchten, ihm mit einem Streich das Haupt vom Kopfe zu trennen.

Der berühmteste japanische Schwertkämpfer des 16. Jh.s war Tsukahara Bokuden (1490–1571), der die Mutenkatsu-Schule gründete. Zuvor hatte er 14 Jahre lang an den Katori Shinto- und Kage-Schulen studiert. Er blieb in 37 Kämpfen mit dem Stahlschwert unbesiegt und tötete bei 17 davon seinen Opponenten. Man sagt, daß das *bokken* (Holzschwert) nach Bokuden benannt ist.

Der gefährlichste Sport war *yadomejusu* (die Kunst, mit einem Schwert Pfeile abzuwehren), das nur die allergewandtesten Schwertkämpfer praktizierten. Den größten Beifall erhielt man bei diesem Sport, wenn man, ohne mit der Wimper zu zucken, Pfeile ignorierte, die einen nur um Haaresbreite verfehlten. Eine weitere hochspezialisierte Kunst, die im 15. Jh. entwikkelt worden war, war das *iajutsu* (Schwertziehen). Ein *bushi* (Krieger) mit Namen Hayashizaki Jinsuke Shigenobu ersann *iaido* (das Ziehen des Schwertes auf viele Arten); er war auch im 16. Jh. der hervorragendste Exponent dieses Kampfsportes.

Stockfechten

Bojutsu (die Kunst des Stockes) war ein japanischer Sport des 16. Jh.s, vergleichbar dem englischen Stockfechten, bei dem man mit beiden Händen einen 1,50 m langen Stock hielt, den man *bo* nannte. Auf Okinawa war der Stock sogar 1,83 m lang. Die Bewegungen, die mit dem Stock vollführt wurden, waren äußerst dynamisch.

Das japanische Holzschwert wurde ungefähr 1530 benutzt. Mit dem Stahlschwert trainierte

Die japanischen Samurai-Schwertkämpfer übten ihre Kunst mit rasiermesserscharfen Waffen aus.

man für gewöhnlich nur alleine, da es zu gefährlich war, es mit einem Partner zu tun. Mit der Einführung des *jojutsu* (Kampfstock) und des *bokken* (Holzschwert mit identischen Maßen und Gewichten wie ein echtes Schwert) verbesserte sich die Kunst des Schwertkampfes schlagartig.

Der berühmteste Meister im Umgang mit *yari* (Speer) und *naginata* (Hellebarde) war Choiisa Ienad († 1481). Ein weiterer japanischer *yari*-Meister war Kansuke Yorinori Yamamoto († 1561), der weit und breit bekannt war als Yamamoto, der Einäugige. Seine bevorzugte Übungstechnik bestand darin – so die Legende –, das Wasser in einem strömenden Fluß in Scheiben zu schneiden.

Kampfsport

Kampfsporttraining mit wissenschaftlichen Methoden betrieben zuerst die Chinesen. Der Vorläufer des chinesischen Kampfes ohne Waffen, der Kunst des *kung-fu* (leere Hand), war eine Art Boxen, das in den Shaolin-Tempeln des 15. und 16. Jh.s betrieben wurde. Die Chinesen waren die ersten, die diesen Sport mit wissenschaftlichen Methoden weiterentwickelten, indem sie die Bewegungsabläufe bei Tieren genauestens studierten.

Die bedeutendsten Kampfstile wurden jeweils von einzelnen Familiendynastien entwickelt. Sehr verbreitet war der *Ch'a Ch'uan*-Stil, der Anhänger in allen Teilen Chinas hatte. Ch'en-chiakou erfand im 15. Jh. in der Honan-Provinz den *Ch'en*-Stil. *Ta-sheng-men* war ein Kung-fu-Stil, der auf den Bewegungen von Affen basierte und der im Gebiet von Hongkong im 15. Jh. beliebt war. *Shauai-chiad* beinhaltete verschiedene Techniken, die dem Ringkampf entstammten, wie Ausheber-, Durchsteiger- und Würgegriffe und war vor allen Dingen im nördlichen China verbreitet.

Die Entwicklung des Karate ist auf die japanische Invasion von Okinawa zurückzuführen. 1470 brach die Herrschaft der Sho-Dynastie auf Okinawa zusammen. Sieben Jahre später marschierten die Japaner ein und entwaffneten die gesamte Bevölkerung. Sie zwangen alle Edelleute dazu, in der Hauptstadt Shuri zu leben. Das hatte zur Folge, daß sich die Okinawer vermehrt für das *te* (Kämpfen mit der Hand) interessierten. Die Kunst des *tamashiwara* (Faustrecht) wurde ebenfalls entwickelt. Sie enthielt Techniken, mit denen eine bloße Faust den hölzernen Panzer eines Besatzungssoldaten zerschlagen konnte. Aus diesen Kampftechniken entwickelte sich *karate*.

Ein malaiischer Traum: Dem legendären Huan Tuah von Malaya aus dem 15. Jh. schreibt man es zu, im Verlauf seiner ausgedehnten Reisen eine Art von Jiu-Jitsu auf der gesamten malaiischen Halbinsel verbreitet zu haben. *Bersilat* (Selbstverteidigung) war dem *jiu-jitsu* sehr ähnlich. Es ist überliefert, daß 1511 eine Frau mit Namen Bersilat am königlichen Hofe von einem Kampf ohne Waffen träumte. So bedeutungsstark war dieses Omen, daß die königliche Armee sich eine Methode der Kunst der Selbstverteidigung zu eigen machte, die *Bersilat* genannt wurde. Dieser Kampfstil enthielt keine Fußtritte, da dies für unschicklich gehalten wurde. Es dauerte nicht lang, und jedes Dorf bildete eine Truppe in diesem Kampfstil aus.

Der Ringkampf war ein beliebter Wettkampf, bei dem sich der Adel in Persien vorzüglich amüsierte.

Die größten japanischen Kämpfer waren die *Samurai*. Im Japan des 15. und 16. Jh.s gab es drei Formen des Kampfes ohne Waffen: Ringen, Boxen und *yawara* (Friedensstifter), das eine frühe Form des Jiu-Jitsu war. Es war Pflicht eines jeden *Samurai* (Kriegers), diese Kampfarten zu beherrschen.

Das Schattenkämpfen geht aus einem chinesischen Kampfsport hervor, der nach Japan gelangt war: *Kempo* (Kraft der Faust). *Kempo* kombinierte Boxen und diverse Techniken aus anderen Kampfsportarten, die die Bewegungen von Tieren imitierten. Die Übungstechniken dieses Kampfsports waren bei den japanischen Geheimgesellschaften des 15. und 16. Jh.s überaus populär und sind der Vorläufer des Schattenboxens.

Der tödlichste Kampfsport war *kumi uch* (Umklammern), das von den Samurai betrieben wurde und aus dem sich später das Sumo-Ringen entwickelte. Es galt darin, den Gegner zu bedingungsloser Aufgabe zu zwingen oder ihn andernfalls zu töten. Beim jährlichen Erntefest wurden Kämpfe veranstaltet, um die Götter zu besänftigen. In der Kampfschule Muso Jikidon trainierten die Kämpfer in 36 kg schweren Holzrüstungen. Choiisa Ienao war im 15. Jh. Lehrmeister der Schule und ersann 100 Kampftechniken, die man zusammen *yawara gi* (Sanftmut) nannte. Anfang des 16. Jh.s wurde die Takenouchi-Schule gegründet, und hier war es auch, daß Hisamori Takenouchi 1532 den Kampfsport systematisierte und die Grundlagen für *jiu-jitsu* legte.

Der schmerzhafteste Kampfsport war *lua* (Knochenbrechen). *Lua* war ein traditioneller hawaiianischer Kampfsport, der bis ins Mittelalter zurückreichte. Es war eine Kombination aus Ringen und Boxen, und im Verlauf eines Kampfes wurden oft Glieder ausgerenkt (ein kleiner Finger oder eine Schulter vielleicht), was unweigerlich laute Schmerzschreie zur Folge hatte. Die verschiedenen Häuptlinge auf den Inseln führten regelrechte Schulen für diesen Sport, die jeweils von einem *kuhuna* (Medizinmann) geleitet wurden.

Das härteste Training nahmen ohne Zweifel die japanischen Samurai auf sich. Im Japan des 15. Jh.s mußte sich jeder Samurai einer sieben oder acht Jahre langen qualvollen Ausbildung in diversen Kampfsporten unterziehen. Ein Samurai mußte zumindest sechs Stile beherrschen: *yawara* (das Kämpfen mit leerer Hand), *bojujutsu* (das Kämpfen in großen Gruppen), *naginata* (das Kämpfen in kleiner Gruppe), *hanbojutsu* (das Kämpfen mit dem Schwert) und *kodachijutsu* (das Kämpfen mit dem kurzen Schwert).

Die ungewöhnlichste Waffe der damaligen Zeit war das Jo-jo. Als die Spanier Anfang des 16. Jh.s auf die Philippinen kamen, untersagten sie alle einheimischen Kampf- und Waffentechniken. Dazu gehörte auch eine einheimische Abart des Jiu-Jitsu, das Kämpfen mit hölzernen Schwertern und Dolchen, bisweilen auch Lanzen, diverse Kampfsportarten, bei denen mit Schuhen, Seilen und Palmwedeln gekämpft wurde, aber auch, am ungewöhnlichsten von all dem, das Kämpfen mit Jo-jos. Versteckt hinter einem Baum, zielte ein Krieger mit dem Jo-jo auf den Gegner und suchte ihn möglichst zwischen den Augen zu treffen. Das Jo-jo wurde auch zur Jagd benutzt.

Turnen

In der größten Höhe vollführten die Seiltänzer ihre Akte. Eine kleine verschworene Gruppe von Seiltänzern tourte um diese Zeit durch Europa. Einer davon war der Spanier, der 1546 vor Prinz Eduard in London auftrat. Er rutschte an einem Seil herunter („auf der Brust, Kopf nach vorne, Arme ausgebreitet"), das an der Spitze des Turmes der St.-Pauls-Kathedrale befestigt war. Er verwendete dazu wahrscheinlich ein gerilltes Holzbrett. Wenig später gab ein Holländer eine Darbietung seiner Balancekünste auf dem Wetterhahn von St. Paul's, wo er „kniete, auf einem Fuß stand und ein vier Meter langes Band schwenkte".

Die Ursprünge des hölzernen Turnerpferdes gehen auf die Araber in Sizilien zurück. Um 1450 herum gelangte dieses Gerät nach Italien. Es wurde dazu verwendet, im Winter einen Sport auszuüben, der *nel saltare cavalle* (Über ein Holzpferd springen) hieß.

Die Ursprünge des Jiu-Jitsu: Die japanischen Edelleute und Kriegsherren des 15. und 16. Jh.s förderten gymnastische Übungen und Kampfsporttraining an ihren jeweiligen Höfen. Dazu gehörten Kraftübungen mit den Fingern, mit den Köpfen, wobei zwei Männer Kopf gegen Kopf preßten oder nach demselben Prinzip Hand gegen Hand oder Fuß gegen Fuß, außerdem ein ausgeklügeltes System isometrischer Übungen. Darüber hinaus wurde auch das Balancieren auf Händen und Fäusten geübt sowie Tauziehen Mann gegen Mann. Sehr beliebt war *Taijutsue* (die Kunst des Körpers), das auch als *Hakuda* bekannt war. 1532 verfaßte Hisamori Takenuchi eine einheitliche Lehre dieses Sports, aus dem sich Jiu-Jitsu entwickelte.

Laufen

Die größten Distanzen legten amerikanische Indianer vom Volk der Tarahumare zurück. Sie lebten in der nordmexikanischen Sierra Madre in einer Höhe von mehr als 2000 m, und ihre Ausdauer beim Laufen war legendär. Es wird berichtet, daß die Spanier bei der Eroberung Mexikos im Jahre 1519 auf einheimische *titlantic* (Boten) stießen, die Tierhäute bei sich trugen, die mit Hieroglyphen vollgeschrieben waren. Hernan Cortes schrieb, daß binnen 24 Stunden nach seiner Landung vor Chianiztlan im Jahre 1519 Läufer dem Moctezuma, der 416 km weit entfernt war, bereits seine Schiffe, Männer und Pferde beschrieben hatten. Ein Indianer der Tarahumare konnte von Guazapares nach Chihuahua und wieder zurück, was eine Entfernung von annähernd 1000 km ist, in fünf Tagen laufen.

Die Zuni-Indianer aus Arizona und New Mexico begannen bereits im Alter von fünf Jahren mit dem Lauftraining. Sie hatten den Ruf, nie in einem Rennen geschlagen worden zu sein; auch ihre Nachbarn, die Hopi, waren hervorragende Langstreckenläufer. Einer von ihnen rannte einmal 190 km in 15 Stunden, um eine Nachricht zu überbringen.

Die schnellsten Amerikaner waren indianische Läufer. Der Spanier Cabeza de Vaca war Augenzeuge solcher Langstreckenrennen zwischen trainierten Läufern und beschrieb später: „Es gibt im gesamten Louisiana keinen Büffel, der ihnen im Laufen gleichkommt."

Staffelläufe gab es damals schon bei den Payacu-Indianern, die in Brasilien nahe der Mündung des Amazonas lebten. Seit dem 16. Jh. wurden dort traditionell Staffelläufe mit Männern und Frauen betrieben. Die Staffelrennen verliefen über eine präparierte Strecke, die bis zu 16 km lang war. Ein Läufer lud sich ein Scheit Palmenholz, das bisweilen mehr als 80 kg wog, auf die Schultern. Zu Anfang des Rennens schafften stärkere Männer es, die Holzscheite bis zu 135 m weit zu tragen, bevor sie sie an den nächsten Läufer weitergaben. Es wurde fliegend gewechselt. Mit der zunehmenden Erschöpfung der Läufer wurde auch die Strecke, die jeder einzelne mit dem Holzscheit auf den Schultern lief, immer kürzer.

Gewichtheben

Die seltsamsten Gewichtheber: Die gewaltige Last von 454 kg soll ein unbekannter Athlet in China mit einer Hand gestemmt haben.

Das Stemmen von Steinen war in Süddeutschland und der Schweiz das spektakulärste Ereignis vieler Schützenfeste. Man stemmte große Steine, die an jedem Ende Griffe hatten. Ziel war es, den Stein über den Kopf zu heben. 1470 gewann Herzog Wilhelm IV. in Augsburg beim Rennen, Weitspringen und Gewichtheben. Er stemmte mit zwei Händen einen Stein von 181 kg Gewicht.

Herzog Christoph von Bayern (1449–1493) war ein Riese von einem Mann. In heutige Maße umgerechnet, war er 2,27 m groß! Im Hof des Apothekerschlosses in München befindet sich ein Stein, der 181 kg wiegt und über dem eine Inschrift hängt: „Diesen Stein hob Herzog Christoph von Bayern 1490 hoch und schleuderte ihn von sich."

Auch bei den französischen und spanischen Basken war Gewichtheben im 15. und 16. Jh. weit verbreitet. Dort wurden Steinzylinder, die bis zu 200 kg wogen, hochgestemmt.

Jagd

Die organisierte Jagd ist mehr als 5000 Jahre alt. In Mesopotamien jagten die Sumerer den Löwen, wie diverse Reliefs und Kunstwerke der damaligen Zeit zeigen. Im 15. und 16. Jh. war der Hirsch die begehrteste Beute unter den Edelleuten Westeuropas, wohingegen Wildschwein und Bär wegen ihrer Wildheit und Kraft als würdige Gegner erachtet wurden. Andere Tiere, die gemeinhin gejagt wurden, waren Hase, Fuchs, Otter, Dachs und in Wüstenländern die Gazelle.

Zu den begeistertsten Jägern zählt sicherlich Heinrich VIII. (regierte 1509–1547). Schon als Prinz ging er mit seiner Schwester Margarete und Katharina von Aragon auf die Jagd. Bald wurde das Jagen zur Leidenschaft. 1519 berichtete der Botschafter von Venedig, daß Heinrich auf einer einzigen Jagd acht bis zehn Pferde verschliß. Er bevorzugte es, *par force* zu jagen. Er verwendete verschiedene Hunde dazu, das Rotwild erst aufzuspüren und dann zu hetzen. Er stationierte zusätzlich an strategischen Stellen Hunde und Pferde, um sich die Jagd zu erleichtern, die bis zur Abenddämmerung dauern konnte. Als König führte Heinrich von Ende Juni bis Mitte September einen regelrechten Jagdzug durch: Er reiste quer durchs Land von Wildgebiet zu Wildgebiet. Sein höfisches Gefolge begleitete ihn: Höflinge, Jäger, Bogenschützen sowie zahlreiche Bedienstete, die Dutzende von Wagen mit sich führten, die beladen waren mit Zelten, Hunden und *toils* (Zaunmaterial aus Stoff oder Netzwerk, das dazu verwendet wurde, das Rotwild in eine bestimmte Richtung zu drängen). Diese *toils* konnten viele Kilometer lang sein.

Für seinen französischen Zeitgenossen Franz I. (regierte 1515–1547) gehörten gewöhnlich zu einer großen Jagd 400–500 Herrenreiter, 200 berittene Bedienstete und Reitknechte sowie 100 Pagen. Der König und die Herren von vornehmem Geblüt trugen schmucke rote Jagdkleidung. Die Jagd kostete ihn jährlich die phantastische Summe von 150000 Kronen.

Der besessenste Jäger war Maximilian I. (regierte 1493–1519), der deutsche Kaiser, der wie ein Besessener Hunderte von Hirschen und anderes Wild erlegte und seine Jagderfolge in einem Manuskript namens *Das geheime Jagdbuch* minutiös verzeichnete. Daneben führte er noch ein weiteres Buch, *Weiskunis und Tuerdank,* worin er seine Abenteuer auf der Jagd beschrieb. Er hielt über 1500 Jagdhunde. Maximilian veranstaltete riesige *Battues* (Treibjagden), zu denen er Hunderte von einheimischen Bauern zwangsverpflichtete und bei denen er aus eleganten, eigens für ihn hergerichteten Pavillons auf jedes nur erdenkliche Wild schoß.

Die berühmteste Jägerin war Diane de Poitiers (1499–1566), die Geliebte Heinrichs II. von Frankreich. Nahezu täglich ging sie bei Tagesanbruch drei Stunden jagen. Es ist gut möglich, daß sie auch einmal zusammen mit Katharina von Medici, die Heinrich II. 1533 geheiratet hatte und ebenfalls eine berühmte Jägerin war, auf die Jagd ging.

Auf die spektakulärste Art jagte Ludwig XII. von Frankreich (regierte 1498–1515). Er führte die sogenannte *Venerie des Toiles* ein (eine halbkreisförmige Barriere, die am Waldrand plaziert wurde). Dazu brauchte er die Hilfe von 100 seiner Bogenschützen, die seine Jagden für ihn organisierten. Er wartete mit seinen Höflingen bei der Barriere darauf, daß Treiber Hirsche

Simon Benings Darstellung eines verendeten Hirsches illustrierte die Monate November und Dezember des Grimani Breviers.

und anderes Wild in die Umzäunung trieben,-wo es von Ludwig und Gefolge nach Belieben abgeschossen werden konnte.

Die ungewöhnlichste Jagd geht auf König Ferdinand (regierte 1474–1516) und Königin Isabella (regierte 1474–1504) von Spanien zurück, die beide der Jagd regelrecht verfallen waren. Ferdinand starb sogar bei der Jagd. Der ungewöhnliche Sport, Hirsche auf einer Koppel in abgegrenzten Bahnen laufen zu lassen, kam Ende des 15. Jh.s in Spanien in Mode. Dabei wurde eine abgedeckte Bahn von ungefähr 1500 m Länge errichtet, auf der Greyhounds das Rotwild jagten. Die Hunde wurden für die Rennen sorgfältig trainiert, und hohe Preisgelder standen auf dem Spiel. Auch die Wetteinsätze bei diesem Rennen waren außergewöhnlich hoch.

Die Illustration aus einer italienischen Abhandlung aus dem 15. Jahrhundert zeigt eine Dame, die an einer Falkenjagd auf Reiher und andere Wasservögel teilnimmt. Hunde wurden in die Sümpfe geschickt, um die erlegten Vögel zu apportieren.

Jagdhunde

Die ungewöhnlichsten Jagdtiere verwendete wohl Franz I. von Frankreich (regierte 1515–1547). Er liebte Beagle-Hunde und jagte Hasen zu Fuß mit einer Meute von *petits chiens de la Loire* (eine Art französischer großer Beagle). Franz hielt an seinem Hof Luchse, die darauf trainiert waren, Hasen zu fangen. Sie wurden bei der Jagd auf Pferden hinter den Jägern mitgeführt.

Die berühmteste Jagdhunderasse: Die Doggen, die in Deutschland, den jetzigen Beneluxländern, Spanien und Italien bei der Wildschweinjagd eingesetzt wurden, trugen dornenbewehrte Halsbänder und gepolsterte dicke Übermäntel, um sie vor den Fangzähnen der Wildschweine zu schützen. Die berühmtesten dieser Hunde waren die außergewöhnlich kampfstarken Alaunt-Doggen, die aus Spanien stammten.

Die ungewöhnlichsten Bettgefährten der damaligen Zeit hatte Prinz Johann von Portugal im 15. Jh. Er war ein leidenschaftlicher Bärenjäger und auch sonst ein etwas exzentrischer Charakter, der jede Nacht zwischen seinen beiden Lieblings-Alaunt-Doggen Bravor und Rabez schlief.

Die erste Meute weißer Hunde geht auf Ludwig XI. von Frankreich (regierte 1461–1483) zurück, der ein leidenschaftlicher Jäger war und oftmals ganze Tage von Sonnenaufgang bis -untergang mit der Jagd zubrachte. Seine Tochter, Prinzessin Anne (1460–1522), war eine ebenso enthusiastische Jägerin wie ihr Vater und brachte es während der Zeit ihrer Herrschaft (1483–1489) endgültig in Mode, reinweiße Jagdhunde zu verwenden anstelle der grauschwarzen, die früher üblich gewesen waren.

Geparden: In Wüstenländern wurden vorwiegend Gazellen und nicht Rotwild gejagt. Die Mauren und Berber aus Nordafrika verwendeten dazu gerne Geparden. Auch in Persien, Kaschmir und Indien wurden Geparden oft dazu verwendet, Gazellen, Tiger, Wildschweine und Hasen zu jagen. Die herrschende Mogul-Dynastie in Indien hatte 1526 Zwinger für mehr als 1000 Geparden.

Die klebrigsten Fallen stellten chinesische Bergbauern. Dem chinesischen Autor Xie Zhaozhi zufolge hatten sie eine besondere Methode entwickelt, sich gegen Tiger zu verteidigen: Sie hängten ein Netz aus dicken Seilen in genau die freie Stelle einer Böschung, durch die ein Tiger springen würde. „Wenn ein Tiger in dieses Netz springt, bleibt er mitten in der Luft darin hängen und verwickelt sich in den Seilen. Seine vier Tatzen ragen dann ins Nichts, und er kann keinen Nutzen aus seiner Kraft ziehen und auch nicht entkommen." Eine weitere Methode bestand darin, den Erdboden rings um einen Tigerpfad mit einem Leim zu bestreichen, der aus dem Mark von Zweigen hergestellt wurde. Wenn der Tiger beim Schnüffeln in Kontakt mit dieser Substanz kam, blieb es an seinem Kopf kleben, und er versuchte es mit den Tatzen wegzuwischen, was ihm nicht gelang. Schließlich setzte er sich hin, um es noch angestrenger zu versuchen, und in diesem Augenblick kam der Leim an den ganzen Körper. Damit war sein Schicksal besiegelt.

Das wildeste Tier: Die effektivste Art, einen Tiger zu schießen, beschreibt ebenfalls der chinesische Autor Xie Zhaozhi: „Wenn die Barbarenvölker des Nordens auf Tigerjagd gehen, dann reichen zwei starke Männer mit ihren Bögen, um einen Tiger zu erlegen. Der Pfeil muß den Tiger so treffen, daß er gegen den Haarwuchs seines Felles auftrifft. Ein solcher Pfeil wird tief in den Tiger eindringen, aber wenn er so aufkommt, wie das Fell gewachsen ist, wird er keinen großen Schaden anrichten. Daher lenkt der erste Bogenschütze mit seinem Pferd den Tiger auf sich, während der zweite den Tiger von hinten unter Beschuß nimmt. Wenn sich der Tiger umdreht, um auf die Pfeilschüsse zu reagieren, schießt der zweite Bogenschütze. Auf diese Art und Weise kann selbst eine größere Anzahl von Tigern schnell erlegt werden."

Falkenjagd

Die besten Vögel: Wer mit welchem Raubvogel jagen durfte, war in Europa streng nach dem sozialen Status der jeweiligen Person geregelt. Ein Kaiser sollte mit einem Adler, einem Geier oder einem Merlin jagen, ein König mit einem weiblichen oder männlichen Gerfalken, wohingegen ein Prinz eigens gezogene Falken verwenden durfte. Für einen Grafen schickte es sich, mit einem Wanderfalken zu jagen, für einen Baron kam nur ein Bussard in Frage. Von einem Ritter erwartete man, daß er einen Saker oder Würgfalken nahm. Ein Herr durfte mit dem Lanner jagen. Die Vorschriften setzten sich so fort: in Milan für eine Lady, ein Baumfalke für einen jungen Mann. Dem Freibauern verblieb der Habicht.

Die ersten Bücher über die Falknerei waren zum einen *The Boke of Saint Albans,* das überhaupt das erste Buch über Jagd und Falknerei in englischer Sprache war, zum anderen das erste Buch dieser Art in französischer Sprache, *Livre de L'Art de Fauconnerie* (Buch von der Kunst der Falkenjagd) von Guillaume Tardie, einem Professor an der Universität von Navarre, der auch Tutor Karl VIII. war. Das englische Buch erschien 1486, das französische 1492.

Der selbstsüchtigste Falkner war Jakob IV. von Schottland, der 1493 sogar ein Gesetz erließ, das die Reiherjagd mit Falken einzig und allein ihm vorbehielt.

Der größte Falkner unter den Herrschern der Zeit war Franz I. von Frankreich (regierte 1515–1547). Er legte eine prächtige Anlage an, in der über 300 Falken, ein *grand fauconnier,* 50 adlige Falkner, 50 weitere Falkner sowie zahllose Bedienstete untergebracht waren. Gegen Ende seiner Regierungszeit wurde es Mode, in Damengesellschaft der Falkenjagd zu frönen. Wie ein Autor meinte: „Sie essen viel, trinken viel und lieben die Damen." Giovanni de Medici, Papst Leo X. (amtierte 1513–1521), war ein fanatischer Liebhaber der Falkenjagd. Man sagte, er habe mehr Zeit damit zugebracht als mit den Angelegenheiten der Kirche.

Die grausamste Bestrafung für Falkendiebe verhängte Philipp der Gute, der Herzog von Burgund, der 1467 starb. Philipp hatte eine ausgedehnte Falknerei mit einem Oberfalkner, zwölf weiteren Falknern, 36 Dienern und sechs Vogelfängern. Um dem Diebstahl von Falken Einhalt zu gebieten, erließ er ein Gesetz, das es nur in Burgund gab: Wer beim Diebstahl eines Falken ertappt wurde, dem wurde von demselben Vogel, den er zu stehlen versucht hatte, Fleisch aus der Brust gerissen.

Die berühmteste Falknerschule befand sich in der Marienburg in Deutschland. Geführt wurde sie vom Großmeister des deutschen Ritterordens. Von dort wurden Falken an die ganze Aristokratie Europas geliefert.

Die begeistertsten Anhänger der Falkenjagd waren die Araber und Türken aus dem Mittleren Osten und Nordafrika. Ihr Enthusiasmus übertrug sich auf Spanien, wo die Falkenjagd für edler als die gewöhnliche Jagd gehalten wurde. Die Araber jagten bevorzugt mit dem einheimischen Würgfalken, die großen Wanderfalken ähnelten und mit denen sie in der Wüste kleine Gazellen jagten. Unterstützt von einem Jagdhund griff der Falke die Gazelle an, was dem Jagdhund ermöglichte, die Gazelle einzuholen und zu packen.

Hahnenkampf

Der ehrwürdigste Hahnenkampfring geht auf Heinrich VIII. zurück. Schon immer fanden Hahnenkämpfe in England bevorzugt im Kirchhof statt. Und da sich die Hahnenkampf-Saison von September bis Mai erstreckte, fanden viele dieser Kämpfe auch im Inneren der Kirche statt. In York beispielsweise schloß der Kampfplatz unmittelbar an die Kathedrale an, um der Begeisterung des Dekans der Kathedrale Genüge zu tun! In Canterbury war in einem Teil des St.-Augustiner-Klosters ein Kampfplatz eingerichtet. 1535 ließ Heinrich VIII. in Whitehall, London, einen überdachten Kampfplatz errichten, genau an der Stelle, wo heute der englische Premierminister residiert, Downing Street Nr. 10.

Der erste Hahnenkampf zwischen zwei englischen Grafschaften fand 1546 statt. Die Teilnehmer waren Lancashire, Derbyshire und Hallamshire. Die Hähne mußten je nach Größe gegeneinander antreten.

Stierkampf

Italien: Seit den frühesten Tagen Italiens wurden von Zeit zu Zeit Stierkämpfe, *Caccia de Tori*, abgehalten. Besonders populär war der Sport in Siena in der Zeit von 1480 bis 1590. Danach wurde er verboten. Bei diesen Kämpfen wurde die Piazza abgesperrt, und jeder Contrade (Stadtteil) konnte seinen eigenen Stier in die Arena führen. Eine große, geschmückte Holzapparatur wurde auf den Platz geschoben, hinter der sich die Kämpfer vor dem Stier in Sicherheit bringen konnten, wenn sie ihn zu sehr in Rage gebracht hatten. 1546 fand eine unvergeßliche *Caccia* statt. Dabei wurde die Arena mit Stieren, wilden Tieren, Hirschen, Dachsen, Stachelschweinen, Füchsen und Hasen gefüllt.

Amerika: Man nimmt an, daß die Tradition des Stierkampfes in Mexiko und Peru auf die Zeit vor Mitte des 16. Jh.s zurückgeht.

Reitsport

Die erste japanische Schule der Reitkunst wurde im 15. Jh. gegründet und nannte sich *Otsubo*. Darin wurden 50 verschiedene Reittechniken gelernt. *Jobajutsu* (Japanische Reitkunst) war eine sehr strenge Reiterlehre, die auf den Einsatz im Kampf ausgerichtet war. Ihr Ziel war die völlige Einheit zwischen Pferd und Reiter. Auch Drehungen auf den Hinterbeinen, Hochsteigen, lautloses Laufen und Pferdeschwimmen wurden darin gelehrt.

Dressur: Der Vater des modernen Dressurreitens war Battista Pignatelli aus Neapel, Italien, der zusammen mit seinem Protegé Frederico Grisone gegen 1505 Dressurbewegungen für ein schwereres Pferd entwickelte. Zu diesen Bewegungen gehörten bereits viele der noch heute üblichen Dressurübungen.

Die königlichste reiterliche Darbietung bot Heinrich VIII. im Jahre 1520, als er in der Nähe von Calais ein großes Turnier abhielt, das den Namen „The Field of the Cloth of Gold" hatte. So herausragend war sein Auftritt, daß darüber „ein jeder in Entzücken und Ekstase verfiel". Man sagt, er habe mehr als 1000 Sprünge vollführt und dabei sechs Pferde erschöpft! Bei einem anderen Turnier sahen mehrere tausend Zuschauer Heinrich im blauen Samtkostüm eine Parade anführen, gefolgt von 24 Pagen, die ähnlich gekleidet waren. Im Anschluß daran gab er auf mehreren weißen Pferden eine Darbietung seiner Reitkunst.

Das erste französische Reitbuch veröffentlichte Laurentius Lusius 1533 in Paris. Der Titel des Werkes war *Hippiatrica Sive Marescalia*. Darin riet er unter anderem, ein widerspenstiges Pferd 40 Tage einzusperren, um seinen Willen zu brechen. Außerdem empfahl er den Einsatz einer Reitgerte, um das Pferd voranzutreiben. In extremen Fällen solle man gar einen erhitzten Holzscheit unter den Schwanz des Pferdes legen.

Pferderennen

Die ersten Rennställe der Zeit gehen auf die Gattin Heinrichs VI. von England zurück. Es ist überliefert, daß Königin Margarete von Anjou in Eltham Place um 1450 eine Pferdezucht unterhielt und mit den Tieren Rennen veranstaltete. Vor 1520 hatte Heinrich bereits eigens für seine Pferde einen Stallmeister mit Namen Davyson. Jedes Jahr zu Ostern soll der König ein Pferderennen abgehalten haben, das die Wettleidenschaft bei Hofe zu neuen Höhen trieb. Es gab Profi-Jockeys, die für gewöhnlich Jungen unter 15 Jahren waren. 1530 gab es vier der „reitenden Kinder des Königs" oder „Rennburschen" in Greenwich und Windsor, die bei den Rennen Berberhengste ritten. Sie trugen „Reiterkostüme aus schwarzem Samt, die mit 22 goldenen Knöpfen geschmückt waren". Es gab sogar ein Bad eigens für die Berberhengste und Öl, mit dem ihnen die Beine eingerieben wurden.

Die berühmteste Pferderennbahn in Irland ist der Curragh, von dem man mit Sicherheit weiß, daß er bereits im 15. und 16. Jh. als Rennbahn diente.

Pferderennen in Deutschland: In Augsburg gab es 1470 bei einem Pferderennen nicht weniger als 466 Teilnehmer. Die meisten davon waren Ritter und wohlhabende Bürger. Die Rennbahn führte vermutlich um ein großes Feld, und das Rennen der Ritter wurde von Herzog Wolfgang von Bayern gewonnen, der ein Preisgeld von 45 Gulden einstecken konnte. Die Bürger hatten eigene Rennen, deren Teilnehmerschaft je nach Status gestaffelt war. Bei einem Rennen im Jahre 1468 in Ulm erhielt nicht nur der Sieger einen Preis, sondern auch der Letzte, der eine Sau bekam! 1511 machte der Herzog von Württemberg Werbung für sein eigenes Rennen, indem er Handzettel drucken und verteilen ließ.

Das Pferderennen mit der größten Tradition war zur damaligen Zeit das Palio *in Siena. Um 1450 wurde dieses Rennen schon mehr als 200 Jahre veranstaltet. Als Rennbahn diente eine halbkreisförmige Wegstrecke durch die Straßen der Stadt, die dreimal durchritten werden mußte. An einer Stelle ging es stark bergab, und auch sonst hatte der Parcours viele schwierige Stellen, wo sich die Pferde regelmäßig verletzten oder gar umkamen. Seit dem Ende des 15. Jahrhunderts fanden die Rennen in Siena jeweils am 20. März, 22. Juli, 15. August und 26. November statt. Die Jockeys trugen sogar Helme – weniger zum Schutz bei Stürzen als um sich gegen die Schläge der anderen Reiter zu wappnen.*

Polo

Polo war ein unter persischen Edelleuten äußerst beliebtes Spiel. Das Spiel hatte seinen Ur-

Polo war das beliebteste Spiel des Adels in Persien, dem heutigen Iran. Diese Abbildung illustrierte eine Handschrift aus der Zeit um 1535.

sprung in Persien und fand seine erste Verwendung als eine Art Training bei der Kavallerie. Es wurde auch in Indien gespielt. Die Japaner betrieben es als *Dakya* im Dienste der Reitkunst. Im 16. Jh. beschrieb der Engländer George Mainwaring ein Polospiel am königlichen persischen Hof. Die Spieler versammelten sich auf „einer mehreren Hektar großen Fläche . . ., Trommeln und Trompeten ertönten, inklusive des Königs waren es zwölf Reiter; also teilten sie sich in zwei Gruppen von je sechs Reitern auf. In ihren Händen hielten sie lange Holzstücke, die ungefähr so dick wie der Finger eines Mannes waren und an deren Ende ein Holzstück wie bei einem Hammer genagelt ist. Die Mannschaften stellten sich einander gegenüber, und an jedem Ende des Spielfelds stand ein Tor. Ein hölzerner Ball wurde zwischen die Mannschaften geworfen, und das Spiel ging los. Mit ihren Schlägern trieben sie den Ball vom einen Ende des Spielfelds zum anderen . . ., und immer, wenn der König an den Ball kam, ließen Trommeln und Trompeten einen Tusch erklingen".

Das größte fest angelegte Spielfeld befindet sich in Isfahan, der alten persischen Hauptstadt. Dort gibt es Überreste eines 274 m langen Polofeldes mit 7,30 m auseinanderstehenden Torpfosten. Das Spiel hieß dort *chaugan gui* (Stockspiel), was für gewöhnlich verkürzt wurde zu *chaugan* (Stock mit gekrümmtem Ende).

Das Spiel mit den meisten Teilnehmern fand in der Zitadelle von Kairo (Ägypten) statt. Dort spielten zu besonderen Anlässen 600 berittene Mamelucken ein Spiel, das unter dem Namen *lanza* bekannt war. Ein irischer Mönch, der Mitte des 15. Jh.s Zeuge eines solchen Spiels wurde, schrieb in einem Bericht, es ähnelte sehr dem Spiel, das „die Schafhirten in christlichen Ländern mit einem Ball und gekrümmten Stökken spielen, nur daß der Sultan und seine Edelleute zu Pferde nach dem Ball schlagen . . . Dieses hatte zum Resultat, daß viele Pferde und Ritter für jetzt und alle Zeiten unbrauchbar gemacht wurden." Das Publikum reagierte allerdings geradezu ekstatisch, vor allen Dingen, wenn der Sultan gut spielte: „Jedesmal, wenn er den Ball schlug, brachen die Zuschauer alle in lauten Jubel aus und lobten ihn, und es ertönten zahllose Trompeten und unzählige ohrenbetäubende Pauken."

Der königlichste Polospieler war Babur (1494–1530), der erste Herrscher der Mogul-Dynastie von Indien. Er liebte den Polosport sehr. Unter ihm kam das Spiel schnell in Mode unter *nawabs* und *maharajas* (Edelleute und Prinzen). Allem Anschein nach wurde mit Mannschaften von je zehn Reitern gespielt, begleitet vom gewaltigen Getöse der Trommeln und Pauken, die zusätzlich die Stimmung anheizten. Bei diesen Spielen wurde auch mit großer Leidenschaft gewettet.

Schwimmen

Die erste Schwimmschule in Japan war Shinden Ryu, 1550 gegründet. *Suiei jutsu* (Schwimmen) war im Japan des 15. und 16. Jh.s überaus populär. An der Schwimmschule wurden eine Vielzahl von Techniken gelehrt: *fumi ashi* (Wassertreten), *inatoh* (das sprungartige Verlassen des Wassers), *ashi garami* (Ringkampf im Wasser) und *shusoku garami* (Schwimmen in Fesseln).

Das erste Synchronschwimmen gab es bei den Ägyptern. Bei festlichen Anlässen wurde zu Ehren des Kalifen eine Art Wasserballett aufgeführt. Oft hielten die Schwimmer dabei auch Flammenschalen hoch.

Der ungewöhnlichste Unterwassersport war das Unterwassergehen der Polynesier. Dabei ging man, soweit man konnte, unter Wasser und trug dabei einen schweren Stein. Die zurückgelegte Distanz wurde mit einem Holzpflock markiert. Eine Strecke von mehr als 60 m war nicht unüblich.

Berühmte Schwimmer waren die Cuma-Indianer von den San-Blas-Inseln vor Panama. Die Inkas, die an den Küsten von Peru lebten, waren im Wasser so zu Hause wie an Land und hervorragende Taucher.

Das erste Buch über das Schwimmen schrieb der Zürcher Nicholas Wynmann, Professor der Sprachwissenschaften an der Universität von Ingolstadt. Das Buch mit dem Titel *Sive de Art· Natandi* (Der Schwimmer oder Die Kunst des Schwimmens) erschien 1538. Wynmann empfiehlt Brustschwimmen und Kopfsprünge ins Wasser. Anfängern rät er, sich mit Hilfe von Schilf, Kork oder aufgeblasenen Schweineblasen über Wasser zu halten.

Rudern und Paddeln

Die erste abgesteckte Ruderbahn gab es in Venedig. In Venedig fanden oft Rennen zwischen kleinen Schiffen und Gondeln statt. Über die abgesteckte Ruderbahn bei einem Rennen in den venezianischen Kanälen im 15. Jh. heißt es: „Das Rennen beginnt beim Motta und geht weiter entlang dem Bacino Santa Marco und von dort in den großen Kanal. Dort verläuft die Rennstrecke weiter bis Santa Lucia, wo sie einen Knick macht, bis sie Ca Foscari erreicht und danach die Brücke von Macchina, wo gegenüber der Ziellinie ein schwimmender Pavillon auf dem Wasser ist."

Die erste Frauenregatta wurde 1493 in Venedig veranstaltet, um die Ankunft von Beatrice d'Este zu feiern. Ein weiteres Frauenrennen wurde 1501 zu Ehren des Besuchs von König Ladislaus von Böhmen (regierte 1490–1516) abgehalten. Der Großteil der Teilnehmer dieser Rennen kam aus einem kleinen Küstendorf namens Pellestrina, das eine lange Tradition des Frauensports hatte.

Die ersten Steuerfrauen gab es bei den Sac- und Fox-Indianern der oberen Mississippi-Region. Bei diesen Völkern gab es traditionelle Kanurennen, bei denen eine Frau das Steuerpaddel hielt.

Aller Fußball in Italien nahm seinen Anfang mit dem Giuoco del Calcio, *das schon im späten 14. Jahrhundert in Florenz auf extra dafür hergerichteten Plätzen gespielt wurde. Die Spiele in Florenz waren die berühmtesten, aber bereits im 15. Jahrhundert war das Ballspiel in ganz Norditalien bekannt.*

Fußball

Im Europa des 15. und 16. Jh.s gab es viele regionale Versionen dieses Spiels. Manche beinhalteten das Treten (wie beim Fußball), andere das Treten, Werfen und Tragen eines Balls (wie im Rugby). In Italien war der Fußball Ende des 15. Jh.s schon sehr hoch entwickelt. Spiele, bei denen der Ball mit dem Fuß getreten wurde, wurden mit einem großen Ball gespielt, der oft schon aufgepumpt war, während für Spiele, bei denen der Ball nur getragen wurde, vorwiegend ein kleinerer Ball verwendet wurde.

Die erste englische Beschreibung eines Fußballspiels geht auf einen schottischen Dichter zurück, der um 1540 ein Spiel in den Straßen von Lincoln beschrieb. Dabei wurde zum ersten Mal eine vorgeschriebene Anzahl von Spielern genannt: „Vierundzwanzig knochige Jungs spielten mit dem Ball".

Die ersten italienischen Fußballregeln: Um 1500 waren die Spiele der italienischen Aristokraten bereits wohlorganisiert und fanden vor riesigen Menschenmassen auf den großen Plätzen der wichtigen Städte statt. Auf dem Santa Croce in Florenz wurde die Piazza mit einer hölzernen Palisade eingezäunt. Diese Palisade war 172 *Braccicie* (Armlängen) lang, 86 breit und zwei Armlängen hoch. Die Regeln variierten mit der Anzahl von Spielern, aber für gewöhnlich traten 19, später 27 Spieler im Alter von 18 bis 45 Jahren an. Sie trugen bunte Kostüme. In einer Mannschaft von 27 Spielern gab es 5 *Sconciatori* (Stürmer), 7 *Datori* (Mittelfeldspieler) und 15 *Coridori* (Läufer). Die Mannschaften stellten sich in Pyramidenformation auf, wie beim Rugby. *Alfiere* (Wappenträger) standen am jeweiligen Ende des Spielfelds und losten, um zu entscheiden, wer auf der Torlinie stehen mußte. Sechs Schiedsrichter saßen oberhalb der Stelle, wo der Ball eingeworfen wurde, um mit dem Spiel zu beginnen. Jedesmal, wenn der Ball hinter die Holzpalisade gelangte, wurde ein Tor gutgeschrieben. Eine Fanfare wurde geblasen oder ein Trommelwirbel geschlagen, und die Spieler wechselten die Seiten. Die Spieler durfte den Ball in die Hand nehmen und damit laufen, aber Tore konnten nur mit einem Tritt des Fußes oder einem Schlag der Hand erzielt werden. Kam der Ball über Kopfhöhe, zeigten die Schiedsrichter ein *Fallo* (Foul) an. Zwei Fouls ergaben ein *Caccia* (Tor). Ein komplettes Spiel dauerte ungefähr eine Stunde.

BALLREGELN BEIM CALCIO

Der Italiener Antonio Scaino hat in seiner 1555 in Venedig erschienenen Schrift Trattato del giuco della Palla *sehr genau das Calcio beschrieben. In dem Abschnitt „Wie der Ball gespielt wird" heißt es:*

„Auch kommt es hier nicht darauf an, daß der Ball mit der offenen Hand geschlagen werde oder mit dem gerüsteten Arm oder mit irgendeinem anderen Werkzeug, das man in die Hand nimmt. Ferner ist nicht von Belang, daß der Ball von der Stelle oder nach dem ersten Aufspringen getroffen wird, noch daß er in einer bestimmten Zeit nicht mit der Hand gehalten wird, noch daß nicht mehr als zwei Berührungen dabei gemacht werden. Solche Vorschriften und Anordnungen, wie sie anderen Ballspielen entsprechen, sind tatsächlich für künstlerische Arten des Spiels gemacht. Dagegen ist jeder Spieler verpflichtet, zu diesem Spiel ohne Ausrüstung irgendeiner Art anzutreten, da es ihm erlaubt ist, den Ball zu stoßen mit jedem beliebigen Teil seines Körpers oder auch mit mehreren Teilen gleichzeitig und sowohl während er noch in der Luft fliegt, wie nach dem ersten Aufspringen, oder nach dem zweiten, oder nach den darauf folgenden: und mit den Füßen kann er ihn stoßen, wenn er rollend auf der Erde herankommt. Er darf ihn mit zwei oder drei Berührungen treiben, ihn anfassen, in der Hand festhalten und ihn weiter tragen – und das ist eine ruhmvolle Tat! – bis hinter das Mal des Feindes. Es ist nur verboten, den Ball, den man ergriffen hat, zu werfen, und wenn einem das passiert, so wendet man sich zu einem Scharmützel.«

Frankreich: *La Soule au Pied* (Fußball) war ein populärer Sport in der Normandie und der Bretagne, vor allen Dingen entlang der armorikanischen Küste. Das berühmte Osterspiel in Vieux-Pont, Normandie, begann, nachdem der Ball über das Kirchendach getreten wurde.

Die erste aristokratische Fußballmannschaft geht auf die Medici-Familie zurück. Die Medici-Familie kam 1459 in Florenz an die Macht und war ein großer Anhänger des *Calcio*. Noch vor 1490 verfeinerte sich der *Calcio* weiter, als Fußballkostüme sich bei den Spielen, die auf der Piazza Santa Spirito gespielt wurden, allmählich durchsetzten. 1492–1494 machte sich Pietro de Medici dafür stark, daß die Edelleute im Hof seines eigenen Palastes *Calcio* spielten. Öffentliche Spiele auf der Piazza di Croce wurden sehr populär, und mindestens drei Spiele im Jahr wurden von aristokratischen Mannschaften gespielt, zwei im Juni und eins im August. 1536 fand ein großes Spiel statt zur Feier der Hochzeit von Alessandro de Medici mit Margarete von Parma, der Tochter von Karl V., dem König von Spanien und Kaiser von Deutschland.

Auf dem Eis: Die Bevölkerung von Florenz spielte *Calcio* den ganzen Winter hindurch, vor allen Dingen aber von Januar bis März. Einige berühmte Spiele fanden auf dem Eis des zugefrorenen Arno statt. Das erste dieser Spiele auf dem Eis wurde am 10. Januar 1492 verzeichnet, weitere fanden 1514 und 1526 statt. Als Karl V. die Stadt 1530 belagerte, wurde ein *Calcio*-Spiel zwischen den Weißen und den Grünen abgehalten, um die Leute von ihrem Hunger abzulenken. Am 17. Februar darauffolgender Jahre wurde zur Erinnerung an dieses Ereignis ein Spiel abgehalten, bei dem eine Färse als Preis ausgesetzt war.

China: *Tsu Chu* (Tretball) war schon im 3. Jh. v. Chr. bekannt. Beschreibungen zufolge konnte es auf vier verschiedene Arten gespielt werden: um ein abgegrenztes Spielfeld herum, auf einem Spielfeld, mit zwei Toren oder mit einem Tor. Die erste und die letzte Methode waren im 15. und 16. Jh. populär. Ein Priester aus Südchina erweiterte die Regeln, so daß fortan auch Schultern, Brust, Hinterteil und Bauch eingesetzt werden durften, um den Ball zu spielen.

Japan: Kemari gehört zu jenen traditionellen Ballspielen, die in Japan höfischen Ursprungs sind. Es wurde bereits 720 n. Chr. erwähnt und wird heute immer noch gespielt. Es wird im allgemeinen von höchstens acht Spielern auf einem viereckigen kleinen Sandplatz gespielt, in dessen Ecken je ein Weiden-, Kirsch-, Kiefern- und Ahorn-Baum gepflanzt ist. Es kommt darauf an, den Ball mit dem Spann des Fußes federnd in die Höhe zu schnellen und wieder aufzufangen, wobei der Ball von einem Spieler zu den anderen hin und her geht, ohne daß er, erst einmal ins Spiel gebracht, wieder den Boden berührt. Für den Charakter des Spiels ist bemerkenswert, daß es ein Freundschaftsspiel ist, bei dem sich die Spieler gegenseitig helfen, den Ball im Spiel zu halten. Daß man sich trotzdem der anspornenden Wirkung des Wettstreits, die für den Sport so wesentlich ist, zu bedienen wußte, zeigt ein Spiel im Jahre 1683, an dem zwei Mannschaften teilnahmen. In einem Bericht heißt es, die eine Mannschaft habe ohne Fehler die Zahl von 5158, die andere 3558 Kicks erreicht. Nach Schätzungen heutiger Kemari-Spieler waren für solche Leistungen drei oder gar vier Stunden ununterbrochenen Spiels notwendig.

Das ungewöhnlichste Ballspiel war das japanische Spiel *Hakozaki-Gu-Notama-Seseri*, das jährlich am 3. Januar von zwei Mannschaften vor dem Hakozaki-Schrein in Fokuoka ausgetragen wurde. In dem Schrein wurden zwei Holzbälle aufbewahrt. Der eine stand für das Weibliche, der andere für das Männliche. Um eine gute Ernte heraufzubeschwören, wurde um den Ball, der für das Männliche stand, gekämpft, und große Ehre wurde dem Siegerteam zuteil, das diesen Ball in den Schrein und dem zuständigen Priester brachte.
Ein anderes höchst ungewöhnliches Ballspiel war eine chinesische Fußballvariante mit nur einem Tor, die beim Militär als eine Art Training und auch vom Adel gespielt wurde, vor allem am Geburtstag des Kaisers. Zwei Bambusstäbe, bis zu 9 m hoch, wurden aufgestellt und ein Seidentuch daran befestigt. In der Mitte dieses Tuches war ein Loch. Durch dieses Loch mußte ein Ball von 30 cm Durchmesser mit dem Fuß getreten werden. Die beiden Mannschaften wechselten sich bei dem Versuch, solche Treffer zu erzielen, ab. Das Siegerteam wurde gefeiert, der Kapitän der Verlierermannschaft hingegen ausgepeitscht!

Amerika: Ein einfaches Fußballspiel war unter einer ganzen Reihe von Indianerstämmen verbreitet. Höchstwahrscheinlich hatte das Spiel seinen Ursprung in Kanada und verbreitete sich von dort in südlicher Richtung sowohl entlang der Ost- als auch der Westküste bis hin zum heutigen Carolina. Der dazu verwendete Ball bestand für gewöhnlich aus Hirschleder. Er hatte einen Durchmesser von ungefähr 20 cm, war mit Haaren ausgestopft und nicht richtig rund. Als Tore dienten im Normalfall zwei Stöcke, die man in die Erde steckte, oder, wie in Nord-Kanada, gar nur eine in den Boden gekratzte Linie. Der Stamm der Micmac aus Nova Scotia verwendete ein kleines Tor aus zwei Stöcken, die miteinander ein Dreieck bildeten.

Kickball-Rennen

Eine der außergewöhnlichsten Sportarten der Zeit war das sogenannte Kickball-Racing, das in Kalifornien und den südwestlichen Staaten Amerikas und in den nördlichen Teilen von Mexiko gespielt wurde. Dabei wurde ein kleiner Ball mit 5 bis 10 cm Durchmesser, der aus einem weichen Material oder Holz bestand, während eines Laufrennens über 16 km oder eine noch längere Strecke mit dem Fuß getreten.

Die längsten Rennen liefen die Tarahumare-Indianer aus Mexiko. Sie waren bekannt als *ralamari* (Läufer). Das bereits erwähnte Kickball-Racing war unter ihnen der beliebteste Sport. Ganze Distrikte oder Dörfer traten bei diesem Sport in Wettstreit miteinander und schickten Teams zwischen 4 und 20 Läufern an den Start. In Carachic gab es eine 22,4 km lange Rennstrecke, die bei größeren Rennen zwölfmal durchlaufen werden mußte. Wer immer in Führung lag, mußte den hölzernen Ball weitertreten. Manche schafften es, einen solchen Ball bis zu 90 m weit zu treten. Die besten Läufer legten die Strecke eines kurzen Rennens, an die 32 km, in zwei Stunden zurück, die eines langen Rennens, an die 64 km, in fünf Stunden. An den kürzeren Rennen nahmen bisweilen Frauen teil, denen gestattet war, Stöcke dazu zu verwenden, den Ball voranzutreiben.

Kegeln

Die ersten Kegelkugeln aus Holz wurden in Westeuropa Anfang des 15. Jh.s verwendet und lösten schnell ihre Vorgänger aus Stein ab. Man nahm für diese Kugeln Holz von Eichen, Stechpalmen, Eiben, Eschen, Buchsbäumen, bisweilen auch Ebenholz. Da sie nicht richtig rund waren, war die Laufbahn dieser Kegelkugeln recht unberechenbar, auch waren sie kleiner als die heutigen Kugeln.

Im 15. Jahrhundert wurden vier Arten von Kegeln gespielt. Am beliebtesten war eine Version, in der hölzerne Kegel als Ziel dienten. Man verwendete auch kleine Holzpflöcke oder Kugeln statt richtiger Kegel. Weitere Varianten bestanden im Zielkegeln durch einen Ring hindurch und im Wettweitkegeln.

Die ersten Kegelbahnen wurden um 1455 im Zusammenhang mit Wirtschaften und Bierschänken verzeichnet. In dichtbevölkerten Städten dienten dazu meist schmale Streifen auf der bloßen Erde, in ländlichen Gebieten zumeist Grasflächen. Für gewöhnlich waren am Ende der Bahn Holzkegel plaziert. Gegen 1475 begannen die Oberklassen, mit Hecken abgegrenzte Bahnen zu errichten. Heinrich VIII. nahm eine transportierbare überdachte Kegelbahn mit auf seine Frankreich-Reise im Jahre 1513. Gegen 1530 ließ er in Hampton Court eine sehr schöne Bahn mit Fenstern auf jeder Seite errichten.

Schottland: Ungefähr gegen 1490 hat Jakob IV. nach damaligen Aufzeichnungen ein Kegelspiel namens *lang boulis* gespielt. Einige Jahre früher spielte er in Drummond Castle ein Spiel mit dem Namen *Kilis*, bei dem mit Knochen nach den Kegeln geworfen wurde.

Polynesien: In Polynesien gab es eine frühe Form des Kegelspiels mit dem Namen *Ula maika*, bei der flache runde Steinscheiben mit 7 bis 8 cm Durchmesser verwendet wurden.

Kanada: Die kanadischen Indianer kannten seit langer Zeit ein Kegelspiel, das sie *Chungka* nannten. Eine Steinscheibe, die auf beiden Seiten ausgehöhlt war, wurde, soweit es ging, gekegelt. Dann warfen die Indianer mit den Speeren nach der Scheibe. Sieger war, wer der Scheibe am nächsten kam.

Ringwerfen

Das Werfen von Ringen nach einem Kegel oder Holzpflock war im England des 14. Jh.s, wo der Sport unter dem Namen *quoit* bekannt war, und vermutlich auch in anderen europäischen Ländern sehr beliebt. Im Flandern des 15. Jh.s war das Werfen von Hufeisen dabei sehr verbreitet. Man nannte das Spiel dort *coete*. Im Italien des 16. Jh.s scheint man das Spiel mit Holzscheiben gespielt zu haben, die ungefähr 20 cm Durchmesser hatten, 3 bis 4 cm dick waren und ein Loch in der Mitte hatten. In Schweden gab es einen uralten Sport namens *varpa*, bei dem mit flachen Steinen nach einem Stock geworfen wurde, den man in den Boden gesteckt hatte. In Indien gab es den *chakra*, einen Wurfring mit scharf geschliffener Kante, den Fußsoldaten verwendeten, sowohl im Kampfe als auch als Freizeitvergnügen.

In England wurde ein Wurfringspiel gespielt, das unter dem Namen *quoit* bekannt war. Es wurde mit Eisenringen geworfen, die zwischen einem halben und anderthalb Kilo schwer waren, oft wurden auch alte Hufeisen verwendet.

Das unschicklichste Spiel dieser Art war eine Abart des Quoit, die unter dem Namen *penny-*

Das Handballspiel wie es in Mittelamerika gespielt wurde – eine Illustration des Freiburger Künstlers Christoph Weiditz (um 1500–1559).

prick bekannt war. Darin wurde eine Geldmünze auf den Holzpflock gelegt, nach dem man warf. Wer die Münze herunterschlug, konnte sie sein eigen nennen. Da dies eine Form von Glücksspiel darstellte, verurteilten die Moralisten des 15. Jh.s dieses Spiel. In seinem Buch *Toxophilus* schreibt Roger Ascham 1545: „Dieses Spiel schickt sich nicht für Gelehrte."

Volleyball

Die Ursprünge des Volleyballspiels liegen in Italien. So wurde dort Ende des 15. Jh.s ein Ballspiel betrieben, bei dem zwei Mannschaften einander einen großen Ball gegenseitig zuspielten. Die Soldaten der Medici in Florenz spielten 1507 ein Spiel namens *cacciata,* bei dem sie hölzerne Armschützer trugen. Dabei handelt es sich voraussichtlich um das älteste verzeichnete *pallone-* Spiel (Faustball). Antonio Scaino beschreibt relativ genau, wie das Spiel Anfang des 16. Jh.s gespielt wurde. Es wurde „gespielt mit einem aufgeblasenen Ball, der sehr viel leichter war als der Ball beim *pallone.* Die Faust beschwerte man mit einem Stück Blei oder Eisen . . . Es war Brauch, um den Arm ein Stück Leinen oder Wolle zu binden".

Faustball wurde schon um 1517 in Deutschland gespielt. Für gewöhnlich bestand eine Mannschaft aus fünf Spielern, die den Ball mit den Fäusten über ein Seil schlugen. Der Ball durfte zweimal aufspringen.

Volleyball in Asien: In ganz Südostasien wurden Ballspiele betrieben, die dem europäischen Volleyball stark ähnelten. In Thailand hieß dieses Spiel *takraw,* auf den Philippinen *sipak* und in Malaysia *sepak.* Gespielt wurde auf einem Platz ungefähr von der Größe eines Badminton-Feldes. Der Ball war groß und leicht und aus Bast geflochten. Er wurde in die Luft geworfen und dann abwechselnd von den Mitgliedern der beiden Teams (ab drei Spieler) mit Armen und Händen in der Luft gehalten.

Der populärste Sport in vielen Teilen Mexikos und Zentralamerikas (und auch im heutigen Arizona) war das sogenannte *Mexikanische Ballspiel,* das auf eine lange Tradition zurückblicken konnte. Das Spiel wurde normalerweise in eigens dafür angelegten Steinarenen gespielt. In Mexiko weiß man von mehr als 50 dieser Plätze, in Guatemala von mehr als 100.

Die größte Sportanlage dieser Art im alten Mittelamerika ist das große Sportfeld in Chichén Itzá (Yucatan), das wahrscheinlich um das Jahr 1200 herum erbaut wurde. Das Spielfeld mißt 145 × 36 m.

Die erste Beschreibung eines Ballspiels in der Neuen Welt verdanken wir Hernan Cortes, dem Spanier, der Mexiko eroberte. Er war 1520 Zeuge eines Spiels, das der Inka Moctezuma II. (regierte 1502–1520) zu seinen Ehren stattfinden ließ. Er schreibt: „Der Ball heißt *Villamaliztli* und wird aus dem Gummi hergestellt, das von einem Baum stammt der Villi heißt . . . Die Gummimasse ist schwarz wie Teer und schwer . . . Aber dennoch springt sie gut und leicht, besser als unsere aufgeblasenen Bälle . . . Wenn der Ball die Wand berührt, erhält die gegnerische Mannschaft einen Punkt. Der Ball darf mit jedem Körperteil geschlagen werden, aber es gibt immer Strafpunkte, wenn der Ball nicht mit dem Hinterteil oder der Seite gespielt wird, was sie für die korrekteste Art halten: deshalb trägt auch jeder Spieler einen Fellschurz. Das Feld, auf dem sie spielen, heißt Tlachco (so heißt auch das Spiel) und hat die Form eines langen und schmalen Korridors, der aber oben breiter ist als unten und an den Seiten von höheren Mauern umgeben ist als an den Enden . . . Sie haben bestimmte Steine, die aussehen wie unsere Mühlsteine und in deren Mitte ein kleines Loch ist, das ganz durchgeht. Dieses Loch ist so klein, daß der Ball kaum durchpaßt . . . was dann auch selten geschieht."

Tennis

Der Ursprung des Tennis-Spiels war wahrscheinlich ein Spiel mit zwei oder mehr Spielern, die einander einen Ball zuwarfen. Daraus entwickelte sich mit der Zeit ein Spiel, bei dem der Ball mit der Hand über eine Linie geschlagen wurde, bis Ende des 15. Jh.s dann Schläger verwendet wurden. Das Spiel, bei dem der Ball geschlagen wurde, kam um das 12. Jh. herum in Frankreich auf, zuerst in Klöstern bei den Mönchen und später auch beim Adel. Im 13. Jh. war das Spiel bereits weit verbreitet. Man sagt, daß Heinrich I. von Kastilien (regierte 1214–1217) an den Folgen eines solchen Ballspiels starb.

Der erste Tennisplatz, also ein Platz, der eigens zum Zwecke des Tennisspiels gebaut worden war, befand sich in Poitiers in Frankreich. Dies war im Jahre 1230.

Klare Regeln gab es bereits um 1450. Im wesentlichen wurden zu dieser Zeit zwei Arten von Tennis gespielt: auf abgegrenzten Plätzen und auf freiem Feld. Beim Adel waren von Mauern umgrenzte Plätze nicht unüblich, die in der Größe variierten, je nachdem, ob zu zweit, zu sechst oder zu viert gespielt werden sollte. Feldtennis konnte auf jeder festen Bodenfläche gespielt werden. Man legte eine Mittellinie fest, und auf jeder Seite spielten drei oder mehr Spieler. Gespielt wurde entweder mit der bloßen Hand oder einem schützenden Handschuh. Wer es sich leisten konnte, beschäftigte einen Aufschläger, der den Ball ins Spiel brachte. Um ein Spiel zu holen, mußte man wie heute vier Punkte machen: 15, 30, 45 und Spiel. Wenn der Ball zweimal auf dem Boden aufhüpfte, gab es eine sogenannte „Jagd", die auch tatsächlich in den Spielunterlagen verzeichnet wurde. Dies „Jagd" mußte am Ende eines jeden Spiels zwischen den Spielern ausgespielt werden.

Die erste Erwähnung von Tennisschlägern findet sich in einem schottischen Gedicht von William Dunbar aus dem Jahre 1500: *„Sa mony*

Heinrich VII. war spätestens ab 1473 ein begeisterter Tennisspieler. Als er 1485 auf den Thron kam, hat er zahlreiche Tennisplätze errichtet oder wieder herrichten lassen. Die Plätze in Greenwich und Richmond scheinen ursprünglich Tennishallen gewesen zu sein, während die von Windsor – siehe Abbildung – ursprünglich eine Zuschauergalerie hatten. Heinrich VII. muß auch in der Westminster Hall dem Spiel gefrönt haben – darauf weisen Bälle hin, die zwischen den Dachsparren gefunden worden sind.

rakkettis, sa mony ketche-pillaris, Sic ballis, sic nakkettis and sic tutivillaris.“ (So viele Rackets, so viele Tennisspieler, was für Bälle, was für Punkte und was für nutzlose Personen.)

Der kleinste Tennisball wurde in Spanien benutzt. Dort spielte man mit einem kleinen luftgefüllten Ball von ungefähr 5 cm Durchmesser, der auch ein entsprechendes Gewicht hatte.

Der erste französische Tennisplatz wurde 1496 in Paris angelegt. Um das Jahr 1500 herum gab es 100 Plätze in Paris, 40 in Orléans und 22 in Poitiers. Die Innenwände dieser Plätze waren bis 1,05 m über dem Boden schwarz gestrichen, damit man den weißen Ball besser sah.
In Italien wurde Tennis in der zweiten Hälfte des 15. Jh.s sehr populär. Gespielt wurde vorwiegend in den Straßen und auf Plätzen. Nur der Adel leistete sich Tennisplätze. Im Palast des Herzogs von Sforza in Mailand wurde mindestens seit 1470 Tennis gespielt. 1472 finden wir den *Salla della Balla* (Ballsaal) erwähnt, der erste vermerkte Hallentennisplatz.
Jakob V. von Schottland spielte ungefähr ab 1526 Tennis und ließ 1539 im Falkland Palace einen Tennisplatz anlegen, der heute noch existiert.
In deutschsprachigen Ländern hielt der Tennissport erst spät Einzug. Um das Jahr 1470 herum wurde im Gasthaus Krachbein in Frankfurt am Main ein Tennisplatz eröffnet, und um 1500 herum gab es ein *Ballhaus* in Badenhausen. König Ferdinand I. von Böhmen, ein Spanier, brachte Tennis in den vierziger Jahren des 15. Jh.s nach Wien, aber nur der Adel betrieb dort diesen Sport. Das erste *Ballhaus* in der Schweiz wurde 1537 in Neuchâtel erbaut. Ein wenig später entstand ein Platz in Genf. Beide Anlagen sind dem Einfluß französischer Einwohner zuzuschreiben.

Der erste Tennisplatz auf einem Schiff geht auf den französischen König Franz I. (regierte 1515–1547) zurück. Er war bekannt als ebenso guter wie fanatischer Spieler. Er ließ eine ganze Reihe von Plätzen errichten, einen in Fontainebleau, zwei in St. Germain und 1530 einen sehr schönen überdachten Platz im Louvre in Paris. So weit ging sein Enthusiasmus für das Spiel, daß er 1532 auf seinem neuen Schiff *La Grande Françoise*, das an die 2000 BRT hatte, einen Platz anlegen ließ. Der Platz lag mittschiffs und wurde mit Sonnensegeln vor Wind und Sonne geschützt.

Das erste internationale Tennisturnier Englands fand im Januar 1505 in Windsor statt. Erzherzog Philipp von Österreich, der künftige König von Kastilien, spielte gegen den Marquis von Dorset. Der König spielte mit einem Schläger; der Marquis verwendete die Hand, hatte dafür aber einen Punkt Vorgabe. Zuschauer waren sowohl Heinrich VII. als auch Prinz Heinrich. 1523 bildete Heinrich VIII. in Baynards Castle in Blackfriars, London, ein Team mit Karl V., dem Kaiser des Heiligen Römischen Reiches, um gegen den Prinzen von Oranien und den Marquis von Brandenburg zu spielen. Das Match soll nach elf oder zwölf Spielen unentschieden geendet haben.

Die erste Tenniszunft: 1457 gab es in Paris eine Zunft von Schläger- und Bürstenmachern, die aber 1547 abgelöst wurden von den *Maitres Paumiers d'Racquetiers* (Meisterschlägermachern). 1480 reichte die Zunft mit Erfolg eine Petition bei Ludwig XI. ein. Daraufhin verfügte er, daß erstklassige Bälle mit Hundehaaren oder Wolle gefüllt werden sollten und nicht mit Sand und Kreide, die schlecht für die Hände waren.

Hurling

Das traditionelle irische Hurling, ein dem Feldhockey verwandtes Spiel, hieß ursprünglich *caman* und wurde für gewöhnlich auf einem Feld oder *gortnahurla* gespielt, bisweilen auch in einem Kirchenhof, der dann *killahurla* (Kirche der Hurler) genannt wurde. In manchen Teilen Irlands wurde sonntags ein solches Spiel zwischen zwei Dörfern ausgetragen, das oft erst am zweiten oder dritten Sonntag entschieden wurde.

Entschädigungen für Verletzungen: In Irland wurde beim Hurling ein 8 cm dicker flacher Stock verwendet. Gespielt wurde im Winter mit einem harten Ball, im Sommer mit einem etwas weicheren. Das Spiel war im 15. Jh. überaus populär, vor allen Dingen zu Weihnachten und an Neujahr, aber es galt auch als höchst gefährlich. Viele Schädel und Knochen gingen zu Bruch, aber glücklicherweise sahen die einheimischen Gesetze vor, daß jeder entschädigt wurde, der im Verlauf des Spiels durch Stock oder Ball eine Verletzung davontrug.

Golf

Die ersten Verbote des Golfspiels ergingen in Schottland, der Heimat des Sports. Drei frühe Erlasse beweisen, wie populär der Sport in den Lowlands war. Der erste wurde am 6. März 1457 in Edinburgh verkündet und besagt: „Fußball und Golf mögen tunlichst unterlassen werden.“ In dem von 1471 steht: „Mit Fußball und Golf wird schlimmes Schindluder getrieben“, und 1491 hieß es: „Im ganzen Reich soll es untersagt sein, Fußball, Golf oder anderen solch unschicklichen Sportarten nachzugehen.“

Das früheste königliche Golfspiel geht auf König Jakob IV. von Schottland (regierte 1488–1513) zurück. Es gibt Aufzeichnungen darüber, daß König Jakob in jedem Jahr von 1502 bis 1506 entweder Golfschläger oder Golfbälle gekauft hat, und 1504 spielte er gegen den Earl von Bothwell das erste Golfspiel, das Einzug in die Geschichtsbücher fand.
In einem Brief der Königin Katharina von Aragon an den Kardinal Wolsey aus dem Jahre 1513 finden sich Hinweise darauf, daß auch am Hof Heinrichs VIII. Golf gespielt wurde.

Der älteste und berühmteste Golfplatz liegt in St. Andrews, wo der Bischof 1550 das Recht der gesamten Gemeinde, auf den Wiesen der Ortschaft Golf zu spielen, bestätigte. Ein weiterer sehr alter Golfplatz war Barry Links in der Nähe von Carnoustie. 1527 hatte Sir Robert Maule (1497–1560) „große Freude beim Wandern und Jagen . . ., gleichermaßen gern spielte er Golf und tat das oft in Barry Links, wo der Einsatz des Spiels ein Drink war“.

Lacrosse

Das größte Spielfeld gab es beim Lacrosse der nordamerikanischen Indianer. Mindestens 48 Indianervölker betrieben diesen Sport. Die kleinsten Spielfelder maßen an die 150 m, die größten aber bis zu 2,4 km. An jedem Ende des Spielfeldes standen Torpfosten. Der Ball hatte

Das flämische Kolven-Spiel, auch Boden-Billard genannt, das hier in einem Stundenbuch aus der Zeit um 1520 abgebildet ist, hat Ähnlichkeit mit Golf.

einen Durchmesser von ungefähr 8 cm und war entweder aus Holz oder Hirschleder. Die Lacrosse-Schläger waren zwischen 1 und 1,5 m lang. Lacrosse war ein schnelles Laufspiel, bei dem man den Ball mit dem Schläger, der eine taschenartige Ausbeulung hatte, führte. Die gegnerische Mannschaft kam im Normalfall dadurch in den Besitz des Balles, daß jemand gegen den Schläger des ballführenden Spielers schlug und so den Ball herausspringen ließ.

Der am weitesten verbreitete Frauensport der damaligen Zeit war eine Abart des Lacrosse-Spiels, das bei mindestens 31 Völkern in Süd-Kanada, Amerika (ausgenommen im Südosten) und Nord-Mexiko vorwiegend von Frauen gespielt wurde. Am populärsten war das Spiel in den östlichen Regionen Amerikas und in den großen Ebenen.

Das Spiel mit den meisten Teilnehmern: Bei großen Spielen maß das Spielfeld bis zu 1500 m. Jeder Teilnehmer hatte einen Stock, der zwischen 60 und 240 m lang war. Beim Volk der Dakota hatte jeder sogar zwei Stöcke. Bei den Schoschonen und Painte-Indianern wurden Stöcke mit einer gekrümmten Gabelung verwendet, damit man den Ball besser fangen konnte. Zwei Bälle oder ballähnliche Gegenstände wurden mit einer etwa zehn Zentimeter langen Schnur zusammengebunden. Dieser Doppelball wurde dann von einer Partei zur anderen geworfen. Um ein Tor zu erzielen, mußte man ihn über die Grundlinie der gegnerischen Mannschaft tragen. An einem solchen Spiel nahmen bis zu 100 Mädchen teil. Manchmal durften auch verheiratete Frauen mitspielen.

Hockey

Der erste königliche Hockeyspieler war Jakob IV. von Schottland. Hockey war in den schottischen Lowlands unter dem Namen Shinty bekannt. Von Jakob IV. (regierte 1488–1513) weiß man, daß er 1507 Gefallen an dem Spiel fand und es auch selbst ausgeübt hat.

Die längsten Hockeyspiele fanden um 1450 in der Türkei statt. Hockey war in der gesamten arabischen Welt äußerst beliebt. In Persien galt es als das Polo des kleinen Mannes und hieß *Chauan Gui* (Stockball). In der Türkei wurde zu dieser Zeit eine Variante gespielt, die sich *Holani* nannte, bei der ein Stock und ein kleiner Holzblock oder Zylinder von ungefähr zwölf Zentimeter Durchmesser verwendet wurden. Es war ein dörfliches Spiel ohne irgendwelche Einschränkungen und dauerte von Sonnenaufgang bis Sonnenuntergang. Allem Anschein nach gab es nur eine einzige Regel: Den Spielern war es nicht gestattet, Schwerter zu tragen! In vielen Teilen Amerikas und Kanadas gab es im 15. und 16. Jh. eine Abart des Hockeysports, die überwiegend von Frauen gespielt wurde. Von mehr als 60 Stämmen ist bekannt, daß dieses Spiel dort gespielt wurde. Die Hockeystäbe waren 75 bis 120 cm lang, und die Bälle variierten im Durchmesser von 3 cm bis zu 12,5 cm. Das Spiel wurde auf einem 180 bis 270 m langen Feld gespielt. Es gab aber auch Spielfelder, die bis zu einer Meile (1640 m) lang waren.

Das größte Hockeyspielfeld befand sich in der Gegend von Addis Abeba in Äthiopien. Dort gab es zu jener Zeit ein hockeyähnliches Spiel mit dem Namen *Ghenna* (Geburt), dem man nachsagt, an die 2000 Jahre alt zu sein. Es wurde mit groben Stöcken und Bällen aus hartem Holz gespielt, manchmal war der Ball auch aus Leder. Jeweils zwei Bäume, zwischen denen etwa 1500 Meter lagen, wurden als Tore verwendet. Das Spiel hatte zwei Schiedsrichter.

Fechten

Die ältesten Fechtvereine in Europa gehen auf die Stadt Gent in Flandern, dem heutigen Belgien, zurück. Auch die Fechterverbindung von Brügge wurde schon vor 1450 gegründet, erhielt allerdings erst 1521 den Status einer Zunft. Bis Anfang des 16. Jh.s wurden viele Fechtvereine, die den hl. Michael zum Schutzheiligen hatten, von Handwerkern und Mitgliedern der unteren Mittelklasse in flämischen Städten gebildet. Manche dieser Fechtergilden hatten Verbindung mit der Zunft der Akrobaten, die die Schirmherrschaft über die umherziehenden Unterhaltungskünstler der Zeit ausübte. Die meisten Städte in Deutschland hatten Anfang des 16. Jh.s einen Fechtverein. Der älteste davon war die Bürgerschaft von St. Marcus zu Löwenberg, die bis ins 14. Jh. zurückgeht. Die berühmteste deutsche Fechtergilde war die Bruderschaft des hl. Marcus, auch Marcusbrüder genannt, die ihr Hauptquartier in Frankfurt hatte und später, um 1487, auch in Worms. Dort fand jährlich im Herbst ein großes Fest statt, bei dem sich Kandidaten um die Mitgliedschaft bewerben konnten. Sie kämpften auf einer erhöhten Holzbühne, die auf dem Marktplatz aufgestellt wurde. 1480 erhielt die Gilde ein königliches Patent von Kaiser Friedrich III.

Das Wort Rapier stammt aus dem Französischen und wurde zum ersten Mal 1474 in Frankreich verzeichnet. Es beschreibt einen langen Degen. Um 1500 galt es als modisch unter Höflingen am spanischen Hof, einen leichten Ausgehdegen zu tragen, den man *Espada Rapera* nannte. Daraus ging später ein langer, leichter Degen hervor, der mit Spott aufgenommen wurde, als er gegen 1530 England erreichte. Gegen Mitte des 16. Jh.s kam der kürzere Degen in ganz Europa in Mode. 1533 schrieb Camillo Agrippa aus Mailand, ein enthusiastischer Mann der Klinge, aber kein Fechtlehrer, sein Buch *Trattatodi Asientia d'Arme,* in welchem er die Fechtkunst vereinfachte und auf den Stand der Zeit brachte. Er empfahl nur vier Abwehrbewegungen und, was noch wichtiger war, die Verwendung des Ausfallschritts beim Angriff, eine Technik, für die sich das Rapier perfekt eignete.

Wintersport

Man nimmt gemeinhin an, daß Schlittschuhrennen ihren Ursprung in Holland haben, und zwar schon im 12. Jh., bald nach Entstehen der ersten Kanäle. In Holland wurden erst Kufen aus Knochen verwendet, bis im 14. Jh. Metallkufen in einen Knochen- oder Holzrahmen eingefügt wurden.

Die besten holländischen Schlittschuhläufer kamen im 15. und 16. Jh. aus Friesland in Nordholland. Ein Kupferstich des flämischen Graveurs Franz Nuijs von 1533 zeigt das San-Joris-Tor in Antwerpen, vor dem sich viele Schlittschuhläufer auf dem Kanal vergnügen. Der Stich zeigt eine Gruppe von Schlittschuhläufern, die in Reih und Glied einem Flaggenträger folgen, so als wären sie Mitglieder eines Schlittschuhvereins auf einem Ausflug.

gar nicht so lange; der erste zivile Wettkampf der Welt im Skilanglauf wurde erst 1843 im norwegischen Tromsø ausgetragen.

Das berühmteste Skirennen findet zu Ehren Gustaf Vasas statt. Der Wasa-Lauf wird in Erinnerung daran ausgetragen, daß Gustaf Vasa 1520 von den Dänen auf Skiern von Mora nach Sälen flüchtete. Vom damals noch norwegischen Sälen aus mobilisierte er ein paar hundert Dalekarlier – Bewohner des Dalarna-Distriktes – zum Widerstand. An der Spitze dieses Trupps von Aufständischen marschierte er 1521 nach Kopparberg und beschlagnahmte die Staatskasse. Ein Trupp dänischer Landsknechte, die den Aufruhr niederschlagen sollten, wurde von Gustafs Gefolgsleuten besiegt.

Der beliebteste Wintersport in Nordamerika war das sogenannte Snowsnake (Schneeschlange). Dabei versuchte man, eine Schlange (einen Stock) so weit es ging auf einer Eisfläche rutschen zu lassen. Das Spiel war in den Nordteilen der jetzigen Vereinigten Staaten und in Kanada sehr beliebt und wurde von mehr als 30 Völkern gespielt. Die Seneca nannten die Schlange *Kow-w-sa*. Die Irokesen verwendeten Schlangen, die zwischen 1,80 m und 3,05 m lang waren. Die Menominee-Indianer aus Wisconsin erreichten auf einer entsprechenden Eisfläche Strecken von 270 bis 400 m! Die Indianer von Nord-Texas und New Mexico spielten ein ähnliches Spiel. Sie ließen polierte Knochen oder Hörner wie beim Curling über flachen, harten Boden gleiten.

Im Norden Skandinaviens war die Hirschjagd auf Skiern im 16. Jahrhundert ein beliebter Wintersport.

Der heiligste Sport war in Skandinavien das Skifahren. Keine andere Sportart hatte so viele Götter und heilige Schutzherren.

Skilangläufer gab es in Schweden, Norwegen, Finnland, Polen und Rußland seit Urzeiten – schon die Wikinger (900 bis etwa 1100) waren berühmt für ihr Geschick und ihre Ausdauer auf Skiern – nachzulesen etwa beim Chronisten Snorre Sturlason (1179–1241). Militärische „Ski-Truppen" sind in Norwegen seit dem 11. Jh. bekannt. Legendär ist der Gewaltmarsch zweier „Birkebeiner"-Söldner, die im Bürgerkriegswinter 1205/06 den 18monatigen norwegischen Königssohn Håkon Håkonsson auf Skiern über 55 km durchs Hochgebirge transportierten und so vor dem Feind retteten. Ihnen zu Ehren wird jährlich im April in Lillehammer das „Birkebeiner-Rennen" ausgetragen. Skirennen als Wettkampfsport gibt es dagegen noch gar nicht so lange.

Der scheußlichste Sport

Ein Versuch, die Tradition altrömischer Spektakel, sogenannter *venationes,* wiederaufleben zu lassen, ging 1459 in Florenz total daneben. Zu diesem Zwecke wurde auf einem öffentlichen Platz eine wahrhafte Menagerie versammelt, zu der Pferde, Wildschweine und auch eine Giraffe gehörten. Man hatte sogar den Papst eingeladen. Aber die Löwen, die zur Belustigung des Publikums die anderen Tiere hätten reißen sollen, legten sich hin und schliefen ein: Man hatte vergessen, daß die Römer die Raubtiere erst gründlich ausgehungert und gequält hatten, um ihren Blutdurst zu wecken.

Religion & Volksglaube

Das Guinness Buch der Rekorde 1492

Bauplatz einer äthiopischen Kirche, die dem heiligen Georg gewidmet war.

Christliche Missionare

Erste christliche Missionare nach China: Im Jahre 1245 wurde der Franziskaner-Mönch Carpini vom Papst zum Groß-Khan von China gesandt. Er schrieb einen Bericht über seine Erfahrungen mit dem Titel *Beschreibung der Mongolen,* und einer seiner Begleiter verfaßte ebenfalls einen Bericht über diese Mission.
Die erste französische christliche Mission wurde 1253 angeführt von Guillaume de Rubruck auf Geheiß König Ludwig IX. Während des folgenden Jahrhunderts reisten viele andere Kirchenmänner nach China und legten ihre Reiseerlebnisse schriftlich nieder. Diese Periode der Kontakte im 14. Jh. wurde unterbrochen durch den Zerfall des mongolischen Reichs, das 1368 von der einheimischen Ming-Dynastie übernommen wurde. Zur Zeit von Kolumbus waren die Kenntnisse über China gerade erst ein gutes Jahrhundert alt.

Das erste afrikanische Königreich, das dem westlichen Christentum einverleibt wurde: Im Jahr 1491 wurde König Nzinga Nkuwu von Kongo auf den ausländischen Namen Johannes getauft. Jedoch versagte er bei dem Versuch, die Vorteile seiner europäischen Verbindungen mit den internen politischen Bedürfnissen seines Königreichs zu vereinigen. Nach seinem Tod gab es Streitigkeiten um den Thron zwischen den Traditionalisten und den Modernisierern. Einer seiner „Söhne", Alfonso, benutzte die neue Religion in seinen Bestrebungen nach der Macht und wurde 1506 berühmt durch einen Sieg über seine Widersacher, weil eine himmlische Vision des heiligen Johannes und eine Engelsschar am Himmel zu sehen war, während die Schlacht tobte.

Der erste schwarzafrikanische Bischof: Einer der Enkel des Königs Nzinga Nkuwu von Kongo wurde nach Rom geschickt, um dort seine Erziehung zu erhalten. Er wurde der erste schwarze Afrikaner, der vom Papst zum Bischof ernannt wurde. Er erhielt den Titel des verwaisten Bischofstuhls von Utica, Nordafrika, das sich zu der Zeit in Händen der osmanischen Herrscher befand, und wurde zurückgeschickt in seine Heimat Kongo, um dort seine missionarische Arbeit fortzusetzen.

Erste Missionare nach Amerika: Auf seine zweite Reise im Jahre 1493 nahm Kolumbus auf den 17 Schiffen seiner Flotte 1200–1500 Kolonisten einschließlich fünf Geistlicher mit, deren besondere Aufgabe darin bestand, die Völker der Neuen Welt zum Christentum zu bekehren.

Bemerkenswerteste Mißverständnisse: Die ersten Europäer, die nach Asien kamen, machten manchmal amüsante Fehler beim Vergleich der neuen Kulturen und Menschen. Die ersten Portugiesen versuchten, in der Hindu-Religion Indiens christliche Aspekte zu entdecken. Sie hofften, daß die drei Haupt-Götter der Hindus, Brahma, Vishnu und Shiva, die gleiche christliche Anmutung besäßen wie die Heilige Dreieinigkeit und daß die Art wie Hindus und Moslems ihre rituellen Bäder und Waschungen vornahmen, so etwas ähnliches wie die Taufe sei. Dieses Trugbild wurde 1498 von da Gama selbst in die Welt gesetzt, als er zu einem Hindu-Tempel mitgenommen wurde, von dem er glaubte, daß es sich um eine östliche christliche Kirche handelte. Der Tempel war bemalt mit Bildern: „Das bestärkte da Gama und die anderen seiner Gruppe in dem Glauben, es handele sich um eine christliche Kirche." Beim Anblick einer Göttin dachten da Gama und seine Leute, es sei die Jungfrau und fielen auf die Knie und beteten. Nur einer, João de Sala, zweifelte, während er auf den Knien lag, an der Sache und bemerkte: „Falls dies der Teufel ist, bete ich Gott an." Erst nach ihrer zweiten Reise nahmen die Portugiesen von dieser Vorstellung Abstand.

Erster christlicher Heiliger in Indien: Eine der Aufgaben, die der portugiesische König seinen Kapitänen mit auf den Weg gab, war die Entdeckung des legendären Grabmals des Apostels Thomas, von dem man annahm, daß er in Indien gestorben war. Dieses Grabmal wurde schließlich an der Coromandel-Küste in Ost-Indien entdeckt, in der Nähe des heutigen Madras. Es wurde von den Portugiesen ausgiebig restauriert, ebenso wie andere Plätze und Orte, die mit dem Apostel in Verbindung gebracht wurden.

Das letzte christliche ägyptische Reich: Um 1600 wurden die christlichen Königreiche des Tieflands am mittleren Nil schließlich durch das Fortschreiten des Islam ausgelöscht; nur noch das christliche Reich des Hochlands, Äthiopien am Blauen Nil, blühte und gedieh weiterhin und empfing seine europäischen Besucher. Die italienische Kunst beeinflußte die Entfaltung der charakteristischen Wandmalereien, die die äthiopischen Kirchen schmückten, und Mönche der christlichen Kopten kolorierten die Manuskript-Ausgaben der Gesänge.

Der erste der großen Missions-Orden: 1534 gründete Ignatius von Loyoly, dessen Abkehr von einem militärischen und ritterlichen Lebensstil bereits 1521 stattgefunden hatte, den ersten Jesuitenorden in Spanien. Loyolas Orden gehörte einer Gruppe von Geistlichen an, die bekannt waren als sogenannte „gelehrte Geistliche" und nach einer bestimmten Ordensregel lebten, getrennt von den übrigen Mönchen und Klosterbrüdern. Die Jesuiten hatten das Gelübde abzulegen, ein Leben in Armut, Keuschheit und Gehorsam zu führen, und sich außerdem ganz unter die Verfügungsgewalt des Papstes zu stellen. In einem Zeitalter, da die zentralistische Kirche immer mehr verfiel, dienten sie als aggressiver Arm der Gegenreformation und wurden besonders auf den Gebieten der Erziehung und Bekehrung in den neueroberten Gebieten West-Indiens sowie Zen-

Ignatius von Loyola (1491–1556), Gründer des Jesuiten-Ordens.

Vorherige Seite: Nach dem Fall Konstantinopels im Jahre 1453 wurde die große byzantinische Kirche Hagia Sophia in eine Moschee umgewandelt.

tral- und Südamerikas aktiv. Der Charakter der Jesuiten offenbart sich in ihrer Organisationsstruktur. So gibt es einen General anstatt des üblichen Meisters oder Meister-General, und anders als andere Bruderschaften blieben sie von inneren Spaltungen bis in die heutige Zeit verschont.

Die größten Heiligen: Der Navarreser Francis Xavier (1506–1552) geboren in Navarra (Baskenland), war 1537 einer der Gründer des neuen Jesuiten-Ordens. Häufig wird er auch als *Apostel der Inder* erwähnt. Er reiste 1542 nach Indien und bereiste später diverse Provinzen in Süd-ost-Asien und in Japan. Er starb 1549 auf der Insel Sanchon vor der Küste Chinas. 1544, während seines Aufenthalts in einer Provinz in Süd-west-Indien, behauptete er, daß er innerhalb eines Monats 10000 Menschen bekehrt hatte. In einem seiner Briefe aus dem Jahre 1543 schrieb er, daß er 1000 Kinder getauft habe mit der Absicht, „daß Gott, unser Herr in seiner großen Güte, sie zu sich genommen habe, bevor sie ihre Unschuld verloren". Sein bemerkenswert gut erhaltener Leichnam, der sich heute in Goa befindet, zieht immer noch Massen von Pilgern an.

Der öffentlichste Gott: Die Sicht auf Gott der Ureinwohner Amerikas unterschied sich erheblich von der der Europäer. Für die Indianer war jedes Ding der Natur heilig: Es existierte für sie kein Unterschied zwischen Menschen und der Welt um sie herum. Diese Ansicht bewirkte ihre Einstellung zum Eigentum und zu allem anderen. Ein Missionar, der mit den Delaware-Indianern lebte, beschrieb diese Einstellung: „Der Schöpfer schuf die Erde, und alles, was sie enthält, ist der Besitz der gesamten Menschheit . . . Nicht dem Vorteil einiger weniger dient es, sondern ist für alle da. Alles gehört den Menschensöhnen gemeinsam." Amerikanische Indianer hatten keinen „persönlichen Besitz"; sie benutzten das, was für alle zugänglich war.

Pilgerzüge

Die größten Pilgerzüge: Die größte, sich jährlich wiederholende Zusammenkunft von Menschen aus aller Welt war zur Zeit der Pilgerfahrt der Moslems nach Mekka. Dies fand auch 1492 wie jedes Jahr nach dem moslemischen Kalender an denselben Tagen statt und zog während des 16. Jh.s nahezu 200000 Moslems aus der ganzen Welt an, von Marokko bis Indonesien, sogar aus China. Pilger, die während dieser Reise den Tod fanden, wanderten geradewegs ins Paradies. Da es unverheirateten Frauen nicht gestattet war, allein an dieser Pilgerfahrt teilzunehmen, blühten die Geschäfte der Männer, die diesen Frauen mit einer Scheinheirat die Teilnahme an der Pilgerfahrt ermöglichten. Es war auch verdienstvoll, jemandem, der es sich nicht leisten konnte, die Teilnahme an der Pilgerfahrt zu ermöglichen.
Indische moslemische Herrscher des 16. Jh.s finanzierten jedes Jahr Schiffsreisen mit Tausenden von Pilgern und zahlreichen Kamelkarawanen, die die Gläubigen aus Damaskus und Kairo nach Mekka brachten. Neben den gebräuchlichen Riten der Pilgerfahrt besuchten die Moslems um 1500 auch die anderen heiligen Stätten in Mekka, die in Verbindung gebracht wurden mit dem Beginn des Islam, wie zum Beispiel Grabmale und Häuser der engen Vertrauten des Propheten. Gewöhnlich kombinierten die Pilger die Fahrt nach Mekka mit einem Besuch der Grabstätte des Propheten Mohammed in Medina.

Englands populärster Heiligenschrein: Im Jahr 1492 wurde die neue St. George's Chapel von Windsor Castle, in der sich zwei Hauptattraktionen für Pilger befanden, zu einem großen Anziehungspunkt. Die eine war das wundertätige Grab von König Heinrich VI. (1421–1471). Die andere war der Leichnam des Oberpfarrers von Buckinghamshire, John Schorn, der verehrt wurde als Teufelsaustreiber und Beschützer gegen verschiedene Krankheiten und Unglücksfälle. Beide „Heilige" erlangten große allgemeine Bekanntheit durch den Vertrieb zahlloser Pilger-Abzeichen.

Der weitgereiste Pilger: Ghillebert de Lannoy, Soldat und Diplomat im Dienste Philipp des Guten, Herzog von Burgund (1419–1467), brach während des Jubiläumsjahres 1450 zu einer Pilgerfahrt nach Rom auf. Dreimal machte er die Reise in das Heilige Land und machte sich dann zweimal auf den langen Weg nach Santiago de Compostela. Er besuchte außerdem St. Patricks „Fegefeuer", eine Höhle im entlegensten Teil von Donegal, die in ganz Europa als der letzte Platz auf Erden galt. Für denjenigen, der es wagte, hier einzutreten, um einen Tag und eine Nacht lang inmitten unbekannten Schreckens auszuharren, bedeutete die Reinigung von allen Sünden und, nach seinem Tod, den direkten Weg in den rettenden Himmel.

Die gefährlichsten Reisen: Um 1500 war eine Reise zum Hajj in Mekka ein gefährliches, langes und teures Unterfangen. Pilger aus Indien benötigten für die Hin- und Rückreise ein Jahr, die aus Südost-Asien noch sehr viel länger. Sogar die Reisenden der großen Karawanen aus Damaskus und Kairo mußten mit einer Abwesenheit von zu Hause von mindestens 110 Ta-

Alle Landkarten des Mittelalters stellen Jerusalem als das Zentrum der Welt dar. Für Pilger aus der ganzen Christenheit war es aber trotz der beschwerlichen Reise dorthin, aber auch wegen des besonderen Zaubers dieser heiligen Stätte, die am meisten geschätzte Pilgerfahrt von allen, dicht gefolgt von den Pilgerfahrten zu den Grabstätten der Apostel Peter und Paul in Rom und derjenigen des heiligen Jakob im nordwest-spanischen Compostela.

gen rechnen, und Zeiträume von sechs Monaten für die Pilgerfahrt waren nicht ungewöhnlich. Überfälle durch Beduinen, die die Reisenden ausplünderten, waren nicht selten, trotz der Bemühungen der arabischen Fürsten, der Sultane von Ägypten und den osmanischen Fürsten, für Eskorten zu sorgen.

Die verbotenste Stadt: Nur Moslems ist es gestattet, die Städte Mekka und Medina zu betreten; alle anderen werden kilometerweit an den Städten vorbeigeführt. Trotzdem unternahmen einige wagemutige Europäer, verkleidet als Moslems, die Pilgerfahrt dorthin. In der ersten Dekade des 16. Jh.s machte ein Italiener namens Ludovico di Varthema die Reise zur Hajj und hinterließ einen Bericht darüber.

Der längste Aufenthalt in Mekka: Während die meisten Pilger Mekka gewöhnlich nur zur Zeit des Hajj aufsuchten, blieben einige Moslems für viele Jahre da, um in der heiligsten Stadt des Islam zu studieren und zu beten. Schriftlich festgehalten ist der 24jährige Aufenthalt eines indischen Heiligen während der Mitte des 16. Jh.s, der bei seiner Rückkehr nach Indien ein besonders hohes Ansehen als Lehrer der islamischen Lehre genoß. Ein anderer berühmter Heiliger aus derselben Zeit brachte es auf eine Gesamtzahl von 22 Hajjs.

Die heiligsten Reflexionen: Die christlichen Pilger waren sowohl motitivert, die Heiligen Plätze zu sehen, aber vor allem wollten sie auch die heiligen Relikte berühren. Im 15. Jh. waren die Pilger vor einigen Heiligenschreinen so zahlreich, daß ein direkter Kontakt mit den Reliquien häufig unmöglich wurde. Man kam auf die Idee, die Bilder und Relikte von einem erhöhten Standpunkt aus den wartenden Pilgern zu zeigen, und diese versuchten dann mittels hochgehaltener Spiegel die Abbildungen der heiligen Objekte einzufangen, in dem Glauben, daß etwas von der ihnen zugesprochenen Wirkung auf sie selbst abstrahlen würde.

Erlaß von Ablaßzahlungen: Ablaßzahlungen verschafften dem Betroffenen einen gewissen Straferlaß seiner Sünden und reduzierte so die Anzahl der Jahre, die er nach seinem Tode im Fegefeuer schmoren mußte. Den meisten Wallfahrtsstätten waren Ablaß-Zahlstellen angeschlossen, so daß mit der Pilgerfahrt auch die Ablaßzahlung verbunden war. Die größte Anzahl von Ablaß-Zahlstellen besaß Rom. Den ausländischen Gläubigen, die nach St. Peter pilgerten, wurde während jedes Vorzeigens des Schweißtuches der heiligen Veronika mit dem Abdruck vom Gesicht Jesu ein Ablaß von nicht weniger als 12 000 Jahren garantiert.

Die frömmsten Souvenirs: Moslems, die auf Pilgerfahrt gingen, waren eifrig bemüht, ein Erinnerungsstück von ihrer frommen Reise mit nach Hause zu bringen. Jeder in der heiligen Stadt Mekka gekaufte Gegenstand war schon einfach deswegen von besonderem Wert, weil er von dort stammte. Besonders bemerkenswert in diesem Zusammenhang ist die Kaba, im Zentrum der großen Moschee von Mekka errichtet, die jedes Jahr erneut mit einem reichverzierten Tuch bedeckt wird, das alljährlich der Herrscher Ägyptens stiftete. Gegen Ende der Wallfahrt-Saison wurde das Tuch in kleine Stücke zerteilt und an die Gläubigen verkauft, die für dieses wertvolle Souvenir hohe Preise zahlten. Die in Mekka ansässigen Fürsten verdienten ebenfalls nicht schlecht an ähnlichen Reliquien. Sie sandten zum Beispiel den benachbarten moslemischen Fürsten den Besen, von dem behauptet wurde, daß mit ihm die Kaba gefegt worden war oder auch nur ein wenig Staub der Säuberungsaktion. Im Gegenzug erwarteten sie dafür großzügige Geldgeschenke. Ebenso wertvoll war ein Flakon mit Wasser, abgefüllt an der heiligen Quelle von Zamzam. Es war auch gut, das Leichentuch in Mekka zu kaufen und es mit dem Wasser von Zamzam zu benetzen. Fromme Moslems trugen dieses Leichentuch dann immer bei sich, um im Todesfall darin eingehüllt und beerdigt zu werden.

Die größten Kostbarkeiten waren Reliquien von Christus und seiner Familie sowie anderen biblischen Persönlichkeiten. Sie waren über die ganze Christenheit verstreut, und wo immer sie auftauchten und ihren Platz fanden, wurden sie als größte Kostbarkeiten angesehen. Auf der Insel Rhodos zum Beispiel wurde den Pilgern „die größte von allen Kostbarkeiten" gezeigt: ein Dorn aus der Dornenkrone Jesu Christi. Sie war eingebettet in einen Behälter aus Kristall mit einer wundervoll gearbeiteten Silberverzierung. Den Pilgern erzählte man, daß jedes Jahr am Karfreitag der heilige Dorn Blüten triebe und diese von der 6. bis zur 9. Stunde blühen würden. Die Ritter von Rhodos und die anderen Inselleute sagten, sie hätten dies Wunder mit eigenen Augen gesehen.

Die schönste Gebetsperle: Die spätgotische Mode der „Gebetsperlen" kam ursprünglich

Eine graphische Darstellung von Mekka, gezeichnet auf einer türkischen Keramik, mit Erklärungen in arabischer Schrift.

aus den Niederlanden. Es handelte sich dabei um große aufklappbare Perlen, die im geöffneten Zustand die Kreuzigung zeigten, umrahmt von Szenen aus der Passion Christi. Das schönste erhaltene Stück stammt aus Spanien. Es wurde 1510 hergestellt. Es ist ein aus Buchsbaum geschnitzter Rosenkranz, der neun große Perlen enthält. Jede schildert ein anderes Ereignis des Erzählzyklus.

Der am häufigsten herumgetragene Prozessionsgegenstand war die Fronleichnams-Hostie am zweiten Donnerstag nach Ostern. Die Feiern des heiligen Abendmahls erreichten im ausgehenden 15. Jh. ihren Höhepunkt. Die Hostie befand sich während des Prozessionszuges unter einem Baldachin, der von sechs weltlichen Würdenträgern (1493 in Nürnberg von sechs Ratsmitgliedern, 1532 in Regensburg von acht Prinzen) getragen wurde, dem Zug voraus gingen Rosenblätter streuende Kinder. Häufig wurden sogenannte „Wetter"-Pausen eingelegt. Sie boten Gelegenheit, die Ernte zu segnen, mittels liturgischer Wechselgesänge. Man war überzeugt, die Hostie besäße die Kraft, „teuflische" Krankheiten wie Epilepsie oder Hysterie zu kurieren. Man sagte ihr auch nach, Feuer löschen zu können. Theologisch betrachtet, ruhte diese Macht in dem Objekt selbst. Um die Hostie künftig herzuzeigen, bedurfte es der Monstranz eines Priesters und seiner Hände, damit er die Ausstrahlung kontrolliere.

Menschenopfer

Rekord an Opfern: Als die größten Opferungen von Menschen galten die Einweihungszeremonien des großen aztekischen Doppel-Tempels von Tenochtitlán im Jahr 1487. Wie unterschiedliche Quellen belegen, kann man davon ausgehen, daß zwischen 20000 und 84400 Gefangene den Tod fanden.

Die höchste Anzahl von Opfern: Bei den „mehr als 4000 Seelen, einschließlich Gattinnen, Pagen und übrige Diener", von denen man erzählt, daß sie anläßlich der Grablegung des Inka-Herrschers Huayna Capac in Cuzco geopfert wurden, handelt es sich um die größte Anzahl von Menschenopfern, die den Inkas aus einem einzigen Anlaß gegen Ende des ersten Viertels des 16. Jh.s zugeschrieben wurden.

Bekehrungen

Die letzten spanischen Moslems: Als Königin Isabella und König Ferdinand von Spanien 1492 die Übergabe Granadas, der letzten maurischen Festung Spaniens, akzeptierten, willigten sie ein, daß die Mauren entweder bleiben und ihre Religion ausüben durften, zum Christentum überwechseln konnten oder aber nach Afrika emigrieren. Zehn Jahre später wurde diese Vereinbarung widerrufen: es wurde allen Moslems befohlen, zum Christentum zu konvertieren oder der Ausweisung gewiß zu sein.

Das notwendigste Fleisch: Die Auswirkungen der seit 1478 wieder verschärften spanischen Inquisation reichten bis in die Kochtöpfe: Auch für die überzeugtesten Christen war es notwendig, daß die Schergen der Inquisition immer Schweinefleisch in dem Gericht *olla Podrida* vorfanden, bei dem es sich ironischerweise um eine Art Stew handelte, das vom jüdischen Adafina übernommen worden war, oder aber daß mindestens getrocknete Schweinswürste *chorizos* vom Dachbalken hingen. Dies alles war für die Inquisition ein sicherer Beleg dafür, daß weder Moslems noch Juden in dem Haus wohnten, für die Schweinefleisch ein religiöses Sakrileg bedeutete.

Der Bekehrungsrekord während der Evangelisierung der Neuen Welt wurde von der Mission der Franziskaner, gegründet 1524 in Neuspanien (heute Mexiko), beansprucht. Ihr Anführer, Fray Martin de Valencia, behauptete, daß sie bis Juni 1531 mehr als 1 Mio. Indianer getauft hätten. Ein Jahr später setzte Fray Toribio de Benavente, bekannt als Frey Toribio de Motolinia, die Zahl der Getauften auf 100 000 für jeden der zwölf Gefährten herauf. Im Juni 1529 behauptete Peeter van der Moere, bekannt als Fray Pedro de Gante, der den zwölf vorausgefahren war, er habe allein 14 000 pro Tag getauft.

Der italienische Maler Pinturicchio (1454–1513) stellte in dieser Szene der Auferstehung einen frommen Papst Alexander VI. beim Gebet dar.

Lucretia Borgia, Tochter von Rodrigo Borgia, der 1492 Papst Alexander VI. wurde.

Cesare Borgia wurde offen als der Sohn von Papst Alexander VI. anerkannt.

Päpste

Längste Amtszeit: Papst Adrian I. regierte 23 Jahre und 11 Monate (772–795). Sein Vorgänger starb in Rom am 24. Januar 772, und Adrian I. starb am Weihnachtstag 795.

Kürzeste Amtszeit: Papst Stefan II. regierte 752 nur zwei Tage, dann starb er.

Längste Lebenszeit: Der sizilianische Papst, St. Agatha (um 577 – Januar 681) lebte angeblich 104 Jahre. Er war Papst von Juni 678 bis er in Rom an der Pest starb.

Der jüngste Gewählte: Papst Benedict IX. (um 1020–1056) wurde 1032, als er erst 11 oder 12 Jahre alt war, durch Simonie zum Papst gewählt. Simonie ist die Praxis des Pfründenschachers durch den Verkauf kirchlicher Ehrenämter.

Der letzte ohne Kardinalswürden: Papst Urban II. (Bartolomeo Prignano, 1318–1389), Erzbischof von Bari, Italien, wurde am 8. April 1377 zum Papst gewählt und war der letzte gewählte Papst ohne Kardinalswürde.

Die längste Wahl: Die Wahl Papst Gregor X. (Teobaldi Visconti) dauerte 31 Monate: vom Februar 1269 bis zum 1. September 1271.

Die schnellste Kirchen-Karriere: Giovanni de Medici, zweiter Sohn von Lorenzo, dem florentinischen Bankier und Staatsmann, wurde 1483 im Alter von 7 1/2 Jahren für fähig erklärt, kirchliche Ämter zu bekleiden, und dann erhielt er heimlich die Kardinalswürden durch einen Handel, der seinen Vater 95 000 Florine kostete. 1494 wurden er und seine Familie aus Florenz verjagt, um die nächsten zehn Jahre durch Italien und andere Teile Europas, immer auf der Suche nach Unterstützung, zu ziehen. 1513 entkam er diesem Elend und wurde im Alter von 37 Jahren zu Papst Leo X. gewählt, da er vorher genaugenommen schon Priester war. Ein Zeitgenosse würdigte ihn folgendermaßen: „Da Gott uns ein Papsttum gegeben hat, laßt es uns genießen.“ Aber bereits nach fünf Jahren sah er sich mit Luthers Herausforderung konfrontiert.

Der skanadlöseste Papst: Rodrigo Borgia erlangte am 11. August 1492 als Alexander II. das Papstamt nach einer Wahl, während der man Maultiere, beladen mit kostbaren Geschenken, in die benachbarten Residenzen ziehen gesehen hatte, in denen mögliche Wähler Alexanders lebten. Als er 1503 starb, hatte sowohl seine Politik als auch sein Privatleben Europa mit Skandalen versorgt. Seine Kinder, nicht als „Neffen oder Nichten“ versteckt, sondern offen anerkannt, behandelte er als Pfänder. Lucretia war dreimal verheiratet gewesen, noch ehe sie 20 Jahre alt war. Einer ihrer Ehemänner soll von einem Komplizen ihres Bruders Cesare erwürgt worden sein. Mit 17 Jahren bereits Kardinal, wurde Cesare 1498 von seinen Gelübden entbunden, um als Speerspitze für seines Vaters Versuch zu dienen, Mittel-Italien mit Gewalt zu unterwerfen. Er verdiente sich damit zwar den Respekt Machiavellis wegen seiner Unbarmherzigkeit und Brutalität, aber Cesares politischer Ehrgeiz brachte ihm auch seinen Untergang. Genau wie sein Vater, war auch er seiner Schwester Lucretia sehr zugetan. Eine der päpstlichen Vergnügungen – beschrieben und überliefert von einem getreuen, wenn auch indiskreten Zeremonienmeister – bestand darin, daß Alexander gemeinsam mit Lucretia zuschaute, wenn ein Haufen wilder Hengste auf die Stuten in einem der Höfe des Vatikans losgelassen wurden. Der Ruf der Familie, unliebsame Gegner mit Gift aus der Welt geschafft zu haben, war wahrscheinlich nicht begründet; aber da Cesare und Rodrigo innerhalb kürzester Zeit an denselben Symptomen starben, war es für viele nur naheliegend, daß sie die Flasche Wein selbst getrunken hatten, die eigentlich für jemand anderen bestimmt gewesen war.

Klöster

Die ersten in der Neuen Welt: Der 1509 gegründete Dominikaner-Orden kritisierte die

Siedler wegen der „grausamen und schrecklichen Knechtschaft“, die sie der einheimischen Bevölkerung aufbürdeten. 1524 begannen die Franziskaner mit ihrer Arbeit in Mexiko.

Die größte Ausweitung klösterlichen Lebens in England: 1491, das Jahr, in dem Heinrich VIII. geboren wurde, gab es in England mehr als 800 Ordenshäuser, einschließlich ungefähr 250 Mönchs-Klöster, 280 regulierte Domherren (Kirchenmänner, die zusammenlebten), 170 Bruderschaften (Konvent von Brüdern religiöser Glaubensgemeinschaften) und 130 Nonnenklöster. In all diesen Einrichtungen lebten und arbeiteten nahezu 4000 Mönche, 3000 regulierte Domherren, 3000 Klosterbrüder und 2000 Nonnen. Es heißt, daß zu dieser Zeit in England etwa 25000 Menschen in Ordenshäusern lebten, und weitere 25000 Menschen arbeiteten für sie als Laienbrüder und Bauern. Im Jahr seines Todes, 1547, hatte Heinrich VIII. sie ale vertrieben und vernichtet.

Das letzte Ordenshaus, das zerstört wurde, war die Waltham Abby in Essex, der Heinrich VIII. 1540 ein Ende bereitete, indem er es schließen ließ.

Das nördlichste Kloster der Welt war das Kloster Solovetskij, gegründet 65° N, auf der Insel Solovetskij, Blagopoluchie Bay in der Weißen See bei Zosima und Savvatii, von Mönchen des Klosters Kirill-Belozersk gegen Ende des Jahres 1420. Am Ende des 15. Jh.s lebten hier ungefähr 100 Mönche in Holzhütten in extrem kalten und stürmischen Wintern (gewöhnlich zwischen minus 25° und 35°C) und kurzen Sommern. Die Mönche bauten einige Dutzend Salzwerke, um Salz zu produzieren und damit Handel zu treiben; sie jagten, fischten und bauten Glimmer und Eisenerz ab. Sogar einen Gemüsegarten legten sie an.

Religionsführer

Die heiligsten Männer Mittelamerikas: Die Maya-Priester waren berühmt für ihre Weisheit und Heiligkeit. Sie widmeten ihr Leben den Opferungen und praktizierten Selbstverstümmelungen ihrer eigenen Körper. Sie trugen Verantwortung dafür, daß andere Leute keine Sünden gegen die Götter begingen, weissagten die Zukunft und kurierten Krankheiten. Die Maya-Priester besaßen auch das Monopol über die wissenschaftlichen Erkenntnisse; ihre Ausbildung beinhaltete das Berechnen des Kalenders (nach Jahren, Monaten und Tagen), Schrifttum und Tradition.

Der mächtigste Geistliche: Die Päpste dieser Zeit sorgten in erster Linie für Klatsch und Tratsch. Einer der mächtigsten Kirchenmänner um die Jahrhundertwende war der Franziskaner Ximenes de Cisneros, der 1492 Beichtvater von Königin Isabella wurde, 1495 Erzbischof von Toledo und Primas von Spanien sowie Kardinal und Großinquisitor im Jahr 1507. Die letztgenannten Stellungen machten ihn zur einzigen Person in ganz Spanien, dessen Verfügungen in sämtlichen unterschiedlichen Königreichen Spaniens Gültigkeit besaßen. Daneben leitete er eine Expedition nach Nordafrika und eroberte 1509 Oran, gründete eine Universität in Alcala und hatte großen Anteil an der Reformation des spanischen Klerus, schließlich herrschte er für eine Weile als Regent von Spanien nach dem Tod König Ferdinands 1516.

Der strengste Asket: In einem Zeitalter der religiösen Extreme, repräsentierte Francesco de Paola das Extrem der Askese. Im Alter von zwölf Jahren lebte er in einer Höhle in Süditalien, ernährte sich von Obst und Gemüse, war in einen großen Kittel gekleidet und schlief stehend, gegen den Fels gelehnt. 1474 organisierte er allerdings auch eine Reform des Franziskaner-Ordens. 1483, von König Ludwig XI. nach Frankreich gerufen, wurde er mit allen Ehren zunächst am Hof von Neapel und im Vatikan willkommen geheißen, bevor er in seine Eremitage weiterreiste, die sich in der Nähe des Schlosses von Plessis befand, in dem König Ludwig im Sterben lag. Francesco blieb dem französischen Hof eng verbunden, unbeeinflußt von den Extravaganzen um ihn herum, gelegentlich von den Höflingen zu Rate gezogen bei deren persönlichen Problemen und von den königlichen Hofdamen wegen ihrer Schwangerschaften. Er wurde für seine prophetischen Gaben und Wunder schon zu Lebzeiten berühmt. 1507 starb er im Alter von 90 Jahren und wurde später heilig gesprochen. 1943 wurde er zum Schutzheiligen der Seefahrer.

Bestes Gedächtnis für religiöse Details: Peter von Ravenna, Rechtsgelehrter an der Universität Ravenna, veröffentlichte 1491 eine Abhandlung über Gedächtnistraining, in der er behauptete, in der Lage zu sein, das ganze Kanonische Recht (vier umfangreiche Folianten), 200 Ansprachen und 20000 rechtsgültige Anträge frei rezitieren zu können.

Der exzentrischste religiöse Liberale: Der Italiener Giovanni Pico della Mirandola (1463–1494) träumte davon, alle Weltreligionen durch die Suche nach den ihnen zugrundeliegenden Mysterien zu vereinigen. Seine Studien begann er im Alter von 14 Jahren, er arbeitete an fünf Universitäten und lernte 22 Sprachen, bevor er seine 900 Lehrsätze *De Omni Scibili* (Von allem, was man wissen muß) 1486 in Rom veröffentlichte. Seine Verteidigung des Okkultismus brachte den Papst gegen ihn auf, ebenso wie sein sexueller Appetit die Ehemänner empörte, und so wurde er für eine Weile ins Gefängnis gesteckt. Nach seiner Befreiung starb er in Florenz, gekleidet als Dominikaner-Mönch.

Der skandalöseste Ungläubige mit dem Spitznamen „Der Abschaum Italiens“ und durch den Papst mit einer öffentlichen Zeremonie formell der Hölle übergeben, war Sigismundo Malatesta, Fürst von Rimini bis 1468. Von ihm hieß es, er habe zwei seiner Ehefrauen ermordet, er versuchte sowohl seine zwei Töchter als auch den Sohn zu vergewaltigen, und er glaubte, die Seele sterbe mit dem Körper. Obgleich die finstersten Details Erfindungen der päpstlichen Propaganda waren, strapazierte Sigismundos Neigung für die Heiden sogar die flexible Toleranz jener Zeit über Gebühr: Die Kirche von San Francesco in Rimini, die sich in seinem Hoheitsbereich befand, sah aus wie ein griechischer Tempel, vollgestopft mit antiken Relikten und enthielt einen Schrein zur Verehrung seiner Mätresse als „die göttliche Isotta“.

Neue Religionen und Sekten

Eine neue Art des Konfuzianismus: Mit dem Jahr 1489 beginnend, entwickelte Wang Shouren (1472–1529), Gelehrter, Schriftsteller und Mandarin, eine neue Variante der uralten chinesischen Philosophie des Konfuzius. Hierbei legte er besonderes Gewicht auf die Bedeutung des intuitiven Wissens und verpaßte dem alten traditionellen Rahmen der eher reinen rationalistischen konfuzianischen Haltung eine radikal neue Ebene. Sein idealistischer Konfuzianismus trug in ganz China den Sieg davon, indem er auch einen nachhaltigen Einfluß auf spätere Zeitalter ausübte.

Erstes Aufkeimen der Reformations-Kontroverse: In gewisser Weise begann die Reformation der Kirche nicht erst, als Luther 1517 seine Thesen gegen den Ablaßhandel an die Tür des Wittenberger Doms nagelte. Eine ganz ähnliche Kritik an der etablierten Kirche gab es schon vorher. Von dem Zeitpunkt an, als die Kirche durch rivalisierende Päpste bereits gespalten war, gab es in weiten Teilen der Chri-

Martin Luther, gemalt von Lukas Cranach.

stenheit bittere Kritik an den kirchlichen Mißbräuchen. Martin Luther, ein Augustinermönch und Lehrer an der neuen Universität zu Wittenberg, war besessen von der Überzeugung der eigenen Unwürdigkeit. Es war für ihn beschlossen, daß bloße Glaubensbekenntnisse keine Rechtfertigung von Taten seien. Diese Interpretation des Neuen Testaments wurde die Basis seiner Theologie.

Die Auseinandersetzung mit den Autoritäten der Kirche wurde länger und leidenschaftlicher und auf breiter Ebene in einer Art Pamphlete-Krieg ausgetragen, in dem Luther seine meisterliche Beherrschung der deutschen Sprache vorführte. Er übersetzte die Vulgata ins Deutsche, eine Aufgabe, die er 1534 vollendete. Sie wurde das machtvolle Instrument für die kulturelle Vereinigung des politisch gespaltenen Deutschland. Die so freigesetzten Spannungen führten dazu, daß Laien die Besitztümer der Kirche zerstückelten.

In England löste Heinrich VIII. die bereits eingeschränkten Klöster ganz auf und teilte sich die Überreste mit seinen Freunden. Auf diese Weise verdiente er in einem gewissen Sinn den Titel, der heute noch in abgekürztem Latein auf englischen Münzen zu finden ist: Fid. Def. (Verteidiger des Glaubens), ein Titel, der Heinrich 1521 verliehen wurde.

Der erste Wiedertäufer: Thomas Münzer (um 1489–1525), ein deutscher Prediger, wird als der Begründer der Wiedertäufer betrachtet. Daß er von „sozialistischen" und mystischen Ideen predigte, brachte ihm enthusiastische Gefolgschaft ein und ab 1520 immer größeren Konflikt mit den Machthabern.

Religiöse Schriften

Die wertvollsten Bücher: Viele moslemische Herrscher stellten ihre Frömmigkeit unter Beweis, indem sie wertvolle Geschenke nach Mekka sandten. Einige davon waren den Herrschern der Stadt zugedacht, den Sharifs, und einige wurden als wohltätige Gaben an die Bevölkerung der Heiligen Stadt verteilt.
Mehrere indische Herrscher des 16. Jh.s kopierten per Hand den Koran und schickten die Kopie nach Mekka. So verfuhr auch Sultan Mazaffar II. von Gujarat (1511–1526) in Westindien. Er fertigte mit eigener Hand zwei Kopien des Koran mit Goldwasser an und sandte dann je eine Kopie nach Mekka und Medina. Er richtete außerdem einen jährlichen Unterstützungsfond für den Erhalt der beiden Bücher ein, um diejenigen zu bezahlen, die die Kopien zur Rezitation benutzten.

Das erfolgreichste Buch: Thomas à Kempis *Vorbild Christus* kursierte zum ersten Mal um 1418. Diese kurze Einführung in das christliche Leben fand sofort Beifall und wurde zwischen 1470 und 1500 über 500mal nachgedruckt. Wegen seines geringen Umfangs wurde das „Vorbild" im 15. Jh. weitaus weiter verbreitet und häufiger gelesen als die Bibel, die für die meisten Menschen immer noch zu teuer war, um sie für sich selbst zu erwerben. Allgemeine Übereinstimmung herrschte darüber, daß es sich um das Werk des deutschen Domherren vom Orden der Augustiner, Thomas à Kempis (1380–1471) handelt, aber des Autors undogmatische und sehr persönliche Ansichten fanden bei allen Christen Aufmerksamkeit.

England: John Mirks *Liber festivalis* (Buch der Feiertage) war eine Sammlung von Predigten und religiösen Legenden. Obwohl vor 1415 zusammengestellt, blieb es in England so populär, daß es nicht weniger als 19 mal zwischen 1483 und 1532 nachgedruckt wurde.

Übersetzungen

Der erste lateinische Koran: Von einigen Passagen des Lebens Mohammeds nimmt man an, daß sie bereits 615 niedergeschrieben wurden; die übrigen wurden wahrscheinlich nach seinem Tod im Jahr 632 aufgeschrieben. 1143 wurde der Koran zum ersten Mal ins Lateinische übersetzt und so in weiten Teilen Europas bekannt.

Die ersten „Menschen-Bibeln": Obwohl gedruckte Bibeln während des 15. Jh.s voluminös und teuer waren, wurde eine deutsche Übersetzung 1466 in Straßburg gedruckt, eine italienische Version folgte 1471 in Venedig und eine französische Ausgabe um 1487 in Paris. Sie verkauften sich gut und mußten bald nachgedruckt werden. Um 1485 beunruhigte den Bischof von Mainz, Berthold von Hennenberg, daß „ignorante und gierige Männer es gewagt hatten, den heiligen Text in gewöhnliches und inkorrektes Deutsch zu übertragen", und er versuchte durchzusetzen, daß alle zukünftigen Übersetzungen den darin bewährten Universitäten Mainz und Erfurt vorbehalten blieben.

Das erste finnische Neue Testament: Michael Agricola (1511–1557), allgemein anerkannt als der Vater des Finnischen als literarischer Sprache, erarbeitete das erste ABC-Buch für die Finnen und vollendete 1548 die erste Übersetzung des Neuen Testaments ins Finnische. 1541 erschien eine schwedische Übersetzung.

DER BÖSE GEIST

Der allgemein verbreitete Geisterglaube fand Niederschlag in Religion, Astrologie, Zauberei und auch bei den Wissenschaften wie Medizin und Chemie. Wenn es gute Geister gab, konnte es ebenso böse Geister geben. Der Glaube an den Teufel lieferte die einfachste Erklärung für schlechtes Wetter, Pech, plötzlichen Tod oder andere Unglücksfälle im Spätmittelalter und der frühen Renaissance. Letztendlich war es diese Einstellung, mit der die größten Verfolgungen von Menschen, von denen man annahm, sie seien Boten des Teufels, geduldet und legitimiert werden konnten.
Aus dieser Periode des 15. und 16. Jahrhunderts gibt es eine Schätzung, die besagt, daß über eine Million sogenannter Hexen, in der Mehrzahl Frauen, beschuldigt wurden, anderen Menschen absichtlich böswilligen oder magisch herbeigeführten Schaden zugefügt zu haben.
Da ihnen „Geständnisse" häufig nur unter der Folter entlockt wurden, ist es unmöglich zu bestimmen, wie viele wirklich in Hexerei verwickelt waren. Von den meisten nimmt man an, daß sie unschuldig waren. Im Bereich der Hausmedizin zum Beispiel war ein Teil der hausfraulichen Pflichten zu wissen, welche Kräuter und Heilmittel für die üblichen Behandlungen nötig waren. Aber der Gebrauch gewöhnlicher Zaubersprüche oder Talismane brachte manchem unschuldigen Heiler den Tod.

Volksglaube

Der verbreitetste Glauben: Fast jedermann in dieser Zeit glaubte an Elfen. Behandelten die Menschen sie gut, verhielten sie sich ebenso, aber behandelte man sie schlecht, zahlten sie mit gleicher Münze heim. Dann waren sie dafür berüchtigt, das Vieh zu peinigen, Babies zu stehlen und Missetätern Streiche zu spielen. Jedes Land, jede Sprache hatte ihre eigenen Namen für die Elfen: Die Engländer hatten die Brownies (Heinzelmännchen); die Deutschen den Kobold; die Russen den Domovoj. Um die Elfen wieder zu versöhnen, war es üblich, über Nacht ein Schälchen Milch aufzustellen und am Morgen war gewöhnlich alles verzehrt.

Die nützlichsten Talismane: Talismane oder Abbilder wurden unter bestimmten astrologischen Einflüssen hergestellt und hatten gewöhnlich Schutzfunktionen. Eine Abhandlung, die Jerôme Torrella, später Arzt des Papstes Julius II., 1494 für König Ferdinand von Aragon verfaßte, empfahl die Verwendung des Abbildes eines Goldenen Löwen, um Schmerzen in den Eingeweiden zu bannen. Mit dem Zeichen der Fische geprägte Siegel wurden benutzt, um Gicht zu bekämpfen. Mit goldenen Löwen, geprägt zur Stunde einer Sonnen-Jupiter-Konjunktion, meinte man, die Furcht vor Gewitter besiegen zu können.

Das gefürchtetste Heilkraut war das narkotische Kraut der Alraune. Aus der Antike ist überliefert, daß ihre menschenähnlich geformten Wurzeln einen kleinen Mann darstellten, der Unheil für jeden bedeutete, der die strengen Rituale des Ausgrabens dieser Wurzel mißachtete. Der Autor eines großen Kräuterbuchs von 1526 stellt zwar ganz eindeutig klar, daß es sich beim kleinen Mann um einen Mythos handelt, aber beide, der Mann und eine weibliche Alraune, zieren in einer Gartenszene die Titelseite seines Buches.

Die am meisten verdammten Volksglauben: Zu den von Studierten und der Kirche verdammten Volksglauben gehörte der Glaube
- daß es gefährlich sei, bei Vollmond Getreide zu pflanzen
- daß es unselig sei, am Freitag, dem 13. geboren zu sein
- daß es unselig sei, eine Stunde vor Mitternacht geboren zu sein
- daß Heiratsverträge am besten funktionierten bei zunehmendem Mond
- an die Götzendienste Fasten und Kniefälle von Laien und Geistlichkeit bei Neumond
- an das Weihrauchbrennen am Donnerstag und Samstag, den Tagen, die von Jupiter und Saturn beherrscht wurden.

Der bedeutungsvollste Faktor für die Popularisierung der Astrologie war die Einführung des Drucks mit beweglichen Buchstaben im 15. Jh. Jährliche Vorhersagen wurden zunehmend populärer. Astrologen in ganz Europa konkurrierten miteinander, um Kriege, Regierungswechsel, Religionen und das Wetter vorherzusagen. Die wichtigsten Daten, die sie hierfür verwendeten, war das Horoskop der Rückkehr der Sonne und ihr Eintritt in den Widder, was den Beginn des astrologischen Jahres markierte. Die Schriften des Ptolemäus über Verfinsterungen wurden zwar hoch geschätzt, aber neu entdeckte Texte arabischer Autoren, betonten die größere Bedeutung von Konjuktionen.

Weissagungen

Ältestes Mittel der Weissagung: Chiromantie, die Kunst des Deutens von Länge, Tiefe und Farbe der Handlinien und Handgelenke, ist eine der ältesten Mittel des Wahrsagens und Bestimmens der Persönlichkeit eines Menschen. Handdeuter der frühen Renaissance lasen in vier Hauptlinien: um 1700 waren es sieben. Der berühmteste Chiromanter war der Italiener Bartolomäus Cocle, der sich außerdem noch als Mienendeuter betätigte. Die Treffsicherheit mehrerer seiner Vorhersagen sind durch den Historiker Jovius verifiziert. Bartolomäus empfing sein Todesurteil aus der Hand Benevoglios, Fürst von Bologna, dem er Exil und Tod in der Schlacht geweissagt hatte. Sein Scharfrichter war ebenfalls sein Kunde; Cocle hatte diesem prophezeit, er würde eines Tages einen schimpflichen Mord begehen.

Entsetzlichste Prophezeiung: Die Mehrheit der russischen Bevölkerung fürchtete, das Ende der Welt würde 1492 stattfinden. Theologen glaubten, daß die sieben Schöpfungstage mit

Die Bilder der chinesischen Tierkreiszeichen tauchen auf dieser Münze auf, die gemeinsam mit dem Buch der Änderungen *für Prophezeiungen benutzt wurde.*

7000 Jahren der Existenz der Welt korrespondierten und hatten demgemäß das Datum ihres Endes für 1492 angenommen.

Die erstaunlichste Prophetie: Prophetien sind aus vielen Kulturen überliefert. Nur wenige sind so erstaunlich, wie die von den Ojibwa-Leuten am Lake Superion, Amerika. Danach träumte der Ojibwa-Prophet ganz detailliert „von Männern, die über das große Wasser gekommen sind . . . ihre Haut ist weiß wie Schnee, und in ihren Gesichtern wachsen lange Haare. Diese Leute sind mit wundersam großen Kanus gekommen, die wie große Vögel riesige Flügel haben. Die Männer besitzen lange, scharfe Messer, und sie haben schwarze Röhren, mit denen sie auf Vögel und Tiere zielen. Die Röhren produzieren Rauch, der in die Luft steigt . . . aus ihnen kommt Feuer . . . und sie machen einen unheimlichen Krach". Aufgrund dieser Prophetie wurden einige Ojibwa den St. Lorenzenstrom hinuntergeschickt, um nachzuforschen. Und vielleicht sahen sie ihre ersten weißen Männer – wahrscheinlich Cabots (1497) oder Cartiers (1535) Truppen.

Der größte Wahrsager aller Zeiten: 1492 war Jaune de Notredame bereits zum Christentum bekehrt, befaßte sich aber immer noch mit der jüdischen Literatur. Es war diese Mischung aus judäisch-katholischem Hintergrund, die einen bedeutsamen Einfluß auf die Erziehung seines Sohnes Michel hatte, der am 14. Dezember 1503 in St. Remy de Provence in Frankreich geboren wurde. Michel – besser bekannt unter seinem lateinischen Namen *Nostradamus* – ist der erstaunlichste von allen Astrologen. Sein berühmtes Werk *Die Jahrhunderte* enthält detaillierte Prophezeiungen bis zum Jahr 2002 und darüber hinaus. Nostradamus schrieb seine Prophezeiungen in einer Sprachmischung und setzte sie in vierzeilige Verse. Er benutzte selten spezifizierte Daten, sondern zog die astrologische Terminologie vor. Zum Beispiel benutzte er anstelle „20. Jahrhundert" das „Jahrhundert der Sonne", ein Terminus, der in dem folgenden Vierzeiler auftaucht, in dem, wie heute einige meinen, die Gründung des modernen Israel und der Zusammenbruch Ost-Europas und der Sowjetunion vorhergesagt wird:

Ein neues Recht wird neues Land in Besitz nehmen,
um Syrien, Judäa und Palästina herum
Das große barbarische Reich wird zusammenbrechen,
noch bevor das Jahrhundert der Sonne zu Ende geht.

Er prophezeite den Luftverkehr und viele der großen historischen Figuren der Weltgeschichte, aber seine eigentliche Sorge galt den verschiedenen Antichristen.

Englands berühmteste Prophetin: Ursula Southeil, eine körperbehinderte Frau, wurde 1488 in einer kleinen Höhle in Knaresborough, Yorkshire, geboren. Sie war unter ihrem Ehe-Namen, Mutter Shipton, bekannt und besaß offensichtlich hellseherische Fähigkeiten; aber bei den meisten der berühmten Prophezeiungen, die ihr zugeschrieben wurden, handelte es sich um Fälschungen des 19. Jh.s. (Frühere Angaben dieser Fälschungen prophezeiten das Ende der Welt für 1899, aber als das Jahrhundert sich mit großer Geschwindigkeit seinem Abschluß näherte, beeilte der Fälscher Hindley sich, das Datum des Weltendes auf das Jahr 1999 zu verbessern.)

Diagnosen

Die detaillierteste Studie der Kopflinien: Metoskopie – die Kunst des Stirnliniendeutens – bekam eine astrologische Deutung von Giralcamo Cardano. Sein Werk *Metoscopia* ist mit über 800 Holzschnitten von Fallstudien illustriert. Die Braue ist in sieben Zonen aufgeteilt, von denen jede von einem Planeten regiert wird, von Saturn an der Spitze bis zum Mond am unteren Ende. Eine breite Falte in jeder der Zonen bedeutet jeweils persönliche Qualitäten im Naturell des regierenden Planeten. Gesundheit, Reichtum, Dummheit, Kriegserfolge oder gewaltsamer Tod – alles war mittels dieses Handbuchs deutbar.

Die besten Illustrationen der Physiognomie: Sie ist die Kunst vom Erkennen einer Persönlichkeit aufgrund der Form und des Ausdrucks des Gesichts. Unter den Abhandlungen des frühen 16. Jh.s zu diesem Thema enthält jene von Ingadine 1531 in Straßburg veröffentlichte die schönsten Holzschnitte. Zusammen mit einem Portrait des Autors von Hans Baldung Grien gibt es eine Serie eindrucksvoller Portraits, die von weniger genialen Künstlern während der folgenden zwei Jahrhunderte häufig kopiert wurden. Die Bilder demonstrieren die großen Ohren, die Einfalt und Ignoranz andeuten, und die kleinen Ohren verraten Unbeständigkeit und Tücke. Nasen, Augen, Kinn und Wimpern liefern ähnliche Anhaltspunkte für Tücke, Eitelkeit, Intellekt und Abenteuerlust.

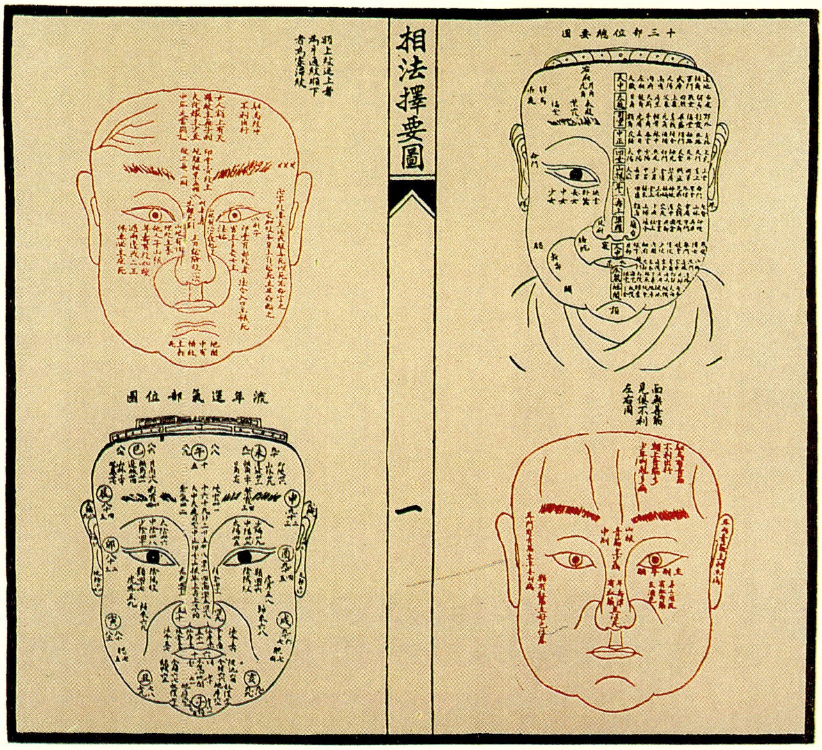

Eine Doppelseite aus einem chinesischen Almanach unterweist im Lesen aus dem menschlichen Gesicht. Dies diente damals als eine Art der Diagnose.

Größte Fälschungen: Aus dem 16. Jh. datieren die sogenannten Prophezeiungen des Heiligen Malachias. Sie enthalten eine Aufzählung aller Päpste bis zu der Zeit, die sich dem gefürchteten Jahr 1999 nähert, auch in Verbindung mit Mutter Shipton und Nostradamus. Vorgeblich handelte es sich um das Werk eines Bischofs aus dem irischen Armagh.

Neuestes Lernen: Eine Flut neuentdeckter Manuskripte aus dem Osten verursachte ein Wiederaufleben der Magie in den gelehrten Zirkeln Italiens. Die Schriften des Hermes Trismegistrus, von denen man zu dieser Zeit glaubte, sie datierten aus dem alten Ägypten, wurden von Marsilio Ficino um 1460 auf Wunsch Cosimo de Medicis übersetzt und bekamen zentrale

Bedeutung für die wachsende Magie-Bewegung. Moderne Gelehrte haben nachgewiesen, daß Hermes Trismegistrus eine mystische Figur war, daß die Schriften aus unterschiedlichen griechischen Quellen aus dem 1.–4. Jh. stammten. Ihnen gemeinsam ist die Absicht, religiöse heidnische Praktiken zu einer Zeit am Leben zu erhalten, als das Christentum zur dominierenden Religion wurde. Diese geheimen Mysterien, die Hermes zugeschrieben wurden, beinhalten Anweisungen, wie man die magischen Kräfte in Statuen nach alter ägyptischer Manier aktivieren kann sowie die in einem Menschen innewohnenden göttlichen Kräfte für seine spirituellen Reisen durch die sieben planetarischen Sphären. Die astrologische Lehre vom Weltall war für diese Ideen fundamental. Die Kenntnis von den Planeten und ihrer im geheimen wirkenden Materie war wesentlich für den Magier, der wissen mußte, wie und wann er sich an den Gott des jeweiligen Planeten wenden konnte. Kenntnisse der magischen Symbole waren eine weitere Voraussetzung, um die Kräfte freizusetzen, die sie fesselten.

Hexenkraft und Zauberei

Zwischen 1450 und 1700 wurden an die 100000 Menschen in Europa und auf den Britischen Inseln zum Tode verurteilt für Verbrechen, von denen die meisten Menschen heute sich nicht vorstellen können, daß sie je begangen wurden. Über die genauen Zahlen wird noch gestritten, und einige Fachleute schätzen, daß die wirkliche Zahl in die Millionen geht. Im ausgehenden 15. Jh., als Hexerei mit Teufelsanbetung gleichgesetzt wurde, sah man gewaltsame Unterdrückung und Ausrottung der Hexen als einzig wirksame Antwort an, gegen dieses größte Verbrechen gegenüber Gott und den Menschen.

Weiße Magie wurde für gewöhnlich verwendet in der Medizin und für andere, edlere und akzeptierte Ziele. Die Schwarze Magie war ihr finsterer Gegenspieler. Der wichtigste Unterschied zwischen Schwarzer Magie und den gelehrteren Formen der Magie lagen in deren größerer Zugänglichkeit. Man glaubte, daß mit Hilfe des Teufels absolut jeder eine Hexe oder ein Hexer werden konnte. Obwohl jene, die am häufigsten der teuflischen Hexenkunst beschuldigt wurden, den unteren Gesellschaftsschichten angehörten, wurde der Glaube an die Macht des Teufels von allen gesellschaftlichen Schichten akzeptiert. Die Frage, ob organisierte Hexerei je existierte, wird immer noch debattiert und ist nach wie vor einer der umstrittensten sozialen und historischen Fälle. Moderne Historiker vertreten sehr unterschiedliche Ansichten: die Meinungen reichen von totaler Akzeptanz bis hin zur totalen Ablehnung der historischen Einschätzungen. Letztere ziehen es vor, das Phänomen als eine Art kollektiver Paranoia zu erklären.

Auf einem Fresko aus der Zeit um 1500 in der Neuen Kapelle der Madonna von S. Brizio im Dom von Orvieto (Italien) zeigt Signorelli die Dämonen bei ihrer Arbeit in der Hölle.

DER TEUFEL

Die Personifizierung des Teufels wurde in der öffentlichen Vorstellung durch Praktiken gefördert, die von der Kirche gutgeheißen wurden. Mysterienspiele, für die meisten Menschen die einzige Theatererfahrung, führten häufig einen riesigen Höllenschlund vor. Jede Dorfkirche besaß eine Ansicht des Jüngsten Gerichts als Gemälde über dem Kanzelbogen, auf dem Dämonen und Höllenqualen plastisch dargestellt waren. Der Teufel selbst taucht in zahlreichen Theaterstücken auf. Seine bocksähnliche Gestalt ist hergeleitet vom antiken Satyr in Verbindung mit den dionysischen Riten, die Ähnlichkeit mit den Hexen-Sabbaten hatten. In dem Großen Katechismus, verfaßt im 16. Jahrhundert von dem Jesuiten Peter Canisius, erscheint der Name Gottes 63mal, der des Teufels 67mal.

Billigste Hexerei war das Fluchen und das Beschwören böser Geister, um böse Taten zu vollbringen. Diese Form wurde von den Ärmsten benutzt. 1493 mußte Elena Dalok vor einem Londoner Gericht erscheinen, weil sie damit geprahlt hatte, daß jeder, der von ihr verflucht worden war, daraufhin gestorben war.

Die gebräuchlichste Verwünschung: Um jemandem körperlichen Schaden zuzufügen, steckte man Nadeln in ein wächsernes Abbild des Opfers.

Erste Identifizierung des Pakts mit dem Teufel: Obgleich der Glaube an Hexerei und Magie eine lange Tradition hatte, war die Vorstel-

Dieser farbige Holzschnitt wurde um 1511 in Deutschland hergestellt. Er zeigt die Sieben Todsünden als Dämonen.

lung neu, daß die Hexe einen Pakt mit dem Teufel schließt. Hierfür lieferte die Kirche sowohl das Verfahren des Aufdeckens als auch die Rechtfertigung für die Verfolgung. Die endgültige Bekanntmachung dieser Praxis geschah durch eine päpstliche Bulle von Innozenz VIII. im Jahre 1484 und durch die Veröffentlichung des *Malleus maleficarum* (Malleus = Mallet oder Axt, verwendet bei Opferschlachtungen; maleficium = Verbrechen), verfaßt von zwei dominikanischen Inquisitoren um 1484. Ihre Hauptsorge galt dem Aufleben der Teufelsanbetung in Deutschland und Frankreich.

Erster öffentlicher Anführer bei der Hexenjagd: Keiner weiß ganz genau, wann der *Malleus maleficarum* (Der Hexenhammer) das erste Mal veröffentlicht wurde, aber zwischen 1486 und 1520 wurde er 14mal nachgedruckt, und seine beiden Autoren, die Dominikaner-Brüder Heinrich Kramer und Jacobus Sprenger, waren um 1490 auf dem Höhepunkt ihres Ansehens angelangt. Von den Gelehrten Italiens gefeiert und in Deutschland und Mitteleuropa in die höchsten Kirchenämter berufen, betrachtete ihr Orden die beiden als ihre leuchtendsten Erscheinungen. Beginnend beim Prinzip, daß Hexerei unmittelbar ein Pakt mit dem Teufel sei, arbeiteten sie sich systematisch durch die verschiedenartigsten Gestalten, die Hexen annehmen konnten, schlugen wirkungsvolle Gegenmaßnahmen vor und trugen damit erheblich zum „Hexen-Wahn" bei, der für die nächsten zwei Jahrhunderte die Menschen verunsichern sollte. Obwohl der *Malleus maleficarum* als Handbuch für die Inquisitoren gedacht war, diente er ebensogut als „Enzyklopädia" all denen, die entweder informiert sein oder die Geheimnisse für praktische Zwecke nutzen wollten.

Der wahrscheinlichste „Malefaktor": Man beschuldigte der Hexerei für gewöhnlich sozial und ökonomisch besonders abhängige, ledige Frauen, also die schwächsten Mitglieder einer Gemeinde. Die deutliche Haltung der Kirche besagte, daß Frauen den Männern moralisch unterlegen seien und daß Frauen jeglichen Alters von ihren sexuellen Leidenschaften beherrscht und damit anfälliger für die Verführungen des Teufels wären. Die meisten der beschuldigten Frauen waren über 50 Jahre alt, viele von ihnen senil; obschon auch viele junge, attraktive Frauen für schuldig erklärt wurden. Der durchschnittliche Anteil der wegen Ausübung von Hexerei zum Tode verurteilten Frauen lag bei 75 Prozent, die meisten von ihnen waren unverheiratet. In Essex, Basel und Namur (jetzt Belgien) waren über 90 Prozent der Verurteilten weiblich.

Größte Verfolgung männlicher Beklagter: Männer wurden häufiger aus politischen Motiven und zu Zeiten der Massenhysterie der Hexerei beschuldigt. Die größte Verfolgung von männlichen Hexen, die je ein Gericht durchführte, fand im 16. Jh. in Aragon statt, wo man die Zahl der Verfolgten auf 72 Prozent schätzte.

Die berühmteste an den Teufel verkaufte Seele war die von Doktor Johann (Heinrich) Faust. Mehrere Versionen vom „Höllenzwang", zwischen 1492 und 1503 in Rom erschienen, wurden dem Schwarzen Magier zugeschrieben, obwohl er mit seinen okkulten Praktiken erst 1520 begann. Seine legendäre

Selbstzerstörung diente als moralisches Exempel für die Gegner der Teufelsverehrung.

Die berühmteste Frau, die ihre Seele an den Teufel verkaufte, ist Maria von Nijmegen. Das holländische Wunder-Spiel, das nach ihr benannt war, wurde von William Vorsterman zu Beginn des 16. Jh.s in Antwerpen gedruckt. Es ist angelegt in der Legende einer Nonne, die aus ihrem Konvent davonläuft, um 14 Jahre in Wollust mit dem Teufel zuzubringen, dann voller Reue zurückkehrt, um festzustellen, daß Gottes Gnade auch ihr noch zugetan ist.

Einzigartig in England war die Vorstellung von „Vertrauten", dabei handelt es sich um Tiere, die auf Bitten der Hexe üble Streiche ausführten. Die erste aufgezeichnete Erwähnung eines „Vertrauten" stammt von 1530 aus Somerset; das Tier war eine Kröte.

Die wunderlichsten magischen Todesfälle: Hierbei handelte es sich im China des 16. Jh.s um „Fakten". Manchmal wurden Leute getötet, ohne daß Blut austrat. Wenn ein großer buddhistischer Mönch „Seelenwanderung demonstrierte" passierte dies oft. Während der Tang-Dynastie wurde Zhou Gan vom Rebellen Huang Chao getötet, daraufhin schoß eine weiße Schmiere einige Fuß in die Höhe. Während der mongolischen Yuan-Dynastie erstachen Banditen Dong Boxiao, aber alles, was zu sehen war, war lediglich ein weißer Dampf, der himmelwärts strebte und den man als nicht geheuer beschreiben könnte. Als zur Jin-Zeit Sima den Kopf des Ministerialsekretärs Shunyo Bo abschlug, floß dessen Blut in die umgekehrte Richtung und erhob sich zu einer Säule.

Hexenjagden

Die größten Hexenverfolgungen begannen in England auf breiter Ebene fast ein Jahrhundert später als auf dem Kontinent. Zunächst konnte man nur Berichte über Hexenverfolgungen lesen bzw. Erzählungen darüber hören. Um 1542 war das Problem so publik, daß das Parlament die Todesstrafe für Zauberei einführte und hierdurch den Boden für eine legale Verfolgung bereitete. Der englische Protestantismus beklagte mit Nachdruck die menschliche Sünde und den Satan in Person; das waren die Hauptfaktoren, die dazu beitrugen, ein psychologisches Klima zu schaffen, das die Massen-Verfolgungen von Hexen begünstigte. Der protestantischen Geistlichkeit war es verboten, die Rituale des Exorzismus durchzuführen, die beste Waffe der römisch-katholischen Kirche gegen Dämonen und Besessenheit. Alles was sie tun konnte, war beten.

Die größte Hexenjagd fand in Trier statt, wo 306 beschuldigte Hexen über 1500 Komplizen verrieten.

LITERATUR

Das nützlichste Handbuch der Magie, und das populärste dazu, war das *Picatrix*. Es enthält Anweisungen zur Herstellung astrologischer Bilder zu bestimmten Zwecken, wie dem Entkommen aus dem Gefängnis, dem Fesseln eines Liebhabers, dem Vernichten eines Feindes oder der Garantie für stetige gute Gesundheit.

Macht und Gesetz

KÖNIGREICHE UND STAATSOBERHÄUPTER

ADEL · REGIERUNGEN · STAATEN · GESETZE

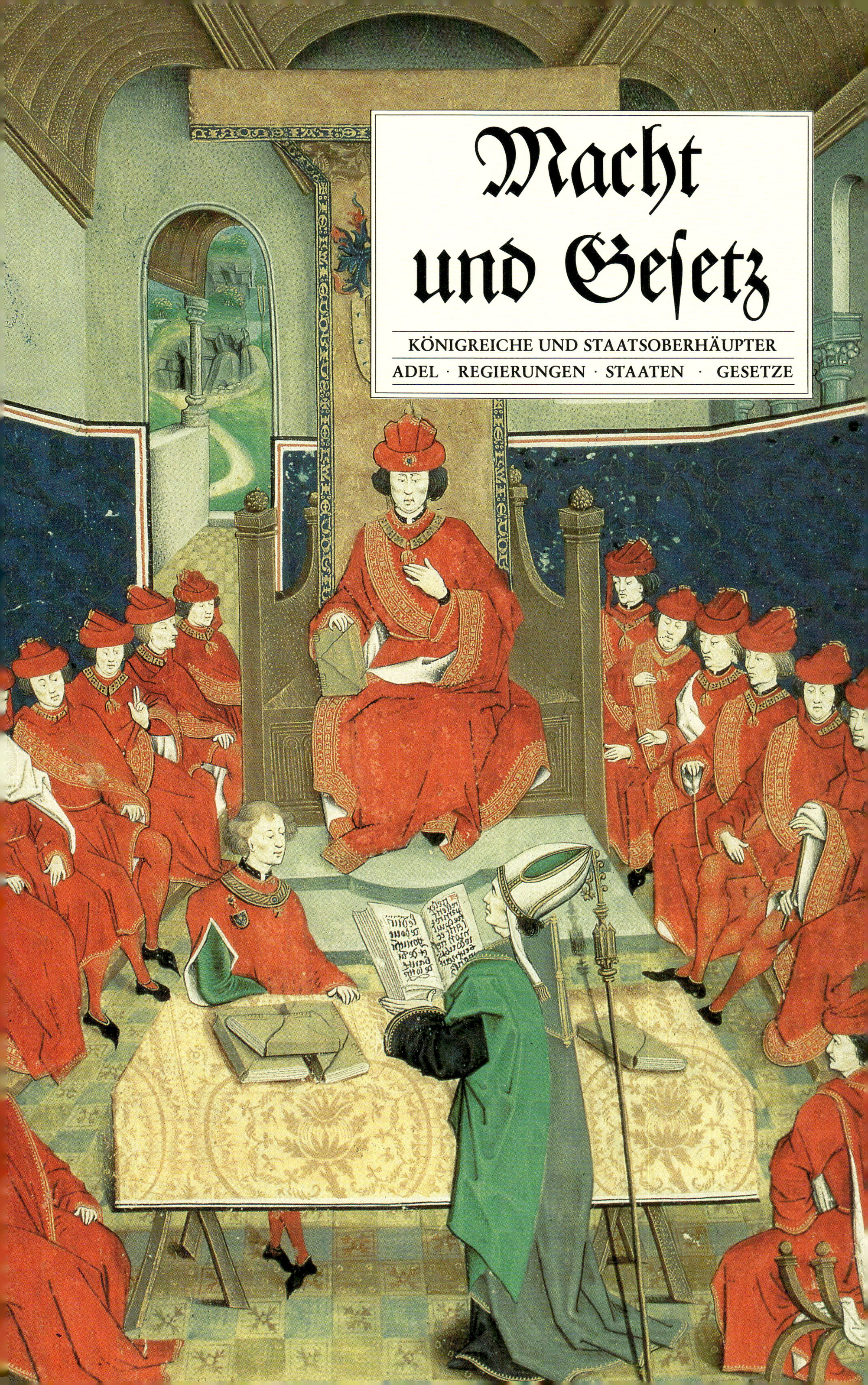

Könige und Königreiche

Das Guinness Buch der Rekorde 1492

Königreiche und Staatsoberhäupter

Älteste regierende Dynastie: Die Zeit der Gründung der gegenwärtig herrschenden japanischen Dynastie wird, trotz einiger Hochs und Tiefs und all der Zeiten, da ihre Macht nicht besonders groß war, auf die Zeit 660 v. Chr. datiert, obwohl dies gut 600 Jahre zu früh sein könnte. Die Dynastie um 1500 hätte demnach bereits mehr als 2000 Jahre geherrscht.

Die älteste afrikanische Dynastie existierte in Äthiopien. Sie war, nach dem Niedergang des alten Ägypten, die älteste in Afrika regierende Dynastie. Die politischen Wurzeln dieses Königreichs gehen zurück auf die Christianisierung des Hochlands im 4. Jh. Im 15. Jh. versuchte der christlich-koptische König von Äthiopien, bekannt auch als *Priester Johannes von Indien,* gemeinsam mit den ersten europäischen Reichsgründern, die strategische und diplomatische Verbindungen mit ihm aufzunehmen versuchten, der aufstrebenden Macht der osmanisch-moslemischen Türken zu begegnen. Priester und Söldner aus dem Westen, als Gäste an seinem Hof, unterstützten die Aristokratie des Hochlands gegen die Angriffe der sie umzingelnden moslemischen Feinde.

Längste aller Regierungszeiten, die je von einem Monarchen berichtet wurde, ist die von Phiops II. oder Neferkare, einem Pharao der 6. Dynastie in Ägypten. Als er etwa 2281 v. Chr. seine Herrschaft antrat, war er sechs Jahre alt. Es wird angenommen, daß sie etwa 94 Jahre dauerte. Von Minhti, König von Arakan (Burma), wird berichtet, daß seine Herrschaft sogar 95 Jahre, von 1279 bis 1374, dauerte. Die längste Regierungszeit eines europäischen Monarchen war die von Alfonso I. Henrigues von Portugal. Er bestieg den Thron am 30. April 1112, zunächst als Graf und später als König, und starb nach einer Regierungsdauer von 73 Jahren und 220 Tagen am 6. Dezember 1185.

Regentschaften

Die längste Regentschaft: Zwei japanische Kaiser regierten für jeweils 36 Jahre während dieser Periode. Go-Hanazono (1419–1471) war Kaiser von 1428–1464 und Go-Tschimikada (1442–1500) regierte von 1464–1500.

Die größten Neuerungen gab es während der Regierungszeit des Sultans von Delhi, Sikander Lodi († 1517). Besonders bemerkenswert war, daß er bei seinen Hindu-Untertanen das Studium des Persischen förderte und ihnen auch erlaubte, die islamischen Schulen, an denen Madrasai gelehrt wurde, zu besuchen. Desgleichen förderte er ein wichtiges musikwissenschaftliches Werk, *Lahjat-i-Sikandari,* bei dem es sich um die erste aufgezeichnete Sammlung eines Musikstils, Dhrupad, handelte. Außerdem wurde der erste Versuch unternommen, die einheimischen medizinischen Traditionen mit denen der islamischen *Unami*-Schule zu versöhnen.

Vorherige Seite: Karl der Kühne, Herzog von Burgund, gilt als der erfolgloseste Eroberer seiner Zeit.

Die ersten in einer Reihe von Herrschern

Erster Kaiser wurde mit seinem Sieg über die moslemischen Herrscher von Delhi, Zahir-ad-din Mohammed von Afghanistan (um 1482–1530), in der Schlacht von Panipat von 1526. Volkstümlich auch Babur oder Baber genannt, war er der mächtigste Mann in Nordindien und Begründer des Mogul-Reiches. 1547 wurde Iwan IV., *Der Schreckliche,* (1530–1584) gekrönt. Er war damit der erste russische Herrscher mit dem Titel *Zar*, was soviel heißt wie Cäsar oder Kaiser.

Der erste allrussische Herrscher war Iwan III., genannt der Große, der 44 Jahre lang, von 1462 bis zu seinem Todesjahr 1505, herrschte. Als 22jähriger an die Macht gekommen, vergrößerte er sein Herrschaftsgebiet von 430 000 Quadratkilometern auf 2,8 Millionen Quadratkilometer mit einer Bevölkerung von sieben Millionen Menschen.

Größter Eroberer war der mongolische Kaiser Timur der Lahme oder *Tamerlan.* Obwohl 1492 schon seit 87 Jahren tot, faszinierte er immer noch Westeuropa und die Westeuropäer. Von Samarkand aus schlug er los nach Norden und nach Osten; um 1370 eroberte er das Land an den Hängen des Himalaya, bevor er sich 1380 südwärts zum Persischen Golf und westwärts zum Kaspischen Meer aufmachte. In den Jahren 1391 bis 1396 war Südrußland an der Reihe, 1398/99 Nord-Indien; und von 1400 an schlug Timur wiederum mit einer Serie von Feldzügen westwärts gegen die Mittelmeer-Region los. Diese kulminierten in eine der größten Schlachten dieses Zeitalters gegen den türkischen Sultan Bayazid in Angora im Jahr 1402. Bei diesem Zusammenprall der Heere, in dem auf jeder Seite an die 100 000 Krieger verwickelt waren, nahm Timur den Sultan gefangen. Er selbst endete als Herrscher eines Reiches, das von den Dardanellen bis Delhi, vom Nil bis zu den Steppen Zentralasiens reichte. Vor seinem Tode hatte er eine Invasion Chinas vorbereitet.

Der unwahrscheinlichste Eroberer war Karl VIII. Er war kurzbeinig, dickschädelig und erst 13 Jahre alt, als er 1483 König von Frankreich wurde. Seine Zeitgenossen beschreiben ihn als „kurz, häßlich und mit so disproportionierten Gliedmaßen, daß er mehr einem Monster als einem Menschen glich". Doch er nutzte seine Regierungszeit: 1486 schlug er entschlossen einen Aufstand der Adeligen nieder; 1491 folgte die friedliche Übernahme des Herzogtums der Bretagne durch seine Heirat der Erbin Anne sowie 1494 eine erfolgreiche Invasion Italiens. Als er ohne nennenswerten Widerstand südwärts marschierte und das Königreich Neapel ohne Schlacht erobern konnte, sagte man von ihm: „Er gewann den Krieg mit der Kreide seiner Quartiersmacher." Karl VIII. starb ohne direkten Erben, erst 28 Jahre alt.

Der erfolgloseste Eroberer war Karl der Kühne, Herzog von Burgund und Herrscher über eines der mächtigsten Herzogtümer jener Zeit. Es erstreckte sich von der Nordsee bis zu den Alpen, es schloß das heutige Belgien, Holland und Luxemburg sowie Teile von Frankreich ein. Da er von weiteren Eroberungszügen besessen war, versuchte er 1473 den Kaiser des Heiligen römischen Reiches zu überreden, ihm zu einem neuen Königreich von Burgund zu verhelfen, und schickte sich gleichzeitig an, eines der gewaltigsten Söldnerheere des zeitgenössischen Europa zu sammeln. Durch diese Vorbereitungen alarmiert, schlossen die Schweizer Kantone und die Städte des Rheinlands eine Koalition gegen ihn. Trotz zweier vernichtender Niederlagen in den Jahren 1475 und 1476 versuchte Karl 1477 eine neuerliche Offensive in der Schlacht von Nancy, nur um wieder geschlagen und diesmal getötet zu werden. Machiavelli führte diese Niederlagen Karls als Beweis dafür an, daß Geld nicht immer die besten Kriegsmittel zur Verfügung stellt: Karls Armee war nicht koordiniert, es fehlte ihr die gemeinsame Sprache, und sie war unfähig, auf überraschende Attacken zu reagieren.

Langlebigste Dynastie: Die Dynastien der osmanischen Sultane gehörten dank einer Reihe langlebiger Herrscher zu den mächtigsten und erfolgreichsten Dynastien des 15. und 16. Jh.s. Zwischen 1481 und 1566 gab es nur drei Sultane: Bayazid II. (1481–1512), Salim I. (1512–1520) und Suleiman I., im Abendland bekannt geworden als „der Prächtige", für die Türken „Suleiman, der Gesetzgeber", der von 1520–1566 regierte. Alle diese Sultane gelangten als relativ reife Männer auf den Thron. Bayazid war 33 bei seiner Thronbesteigung, Salim 42 und Suleiman 26 Jahre alt.

Die erstmals verwendete Zaren-Krone war der „Hut von Monomakh". Die Krone der rus-

Die Hochzeit von König Ferdinand V. von Aragon und der Königin Isabella I. von Kastilien im Jahre 1469 schuf die Voraussetzung für das erste vereinte Königreich Spanien.

sischen Zaren, traditionsgemäß versehen mit anderen Insignien der imperialen (kaiserlichen) Macht, war das Geschenk des byzantinischen Kaisers Konstantin Monomakh an seinen Enkel, Prinz Wladimir von Kiew. Es handelte sich um eine goldene Krone, verziert mit feiner Filigran-Arbeit, Smaragden, Rubinen und Perlen, überragt von einem Kreuz und am Rande besetzt mit Zobel. Zum ersten Mal wurde sie benutzt bei der Krönung von Zar Dimitri, dem Enkel von Iwan III., im Jahre 1498.

Erster „Herr der Inseln" war ein Titel, den König David I. von Schottland für sich erfand und der von zwei schottischen Adelsfamilien wechselweise beibehalten wurde. 1493 ging er der schottischen Krone verloren, aber seit 1540 wird er dem männlichen Erben der schottischen Krone wieder verliehen, und aufgrund dieses alten Rechts trägt jetzt Prinz Charles diesen Titel.

Erste europäische Herrscher in Amerika waren von den Spaniern eingesetzte Vizekönige: in Mexiko 1535 und in Peru 1543. Diese Vizekönige waren die führenden Köpfe der zivilen und militärischen Regierungen. Sie lebten und regierten in großem Stil, mit geringer Einmischung und Lenkung seitens der Spanier.

Der erste Prinz von Wales: Als Sohn von Eduard I. am 25. April 1284 geboren, war Eduard II. 1301 der erste „Prinz von Wales" und der erste Erbprinz, der diesen Titel verliehen bekam. Er folgte seinem Vater, Eduard I., 1307 auf den Thron. Arthur Tudor, Sohn von Heinrich VII., wurde 1492 Prinz von Wales, doch er starb 1503, und sein Bruder Heinrich trat seine Nachfolge auf den Titel an. Als Heinrich VII. starb, wurde Heinrich König Heinrich VIII.

Erster König aus dem Hause York: Nach dem sechs Jahre währenden englischen „Krieg der Rosen" (1455–1461), zwischen den Häusern York (die Weiße Rose) und Lancaster (die Rote Rose), wurde Eduard IV. von den Yorkern zum König ausgerufen und bereitete den Lancastern

Karl der Kühne, Herzog von Burgund.

DIE MACHT UM 1492

1482: *Graf Eberhard V. im Bart v. Württemberg sichert die Unteilbarkeit des Landes; Ludwig XI. v. Frankreich behauptet im Frieden von Arras gegen Habsburg Bourgogne und Picardie; Johann II., König von Portugal bis 1491, entmachtet den Adel*
1483: *Richard III. ermordet seinen Neffen Eduard V. (York) und wird an seiner Stelle König von England bis 1485; † Ludwig XI., König v. Frankreich seit 1461; bekämpfte erfolgreich den französischen Hochadel, besonders mit den Schweizer Eidgenossen Herzog Karl den Kühnen von Burgund. Stärkte entscheidend die französische Zentralgewalt (* 1423); Karl VIII. König von Frankreich bis 1498 (†)*
1485: *Die Wettiner Fürsten Ernst und Albrecht teilen Sachsen: Wittenberg, Thüringen und Vogtland als Kursachsen an die Ernestiner Linie (später protestantisch); Meißen, Leipzig, Nordthüringen als Herzogtum an die Albertiner Linie (später katholisch); Heinrich VII. (Tudor), Erbe der Thronansprüche des Hauses Lancaster, besiegt König Richard III. aus dem Hause York und wird König von England bis 1509. Mit ihm beginnt die Erstarkung des englischen Königtums unter den Tudors, da der Adel sich in den „Rosenkriegen" (seit 1455) verblutete.*
1486: *Maximilian I. wird zum deutschen König gewählt (deutscher Kaiser ab 1493–1519)*
1487: *Spanier erobern Malaga von den Arabern*
1488: *Bürger von Brügge nehmen König Maximilian I. gefangen*
1490: *Das durch Teilung (seit 1379) in drei Linien zersplitterte Habsburger österreichische Erbe wird durch Kaiser Friedrich III. wieder vereinigt; Maximilian I. vertreibt die Ungarn aus Niederösterreich*
Matthias I. Corvinus, König von Ungarn seit 1458 (von 1469 bis 1471 auch König von Böhmen) stirbt; pflegte an seinem Hof den Geist der italienischen Renaissance
1491: *Heinrich VIII., König von England von 1509 bis 1547, wird geboren*
1492: *Araber verlieren mit Granada letzten Stützpunkt in Spanien, das jetzt zur Großmacht aufsteigt*
Lorenzo de Medici (il Magnifico), Herrscher von Florenz seit 1469, stirbt
1493: *Teilung der Neuen Welt zwischen Spanien und Portugal durch Schiedsspruch des Papstes Alexander VI.; Friedrich III., schwacher deutscher Kaiser aus dem Hause Habsburg seit 1452, stirbt; Maximilian I. wird deutscher Kaiser bis 1519; Haus Habsburg behält deutsche Kaiserwürde bis 1806; Erster Bauernaufstand unter dem Zeichen des Bundschuh im Elsaß*
1494: *Franz I., später König von Frankreich, wird geboren; Karl VIII. zieht nach Italien und erobert vorübergehend Neapel (1495). Damit beginnt der Kampf zwischen Frankreich und Habsburg um Italien*
Vertreibung der Medici aus Florenz, wo sie seit 1434 herrschten. Rückkehr 1512
1496: *Heirat des Habsburgers Philipp des Schönen, Sohn Maximilians I., mit der spanischen Erbtochter Johanna der Wahnsinnigen bringt die spanische Krone an das Haus Habsburg*

bei Towton eine Niederlage. Der Lancaster-König Heinrich IV. floh gemeinsam mit Königin Margarete aus England. Jahre später, 1470, zwangen die Lancaster Eduard IV. zur Flucht nach Burgund in Frankreich, und Heinrich IV. kehrte für ein Jahr auf den englischen Thron zurück. Im Jahr 1471 kehrte Eduard IV. nach England zurück. Königin Margarete wurde in Tewksbury getötet, und Heinrich IV. wurde im Tower von London gefangengesetzt, wo er wenig später starb. Nun war der erste Monarch aus dem Hause York einigermaßen sicher.

Erster Tudor-König war Heinrich VII. Er ging als Sieger und erster englischer Tudor-König aus der Schlacht von Bosworth am 22. August 1485 hervor.

Die am längsten regierenden Schogune: Den Titel eines Schoguns gab man ursprünglich Generälen, die die einheimischen Völker der japanischen Nachbarstaaten unterwerfen sollten. Ihr Name wurde von *seii tai shogun* (wörtlich „barbarischer, unterdrückender Generalissimus") abgeleitet. Das zweite Ashikaga-Schogunat dauerte von 1338 bis 1578. Während dieser Periode war das Schogunat Ashikaga Yoshihara (1511–1550) das längste. Es herrschte von 1522 bis 1547. Zu dieser Zeit hatten die Schogune aufgrund der Bürgerkriege des 16. Jh.s an Macht verloren.

Die mächtigsten Herrscher

Die mächtigsten Frauen: Die Familienmitgliedschaft der Irokesen in den östlichen Waldgebieten von Nordamerika wurde durch die weibliche Linie bestimmt. Ein Mann blieb bis zu seiner Heirat bei der weiblichen Familie; danach gehörte er zur Familie seiner Frau. Eine Frau konnte sich scheiden lassen, indem sie den Besitz ihres Mannes einfach vor die Tür des Hauses setzte. Die politische Macht der Gesellschaft gehörte einer Gruppe verwandter Familien – *ochwachiras*. Unter diesen bestimmten die Frauen die Vertreter für den Stammesrat. Sie besuchten und beeinflußten außerdem die Treffen des Regierungsrates. Diese Verbindungen machten die Frauen der Irokesen zu den politisch mächtigsten der Welt.

Die mächtigste Dynastie war die Safavid-Dynastie im Iran, die 1501 an die Macht kam. Sie war nicht zuletzt deswegen so mächtig, weil sie es verstand, den militärischen und politischen Erfolg vor dem nötigen religiösen Hintergrund zu vereinen, was die osmanischen Türken versäumt hatten. Die Safavids beanspruchten ihre Abstammung vom siebten Imam der Shia-Moslem-Religion. Auf diese Weise konnten sie den verborgenen Imam oder Mahdi bis zu dessen Rückkehr auf Erden aus der Finsternis repräsentieren.

Der mächtigste, imaginäre Monarch: Im 12. Jh. begannen Nachrichten von einem christlichen Monarchen im Osten und dessen enormer Macht und Reichtum nach Europa einzusickern. Bekannt geworden als Johannes der Presbyterianer oder Priester Johannes, galt er, laut Überlieferung eines syrischen Bischofs, als direkter Nachkomme der „Heiligen Drei Könige", die zum Jesuskind reisten. Es kursierte ein Brief in Konstantinopel, vermutlich von Johannes selbst verfaßt, in dem er als unübertroffen dargestellt wird „an Reichtümern, Sittsamkeit und Macht, über alle Kreaturen, die unter dem Himmel wohnen". Sein Reich, in dem Milch und Honig im Überfluß flossen, galt als unermeßlich weit. Im 13. Jh. wurden europäische Entdecker ostwärts gesandt, um mit diesem erstaunlichen Monarchen Verbindung aufzunehmen. Aber sie kehrten zurück und berichteten, daß „nicht ein hundertster Teil von dem wahr ist, was von ihm erzählt wird". Enttäuscht von der Suche in Asien, fand man schließlich heraus, daß seine Hauptresidenz in Äthiopien lag, wie es schon Fra Maura auf seiner Landkarte aus dem Jahre 1459 bewiesen hatte.

Die erfolgreichsten Inka unter militärischen Gesichtspunkten waren die Inka des 9. und 10. Jh.s, Pachacutec und sein Sohn und Thronfolger Tupac Yupanqui, der schon während der letzten Regierungsjahre seines Vaters dessen General war. Sie teilten sich das Verdienst, 42 einzelne Gemeinden unterworfen zu haben und begründeten eine Inka-Oberherrschaft, die von Quito im Norden, heute Ecuador, bis Tiahuanuco, heute im Süden von Peru, reichte.

Der mächtigste amerikanische Herrscher: Das Inka-Reich umfaßte die ganze Länge des heutigen Peru sowie Chile, Bolivien, Ecuador und den größten Teil Argentiniens. Seine Einwohnerzahl lag ungefähr bei sieben bis neun Millionen Menschen. Der Herrscher dieses großen Reiches wurde von seinen Untertanen als Gott verehrt. Das meiste Land war in Staatsbesitz, die Staatsreligion war den Menschen verordnet, und der Landadel war gezwungen, eine bestimmte Zeit des Jahres in Cuzco, der Hauptstadt, zuzubringen, um dadurch enger mit dem Herrscher verbunden zu sein und um deren Position ihm gegenüber zu schwächen. Pachacutec wurde 1438 gekrönt und weihte sein ganzes Leben dem Dienst seines Reiches. Während seiner Herrschaft wurde den Menschen der eroberten Städte ebenfalls die Inka-Kultur verordnet und für die Adeligen sogar Schulen gegründet. Er starb 1471.

Eine Medaille des italienischen Kunsthandwerkers Pisanello (1395–1455) zeigt Kaiser Johannes VIII. Palaiologos.

Deutscher Kaiser und spanischer König: Karl V. reitet mit Franz I. unter einem Baldachin.

Die letzten in einer Reihe von Herrschern

Der letzte byzantinische Kaiser, der dem Westen einen Besuch abstattete, war Johannes VIII. Paleaologus. Er besuchte Italien, um für eine Vereinigung der orthodoxen Kirche von Konstantinopel und dem Papsttum einzutreten. Das Gemälde *Die Heiligen Drei Könige*, von Benozzo Gozzoli zwischen 1459 und 1504 in Florenz gemalt, rund 30 Jahre nach dem Ereignis, zeigt die Ankunft des Kaisers in Florenz.

Letzte Krönung: 1452 wurde Friedrich von Habsburg (1415–1493) mit dem Titel Friedrich III. gekrönt. Er war der letzte der Heiligen Römischen Kaiser, dessen Krönung in Rom stattfand. Der erste war Karl der Große gewesen, der hier 800 am Weihnachtstag gekrönt wurde.

Der letzte byzantinische Kaiser war Konstantin XI. Paleaologus. Er bestieg den Thron 1449 und starb 1453, während der erfolgreichen Belagerung Konstantinopels durch die Türken. Mit ihm ging die Herrscher-Linie der byzantinischen Kaiser, die Nachfolger der alten römischen Kaiser gewesen waren, zu Ende. Nach der Eroberung durch die Türken konvertierten einige Mitglieder der kaiserlichen byzantinischen Familie zum Islam und bekleideten hohe Ämter im Dienst des türkischen Sultans. Mesih Pasha, der die erfolglose türkische Belagerung von Rhodos 1480 kommandierte, war ein Paleaologus.

Letzter tschechischer König war König Georg Podebrady von Böhmen (1420–1471), gekrönt 1458). Damals war Böhmen, das heute zum tschechischen Teil der Tschechoslowakei gehört, ein selbständiges Königreich – König Georg war der letzte gebürtige Tscheche, der die Krone trug, seine Nachfolger waren entweder Ungarn oder Deutsche.

Letzter König aus dem Hause York: Heinrich Tudor, Erbe von Lancaster, unterwarf und tötete 1485 Richard III. (1452–1485, gekrönt 1483) auf dem Schlachtfeld von Bosworth und wurde König von England. Er heiratete Elisabeth von York, vereinigte auf diese Weise die Häuser Lancaster und York und beendete damit den „Krieg der Rosen".

Letzter Azteken-Herrscher war Cuauhtemoc, der seinem Cousin Cuitlahuac auf den Thron folgte. Dieser war nach einer Regierungszeit von nur vier Monaten im Oktober 1520 an der Pocken-Epidemie gestorben, die von den spanischen Eroberern eingeschleppt worden war. Am 13. August 1521 gefangen genommen, wurde Cuauhtemoc von den Spaniern als Marionetten-Regent wieder eingesetzt, später jedoch abgesetzt und zum Tode verurteilt, weil ihm angeblich Verstöße gegen die spanischen Gesetze vorgeworfen wurden, während Hernán Cortés einen Feldzug gegen Honduras führte.

Letzter Herzog war Karl der Kühne, Herzog von Burgund (* 1433, Herzog ab 1467), auch genannt „Le Temeraire" (Der Tollkühne), gefallen in der Schlacht von Nancy. Er war der letzte Herzog einer Familie, deren Landbesitz den größten Teil der heutigen Benelux-Staaten sowie Burgund in Frankreich einschloß. Ihr Ehrgeiz war es, ein neues europäisches Königreich zu schaffen, was ihnen allerdings nie gelang.

Größte Wahlbestechung: Um die Thron-Nachfolge Maximilians I. als Kaiser von Habsburg entbrannte ein Konkurrenzkampf zwischen Franz von Frankreich und Karl V. von Spanien. Die kaiserlichen Wähler wurden ganz offen mit Genehmigungen für die Kaufmannschaft bestochen, als Gegenleistung für ihre Stimme. Franz konnte in Italien keine Unterstützung finden, wohingegen Maximilian (bereits ein Kunde bei den Fuggers in Deutschland) sicherstellte, daß Karl von den Kaufleuten die gewünschte Unterstützung erhielt, die ohnehin ihn favorisierten.
Bei Maximilians Tod im Januar 1519 hatte es ursprünglich so ausgesehen, als sei ausreichend Geld (275000 Florine von den Welsern aus Deutschland sowie von drei italienischen Teilhabern) vorhanden. Jetzt erhöhte sich aber die Summe, als Franz verzweifelt versuchte, die Fugger zu bestechen. Der Florin gab nach, und Karl erhielt den guten Rat, weitere 200000 aufzutreiben. Schließlich kam eine Summe von 850000 Florinen zusammen, die in einzelnen Posten mit folgender Überschrift aufgelistet war: „Ausgaben verursacht für die Wahl von Kaiser Karl zum König der Römer."

Der osmanische Herrscher Suleiman I., bekannt auch als der Prächtige oder der Gesetzgeber.

Die grausamsten Nachkommen: Viele der Nachkommen von Oberhäuptern waren blutrünstig oder grausam, aber die Nachkommenschaft der türkischen Sultane war es fast schon gewohnheitsmäßig. Sie traten ihre Herrschaft damit an, daß sie ihre Brüder bekämpften. Es gab kein ordentliches Gesetz, das die Nachfolge regelte, und so galt, daß der Prinz den Thron erhielt, der ihn sich nahm, seine Konkurrenten beseitigte und auf diese Weise Sultan wurde. Als Mohammed der Eroberer 1451 auf den Thron kam, war seine erste Tat die Erdrosselung seines kleinen Bruders. Sein Sohn Bayazid II., der 1481 auf den Thron folgte, tötete seinen Bruder Djem nur deswegen nicht, weil dieser ins Ausland geflüchtet war; statt dessen ließ er den Sohn von Djem töten und richtete dessen

Portrait des osmanischen Herrschers Mohammed II., gemalt von dem italienischen Künstler Gentile Bellini.

Beschützer eigenhändig hin. 1512 wurde Bayazids Sohn, Selim der Grimmige, Sultan, nachdem er seine Brüder, Korkud und Ahmed, bekämpft und getötet hatte. Suleiman der Prächtige war glücklicher dran: Er hatte keine Brüder und wurde ungehindert Sultan. Aber 1553 ließ er seinen eigenen Sohn Mustafa hinrichten, von dem er vermutete, er habe einen Umsturz gegen ihn geplant. Im Jahr 1561 schickte er Vollstrecker in den Iran, um einen anderen Sohn umbringen zu lassen. Dieser hatte eine erfolglose Rebellion gegen ihn angezettelt und war über die Grenze geflüchtet.

Besondere Kennzeichen der Herrscher

Jüngster Herrscher war zunächst Schah Ismael, Begründer des Safavid-Reiches im Iran. Als er 1501 Schah wurde, war er zwölf Jahre alt und begann in den folgenden zehn Jahren damit, sein Imperium, das den heutigen Iran einschließt, auszudehnen. Er behauptete von sich, Gott zu sein, und seine Anhänger glaubten ihm. Er starb 1524. Sein Nachfolger, Schah Tahmasp, war bei seiner Thronbesteigung gerade zehn Jahre alt und regierte von 1533 bis 1576.

Der schönste König war Englands Eduard IV. (1442–1483, regierte 1461–1470 und 1471–1483). Seine Zeitgenossen begeisterten sich in ihren Kommentaren für einige seiner sowohl physischen als auch militärischen Vollkommenheiten. Beschrieben als „der stattlichste unter den eleganten Männern der Welt", hatte man Rückschlüsse aus seinem Skelett gezogen (sein Sarg wurde 1789 geöffnet), daß er 192 cm groß gewesen sein mußte. Bekannt als legendärer Schürzenjäger, versetzte er seine politischen Berater in Angst und Schrecken, als er eine Liebesheirat mit einer Witwe einging; später prahlte er damit, daß er „die fröhlichsten, heiligsten und willigsten Huren der Christenheit" genossen habe. Aber er war auch ein Mann der Tat, dessen Feldzüge immer noch das Interesse der Strategen wecken. Er besaß eine frühreife, präzise Intelligenz, war schnell und beweglich und von zuverlässiger Verantwortung auf dem Schlachtfeld. Er hatte in neun siegreichen Schlachten das Kommando, und bei seiner ersten – Mortimers Cross – war er gerade 18 Jahre alt. 1470 durch einen Coup ins Exil gezwungen, kehrte er als einziger König in der Geschichte Englands zurück, um den Thron erneut zu besteigen, verlor ihn wieder und eroberte ihn schließlich endgültig zurück, um bis an sein Lebensende zu regieren.

Der häßlichste und grausamste war Eduards IV. jüngerer Bruder Richard, der bereits 1492 diesen unwürdigen Ruf unter allen Königen der europäischen Geschichte erhalten hatte. Der Historiker John Rouse hatte ihn des Mordes an seinen beiden Neffen – die „Prinzen im Tower" – beschuldigt und beschrieb ihn als „geboren mit Zähnen und langen, schwarzen Haaren, die ihm bis auf die Schultern reichten, nachdem er mehr als zwei Jahre im Bauch seiner Mutter zugebracht hatte". Obwohl es sich bei diesen zeitgenössischen Übertreibungen jetzt um überholte Mythen handelt, wurde Richard, der 1483 als Richard III. den Thron bestieg, schließlich doch die ehrenvollere Auszeichnung zuteil, der letzte der englischen Könige gewesen zu sein, der im Krieg fiel: 1485 auf dem Schlachtfeld von Bosworth.

Die tragischste Königin: Margarete von Anjou (1429–1482) heiratete 1445 Heinrich VI. von England als Teil eines dann doch fehlgeschlagenen Versuchs, endlich Frieden im Hundertjährigen Krieg herbeizuführen. Gegen 1455 war Margarete zur einflußreichen Anführerin auf seiten des Hauses Lancaster in einem Streit geworden, der dann doch schnell zu einem Krieg eskalierte. 1461 schien sie einem Sieg durch die Niederlage der Yorker bei Wakefield, in der deren Anführer Richard fiel, ganz nahe. Aber vier Monate später erlitt sie selbst eine Niederlage bei Towton und war gezwungen, erst nach Schottland und später nach Frankreich zu fliehen. Bei ihrer Rückkehr, zehn Jahre später, unternahm sie einen erneuten Versuch, Eduard IV. zu vertreiben, wurde aber wieder, diesmal bei Tewksbury (Mai 1471), vernichtend geschlagen. Ihr Sohn Eduard fiel auf dem Schlachtfeld, und ihr Gatte Heinrich wurde kurze Zeit darauf im Tower ermordet. Sie war gerade 15 Jahre alt, als sie in England ankam, und erst 41, als sie es wieder verließ. Obgleich es ihr an politischer Finesse mangelte, war Margarete fähig gewesen, große persönliche Hingabe zu erzeugen, und wurde damals in England und Europa als diejenige der Heldinnen in den ritterlichen Romanzen angesehen, deren Prüfungen die jeder anderen übertroffen hatten.

Der listigste König war Ludwig XI. von Frankreich (regierte 1461–1483), der folgendermaßen von einem Zeitgenossen beschrieben wurde: „Die vornehmste Person, die ich kenne, die sich selbst aus der verzwicktesten Klemme befreit." Von einem Bündnis rebellierender Adeliger im Jahre 1465 abgelehnt, schaffte er es, seine Feinde zu spalten und zu neutralisieren, indem er den Anführern Konzessionen machte. 1468 vom Herzog von Burgund gefangen genommen, begleitete er dessen Feldzug gegen die Stadt, obwohl seine eigenen Agenten die Stadt zur Rebellion angestachelt hatten. 1475 sah er sich derselben Koalition Englands und Burgunds gegenüber, die 1420 Heinrich V. befähigt hatte, Frankreich zu erobern. Er allerdings schaffte es, durch massive Bestechung Eduard IV. zu kaufen, und prahlte damit, daß er „die Engländer mit freien Getränken und gutem Essen aus Frankreich" geworfen hätte. Entweder überlebte er die meisten der Rebellen, denen er 1465 die Stirn bieten mußte, oder er manövrierte sie aus. Er verdoppelte die Größe der französischen Streitkräfte und hinterließ seinem Sohn, Karl VIII., eine große und gestärkte Monarchie.

Dieses Gemälde, das Ludwig XI., König von Frankreich von 1461–1483, und seine Berater zeigt, wurde 1470 angefertigt.

Frömmste, erfolgreichste und fantastischste Königin war Isabella von Kastilien. Als sie gegen ihren Halbbruder Heinrich 1468 um den Thron kämpfte, war sie gerade 17 Jahre alt. 1478 führte sie die spanische Inquisition ein. 1479 besiegte sie ihre inneren Feinde und wandte sich 1482 gegen Granada, die letzte moslemische Enklave Spaniens, und vollendete diese Eroberung im Januar des Jahres 1492. Im selben Jahr unterstützte sie die Reisepläne Kolumbus zu den Westindischen Inseln und befahl der jüdischen Gemeinde, entweder zu konvertieren oder Spanien zu verlassen. Im Jahr ihres Todes, 1504, hatte Isabella sämtliche Errungenschaften anderer zeitgenössischer europäischer Herrscher übertroffen und galt als eine der außergewöhnlichsten Frauen aller Zeiten.

Religiösester und widerspenstigster Führer: Für Zeitgenossen war um 1490 die politische Karriere des Dominikaner-Bruders Gerolamo Savonarola die denkwürdigste. Dieser wurde 1489 nach Florenz eingeladen, um dort die Qualität eines religiösen Lebens unter Beweis zu stellen. Seine feurigen Predigten boten moralische Führung an und stellten ihn damit auch in den Mittelpunkt des politischen Interesses, nachdem der führende Kopf der Stadt, Lorenzo de Medici, 1492 gestorben war, und dessen Sohn Piero sich durch Inkompetenz auszeichnete. Während des Winters 1494 wurde Savonarola in die Regierung berufen als der einzige Mann, der als Berater bei der Reform der Verfassung mitwirken konnte, ohne Gewalttätigkeiten zu provozieren. Daraufhin wurde er von Beobachtern für die nächsten vier Jahre als der eigentliche Regent von Florenz angesehen – eine Rolle, die er beharrlich verleugnete. Um 1498 bedurfte Florenz dringend der Aussöhnung mit den Borgia-Päpsten. Das wurde von Savonarola wiederholt gebrandmarkt, und weil sein Einfluß zunehmend als Behinderung empfunden wurde, verlor er schließlich seine Glaubwürdigkeit. Man folterte ihn und verbrannte ihn auf dem Scheiterhaufen.

Die isoliertesten Führer waren die Kaiser der Ming-Dynastie von China (1368–1644). „Die Söhne des Himmels" beanspruchten universelle Alleinherrschaft und lebten in prunkvoller Isolation innerhalb der weiten Palastmauern der kaiserlichen Stadt von Peking – umgeben lediglich von ihren sehr einflußreichen Hof-Eunuchen.

Die astrologischste Beeinflussung: Der Großmogul Humayun, der 1530 den Thron bestieg, war ein großer Anhänger der Astrologie. Dem Text *Oanun-i Humayuni* zufolge, arrangierte er seine Hofrituale dergestalt, daß die Adeligen ihre Plätze auf der Basis der Tierkreiszeichen zugewiesen bekamen. Außerdem wurde die höfische Kleidung von Tag zu Tag aufgrund des astrologischen Almanachs geändert.

Der Grausamste: Der halbmystische Drakula war eine Fusion zweier historischer Gestalten, Ladislaus III. und IV., beides Prinzen von Wallachia, jetzt Rumänien. Der erste, von seinen Zeitgenossen „Drakul" oder Teufel genannt, spielte bis zu seinem Tod im Jahr 1446 tatsächlich eine wichtige Rolle im Widerstand gegen die türkische Invasion Osteuropas. Ladislaus IV. von Wallachia wurde bekannt als „der Pfähler", für seine Vorliebe, Leute auf angespitzte

Pfähle zu spießen. In einer sechsjährigen Terror-Herrschaft (1456–1462) soll er mehr als 20000 Hinrichtungen befohlen haben. Einer Geschichte zufolge war sein Palast in Tirgoviste umgeben von einer zehn Kilometer langen Hecke, die rundum gespickt war mit den Leichen seiner Opfer. Von einem Dickicht in der Nähe seines Palastes hieß es, es habe eine Leiche an jedem Ast hängen, und jeder, der versuchte, eine zu entfernen, werde an deren Stelle gehängt. Seine Feinde behaupteten sogar, er würde sich vom Fleisch seiner Opfer ernähren. Die Überlieferungen könnten sehr wohl die Basis für den fiktiven Grafen Drakula gewesen sein. Ladislaus verlor seinen Thron 1462. Im vorausgegangenen Winter hatte er die Abgesandten des türkischen Sultans, Mohammed des Eroberers, die geschickt worden waren, den fälligen Tribut einzutreiben, pfählen lassen. Anschließend überquerte er die Donau und befand sich damit auf dem südlichsten Territorium des Sultans. Er tötete die dort lebenden Bauern oder ließ ihnen Nasen und Ohren abschneiden. Der Sultan setzte im Gegenzug eine Armee gegen ihn in Marsch, so daß er gezwungen war nach Ungarn zu fliehen.

Der Taktloseste war Ludovico Sforza. Obwohl er nur der vierte Sohn des Herzogs von Mailand war, setzte er seine Ellenbogen ein, um 1480 seinen Neffen Giangaleazzo zu verdrängen, und sich damit die Kontrolle über das Herzogtum zu sichern. Sein Hof, an dem sowohl Leonardo da Vinci als auch Bramante willkommen geheißen wurden, war einer der prächtigsten des zeitgenössischen Europa. Aber um 1490 weckte Ludovicos Gebaren den Verdacht der anderen italienischen Regenten, als er 1494 die Franzosen zu einer Invasion Italiens und zu seiner Verteidigung einlud. Aber alarmiert durch ihre Erfolge, wendete er sich gegen sie. Als die Franzosen ihn 1499 angriffen, weigerten sich die meisten seiner Untertanen, für ihn zu kämpfen; und als er 1500 ein Comeback versuchte, ließen ihn auch seine Schweizer Söldner im Stich. Ludovico beendete sein Dassein in einer Zelle des französischen Kastells von Loches. Er beschmierte Decken und Wände seines Verlieses mit einem jammervollen Graffito: „J'ay tout perdu" (Ich habe alles verloren).

Der deutsche Maler Hans Holbein d.J. (1497–1543) malte Anna von Kleve, um sie ihrem zukünftigen Gemahl, Heinrich VIII. von England, zu zeigen. Heinrich stimmte der Heirat zu, doch als er Anna traf, meinte er, daß das Bildnis viel zu schmeichelhaft sei, und er wünschte nicht, sich mit diesem „Honigkuchenpferd" zu vermählen. Die Ehe wurde nach wenigen Monaten in gegenseitigem Einverständnis geschieden.

Der dekadenteste türkische Prinz, dieser Titel gebührt vermutlich Alemshah, einem der Söhne des türkischen Sultans Bayazid II. Sein Vater schickte ihn als Gouverneur in die West-Türkei, in die Stadt Manisa, wo er sich, den Bemühungen seiner Mutter zum Trotz, 1503 zu Tode trank.

Die Literarischsten: Sämtliche türkische Sultane des 16. Jh.s, von Murad II. (regierte 1421–1451) bis Murad III. (regierte 1574–1595), hinterließen dicke Bände voll mit Poesie. Ein türkischer Autor des Jahrhunderts listete poetisches Talent als eine der Eigenschaften auf, worin die Sultane alle anderen Monarchen übertrafen. Der Begründer des Mogul-Reiches, Babur, war der Autor eines wichtigen autobiographischen Werks auf türkisch, dem *Babur-Nama.* Dieses Werk enthüllt den humanistischen Blickwinkel des Sultans und liefert ein psychologisch scharfsinniges Portrait seines Autors. Baburs Großenkel, der Großmogul Jahangir, war ebenfalls der Autor einer bedeutenden Autobiographie mit dem Titel *Tuzuk-i-Jahangiri.* Diese beiden Arbeiten unterscheiden sich erheblich von denen der offiziellen Chronisten des Hofes.

Größter Schönheits-Wettbewerb: Im frühen 15. Jh. wählte sich der russische Zar Wassily III., der Große Prinz von Moskau, eine Frau aus ungefähr 1500 Jungfrauen der adeligen Familien aus. Er entschied sich für Solomonia, eine Tochter des (adligen) Bojaren-Geschlechts der Saburov.

Die meisten Ehen: Heinrich VIII. von England (1491–1547) war berühmt für seine vielen Ehefrauen. Die erste war Katharina von Aragon (Spanien), die er 1509 heiratete und von der er sich 1533 wieder scheiden ließ; dann kam Anna Boleyn: geheiratet 1533, enthauptet 1536; Jane Seymour, die er 1536 heiratete, starb bereits ein Jahr später; Anna von Kleve (Deutschland) heiratete er 1540 und ließ sich von ihr im selben Jahr wieder scheiden; Katharina Howard heiratete er ebenfalls 1540 und ließ sie 1542 hinrichten. Katharina Parr, die sechste Frau, die er 1543 ehelichte, überlebte ihn.

Heirat zu guter Letzt: Ab Mitte des 15. Jh.s heirateten die türkischen Sultane fast gar nicht mehr. Die Damen, mit denen sie das Bett teilten und die ihnen die Kinder gebaren, waren für gewöhnlich Sklavinnen. So hatten die meisten osmanischen Prinzen und Prinzessinnen zwar denselben Vater, den Sultan, aber mitunter verschiedene Mütter. Suleiman der Prächtige heiratete jedoch seine Lieblingskonkubine, Hurrem Sultan. Sie sorgte dafür, daß ihr Lieblingssohn, bekannt als Selim der Säufer, 1566 auf den Thron folgte.

Reichster afrikanischer König: Im Jahr 1324 kam Mansa Musa, Kaiser von Mali, bei der Durchreise auf seiner Pilgerfahrt nach Mekka in Kairo an. Er ritt in Kairo mit 100 Kamelen ein, von denen jedes mit 111 kg Goldbarren beladen war. Von seinen vorangehenden Sklaven trug jeder einen Goldstab. Es wurde berichtet, daß er in Ägypten soviel Gold in Umlauf brachte, daß er damit eine schwere Inflation auslöste. Eine mallorquinische Landkarte von 1375 beschreibt ihn als „den reichsten und edelsten König im ganzen Land", und die Legende von seinem Reichtum war auf europäischen Landkarten von Afrika bis ins 16. Jh. hinein verzeichnet.

Höchstes Lösegeld: Im Jahr 1531 griff Francisco Pizarro, ein Mitglied des spanischen Kleinadels, mit 100 Fußsoldaten und 62 Reitern das große Inka-Reich an. Bei Cajamarca stieß diese kleine Streitmacht auf die 30000 Mann starken Truppen des Inka-Reichs, mit ihrem Kaiser Atahualpa an der Spitze. Verwegen bemächtigte sich Pizarro des Kaisers: „Mit diesem Mann in unseren Händen hat das ganze Reich Ruhe." So ist es überliefert. Atahualpa befahl, heimlich seinen Rivalen zu beseitigen, und bot für seine eigene Sicherheit eine gewaltige Summe als Lösegeld. Zur Begleichung dieser Summe wurden allein 11000 kg Goldobjekte eingeschmolzen, wovon ein Fünftel dem spanischen König geliefert wurde, und für jeden Reiter blieben noch 41 kg Gold und 82 kg in Silber übrig. Als das Lösegeld bezahlt war, wurde Atahualpa hingerichtet.

Obwohl Baldassare Castiglione (1478–1529) großen Wert auf Äußerlichkeiten wie Kleidung und Haltung der Menschen legte, galt sein eigentliches Bestreben doch eher der Bewahrung moralischer Werte wie Aufrichtigkeit und Treue. Ganz danach richteten sich auch seine Vorgaben für die höfische Gesellschaft, die sich ihrer Bedeutung entsprechend vorbildlich in Habitus und Sprache zu geben hätte.

Die regierenden Familien in Venedig waren zu der Zeit die exklusivste Herrschaftsclique in ganz Europa. Im Jahre 1492 schauten sie bereits auf mehr als hundert Jahre Alleinherrschaft zurück, die noch weitere Jahrzehnte bis 1550 andauern sollte.

Die Adligen

Der älteste Ritterorden, der seine Wurzeln am weitesten zurückverfolgen kann, ist der militärische Johanniter-Orden St. Lazarus von Jerusalem, gegründet vom Heiligen Basilius, dem Großen, im 4. Jh. n. Chr. Ein ganz frühes Gründungsjahr, 809 n. Chr. wurde dem sehr alten Orden von der Distel zugeschrieben, ist aber zweifelhaften Ursprungs. Der Orden des Heiligen Johannes in Schottland, gegründet 1124, wurde im 16. Jh. unterdrückt. Der Prototyp aller (königlichen) Ritterorden ist der vornehme Hosenbandorden, gegründet um 1348 von König Eduard III. Die Gründung des Ordens vom Goldenen Vlies datiert in Spanien und Österreich von 1429, der Orden Turm und Schwert in Portugal von 1459, der Orden von St. Georg, Österreich, von 1470 und der Orden vom Schwert in Schweden und Norwegen von 1525.

Das erste Heroldsamt wurde 1483 als Heralds' College of Arms, eine königliche Korporation von König Richard III. gegründet. Es handelte sich hierbei um eine Entscheidungshilfe bei den heraldischen Abzeichen, die eine Familie tragen sollte. In diesem Amt waren vertreten der königliche Zeremonienmeister von England, der Wappenkönig, Herolde und Gefolgsleute. Das College of Arms existiert noch heute. In ihm werden die nachgewiesenen Stammbäume des Adels aufgenommen, und es dient dazu, heraldisches Verhalten der neuen Mitglieder im House of Lords (Oberhaus) zu gewährleisten.

Die Exklusivsten der regierenden Klasse von Europa waren venezianische Familien. Seit dem Jahr 1381 hatten sie keine Neulinge mehr in ihre Ränge zugelassen und schlossen für ein weiteres Jahrhundert, bis 1550, weitere Neuzugänge aus.

Der weltgewandteste Edelmann: Ungefähr um 1518 beendete ein italienischer Aristokrat ein Buch, das bereits 1528, ein Jahr nach seinem Tode publiziert wurde. Baldassare Castigliones *Il Cortegiano* (Das Buch für den Höfling) beschreibt den idealen Höfling und die perfekte Hofdame. Der Höfling sollte von edler Geburt sein, anmutige, gute Manieren besitzen und tugendhaft sein. Eine abgerundete Erziehung gehörte dazu, die Fertigkeiten im Tanzen, in Poesie und Musik beinhaltete sowie die Beherrschung der Kriegskunst. Er sollte in der Lage sein, seine Konversation in Latein, Griechisch und der Landessprache zu führen.

Skandalöseste Familien-Liasion: Graf von Armagnac war besessen von seiner jüngeren Schwester Isabelle und hatte drei Kinder mit ihr. Er versuchte, Papst Nikolaus V. zu überreden, ihm eine ordentliche Ehe mit seiner Schwester zu gestatten. Statt dessen wurde er exkommuniziert und 1455 von königlichen Truppen von seinen Besitztümern verjagt. Nach Paris zitiert, gelang ihm nicht nur die Flucht, sondern er versuchte zwei korrupte päpstliche Beamte zu bestechen, ihm den notwendigen, gefälschten Dispens zu erteilen. Obgleich Ludwig XI. ihn auch verdächtigte, Kontakt zu englischen Spionen aufgenommen zu haben, erreichte er schließlich doch eine Amnestie von beiden, dem Papst und dem König. Im Frühjahr 1473 wurde er bei einer belanglosen Keilerei auf seinem eigenen Besitz getötet.

Zähester politisch Überlebender: In einem Zeitalter, da englische Staatsmänner sich nicht selten vor die Alternative gestellt sahen, entweder ihren Mantel nach dem Wind zu hängen oder ihren Kopf zu verlieren, schaffte es der Graf von Oxford, John de Vere, sowohl sein Leben als auch seine Integrität zu bewahren. Unversöhnt mit dem Regime des Yorkers Eduard IV. der seinen Vater und ältesten Bruder töten ließ, spielte er eine führende Rolle bei dem Versuch, 1470 Heinrich VI. wiedereinzusetzen. Sogar nach der Niederlage der Lancasters ließ er nicht davon ab, die Südküste durch eine Reihe von Überfällen zu verwüsten, bis er 1474 auf Mont St. Michel gefangen genommen und in einem Kastell nahe Calais eingekerkert wurde. Der Coup des Richard von Gloucester im Jahre 1483 und die Ungewißheit über das Schicksal der „Prinzen im Tower" ermöglichte es Vere, gemeinsam mit seinem Kerkermeister zu flüchten und sich Heinrich Tudor anzuschließen. Er überlebte im Oberkommando in den Schlachten von Bosworth Field und Stoke, die den „Krieg der Rosen" beendeten.

Der gefeiertste Attentäter war Gianandrea Lampugnani, ein junger Mailänder Edelmann, der zusammen mit zwei Komplizen den ungeliebten Herzog Galeazzo Maria Sforza am 26. Dezember 1476 ermordete. Bereits von den klassischen Ideen der zivilen Freiheiten durchdrungen, besuchten die Verschwörer die Messe, um sich für ihre Aktion den christlichen Segen erteilen zu lassen. Lampugnanis Komplizen wurden von den herzöglichen Leibwachen getötet, aber er überlebte und gab seinen Folterern die besten Chancen, die sie je hatten, um ihr Handwerk zu betreiben. Als sie ihm mit glühenden Zangen zusetzen, murmelte er, so die Überlieferung: „Der Tod ist bitter, der Ruhm unsterblich."

Die widerwärtigsten Adeligen: Geschichten von mächtigen Männern, die ihre Nachbarn terrorisierten, findet man in allen Kulturen. In Europa gab es die aristokratischen Blaubärte, die eine Reihe kindlicher Bräute ermordeten, und den menschlichen Vampir Graf Drakula. Als Originale sind Adelige des 15. Jh.s identifiziert worden. Im Jahr 1440 wurde Gilles de Laval, Seigneur de Rais, Grundbesitzer in Nantes (Frankreich), hingerichtet. Man hatte ihm vorgeworfen, dem Teufel Menschenopfer dargebracht und sexuelle Perversionen begangen zu haben. Er gestand, mehr als 100 Kinder entführt und getötet zu haben, und in der Bretagne, wo sich sein Hauptsitz und seine Besitztümer befanden, glaubte man, daß er der Original-Blaubart gewesen sei.

Das teuerste Exil war 1490 das von Prinz Djem, Sohn von Sultan Mohammed II., und es gab eine Reihe von Herrschern, die sehr erpicht darauf waren, ihm Gastfreundschaft zu gewähren. Im Konkurrenzkampf um den türkischen Thron von seinem Bruder Bayazid geschlagen, floh er 1482 nach Rhodos und wurde dort von den Kreuzrittern von St. John in Arrest genommen. Diese erpreßten jährlich von Bayazid

45000 Dukaten dafür, daß sie ihn aus dem Verkehr gezogen hatten. Djem war eine solche Belastung für seinen Bruder geworden, daß dieser dem Vorschlag Papst Alexanders VI. zustimmte, ihn für 150000 Dukaten in seine Obhut zu nehmen. Der moslemische Prinz wurde eine Art Liebling des päpstlichen Hofes, besonders bei dessen jüngeren Mitgliedern, die seinen Bekleidungsstil zu kopieren begannen. Von den Franzosen 1491 aus Rom herausgeholt, starb Djem im folgenden Jahr, offiziell an der Malaria, aber Zeitgenossen glaubten, eher durch eine schleichende Vergiftung, die ihm die Borgias zugefügt hatten.

Wesire

Der Unglücklichste: Im Jahr 1516 schlug der türkische Sultan Selim der Grimmige die Armee des ägyptischen Sultans in Syrien, besetzte Syrien und Palästina und schlug vor, nach Ägypten zu marschieren. Sein Wesir, Husein Pasha, erhob Einspruch und erzählte dem Sultan, daß es für das Heer unmöglich sei, durch die wasserlose Sinai-Wüste zu marschieren. Der Sultan reagierte auf diesen Ratschlag damit, daß er den Wesir enthaupten ließ. Es stellte sich heraus, daß dessen Ratschlag obendrein falsch gewesen war. Die türkische Armee durchquerte die Wüste ohne Zwischenfälle und schlug die ägyptische Armee vor den Toren Kairos im Januar 1517.

Der Skandalöseste: Im Jahr 1541 entließ Suleiman der Prächtige seinen Großwesir, Lutfi Pasha. Er war mit einer der Schwestern des Sultans verheiratet, und es scheint, daß er nach einem Streit mit ihr den Laufpaß erhalten hatte. Einer Geschichte zufolge hatte er sich geweigert, einen ihrer Befehle auszuführen, in dem es darum ging, eine Prostituierte an den Füßen aufzuhängen und sie in zwei Teile zu schneiden. Lutfi Pasha selbst behauptete, er wäre nicht entlassen worden, sondern hätte sich freiwillig zurückgezogen, um vor den Ränken der Frauen sicher zu sein. Er bemerkte: „Bestechung korrupter Beamter ist eine unheilbare Krankheit. Oh Gott, erlöse uns von Bestechung."

LITERATUR

Die kontroversesten politischen Memoiren waren die von Philippe de Commynes. Er begann seine Karriere als Berater von Karl, Herzog von Burgund, verließ ihn aber für Ludwig XI. von Frankreich, weil dieser ihn bestochen hatte. Während seiner langen politischen Karriere lernte er viele der europäischen Herrscher des späten 15. Jh.s persönlich kennen oder beobachtete sie zumindest. Unter ihnen waren Eduard IV., Richard III. und Heinrich VII. von England, Ludwig XI. und Karl VIII. von Frankreich, Karl der Kühne, Herzog von Burgund, Lorenzo de Medici aus Florenz und Kaiser Maximilian I. 1487 in Ungnade gefallen und eingekerkert, begann er seine Memoiren zu schreiben, die eine der Hauptquellen der Geschichte des späten 15. Jh.s darstellen. Da sie aber so persönlich abgefaßt sind, bezweifeln Historiker ihren Wert, weil sie glauben, daß seine Abtrünnigkeit gegenüber Frankreich zu rechtfertigen suchte.

Höchste Pflichten eines Prinzen: Niccolò Machiavelli (1469–1527) schrieb, daß es die erste Pflicht eines Prinzen sei, die Kriegskunst zu meistern und sie erfolgreich durchzuführen. Sein großes Werk *Der Fürst*, 1513 veröffentlicht, wurde das einflußreichste Werk in der Geschichte westlichen Denkens.

Ein Zitat Machiavellis (1469–1527) aus seinem Buch Der Fürst *sollte sich über das ausgehende Mittelalter hinaus bewahrheiten: „Die Menschen sind so einfach und schnell bereit, gegenwärtigen Zwängen zu gehorchen, daß derjenige, der betrügt, immer welche finden wird, die betrogen sein wollen."*

Reiche

Größtes Reich: Zwischen 1450 und 1550 expandierte das Osmanische Reich nicht nur schneller als jedes andere zu jener Zeit, sondern war auch das größte Reich der Welt, gemessen an dem von ihm kontrollierten Territorium. Mohammed der Eroberer eroberte 1453 nicht nur Konstantinopel, sondern auch die Krim, Süd-Griechenland, Albanien, Bosnien, Herzogowina und den größten Teil der Türkei. Sein Enkel, Selim der Grimmige (regierte 1512–1520) eroberte den Südosten der Türkei und 1516/17 in einem einzigen Feldzug Syrien, Palästina, Ägypten und große Teile Nordafrikas. Um 1550 hatte Selims Sohn, Suleiman der Prächtige, Rhodos und den überwiegenden Teil der Ägäischen Inseln erobert sowie Ungarn, die Ost-Türkei und den größten Teil des Irak. Auch Algerien mußte die Herrschaft des türkischen Sultans anerkennen. Im Jahr 1529 wurde Wien belagert und um ein Haar eingenommen. Die vom Osmanischen Reich kontrollierte Bevölkerung wuchs von ungefähr 10 Mio. um 1500 bis auf nahezu 30 Mio. ein Jahrhundert später.

Größtes europäisches Reich: Eher durch politisch kluge Einheirat als durch Eroberungen hatte die Habsburg-Dynastie, als Kaiser Karl V. (regierte 1519–1558) den Thron bestieg, eine Ausdehnung ihres Reiches erlangt, das nur vergleichbar war mit dem Karls des Großen oder dem der Römer. Es umschloß die Königreiche Spanien und Deutschland, die Niederlande und einen großen Teil Italiens.

Größtes afrikanisches Reich: Askia Mohammed von Songhai gelangte 1493 durch einen Staatsstreich an die Macht und wurde dadurch der größte kaiserliche Herrscher im tropischen Afrika des 15. Jh.s. Das Songhai-Reich erbte die staatsbildenden Traditionen sowohl des südsaharischen Ghana-Reichs des 11. Jh.s als auch des Mali-Reiches vom oberen Niger aus dem 14. Jh. Die Askia-Dynastie dominierte den sudanesischen Gürtel von West-Afrika nahezu vom Atlantik bis zum Tschad-See.

Das Heilige Römische Reich unter Karl V. und das Osmanische Reich umgaben das Mittelmeer.

Das Reich von kürzester Dauer in Amerika: Die Inka kontrollierten ein Reich von der Größe des heutigen südlichen Kolumbiens, Ecuadors, Boliviens, Perus und des nördlichsten Teils Chiles, als die Spanier ankamen. Aber dieses große Reich mit einer Bevölkerung von höchstens 30 Mio. Menschen hatte weniger als ein Jahrhundert Bestand, als Pachacutec 1438 seine Eroberungen von Peru aus bis ins heutige Ecuador ausdehnte. Sein Sohn Tupac Yupanqui folgte ihm 1471 auf den Thron und vergrößerte das Reich in südliche Richtungen bis Süd-Kolumbien, mußte aber gleichzeitig die östlichen Grenzen gegen Übergriffe verteidigen. 1527 starb er, vermutlich an den von den Spaniern eingeschleppten Pocken, und sein Sohn Huascar wurde als Inka in Peru ausgerufen. Gegen ihn erhob sich sein Bruder Atahualpa, und ein brutaler Bürgerkrieg erschütterte das Reich. Im Jahr 1532 war Atahualpa erfolgreich, gerade als die Spanier sein Territorium erreichten und damit die 94 Jahre währende Inka-Herrschaft beendeten.

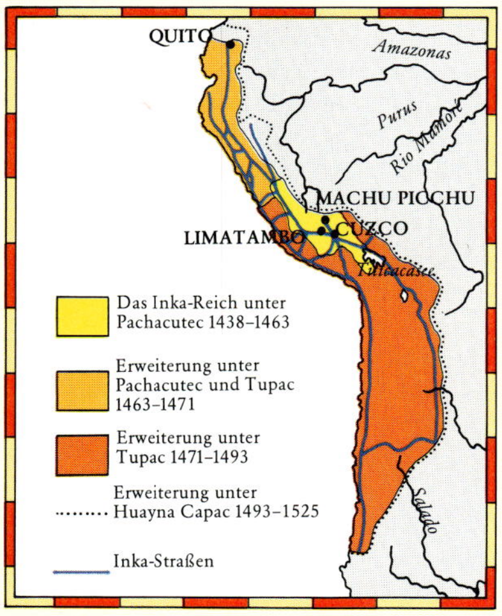

Das bevölkerungsreichste Reich war das China der Ming-Dynastie um 1500, mit einer Bevölkerung von weit über 100 Mio. Menschen. Indien, zu dieser Zeit noch nicht vereint, hatte ebenfalls eine Bevölkerung von ungefähr 100 Mio. Menschen. Die Türkei der Osmanen hatte ganze 10 Mio. und der Iran, gerade vereint durch die Safavid-Dynastie, hatte 4 Mio. Einwohner.

Das ausgedehnteste Reich: Für die Zeit von 1415–1580 besaßen die Portugiesen ein Reich mit Besitzungen und Rechten in fast jedem bekannten Kontinent. Es reichte vom Süden Chinas bis ins Innerste Brasiliens und schloß Außenposten in Afrika und Nordamerika mit ein. Portugal war die erste Nation der modernen Zeit, die ihre anhaltenden Expansionen der überseeischen Kolonien überlegt plante und ausführte.

Staaten

Der kleinste Staat mit gerade 465 km² Fläche war das in den östlichen Pyrenäen gelegene Andorra. Nach der *Paréage* im Jahre 1278 wurde es unter die Oberhoheit des Comte de Foix und des Bischofs von Urgel gestellt. Die Rechte des Comte de Foix gingen erst an den Comte de Béarn und schließlich, durch Heinrich IV., an die französische Krone über. Andorra zahlt noch heute alle zwei Jahre eine Abgabe von 960 Francs an Frankreich und 460 Pesetas an den Bischof.

Der älteste souveräne Staat im ausgehenden Mittelalter war China, das unter der Shang-Dynastie, etwa 1750 v. Chr., zur Einheit gebracht worden war.

Neue Einheit: Spanien war das Land, das im 15. Jh. zu Souveränität und Einheit gekommen war durch die Vereinigung von Aragon und Kastilien im Jahre 1479. Die Einheit entstand zehn Jahre, nachdem Ferdinand V. von Aragon Isabella von Kastilien geheiratet hatte, die 1474 Königin von Kastilien und 1479 auch Königin von Aragon geworden war.

Europäische Ansiedlungen

Island: Obwohl Island bereits christlichen irischen Eremiten bekannt war, die Land für ihre Existenz in der Wildnis suchten, waren es die Nordländer, die ungefähr um 870 ihre ersten Siedlungen dort errichteten. Die irischen Eremiten wurden davongejagt, und das bewohnbare Land war für das nächste halbe Jahrtausend besetzt. Einige Historiker glauben, daß hier mehr als 25 000 Menschen siedelten, von denen die meisten aus dem südwestlichen Norwegen stammten. Von Skandinavien wegen ihres Lebensunterhalts abhängig, ausgesetzt einem sich verschlechternden Klima und furchterregenden vulkanischen Eruptionen verließen die isländischen Siedler die Insel wieder um 1400.

Grönland: Von Island vertrieben, brauchte Erik der Rote ab 982 n. Chr. drei Jahre, um die Küste Grönlands zu erforschen. 986 kehrte er mit einer kleinen Gruppe Siedler zurück. Diese ersten Siedler lebten als Hirten, wie es im 13. Jh. beschrieben worden ist: „Die Farmer halten Vieh und Schafe in großer Zahl und machen Butter und Käse in rauhen Mengen." Jedoch, wie bereits auf Island geschehen, führte sowohl ein Wechsel des Klimas und der europäischen Politik dazu, daß die Siedler ungefähr um 1410 Grönland ebenfalls wieder verließen. Grönland wurde erst wieder von Europäern – es waren Dänen – 1721 besiedelt.

Europas erste Übersee-Kolonien: Die einheimischen Berber der Kanarischen Inseln wurden erst von den portugiesischen Pflanzern und Weinbauern und anschließend von spanischen Kolonisten, die sowohl freie Einwanderer als auch ausländische Sklaven-Arbeiter mitbrachten, versklavt. Das koloniale Modell beeinflußte später auch die spanische Kolonisierung Amerikas, und etliche Insulaner folgten den Konquistadoren, die auf ihrem Weg nach Amerika auf den Kanaren eine Pause einlegten. Der berühmteste unter ihnen war Kolumbus, der von den Kanaren aus seine Reisen unternahm.

Afrika: Als die portugiesischen Navigatoren es eilig hatten, immer weiter und weiter südlich, entlang der Westküste Afrikas, ihre Entdeckungen auszudehnen, gründeten sie Handelsniederlassungen und Fabriken auf ihren Routen. Die erste war Argium (an der Küste des heutigen Mauretanien) ungefähr um 1443. Die Fabrik wurde an private Kaufleute vermietet, die sie als Standort benutzten, um den Goldhandel der Sahara an sich zu ziehen. Es folgte Mina an der Goldküste (Ghana), gegründet 1503. Hier handelten die Portugiesen mit der Bevölkerung um Elfenbein, Gold und Sklaven.

Der erste portugiesische Stützpunkt in Indien wurde im Jahr 1503 auf der Insel Cochin (Westindien) als Festung errichtet. Sie war bekannt als Castell Manuel und war das Hauptquartier der Portugiesen in Indien bis zur Besetzung Goas im Jahr 1510. Die erste portugiesische Festung des indischen Festlands stand in Cananor (Stadt von Krishna), an der Küste von Malabar, als 1515 der einheimische Herrscher die Erlaubnis zur Errichtung der Festung Santo Angelo erteilte. Cananor war der zentrale Punkt für die Einfuhr von Perser- und Araberpferden nach Indien.

Ausschnitt aus einer Landkarte vom Golf von Guinea in Westafrika mit einer Abbildung des Schlosses Elmina im heutigen Ghana. Das Schloß, 1482 erbaut, gilt als größtes europäisches Bauwerk in den Tropen.

Amerika: 1492 war Kolumbus gezwungen, da eines seiner Schiffe verunglückt war, einige seiner Männer an der Küste von Hispaniola (das heutige Haiti und die Dominikanische Republik) abzusetzen. Dies war die erste Ansiedlung von Europäern in Amerika, seit den Wikingern vor nahezu 500 Jahren. Als Kolumbus im November 1493 nach Hispaniola zurückkehrte, mußte er die schreckliche Entdeckung machen, daß alle seine Männer von Einheimischen getötet worden waren.

Nordamerika: Im Jahr 1517 rüstete der Anwalt John Hastell in London zwei Schiffe aus, um in Amerika die erste englische Kolonie zu errichten. Die Eigner der beiden Schiffe stachelten die Seeleute an, die Reise in Irland abzubrechen. Hastell wurde in Waterford zurückgelassen, und 1519 publizierte er darüber ein kleines Stück in Versform, das die Zeilen enthält: „Oh, was für eine großartige Sache wäre es doch gewesen, hätten englische Männer als erste von allen vom Land Besitz ergriffen, hätten als erstes Gebäude ein Wohnhaus errichtet, als immerwährende Erinnerung."
1535 stellte der Franzose Jacques Cartier aus St. Malo eine Gruppe französischer Kolonisten für den Versuch einer Besiedlung Amerikas zusammen. In seinem Bericht über diesen Versuch einer Besiedlung in der Nähe von Quebec schrieb er, daß „wir zwischen November und April 1536 in Eisschollen von einer Dicke von sechs Fuß (fast zwei Meter) eingefroren festlagen, während der Schnee am Ufer mehr als 4 Fuß hoch lag". Sobald es im Mai zu tauen begann, kehrte er nach Frankreich zurück. 1541 versuchte er es wieder, wurde aber erneut von dem harten Winter vertrieben und kehrte 1542 nach Frankreich zurück. Erst mehr als ein halbes Jahrhundert später gelang es den Franzosen, Handelsposten und Kolonien in Nordamerika einzurichten.

Erste weiße Amerikaner: Kolonisten europäischer Abstammung fühlten sich alsbald unabhängig von Europa. Das führte um die Mitte des 15. Jh.s zu Beschwerden königlicher Beamter über die bereits in Amerika geborenen Spanier, die „weder ihren König kannten, noch überhaupt wünschten, ihn zu kennen", wie es in einem Dokument der Zeit hieß.

Einziger deutscher Kolonisationsversuch: Nachdem er sich von den Welsern 1517 losgesagt hatte, eröffnete Jakob Welser in Nürnberg sein eigenes Handelshaus. Seine Manufakturen in Antwerpen und Augsburg (Standorte des Stammhauses) wurden von seinen Söhnen beaufsichtigt. Sein Neffe Bartholomäus führte das Haupthaus in Augsburg. Die Welser waren immer Händler gewesen, und ihr großer Erfolg beruhte auf ihren Unternehmungen in Ost-Indien seit 1505. Obwohl sie beständig große Anleihen auf dem Rücken der Fugger tätigten, versuchte Bartholomäus Welser 1527 Venezuela zu kolonisieren. Die Gesellschaft fuhr schließlich fort, Handel mit Gewürzen, Safran, Zinn und Silber zu treiben – als erstes Handelshaus ohne spanische Beziehungen.

Parlamente

Die erste gesetzgebende Körperschaft bestand aus zwei Kammern und befand sich etwa 2800 v. Chr. in Erech in Mesopotamien (jetzt Irak).

Der französische Forschungsreisende Jacques Cartier in Kanada im Winter 1541/1542. Er und seine Truppe wurden von dem harten nordamerikanischen Klima vertrieben.

Die älteste Volks- und Gerichtsversammlung war das 930 in Island entstandene Althing. Diese Körperschaft bestand ursprünglich aus 39 Ältesten.

Das am längsten ohne Unterbrechung bestehende Parlament ist das Tynwald auf der Isle of Man (GB), das 979 geschaffen wurde.

Das kleinste Quorum eines Parlaments (die Mindestzahl von Abgeordneten, die bei einer Abstimmung anwesend sein müssen) hat das britische Oberhaus, das House of Lords. Um gültig abzustimmen, müssen 3 Peers anwesend sein, einschließlich des Lordkanzlers oder seines Stellvertreters.

Zum ersten Mal wurde der Begriff „Parlament" in einem offiziellen königlichen Dokument erwähnt, gemeint als Einberufung in den Rat des Königs (Heinrich III.) mit Datum vom 19. Dezember 1241.

Die seltensten Zusammenkünfte: Das Parlament von Portugal, die Cortes, wurde vom König immer nur dann einberufen, wenn er Geld oder Unterstützung brauchte. Aber die enormen Gewinne des Reichs machten solche Unterstützung für gewöhnlich unnötig. So wurde die Cortes von König Johann I. (regierte 1385–1433) in den 48 Jahren ganze 25mal einberufen, gerade viermal in der 26jährigen Regierungszeit von Manuel I. (1495–1521) und nur dreimal in der 36jährigen Regierungszeit von König Johann III. (1521–1557).

Erstes russisches Parlament: Im Jahr 1549 wurde der erste all-russische Provinz-Rat einberufen, um die Meinungen der verschiedenen sozialen Gruppen zu den bevorstehenden Entscheidungen des Zaren anzuhören. Diese Zusammenkunft wird als der Prototyp des parlamentarischen Systems in Rußland angesehen.

Erster Gebrauch einer Wahlurne: Die Verwendung einer Wahlurne für die Stimmzettelabgabe bei einer Wahl wird in England zum ersten Mal 1526 erwähnt bei der Wahl zum Stadtrat der City of London, den ranghöchsten Beamten nach dem Bürgermeister.

Zivilverwaltung

Höchster Verwaltungsstandard: Als die Spanier 1519 das ausgedehnte Reich der Inkas erreichten, fanden sie eine durchorganisierte Nation vor, mit der sich in Europa kaum eine messen konnte. Die Verwaltung war so kalkuliert, daß auf 100 Einwohner 13 Beamte kamen, bei einer Bevölkerungsdichte von etwa sieben Millionen Menschen.

Größte Zivilverwaltung: China besaß eine besoldete Verwaltungsbürokratie von einigen 100000 Menschen, in der die Rangältesten durch Prüfungen ausgewählt wurden.

Erster verwaltungstechnischer Einsatz des Druckens: Im Jahre 1454 wurden Ablaß-Formulare blanko gedruckt, um den Namen des jeweiligen Empfängers nachtragen zu können. Dies war ein frühes Beispiel dafür, wie in der Verwaltung von der Drucktechnik profitiert wurde.

Erste gedruckte Ankündigungen: Ab ungefähr 1505 begann die englische Regierung wie auch die Regierungen anderer Länder mit der Verteilung gedruckter Erklärungen. Sie machte damit den Beruf des Ausrufers überflüssig. Dieser überlebte in Regionen, in denen Beamte und Bevölkerung Analphabeten waren. Also fast überall.

Erste afrikanische Gesandte: Im Jahr 1427 schickte der äthiopische Negus Yishak zwei Botschafter nach Aragon in Spanien. 1441 wohnten zwei äthiopische Delegierte der Ratsversammlung in Florenz bei, und 1452 wurde ein äthiopischer Botschafter nach Lissabon, der Hauptstadt Portugals, entsandt.

Erste russische Botschaft in Italien: Im Jahr 1460 schickte Wassily der Finstere einen Botschafter nach Rom. Die Reise von Moskau nach Rom dauerte damals noch zwischen 95 und 130 Tagen.

Erste hauptberufliche Botschafter: Von ungefähr 1450 an besaßen die italienischen Städte Florenz und Mailand wechselseitig einen Botschafter an ihren Höfen. Während des nächsten Jahrhunderts breitete sich die Einstellung von hauptberuflichen Diplomaten in ganz Europa aus. Latein war die Sprache der Diplomaten, aber schon früh um 1508 fand die französische Sprache zunehmend Verwendung in diplomatischen Dokumenten.

Staatssymbol

Früheste Nationalflagge war der Danebrog des Königreichs Dänemark, der seit dem Jahre 1219 auf den Türmen weht. Die Zusammensetzung seiner Farben und Embleme veranlaßte König Waldemar II., der die Vision eines Kreuzes am roten Himmel gesehen hatte. Seither ist die Flagge, weißes Kreuz auf rotem Grund, unverändert.

Königliche Standarten von England: Mit einem einheitlichen Äußeren wurde die königliche Standarte von England 1405 versehen und blieb bis ins 15. Jh. unverändert. Obwohl frühere Könige persönliche Banner besaßen, gab es die königliche englische Standarte mit ihren drei Löwen (oder „Leoparden") bereits seit dem 11. Jh. Nach 1340 wurden französische Lilien hinzugefügt, um den englischen Anspruch auf Frankreich zu dokumentieren. 1405 reduzierte König Heinrich IV. die Anzahl der Lilien auf drei. (Die Standarte verblieb so unverändert, bis zur Thronbesteigung von Jakob I. im Jahre 1603, als der schottische Löwe und die irische Harfe einverleibt wurden.)

Politische Pflanzen-Symbole: In England wurde die Rose zu einem politischen Symbol. Als der „Krieg der Rosen" (1455–1485) zu Ende ging und Elisabeth von York Heinrich Tudor (Heinrich VII.) heiratete, wurde die Tudor-Rose in weiß und rot als Emblem der vereinigten Häuser von York und Lancaster angenommen. Die Lilie war ebenfalls ein machtvolles politisches Symbol. Ursprünglich wurde sie als Symbol der Fruchtbarkeit zum Sinnbild der Gottesmutter. Die Verbindung dieser Blume mit der Monarchie führte zu ihrer Annahme als *Fleur-de-Lys* von Frankreich und erschien auf dem englischen Banner bis zur Regierungszeit von Heinrich VIII.

Die dänische Flagge, der Danebrog, ist die älteste Nationalflagge der Welt.

Gesetze

Älteste Gesetzesvorschriften: Der älteste überlieferte Rechts-Code war der von König Ur-Hammur während der dritten Dynastie von Ur (Irak) etwa 2110 v. Chr. Die älteste englische Gesetzesvorschrift im Buch der Statuten ist ein Abschnitt aus dem Statut von Marlborough von 1267. Einige Gesetzesvorschriften, eingeführt von Heinrich II. († 1189) und einiger früherer Könige, haben sich als dauerhafter erwiesen, da sie in das Common Law aufgenommen wurden. Ein extremes Beispiel hierfür ist „Ines Gesetz", die Verwaltung der Grafschaften betreffend. Ine regierte von 689 bis 726 n. Chr.

Die englische Königsstandarte blieb unverändert von 1405 bis zur Krönung von Jakob I. im Jahre 1603, als der schottische Löwe und die irische Harfe hinzugefügt wurden.

Frühestes Patent: Der Senat von Venedig führte im Jahre 1474 einen Schutz für Erfinder und ihre Erfindungen ein. Das heißt, diese mußten das Geheimnis ihrer Erfindung offen darlegen *(patere = offenlegen),* damit ihr Anspruch anerkannt werden konnte, um von denen, die von dieser Erfindung profitierten, angemessen vergütet zu werden.

Erster russischer Rechts-Code war der *Sudebrik.* Dieser wurde 1497 zusammengestellt. Er sicherte das Recht der Feudalherren und diente dazu, die Aufteilung des Feudalbesitzes in Rußland zu verhindern.

Erste englische Jagd-Gesetze: Im Jahr 1389 wurde ein Gesetz beschlossen, das diejenigen, die nicht wenigstens Land im Wert von zwei Pfund oder mehr besaßen, keine Jagdhunde halten durften. Ein Gesetz von 1494 untersagte im besonderen Wilderei.

Deutsche Qualitäts-Kontrolle: Obwohl Schwefel seit langem dazu benutzt wurde, Wein zu konservieren und damit zu verhindern, daß er verdarb, wurde in Deutschland im Jahre 1487 eine königliche Verordnung erlassen, die die verwendete Menge Schwefel vorschrieb. Es wurde annähernd ein Gramm Schwefel pro 53 Liter Wein erlaubt. Dies wurde dadurch erreicht, indem man einfach mit Schwefel und Holzspänen die Fässer ausbrannte, bevor sie gefüllt wurden.

Englische Konzessions-Gesetze: Mit einer Vorschrift von 1495 erließ Heinrich VII. landesweit Einschränkungen des Alkoholverkaufs in Schankwirtschaften. Dies tat er, weniger weil er Bedenken gegen die Trunkenheit hatte, sondern um zu verhindern, daß die Kunden dort herumsaßen und Glücksspiele spielten, anstatt sich im Bogenschießen zu üben. Monarchen des 15. Jh.s versuchten regelmäßig, ihre erwachsenen männlichen Untertanen zu diesen Übungen zu bewegen, damit sie in Kriegszeiten auf geübte Bogenschützen zurückgreifen konnten.

Erste Straßenbeleuchtungen: Paris war eine der ersten europäischen Städte, die ihre Bürger dazu aufforderte, die Straßen zu beleuchten. Eine Verfügung von 1524 verpflichtete die Pariser, nach 21.00 Uhr eine Fackel zu tragen, und später wurden an den Straßenecken Laternen befestigt. Haushalte, deren Häuser sich an der Straßenfront befanden, waren dafür verantwortlich, Laternen aus den Fenstern zu hängen.

Die früheste Tarifregelung wurde 1495 für englische Bauarbeiter getroffen. Als Bezahlung sollten danach freie Steinmetze, Zimmermannsmeister, Maurer, Dachdecker, Rohrleger, Glaser und Schreiner 6 Pence am Tag erhalten, oder 4 Pence, wenn sie verpflegt wurden. Die Winterbezahlung lag um einen Penny niedriger. Als Arbeitszeit wurde die Dauer des Tageslichts festgelegt, von Mai bis August von einer halben Stunde Frühstücks- und anderthalb Stunden Mittagspause unterbrochen. Während der anderen Monate, in denen keine Mittagsruhe nötig war, wurde eine halbstündige Pause am Nachmittag gestattet.

Erste öffentliche Hydranten: Thomas Morus, humanistischer Gelehrter und Autor von *Utopia,* war gleichzeitig ein Vorkämpfer für das öffentliche Gesundheitswesen in England. Während seiner Amtszeit als Beauftragter für die Abwässer förderte er 1532 ein Gesetz, das in vielen Städten für die Errichtung öffentlicher Hydranten sorgte und das Verschmutzen des Wassers als Straftat ahndete. Bereits 1518 begründete er die Praxis, Häuser unter Quarantäne zu stellen, in denen es Fälle von Pest gegeben hatte. Die Häuser wurden geschlossen, versiegelt und markiert, sehr oft zum Ärger ihrer Bewohner.

Erstes Verzeichnis von Geburten, Heiraten und Todesfällen in England: Eingeführt 1538 von Thomas Cromwell, verlangte die Verfügung, „daß an jedem Sonntag, in Anwesenheit von wenigstens einem Kirchenvorstand, entweder Pfarrer, Vikar oder Hilfspfarrer, ein Eintrag in besagtem Buch schriftlich zu erfolgen hat, mit den Daten und Namen von Eheleuten, die geheiratet haben, sowie Taufen und Beerdigungen der vorausgegangenen Woche". Das „besagte Buch" wurde bekannt als das Kirchenbuch, das heute noch von den Geistlichen geführt wird.

Sir Thomas Morus, Lordkanzler von England, gemalt von Hans Holbein. Morus war einer der größten Gelehrten seiner Zeit.

Gesetzesbrecher

Das gesetzloseste Land: Obwohl dieser zweifelhafte Titel nicht auf Statistiken, sondern Meinungen beruhte, wurde er England zugeteilt. Der venezianische Botschafter am Hof Heinrich VII. berichtete: „Es gibt kein Land auf der Welt, das so viele Diebe und Räuber besitzt wie England. Nur wenige Leute trauen sich allein auf die Straße, es sei denn am hellen Tag, und noch weniger Leute wagen es, nachts allein auszugehen, besonders in London nicht."

Der berüchtigtste Kindermörder aller Zeiten war möglicherweise der Graf Gilles de Rais. Aufzeichnungen in den Archiven der Bastille verzeichnen 140 Namen von ihm Ermordeter, und man verdächtigte ihn des Mordes an weiteren 800 Kindern. Die Kinder wurden dazu mißbraucht, magische Tränke für allerlei Heilungen auszuprobieren.

Die berüchtigtsten Piraten des Mittelmeers nannte man die christlichen Ritter von St. John, die die Insel Rhodos bis 1522 besetzt hatten. In diesem Jahr belagerte und eroberte der

osmanische Sultan, Suleiman der Prächtige, die Insel. Die Ritter flüchteten nach dieser Niederlage auf die Insel Malta, von wo aus sie besonders Überfälle auf moslemische Schiffe ausübten. Im Verlauf des 16. Jh.s wurde Algier ähnlich berüchtigt für seine moslemischen Korsaren, die sich besonders auf Attacken gegen Christen spezialisiert hatten.

Grausamste Bestrafung für Wilderei: Während der letzten Hälfte des 15. Jh.s wurden die deutschen Jagdgesetze zunehmend verschärft, und letztendlich reduzierte man die Jagdgenehmigungen für die Bauern darauf, nur noch „Schädlinge", wie Fuchs, Wolf und Otter, jagen zu dürfen. Für einen ersten Verstoß, wenn jemand beim Jagen von Wild erwischt wurde, war die Bestrafung entweder Auspeitschen oder Brandmarken, aber ab 1517 bestand die Bestrafung in Blendung eines Auges oder dem Abhakken einer Hand. Erhängen war die Strafe für denjenigen, der ein zweites Mal beim Wildern erwischt wurde. Die Unterdrückung durch die deutschen Adeligen verschlimmerte sich nach 1525 noch erheblich. Herzog Ulrich von Württemberg ließ einen Wilderer in ein Hirschfell einnähen, und mit der Bluthundmeute auf den Fersen wurde er durch den Wald gejagt. Der fanatische Jäger Erzbischof Michael von Salzburg ließ einen Wilderer in das Fell eines frisch erlegten Wildes einnähen und auf dem Marktplatz von Salzburg unter die Hunde werfen, die ihn in Stücke rissen.

Die erste Guillotine: Von der Guillotine wird allgemein angenommen, daß sie von dem Franzosen Dr. Joseph Ignace Guillotin (1738–1814) erfunden wurde. Aber tatsächlich empfahl der nur aus philantropischen Gründen die Verwendung eines Geräts, das es unter Namen wie *Halifax Galgen* oder *Die Jungfrau* (Schottland) schon vorher gegeben hatte. 1492 besaß die Stadt Halifax in der Grafschaft Yorkshire ihre eigene Köpfmaschine und setzte sie immer dann ein, wenn es das Gesetz vorschrieb. Sogar im 12. und 13. Jh. finden sich Vorläufer der Guillotine in Neapel, Holland und Deutschland. Sie waren bis auf die schottische „Jungfrau" den Adligen vorbehalten, die so nicht von den entehrten Händen des Henkers berührt wurden.

Die schrecklichste Todesstrafe: Im Jahr 1542 versuchten einige Jungfrauen im Palast der Ming-Dynastie, den Kaiser Zhu-Hou-Chong durch Erdrosseln zu töten, aus Protest gegen seine unumschränkte Verfügungsgewalt, die Vergewaltigung einschloß. Der Kaiser entkam diesem Anschlag nur deshalb knapp, weil sich der schlechtgeknüpfte Knoten der Seidenschnur, mit der er erdrosselt werden sollte, löste und sein Leibarzt Xu Shen ihn davon befreien konnte. Die in diesen Anschlag verwickelten Frauen wurden festgenommen und zum „schleichenden Tod" verurteilt. Dieses Urteil wurde ausgeführt, indem man die Körper der Mädchen zerstückelte und sie der Öffentlichkeit preisgab. Xu Shen wurde zum Zeremonienmeister sowie zum Erzieher des Kronprinzen befördert, die höchste Beförderung, die ein Arzt in der Geschichte der Medizin in China je erreichen konnte. Bald erkrankte er jedoch und starb. Wie er selbst kurz vor seinem Tod mitteilte, war seine Krankheit schon deswegen unheilbar, weil sie von der großen Furcht herrührte, in seinen Ämtern zu versagen – denn hätte er versagt, wäre er zum Tode verurteilt worden.

Schwerste Bestrafung bei Trunkenheit: Es gibt nur wenige Beispiele einer furchtbareren Bestrafung für das Verbrechen Trunkenheit als

Der italienische Dominikaner-Mönch Girolamo Savonarola (1452–1498) griff die Korruption im religiösen und politischen Leben an. 1494 führte er eine Revolte gegen die Medici in Florenz und gründete eine demokratische Republik. 1497 wurde er aus der Kirche ausgeschlossen, weil er den Papst angegriffen hatte, ein Jahr später wegen Ketzerei gefoltert, gehängt und auf dem zentralen Platz in Florenz verbrannt.

das in der aztekischen Gesellschaft praktizierte und von Pater Sahugun beschriebene: „Falls ein Jugendlicher berauscht in der Öffentlichkeit erschien oder wenn man ihn mit Wein erwischte oder auf der Straße liegend vorfand oder in der Gesellschaft anderer Trunkenbolde und wenn er ein *macehualii* (eine Person der Öffentlichkeit) war, wurde er mit einem Stock zu Tode geprügelt oder vor all den anderen Jugendlichen garottiert, um als abschreckendes Beispiel zu dienen, sich vor der Trunkenheit zu hüten." In der aztekischen Gesellschaft war es nur Älteren erlaubt, sich zu berauschen.

Schreckliche Bestrafung für Ehebruch: Der *Mendieta Codex* der Azteken legte fest: „Wenn ein Mann und eine Frau beim Ehebruch entdeckt werden oder man hegt entsprechenden Verdacht, werden sie verhaftet und, falls sie nicht gestehen, gefoltert und, nachdem sie das Verbrechen gestanden haben, zum Tode verurteilt." Manchmal wurden sie getötet, indem man ihnen Hände und Füße fesselte und, einmal am Boden liegend, ihnen den Schädel mit einem schweren, runden Stein einschlug. Andere wurden mit dem Instrument einer Eichen-Garotte erdrosselt. Zu anderen Zeiten verbrannte man den Mann, und die Frau wurde gehängt. Manchmal wurden beide gehängt.

Alberti, H.-J. von: *Maß und Gewicht – Geschichtliche und tabellarische Darstellung von den Anfängen bis zur Gegenwart; Berlin 1957*

Arciniegas, G.: *Kulturgeschichte Lateinamerikas;* München 1966

Ariés, Ph.: *Geschichte der Kindheit;* München 1981

Bassermann-Jordan, E. von: *Uhren;* Braunschweig 1969

Bitterli, U.: *Die Entdeckung Amerikas – Von Kolumbus bis Alexander von Humboldt;* München 1991

Bitterli, U.: *Die Wilden und die Zivilisierten – Grundzüge einer Geistes- und Kulturgeschichte der europäisch-überseeischen Begegnung,* München 1976

Böhme, M.: *Die großen Reisesammlungen des 16. Jahrhunderts;* Straßburg 1904

Bonacker, W.: *Kartenmacher aller Länder und Zeiten;* Stuttgart 1966

Boockmann, H.: *Die Stadt im späten Mittelalter;* München 1987

Borst, A: *Das Rittertum im Mittelalter;* Darmstadt 1976

Borst, O.: *Alltagsleben im Mittelalter;* Frankfurt 1983

Braudel, F.: *Sozialgeschichte des 15.–18. Jahrhunderts;* München 1985/86

Buck, A., Kauffmann, G. (Hg.): *Europäische Hofkultur im 16. und 17. Jahrhundert;* Hamburg 1981

Burckhardt, J.: *Die Kultur der Renaissance in Italien;* Stuttgart 1966

Burke, P.: *Helden, Schurken und Narren – Europäische Volkskultur in der frühen Neuzeit;* Stuttgart 1981

Burke, P.: *Stadt und Kultur in Italien zwischen Hochrenaissance und Barock – Eine historische Anthropologie;* Berlin 1988

Busch, H., Lohse, B. (Hg.): *Europäische Plastik der Spätgotik und Renaissance;* Frankfurt a.M. 1963

Busch, H., Lohse, B. (Hg.): *Baukunst der Renaissance in Europa – Von der Spätgotik bis zum Manierismus;* Frankfurt 1966

Camusso, L.: *Reisebuch Europa 1492 – Wege durch die Alte Welt;* München, Zürich 1990

Ceram, C.W.: *Der erste Amerikaner;* München, Zürich 1972

Chastel, A.: *Italienische Renaissance – Die Ausbildung der großen Kunstzentren in der Zeit von 1460 bis 1500;* München 1965

Cipolla, C.M. und Borchardt, K.: *Bevölkerungsgeschichte Europas – Mittelalter bis Neuzeit;* München 1971

D'Ancona, P., Aeschlimann, E.: *Die Kunst der Buchmalerei;* Köln 1969

Dorst, J.: *Südamerika und Mittelamerika;* München, Zürich 1968

Faßbinder, M.: *Der ‚Jesuitenstaat' in Paraguay;* Halle 1926

Febvre, L.: *Der neugierige Blick – Leben in der französischen Renaissance;* Berlin 1989

Fehr, H.: *Massenkunst im 16. Jahrhundert – Flugblätter aus der Sammlung Wickiana;* Berlin 1924

Fischer-Fabian, S., Jürgens, K.-H.: *Columbus – Lebensbilder;* Bergisch Gladbach 1991

Friedensburg, F.: *Münzkunde und Geldgeschichte der Einzelstaaten des Mittelalters und der neueren Zeit;* München 1926

Friederici, G.: *Der Charakter der Entdeckung und Eroberung Amerikas durch die Europäer;* 3 Bde.; Stuttgart 1925–1936

Gallez, P.: *Das Geheimnis des Drachenschwanzes – Die Kenntnis Amerikas vor Kolumbus;* Berlin 1980

Goody, J.: *Die Entwicklung von Ehe und Familie in Europa;* Berlin 1986

Grant, E.: *Das physikalische Weltbild des Mittelalters;* Zürich, München 1980

Grundmann, H.: *Ketzergeschichte des Mittelalters;* Göttingen 1978

Hartung, W.: *Die Spielleute – Eine Randgruppe in der Gesellschaft des Mittelalters;* Wiesbaden 1982

Hecker, J.F.C.: *Die großen Volkskrankheiten des Mittelalters;* Berlin 1865

Heers, J.: *Vom Mummenschanz zum Machttheater – Europäische Festkultur im Mittelalter;* Frankfurt a.M. 1986

Heinz, D.: *Europäische Wandteppiche;* Braunschweig 1963

Herrmann, B. (Hg.): *Mensch und Umwelt im Mittelalter;* Darmstadt 1986

Höffner, J.: *Kolonialismus und Evangelium – Spanische Kolonialethik im Goldenen Zeitalter;* Trier 1972

Huber, S.: *Entdecker und Eroberer – Die deutschen Konquistadoren in Südamerika;* Olten 1966

Huizinga, J.: *Herbst des Mittelalters – Studien über Lebens- und Geistesformen des 14. und 15. Jahrhunderts in Frankreich und den Niederlanden;* Stuttgart 1975

Huth, H.: *Künstler und Werkstatt der Spätgotik;* Darmstadt 1967

Kellerhals, E.: *Der Islam;* Basel 1956

Klemm, F.: *Geschichte der Technik;* Reinbek 1983

Klimpert, R.: *Lexikon der Münzen, Maße, Gewichte, Zählarten und Zeitgrößen aller Länder der Erde;* Berlin 1896

Köllmann, E., Wirt, K.A. u.a.: *Erdteile,* in: *Reallexikon zur deutschen Kunstgeschichte,* Bd. V; München 1967

Kohl, K.-H. (Hg.): *Mythen der Neuen Welt – Zur Entdeckungsgeschichte Lateinamerikas;* Berlin 1982

Kohlhaussen, H.: *Europäisches Kunsthandwerk – Gotik und Spätgotik;* Frankfurt a.M. 1970

Kris, E.: *Meister und Meisterwerke der Steinschneidekunst in der italienischen Renaissance;* Wien 1929

Kühnel, H. (Hg.): *Alltag im Spätmittelalter;* Graz 1984

Kulischer, J.: *Allgemeine Wirtschaftsgeschichte des Mittelalters und der Neuzeit;* München, Berlin 1928/29

Kunstmann, F.: *Atlas der Entdeckung Amerikas;* München 1859

Le Goff, J.: *Für ein anderes Mittelalter – Zeit, Arbeit und Kultur im Europa des 5.–15. Jahrhunderts;* Frankfurt 1984

Léon-Portilla, M., Heurer, R.: *Rückkehr der Götter – Die Aufzeichnungen der Azteken über den Untergang ihres Reiches;* Köln 1962

Leuschner, J., Boockmann, H.: *Europa im Hoch- und Spätmittelalter;* Stuttgart 1982

Lindig, W., Münzel, M.: *Die Indianer – Kulturen und Geschichte der Indianer Nord-, Mittel- und Südamerikas;* München 1976

Lüthgen, E.: *Abendländische Kunst des 15. Jahrhunderts;* Bonn 1926

Madariaga, S. de: *Christoph Columbus;* Berlin, Frankfurt a.M. 1992

Mägdefrau, W. (Hg.): *Europäische Stadtgeschichte in Mittelalter und früher Neuzeit;* Weimar 1979

Marouzeau, J.: *Das Latein – Gestalt und Geschichte einer Weltsprache;* München 1970

Meckseper, C., Schraut, E. (Hg.): *Mentalität und Alltag im Spätmittelalter;* Göttingen 1985

Menzel, I. u. P. (Hg.): *Aus alten Kräuterbüchern – Heil- und Zauberkräfte der Natur;* Zürich 1982

Monegal, E.R. (Hg.): *Die Neue Welt – Chroniken Lateinamerikas von Kolumbus bis zu den Unabhängigkeitskriegen;* Frankfurt a.M. 1982

Pochat, G.: *Der Exotismus während des Mittelalters und der Renaissance;* Stockholm 1970

Pölnitz, G.: *Die Fugger;* Tübingen 1970

Schubert, K.: *Die Kultur der Juden;* Wiesbaden 1978/79

Seitz, H.: *Blankwaffen – Geschichte und Typenentwicklung im europäischen Kulturbereich;* Braunschweig 1965

Shahar, S.: *Die Frau im Mittelalter;* Frankfurt a.M. 1987

Stoob, H. (Hg.): *See- und Flußhäfen vom Hochmittelalter bis zur Industrialisierung;* Köln, Wien 1986

Soustelle, J.: *So lebten die Azteken;* Stuttgart 1957

Sudhoff, K.: *Beiträge zur Geschichte der Chirurgie im Mittelalter;* Leipzig 1914–1918

Suhle, A.: *Kulturgeschichte der Münzen;* München 1969

Vasco da Gama: *Die Entdeckung des Seewegs nach Indien – Ein Augenzeugenbericht 1497–1499;* Stuttgart 1986

Vaillant, G.: Die Azteken – Ursprung, Aufstieg und Untergang eines mexikanischen Volkes; Köln 1957

Volkmann L.: *Bilderschriften der Renaissance – Hieroglyphik und Emblematik in ihren Beziehungen und Fortwirkungen;* Leipzig 1923

Vorberg, G.: *Über den Ursprung der Syphilis – Quellengeschichtliche Untersuchungen;* Stuttgart 1924

Wackernagel, M.: *Der Lebensraum des Künstlers in der florentinischen Renaissance;* Leipzig 1938

Wassermann, J.: *Christoph Columbus – Der Don Quichote des Ozeans. Ein Porträt;* Berlin 1929

Wiesenthal, S.: *Segel der Hoffnung – Christoph Columbus auf der Suche nach dem gelobten Land;* Berlin, Frankfurt a.M. 1991

Zeeden, E.W.: *Europa vom ausgehenden Mittelalter bis zum Westfälischen Frieden 1648;* Stuttgart 1981

VICTORIS
CARPATIO
VENETI
OPVS